Franke/Zanner/
Kemper/Knipp/Laub

Die Immobilie

Die Immobilie

Rechtliche und praktische Anleitungen für Investoren und ihre Berater beim Finanzieren, Entwickeln, Bauen, Verkaufen und Verwalten von Immobilien.

Prof. Horst Franke
RA Christian Zanner
RA Ralf Kemper
RA Bernd Knipp
Dr. Ulf D. Laub
Dr. Jens C. Laub

Bibliografische Information der Deutschen Bibliothek
Die Deutsche Bibliothek verzeichnet diese Publikation in der Deutschen Nationalbibliografie; detaillierte bibliografische Daten sind im Internet über http://ddb.de abrufbar.

Zitierweise: Franke/Zanner, Die Immobilie, Rdnr. ....

www.werner-verlag.de

Satz: Fanslau, Communication/EDV, Düsseldorf
Druck: Betz Druck, Darmstadt
Printed in Germany, Februar 2004

∞ Gedruckt auf säurefreiem, alterungsbeständigem und chlorfreiem Papier

Die folgenden Symbole weisen auf wichtige Textstellen hin und dienen als praktische Lesehilfe.

- z.B. Beispiel
- Checkliste und Kriterien
- Def. Definition
- ! Hinweise
- § Hinweis auf Gesetzesbestimmungen/Klauseln
- Tipp Tipp
- Vertragsmuster

Vorwort

Langfristige Bestandswerte schlagen Fantasiewerte!

Die Immobilie wird daher heute wieder höher gewichtet als noch vor einigen Jahren.

In Zeiten des immer stärkeren Bevölkerungsrückgangs und einer mehr als zurückhaltenden Wirtschaftsentwicklung nicht nur in Deutschland, sondern in ganz Europa erhält die Immobilie eine andere Bedeutung. Nur auf zwei Entwicklungen sei hingewiesen:

Die Fokussierung auf den eigentlichen Zweck des Unternehmens lässt viele Firmen ihren Immobilienbereich ausgründen, verkaufen oder zumindest betriebswirtschaftlich optimiert verwalten. Die Bedeutung der Immobilie zur direkten Alterssicherung mittelständischer Unternehmer nimmt gerade auch vor dem Hintergrund der Kapitalverlagerung ins Ausland zwar deutlich ab, dafür erhält sie aber als Bestandteil von Fonds immer größeres Gewicht.

Dies und viele weitere Entwicklungen führen zu einer immer stärker werdenden »professionellen« Betrachtung der Immobilie. Dies zeigt sich nicht zuletzt auch in der Einführung von speziellen Studien- und Weiterbildungsstudiengängen, die wissenschaftlich und dennoch praxisorientiert Akademiker hervorbringen soll, die den Anspruch an Professionalität erfüllen.

Die Herausgeber und Autoren erkennen die neue Bedeutung der »Immobilie« sowie der Personen, die den Anspruch erheben, sich um diese beruflich zu kümmern, und haben ihr Werk an den entsprechenden Bedürfnissen ausgerichtet.

Ihr Anspruch ist es, konzeptionelle und praktische Fragen sowie Lösungen zur Entwicklung, Finanzierung, Nutzung, Vermarktung und den Bau von Immobilien unter betriebswirtschaftlichen, steuer-, erwerbs-, bau-, und versicherungsrechtlichen Aspekten aktuell und knapp, aber trotzdem so umfassend wie möglich darzustellen. Praktischer Ausgangspunkt für die systematische Darstellung ist jeweils ein Beispielsfall.

Herausgeber und Autoren sind für zahlreiche Anregungen auch kritischer Natur außerordentlich dankbar. Wir wollen dieses Werk zu einer Standardlektüre weiterentwickeln.

Besonderer Dank gilt vielfältiger Unterstützung aus der Praxis sowie den bei der Herstellung des Werkes uns hilfreich zur Seite stehenden Damen und Herren.

Frankfurt am Main, Berlin, München, im Januar 2004

Die Herausgeber

Inhaltsübersicht

Abbildungsverzeichnis

Bearbeiterverzeichnis

Uwe Dörnbrack, Rechtsanwalt, Steuerberater, Wirtschaftprüfer in Berlin
Partner der Sozietät LKC Kemper, Czarske, von Gronau, Berz (München, Gmund a. Tegernsee, Berlin, Magdeburg) Wirtschaftprüfer, Rechtsanwälte, Steuerberater.
Zuständiger Partner für den Standort Berlin; langjährige praktische Tätigkeit im Bereich des Immobilienrechts.

Prof. Horst Franke, Rechtsanwalt in Frankfurt am Main
Seniorpartner der Kanzlei Heiermann, Franke, Knipp (Frankfurt, Berlin, München, Essen, Wien)
Tätigkeitsschwerpunkte Vergaberecht, Wettbewerbsrecht, Immobilienrecht
Professor für Bau- und EU-Vergaberecht an der Universität GH Wupperthal
Vorstandsmitglied des Forums Vergabe e. V., Mitglied des Ausschusses für Anwendungsfragen der VOB auf Bundesebene (VOB-Ausschuss)
Zahlreiche Veröffentlichungen u. a. »VOB-Kommentar Bauvergaberecht, Bauvertragsrecht« (mit Kemper, Zanner, Grünhagen), »Der sichere Bauvertrag« (mit Kemper, Zanner), Aufsätze in BauR, IBR etc.

Cornelia Haas, Rechtsanwältin in Berlin
Partnerin der Kanzlei Kemper, Nitschke, Haas, Rechtsanwälte & Notar, Berlin
Tätigkeitsschwerpunkte im privaten Baurecht, insbesondere projektbegleitende Rechtsberatung, sowie im öffentlichen Recht
Veröffentlichungen zum öffentlichen Baurecht

Dr. Steffen Hochstadt, Rechtanwalt in Frankfurt am Main
Partner der Sozietät Heiermann, Franke, Knipp (Frankfurt, Berlin, München, Essen, Wien)
Tätigkeitsschwerpunkt privates Baurecht, insbesondere baubegleitende Rechtsberatung Immobilienrecht
Mitautor »Handbuch baubegleitende Rechtsberatung« (Heiermann, Franke, Knipp)

Ralf Kemper, Rechtsanwalt in Berlin
Partner der Kanzlei Kemper, Nitschke, Haas, Rechtsanwälte & Notar, Berlin
Tätigkeitsschwerpunkte im privaten Baurecht, insbesondere projektbegleitende Rechtsberatung, Architekten- und Ingenieurrecht, Immobilienrecht
Zahlreiche Veröffentlichungen, u. a. »VOB-Kommentar, Bauvergaberecht Bauvertragsrecht« (mit Franke, Zanner, Grünhagen) und »Der sichere Bauvertrag« (mit Franke, Zanner); Aufsätze in BauR, NZBau, IBR

Dipl.-Kfm Dr. Benedikt Kiesl
Direktor Hypo Vereinsbank, im Geschäftsbereich Real Estate Structured Products
Leiter der Abteilung Off-Balance-Finance, die sich auf Off-Balance-Finanzierungen, Leasingtransaktionen, Akquisitions- und Leveragefinanzierungen von Immobilienportfolien und Immobilienunternehmen sowie auf komplexe Großfinanzierungen spezialisiert

Bernd Knipp, Rechtsanwalt in Frankfurt am Main

Seniorpartner der Kanzlei Heiermann, Franke, Knipp (Frankfurt, Berlin, München, Essen, Wien)

Tätigkeitsschwerpunkt Architekten und Ingenieure, privates Baurecht Immobilienrecht

Lehrbeauftragter für privates Baurecht an der Universität Dortmund

Zahlreiche Veröffentlichungen u. a. Herausgeber »Handbuch baubegleitende Rechtsberatung« (Heiermann, Franke Knipp), »Generalplanung ein Leitfaden für Architekten« sowie Veröffentlichungen in einer Vielzahl von Zeitschriften, wie BauR, IBR etc.

Dipl.-Kfm. Dr. Jens C. Laub

Geschäftsführender Gesellschafter der Optima-Aegidius Firmengruppe, München, Toronto, Berlin

Vorstand der Nymphenburger Beteiligungs AG München

Mitgründer und Gesellschafter des auf Banken, Bausoftwareanbieter, Bau- und Projektentwicklungsunternehmen spezialisierten Internetdienstleisters Phase 4 mit Sitz in München, Berlin und Zürich

Fachautor in diversen Zeitungen und Zeitschriften, Autor des Plötz Immobilienführers München

Dipl.-Kfm. Dr. Ulf D. Laub

Geschäftsführender Gesellschafter der Optima-Aegidius Firmengruppe, München Toronto, Berlin

Veröffentlichung im Bereich Immobilieninvestitionen Kanada, Altbausanierung, Basel II, Innovationen in der Immobilienwirtschaft, Innovation und Unternehmertum sowie Unternehmensbeteiligungen

Volker Nitschke, Rechtsanwalt in Berlin

Partner der Kanzlei Kemper, Nitschke, Haas, Rechtsanwälte & Notar, Berlin.

Tätigkeitsschwerpunkte im privaten Bau- und Immobilienrecht (Projektbegleitende Rechtsberatung), Gesellschafts- und Wirtschaftsrecht

Beiträge zu grundstücksrechtlichen Fragen und geschlossenen Immobilienfonds in »Baubegleitender Rechtsberatung, Planung, Durchführung, Nutzung«

Alf Poetzsch-Heffter, Rechtsanwalt in Berlin

Partner der Sozietät Heiermann, Franke, Knipp, (Frankfurt, Berlin, München, Essen, Wien)

Tätigkeitsschwerpunkte im privaten Baurecht, Immobilienrecht

Mitautor »Handbuch baubegleitende Rechtsberatung« (Heiermann, Franke, Knipp)

Dipl.-Ing. Uri Schamir

Geschäftsführender Gesellschafter der Eberle Bau-Assekuranz GmbH Oberhachingen. Gründungsmitglied des VMV (heute VDMV)

Verfasser verschiedener Publikationen zum Thema Haftpflicht für Architekten und Bauingenieure

Christian Zanner, Rechtsanwalt in Berlin

Seniorpartner der Kanzlei Heiermann, Franke, Knipp (Frankfurt, Berlin, München, Essen, Wien)

Tätigkeitsschwerpunkte im privaten Baurecht, insbesondere baubegleitende Rechtsberatung, Vertragsrecht, Immobilienrecht

Lehrbeauftragter für Vergabe- und Bauvertragsrecht an der TU Berlin, Vorstandsmitglied des Berlin Brandenburger Baurechtstags e. V.

Zahlreiche Veröffentlichungen u. a. »VOB-Kommentar Bauvergaberecht, Bauvertragsrecht« (mit Franke, Kemper, Grünhagen), »Der sichere Bauvertrag« (mit Franke, Kemper), Aufsätze in BauR, IBR etc.

Literaturverzeichnis

Achleitner, Handbuch Investment Banking, 1999
Amann/Brambring/Hertel, Die Schuldrechtsreform in der Vertragspraxis, 2002
Auer/Diederichs, Werbung below the line, 1993

Bärmann/Pick, Wohnungseigentumsgesetz, 15. Aufl. 2002
Basty, Der Bauträgervertrag, 4. Aufl. 2002
Basty, Der Bauträgervertrag, Aktuelle Ergänzungen zur 4. Auflage, 2002
Battis/Krautzberger/Löhr, Kommentar zum BauGB, 7. Aufl. 1999
Bauherren-Handbuch 2001, »bauen, modernisieren, einrichten«
Bayer/Franke/Opitz, EU-Vergaberecht, 1. Aufl. 2001
Boruttau, Kommentar zum Grunderwerbssteuergesetz, 15. Aufl. 2002
Brambring/Jerschke, Beck'sches Notarhandbuch, 3. Aufl. 2000
Brauer, Grundlagen der Immobilienwirtschaft, 2. Aufl. 1999
Brauer, Grundlagen der Immobilienwirtschaft, 3. Aufl. 2001
Brehmer/Beckmann, Baukosten senken, 3. Aufl. 1993
Bub/Treier, Handbuch der Wohn- und Geschäftsraummiete, 3. Aufl. 1999
Budäus/Eichhorn, Public Private Partnership, 1997

Christaller, Die zentralen Orte in Süddeutschland, 1966

Drukarczyk, Unternehmensbewertung, 2001

Franke/Kemper/Zanner/Grünhagen, VOB-Kommentar, Bauvergaberecht und Bauvertragsrecht, 2002
Franke/Zanner/Kemper, Der sichere Bauvertrag, 2. Aufl. 2003
Franke/Zanner/Kemper, VOB/B Kompakt 2001
Fritz, Gewerberaummietrecht, 3. Aufl. 2000
Frohnapfel/Winkler/Wittenberg, Umsatzbesteuerung der Immobilienunternehmen, 1. Aufl. 2003

Gerhards/Keller, Lexikon Baufinanzierung, 4. Aufl.1993

Heiermann/Franke/Knipp, Baubegleitende Rechtsberatung, 1. Aufl. 2002
Heiermann/Riedl/Rusam, Handkommentar zur VOB, Teile A und B, 9. Aufl. 2000
Hentze, Personalwirtschaftslehre I und II, 2002
Heymann, v., Bankenhaftung bei Immobilienanlagen, 15. Aufl. 2001
Huhn/von Schuckmann, Beurkundungsgesetz, 3. Aufl. 1995

Jakob/Kochendörfer, Private Finanzierung öffentlicher Bauinvestitionen – ein EU-Vergleich, 2000
Jarras, Kommentar zum Bundes-Immissionsschutzgesetz, 4. Aufl. 1999
Juve Handbuch 2002 / 2003, 5. Aufl. 2003

Kersten/Bühling, Formularbuch und Praxis der Freiwilligen Gerichtsbarkeit, 21. Aufl. 2001
Kinne/Schach, Mietvertrags- und Mietprozessrecht, 2. Aufl. 1999
Kirchhoff/Müller-Godeffroy, Finanzierungsmodelle für kommunale Investitionen, 6. Aufl. 1996
Kirsch, Public Private Partnership, 1999
Kleiber/Simon/Weyers, Verkehrswertermittlung von Grundstücken, 2. Aufl. 1994

Koeble, Rechtshandbuch Immobilien, Band II, Vermitteln, Verkaufen und Verwalten, Loseblattsammlung, 2. Aufl. 14. Ergänzungslieferung (Stand Juni 2003)
Kyrein, Immobilien Projektmanagement – Projektentwicklung und Projektsteuerung, 2. Aufl. 2002

Laub, »immobilien business« zu Basel II und der Mittelstand, 2/2002
Leitherer, Betriebliche Marktlehre, 2. Aufl. 1985
Lenski/Steinberg, Kommentar zum Gewerbesteuergesetz, 9. Aufl.
Lutter/Hommelhoff, GmbH-Gesetz, 15. Aufl. 2000

Meffert, Marketing – Grundlagen der Absatzpolitik, 9. Aufl. 2002
Miegel, Die deformierte Gesellschaft, 8. Aufl. 2002
Murfeld, Spezielle Betriebswirtschaftslehre der Immobilienwirtschaft, 4. Aufl. 2002

Nävy, Facility Managemant, 3. Aufl. 2002
Niebuhr/Kulartz/Kus/Portz, Kommentar zum Vergaberecht, 4. Teil des GWB, 2000

Oerder/Numberger/Schönfeld, Bundesbodenschutzgesetz, 1. Aufl. 1999

Pahlke/Franz, Kommentar zum Grunderwerbssteuergesetz, 2. Aufl. 1999
Palandt, Kommentar zum Bürgerlichen Gesetzbuch, 62. Aufl. 2003
Pause/Brych, Bauträgerkauf und Baumodelle, 3. Aufl. 1999
Platz, Immobilien-Management, 2. Aufl. 1991
Plötz, Immobilienführer Berlin, 2002
Plötz, Immobilienführer München, 2001
Pohnert, Kreditwirtschaftliche Wertermittlungen, 5. Aufl. 1997
Porter, The competitive advantage of nations, 1990

Reithmann/Meichssner/von Heymann, Kauf vom Bauträger, 15. Aufl. 1995
Reuter/Wecker, Projektfinanzierung, 1999
Rosenstiel, Grundlagen der Organisationspsychologie, 2002

Sanden/Schoeneck, Bundesbodenschutzgesetz-Kurzkommentar, 1998
Schäfer/Conzen, Praxishandbuch der Immobilien-Projektentwicklung, 2002
Schmidt, Kommentar zum Einkommenssteuergesetz, 21. Aufl. 2002
Schneider, Facility Management, 2001
Schneider/Pflaumer, Power-Tools, 1. Aufl. 2001
Scholz, Kommentar zum GmbH-Gesetz, 9. Aufl. 2000
Schütze/Weipert, Münchener Vertragshandbuch, Band II, 4. Aufl. 1997
Schulte, Facilities Management, 2000
Schulte, Immobilienökonomie Band I, Betriebswirtschaftliche Grundlagen, 2. Aufl. 2000
Schulte, Immobilienökonomie Band II, Rechtliche Grundlagen, 1. Aufl. 2001
Schulte/Achleitner//Schäfers/Knobloch, Handbuch Immobilien-Banking, 2002
Schulte/Bone-Winkel, Handbuch der Immobilien-Projektentwicklung, 2. Aufl. 2002
Schulte/Hiska Brade, Handbuch Immobilienmarketing, 2001
Sölch/Ringleb/List, Kommentar zum Umsatzsteuergesetz
Staudinger, Kommentar zum Bürgerlichen Gesetzbuch, 13. Bearbeitung
Stürzer/Koch, Vermieter-Lexikon, 6. Aufl. 2001

Thode/Wagner, Neue Entwicklung im Bauträgervertrag/Die Rechtsprechung des BGH zum Vertragsrecht der Bauträger-, Generalunternehmer- und Generalübernehmer, Skript für Seminarveranstaltungen, 7. Aufl.

Thünen, Der isolierte Staat, 1966
Tipke/Kruse, Kommentar zur Abgabenordnung, 16. Aufl.

Usinger, Immobilien – Recht und Steuern, Handbuch für die Immobilienwirtschaft, 2. Aufl. 1999

Wagner/Loritz, Konzeptionshandbuch der steuerorientierten Kapitalanlage, Band 1 und 2, 2. Aufl. 1997
Wirth, Handbuch zur Vertragsgestaltung, Vertragsabwicklung und Prozessführung im privaten und öffentlichen Baurecht, Band II, 2001
Wolf/Eckert, Handbuch des gewerblichen Miet-, Pacht- und Leasing-Rechts, 8. Aufl. 2000

Zierl, Die Eigentumswohnung, 6. Aufl. 1998
Zierl, Die Eigentumswohnung – Kauf, Finanzierung, Verwaltung, 9. Aufl. 2001

Abkürzungsverzeichnis

a. a. O.	am angegebenen Ort
Abb.	Abbildung
ABN	Allgemeine Bedingungen für die Bauwesenversicherung von Gebäuden
Abs.	Absatz
Abschn.	Abschnitt
ABU	Allgemeine Bedingungen für die Unternehmerleistungen von Unternehmerleistungen
AfA	Absetzung für Abnutzung
AG	Amtsgericht, Auftraggeber
AGB	Allgemeine Geschäftsbedingungen
AGBG	Gesetz zur Regelung des Rechts der Allgemeinen Geschäftsbedingungen
AHB	Allgemeine Versicherungsbedingungen für die Haftpflichtversicherung
akt. u. erw.	aktuell und erweitert
Allg.	Allgemein
AN	Auftragnehmer
Anm.	Anmerkung
AO	Abgabenordnung
ArbstättV	Arbeitsstättenverordnung
Arge	Arbeitsgemeinschaft
Aufl.	Auflage
AVLärmVO	Ausführungsvorschrift Lärmverordnung
BauGB	Baugesetzbuch
BauNVO	Verordnung über die bauliche Nutzung der Grundstücke
BauR	Baurecht, Zeitschrift für das gesamte öffentliche und zivile Baurecht
BauROG	Bau- und Raumordnungsgesetz
BaustellV	Baustellenverordnung
BayObLG	Bayerisches Oberstes Landesgericht
BewG	Bewertungsgesetz
BBodSchG	Bundesbodenschutzgesetz
BetrVG	Betriebsverfassungsgesetz
BeurkG	Beurkundungsgesetz
BFH	Bundesfinanzhof
BGB	Bürgerliches Gesetzbuch
BGBl.	Bundesgesetzblatt
BGH	Bundesgerichtshof
BGHZ	Amtliche Sammlung der Entscheidungen des Bundesgerichtshofes in Zivilsachen
BImSchG	Bundes-Immissionsschutzgesetz
BISchVO	Bundesimmissionsschutzverordnung
BMF	Bundesminister der Finanzen
BNotO	Bundesnotarordnung
BRAO	Bundes-Rechtsanwaltsordnung
BR-Drucksache	Bundesratsdrucksache
BSTBl.	Bundessteuerblatt
BV	Berechnungsverordnung
BVerwG	Bundesverwaltungsgericht

BWNotZ	Zeitschrift für das Notariat Baden-Württemberg
bzw.	beziehungsweise
ca.	circa
CMBS	commercial mortage bached securitisation
DBA	Doppelbesteuerungsabkommen
DIN	Norm des deutschen Instituts für Normung e. V.
DNotZ	Deutsche Notar-Zeitschrift
DStR	Deutsches Steuerrecht-Zeitschrift
DVP	Deutscher Verband der Projektsteuer
DWE	Der Wohnungseigentümer (Zeitschrift)
e. V.	Eingetragener Verein
EGBGB	Einführungsgesetz zum Bürgerlichen Gesetzbuch
Einf.	Einführung
Einl.	Einleitung
ErbbauVO	Verordnung über das Erbbaurecht
erw.	erweitert
EStG	Einkommenssteuergesetz
EStR	Einkommenssteuerrichtlinien
etc.	et cetera
EU	Europäische Union
EUGH	Europäischer Gerichtshof
EuroEG	Gesetz zur Einführung des Euro
f., ff.	folgende, fortlaufende
FGG	Gesetz über die freiwillige Gerichtsbarkeit
FöGG	Fördergebietsgesetz
GAAP	Generelly Accepted Accounting Principles
GBO	Grundbuchordnung
GbR	Gesellschaft bürgerlichen Rechts
GewO	Gewerbeordnung
GewStG	Gewerbesteuergesetz
GewStR	Gewerbesteuer-Richtlinien
GG	Grundgesetz
Ggf.	Gegebenenfalls
GmbH	Gesellschaft mit beschränkter Haftung
GmbHG	Gesetz betreffend die Gesellschaften mit beschränkter Haftung
GrEStG	Grunderwerbssteuergesetz
GVO	Grundstückverkehrsordnung, Gerichtsvollzieherordnung
GWB	Gesetz gegen Wettbewerbsbeschränkungen
HBG	Hypothekenbankgesetz
HGB	Handelsgesetzbuch
HOAI	Verordnung über die Honorare für Leistungen der Architekten und der Ingenieure
Hrsg.	Herausgeber
i. d. R.	in der Regel
i. V. m.	in Verbindung mit

IAS	International Accounting Standarts
IBR	Immobilien und Baurecht (Zeitschrift)
IFRS	International Financial Reporting Standarts
IHK	Industrie- und Handelskammer
insb.	insbesondere
InvZalG	Investitionszulagengesetz
KAGG	Gesetz über Kapitalanlagengesellschaften
Kap.	Kapitel
KG	Kammergericht, Kommanditgesellschaft
KO	Konkursordnung
KStG	Körperschaftsteuergesetz
KWG	Kreditwesengesetz
LG	Landgericht
LV	Leistungsverzeichnis
LZB	Landeszentralbank
MaBV	Makler- und Bauträgerverordnung
MDR	Monatsschrift für Deutsches Recht (Zeitschrift)
MittRhNotK	Mitteilungen der Rheinischen Notarkammer
m. w. N.	mit weiteren Nachweisen
NJW	Neue Juristische Wochenschrift (Zeitschrift)
NJW-RR	NJW-Rechtsprechungsreport Zivilrecht (Zeitschrift)
Nr.	Nummer
NRW	Nordrhein-Westfahlen
NVwZ	Neue Zeitschrift für Verwaltungsrecht
NWB	Neue Wirtschaftsbriefe (Zeitschrift; Verlag)
NZBau	Neue Zeitschrift für Baurecht und Vergaberecht
OECD	Organisation for Economic Coorporation and Development
OECD-MA	Doppelbesteuerungsmusterabkommen der OECD
OFD	Oberfinanzdirektion
OHG	Offene Handelsgesellschaft
OLG	Oberlandesgericht, zugleich Sammlung der Rechtsprechung der Oberlandesgerichte
OLGR	OLG-Report, Zivilrechtsprechung der Oberlandesgerichte
OVG	Oberverwaltungsgericht
p. a.	per anno
PPP	Public Private Partnership
RBerG	Rechtsberatungsgesetz
RDM	Ring deutscher Makler
Rndr.	Randnummer
RPflG	Rechtspflegergesetz
S.	Seite
s.	siehe
s. u.	siehe unten
SachenRÄndG	Sachenrechtsänderungsgesetz

sog.	sogenannt
SolZG	Solidaritätszuschlagsgesetz
StBerG	Steuerberatungsgesetz
StSenkG	Steuersenkungsgesetz
StVBG	Steuerverkürzungsbehauptungsgesetz
u. U.	unter Umständen
überarb.	überarbeitet
UmwG	Umwandlungsgesetz
UmwStG	Umwandlungssteuergesetz
Urt.	Urteil
UStG	Umsatzsteuergesetz
VGH	Verwaltungsgerichthof
vgl.	vergleiche
VgV	Verordnung über die Vergabe öffentlicher Aufträge
VO	Verordnung
VOB/B	Vertragsordnung für Bauleistungen Teil B
VOB/C	Vertragsordnung für Bauleistungen Teil C
VVG	Gesetz über den Versicherungsvertrag
VwGO	Verwaltungsgerichtsordnung
WEG	Wohnungseigentumsgesetz
WertV	Verordnung über Grundsätze für die Ermittlung des Verkehrswertes von Grundstücken
WM	Wertpapiermitteilungen (Zeitschrift)
WuM	Wohnungswirtschaft und Mietrecht (Zeitschrift)
z. B.	zum Beispiel
ZfBR	Zeitschrift für Baurecht
Ziff.	Ziffer
ZNOTP	Zeitschrift für die Notarpraxis
ZPO	Zivilprozeßordnung
ZVG	Zwangsversteigerungsgesetz

A Einführung

I. Die Immobilie aus betriebswirtschaftlicher Sicht einschließlich Finanzierung

Die vielfältigen Ausprägungen des Immobiliengeschäftes kanalisieren sich vor allem in dem Tätigkeitsspektrum eines Bauträgers, der als visionärer Unternehmer nach neuen Marktpotentialen sucht. Der Bauträger als Investor verantwortet und steuert den gesamten Prozess der Entwicklung, Erstellung und Weiterentwicklung von Immobilien, von der Grundstücks- oder Objektakquisition über die Integration der zahlreichen Berufsträger bis hin zur Produktvermarktung und Bestandsverwaltung. Im Rahmen einer einleitenden betriebswirtschaftlichen Analyse, die zum einen ertragsorientiert und zum anderen kostenorientiert sein muss, ist der Blickwinkel des Bauträgers daher von besonderem Nutzen, da sämtliche Tätigkeitsbereiche übergreifend und im Gesamtzusammenhang aufgezeigt werden können. 1

Die Vertiefung einzelner, in dieser Einführung anhand der Wertschöpfung dargestellten Themen der Immobilienentwicklung, erfolgt in den dann folgenden Fallbeispielen. Die einleitende betriebswirtschaftliche Betrachtung des Projektentwicklungsprozesses und der Wertschöpfungsstufen soll eine Orientierungshilfe im Gesamtprozess der Immobilienwirtschaft geben. 2

1. Die Bedeutung der Immobilie

Der besondere Wert der Immobilie für geschichtliche Dokumentation, die wirtschaftliche Entwicklung und die individuelle Lebenssphäre werden vielfach verkannt. Die Stellung der Immobilie, **historisch** betrachtet, wird deutlich, wenn man bedenkt, dass Gebäude vergangener Jahrzehnte oder Jahrhunderte Zeitzeugen ganzer Epochen sind. Die Überbleibsel von Schlössern, Kirchen, Festungen aber auch Wohn- und Bauernhäuser vergangener Tage, geben Einblick in den Stand der Technik, das ästhetische Empfinden, die Bräuche, Traditionen und Lebensformen ganzer Generationen. Die Immobilie repräsentiert bis heute den Stil, die geistige Haltung und das technische Können ihrer Erbauer. 3

Gesamtwirtschaftlich zählt die Immobilienbranche, gemessen an ihrem Anteil am Bruttosozialprodukt, zu einer der Schlüsselbranchen in der Volkswirtschaft. Sie ist Konjunkturindikator und -motor zugleich. Die Komplexität des Herstellungsprozesses eines Wohn- oder Geschäftshauses bedingt die Einbindung unterschiedlicher Berufsgruppen vom Notar und Rechtsanwalt über Architekten, Ingenieure und Handwerker bis zum Immobilienmakler und Hausverwalter. Insgesamt ist die Immobilienbranche ein in hohem Maße arbeitsteiliger und damit beschäftigungsintensiver Arbeitszweig. 4

Einzelwirtschaftlich betrachtet beeinflusst die Immobilie, seien dies Wohnhäuser, Bürogebäude, Gewerbezentren, Ladeneinheiten oder Hotels, in hohem Grad unser persönliches und soziales Umfeld. Wohnen, Arbeiten und Freizeit werden maßgeblich durch die bauliche und ästhetische Qualität der Immobilien bestimmt. 5

Betriebswirtschaftlich betrachtet ist die Immobilie ein langlebiges, kapitalintensives, ertragsorientiertes und zweckgebundenes Wirtschaftsgut, dessen Herstellung strengen technischen Normen unterzogen ist und dessen Erwerb/Veräußerung in hohem Umfang juristisch geregelt ist. 6

2. Der Prozess der Immobilienentwicklung im Überblick

Der **gesamte Entwicklungsprozess** einer Immobilie besteht aus der Verbindung verschiedenster Personen und Funktionen über einen im Vorfeld nicht genau bestimmbaren Zeitraum. Die 7

Entwicklung einer Immobilie vollzieht sich über verschiedene Stufen, zumeist in einem längeren zeitlichen Prozess zwischen zwei bis maximal zehn Jahren. Geht man von dem Neubau eines Büro- oder Wohngebäudes aus, rechnet man von der Grundstücksakquisition über die Baugenehmigung bis zur Fertigstellung durchschnittlich 2–4 Jahre. In Abhängigkeit von der Komplexität des Bauwerkes sowie der behördlichen Genehmigungssituation kann dieser Prozess auch deutlich länger dauern:

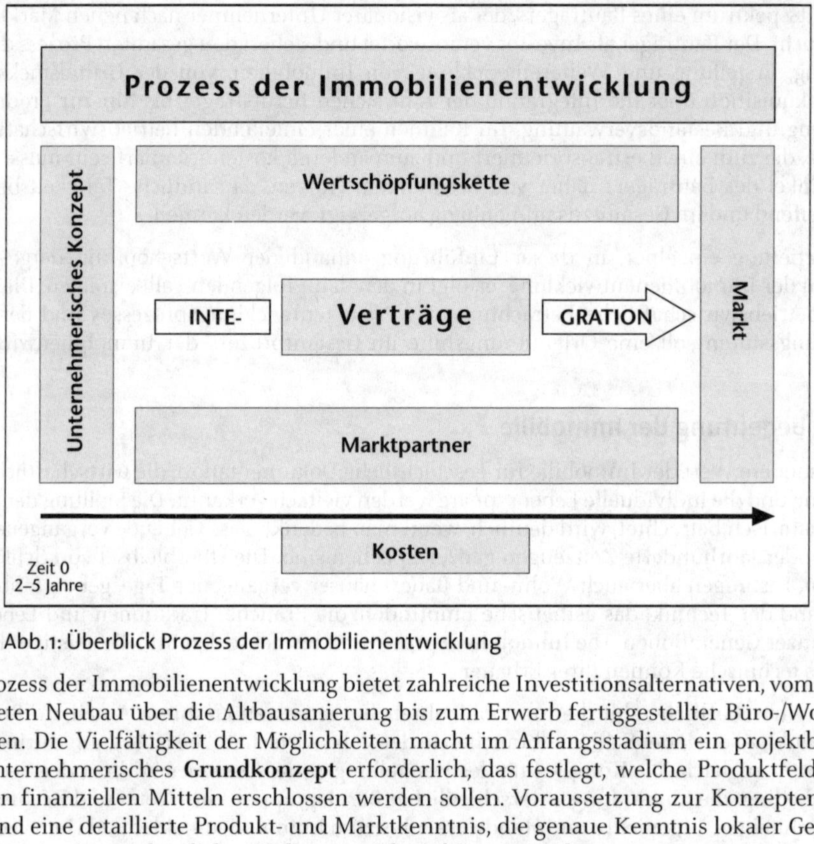

Abb. 1: Überblick Prozess der Immobilienentwicklung

8 Der Prozess der Immobilienentwicklung bietet zahlreiche Investitionsalternativen, vom risikobehafteten Neubau über die Altbausanierung bis zum Erwerb fertiggestellter Büro-/Wohnimmobilien. Die Vielfältigkeit der Möglichkeiten macht im Anfangsstadium ein projektbezogenes, unternehmerisches **Grundkonzept** erforderlich, das festlegt, welche Produktfelder mit welchen finanziellen Mitteln erschlossen werden sollen. Voraussetzung zur Konzeptentwicklung sind eine detaillierte Produkt- und Marktkenntnis, die genaue Kenntnis lokaler Gegebenheiten sowie eine umfängliche Marktpotential- und Ertragsanalyse.

9 Die **Wertschöpfungskette** selbst, die im Folgenden noch dargestellt wird, ist das funktionale Bindeglied zwischen dem Konzept zur Immobilienentwicklung und dem Markt. Die Wahrnehmung der für den Herstellungsprozess einer Immobilie wesentlichen Funktionen und Aufgaben erfolgt durch die Integration verschiedener Marktpartner über eine Vielzahl unterschiedlichster Dienst-, Geschäftsbesorgungs- und Werkverträge. Neben visionären und konzeptionellen Aufgaben gehört es zu den Aufgaben des Bauträgers/Investors, die einzelnen Wertschöpfungsstufen unter Kostengesichtspunkten zu kontrollieren, qualifizierte Marktpartner durch geeignete Verträge zu verbinden und den Produkterfolg durch ständige Projektkontrolle bis zum Zeitpunkt der Fertigstellung und Vermarktung sicherzustellen.

3. Die Wertschöpfung in der Immobilienentwicklung

10 Die im Folgenden aufgezeigte Wertschöpfungskette bildet die einzelnen Entstehungsstufen einer Immobilie sowie die jeweiligen werterhöhenden bzw. kostenorientierten Wertschöp-

fungsbestandteile ab. Inhaltlich können die Wertschöpfungsstufen[1] nur durch die Verbindung und das Tätigwerden der verschiedenen Marktteilnehmer ausgeführt werden. Voraussetzungen sind das unternehmerische Konzept sowie der erfolgreiche Abschluss aller erforderlichen Verträge, bevor eine Projektrealisierung und Vermarktung möglich wird.

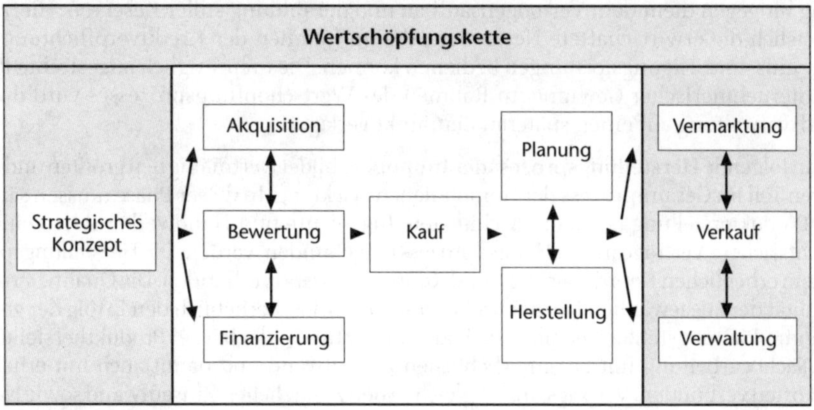

Abb. 2: Wertschöpfungskette in der Projektentwicklung

In jeder **einzelnen Stufe der Immobilienentwicklung** werden neue Werte geschaffen. Die Immobilienentwicklung beginnt mit dem Erwerb eines Grundstücks. Eine erste Wertschöpfung und damit auch Werterhöhung erfolgt durch die Erschließung dieses Grundstücks sowie die Erlangung einer Baugenehmigung. Der Weg vom Grundstückskauf bis zur Baugenehmigung erfordert bereits die Einschaltung von Rechtsanwälten, Notaren, Architekten und Ingenieuren. Diese Planungsphase kann sowohl von behördlicher als auch von planerischer Seite erhebliche Zeit beanspruchen. In Abhängigkeit von der Qualität des beauftragten Architekten sowie von den Anforderungen des Bauprojektes selbst steht auch der Verlauf des Genehmigungsverfahrens. Sowohl im Wohnungs- als auch im Büroimmobilienbau wird von Seiten des Bauträgers/Investors der Versuch unternommen, eine ansprechende, vermarktungsfähige Architektur zu entwickeln und eine maximale Flächennutzung des Grundstücks zu erreichen. Von Behördenseite hingegen beschränken vielfältige Auflagen wie beispielsweise des Umweltamtes oder des Denkmalschutzes dieses Ansinnen. In dieser frühen Planungs- und Genehmigungsphase müssen architektonisches Konzept und Flächen- bzw. Grundrissgestaltung bereits optimiert sein, damit zeitliche Verluste durch Auflagen bei der Flächenoptimierung vermieden werden. 11

Die Umsetzung der gemeinsam mit den Architekten erarbeiteten Baugenehmigung in ein tatsächliches Bauprojekt bestimmt den Prozess der Wertschöpfung. Vor Beginn dieser Phase muss zunächst die **Finanzierung** gesichert sein. Die Prüfung des vorgelegten Projektes durch die Banken trägt nicht im eigentlichen Sinne zur Wertschöpfung bei, ist jedoch unabdingbare Voraussetzung für den Beginn einer Baumaßnahme. Die Banken prüfen in der Regel vornehmlich Standort, Konzept und Wirtschaftlichkeit der Kalkulation. Die Einstufung des geplanten Bauvorhabens durch die eher konservativen Gutachter der Banken bildet für den Bauträger einen Indikator zur kritischen Überprüfung der eigenen Kalkulation. Bis zur Fertigstellung des geplanten Bauprojektes wird die Bank eine kurzfristige Finanzierung zu Kontokorrentkonditionen gewähren, die im Anschluss, je nach Vermarktungskonzept, entweder nach Abschluss 12

1 *Balk, Henning* in: Schulte/Bone-Winkel, Handbuch für Immobilien-Projektentwicklung, 2. Aufl., Köln, 2002, S. 343 ff.; *Laub, Ulf D.* in: Dietram Schneider/Peter Pflaumer Power-Tools, 1. Aufl. 2001, S. 105.

der Baumaßnahme zurückgeführt oder in eine langfristige Anschlussfinanzierung überführt wird. Die Kreditkonditionen müssen dann neu verhandelt werden.

13 Das eigentliche Kerngeschäft des Bauträgers liegt in der möglichst kurzfristigen Realisierung und Vermarktung einer Baumaßnahme. Die Übernahme von Bauobjekten in die Bestandsverwaltung hingegen dient dem Vermögensaufbau und der Bildung stiller Reserven. Hierzu sollte nachweislich die erwirtschaftete Nettomiete, die im Rahmen der Kreditverpflichtung entstehenden Zins- und Tilgungsleistungen bedienen können. Die ursprünglich angestrebte Realisierung unternehmerischer Gewinne im Rahmen des Wertschöpfungsprozesses wird durch die Bestandsverwaltung auf einen späteren Zeitpunkt verlagert.

14 Der dann folgende **Herstellungsprozess der Immobilie** bildet wertmäßig den größten und interessantesten Teil im Gesamtprozess der Immobilienentwicklung. In dieser Phase müssen sämtliche, an der Produkterstellung beteiligte Architekten, Ingenieure und Handwerker durch eindeutige und rechtssichere Verträge in den Herstellprozess eingebunden werden. Die Herstellungsphase ist mit einem erheblichen Koordinierungs- und Kontrollaufwand verbunden. Die Qualifizierung und die Qualität der ausgewählten Partner und Firmen beeinflusst erheblich den Erfolg der gesamten Maßnahme. Planungsfehler, Vergabefehler oder qualitative Fehler bei der Produktherstellung sind in der Nachbearbeitung mit einem erheblichen Zeitaufwand und damit auch mit erheblichen Zusatzkosten verbunden. Vertragsstrafen gleichen den zusätzlichen Zinsaufwand sowie Nachteile in der Vermarktung und der Kapitalrückführung oftmals nicht aus.

15 Nach Fertigstellung einer Baumaßnahme ist der Prozess der Wertschöpfung abgeschlossen. Die Realisierung der zu Beginn der Baumaßnahme kalkulierten unternehmerischen Gewinnpotentiale und somit die durch die Wertschöpfung geschaffenen zusätzlichen Werte, erfolgt im Zuge einer erfolgreichen **Vermarktung.** Diese Vermarktung kann je nach Marktlage bereits während der Bauphase oder aber erst nach Abschluss der Bauphase erfolgen. Je früher der Verkauf geplanter Wohneinheiten beginnen kann, desto geringer wird die Zinsbelastung durch Rückführung von Kreditmitteln gegenüber dem Finanzinstitut. Der tatsächliche Erfolg einer Baumaßnahme und somit auch die Realisierung unternehmerischen Gewinns wird erst mit dem Verkauf sämtlicher Einheiten möglich, da erst nach Rückführung des gesamten Kreditvolumens der ursprünglich kalkulierte unternehmerische Gewinn realisiert ist und durch das Kreditinstitut zur Auszahlung kommt.

4. Strategisches Konzept in der Immobilienentwicklung

16 Die Entscheidung zur Entwicklung und Realisierung eines Immobilienprojektes ist bei dem Neubau eines Bürohauses oder einer Wohnimmobilie mit erheblichen wirtschaftlichen Risiken verbunden, da sich bereits in der Planungsphase künftige Marktdaten verändern können. Darüber hinaus bildet die Eigenmittelausstattung eine wesentliche Entscheidungsgrundlage. Mittelständische Bauträgerunternehmen sind mit einer Eigenkapitaldecke von 15%–20% ausgestattet. Die Durchführung von Neubau- oder auch Sanierungsmaßnahmen basiert in erheblichem Umfang, üblicherweise zwischen 80–90% des Gesamtfinanzierungsvolumens, auf Fremdmitteln. Bedingt durch den hohen Fremdmittelanteil, kann jede einzelne Entscheidung zur Realisierung einer Bauträgermaßnahme, sofern sie auf falschen Annahmen hinsichtlich der Lage des Objektes, den kalkulierten Baukosten, der Marktentwicklung und der Preisfindung basiert, zum Scheitern des Projektes, aber auch zur Insolvenz des Unternehmens führen, sofern sich dies noch in der Ausbau- oder Wachstumsphase befindet. Daher kommt gerade für Unternehmen mittlerer Größenordnung dem ertragsorientierten, strategischen Produktkonzept, basierend auf Auswahl von Standort, Marktsegment, Produktgruppe, Kunden- und Preissegment eine wichtige Bedeutung zu. Im Folgenden werden die grundsätzlichen strategischen Alternativen kurz aufgezeigt und inhaltlich erläutert. Je nach Kapitalausstattung und Marktposition sind folgende Optionen möglich:

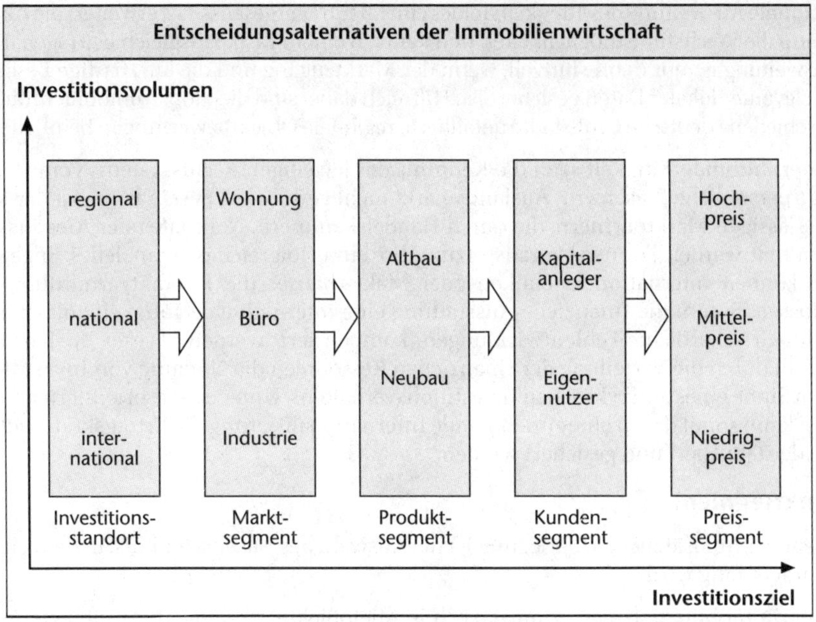

Abb. 3: Strategische Entscheidungsalternativen der Projektentwicklung

Eine entsprechende konzeptionelle Aufbereitung der eben genannten Kriterien ist vor allem für größere und kapitalstarke Bauträgerunternehmen vor dem Hintergrund einer risikoorientierten Portfoliostruktur von Bedeutung. Verfolgt ein Unternehmen mehrere Baumaßnahmen gleichzeitig, können richtige strategische Vorüberlegungen rechtzeitig dazu beitragen, lokale Marktschwankungen auszugleichen und negative wirtschaftliche Entwicklungen in regionalen Teilmärkten durch die Investition in alternative Regionen und Marktsegmente zu kompensieren. 17

Von grundsätzlicher Bedeutung für die Ausrichtung eines Unternehmens ist die Entscheidung dafür, welches Preissegment zu bedienen ist, da die Anforderungen an Anzahl der Mitarbeiter, Qualität des Produktes, erforderliche Serviceleistungen und Marktpartner erheblich differieren. Für jüngere und im Wachstum befindliche Unternehmen empfiehlt es sich daher zur Risikovermeidung in ein Produktsegment in einer Region bei mittleren Preisstrukturen zu investieren, da das Billigsegment einen erheblichen Verdrängungswettbewerb bedingt und das Hochpreissegment durch die begrenzte Anzahl potentieller Erwerber limitiert ist. Zudem ist der Marktzugang, der Zugang zu rentablen Immobilien sowie die Einbindung hochwertiger Vertragspartner auf einen langjährigen Entwicklungs- und Erfahrungsprozess zurückzuführen. 18

a) Standortentscheidung

Da es sich bei Immobilienmärkten um regionale Märkte handelt, sind, von wenigen institutionellen Immobilieneigentümern oder international tätigen Bauunternehmen abgesehen, die überwiegende Anzahl der Marktteilnehmer auf ihren **Heimatstandort** beschränkt. Dies steht in engem Zusammenhang damit, dass die Einschätzung von Standort und Lage sowie die Bewertung von Objekten, aber auch der persönliche Kontakt zu den Behörden, Ingenieuren, Architekten und Maklern, unabdingbar für eine erfolgreiche Projektentwicklung ist. Gleichzeitig bildet eine detaillierte Marktkenntnis die Voraussetzung für erfolgreiche Verhandlungs- und Preisfindungsansätze. 19

20 Die **nationale** Ausweitung des Tätigkeitsfeldes einer Bauträgergesellschaft erweitert die Aktivitätsfelder und die Wachstumsmöglichkeiten und kann zu einem Risikoausgleich beitragen. Eine solche Ausweitung ist nur dann sinnvoll, wenn der Marktzugang und die kurzfristige Beschaffung marktrelevanter lokaler Daten gesichert ist. Hilfreich dabei sind die Plötz Immobilienführer[2], die für verschiedene deutsche Großstädte detaillierte regionale Objektbewertungen beinhalten.

21 Eine **internationale** Tätigkeit setzt die Kenntnis des jeweiligen Rechtssystems voraus. Da eine ständige persönliche Präsenz im Auslandsmarkt nicht gewährleistet sein kann, ist der Kontakt zu zuverlässigen Marktpartnern, die durch Handelskammern, Notariate oder Anwaltskanzleien vermittelt werden können, Voraussetzung für ein erfolgreiches finanzielles Engagement. Ebenso können internationale Banken oder Maklerhäuser die Kontaktvermittlung positiv beeinflussen. Sofern die finanzielle Ausstattung eine internationale Tätigkeit zulässt, können dadurch wirtschaftliche Fehlentwicklungen kompensiert werden. Dieser Risikoausgleich ermöglicht durch die Verteilung der finanziellen Ressourcen die Nutzung von Investitionsvorteilen im Sinne eines antizyklischen Investitionsverhaltens. Unter ertragsorientierten Gesichtspunkten kann somit durch eine zunehmende Internationalisierung die Ertragskraft mittel- und langfristig stabilisiert und gesichert werden.

b) Marktsegment

22 Eine weitere grundsätzliche Überlegung ist die Auswahl des Marktsegments, in dem ein Investor/Bauträger tätig wird.

23 Die **Wohnimmobilie** teilt sich grundsätzlich in Mietobjekte[3] und Eigentumsobjekte[4] mit Teileigentum. Die Eigentumsquote in Deutschland liegt mit rund 41%[5] deutlich unter dem europäischen Durchschnitt. In England liegt der Anteil des Wohneigentums bei 68% und in Spanien sogar bei 78%. Die rechtliche Grundlage von Wohneigentum bildet das Wohnungseigentumsgesetz.[6] (WEG) (vgl. auch Kap. C. IV.), in dem die Rechte und Pflichten bei Erwerb von Wohneigentum geregelt sind. Die rechtlichen Grundlagen von Mietwohnobjekten sind umfangreich, zumeist zugunsten der Mieter, im Bürgerlichen Gesetzbuch (BGB) geregelt.

24 Die Wohnimmobilie ist unter Ertragsgesichtspunkten niedriger verzinslich als die Büroimmobilie und liegt ohne die Berücksichtigung spezifischer steuerlicher Vorteile selten über 4%.

25 Unter Risikogesichtspunkten vermindert die Vielzahl von Nutzern (Mietern/Eigentümern) und die Kleinteiligkeit der Einheiten eines Wohnobjektes das finanzielle Ausfallrisiko. Da selbst in wirtschaftlich schlechten Zeiten Wohnraum im Vergleich zu Büroflächen immer benötigt wird, basiert der Erfolg überwiegend auf der richtigen Einschätzung von Grundrissen, Preisniveau und Qualitätsstandards. Zu bedenken ist, dass im Wohneigentumssegment die individuellen Ansprüche der Erwerber zugenommen haben. Es empfiehlt sich daher in der Baubeschreibung materielle Ausstattungsstandards durch konkrete Preisangaben zu unterlegen, da andernfalls bei der Ausführung von Sonderwünschen Abrechnungsprobleme auftreten.

26 Die **Büroimmobilie** unterliegt einem völlig anderen Vermarktungskonzept als die Wohnimmobilie. Obgleich auch im Bürobereich ein Teileigentum möglich ist, ist dieses Konzept in Deutschland wenig verbreitet. Ziel der Entwicklung einer Büroimmobilie ist die zügige Produkterstellung und -vermietung. In funktionierenden Märkten kann durch die deutlich höheren Büromieten, geknüpft an langfristige Mietverträge mit bonitätsstarken Mietern, im Veräußerungsfall ein erhebliches Ertragspotential realisiert werden.

---

2 *Plötz,* Immobilienführer, Rudolf Müller Verlag 2002.

3 Vgl. *Stürzer/Koch,* Vermieter-Lexikon, Haufe-Verlag, 6. Aufl., Freiburg, 2001.

4 *Zierl, Gerhard,* Die Eigentumswohnung, Hüthig-Verlag, 6. Aufl., Heidelberg 1998.

5 www.kapitalanlageforum.de Quelle: Immoexpose 24.de, Statistische Landesämter, LBS Research. 2002.

6 *Bärmann/Pick,* Wohnungseigentumsgesetz, 15. Auflage, München 2002.

z.B. Die Gestehungskosten eines durchschnittlichen Büroobjektes mit 10.000 m² Fläche belaufen sich auf 25 Mio. €. Die Nettomiete bei durchschnittlicher wirtschaftlicher Entwicklung liegt bei 18,00 €/m². Die Jahresmiete beläuft sich bei Vollvermietung auf 2,16 Mio. €. Der Kapitalisierungsfaktor liegt bei der 16fachen Jahresnettomiete, d. h. 34,5 Mio. €. Der Ertrag läge dann bei 9,5 Mio. €.

Im reinen Vermietungsfall kann im Bereich der Büroimmobilie von einer Verzinsung nach 27
Finanzierung von 8% ausgegangen werden. Problematisch ist die Sensibilität gegenüber wirtschaftlichen Marktschwankungen. Kommt es zu einer Rezession, kann die Verzinsung zuweilen ausfallen und das gesamte Finanzierungsrisiko verbleibt beim Investor/Bauträger.

Ein spezielles aber durchaus populäres Marktsegment im Wohnbereich bildet die **Altbausanie-** 28
rung. Gefördert durch das Investitionszulagengesetz 1999.[7] (§ 3 Investitionszulagengesetz für Modernisierungsmaßnahmen an Mietwohngebäuden) und die Denkmalabschreibung.[8] (§ 7 i und 10 f.) bildet dieses Spezialsegment eine attraktive Investitionsmöglichkeit für Bauträger und Investoren. Im Vorfeld der Altbausanierung müssen Bausubstanz und Altlasten von einem Fachmann geprüft werden. Entspricht die Lage und die Grundrissgestaltung des Objektes den gängigen Marktbedürfnissen, kann eine Altbausanierung, insbesondere auch aufgrund der inzwischen umfangreichen Erfahrungen der Handwerksfirmen, auf einer standardisierten und ökonomisch effizienten Basis durchgeführt werden. Vorab empfiehlt es sich das Grundbuch genau zu prüfen, um etwaige Ansprüche vormaliger Eigentümer, besonders in Berlin und Ostdeutschland auszuschließen.

z.B. Betrachtet man den Berliner Markt, liegen die Anschaffungskosten bei 400,00 €/m² bis 500,00 €/m² und die Sanierungskosten bei rund 750,00 €/m² bis 900,00 €/m², d. h. die Gestehungskosten bewegen sich zwischen 1.150,00 €/m² bis 1.400,00 €/m². Geht man von 7,00 €/m² Nettomiete aus, und erfüllt das Objekt die Förderkriterien des Investitionszulagengesetzes von 1999 (§ 1 und § 3), ergibt sich eine Verzinsung von ca. 6–7,3% vor Finanzierung bzw. 1,4–3% nach Finanzierung. Die Finanzierung wurde hierbei mit 5% angenommen.

c) Kundensegment

Bereits in der Phase der Grundstücksakquisition muss der Bauträger/Investor eine Entschei- 29
dung gefällt haben, welches Kundensegment unter preispolitischen Aspekten bedient werden soll. Grundsätzlich ergeben sich als Alternativen die Entscheidung zwischen dem qualitativ niedrig angesiedelten Niedrigpreissegment, dem an durchschnittlichen Marktpreisen orientierten Mittelpreissegment oder dem qualitativ hochwertigen und anspruchsvollen Hochpreissegment.

aa) Niedrigpreissegment

Soll ein niedriges Preissegment bedient werden, bedeutet dies bereits für die Grundstücksakquisi- 30
tion, eine preisgünstige Lage zu erwerben, da andernfalls die zu hohen Anschaffungskosten das Niedrigpreiskonzept behindern würden. Bewegt man sich im günstigen Wohnungsbausegment, ist die Anzahl der Nachfrager mengenmäßig hoch, die Bonität und die Budgetverfügbarkeit deutlich limitiert. Tendenziell ist davon auszugehen, dass das angestrebte Mengengeschäft durch Einkommensbarrieren gefährdet wird. Hinzu kommt zur Erfüllung einer Niedrigpreisstrategie das Erfordernis eines intensiven Kostenmanagements und Controllings sowie eines flächendeckenden, personalaufwendigen Vertriebssystems. Der Bauträger/Investor gerät bei diesem Marktseg-

7 Vgl. Investitionszulagengesetz 1999, www.wowi.de/info/gesetze.
8 Haufe Buchführung Office, EstG – Einkommensteuergesetz, Freiburg, 2002.

ment unter erheblichen Margendruck, der nur durch die Größe und Stärke einer Organisation ausgeglichen werden kann.

bb) Mittelpreissegment

31 Im mittleren Preissegment eines Immobilienmarktes bewegen sich die meisten Wettbewerber. Einstandskosten, Herstellkosten und Verkaufspreis bewegen sich in einem Korridor, der eine gewisse Preiselastizität ermöglicht. Das Niveau von Design und Produktqualität entspricht marktüblichen Normen und kann durch Produktstandardisierung zu Effizienzeffekten für den Bauträger führen. Das Risiko einer Fehlinvestition wird dadurch verringert, dass die Gesamtkosten und die Produktstandardisierung im Zweifel eine tragfähige Vermietung ermöglichen, wodurch zumindest der Zinsdienst bedient werden kann. Auf Kundenseite trifft man auf eine breitgestreute Nachfragestruktur, deren verfügbares Einkommen dem angebotenen Produkt entspricht.

cc) Hochpreissegment

32 Die Entscheidung zur Erstellung eines hochpreisigen Qualitätsproduktes muss wohl überlegt sein. Bei einem erstklassigen Grundstück werden die Anschaffungskosten mindestens 30% über den sonst üblichen Grundstückspreisen liegen. Zur Erstellung der gewünschten Produktqualität müssen weitere Zusatzkosten von mindestens 25% kalkuliert werden. Entsprechend muss der Verkaufspreis einschließlich Bauträgergewinn mit rund 40% über den durchschnittlichen Marktpreisen kalkuliert werden. Sowohl die Anforderungen an die Qualitätskontrollen bei der Bauausführung und die Auswahl fachlich geeigneter Marktpartner, als auch die Anforderungen an den Produktvertrieb und den After-Sales-Service, bewegen sich auf einem hohen Niveau, das ohne Erfahrung und langfristige Marktkontakte nicht zu erfüllen ist.

33 Die Nachfragestruktur konzentriert sich auf einen kleinen Kreis wohlhabender Kunden, deren individuelle Vorstellungen von Innenausbau und Grundrissgestaltung ein erhebliches, zusätzliches Dienstleistungs- und Servicepotenzial erfordern. Die Kostenübernahme von Sonderwünschen muss eindeutig vertraglich geregelt sein. Entscheidet sich ein Investor/Bauträger für das Hochpreissegment, sollte das Portfolio der Bauträgermaßnahme zum Risikoausgleich auch risikoärmere Maßnahmen beinhalten. Dem deutlich höheren Vermarktungsrisiko stehen bei erfolgreichem Verkauf des Objektes in der Regel höhere Gewinnpotenziale gegenüber.

> **Tipp** Die unternehmerische Investitionsentscheidung muss in Anlehnung an die ständigen Marktschwankungen einem permanenten Kontrollprozess unterzogen werden. Unter Risikoaspekten empfiehlt sich daher eine nach standort-, markt-, produkt-, kunden- und preissegmentbezogene, gemischte Portfoliostrategie.[9]

5. Die Marktpartner im Wertschöpfungsprozess der Immobilienentwicklung

34 Inhaltlich ausgefüllt und gestaltet wird der Wertschöpfungsprozess durch die verschiedenen Projektbeteiligten, die zur Produktplanung, -gestaltung und -erstellung beitragen. Parallel zu den einzelnen Wertschöpfungsstufen der Wertschöpfungskette ergeben sich spiegelbildlich die in den Wertschöpfungsprozess einzubindenden wesentlichen Berufsgruppen, die im nachfolgenden Überblick dargestellt werden:

---

9 Vgl. *Muncke, Günter; Dziomba, Maike; Walther, Monika* in: Schulte/Bone-Winkel, Handbuch für Immobilien-Projektentwicklung, 2. Aufl., Köln, 2002, S. 198–200; *Laub, Ulf D.* in: Dietram Schneider/Peter Pflaumer Power-Tools, 1. Aufl. 2001, S. 109.

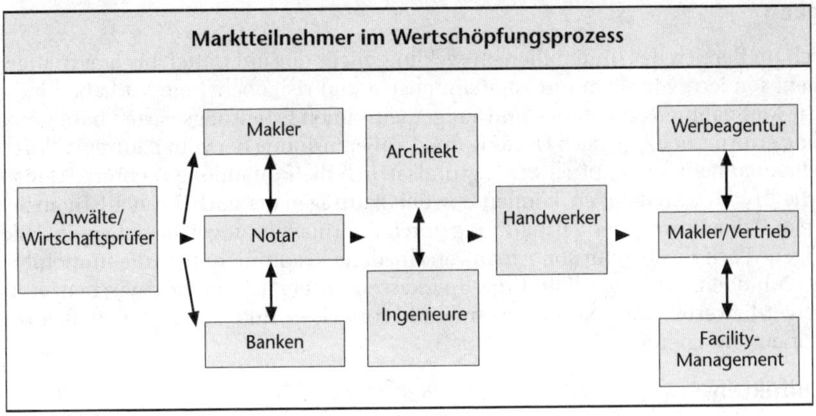

Abb. 4: Marktteilnehmer im Wertschöpfungsprozess der Projektentwicklung

a) Anwälte/Rechtsberater

35 Der gesamte Prozess der Immobilienentwicklung muss vom Zeitpunkt des Grundstückserwerbs bis zur Vermarktung der Immobilie von **Rechtsanwälten** begleitet werden.[10] Eine fachkompetente Rechtsberatung durch Spezialisten, die sich nicht nur mit dem mühsamen Mietrecht, sondern auch mit der komplizierten Materie des Baurechts befassen, ist für den Erfolg einer Baumaßnahme von grundlegender Bedeutung. Obgleich zahlreiche Vertragsverbindungen, seien dies solche mit Käufern, Maklern, Banken oder Architekten und Ingenieuren standardisiert und durch Allgemeine Geschäftsbedingungen unterlegt sind, bedarf es gerade bei Kaufverträgen, aber auch bei der Ausgestaltung der Werkverträge mit Bauunternehmen, Handwerksfirmen, Architekten und Ingenieuren der juristischen Beratung und Begleitung. Inhaltliche oder formale Fehler bei der Vertragsgestaltung oder -durchführung können spätestens bei der Endabwicklung eines Bauprojektes ohne die Einbindung einer hinreichenden juristischen Fachkompetenz im Nachgang den Erfolg einer Baumaßnahme durch Streitigkeiten mit den Vertragspartnern gefährden.

b) Makler

36 Im Bereich der **Immobilienmakler** bewegt sich der Investor auf unterschiedlichen Ebenen. Maklern kommt in ihrer Vermittlungsfunktion zwischen Bauträger/Investor und Interessenten, seien dies institutionelle Investoren, Einzelkäufer oder Mieter, eine zentrale Bedeutung zu (vgl. dazu im Einzelnen Kapitel B. II. 1.). Gute Kontakte zu seriösen Maklerhäusern, müssen über einen längeren Zeitraum aufgebaut und entwickelt werden. Erst nach Schaffung einer vertrauensvollen Zusammenarbeit und dem Nachweis der Zuverlässigkeit auf Bauträgerseite hinsichtlich Projektdurchführung und Provisionszahlungen, wird sich ein Verhältnis entwickeln, bei dem der Makler sich engagiert für die Vermarktung eines Wohn- oder Bürohauses einsetzt oder aber interessante Produkte weiterreicht. Der Makler als Marktkoordinator bildet sowohl in nationalen als auch in internationalen Märkten den Schlüssel für eine erfolgreiche Produktakquisition und auch für eine erfolgreiche Produktvermarktung. Das Engagement eines Immobilienmaklers für seine Kunden wird erheblich durch die Höhe der Provision gesteuert.

10 *Gerber, Astrid* in: JUVE – Handbuch 2003–2003, Wirtschaftskanzleien, 5. Aufl., Köln, 2003.

c) Banken

37 Da es sich im Bereich der Immobilienentwicklung nicht nur um mittel- bis langfristige **Finanzierungen**, sondern vor allem um kapitalintensive und risikobehaftete Vorhaben handelt, ist für solche Maßnahmen eine stabile und auf gemeinsamen Erfahrungswerten basierende Bankbeziehung erforderlich.[11] Je nach Umfang und Größenordnung der vom Bauträger durchzuführenden Baumaßnahmen empfiehlt sich grundsätzlich die Einbindung mehrerer Hausbanken. Klassische Hypothekenbanken können sowohl Bauträger als auch Bestandsfinanzierungen anbieten und den Prozess der Vermarktung durch Endfinanzierungen begleiten. In Anlehnung an die eigene Portfoliostruktur sollte man verschiedene Kreditinstitute in die Immobilienfinanzierung einbinden. Ergänzend sind die Sparkassen zu erwähnen, die zwischenzeitlich eine äußerst wettbewerbsfähige Konditionenpolitik vorweisen und in der Geschäftsabwicklung kundenorientiert agieren.

d) Architekten

38 Das Design und die Gestaltung einer Immobilie bestimmt im wesentlichen der **Architekt** in Zusammenarbeit mit dem Investor (vgl. zum Architektenvertrag Kapitel B. V. 1.) Die Auswahl eines geeigneten Architekten richtet sich nach dessen Planungsstärke. Da die Herstellung von gewerblichen Immobilien sowohl hinsichtlich der technischen Standards als auch hinsichtlich des Produktdesign gegenüber Wohnimmobilien erheblich variiert, sind Architekten zumeist an diesen Schwerpunkten ausgerichtet. Entwurf und Planung bilden in den meisten Fällen die Stärke guter Architekturbüros, da durch die Außenwirkung eines Objektes den künstlerischen Ansprüchen von Architekten Rechnung getragen wird. Die für die Vermarktung wichtige Gestaltung von Innenräumen und Grundrissen wird dabei zuweilen ebenso vernachlässigt wie die Berücksichtigung der Kosten bei der Auswahl der Baumaterialien. Zur Steuerung der marktgerechten Herstellung einer Immobilie müssen Konzept, Design und Grundrisse im Detail gemeinsam mit den Architekten und den Maklern abgestimmt und erarbeitet werden. Die Teilnahme des Bauträgers/Investors an solchen Besprechungen ist notwendig, da sich ansonsten die individuellen Vorstellungen der einzelnen Leistungsträger verselbständigen und eine zielgerichtete Koordination der einzelnen Marktteilnehmer nicht mehr möglich ist.

e) Technische Berufe/Ingenieure

39 Da es sich bei der Immobilie neben dem konzeptionellen wertmäßigen und kalkulatorischen Vorüberlegungen primär um ein komplexes technische Produkt handelt, ist das Berufsfeld der **Ingenieure** (Fachingenieure, Fachplaner und Gutachter) für die qualitative, technische und termingerechte Ausführung eines Bauwerks von zentraler Bedeutung. Zahlreiche Tätigkeitsbereiche, von der termin- und kostenorientierten Projektsteuerung (vgl. dazu Kapitel B. V. 4.) über die ausführungsorientierte Bauleitung bis hin zur Statik (vgl. dazu Kapitel B. V. 2. a) und Fachplanung von Haustechnik und Elektro (vgl. dazu Kapitel B. V. 2. c), müssen koordiniert werden. Bei der Akquisition von Grundstücken mit Bestandsobjekten müssen Ingenieure zur Substanzbewertung herangezogen werden. Neuerdings muss zur Sicherung von Arbeitsabläufen auf Baustellen ein zusätzlich ausgebildeter Ingenieur, als sogenannter Sicherheitskoordinator eingesetzt werden.

40 Sowohl die Fachkenntnis als auch die Erfahrung sowie das Durchsetzungsvermögen der Ingenieure sind besondere Qualitätsmerkmale, die die Durchführung einer erfolgreichen Baumaßnahme gewährleisten. Im Rahmen der Projektsteuerung werden wöchentliche Planungsbesprechungen und Bauleitungssitzungen koordiniert und durchgeführt, im Rahmen der Bauleitung ist eine tägliche Überwachung der Bauabläufe vor Ort erforderlich. Sowohl die Planungs- als auch die Ausführungsqualität bei der Errichtung einer Immobilie werden maßgeblich durch das innovative und

---

11 Vgl. Praktische Beispiele *Pohnert, Fritz,* Kreditwirtschaftliche Wertermittlungen, 5. Aufl., Berlin, 1997.

kreative Denken qualifizierter Ingenieure bestimmt. Die Einhaltung der Qualitätsstandards, die im deutschen Baurecht durch erheblich Normanforderungen gesichert sind, verursachen vielfach erhebliche Zusatzkosten.

f) Bauunternehmen und Handwerker

Die **Handwerksfirmen** zur Erstellung der zahlreichen Gewerke bilden den Kernbereich jeder 41
Baumaßnahme. Die regionale Struktur von Immobilienmärkten bedingt zumeist auch die regionale Einbindung von Handwerksfirmen. Nur wenige der überwiegend mittelständisch strukturierten Handwerksbetriebe sind überregional tätig. Die ständige Präsenz der Handwerker am Ort der Baumaßnahme fördert dieses Regionalprinzip. Dadurch ist es nur schwer möglich, Kostenvorteile zwischen einzelnen Regionen zu nutzen. Bei der Vergabe einzelner Gewerke ergibt sich in typischer Weise der Widerstreit zwischen Kosten und Qualität (vgl. dazu im Einzelnen Kapitel B. VI. 2. a).

Für die Bauausführung ist der Inhalt der technischen Leistungsbeschreibung, die durch den Archi- 42
tekten oder den bauleitenden Ingenieur erstellt wird, von grundsätzlicher Bedeutung. Eine betriebswirtschaftlich sinnvolle Auftrags-Vergabe ist immer nur dann möglich, wenn eine Auswahl zwischen mindestens drei, günstigerweise fünf bis sechs Vergleichsangeboten getroffen werden kann. Der Rücklauf der Ausschreibungen sowie deren preisliche Auswertung ermöglicht dem Bauträger/Investor, eine Markttransparenz herzustellen, die schließlich eine marktgerechte Preisfindung möglich macht. Der Grundstandard der Qualitätssicherung in Deutschland ist durch die vorgegebenen Normen sehr hoch und demzufolge das Qualitätsausfallrisiko verhältnismäßig gering.

Wesentlich bedeutender bei der Vergabe von Aufträgen ist die Überprüfung der Bonität von 43
Handwerksfirmen durch Wirtschaftsauskunfteien[12], da im Insolvenzfall die Durchführung von Ersatzvornahmen juristisch kompliziert und häufig anfechtbar ist. Sofern sich ein Bauträger der mühsamen Einzelvergabe von Gewerken entziehen will, besteht alternativ die Möglichkeit, die Herstellung eines Gebäudes vom ersten Spatenstich bis zur Mängelabnahme nach Fertigstellung an einen Generalunternehmer zu übergeben, der unter Berücksichtigung eines Koordinations- und Risikozuschlags von ca. 15 % der Gesamtkosten die Maßnahme schlüsselfertig durchführt (vgl. dazu Kapitel B. VI. 2.b).

g) Facilitymanagement

Das **Facilitymanagement** steht am Ende der gesamten Wertschöpfungskette und begleitet die 44
Immobilie während ihres gesamten Lebenszyklus.[13] Im Bereich der Wohnimmobilien umfasst die Hausverwaltung primär die Sicherstellung der Funktionalität technischer Einrichtungen sowie die Durchführung einzelner Reparaturmaßnahmen, die Pflege der Außenanlage sowie das Erstellen von Betriebs- und Nebenkostenabrechnungen. Im Bereich der Büroimmobilie wird dieses Spektrum ergänzt durch den Einsatz effizienter und energiesparender Heiz- und Elektrosysteme, die Einbindung von Solarenergie sowie den Einsatz zentral gesteuerter Überwachungs- und Sicherheitsvorrichtungen. Das Facilitymanagement bildet schließlich auch für die Vermarktung des fertiggestellten Immobilienobjekts dasjenige Bindeglied, das Werterhaltung, Funktionalität, optisches Erscheinungsbild und Kapitalflüsse aus der Bestandsimmobilie sicherstellt (vgl. dazu im Einzelnen Kapitel F. IV.)

12 Bürgel Wirtschaftsinformationen GmbH & Co. KG, Gasstraße 18, 22761 Hamburg, Verband der Vereine Creditreform e. V., Hellersbergstraße 12, 41460 Neuss

13 Vgl. *Platz, Jürgen* in: Immobilien-Management, 2. Auflage, Gabler-Verlag, Wiesbaden, 1991.

6. Die Kosten im Wertschöpfungsprozess der Immobilienentwicklung

45 Betriebswirtschaftlich betrachtet ist die erfolgreiche Durchführung einer Baumaßnahme in wesentlichem Maße abhängig vom Kostenmanagement. Die zentralen Kostenblöckeeiner Immobilienentwicklung setzen sich in ihrem wertmäßigen Anteil an den Gesamtgestehungskosten wie folgt zusammen:

Grundstücksanschaffungskosten und Nebenkosten	20%–30%
Herstellungskosten	30%–50%
Kalkulatorische Nebenkosten	5%–10%
Finanzierungskosten	5%
Vertriebskosten	5%–10%

a) Akquisitionskosten

46 Die **Akquisitionskosten** bestehen im wesentlichen aus den kaufvertraglich vereinbarten Erwerbskosten des zu bebauenden Grundstückes. Die Kaufpreisnebenkosten sind festgeschrieben und liegen bei rund 5%. Die Höhe der gesamten Grundstücksanschaffungskosten samt Nebenkosten sollten in der Betrachtung der Gesamtkosten einen Anteil von 30% nicht überschreiten. Im Bereich der Grundstücksakquisition bedarf es einer umfangreichen wirtschaftlichen Prüfung der Höhe der Anschaffungskosten. Hierzu sind folgende Informationen[14] erforderlich:

- Standortanalyse
- Regionale Marktdaten
- Wirtschaftliche Rahmendaten
- Vergleichende Miet- und Preisdaten

47 Die Obergrenze der Grundstücksanschaffungskosten definiert sich ausschließlich über die im Vorfeld durch den Bauträger/Investor kalkulierten Gesamtkosten sowie den darin beinhalteten unternehmerischen Bauträgergewinn. Zur Absicherung des Grundstückskaufpreises sind Marktdaten von Vergleichsobjekten, Standortinformationen durch Makler sowie vergleichende Mietpreisanalysen zu beschaffen. Ergänzend ist es erforderlich, Informationen über die wirtschaftliche Stärke sowie die verfügbare Kaufkraft einer Region zu eruieren, damit die geplante Produkt- und Preisstrategie den wirtschaftlichen Gegebenheiten vor Ort entspricht. Die Übertragung von Markt-, Produkt- und Preiskonzepten ohne Standortdifferenzierung ist nicht möglich. In einigen Großstädten beispielsweise liegen sowohl Mietpreise, Kaufpreise, Herstellkosten und Grundstückspreise bei vergleichbaren Produkten bis zu 50% über dem Preisniveau anderer Großstädte.

> **Tipp** Als Grundregel gilt daher, dass im Rahmen einer Projektentwicklung die Grundstücksanschaffungskosten 30% der gesamten kalkulierten Gestehungskosten nicht überschreiten sollten.

b) Herstellkosten

48 Erfahrungsgemäß dürfen die **Herstellkosten** im Gesamtprozess der Immobilienentwicklung einen Anteil von 30% bis 50% an den Gesamtkosten nicht überschreiten. Die Herstellkosten definieren sich über die Planungskosten durch die Einbindung von Architekten, Fachingenieuren und Bauleitung sowie Statiker für deren Planungsleistung. Der Honoraranteil liegt bei ca. 5%. Den wesentlichen Anteil der Herstellkosten tragen die Handwerks- und Baufirmen. Bei der Durchführung einer durchschnittlichen Baumaßnahme ist mit der Einbindung von rund 60 bis 70 verschiedener Unternehmer bzw. Gewerke zu rechnen.

---

14 Vgl. *Schneider, Volker,* Praxishandbuch der Immobilien- Projektentwicklung in: Schäfer/Conzen, München, 2002, S. 47–57; vgl. *Muncke, Günter; Dziomba, Maike; Walther, Monika* in: Schulte/Bone-Winkel, Handbuch der Immobilien-Projektentwicklung, 2 Aufl., Köln, 2002, S. 133.

Innerhalb der Herstellkosten[15] bilden der Rohbau, die Fassade sowie die Fachgewerke Heizung, Lüftung, Elektro als auch Aufzug, Dach- und Bodenbelag die wichtigsten Kostenpositionen. Unter betriebswirtschaftlichen Gesichtspunkten empfiehlt es sich für den mittelständischen Investor, die Verhandlung und die Vergabe der einzelnen Gewerke im eigenen Haus durchzuführen, um damit die Budgetkontrolle vorzunehmen und Kostensenkungspotenziale ausschöpfen zu können. Dieses Vorgehen setzt die Verfügbarkeit eines professionellen Controllingssystems sowie einen erhöhten Personalaufwand voraus. Die betriebswirtschaftliche Kontrolle dieser Herstellkosten wird überwiegend durch die Erstellung des projektbezogenen Baubudgets vorgenommen. Das **Budget** einer Baumaßnahme sowie dessen Erstellung muss in enger Zusammenarbeit mit erfahrenen Ingenieuren und Architekten vorgenommen werden. Es bildet die Grundlage der Kostenkontrolle sowie die wertmäßige Vorgabe für die Verhandlung einzelner Bauwerksverträge. Erfahrungsgemäß kann es bei der Vergabe einzelner Gewerke zu Budgetüber- oder unterschreitungen[16] kommen. Entscheidend ist, dass in der Summe der Vergaben das ursprünglich erstellte Baubudget strikt eingehalten wird. 49

Im Falle größerer Baumaßnahmen besteht die Möglichkeit der Auslagerung der Vergabetätigkeit an einen externen Generalunternehmer, der das geplante Gebäude schlüsselfertig abliefert. In diesem Fall wird in der Regel ein Pauschalpreis vereinbart (vgl. dazu im Einzelnen Kapitel B. VI. 3. a). Der zusätzliche Preisaufschlag über alle Gewerke einer Baumaßnahme bei der Vergabe an einen externen Generalunternehmer liegt bei rund 10% bis 15% je nach Marktlage und Verhandlungsgeschick. 50

Tipp: Als Grundregel gilt daher, dass die Herstell-/Baukosten 50% der kalkulierten Gesamtgestehungskosten nicht überschreiten sollten.

c) Finanzierungskosten

Üblicherweise handelt es sich bei einer Bauträgerfinanzierung um einen kurzfristigen Kreditvertrag auf Kontokorrentbasis über eine Laufzeit von 1,5–2 Jahren. Grundlage des Kreditvertrages sind das vorgelegte Konzept sowie die Kalkulation (vgl. Auch Kapitel B. I. 5.). Die Finanzierungskosten sind im wesentlichen determiniert durch den zum Zeitpunkt des Vertragsabschlusses geltenden Marktzins. Nach Prüfung von Konzept, Kalkulation und Bonität des Kreditnehmers werden bis zu 90% der Gesamtkosten von der Bank finanziert. Der Zinssatz ermittelt sich aus dem offiziell geltenden €-Markt-Zins, zuzüglich einer Risikoprämie an die Bank, die sich zwischen 0,5% und 3% bewegt und bankintern ermittelt wird. Weitere Verhandlungspositionen sind die Bearbeitungsgebühren für den Kredit, die sich zwischen 0,5% bis 2% bewegen können sowie die Bereitstellungszinsen.[17] Sie werden dann in Rechnung gestellt, wenn sich die Bank selbst mit Kreditmitteln eingedeckt hat, die dann durch den Kreditnehmer nicht zeitnah abgerufen werden. Üblich sind Zeiträume von 3–6 Monaten. 51

7. Die besondere Rolle der Finanzierung für die Immobilienentwicklung

Während Verträge die verschiedenen Marktpartner wirtschaftlich und rechtlich miteinander verbinden, bildet die Finanzierung in der Projektentwicklung das »Rückgrat« der gesamten Wertschöpfung. Grundsätzlich handelt es sich bei der Finanzierung von Immobilienprojekten um Hypothekarkredite, deren Besonderheit darin besteht, dass die Besicherung der ausgereichten Kreditsumme über die Eintragung einer Grundschuld im Grundbuch dinglich abgesichert wird. Der Darlehensnehmer ist für die Höhe der Grundschuld in vollem Umfang persönlich haftbar; kann ein Kredit nicht bedient oder zurückgeführt werden, kann die Zwangsvollstre- 52

15 Vgl. »bauen, modernisieren, einrichten – Bauherren-Handbuch 2001, Postbank.
16 *Brehmer, Ernst; Beckmann, Heinz:* Baukosten senken, 3. Aufl., Wiesbaden, 1993.
17 *Gerhards, Harald; Keller, Helmut* in: Lexikon Baufinanzierung, 4. Aufl., 1993, Seite 106.

ckung in das Vermögen des Kreditnehmers (Person/Gesellschaft) sowie die Zwangsversteigerung des Objektes veranlasst werden.

53 Finanzierungen im Immobilienbereich sind zumeist Projektfinanzierungen.[18] Hierbei kann es sich zum einen um die Finanzierung von Bauträgermaßnahmen und zum anderen um den Erwerb von Bestandsobjekten handeln. Wesentliche Kennzeichen der Immobilienfinanzierung ist der hohe Fremdkapitalanteil, der bei 80% bis 90% der Gestehungskosten liegt. Die Finanzierung von Bauträgermaßnahmen erfolgt zumeist kurzfristig, limitiert auf den Zeitablauf des Bauprojektes. Nach Abschluss der Maßnahme müssen die Kreditmittel durch erfolgreiche Vermarktung und vollständigen Verkauf der entwickelten Immobilie zurückgeführt werden.

54 Grundsätzlich basieren Bauträgermaßnahmen im **Wohnungsbau** auf dem Prinzip der Realisierung unternehmerischer Gewinne. Normalerweise liegt der kalkulatorische Gewinn bei 15% des Projektvolumens. Ist die geplante Maßnahme vollständig verkauft, kann der unternehmerische Gewinn von der Bank ausgekehrt werden. Bleiben Restbestände unverkäuflich, kann der Unternehmer zwar seinen Bestand an Wohneinheiten mehren, liquide Mittel hingegen fließen nicht zurück.

55 Handelt es sich um ein gewerbliches Objekt oder ein **Bürohaus**, wird die Bauträgermaßnahme zunächst kurzfristig (1–2 Jahre) finanziert, mit dem Ziel der Vermietung des Objektes an möglichst bonitätsstarke Unternehmen mit langfristigen Mietverträgen von 10–15 Jahren Laufzeit. Die Gewinnrealisierung erfolgt dann nach erfolgreicher Vermietung durch die Platzierung des gesamten Paketes (Gebäude und Mietverträge) bei einem institutionellen Investor oder einer Fondsgesellschaft (vgl. Kapitel B., Fall 1). Je nach Objektlage und Mieterbonität wird der Gesamtwert des Gebäudes ermittelt, in dem die Nettojahresmiete mit einem Multiplikator versehen wird. Dieser bewegt sich bei deutschen Großstädten in guten Lagen zwischen 16 und 22 (vgl. Beispielrechnung in diesem Kapitel unter 4. b).

56 Beabsichtigt der Bauträger ein Objekt für den eigenen **Bestand** zu erstellen, wird mit dem finanzierenden Kreditinstitut eine kurzfristige Bauträgerfinanzierung vereinbart, die nach Abschluss und Vermietung der Maßnahme in eine mittel- bis langfristige Anschlussfinanzierung von 3 bis 10 Jahren Laufzeit, je nach Marktlage und Zinsentwicklung, überführt wird.

57 Die Erträge aus dem Immobilienprojekt müssen die Bedienung von Zins und Tilgung gewährleisten. In wirtschaftlich schwierigen Phasen kann durch eine Nachbewertung des Projektes durch die Bank die Zuführung zusätzlicher Eigenmittel eingefordert werden. Die Bauträgerfinanzierung ist deutlich risikobehafteter als die Bestandsfinanzierung.

58 Umfangreiche **Bewertungs- und Prüfprozesse** gehen der Kreditvergabe voraus und beanspruchen einen Zeitraum bis zur Darlehensgewährung von 3–6 Monaten. Die Bank fordert umfangreiche Unternehmens-, Objekt- und Wirtschaftlichkeitsdaten, deren bankinterne Prüfung bei Kreditgenehmigung zumeist auch für den Unternehmer ein positives Signal dafür setzt, dass die konzeptionell vorgestellten Überlegungen realisierbar sind. Im Einzelnen werden folgende Faktoren geprüft[19]:

Konzept und Bonitätsprüfung – Banken

- Bonität des Kreditnehmers
- Marktdaten
- Standortdaten

18 *Spitzkopf, Horst Alexander* in: Schulte/Bone-Winkel, Handbuch Immobilien-Projektentwicklung, 2. Aufl., Köln, 2002, Seite 259–285.

19 *Spitzkopf, Horst Alexander* in: Schulte/Bone-Winkel, Handbuch Immobilien- Projektentwicklung, 2. Aufl., Köln, 2002, Seite 267.

- Genehmigungen
- Nutzungskonzept
- Flächendaten
- Verkehrswert
- Wirtschaftlichkeit/Kosten/Gewinnprognose

Die umfangreichen Konzept-, Markt- und Wirtschaftlichkeitsprüfungen sowie die Prüfung von Bilanzen zur Bonitätsbeurteilung sind erforderlich, um die Risiken einer Bauträgerfinanzierung zu beurteilen. Als Einflussfaktor der **Bewertung**[20] werden folgende Kriterien herangezogen: 59

Bewertungskriterien der Banken

- Produktlage und Qualität
- Marktlage
- Wertgutachten der Bank
- Bilanzdaten
- Managementfähigkeiten

Des Weiteren fließen in diese Bewertung weiche Faktoren ein, die jede Bauträgermaßnahme begleiten und im Wesentlichen durch die Erfahrungswerte mit den jeweiligen Bankkunden beurteilt werden. Hierzu gehören vor allem: 60

- Qualitätsrisiko
- Terminrisiko
- Kostenrisiko

Das Vermarktungsrisiko wiederum spiegelt sich in dem Wertansatz des Bankgutachters wieder. Der ermittelte Markt- oder Verkehrswert wird mit einem Risikoabschlag von 20% bis 30% versehen und bildet die Basis für die ausgereichten Kreditmittel. 61

Die wichtigste, vom Bauträger vorzulegende Information für die Bank ist neben dem Nutzungskonzept die Zusammenstellung der Kosten sowie die Kalkulation des unternehmerischen Gewinns. Diese sogenannte **Wirtschaftlichkeitsberechnung** setzt sich aus den folgenden Faktoren zusammen: 62

Wirtschaftlichkeitsberechnung	
+	Anschaffungskosten
+	Anschaffungsnebenkosten
+	Kalkulatorische Baukosten
+	Kalkulatorische Baunebenkosten
+	Finanzierungskosten
+	Vertriebskosten
./.	Gesamtgestehungskosten
Σ	Verkaufserlös
=	Unternehmerischer Gewinn

Abb. 5: Gewinnkalkulation einer Bauträgermaßnahme

20 Vgl. Weiterführende Beispiele *Pohnert, Fritz* in: Kreditwirtschaftliche Wertermittlungen, 5. Aufl., Berlin, 1997.

63 Unter Berücksichtigung der bereits besprochen Kostenrelationen sowie der besprochenen Anteile von Anschaffungs- und Herstellkosten, wird der Kalkulation des Bauträgers das Wertgutachten der Bank gegenübergestellt. Aus diesen beiden Werten wird dann, unter Berücksichtigung der Gesamtkosten, das zu vergebende Kreditvolumen festgelegt. Im Kreditvertrag selbst sind detailliert sämtliche Anforderungen der Bank an den Kunden unter »Auszahlungsvoraussetzungen« geregelt. Erst bei Vorlage sämtlicher von der Bank im Kreditantrag angeforderter Unterlagen kommt es zur Darlehensausreichung. Dabei ist insbesondere darauf zu achten, dass alle erforderlichen Genehmigungen für das Bauvorhaben rechtzeitig beschafft werden.

64 Im Rahmen der Finanzierung eines Bestandsobjektes gelten prinzipiell die gleichen Datenanforderungen wie bei einer Bauträgermaßnahme, die belegbaren und nachweislich vorhandenen Mietverträge eines Bestandsobjektes erleichtern die Kreditvergabeentscheidung für die Bank erheblich.

65 Künftig muss, bedingt durch die zusätzlichen Anforderungen von **Basel II**[21] damit gerechnet werden, dass die Kreditbeschaffung deutlich erschwert wird.

66 Je nach Objektgröße und Kreditvolumen kann eine Finanzierung durch eine oder auch durch mehrere Banken in Form eines **Konsorzialkredites** ausgereicht werden. Erforderliche Fremdmittel können durch **Mezzanine-Kapital,** das einen Teil des Eigenkapitals ersetzt, ergänzt werden. Hierzu ist es erforderlich, dass die Bank durch eine nachrangige Finanzierung weitere Mittel als Eigenkapitalsurrogat gewährt, die allerdings entweder teurer sind oder aber eine Gewinnbeteiligung vorsehen. Des Weiteren besteht die Möglichkeit, fehlende Eigenmittel durch die Hinzunahme von **private equity** von Drittfirmen zu ergänzen, die in der Regel auf eine hohe Verzinsung der eingesetzten Mittel sowie auf einen häufig schon vorab anzubezahlenden Gewinnanteil ausgerichtet sind.

67 Schließlich besteht zur Risikoreduzierung sowie zur Vereinfachung der Mittelbeschaffung die Möglichkeit einer **joint-venture-Finanzierung.** In diesem Falle wäre der joint-venture-Partner in Höhe des ausgereichten Darlehens am Gewinn und Verlust des Immobilienprojekts beteiligt.

68 Insgesamt kommt den Kreditinstituten bei der Immobilienfinanzierung sowohl als Kapitalgeber als auch als Vertrauens- und Vertragspartner eine zentrale Bedeutung zu. Der hohe Fremdmittelanteil schafft Abhängigkeiten, die den wirtschaftlichen Erfolg in hohem Umfang von der Kompetenz, der Zuverlässigkeit und der Seriosität der Partner abhängig werden lassen.

21 Vgl. *Laub, Ulf D.* in: »immobilien business« Basel II und der Mittelstand, München 2/2002, Seite 42–43.

8. Die integrative Funktion von Verträgen in der Immobilienwirtschaft

Die Verbindung von Funktion und inhaltlicher Ausgestaltung gewünschter Leistungen erfolgt ausschließlich über Verträge.[22] Sie bilden einen wesentlichen Kern in allen Stufen der Wertschöpfung. 69

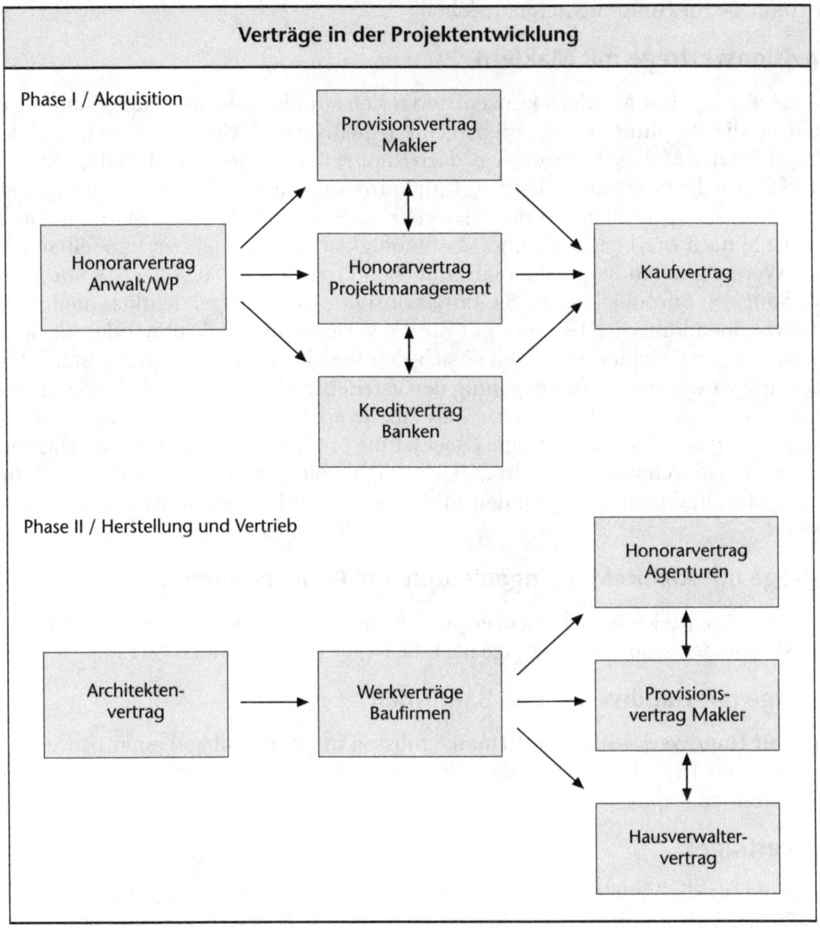

Abb. 6: Verträge in der Wertschöpfungskette der Projektentwicklung[23]

Verträge unterschiedlichster Art bilden den Kern des Immobiliengeschäftes. Sie regeln dabei nicht nur Art und Umfang der Leistungserbringung, sondern neben Haftungs-, Gewährleistungs- und Terminvereinbarungen, vor allem auch die preisliche Komponente, die die Grundlage fundierter betriebswirtschaftlicher Kalkulationen bildet. 70

a) Honorarverträgen

Wesentlich für den Produkterfolg bei der Herstellung von Immobilien ist die Begleitung des gesamten Prozesses durch erfahrene und versierte Rechtsanwälte mit spezifischen Branchen- 71

22 *Conradi, Johannes* in: Schulte/Bone-Winkel, Handbuch Immobilien- Projektentwicklung, 2. Aufl., Köln, 2002, Seite 427 ff.

23 *Laub, Ulf D.* in: Dietram Schneider/Peter Pflaumer Power-Tools, 1. Aufl. 2001, Seite 110.

kenntnissen. Üblicherweise basiert die juristische Beratung auf **Honorarverträgen,** die entweder einen Honorarsatz pro Stunde festlegen oder eine monatliche Beratungspauschale vorsehen. Die Wahl der Vergütungsform für die Beratungsleistung hängt von der Häufigkeit der Inanspruchnahme der anwaltlichen Beratungsleistung ab. Zu vermeiden sind Vereinbarungen, die es dem beratenden Anwalt ermöglichen, den Objekt- oder Gegenstandswert als Berechnungsgrundlage für Honorare heranzuziehen.

b) Provisionsverträge mit Maklern

72 **Provisionsverträge mit Maklern** konzentrieren sich auf die Höhe und Ausgestaltung der Provision sowie die Regelung der Vertriebsrechte (Alleinvertrieb/Gesamtvertrieb)und den Kundenschutz bzw. den Maklernachweis (vgl. dazu Kapitel B. II. 1.). Je nach Marktlage und Nachfragesituation kann die Provisionspflicht als Innenprovision auf den Investor/Bauträger entfallen oder aber als Außenprovision auf den Erwerber eines fertiggestellten Produktes. Die Provisionshöhe ist je nach Marktstellung und Marktkontakten des Maklers verhandelbar. Beim Verkauf von Wohneinheiten liegen die marktüblichen Provisionsansätze bei 6 % vom Kaufpreis. Beim Verkauf von Büroobjekten ist die Provisionshöhe in der Regel deutlich niedriger, da das Kaufpreisvolumen höher ist. Gleiches gilt für die Vermietung von Wohn- oder Büroeinheiten. Bei großvolumigen Objekten empfiehlt es sich, den Verkaufserfolg mit einer gestaffelten Provisionsregelung zu verbinden. Die Regelung der Vertriebsrechte obliegt der Markteinschätzung des Bauträgers/Investors. Im Rahmen eines Alleinvertriebsauftrages bündelt sich die Kraft eines Maklerhauses auf das beauftragte Objekt. Eine Produktverwässerung und Diffundierung im Markt wird dadurch vermieden. In wirtschaftlich schlechten Phasen ist die Einbindung der regionalen Maklergemeinde, verbunden mit zusätzlichen Erfolgsanreizen (Incentives), empfehlenswert.

c) Verträge mit Architekten, Ingenieuren und Projektsteuerern

73 **Verträge von Architekten, Ingenieuren und Projektsteuerern** für Planungs- Kontroll- und Beratungsleistungen sind Werkverträge nach BGB (vgl. dazu Kapitel B. V. 1.-5.).

d) Verträge mit Handwerks- und Baufirmen

74 **Verträge mit Handwerks- und Baufirmen**[24] müssen in jedem Fall von einer Baurechtskanzlei erarbeitet werden. Die inhaltliche Ausgestaltung erfolgt in der Regel auf Basis der VOB/B.[25] (vgl. dazu im Einzelnen Kapitel B. VI. 2. a)–c), 3. a).

e) Kaufverträge

75 **Kaufverträge** für die Veräußerung einer fertiggestellten Immobilie (vgl. Kapitel B. VII. 1.-2.) wirken für den Laien aufgrund der Regelungen zur Kaufpreisbelegung verbunden mit den grundbuchrechtlichen Ausführungen kompliziert, sind jedoch weitreichend gesetzlich standardisiert. Im Veräußerungsfall werden die Rahmendaten der zur Veräußerung stehenden Immobilie an ein Notariat weitergeleitet, das sodann einen Kaufvertragsentwurf fertigt. Abzustimmen sind der Zeitpunkt der Kaufpreisbelegung sowie der Übergang von Nutzen und Lasten.

f) Hausverwaltung

76 Am Ende der Wertschöpfungskette ist nach Fertigstellung und Veräußerung des Objektes zumeist die **Hausverwaltung** vertraglich zu regeln (vgl. Kapitel F. IV.). Günstigerweise wird

---

24 Vgl. *Franke, Horst; Zanner Christian; Höfler, Heiko; Kemper, Ralf:* Der sichere Bauvertrag-Praxishandbuch, Köln, 2000.

25 *Franke, Horst; Kemper, Ralf; Zanner Christian; Grünhagen, Matthias:* VOB-Kommentar, Bauvergaberecht/Bauvertragsrecht, Düsseldorf, 2002.

dies vom Bauträger, der als Hersteller der Immobilie über genaue Objektkenntnisse verfügt, wahrgenommen. In solchen Fällen kann bereits im Kaufvertrag eine Regelung eingebunden werden, die den Bauträger als Hausverwalter zu einer festgelegten Monatspauschale für einen Zeitraum von fünf Jahren verpflichtet. Alternativ kann die Hausverwaltung aus dem eigenen Unternehmen ausgelagert und an Drittfirmen vergeben werden.

Tipp

1. Keine Projektentwicklung ohne detaillierte Marktkenntnis und Standortanalyse
2. Die kalkulatorischen Kosten von Anschaffung, über Herstellung, bis Verkauf müssen vor Erwerb eines Grundstücks/Immobilie durchdacht werden.
3. Kein Immobilien-/Grundstückserwerb ohne Investitionskonzept und Finanzierungszusage der Bank
4. Keine Projektentwicklung ohne Marktpartner mit nachweislich lokaler Einbindung und professionellem Erfolgsnachweis
5. Keine Projektentwicklung ohne Prüfung der behördlichen Genehmigungssituation. Unklarheiten können zu erheblicher zeitlicher Verzögerung führen, die eine stabile Finanzierung und eine erfolgreiche Vermarktung gefährden können.
6. Für jede Baumaßnahme muss ein Puffer für Unvorhergesehenes von mindestens 10 Prozent berücksichtigt werden.
7. Keine Projektentwicklung nach dem Gieskannenprinzip – Immobilienmärkte sind regionale und spezialisierte Märkte
8. Keine Projektentwicklung im Hochpreissegment ohne solide Eigenmittelbasis. Die Gefahr in Schönheit zu sterben ist zu groß
9. Im Einkauf liegt der Gewinn. In der strikten Budget- und Kostenkontrolle liegt der Erfolg einer Projektentwicklung
10. Es lohnt sich, die Verträge mit allen Marktpartnern einzeln zu verhandeln, da das Gespür für Marktentwicklung erhalten und die Risikostreuung beim Unternehmer bleibt.

II. Die Immobilie aus steuerrechtlicher Sicht

Immobilienrechtliche Fragestellungen sind stark verknüpft mit dem Steuerrecht. Renditebetrachtungen von Immobilien werden durch steuerliche Belastungen wesentlich beeinflusst. Die Betrachtung der Vorteilhaftigkeit einzelner Investitionsentscheidungen muss deshalb deren steuerliche Folgen einbeziehen. 77

Die Berücksichtigung der steuerlichen Auswirkung einer Immobilieninvestition ist ein komplexes Thema. Zahlreiche Einzelsteuerarten, die teilweise in Wechselwirkung zueinander stehen, haben Einfluss auf die Investitionsentscheidung. Hierzu gehören Einkommensteuerrecht bzw. Körperschaftsteuerrecht, Gewerbesteuerrecht, Umsatzsteuerrecht, Grunderwerbssteuerrecht und Grundsteuerrecht. 78

Fragen des Schenkungs- bzw. Erbschaftsteuerrechtes werden im Folgenden aus Platzgründen nicht angesprochen. 79

1. Einkommensteuer

Natürliche Personen mit Wohnsitz (§ 8 AO) oder ständigem Aufenthalt in Deutschland, (§ 9 AO) sind in Deutschland mit Ihrem Welteinkommen einkommensteuerpflichtig (§ 1 EStG). 80

Bei Personengesellschaften wird bei der Einkommensbesteuerung durch die Gesellschaft durchgegriffen. Das Ergebnis der Gesellschaft wird gesondert und einheitlich festgestellt (§§ 179, 180 AO). Hierbei wird das Ergebnis der Gesellschaft entsprechend den gesetzlichen 81 und gesellschaftsvertraglichen Regelungen auf die Gesellschafter aufgeteilt. Die Besteuerung des auf den einzelnen Gesellschafter entfallenden anteiligen Ergebnisses richtet sich nach der Steuerpflicht dieses Gesellschafters.

82 Das deutsche Einkommensteuerrecht differenziert zwischen sieben Einkunftsarten(§ 2 EStG). Immobilieneinkünfte können je nach Ausgestaltung Einkünfte aus Land- und Forstwirtschaft, Einkünfte aus Gewerbebetrieb, Einkünfte aus Kapitalvermögen, Einkünfte aus Vermietung und Verpachtung oder Einkünfte aus privaten Veräußerungsgeschäften sein.

83 Bei den Einkünften aus Land- und Forstwirtschaft und den Einkünften aus Gewerbebetrieb werden die Einkünfte als Gewinn ermittelt (§ 2 Abs. 2 Nr. 1 EStG).

Die Einkünfte aus Kapitalvermögen, Vermietung und Verpachtung sowie die privaten Veräußerungsgeschäfte werden durch Überschuss der Einnahmen über die Werbungskosten ermittelt (§ 2 Abs. 2 Nr. 2 EStG).

a) Gewinneinkünfte

84 Die Gewinneinkünfte ermitteln als Gewinn die Differenz zwischen dem Wert des Betriebsvermögens zu Beginn des Geschäftsjahres zum Wert des Betriebsvermögens am Ende des Geschäftsjahres. Dieser Wert ist um Entnahmen und Einlagen in das Betriebsvermögen zu korrigieren (§ 4 Abs. 1 EStG). Sofern keine gesetzliche Verpflichtung zur Führung von Büchern und zum Erstellen von Abschlüssen besteht und dies auch nicht freiwillig erfolgt, kann der Gewinn alternativ als Überschuss der Betriebseinnahmen über die Betriebsausgaben angesetzt werden (§ 4 Abs. 3 EStG).

85 Eine gesetzliche Verpflichtung zur Führung von Büchern und Erstellung von Abschlüssen ergibt sich zunächst aus dem HGB für Kaufleute im Sinne von § 1 HGB (§ 238 HGB).

86 Ergänzend regelt die Abgabenordnung eine Buchführungspflicht für gewerbliche Unternehmer und Land- und Forstwirte, die gewisse Größenkriterien überschreiten (§ 141AO).

87 Diese Buchführungspflicht beginnt jedoch erst nach entsprechender Mitteilung durch das Finanzamt mit dem Beginn des Wirtschaftsjahres, welches auf diese Mitteilung folgt (§ 141 Abs. 2 AO).

88 Die Personenhandelsgesellschaften des HGB, die OHG, die KG sowie der Einzelkaufmann, der einen Gewerbebetrieb mit in kaufmännischer Weise eingerichtetem Geschäftsbetrieb unterhält, unterliegen der Gewinnermittlung nach § 4 Abs. 1 HGB.

89 Bei Gewinneinkünften besteht das Wahlrecht zwischen einer Ergebnisermittlung nach § 4 Abs. 1 EStG und § 4 Abs. 3 EStG für natürliche Personen, die keine Kaufleute im Sinne des HGB sind, sowie für Gesellschaften bürgerlichen Rechts, soweit Gewinneinkünfte erzielt werden und keine Aufforderung zur Bilanzierung durch das Finanzamt ergangen ist.

b) Halbeinkünfteverfahren

90 Mit der Umstellung der Besteuerung der Kapitalgesellschaften vom Anrechnungsverfahren zu einer Definitivbesteuerung erfolgt die Besteuerung beim Anteilseigner ab dem Veranlagungszeitraum 2001 anhand des Halbeinkünfteverfahrens. Steuerpflichtige Einnahmen des Anteilseigners, insbesondere Ausschüttungen und Veräußerungserlöse, sind nur zu 50% im Rahmen der Einkünfte anzusetzen (§ 3 Nr. 40 EStG). Im Gegenzug dürfen auch steuerwirksame Aufwendungen, die mit diesen Einnahmen in Zusammenhang stehen, nur zur Hälfte abgezogen werden (§ 3 c Abs. 1 EStG).

c) Gesamtbetrag der Einkünfte

91 Bemessungsgrundlage für die Einkommensteuer ist das zu versteuernde Einkommen. Entscheidende Größe für die Ermittlung des zu versteuernden Einkommens ist der Gesamtbetrag

der Einkünfte. Hierbei werden alle Einkünfte eines Steuerpflichtigen zusammengefasst. Damit haben auch andere Einkünfte, die mit der eigentlichen Immobilieninvestition nicht in unmittelbaren Zusammenhang stehen, Einfluss auf die konkrete steuerliche Auswirkung einer Immobilieninvestition.

Immobilieninvestitionen weisen typischerweise in der Investitionsphase steuerliche Verluste auf. Steuerliche Gewinne werden üblicherweise erst nach langjährigem Bestand oder bei Veräußerung erzielt. Diese Einkünfte müssen zur Ermittlung der steuerlichen Belastung eines Veranlagungszeitraumes mit den anderen Einkünften zusammengerechnet werden. 92

d) Verlustausgleich

Für Veranlagungszeiträume bis 2003 wird zwischen einem horizontalen und einem vertikalen Verlustausgleich differenziert. Erzielt ein Steuerpflichtiger innerhalb einer Einkunftsart mehrere Einkünfte, so können diese positiven und negativen Ergebnisse uneingeschränkt miteinander saldiert werden (horizontaler Verlustausgleich). 93

In einem weiteren Schritt werden dann die Ergebnisse der einzelnen Einkunftsarten zusammengefasst. Bei diesem vertikalen Verlustausgleich können Verluste einer Einkunftsart nur in Höhe von € 51.500,00 uneingeschränkt mit positiven Einkünften anderer Einkunftsarten verrechnet werden. Darüber hinausgehende Verluste können andere positive Einkünfte nur zu 50% reduzieren (§ 2 Abs. 3 EStG). 94

Verbleibende Verluste werden durch die Finanzverwaltung gesondert festgestellt und können in zukünftigen Veranlagungszeiträumen verrechnet werden. 95

Im Rahmen der Verrechnungsgrenzen des § 2 Abs. 3 EStG können für Veranlagungszeiträume bis 2003 Verluste bis zu € 51.500,00 im Wege des Verlustrücktrages in das unmittelbar voranliegende Jahr zurückgetragen werden und dort verrechnet werden (§ 10 d Abs. 1 EStG). Darüber hinaus festgestellte Verluste sind wiederum innerhalb der Grenzen des § 2 Abs. 3 EStG mit positiven Ergebnissen zukünftiger Veranlagungszeiträume zu verrechnen. 96

Die Verlustausgleichsbeschränkung des § 2 Abs. 3 EStG ist durch das Steueränderungsgesetz 2003 ab dem Veranlagungszeitraum 2004 weggefallen. Damit können Einkünfte aus unterschiedlichen Einkunftsarten ab 2004 uneingeschränkt miteinander verrechnet werden.

Das Einkommensteuerrecht sieht einige weitere Verlustverrechnungsbegrenzungen vor. 97

Verluste aus privaten Veräußerungsgeschäften dürfen nur mit entsprechenden Gewinnen dieser Einkunftsart verrechnet werden (§ 23 EStG). Ein Verlustrücktrag ist auch hier nur in den unmittelbar vorangehenden Veranlagungszeitraum möglich. 98

Kommanditisten einer KG können auf sie entfallende Verlustzuweisungen nur bis zur Höhe ihrer Kommanditeinlage (Hafteinlage) unmittelbar mit anderen positiven Einkünften verrechnen. Darüber hinausgehende Verluste können nur mit zukünftigen Gewinnen aus dieser Beteiligung verrechnet werden (§ 15 a EStG). 99

Negative Einkünfte aus Verlustzuweisungsgesellschaften und ähnlichen Modellen können schließlich nur mit positiven Einkünften dieses Typs verrechnet werden (§ 2 b EStG). Ein Verlustrücktrag ins Vorjahr ist möglich, soweit dort positive Einkünfte aus Verlustzuweisungsgesellschaften und ähnlichen Modellen erzielt wurden. 100

Einkünfte nach § 2 b EStG liegen vor, wenn bei modellhaften Gestaltungen die Erzielung eines steuerlichen Vorteils im Vordergrund steht. Dies ist dann der Fall, wenn die Nachsteuerrendite mehr als doppelt so hoch ist als die Rendite vor Steuern. Gleiches gilt, wenn Kapitalanlegern Steuerminderungen durch Verlustzuweisungen in Aussicht gestellt werden. 101

102 Die Finanzverwaltung hat zu § 2 b EStG ein Anwendungsschreiben zur Regelung von Zweifelsfragen erlassen.[26]

103 Verlustabzüge werden zudem abgelehnt, wenn nach Auffassung der Finanzverwaltung eine Gewinnerzielungsabsicht für die steuerlich geltend gemachte Einkunftsquelle nicht gegeben ist. Über die Gesamtlebensdauer einer Investition muss anhand einer plausiblen Planung ein Totalüberschuss erzielt werden können, ansonsten handelt es sich um Liebhaberei. Bei Immobilieninvestitionen geht die Finanzverwaltung bislang grundsätzlich von einer Gebäudelebensdauer und damit von einem Planungshorizont von 100 Jahren aus. Die Rechtsprechung geht teilweise von wesentlich kürzeren Zeiträumen mit einer Obergrenze von etwa 50 Jahren aus.

104 Bei Immobilien, die im steuerlichen Betriebsvermögen gehalten werden, ist immer auch der erwartete Veräußerungserlös in die Überschussprognose einzubeziehen.

105 Die Finanzverwaltung hat zu Einzelfragen ein Schreiben verfasst.[27]

Ab dem Veranlagungszeitraum 2004 können Verlustvorträge aus früheren Veranlagungszeiträumen nur bis zu einem Betrag von einer Million Euro in voller Höhe sofort mit laufenden Gewinnen verrechnet werden. Darüber hinausgehende Verlustvorträge können verbleibende Gewinne nur zu 60% reduzieren. Höhere Verlustvorträge werden auf zukünftige Veranlagungszeiträume vorgetragen.

e) Steuertarif

106 Die Besteuerung erfolgt nach einem progressiven Tarif. Der Spitzensteuersatz bei einem zu versteuernden Einkommen von € 55.008,00 beläuft sich in 2003 auf 48,5% (§ 32 a Abs. 1 EStG). Dieser Spitzensteuersatz wurde durch das Steueränderungsgesetz 2003 für 2004 auf 45% und durch das StSenkErgG ab 2005 auf 42% gesenkt.

107 Auf die zu entrichtende Einkommensteuer wird zusätzlich ein Solidaritätszuschlag von 5,5% der Einkommensteuer erhoben (§ 51 a EStG i. V. m. § 4 SolZG).

f) Abzugsfähigkeit der Gewerbesteuer

108 Die Gewerbesteuer mindert als Betriebsausgabe die Einkünfte aus Gewerbebetrieb. Darüber hinaus mindert sich die Einkommensteuer des Steuerpflichtigen um das 1,8 fache des für den jeweiligen Veranlagungszeitraum festgesetzten Gewerbesteuermessbetrages, soweit er auf ihn entfällt (§ 35 EStG). Zusammengefasst führen beide Regelungen bei einem Gewerbesteuerhebesatz von 360% zu einer völligen Entlastung von der Gewerbesteuer. Erst bei einem höheren Gewerbesteuerhebesatz verbleibt eine effektive Restbelastung durch die Gewerbesteuer. Zweifelsfragen zur Abzugsfähigkeit hat die Finanzverwaltung in einem Erlass geregelt.[28]

g) Exkurs Doppelbesteuerungsabkommen

aa) Struktur der Doppelbesteuerungsabkommen

109 Bei grenzüberschreitender Wirtschaftstätigkeit mit Beteiligung von mindestens zwei Ländern können Besteuerungsansprüche dieser Länder entstehen, die miteinander konkurrieren. Der hierdurch entstehenden Gefahr einer Doppelbesteuerung hat Deutschland zum einen durch unilaterale Maßnahmen Rechnung getragen. Zum anderen bestehen zu den meisten Staaten bilaterale Vereinbarungen, die konkurrierende Besteuerungsansprüche dieser Staaten auflösen. Hierbei handelt es sich um völkerrechtliche Verträge, die sog. Doppelbesteuerungsabkommen (DBA). Durch DBA werden den nationalen Besteuerungsansprüchen Grenzen gesetzt. Sie überlagern den nationalen Besteuerungsanspruch.

---

26 BMF v. 22. 8. 2001, BStBl. I 2001, 588.
27 BMF v. 23. 7. 1992, BStBl. I 1992, 434.
28 BMF 15. 5. 2002 DStR 2002, 906.

Die in den DBA verwendeten Begriffe sind zunächst anhand des Abkommenswortlautes auszulegen. Die Doppelbesteuerungsabkommen halten sich regelmäßig an das Muster-DBA der OECD. Die OECD hat zum Muster-DBA einen Kommentar veröffentlicht. Die DBA werden regelmäßig durch Schlussprotokolle, Ergänzungsprotokolle oder ähnliche Vereinbarungen ergänzt. Auch diese Verlautbarungen sind in die Auslegung des jeweiligen DBA einzubeziehen. 110

Die Auslegung von Begriffen anhand nationaler Kriterien ist subsidiär. Bei Meinungsverschiedenheiten zwischen den Vertragsstaaten zur Auslegung einzelner Normen sehen die DBA regelmäßig ein Verständigungsverfahren vor. Betroffene Steuerpflichtige haben allerdings keinen einklagbaren Einspruch auf dessen Durchführung. 111

Der persönliche Anwendungsbereich der DBA setzt Ansässigkeit des Steuerpflichtigen in einem der beiden Staaten voraus. Hierzu enthalten die DBA ausführliche Regelungen. 112

Die DBA beinhalten Verteilungsnormen, in denen für einzelne Einkunftsarten festgelegt wird, ob und inwieweit sie vom Quellen- oder vom Wohnsitzstaat steuerlich erfasst werden können. Das OECD-Musterabkommen sieht hierfür die Freistellungsmethode und die Anrechungsmethode vor (Artikel 23 OECD-MA). 113

Bei der Freistellungsmethode werden im Quellenstaat besteuerte Einkünfte im Wohnsitzstaat von der Besteuerung freigestellt. Bei der Anrechnungsmethode werden im Quellenstaat erhobene Steuern auf im Wohnsitzstaat entstehende Besteuerungsansprüche angerechnet. 114

Die Anwendung der Freistellungsmethode wird regelmäßig mit einem Progressionsvorbehalt verbunden. Dem Ansässigkeitsstaat wird hierbei gestattet, die freigestellten Einkünfte bei der Berechnung des Steuersatzes zu berücksichtigen, der auf andere, steuerbare Einkünfte des Steuerpflichtigen im Ansässigkeitsstaat angewandt wird. 115

bb) Einzelne Einkunftsarten

(1) Einkünfte aus unbeweglichem Vermögen

Die deutschen DBA ordnen das Besteuerungsrecht für Einkünfte aus unbeweglichem Vermögen überwiegend nach dem Belegenheitsprinzip zu. Immobilien werden damit in dem Land besteuert, in dem sie liegen. Die meisten DBA verwenden hierbei die Methode der Freistellung unter Progressionsvorbehalt. 116

(2) Gewerbliche Einkünfte

Gewerbliche Einkünfte werden nach den meisten deutschen DBA anhand des Betriebsstättenprinzips zugeordnet. Der Besteuerungsanspruch eines Staates hängt danach davon ab, ob in diesem Staat eine Betriebsstätte besteht. Der Begriff Betriebsstätte ist in den DBA eigenständig definiert. Nach dem OECD-Musterabkommen handelt es sich um eine feste Geschäftseinrichtung, durch die die Tätigkeit eines Unternehmens ganz oder teilweise ausgeübt wird. Diese Definition wird durch zahlreiche Beispiele und Ausnahmen ergänzt. Regelmäßig ist der Begriff der Betriebsstätte im Rahmen von DBA enger gefasst als die nationale Regelung des § 12 AO. 117

Für das OECD-Musterabkommen führen Bauausführungen oder Montagen erst bei einer Dauer von über zwölf Monaten zu einer Betriebsstätte. Nach § 12 AO ist eine Dauer von sechs Monaten ausreichend. 118

Gleiches gilt für den Begriff des ständigen Vertreters. Gemäß OECD-Musterabkommen muss ein unselbständiger ständiger Vertreter Abschlussvollmacht haben und diese auch regelmäßig ausüben. Ein selbständiger Vertreter führt nur dann zu einer Betriebsstätte, wenn seine Aktivitäten die Grenzen seiner ordentlichen, d. h. gewöhnlichen Geschäftstätigkeit überschreiten. 119

Für die Frage der Gewerbesteuerpflicht kommt es allein darauf an, dass der ausländische Unternehmer den nationalen Betriebsstättenbegriff erfüllt. 120

(3) Einkünfte aus Kapitalvermögen

121 Immobilieneinkünfte in Form von Einkünften aus Kapitalvermögen entstehen aus Dividenden einer Objekt- oder Holding-Kapitalgesellschaft oder aus Darlehenszinsen.

122 Das OECD-Musterabkommen teilt den Besteuerungsanspruch zwischen Quellenstaat und Ansässigkeitsstaat auf. Der Quellenstaat erhebt eine begrenzte Steuer, in Deutschland die Kapitalertragssteuer; der Ansässigkeitsstaat hat ebenfalls einen Besteuerungsanspruch, muss aber die im Quellenstaat erhobene Steuer anrechnen.

123 Bei Dividendenzahlungen erfolgt durch die meisten DBA eine weitere Quellensteuerbegrenzung, wenn die Beteiligung an der ausschüttenden Gesellschaft einen gewissen Prozentsatz erreicht hat. Eine zusätzliche Begrenzung erfolgt durch die EU-Mutter-Tochter-Richtlinie.

124 Zinseinkünfte sind nach deutschen DBA meist von einer Quellenbesteuerung befreit. Diese Befreiung überlagert den an sich gegebenen nationalen Besteuerungsanspruch für Zinserträge aus dinglich gesicherten Darlehen. Partiarische Darlehen und stille Beteiligungen sowie ähnliche Rechte oder Forderungen mit Gewinnbeteiligung, deren Erträge beim Schuldner abzugsfähig sind, unterliegen regelmäßig der vollen Quellenbesteuerung.

2. Körperschaftsteuer

125 Bei der Körperschaftsteuer handelt es sich um die Einkommensteuer der Kapitalgesellschaft. Steuersubjekt ist insbesondere die Aktiengesellschaft und die Gesellschaft mit beschränkter Haftung.

126 Seit der Umstellung des Körperschaftsteuerrechts vom Anrechnungsverfahren hin zur Definitivbesteuerung ab 2001 erfolgt eine lineare Besteuerung des Gewinns mit einem Steuersatz von 25 %. Einmalig für den Veranlagungszeitraum 2003 erfolgt eine Erhöhung dieses Steuersatzes auf 26,5 % durch das Flutopfersolidaritätsgesetz (§ 34 Abs. 11 a KStG).

127 Wie bei der Einkommensteuer wird auch bei der Körperschaftsteuer ein Solidaritätszuschlag von 5,5 % auf die zu entrichtende Körperschaftsteuer erhoben.

3. Gewerbeertragsteuer

128 Die Gewerbesteuer wird von den Kommunen vereinnahmt.

Gewerbesteuersubjekt ist jeder stehende inländische Gewerbebetrieb. Gewerbesteuerpflichtig sind Einzelgewerbetreibende und Personen- und Kapitalgesellschaften, soweit sie Einkünfte aus Gewerbebetrieb erzielen (§ 15 EStG bzw. § 8 Abs. 2 KStG). Personengesellschaften sind anders als bei der Einkommensbesteuerung selber Steuersubjekt der Gewerbesteuer.

129 Ausgangsgrundlage für die Erhebung der Gewerbeertragsteuer ist der nach den Vorschriften des EStG bzw. KStG ermittelte Gewinn aus dem Gewerbebetrieb (§ 7 GewStG).

130 Dieser Gewinn ist um gewerbesteuerliche Hinzurechnungen (§ 8 GewStG) und Kürzungen (§ 9 GewStG) zu korrigieren, um den Gewerbeertrag zu ermitteln.

Hinzugerechnet werden insbesondere 50 % der Zinsen für Kredite, die der Erweiterung des Betriebes dienen oder Dauerschulden mit einer Laufzeit von mehr als zwölf Monaten sind (§ 8 Nr. 1 GewStG).

131 Für Immobilieninvestitionen spielen insbesondere die Kürzungen nach § 9 Nr. 1 GewStG eine Rolle.

132 Zum Ausgleich für die Grundsteuerbelastung von Immobilien ist der Gewinn von Unternehmen mit Immobilieneigentum um 1,2 % des Einheitswertes betrieblicher Grundstücke zu kürzen (§ 9 Nr. 1 Satz 1 GewStG).

Soweit Unternehmer ausschließlich eigene Immobilien verwalten, neben eigenem Grundbesitz eigenes Kapitalvermögen verwalten oder daneben Wohnungsbauten betreuen oder Einfamilienhäuser, Zweifamilienhäuser oder Eigentumswohnungen errichten und veräußern, können sie auf Antrag ihren Gewerbeertrag um den Anteil kürzen, der auf die Verwaltung und Nutzung des eigenen Grundbesitzes entfällt (§ 9 Nr. 1 Satz 2 GewStG). 133

Diese erweiterte Gewerbeertragsteuerkürzung gilt entsprechend, wenn in Verbindung mit der Errichtung und Veräußerung von Eigentumswohnungen Teileigentum nach WEG errichtet und veräußert wird und das Gebäude zu mehr als 66,66% Wohnzwecken dient. 134

Voraussetzung für die erweiterte Kürzung ist ferner, dass keine Nutzung des Grundstücks für den Gewerbebetrieb eines Gesellschafters erfolgt (§ 9 Nr. 1 Satz 5 GewStG). 135

Aus dem Gewerbeertrag wird ein Steuermessbetrag ermittelt (§ 11 GewStG). Der Gewerbeertrag wird hierfür zunächst auf volle € 100,00 abgerundet. 136

Bei der Ermittlung des Steuermessbetrages wird sodann zwischen Kapitalgesellschaften auf der einen Seite und natürlichen Personen sowie Personengesellschaften auf der anderen Seite differenziert.

Für natürliche Personen und Personengesellschaften existiert ein Freibetragvon € 24.500,00. Für darüber hinausgehende Gewerbeerträge steigt die Besteuerung gestaffelt an. Der volle 5%ige Steuermessbetrag wird erst ab Gewerbeerträgen von € 72.500,00 festgesetzt. 137

Kapitalgesellschaften haben keinen Freibetrag. Der Gewerbeertrag wird zur Ermittlung des Steuermessbetrages mit 5% angesetzt. 138

Diese gewerbesteuerliche Benachteiligung der Kapitalgesellschaft ist durch die zwischenzeitlich erfolgte pauschalierte Anrechnung der Gewerbesteuer auf die Einkommensteuer bei Gesellschaftern von Personengesellschaften und Einzelgewerbetreibenden weiter verschärft worden (§ 35 EStG).

Die Gewerbesteuer wird durch Festsetzung eines kommunalen Hebesatzes auf den Steuermessbetrag ermittelt (§ 16 GewStG). 139

Gewerbesteuerliche Verluste können mit zukünftigen positiven Gewerbeerträgen verrechnet werden (§ 10a GewStG). Ein Verlustrücktrag in vorherige Veranlagungszeiträume ist nicht möglich. 140

4. Umsatzsteuer

Die Umsatzsteuer ist eine allgemeine Verbrauchsteuer. Ausgestaltet ist sie als Allphasen-Netto-Umsatzsteuer mit Vorsteuerabzug. Es handelt sich um eine indirekte Steuer, deren Tragung auf den Leistungsempfänger abgewälzt ist. Steuerschuldner ist der umsatzsteuerliche Unternehmer. 141

Rechtsgrundlagen sind die 6. EG-Richtlinie, das UStG sowie die USt-Durchführungsverordnung.

a) Unternehmer

Unternehmer i. S. des UStG ist, wer eine gewerbliche oder berufliche Tätigkeit selbständig ausübt (§ 2 UStG). Das umsatzsteuerliche Unternehmen umfasst die gesamte gewerbliche oder berufliche Tätigkeit des Unternehmers. Eine Gewinnerzielungsabsicht ist, anders als im Ertragsteuerrecht, nicht erforderlich. 142

Hieraus folgt, dass beispielsweise ein Vermieter grundsätzlich Unternehmer ist.

b) Umsätze

Differenziert wird zwischen Umsätzen, die nicht steuerbar sind, solchen, die steuerbar und steuerpflichtig sind und Umsätzen, die steuerbar und nicht steuerpflichtig sind. Umsatzsteuer ist bei allen steuerbaren und steuerpflichtigen Umsätzen auszuweisen. 143

Steuerbar sind sämtliche Leistungen des Unternehmers im Rahmen seines Unternehmens (§ 1 Abs. 1 UStG). Voraussetzung ist ein Leistungsaustausch, bei dem Leistung und Gegenleistung in einem wirtschaftlichen Zusammenhang stehen.

Umsatzsteuerlich wird zwischen Lieferungen (§ 3 Abs. 1 UStG) und sonstigen Leistungen (§ 3 Abs. 9 UStG) differenziert.

144 Bemessungsgrundlage für die Umsatzsteuer ist die Gegenleistung für die umsatzsteuerliche Leistung, das Entgelt (§ 10 Abs. 1 UStG).

Der Steuersatz beträgt 16 %, soweit nicht für einzelne Tatbestände der ermäßigte Umsatzsteuersatz von 7 % anzusetzen ist (§ 12 UStG).

Das BMF hat ein Merkblatt zur Umsatzbesteuerung in der Bauwirtschaft herausgegeben.[29]

c) Vorsteuererstattung

145 Der Unternehmer hat aus Eingangsumsätzen im Rahmen seines Unternehmens einen Vorsteuererstattungsanspruch auf dort ausgewiesene Umsatzsteuer gegenüber dem Finanzamt (§ 15 Abs. 1 UStG). Hierbei handelt es sich nicht um einen selbständigen Anspruch. Der Vorsteueranspruch wird mit einer Umsatzsteuerzahllast des Unternehmers saldiert.

146 Der Vorsteuererstattungsanspruch wird unter gewissen Voraussetzungen nicht gewährt (§ 15 Abs. 2 UStG). Insbesondere ist der Vorsteuerabzug ausgeschlossen, wenn der Unternehmer Leistungen zur Erbringung von steuerfreien Umsätzen bezogen hat (§ 15 Abs. 2 Nr. 1 UStG).

d) Steuerbefreiungen

147 Steuerbefreiungstatbestände enthalten die §§ 4 bis 8 UStG.

Für den Immobilienbereich bestehen Befreiungsvorschriften in den §§ 4 Nr. 9 Buchstabe a und 4 Nr. 12 UStG.

Nach § 4 Nr. 9 Buchstabe a UStG sind Umsätze, die unter das Grunderwerbsteuergesetz fallen, also insbesondere der Verkauf von Immobilien, umsatzsteuerfrei.

148 § 4 Nr. 12 UStG stellt die Vermietung und Verpachtung von Grund und Boden umsatzsteuerfrei. Die Befreiung gilt ebenfalls für Nutzungsüberlassungen im Rahmen von Grundstücksübereignungsverträgen sowie für die Bestellung, Übertragung und die Überlassung der Ausübung von dinglichen Nutzungsrechten an Grundstücken. Ausgenommen von der Befreiung ist die Vermietung zur kurzfristigen Beherbergung von Fremden, die Vermietung von Fahrzeug-Stellplätzen, die kurzfristige Vermietung von Campingplätzen und die Vermietung von Maschinen und Betriebsvorrichtungen, auch wenn sie wesentliche Bestandteile eines Grundstückes sind (§ 4 Nr. 12 Satz 2 UStG).

e) Option

149 Für Umsätze, die unter diese Befreiungsvorschriften fallen, ist ein Vorsteuerabzug für Eingangsumsätze zunächst nicht möglich.

Bei Umsätzen, die zunächst nach § 4 Nr. 9 Buchstabe a UStG oder § 4 Nr. 12 UStG umsatzsteuerfrei sind, besteht die Möglichkeit, freiwillig zur Umsatzsteuerpflicht zu optieren (§ 9 Abs. 1 UStG).

150 Die Option zur Umsatzsteuerpflicht ist nur möglich, wenn der Leistungsempfänger seinerseits das Grundstück ausschließlich für Umsätze verwendet oder zu verwenden beabsichtigt, die den Vorsteuerabzug bei ihm nicht ausschließen (§ 9 Abs. 2 UStG).

29 BMF v. 20. 2. 2003, DStR 2003, 551.

Diese Einschränkung gilt nur für neuere Immobilien. Wohnimmobilien, mit deren Errichtung vor dem 1. 6. 1984 begonnen wurde und die vor dem 1. 4. 1985 fertig gestellt wurden, können umsatzsteuerpflichtig vermietet werden. Bei einer Überlassung zu anderen unternehmerischen Zwecken muss das Objekt vor dem 1. 1. 1998 fertig gestellt und mit der Errichtung vor dem 11. 11. 1993 begonnen worden sein (§ 27 Abs. 2 UStG), um es ohne Einschränkung umsatzsteuerpflichtig verwerten zu können.

Folge der Option zur Umsatzsteuerpflicht ist, dass der Unternehmer seine Umsätze mit 151
Umsatzsteuerausweis in Rechnung stellt. Im Gegenzug besteht der Vorsteuerabzug für seine Eingangsumsätze.

f) Korrektur § 15 a UStG

Soweit sich in Folgezeiträumen die umsatzsteuerlichen Verhältnisse ändern und keine umsatz- 152
steuerpflichtigen Leistungen mehr erbracht werden, sind in Vorzeiträumen geltend gemachte Vorsteuerbeträge zu korrigieren (§ 15 a UStG). Der Korrekturzeitraum beträgt für Grundstücke, wesentliche Bestandteile von Grundstücken und Gebäuden auf fremdem Grund und Boden zehn Jahre (§ 15 a Abs. 1 Satz 2 UStG).

Für andere Wirtschaftsgüter beträgt er fünf Jahre (§ 15 a Abs. 1 Satz 1 UStG). 153
Innerhalb des Korrekturzeitraumes ist die in Anspruch genommene Vorsteuer zeitanteilig zu erstatten.

5. Grunderwerbsteuer

a) Grunderwerbsteuertatbestände

Die Grunderwerbsteuer ist eine Verkehrssteuer wie die Umsatzsteuer. Zur Vermeidung einer 154
Doppelbesteuerung besteht für grunderwerbsteuerpflichtige Vorgänge eine Umsatzsteuerbefreiung (vgl. A.II.4.d). Dennoch kann es in Einzelfällen zu einer faktischen Doppelbesteuerung kommen.

Die Grunderwerbsteuer besteuert Erwerbsvorgänge die sich auf inländische Grundstücke 155
beziehen (§ 1 Abs. 1 GrEStG). Maßgeblich ist der Abschluss des schuldrechtlichen Vertrages. Mit seiner Wirksamkeit entsteht der Besteuerungsanspruch. Soweit formunwirksame Verpflichtungsverträge abgeschlossen werden, führt ihre Heilung rückwirkend zur Besteuerung.

Der Veräußerung gleichgestellt sind der Tausch, die Einbringung eines Grundstücks in eine Per- 156
sonen- oder Kapitalgesellschaft, die Auflassung, der Zuschlag aufgrund Meistgebotes in der Zwangsvollstreckung oder die Abtretung eines Übereignungsanspruches oder der Rechte aus einem Kaufangebot.

Nicht grunderwerbsteuerpflichtig ist der Abschluss eines Vorvertrages auf Übereignung eines 157
Grundstücks, die Vereinbarung eines Vorkaufsrechtes oder der Formwechsel einer Gesellschaft mit Immobilienbestand.

Der Veräußerung gleichgestellt ist der Übergang der wirtschaftlichen Verwertungsbefugnis 158
eines Grundstücks. Dies kann etwa bei Verkaufsermächtigungen an einen atypischen Makler, der Erlöse über einem bestimmten Betrag hinaus behalten darf, oder bei Abschluss von Treuhandvereinbarungen eintreten.

Wesentliche Änderungen des Gesellschafterbestandes einer Personengesellschaft führen bei 159
einem Anteilswechsel von 95 % innerhalb von fünf Jahren zur Grunderwerbsteuerpflichtigkeit für die Immobilien der Gesellschaft (1 Abs. 2 a GrEStG). Die Übertragung von 95 % der Anteile an einer grundbesitzenden Kapitalgesellschaft führt ebenfalls zur Grunderwerbsteuerpflicht (§ 1 Abs. 3 GrEStG).

160 Besteuert wird ebenfalls die Vereinigung von mindestens 95 % der Anteile an einer grundbesitzenden Personen- oder Kapitalgesellschaft in einer Hand. Mittelbare und unmittelbare Beteiligungen an der Gesellschaft werden zusammengezählt, um auch mehrstufige Beteiligungsmodelle zu erfassen.

161 Die Rückgängigmachung eines Erwerbsvorganges oder ein Rückerwerb führt dann nicht zur Festsetzung von Grunderwerbsteuer, wenn ein vorbehaltenes Rücktrittsrecht innerhalb von zwei Jahren nach Vereinbarung ausgeübt wird. Anders ist dies bei sofortigem Weiterverkauf an Dritte, der mit einem wirtschaftlichen Vorteil verbunden ist.

162 Der Grunderwerbsteuer unterliegen ebenfalls das Erbbaurecht, Gebäude auf fremdem Grund und Boden sowie dingliche Sonderrechte (§ 15 WEG, § 1010 BGB). Das Erbbaurecht unterliegt lediglich hinsichtlich seiner Bestellung und Übertragung der Grunderwerbsteuer. Das Erlöschen ist nicht grunderwerbsteuerpflichtig.

163 Nicht besteuert werden Betriebsvorrichtungen und nicht wesentliche Immobilienbestandteile. Für sie greift auch die Umsatzsteuerbefreiung des § 4 Nr. 9 a UStG nicht.

164 Steuerbefreit ist der Rückerwerb einer Immobilie durch den Treugeber im Rahmen der Aufhebung des Treuhandverhältnisses (§ 3 GrEStG). Gleiches gilt für Erwerbe von Todes wegen oder für Grundstücksschenkungen unter Lebenden. Steuerbefreit sind auch Grundstücksübertragungen zwischen Personen, die in gerader Linie miteinander verwandt sind.

165 Steuerbegünstigt sind Grundstücksübertragungen auf eine Gesamthand bzw. von einer Gesamthand auf einen Beteiligten an der Gesamthand. Gesamthand ist die Gesellschaft bürgerlichen Rechts, die OHG, die KG (GmbH & Co. KG), die Erbengemeinschaft und die eheliche Gütergemeinschaft. Grunderwerbsteuer wird insoweit nicht erhoben, als der Übertragende bzw. Erwerbende an der Gesamthand beteiligt ist (§§ 5, 6 GrEStG).

166 Diese anteilige Steuerbefreiung ist mit einer Missbrauchsklausel verbunden, wonach die Steuerbefreiung davon abhängt, dass der Übertragende seine Beteiligung an der Gesamthand fünf Jahre nach Übertragung nicht vermindert (§ 5 Abs. 3 GrEStG).

Bei Erwerb von der Gesamthand darf der Erwerbende seine Beteiligung nicht innerhalb der letzten fünf Jahre durch Rechtsgeschäft unter Lebenden erworben haben (§ 6 Abs. 4 GrEStG). Gestaltungen, die systematisch den Gesellschafterwechsel einer Gesamthand betreiben, um das Grundstückseigentum unter Ausnutzung der Steuerbefreiung zu übertragen, wird die Befreiung als rechtmissbräuchlich und Verstoß gegen § 42 AO versagt.[30]

b) Steuerschuldner

167 Steuerschuldner der Grunderwerbsteuer sind alle am Erwerbsvorgang beteiligten Personen (§ 13 GrEStG). Die Haftung besteht gesamtschuldnerisch (§ 44 Abs. 1 AO). Damit kann die Finanzverwaltung sowohl den Erwerber als auch den Übertragenden in Anspruch nehmen, unabhängig davon, wer laut Vertrag die Grunderwerbsteuer tragen soll. Im Rahmen der Ermessensausübung wird regelmäßig zunächst derjenige in Anspruch genommen, der vertraglicher Schuldner der Grunderwerbsteuer ist.

c) Bemessungsgrundlage

168 Bemessungsgrundlage für die Grunderwerbsteuer ist die Gegenleistung für die Grundstücksübertragung ohne Grunderwerbsteuer (§§ 8 Abs. 1, 9 GrEStG). Als Gegenleistung gilt, was kausal für die Grundstücksübertragung erbracht wird. Hierzu gehört etwa auch die Übernahme bestehender Verbindlichkeiten.

30 BFH, BStBl II 1992, 204.

Werden im Zusammenhang mit dem Erwerb des Grundstücks Verträge zur Errichtung von Gebäuden abgeschlossen kann dies dazu führen, dass grunderwerbsteuerlich von einem einheitlichen Vertragswerk zum Erwerb eines bebauten Grundstücks ausgegangen wird.[31] Bemessungsgrundlage für die Grunderwerbsteuer ist in diesen Fällen auch die Bauleistung. Da diese Bauleistungen nicht unter die Umsatzsteuerbefreiung des § 4 Nr. 9 a UStG fallen, ist auch die auf diese Leistungen entfallende Umsatzsteuer in die Bemessungsgrundlage für die Grunderwerbsteuer mit einzubeziehen. Hierbei kommt es zu einer steuerlichen Doppelbelastung mit Umsatzsteuer und Grunderwerbsteuer. 169

Eine Sondersituation entsteht, wenn im Rahmen des Grundstücksverkaufs auf die Umsatzsteuerbefreiung des § 4 Nr. 9 a UStG nach § 9 UStG verzichtet wird. In diesem Fall ist die vom Veräußerer in Rechnung gestellte Umsatzsteuer Teil der grunderwerbsteuerlichen Bemessungsgrundlage und die Grunderwerbsteuer Teil der umsatzsteuerlichen Bemessungsgrundlage. 170

Um diese wechselseitigen Abhängigkeiten lösbar zu machen, haben die obersten Finanzbehörden der Länder einen abgestimmten Erlass herausgegeben.[32] Die Umsatzsteuer ist danach nur insoweit der grunderwerbsteuerlichen Gegenleistung zuzurechnen, als sie in ihrer Höhe noch nicht durch die Grunderwerbsteuer beeinflusst ist. 171

Umsatzsteuerlich wird die Hälfte der Grunderwerbsteuer zum Entgelt hinzugerechnet, wenn die Vertragsparteien vereinbart haben, dass der Erwerber die Grunderwerbsteuer alleine zu tragen hat.[33] Zur Bemessung der Umsatzsteuer bei steuerpflichtig behandelten Grundstücksverkäufen ist die Hälfte der Grunderwerbsteuer nur insoweit heranzuziehen, als sie in ihrer Höhe noch nicht durch die Umsatzsteuer beeinflusst ist (Abschn. 149 Abs. 7 Satz 5 UStR). 172

Bei Anteilsvereinigungen, für die keine Gegenleistung vorhanden ist, ergibt sich der grunderwerbsteuerliche Wert anhand einer Bedarfsbewertung der Immobilie nach den Vorschriften des Bewertungsgesetzes (§ 8 Abs. 2 GrEStG, § 138 Abs. 2, 3 BewG). 173

d) Steuersatz

Der Steuersatz beträgt 3,5 % der Gegenleistung. 174

e) Anzeigepflichten, Eintragung

Grunderwerbsteuerrelevante Vorgänge sind durch Gerichte, Behörden und Notare dem zuständigen Finanzamt anzuzeigen (§ 18 GrEStG). Entsprechendes gilt für die Beteiligten eines inländischen Grundstücksgeschäftes, insbesondere bei Anteilsvereinigungen und Beurkundungen von Immobiliengeschäften vor ausländischen Notaren (§ 19 GrEStG). Die Nichterfüllung der Anzeigepflicht kann die steuerstrafrechtlichen Folgen der §§ 369 ff. AO auslösen. 175

Eine Eintragung des Erwerbes in das Grundbuch darf erst erfolgen, wenn das Finanzamt eine Unbedenklichkeitsbescheinigung erteilt hat (§ 22 GrEStG). Die Unbedenklichkeitsbescheinigung wird erteilt, soweit die Grunderwerbsteuer gezahlt worden ist, die Zahlung sichergestellt gestundet ist, oder wenn Steuerfreiheit gegeben ist. Darüber hinaus kann die Unbedenklichkeitsbescheinigung erteilt werden, wenn die Steuerforderung nach dem Ermessen der Behörde nicht gefährdet erscheint. 176

31 *Boruttau,* GrEStG § 9, Rdnr. 156 ff.

32 Finanzsenator Berlin v. 6. Juni 1984 StZBl Bln 1984, 1347.

33 BFH, BStBl. II 1980, 620.

6. Grundsteuer

177 Die Grundsteuer ist eine kommunale Steuer.

178 Steuerobjekt der Grundsteuer ist der Grundbesitz im Sinne des Bewertungsgesetzes (§ 1 GrStG). Basis für die Bemessung der Grundsteuer ist der Einheitswert des Grundbesitzes auf den 1. 1. 1964 bzw. für die neuen Bundesländer auf den 1. 1. 1934.

Steuersubjekt ist der Grundstückseigentümer sowie der wirtschaftliche Eigentümer (§ 10 Abs. 1 GrStG). Bei Erbbaurechten ist der Erbbauberechtigte Schuldner der Grundsteuer (§ 10 Abs. 2 GrStG).

179 Die Festsetzung der Grundsteuer erfolgt nach den Verhältnissen zum 1. 1. eines jeden Jahres (§ 9 GrStG).

180 Zur Berechnung der Grundsteuer wird zunächst ein Steuermessbetrag ermittelt. Dieser ergibt sich durch Ansatz einer Steuermesszahl auf den Einheitswert (§ 13 Abs. 1 GrStG).

181 Auf den Steuermessbetrag ist ein kommunaler Hebesatz anzusetzen (§ 25 GrStG). Der hierbei ermittelte Betrag ist als Grundsteuer festzusetzen. Die Festsetzung erfolgt jährlich (§ 27 GrStG).

Die Erhebung der Grundsteuer erfolgt durch quartalsweise Vorauszahlungen(§ 28 GrStG).

182 Neben dem Steuerschuldner haftet ein Erwerber persönlich für Grundsteuerrückstände. Die Haftung umfasst einen Zeitraum von zwei Jahren seit Übereignung (§ 11 Abs. 2 GrStG).

Die Haftung für Grundsteuerrückstände kann nicht vertraglich abbedungen werden.

Die Grundsteuer lastet auf dem Grundstück als öffentliche Last (§ 12 GrStG). Die Haftung ist unbegrenzt. Es besteht eine Verpflichtung zur Duldung der Zwangsvollstreckung bei Grundsteuerrückständen. Voraussetzung für die Zwangsvollstreckung in das Grundvermögen ist allerdings eine fehlgeschlagene Zwangsvollstreckung in das bewegliche Vermögen.

183 Tritt bei bebauten Grundstücken eine wesentliche Ertragsminderung ein, die vom Steuerschuldner nicht zu vertreten ist, kann auf Antrag ein teilweiser Erlass der Grundsteuer gewährt werden (§ 33 GrStG). Der Erlassantrag ist bis zum 31. 3. des auf den Erlasszeitraum folgenden Jahres zu stellen.

III. Die Immobilie aus immobilienrechtlicher Sicht

1. Begriff des Immobilienrechts

184 Ein Immobilienrecht im Sinne einer geschlossenen Rechtsordnung gibt es nicht. Vielmehr umfasst es sehr verschiedene Rechtsgebiete. Es regelt die gesamten bei Durchführung eines Immobilienprojektes auftretenden Rechtsfragen. Entgegen vielfacher Ansicht geht dies über solche der Immobilienbeschaffung und des Baurechts weit hinaus. Während erstere sich mit dem Grunderwerbsvorgang befasst, klärt das Baurecht die Fragen, wie das Immobilienobjekt errichtet wird bzw. mit Problemen der Leistungsstörung, wenn dies nicht entsprechend umgesetzt wird. Zur Realisierung eines Immobilienprojektes bedarf es aber vieler Schritte von der Projektidee über die Beachtung der zivilrechtlichen und öffentlichen Prüfkriterien von Grundstückserwerb, Finanzierung bis letztlich zur Vermarktung bzw. Nutzung der Immobilie. Die rechtliche Beratung gestaltet die erforderlichen Rechtsgebiete und führt sie zusammen. Zudem liegt die Besonderheit eines Immobilienprojektes in der interdisziplinären Aufgabenstellung an die verschiedenen Projektbeteiligten.

185 Hierbei ist zu berücksichtigen, dass im Immobilienrecht unterschiedliche Ausgangslagen mit unterschiedlichen Zielen eine individuell-rechtliche Beratung erfordern, die sowohl langjährige Erfahrungen im Immobilienrecht als auch spezielle Sachkenntnis im Projekt voraussetzen. Bei-

spielsweise sind bei der Bebauung eines unbebauten Grundstücks mit anschließender Nutzung durch Vermietung/Verkauf einzelner Wohnungen andere Fragen zu klären als bei der Konzeption eines geschlossenen Immobilienfonds oder eines Projektes in PPP.

2. Realisierung des Immobilienprojektes

Immobilienrecht ist eine Betrachtung nicht vom Rechtsgebiet aus, sondern vom Objekt, das in einem rechtlichen Beziehungsgeflecht steht. 186

Ablauf	Rechtsgebiete (auszugsweise)
Projektentwicklung Finanzierung sicherstellen Ggf. Konzeptionsform für Immobilienkapitalanlage wählen ⇩	Darlehensrecht, Gesellschaftsrecht, Kapitalanlagerecht, Steuerrecht, Bankenrecht, MaBV
Rechtliche Voruntersuchungen [öffentlich-rechtlich/zivilrechtlich] ⇩	Bauplanungsrecht, Bauordnungsrecht, Umweltrecht, Zweckentfremdungsrecht, Denkmalschutzrecht, Boden- und Altlastenrecht, Enteignungsrecht, Nachbarrecht
Grundstückserwerb ⇩	Grundstücksrecht, Vertragsrecht, Grundbuchordnung, allgemeines Schuldrecht, Notarrecht, Erbbaurecht, Zwangsversteigerungsrecht, Sicherungs- und Verwertungsrecht (z. B. Grundpfandrechte)
Entwicklung des Immobilienobjekts (Planung/Baudurchführung) ⇩	Architektenrecht, Baurecht (VOB/B), Werkvertragsrecht, Vergaberecht
Verwertung/Nutzung	Mietrecht, Pachtrecht, WEG, Kaufrecht, Sicherungs- und Verwertungsrecht, Versicherungsrecht

Abb. 7: Ablaufschema

a) Sicherstellung der Finanzierung

Geht es nicht um die Finanzierung einer herkömmlichen Immobilie, sondern um die Finanzierung einer Immobilie als Kapitalanlage, sind bei der Konzeption, also dem Gestalten und Zusammenführen aller Faktoren, besondere Fragen zu klären. Mittlerweile gibt es – je nach Zielsetzung – sehr unterschiedliche Gestaltungsmöglichkeiten einer Immobilienkapitalanlage (vgl. B, I., 5 und B III. 1). 187

aa) Geschlossene Immobilienfonds

188 Der geschlossene Immobilienfonds wird üblicherweise in der Rechtsform der KG aufgelegt, vereinzelt als GbR. Hier steht neben der konzeptionellen Vertragsgestaltung und den gesellschaftsrechtlichen Fragen die Prospektprüfung zur Vermeidung der Prospekthaftung im Vordergrund. Nach ständiger Rechtsprechung des BGH haften Initiatoren der Fonds und die Gründungsgesellschafter für die Richtigkeit der Prospektangaben.[34] In diese Haftung zieht der BGH auch Banken in zunehmendem Maße ein.[35] (vgl. B III 2. b).

bb) Immobilienleasing

189 Dagegen steht bei dem Immobilienleasing die Finanzierung des Objektes im Vordergrund (vgl. B III. 2. a). Man kann es auch als Anmietung eines Bauobjektes mit Kaufoption oder als Mietkauf bezeichnen.[36] Hier muss jedes Vertragsverhältnis für sich gesondert beurteilt werden. Die Anwendungspflicht der Vergabevorschriften bei Auswahl des Leasingunternehmers und von Aufträgen durch das Leasingunternehmen muss geklärt werden.

cc) Bauträgervertrag

190 Bei Objekten, in denen das Bauvorhaben erst noch erstellt werden muss und das Eigentum am Ende übergeht, wird der Bauträgervertrag zwischen Bauträger und Erwerber abgeschlossen (vgl. C III. und C VII). Zum Schutz des Erwerbers ist die Makler- und Bauträgerverordnung (MaBV) zu beachten; dies ist jedoch eine gewerberechtliche, also öffentlich-rechtliche Regelung, die unmittelbar nur den Bauträger bindet.[37] Hinsichtlich des Bauträgervertrages bestehen jedoch derzeit vor dem europarechtlichen Hintergrund ungeklärte Fragen. Mit Vorlagebeschluss des BGH vom 2. 5. 2002[38] wurde dem EuGH die Frage vorgelegt, ob eine Bürgschaft nach § 7 MaBV aus Sicht der europäischen Verbraucherrichtlinie eine richtliniengemäße Kompensation für eine an sich richtlinienwidrige Vorauszahlung sein könnte. Grundlegend durch die Beiträge von Thode und Wagner hat sich eine Diskussion hinsichtlich der Frage ausgelöst, ob die Hausbauverordnung vom 23. 5. 2001, basierend auf dem alten § 27 a AGB-Gesetz = Art. 244 EBGB, der Verbraucherschutzrichtlinie 93/13/EWG vom 5. 4. 1993 widerspricht; dies vor allem vor dem Hintergrund, ob das in § 632 a BGB ursprünglich normierte Schutzniveau zu Lasten der Bauträgerverträge abgesenkt werden kann. Denn aufgrund der zum 1. 5. 2000 in Kraft getretenen Vorschrift des § 632 a BGB über Abschlagszahlungen bei in sich abgeschlossenen Teilen des Werkes kann eine Fälligkeitsregelung gem. § 3 Abs. 1, 2 MaBV gegen § 307 Abs. 1, 2 BGB verstoßen.[39]

---

34 BGHZ 79, 337.

35 BGHZ 79, 337; *Thode* in: Reithmann/Meichssner/von Heymann, Kauf vom Bauträger, Rdnr. 10; *von Heymann,* Bankenhaftung bei Immobilienanlagen, S. 200 ff.

36 Beispiel: Neue Britische Botschaft in Berlin; *Heiermann/Franke/Knipp,* Baubegleitende Rechtsberatung, S. 12.

37 BGH ZfBR 2001, 111, 113.

38 BGH VII ZR 178, 01; *Schwenker* in: IBR 2002, 312.

39 *Wagner,* ZNOTP, Beilage 1/2002, Die europarechtliche Seite des Bauträgervertrags; Wagner, BauR 2001, 1313, Wie rechtssicher ist die nachträgliche Absenkung des Verbraucherschutzes in Bauverträgen?; *Wagner,* ZfBR 2001, Beilage zu Heft 1 0, Die Zukunft des Bauträgervertrages; *Thode/Wagner,* Neue Entwicklung im Bauträgervertrag/Die Rechtsprechung des BGH zum Vertragsrecht der Bauträger-, Generalunternehmer- und Generalübernehmer, Skript für Seminarveranstaltungen, 7. Aufl.

b) Rechtliche Voruntersuchungen vor dem Immobilienerwerb

Soll ein Grundstück bzw. eine Immobilie erworben werden, so ist entscheidend, frühzeitig 191
öffentlich-rechtliche und zivilrechtliche Prüfungen vorzunehmen:

Rechtliche Prüfungsvorgänge vor Grundstückerwerb

Öffentlich-rechtlich:	Zivilrechtlich
– Bebaubarkeit	– Eigentumsverhältnisse – Belastungen im Grundbuch – Belastungen durch besondere Miet- und Pachtverhältnisse

Abb. 8: Rechtliche Prüfungsvorgänge vor Grundstückserwerb

aa) Öffentlich-rechtliche Voruntersuchung

Bereits in der Konzeptionsphase ist die bauplanungsrechtliche Situation des Grundstücks zu klären. 192 Bei Prüfung und Klärung der Bebaubarkeit des Grundstücks mit dem anvisierten Bauobjekt sind die jeweiligen Bauordnungen der Länder zu beachten. Mit der Novellierung der Hessischen Bauordnung (HBO) zum 1. Oktober 2002 hat nunmehr ein weiteres Bundesland neben dem bisher schon bestehenden vereinfachten Genehmigungsverfahren die sogenannte Genehmigungsfreistellung eingeführt.[40] In diesen Landesbauordnungen wird vom Bauherrn vor Baubeginn die Erbringung von Nachweisen über den Schall-, Wärme- und Brandschutz, ggf. auch die Standsicherheit, verlangt. Ein erbrachter Nachweis ist allerdings kein Freifahrtschein, da die Verpflichtung zur Einhaltung der Anforderungen der öffentlich-rechtlichen Vorschriften hierdurch nicht entfällt. Die bauaufsichtlichen Eingriffsbefugnisse (Baueinstellung, Nutzungsuntersagung, Beseitigung) bleiben unberührt, so dass die Bauaufsichtsbehörde bei tatsächlich unrichtigem Nachweis derart einschreiten kann. Hier gilt es, rechtlich abzuwägen, ob die Genehmigungsfreistellung das optimale Verfahren für den Bauherrn tatsächlich ist. Das Bundesbodenschutzgesetz, welches am 1. 3. 1999 in Kraft getreten ist, normiert im § 4 Abs. 3 eine Grundpflicht zur Sanierung und setzt so den zukünftigen Erwerber einem erheblichen Kostenrisiko aus. Neu und besonders relevant ist die Haftung des früheren Eigentümers, wenn dieser sein Eigentum nach dem 1. 3. 1999 übertragen hat und die Altlast kannte oder kennen musste.[41] Da die Belange des Naturschutzes und der Landschaftspflege bei allen größeren Bauvorhaben eine wesentliche Rolle spielen, gilt es, das Umweltrecht sowohl in der Bauleitplanung als auch auf Ebene der Baugenehmigung zu berücksichtigen (vgl. B II 2. und D II).

bb) Zivilrechtliche Voruntersuchung

Durch den öffentlichen Glauben des Grundbuchs besteht Rechtssicherheit bei Eigentums- 193
verhältnissen. Besondere Situationen wie die nachfolgende Erbengemeinschaft oder der verfügungsberechtigte Insolvenzverwalter sind zu berücksichtigen. Ferner ist zu klären, ob später ggf. Wohnungs- oder Teileigentum gebildet werden kann.

Im Vorfeld ist weiter zu klären, mit welchen grundbuchrechtlichen Belastungen die Immobilie versehen ist. Hier ist konzeptionell zu überlegen und rechtlich zu beraten, ob bei hohen oder unübersichtlichen Grundpfandbelastungen der Bauherr bzw. Investor vorab eine Bereinigung

40 Bayern, Nordrhein-Westfalen und Sachsen haben bereits den Musterentwurf der Bauministerkonferenz (ARGE Bau) weitestgehend übernommen.

41 *Heiermann/Franke/Knipp,* Handbuch Baubegleitende Rechtsberatung, S. 212 ff.

durchführen sollte, indem er ein vorrangiges Grundrecht erwirbt und die Zwangsversteigerung betreibt, um damit das Grundbuch zu bereinigen.[42]

Hinderliche Miet- und Pachtverhältnisse können sich bei ansonsten interessanten Immobilien wertmindernd auswirken und so das Projekt behindern (B II. 4. b) und d)).

c) Grundstückserwerb

aa) Maklervertrag

194 Beim Abschluss eines Maklervertrags sind die vertraglichen Gestaltungsmöglichkeiten hinsichtlich der Provision zu empfehlen. Im Gegensatz zur gesetzlichen Regelung, bei der die Provision mit Abschluss des Hauptvertrags fällig wird, sollte die Fälligkeit auf den Zeitpunkt der vollständigen Erfüllung des Hauptvertrages hinausgeschoben werden. Sollte jedoch eine erfolgsunabhängige Provision vereinbart werden, ist die Formbedürftigkeit nach § 311 b Abs. 1 BGB zu beachten. Nach ständiger Rechtsprechung sind Verträge notariell zu beurkunden, bei denen der Auftraggeber auch dann zur Vergütung verpflichtet wird, wenn das Grundstück nicht veräußert wird.[43] (vgl. B II. 1).

bb) Erwerbsvorgang

195 Die strikte Formgebundenheit durch notarielle Beurkundung erstreckt sich auf sämtliche wesentliche Bestandteile des Vertrages (vgl. B II. 4). Die Sicherungsmittel sollten dem beiderseitigen Sicherungsbedürfnis entsprechen. Ansonsten richtet sich der Grundstückskaufvertrag mit anschließender Auflassung nach der gewählten Konzeptionsform. Aufgrund des vorgegebenen europarechtlichen Rahmen sind die Verbraucherrechte besonders zu beachten. Am 13. 12. 2001 hatte der EuGH beanstandet, dass »an der Haustür« von Verbrauchern abgeschlossene Kreditverträge zur Finanzierung von Immobilienkäufen nach deutschem Recht nicht widerrufen werden können. Die aufgrund des Urteils vom EuGH zur mangelnden Umsetzung der Verbraucherrichtlinie bei Haustürgeschäften eiligst erlassenen gesetzlichen Änderungen hinsichtlich des Widerrufsrechts bei Kreditverträgen zur Immobilienfinanzierung sind zu berücksichtigen.[44]

d) Entwicklung des Immobilienobjekts

aa) Planung

196 Ob ein Bauherr einen Architekten mit der Planung beauftragt oder ein Bauunternehmen, welches die Planung und Bauausführung gemeinsam anbietet, ist hinsichtlich der Kriterien erhöhter Koordinierungsaufwand, höherer finanzieller Aufwand, aber auch bezüglich einer künstlerischen Note eines bestimmten Architekten abzuwägen. Bei der Schlussrechnung ist auf die mangelnde Fälligkeit des Honorars bei nicht prüffähiger Rechnung hinzuweisen.[45]

Schließlich ist der Architekt nach Vorlage der Schlussrechnung gehindert, weitere Forderungen geltend zu machen; Bindungswirkung der Schlussrechnung.[46] (vgl. B V).

Entscheidendes Kriterium für einen Bauherrn, sich für einen Generalplanervertrag zu entscheiden, ist, dass dieser grundsätzlich die gesamte Planung des Immobilienobjektes im Wege eines fachübergreifenden Zusammenschlusses aller zur Realisierung erforderlichen Planungsleistungen anbietet (vgl. B V. 3). Damit übernimmt er die Gesamtverantwortung für die Mangelfreiheit und Vollständigkeit der Gesamtplanung. Darüber hinaus muss die rechtliche Beratung die Planereinsatzform aushandeln, die den Bedürfnissen des Bauherrn entspricht. Die Leistungen sind

---

42 *Wagner/Loritz*, Konzeptionshandbuch der steuerorientierten Kapitalanlage, Band 1, Rdnr. 400.

43 BGH NJW-RR 1994, 559: Kein Formzwang bei sogenannten »Bemühungsentgelt«, wenn Makler nicht unangemessen unter Druck gesetzt wird, BGH NJW-RR 1990, 57: Formzwang Vereinbarung einer Vertragsstrafe von über 10 bis 15 % der vereinbarten Provision für den Fall der Nichterfüllung.

44 EuGH, NJW 2002, 281. *Mainhof*, Erneuerungen im modernisierten Verbrauchervertragsrecht durch das OLG-Vertretungsänderungsgesetz, NJW 2002, 2273 ff.; *Staudinger*, Der Widerruf bei Haustürgeschäften: eine unendliche Geschichte?, NJW 2002, 653 ff.

45 BGH BauR 1999, 63, BauR 2000, 124; ZfBR 2000, 480; vgl. auch: *Seifert*, BauR 2001, 1330 ff.

46 BGH BauR 1998, 559.

genau zu bestimmen, denn die HOAI enthält als Honorarordnung kein gesetzliches Leitbild, aus dem unmittelbare vertragliche Pflichten abgeleitet werden können.[47]

Unter Projektsteuerung werden dagegen die Übernahme delegierbarer Auftraggeberfunktionen in technischer, wirtschaftlicher und rechtlicher Hinsicht verstanden (§ 31 HOAI) (vgl. B V. 4). Da die HOAI bewusst undifferenziert die Leistung des Projektsteuerers von denen des Architekten abgrenzt, ist eine klare, eindeutige und konkrete Leistungsbeschreibung in Abgrenzung zu den Leistungsbilder anderer Projektbeteiligter erforderlich. Auch hier ist von den verschiedenen Organisationsmodellen, wie der Projektsteuerer in die Projektentwicklung, in den Planungsprozess, in die Ausschreibungs- und Vergabephase sowie in die Baudurchführung eingebunden ist, das geeigneste auszuwählen und vertraglich so zu gestalten, dass die Bedürfnisse des Bauherrn optimiert sind.

bb) Baudurchführung

Gerade in der Phase der Baudurchführung sind eine Vielzahl rechtlicher Fragen zu klären. Müssen die Bauleistungen nach Vergaberecht ausgeschrieben werden? Welche Unternehmereinsatzform ist die geeignetste? Was sind die Risiken einer GMP? Wie reagiert man am wirkungsvollsten bei Leistungsstörungen, wie beispielsweise Schlechtleistung, Terminverzögerungen, um die Rechte des Bauherrn zu sichern? Entsprechen die ausgehandelten Vertragsklauseln dem Schuldrechtsmodernisierungsgesetz oder widersprechen sie dem gesetzlichen Leitbild? Welche Änderungen sind durch die VOB 2002 und durch das Schuldrechtsmodernisierungsgesetz zu beachten? (vgl. B. VI) 197

Selbst für einen häufig mit Bauprojekten beschäftigten Bauherrn sind diese juristischen Probleme kaum zu bewältigen, so dass die projektbegleitende Rechtsberatung von großem Nutzen ist.

e) Verwertung und Nutzung

Nach der Fertigstellung des Immobilienobjekts bieten sich verschiedene Verwertungsmöglichkeiten an. Beim Verkauf ist neben den Rechtsgebieten, die bereits beim Grundstückserwerb maßgebend waren, besonderes Gewicht auf die Sicherungsrechte sowohl auf Käufer- wie auch auf Verkäuferseite zu legen. (vgl. B. VII. 1 und 2). 198

Die Aufteilung in eine Wohnungseigentümergemeinschaft (WEG) führt dazu, dass mehrere Eigentümer das Grundstück nebst Immobilie erwerben. (vgl. C. 4) Bei der Vermietung ist zwischen Wohnraum und gewerblich genutzten Immobilien zu unterscheiden, da nur bei ersterer die besonderen Schutzvorschriften des sozialen Mietrechts greifen.[48] Die gewerblichen Mietverträge sind besonders auszugestalten, da bei komplexen Immobilienprojekten sich die Standardmietverträge oft als nicht ausreichend erweisen; insbesondere, wenn die Immobilie nach den Wünschen des Mieters erstellt wird. (vgl. B VII. 3.) Zwecks Optimierung der Kosten und der Bewirtschaftung ist es empfehlenswert, Facility-Management-Verträge auf den Gebieten des kaufmännischen, infrastrukturellen und technischen Facility-Managements abzuschließen. (vgl. F IV.)

47 Ständige Rechtsprechung des BGH, BGH BauR 1997, 154; BauR 1997, 488; BauR 1999, 730.

48 *Bub/Treier*, Handbuch der Geschäfts- und Wohnraummiete, I Rdnr. 94; *Heiermann/Franke/Knipp*, Baubegleitende Rechtsberatung, S. 873.

B Die Projektentwicklung unbebauter Grundstücke im gewerblichen Bereich

Fall 1: Investor A (Bauträger, Projektentwickler) will in Hamburg ein Grundstück erwerben, um selbst oder über eine noch zu gründende Gesellschaft eine Büroimmobilie mit einer Bruttogeschossfläche von 20000 qm zu errichten und anschließend zu verwerten, wobei sowohl Vermietung als auch Veräußerung in Betracht kommen.

I. Strategische Vorüberlegungen

Die Investition in eine spekulative Projektentwicklung für Gebäude zur gewerblichen Nutzung gehört zu den schwierigsten Entscheidungssituationen in der Immobilienwirtschaft. Wenn der Nutzer und der Endinvestor noch nicht bekannt sind, agieren alle Projektbeteiligten und Partner in einem Feld höchster Unsicherheit. Die Beobachtung in der Praxis zeigt, dass die unternehmerische Entscheidung über die Entwicklung von Büroimmobilien nach wie vor emotional und »aus dem Bauch heraus« gefällt wird.[1] Die Ermittlung von Informationsgrundlagen mittels Marktforschung im Vorfeld einer Akquisition wird vielfach vernachlässigt. Erst die systematische Beschaffung projektrelevanter Informationen reduziert die Komplexität und Unsicherheit der Entscheidungssituation. 199

Die Anwendung betriebswirtschaftlicher Analyseinstrumente wie Standort-, Markt- und Nutzungsanalysen , die bei der Erstellung einer Machbarkeitsstudie dienen, helfen hingegen bei Projektentwicklungen den relevanten Teilmarkt zu bewerten, die Erfolgspotenziale zu identifizieren, Risiken aufzudecken und Handlungsalternativen aufzuzeigen.[2] Aus den Erkenntnissen der Standort- und Marktanalyse können die Flexibilitätspotenziale bis hin zur rechtzeitigen Aufgabe eines Projektes gewahrt oder Synergien durch die rechtzeitige Einbindung der für ein Projekt geeigneten Partner erarbeitet werden. 200

Die Durchführung professioneller und strukturierter Machbarkeitsstudien wird gerade in einer zunehmend veränderten Bankenlandschaft notwendig, um im Vorfeld einer Projektrealisierung den erforderlichen Kapitalbedarf gegebenenfalls auch von bankenunabhängiger Seite zu evaluieren und abzusichern. Insbesondere im Zuge der Konsolidierung von Kapitalgebern, die ihren Fokus auf Immobilienfinanzierungen legen, wird das Anforderungsprofil an Projektentwickler, Projektvorhaben professionell auf-, vor- und nachzubereiten, im Vergleich zur bisherigen Immobilienpraxis wesentlich erhöht.[3] Nicht nur die Kriterien des § 18 KWG und die anstehenden Veränderungen, die unter dem Schlagwort Basel II zusammengefasst werden, haben einen gestiegenen Informationsbedarf der Immobilienfinanzierer zur Folge. Auch die bankinternen Risikoabteilungen fordern vermehrt eine systematische und analytische Aufbereitung von Projektentwicklungsvorhaben. 201

Da in der Regel bei einer gewerblichen Immobilienentwicklung ein Verkauf des gebauten und vermieteten Objektes angestrebt wird, bedarf es somit bereits in der Akquisitions- und Planungsphase einer Datenbasis, die einerseits die potentiellen Nutzerbedürfnisse soweit möglich antizipiert und andererseits den Kriterien der Endinvestoren (Immobilien-, Pensionsfonds, Versicherungen, Immobilien-AG, Stiftungen usw.) an eine nachhaltige Verwertbarkeit entspricht. Darüber hinaus dienen die gesammelten Informationen auch als Argumentationshilfe für Behörden, Nachbarn, Planungsbeteiligte sowie für eingeschaltete Makler in der Vermarktungsphase. 202

1 *Schneider, W./Völker, A.* in: Schäfer, J./Conzen, G., Praxishandbuch der Immobilienprojektentwicklung, München 2002, S. 46 ff.
2 *Brauer, K.* in: Grundlagen der Immobilienwirtschaft, 2. Aufl., Wiesbaden, 1999, S. 508.
3 Alleine zwischen 1999 und 2003 wurden vormals unabhängige Finanzierungsinstitute der Immobilienwirtschaft wie etwa die Rheinhyp, Deutsche Hypothekenbank, Südboden, Nürnberger Hypothekenbank und die HypoVereinsbank unter je einem Dach der Eurohypo AG und der HVB Real Estate zusammengefasst.

Ausgangspunkt für die Datenerhebung ist zunächst die Festlegung des Untersuchungsbedarfs und die Abgrenzung der Untersuchungsziele zur Bestimmung der erforderlichen Datenbasis. Während im Zuge der sogenannten Sekundäranalyse (Desk-research) statistisches Datenmaterial (Bundes-, Landesämter, Städte, Gemeinden, GfK-Basisdaten, ifo-Strukturdaten usw.) sowie standort- bzw. marktbezogene Informationen gesammelt und ausgewertet werden, führt die Primäranalyse (Vor-Ort-Recherche) durch Standort- und Objektbegehungen sowie Expertengespräche (Bau-, Stadtplanungs-, Stadtentwicklungs-, Verkehrsamt, Bürgermeister, Wirtschaftsförderung, Gutachterausschüsse, IHK, ortsansässige Makler) zu einer hohen Verdichtung der Informationen, die die Chancen und Risiken eines Büroprojektes aufzeigen. Auf Basis der gesammelten Daten erfolgen bei größeren Gewerbeprojekten zudem empirische Erhebungen durch Frequenzstudien oder Unternehmens- bzw. Mieterbefragungen.

! Eine Standort- und Marktanalyse sollte bereits im Vorfeld eines Grundstücksankaufs erfolgen, um die Angemessenheit des Kaufpreises abzuwägen. Oftmals wird aus Zeitgründen und der Angst eine Opportunität zu verpassen, insbesondere im Bürobereich die gründliche Analyse aus Zeitgründen erst nach dem Ankauf eines Grundstücks durchgeführt. Werden im Planungsverlauf Marktexperten erst angesprochen, wenn bereits absehbar ist, dass angedachte Konzepte nicht aufgehen, kommt es durch Umplanungen zu kostentreibenden Änderungen, um eine erfolgreiche Verwertung zu erreichen. Eine Machbarkeitsstudie dient schließlich weniger zur Absicherung eines Projekterfolges, als vielmehr zur Aufdeckung potentieller Risiken.

203 Im Rahmen einer Machbarkeitsstudie kommen in der Regel folgende Analyseinstrumente zur Anwendung:

Standortanalyse
Marktanalyse
Wettbewerbsanalyse
Risikoanalyse

1. Standort- und Marktanalyse

204 In der Praxis zeigt sich, dass sowohl von Seiten klassischer wie auch institutionell geprägter Entwickler das Instrumentarium der Standort- und Marktanalyse bis in die 90er Jahre hinein nur rudimentär angewandt wurde. Lässt man das ideale Leitbild eines bereits vor Baubeginn vermieteten Bürogebäudes im Sinne eines Auftragsbaus außen vor, so erfordert die spekulative Investition in einen Büroimmobilienstandort zunächst jedoch die Ermittlung sogenannter harter und weicher Makro- und Mikrostandortinformationen.

a) Makrostandortfaktoren

205 Die Analyse von Makrostandortfaktoren ist für diejenigen Entwickler von übergeordneter Bedeutung, die ihre Investitionsentscheidungen auf verschiedene Standorte streuen (in- und ausländische Investmentfonds, Versicherungen, überregional agierende Projektentwickler usw.). Als Makrostandort wird zunächst eine Region, eine Stadt oder innerhalb einer Großstadt ein Bezirk gesehen.

206 In Deutschland wird auf Grund der polyzentrischen Struktur des Immobilienmarktes der Makroanalyse eine größere Bedeutung zugeschrieben, als in vergleichbaren Ländern Europas.[4]

---

4 Die Grundlagen der Standorttheorie gehen zurück auf die Thünen'schen Kreise (1826), die Theorie der zentralen Orte von Christaller (1933) sowie die Überlegungen von M. E. Porter (1990). Vgl. *Thünen, J. H.,* Der isolierte Staat, Stuttgart, 1966, *Christaller, W.,* Die zentralen Orte in Süddeutschland, Darmstadt, 1966, *Porter, M. E.,* The competitive advantage of nations, New York, 1990.

Der Städte- und Regionenwettbewerb in Deutschland fordert von Projektentwicklern eine sorgfältige Analyse der Standortalternativen, da die zyklischen Marktbewegungen zwischen den jeweiligen Zentren und Subzentren einen Chancen-Risikoausgleich ermöglichen.

aa) Harte Standortfaktoren

Harte Standortfaktoren können ohne größeren Aufwand im Zuge der Sekundäranalyse ermittelt werden. Regionale Wirtschaftsförderungsanstalten, Industrie- und Handelskammern, statistische Landesämter sowie kommunale Funktionsträger bieten ausreichend Datenmaterial, das allerdings erst dann valide Aussagen zulässt, wenn die harten Faktoren in einen Vergleich zu anderen Standorten gesetzt werden. 207

208

Festlegung der räumlichen Ausdehnung
- **Lage der Stadt und Verhältnis zu Nachbarstädten** (Ballungsgebietskomponenten, historische/geografische Wirtschaftsachsen)
- **Zentralörtlichkeit**

Definition der politischen und wirtschaftlichen Strukturen 209
- **Kommunale Wirtschaftskraft und Haushaltslage** (Kommunalentwicklung, Stadtgestaltung, Lebensqualität, Wettbewerbsvorteile)
- **Stadt-/Regionalplanungspolitik** (Investitionsfreundlichkeit und -klima)
- **Steuern** (Grundsteuerhebesätze, Gewerbesteuerhebesatz)
- **Fördermittelgewährung**
- **Kommunale Verbrauchsgebühren** (Strom, Gas, Wasser, Müllentsorgung)

Zusammensetzung der Bevölkerungsstruktur 210
- **Intra-/interregionale Migrationstrends**
- **Wohnraumversorgung**
- **Alters-, Einkommens-, Haushaltsstrukturen** (Altersverteilung/-entwicklung)
- **Mentalität/Bildungsniveau**
- **Kaufkraftkennziffern**
- **Ausländeranteil/Sozialstruktur** (Randgruppenbildung, subkulturelle Strömungen)
- **Arbeitslosenrate und Beschäftigungsentwicklung**
- **Pendleraufkommen**

Ermittlung der wirtschaftlichen Zusammenhänge 211
- **Insolvenzraten**
- **Tertiärisierungsquote**
- **Diversifikationsgrad der regionalen Wirtschaftstruktur**
- **Quote freiberuflicher Unternehmer**
- **»Örtliche« Wachstumszonen**
- **Repräsentanz von Wachstumsbranchen**
- **Branchenabhängigkeitsgrad**
- **Einrichtungen der öffentlichen Hand**
- **Handels- und Logistikstrukturen**
- **Medienrepräsentanz**
- **Forschungs- und Bildungseinrichtungen**
- **Infrastruktur** (Straßenverkehr, Autobahn, Bahn, Flughafen, Wasserstraßen, Hafen, Glasfaserverkabelung, Messen, öffentliches Nahverkehrsnetz)
- **Kulturelle Einrichtungen**
- **Grünflächenanteil**
- **Regionale Kooperationen**

212 Bei der Bewertung harter Faktoren ist weniger die Statusanalyse von Bedeutung, als vielmehr der historische Vergleich und die prospektive Betrachtung unter Berücksichtigung von positiven wie negativen Veränderungstendenzen (z. B. Einbrüche bei Messebuchungen, Standortverlagerungen von Firmen und Behörden, Großinsolvenzen, Verzögerung von Infrastrukturinvestitionen wie Flughäfen, Weg- bzw. Zuzug von Innovationsbranchen usw.).[5]

! Vorteilhaft ist es bei Standortanalysen mit regionalen Partnern zusammenzuarbeiten, die über die erforderlichen Kontakte zu Behörden und lokalen Marktteilnehmern verfügen. Allerdings müssen standortfremde Investoren bei Kooperationen mit regionalen Partnern auf »hausgemachte« Fehleinschätzungen achten, da regionale Berater sich negativen Argumenten einer Makrostandortanalyse tendenziell aus Eigeninteresse entziehen. Die Makrostandortanalyse sollte grundsätzlich durch eine professionelle Sekundäranalyse von Zeitungsberichten und lokalen Informationsmedien flankiert werden.

bb) Weiche Standortfaktoren

213 Weiche Standortfaktoren steuern in erheblichem Umfang den emotionalen Entscheidungsprozess bei einer Immobilieninvestition und erfüllen somit die Funktion einer Informationsarrondierung. Die wesentlichen Faktoren sind:

- **Standortimage**
- **Natürliche Standort- (Umland-) attraktivität**
- **Wirtschaftspolitisches Kleinklima**
- **Lokale Genehmigungspraxis und Baulandpolitik**

214 Das **Image** eines Standortes ist zwar nicht quantifizierbar, aber die Komponenten eines positiv bzw. negativ besetzten Images wirken sich erheblich auf die Investitionsentscheidungen von Endinvestoren und die Anmietungsentscheidungen von Nutzern aus. Nicht ohne Grund kämpfen Städte um die Vermittlung eines möglichst positiven Images, weswegen auf den relevanten Immobilienmessen (MIPIM Cannes, Expo Real München) die Anzahl von Städteständen stetig zunimmt.

215 Die **natürliche Standortattraktivität** wird durch Kriterien wie Freizeit- und Kulturwert einer Region definiert. Das **wirtschaftspolitische Kleinklima** und die **lokale Genehmigungspraxis** lassen sich mittels Expertengesprächen erfassen und bewerten, wobei Wahlperioden unter Berücksichtigung der Zeitabläufe komplexer Projektentwicklungen nicht unterschätzt werden dürfen. Bereits im Vorfeld einer Projektentwicklung sollten immer alle denkbaren politischen Interessens- und Entscheidungsträger gehört und berücksichtigt werden.

b) Mikrostandortfaktoren

216 Die Analyse der Mikrostandortfaktoren rückt das betreffende Grundstück in den Mittelpunkt der Betrachtung. Auch hier wird zunächst zwischen harten und weichen Standortfaktoren unterschieden.

aa) Harte Standortfaktoren

217 Die erste Grobanalyse harter Mikrostandortfaktoren erfolgt auf der Grundlage leicht verfügbarer Daten, wobei die Erkenntnisse noch durch maximale Unsicherheit gekennzeichnet sind.

---

5 Insbesondere kurzfristige Boomphasen (Wiedervereinigungseuphorie, Internethype usw.) müssen in historischen Zusammenhängen kritisch auf ihre Nachhaltigkeit im Zuge eines langfristigen soziodemografischen Vergleichs hinterfragt werden. Vgl. *Miegel, M.,* Die deformierte Gesellschaft, München, 8. Aufl., 2002.

Die Bewertung eines Grundstücks richtet sich zunächst nach der **Größe, Lage, Zuschnitt und Beschaffenheit** (Topographie, Grundwassersituation, Bodenzusammensetzung) sowie den **Zugangs- und Zufahrtsmöglichkeiten.** 218

Neben dem Zuschnitt eines Grundstückes ist die Erschließung mit allen für eine Baumaßnahme erforderlichen Medien zu verifizieren. Die **Versorgung** eines Grundstückes mit Gas, Wasser, Strom und Telekommunikationsleitungen und die Entsorgung von Abwasser sind zwar bei integrierten Lagen in der Regel gegeben; Zustand und Qualität der Versorgungsstruktur sind jedoch zusätzlich zu prüfen. 219

Auch die **grundstücksspezifische natürliche Attraktivität** eines Standortes ist für die Bewertung einer potentiellen Bebauung relevant.[6] Aus organisationspsychologischer Sicht zukünftiger Nutzer sind auch Fragen des **Verkehrslärms** und der potentiellen **Verschmutzung** eines Standortes für eine Anmietungsentscheidung von Bedeutung. 220

Die zu ermittelten **Nutzungspotenziale** eines Grundstückes können in zwei Themenkreise gefasst werden. Die von Investoren durch Marktuntersuchungen angestrebte und für wirtschaftlich am zweckmäßigsten befundene Nutzung und die baurechtlich und behördlich vertretbare Nutzung. 221

Das **Baurecht** auf einem Grundstück ergibt sich entweder aus einem Flächennutzungs- oder festgesetzten Bebauungsplan. Bei fehlenden übergeordneten Planungsvoraussetzungen lässt sich das Baurecht aus den Voraussetzungen des §§ 34 BauGB ableiten, der für den Innenbereich das Baurecht aus der Umgebungsbebauung definiert (vgl. dazu Kapitel B II 2 e). Ungeachtet dessen ist im Vorfeld einer Investitionsentscheidung ein Termin im Bauamt hinsichtlich potentieller Baurechte und möglicher Einschränkungen unabdingbar, um maßgebliche Planungsänderungen oder anstehende Infrastrukturmaßnahmen zu ermitteln. Außerdem ist zu überprüfen, ob die zuständigen Genehmigungsbehörden dem Standort und der potentiellen Nutzung grundsätzlich positiv oder kritisch gegenüberstehen und ob der Standort als ein »städtebaulich sensibles« Quartier eingestuft wird, das von Städteplanern und Architekten öffentlich diskutiert wird. Bei bedeutenden Grundstücken an exponierten Standorten besteht dann die Gefahr, dass die zuständige Gemeindeverwaltung einen **Architektenwettbewerb** auslobt, der zu gänzlich anderen Ergebnissen kommen kann, als es der Investor ursprünglich vorgesehen hatte. 222

Nutzungspotenziale werden zudem von **grundbuchrechtlichen Aspekten** wie Grunddienstbarkeiten (i. d. R. Geh-, Fahr- und Leitungsrechte) bzw. in einigen Bundesländern durch Baulasten geprägt, die wiederum ohne größeren Aufwand im Grundbuchamt bzw. im Baulastenverzeichnis einzusehen sind. 223

Bei unbebauten Grundstücken sollte grundsätzlich ein **Bodengutachten** erstellt werden, das nicht nur die Topographie des Baugrunds, die Grundwasser- und Altlastenproblematik umfasst, sondern auch Problemstellungen wie beispielsweise Fliegerbomben oder Bodendenkmäler. 224

Erschwerend können sich auf einen Mikrostandort **Verordnungen und Satzungen** auswirken, die teilweise nicht einmal durch lokale Experten exakt bestimmt werden können oder die sich oftmals in einem gerichtlichen Klärungsprozess befinden. Als Beispiele seien hier Parkplatzsatzungen mit Stellplatzablösen (München, Frankfurt am Main), Traufhöhenfestlegungen (Berlin) oder Erhaltungssatzungen und Sanierungsgebietsfestlegungen (Genehmigungspflicht jedes gewerblichen Mietvertrages durch eine Sanierungsverwaltungsstelle usw.) angeführt. 225

---

6 Bei Bürogebäuden ist zum Beispiel die potentielle Aussicht ein ausschlaggebendes Kriterium für die erzielbare Miethöhe. In den meisten Bürogebäuden spiegeln sich nach wie vor durch die Höhe und die Lage der jeweiligen Büroräume die interne Hierarchien der Nutzer und somit auch die Preisdifferenzierungspotenziale der Anbieter wider.

226 Mit der Ermittlung der Nutzungspotenziale eng verknüpft ist die Frage, ob es sich um einen **integrierten** oder um einen **solitären Standort** handelt. Während ein integrierter Standort in einem gewachsenen und etablierten Umfeld einerseits höhere Akquisitionskosten verursacht, bietet er andererseits valide Erkenntnisse aus dem Umfeld über die Realisierbarkeit von Mieten oder Kaufpreisen. Solitäre Standorte können auf Akzeptanzschwierigkeiten bei potentiellen Nutzern stoßen. So ist zum Beispiel das Projekt »uptown« im Münchner Nordwesten in einer halbindustriellen Umgebung eingebettet, die ausschließlich über den Solitärcharakter des Hochhauses selbst einen Aufwertungsprozess vollziehen soll. Ob potentielle Mieter jedoch bereit sind, über Jahre solche Defizite in Kauf zu nehmen, ist bei Solitärstandorten grundsätzlich kritisch zu sehen. Nur Entwickler mit einem langen finanziellen Durchhaltevermögen und hervorragenden internationalen Kontakten zu potentiellen Nutzern sollten sich mit Solitärstandorten ab einer bestimmten Größenordnung befassen.

227 Die **infrastrukturelle Erschließung** gehört zu den wichtigsten Bewertungskriterien eines Standortes. Sowohl Umfang und Qualität des Individualverkehrs (Straßenerschließung, Radwege, Lärm) müssen analysiert werden, wie auch die Anbindung an den öffentlichen Personennahverkehr (Entfernung zu U-Bahn, Bus, S-Bahnhaltestellen, Taktfrequenzen, Qualität der Direktverbindungen, Fahrzeitdauer, Kapazitäten). Die überregionale Verkehrsanbindung wie die Nähe zu Autobahnen, Bundesstraßen und Ausfallstraßen fällt ebenso in den Kriterienkatalog wie örtliche Bahnhöfe, Intercity- bzw. ICE-Verbindungen sowie die Flughafennähe. Zudem bedarf es einer Ermittlung der Nahversorgungsattraktivität. Hierunter fällt die Dienstleistungsstruktur der näheren Umgebung (Ärzte, Hotels, Banken, Postämter, Sport-, Freizeiteinrichtungen, Gastronomie, Kindertagesstätten, Schulen usw.) sowie die Grundversorgung mit Konsumgütern (Einzelhandelsstrukturen) und kulturelle sowie Erholungs- und Freizeiteinrichtungen. Für gewerbliche Projekte sind diesbezüglich insbesondere die Ab- und Zuwanderungstendenzen von übergeordneter Bedeutung. Hier bietet die Einholung von Primärinformationen durch Makler, vorhandene Nutzer und Anwohner die beste Informationsquelle.

228 Auch die **Nachbarschaftssituation** ist bei der Investitionsentscheidung insbesondere hinsichtlich genehmigungsrechtlicher Fragestellungen wie Abstandsflächenproblematik, zustimmungspflichtiger Baumaßnahmen, Dienstbarkeiten usw. zu berücksichtigen. In nachbarschaftsrechtlichen Auseinandersetzungen gehen Gemeinden zunehmend dazu über, den Genehmigungsablauf zu verschleppen, bis ein »Persilschein« aller Nachbarn vorliegt. Insofern wäre auch der mögliche Erwerb angrenzender Grundstücke insbesondere in innerstädtischen Lagen zu überdenken, um die Nutzungspotenziale ohne Zeitverzug optimal ausschöpfen zu können.

bb) Weiche Standortfaktoren

229 Weiche Standortfaktoren beeinflussen eine Investitionsentscheidung erheblich, obschon sie mit objektiven Kriterien nur schwer greifbar sind. Der Schwerpunkt der Analyse liegt auf dem **Image eines Mikrostandortes.** Stadtviertel, Quartiere und Straßenzüge suggerieren eine positive oder negative Irradiation mit einem Standort auf Seiten der Nutzer. Die Adresse an sich wiederum beeinflusst die potentielle Miethöhe einer Immobilie. Während sogenannte »1 a Lagen« bereits in der Akquisitionsphase ihren Preis haben, liegt die Kunst der spekulativen Projektentwicklung darin, zukünftige Lagen aufzuspüren bzw. zu kreieren.

230 Auf der Akquisitionsseite sind unfertige Standorte zunächst positiv zu bewerten, sofern diese über kommunale Vertreter überregional und teilweise international werbe- und kommunikationstechnisch als Aushängeschild ihrer Stadt oder Region gefördert werden und somit das projektspezifische Standortmarketing erleichtern (Alte Messe München, Spreestadt-Charlottenburg usw.). Werden Bürostandorte kreiert, muss das vermittelte Image des neuen Standortes in der Realität aber dann auch den Vorstellungen entsprechen, die sich ein späterer Nutzer von diesem Standort gemacht hat. Die Chancen bei »neuen« Standorten liegen im Falle eines gelungenen Imagetransfers in der erhöhten Wertabschöpfung aus den zumeist günstigeren Ein-

standspreisen. Bei zu starker kommunaler und pressebedingter Euphorie besteht jedoch auch die Gefahr, dass die Grundstückseinstandspreise hochgetrieben und die Standortkriterien nicht mehr kritisch genug hinterfragt werden.

Die Imagefrage beim Kreieren eines Standortes kann sich besonders gefährlich auswirken, wenn der suggerierte, positive Imagetransfer nicht greift oder die Standortentwicklung auf halben Weg hängen bleibt. Aktuelle Beispiele wie die Parkstadt Schwabing in München oder der Mediapark in Köln belegen, dass bei nachlassender Nachfrage »unfertige« Standorte gerade aus Imagegründen von potentiellen Mietern tendenziell gemieden werden. Denn neben der architektonischen Attraktivität im Umfeld prägen die faktisch vorhandenen Nutzer letztendlich am Ende der Verwertungskette den Imagewert eines Standortes. 231

Besonders schwierig ist eine Standortentscheidung dann, wenn ein Standort einer Abwertungsspirale (»trading-down« Prozess) unterliegt, die sich in der Immobilienwirtschaft in der Regel schleichend und über Jahre hinzieht. Im Zusammenhang mit dem Imagebegriff eines Standortes ist von übergeordneter Bedeutung, dass bei erkannten aber vernachlässigten Imagedefiziten in Boomphasen eine rezessive Marktentwicklung einen Standort schneller und härter negativ berührt. 232

Neben dem Image eines Standortes gilt insbesondere für gewerbliche Bauten die **Exponiertheit** des Gebäudes innerhalb eines Areals als zusätzlicher Wertschöpfungsfaktor. Nicht nur die bereits erwähnte **Aussicht,** sondern auch die Möglichkeit der **Sichtbarkeit,** zur Umsetzung von Corporate-Identity-Kriterien potentieller Nutzer und das hierdurch möglicherweise kreierbare Image in der Öffentlichkeit sind positiv zu wertende Standortkriterien. Je höher das Qualifikationsniveau der Mitarbeiter eines Nutzers ist, um so mehr spielt die Repräsentativität einer Büroimmobilie, die das Image des Unternehmens fördert und die Coporate Identity reflektiert, eine entscheidende Rolle. 233

Fazit:
Zusammenfassend gilt, dass Standortfaktoren für sich genommen wenig Aussagekraft für einen betriebswirtschaftlich analytischen Entscheidungsprozess bieten. Erst eine Gewichtung von Faktoren im Zuge einer sogenannten **Nutzwertanalyse** ermöglicht eine Vergleichbarkeit der gewonnenen Erkenntnisse unter Berücksichtigung verschiedener Nutzungsalternativen nach ökonomischen Gesichtspunkten. 234

Die gewonnenen Standorterkenntnisse und deren Gewichtung in einer Checkliste dienen dem Investor im Rahmen eines ständigen Rückkoppelungsprozesses als Grundlage für die Expertengespräche, die während eines Projektablaufs bis zur Endverwertung geführt werden müssen. Zudem helfen sie – ungeachtet der Unwägbarkeiten insbesondere weicher Faktoren – einen kritischen Blick hinter eine Immobilieninvestition zu werfen und erleichtern die Argumentation insbesondere bei Verhandlungen mit Kapitalgebern und Behörden sowie potentiellen Nutzern und Endinvestoren. 235

c) Marktanalyse

In der Folge – meist aber auch parallel – zur Standortanalyse bedarf es zur Evaluierung einer Investitionsentscheidung einer Marktanalyse unter Berücksichtigung **quantitativer und qualitativer Vermarktungskriterien.**[7] Die Marktanalyse ist ein revolvierender Prozess, der regelmäßig Angebot und Nachfrage mit den eigenen Planungskennziffern abgleicht. Da Immobilienprojekte einer Investitionszeitachse von in der Regel mindestens zwei Jahren unterliegen, ist die ständige Anpassung der Marktdaten zur Risikoeindämmung und Chancenverwertung unabdingbar. 236

7 *Brauer, K.* in: Grundlagen der Immobilienwirtschaft, 2. Aufl., Wiesbaden, 1999, S 512 ff.

237 Die Grundlage jeder Marktanalyse ist, neben der Sekundärdatenbasis, das dem Entwickler zur Verfügung stehende Netzwerk und seine Kontakte zu den Marktteilnehmern. Erst aus Gesprächen mit Bankvertretern, Maklern, Konkurrenzunternehmen, Architekten, Behörden- und Verbandsvertretern ergibt sich ein geschlossenes Bild vom jeweiligen Marktsegment, auf das man abzielt.

238 Zunächst bieten Forschungseinrichtungen einen Großteil der gewünschten Rahmendaten insbesondere für großräumige Projektplanungen:

- Deutsches Institut f. Wirtschaftsforschung, München,
- IFO-Institut, München,
- HWWA, Hamburg,
- Institut f. Wirtschaftsforschung, Halle/Saale,
- Institut f. Gewerbezentren,
- GEWOS Institut, Hamburg,
- Münchener Institut für Markt-, Regional-, und Wirtschaftsforschung, Gesellschaft für immobilienwirtschaftliche Forschung – gif.

239 In Ballungsgebieten können Marktdaten aufbauend auf den teilweise jedoch wenig ergiebigen Statistiken der jeweiligen Behörden (Mietpreisspiegel) und Gutachterausschüsse (Bodenrichtwertkarten) eingeholt werden.

240 Auch Verbandsinformationen werden in der Regel auf aggregiertem Niveau angeboten und bieten einen vergleichenden Überblick zu den jeweiligen Teilmärkten (RDM-, VDM-Preisspiegel, Gesamtverband der Wohnungswirtschaft, Bundesverband freier Wohnungsunternehmen, Deutscher Verband der Chartered Surveyors, Zentralverband der deutschen Haus-, Wohnungs- und Grundeigentümer), allerdings werden Büromärkte im Vergleich zu Wohnungsmärkten noch zu wenig in die Analysen miteinbezogen.

241 Insbesondere Maklerhäuser und Banken stellen heute aber mit professionellen Methoden ihre Datenbestände in allgemein zugänglichen Marktberichten zur Verfügung.[8] Mit dem Aufbau von Researchabteilungen, im Nachgang zur Schneider-Krise und zu den Marktfehleinschätzungen in den neuen Bundesländern, verbessert sich auch die Qualität der Marktanalysen, weg von einer deskriptiven, vergangenheitsbezogenen Betrachtung, hin zu analytischen, zukunftsorientierten Studien.[9]

242 Flankierend bieten Quellen wie der Plötz Immobilienführer für Wohn- und Gewerbeimmobilien einen verdichteten Überblick über Angebot und Nachfrage, Preisentwicklungen und Nachfragetrends.[10]

243 Neben den genannten Marktberichten stellt die Analyse von Printmedien (Immobilienzeitung, Immobilienmanager, regionale Tagespresse) sowie die konkrete Erfassung von Konkurrenzangeboten eine weitere zuverlässige Quelle der Datenerhebung dar.

244 Auf Grundlage der vorhandenen und meist frei verfügbaren Sekundärdatenbasis ist eine professionelle Marktanalyse auch für kleinere Projektentwickler kostengünstig und mit geringem

---

8 Einschränkend ist jedoch anzumerken, dass die jeweiligen Berichte unterschiedliche Ergebnisse an den jeweiligen Standorten auf Grund verschiedener Erhebungsmethoden und Grundgesamtheiten aufweisen. Vorgesehen ist diese Datenunsicherheit durch die Einrichtung einer unabhängigen zentralen Vermietungsdatenbank (DID) in Berlin zu glätten.

9 Die Studien können bei den führenden Makler- und Researchhäusern im Internet abgerufen werden: www.aengevelt.com, www.atismueller.com, www.bulwien.de, www.degi.de, www.dix.de, www.dtz.de, www.ellwanger-geiger.de, www.feri-online.de, www.gif-ev.de, www.hvbexpertise.de, www.ikb.de, www.joneslanglasalle.de, *www.propertypartners.de* u. v. m.

10 Vgl. hierzu *Plötz,* Immobilienführer für Wohn- und Gewerbeimmobilien Berlin, Düsseldorf, Frankfurt, Hamburg, Leipzig, München und Gesamtdeutschland. Die Führer erscheinen im Zwei-Jahresrhythmus.

Zeitaufwand zu bewerkstelligen. Die Marktanalyse kann zudem durch den Besuch der regionalen (Eigentum und Wohnen München usw.) und überregionalen Immobilienmessen (MIPIM, Expo Real) sowie von Kongressen abgerundet werden.

aa) Quantitative Marktanalyse

Generell lassen sich **quantitative Aspekte** einer Marktanalyse in folgender Übersicht systematisieren: 245

Quantitative Marktanalyse	
Flächensituation	
Gesamtbestand	Büroflächenbestand, Konkurrenzmarktanalyse, regionale Verteilung, Objekttypen, Alter, Zustand, Ausstattungsniveau, Wettbewerbsposition
Flächenangebot und -absatz	Regionale Angebotsverteilung, Ausstattungsmerkmale, Flächengesuche, Vermietungsleistung, Bedarfsentwicklungsprognosen, Ersatzflächenbedarf, Zusatzflächenbedarf, Marktsättigungsgrenzen, Verdrängungseffekte, Nettoflächenabsorption
Leerstandskennziffern	echte und latente Leerstände, Leerstandszeiten
Flächenreserve	Genehmigungszahlen, Vorratsbauten, Realisierungszeiträume
Preissituation	
Kaufpreisanalyse	Erzielte qm-Preise auf Grundstücke, Bestandsbauten usw.
Mietpreisniveauentwicklung	Mietenspiegel, Spitzenmieten, Durchschnittsmieten, Incentives
Renditeprognose	Verkaufsergebnisse, Vervielfältiger/Nettomietwertfaktor, Zinsentwicklung
Nebenkostenentwicklung	Kommunale Gebühren, Wettbewerbsintensität der relevanten Dienstleister (Sicherheits-, Reinigungs-, Facility Managementdienstleister)
Wertsteigerungserwartung	Standortpotentiale, Inflationsrate
Besteuerungsoptionen	Abschreibungsmöglichkeiten, Sanierungsgebietsförderungen usw.

Abb. 9: Quantitative Marktanalyse

Zunächst ist als Vergleichsgrundlage zur Flächensituation im Markt der **Gesamtbestand** an Büroflächen zu ermitteln. Bezogen auf den Bestand wird das Maß **leerstehender Flächen** festgelegt. Bei den Angaben über leerstehende Flächen müssen wiederum Bestandsflächen, die auf Grund von Überalterung nicht mehr marktgängig oder zumindest konkurrenzfähig sind, herausgerechnet werden. Erschwert wird eine kritische Marktanalyse durch die latenten Leerstände, die sich aus Untervermietungen ergeben und nur selten vollständig erfasst werden. 246

Für einen Entwickler sind insbesondere die durchschnittlichen **Leerstandszeiten** am jeweiligen Standort von Bedeutung, um die kalkulatorischen Zinsen in die Baukostenanalyse zu integrieren. 247

248 Das **Flächenangebot** setzt sich aus Neufertigstellungen und Komplettsanierungen bzw. sogenannten Refurbishments zusammen, hingegen bietet die sogenannte **Flächenreserve** Auskunft über bereits genehmigte Flächen. Die Genehmigungsquote gibt jedoch noch keine Information über die tatsächlich in Bau gehenden Maßnahmen bzw. deren Realisierungswahrscheinlichkeit. Anhaltspunkte liefern die Erkenntnisse über die Finanzierung genehmigter Maßnahmen mit oder ohne Vorvermietungsauflagen bzw. die Beauftragung von Planern oder Baufirmen, die sich wiederum aus dem Kontaktnetzwerk im Markt ableiten lassen.

249 **Flächenabgänge** sind ebenfalls schwer zu ermitteln, da die Entscheidungen teilweise sehr kurzfristig im Zuge von Mieterwechseln oder Finanzierungsumschichtungen gefällt werden.

250 Die **Flächennachfrage** zu antizipieren, stellt – insbesondere in Zeiten einer erhöhten Mobilität von Arbeitnehmern und Firmen und einer zunehmenden Tendenz, Firmensitze auch international kurzfristig zu disponieren – eine der schwierigsten Fragen für eine valide Marktanalyse dar. Hinzukommt, dass sich die Umzugsentscheidung der Nutzer vom Vertragsabschluss bis zum Standortwechsel auf Zeiträume von teilweise unter 3 Monate reduziert hat. Dies entspricht einer Nachfragesituation, die diametral entgegengesetzt zu den Planungserwartungen der Entwickler steht, für deren Kosten- und Projektablaufprognose der ideale Anmietungszeitraum bereits in der Rohbauphase liegt.

251 Außerdem zieht die seit 1997 stets zunehmende Zahl an Insolvenzen auch im Bereich der Großnutzer (Kirch Media, Babcock Borsig, Dornier) und ihrer Zulieferer erhebliche Unwägbarkeiten bei der Festlegung der Flächennachfrage nach sich. Ebenso erschweren die drastisch gestiegenen Personalfreisetzungen insbesondere im Dienstleistungsbereich Bedarfsanalysen einzelner Standorte. Der zunächst festgestellte **Flächenbedarf** muss in keiner Weise mit der faktischen Flächennachfrage übereinstimmen, da die am Markt bekannte Flächennachfrage oftmals aus Standortzusammenlegungen und Effizienzsteigerungen herrührt, die wiederum das Flächenangebot erhöhen und die **Nettoflächenabsorption** negativ beeinflussen. Um eine positive Nettoflächenabsorption an einem Standort durchzusetzen, müsste zum einen eine Vielzahl von Neumietern in einen Markt eintreten, zum anderen müssten vorhandene Mieter über Flächenexpansionen den Nachfragedruck erhöhen; zwei Aspekte, die über alle Standorte in Deutschland gesehen unter den derzeitigen konjunkturellen und politischen Vorzeichen kaum zu neuen Impulsen führen werden. Demzufolge wird sich insbesondere der Standortwettbewerb zwischen den Städten verschärfen.

252 Die **Miet- und Kaufpreissituation** im jeweiligen Teilmarkt hängt eng mit der Flächenangebots- und Nachfragesituation zusammen. Grobe Entscheidungshilfen liefern auch hier die Marktanalysen der Banken und Maklerhäuser.[11]

253 Obwohl sich gewonnene Daten aus der Vergangenheit nur schwer extrapolieren lassen, kann – zumindest im Abgleich mit der Situationsanalyse – die Phase des für eine Investition vorgesehenen Standortes im jeweiligen Marktzyklus bestimmt werden. Hinsichtlich der Mietpreisentwicklung eines Makrostandortes im Marktzyklus ist beispielsweise die Immobilienuhr des Beratungsunternehmens Jones Lang La Salle ein verlässliches Prognosehilfsinstrument, dass zumindest für einen Zeitraum von 2 Jahren eine gewisse Informationsgrundlage über die Mietpreisentwicklung von Städten im nationalen und internationalen Vergleich liefert.

11 Die Standortkategorien (City, Cityrand Nord/West/Süd/Ost, übriges Stadtgebiet, Umland), im gewerblichen Bereich, die von der gif aufgestellt wurden, fließen heute in fast alle relevanten Markstudien ein und bieten jedem Investor für seinen Standort eine solide Entscheidungsgrundlage hinsichtlich seines Flächenangebotes und der Preisentwicklung im weiteren Standortumfeld.

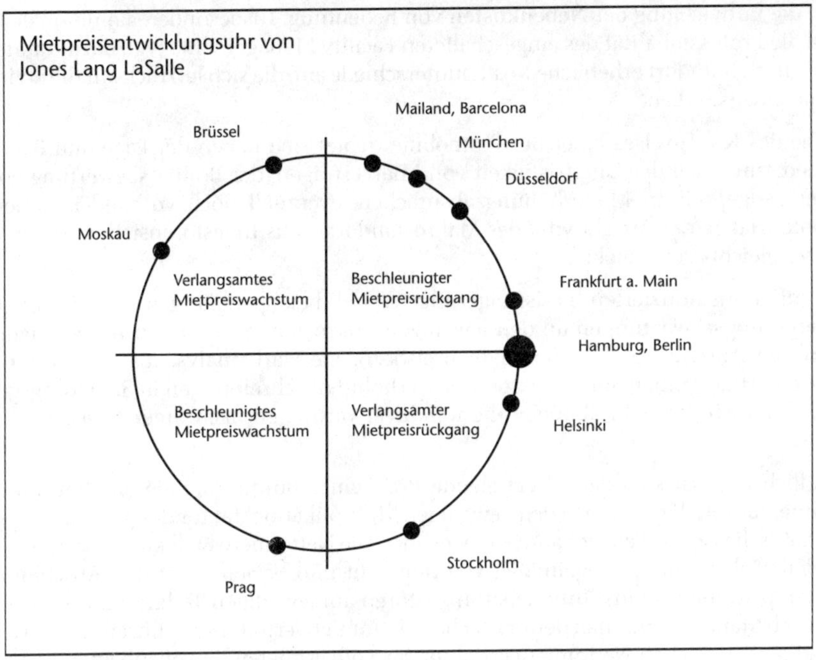

Abb. 10: Mietpreisentwicklungsuhr von Jones Lang LaSalle

254 Längerfristige Prognosen hinsichtlich Nachfrage- und Preisentwicklungen sind ohnehin in der Regel nicht möglich. Von Bedeutung für eine Investitionsentscheidung ist der gewogene Trend aus der Vergangenheit bezogen auf die durchschnittliche Flächenabsorption und die erzielten Mieten und Preise in reifen Märkten. Von vorgenannten Analysen ausdrücklich auszunehmen, sind unreife Märkte wie in den Neuen Bundesländern und Ostberlin (teilweise auch Westberlin), die über die bisherigen Erhebungszeiträume – im Wechsel von absoluten Mangelerscheinungen zu steuerlich induzierten Sondereffekten mit Überangeboten – bis heute keine gewachsenen Marktstrukturen aufweisen.

255 Aussagen zur konkreten Mietpreisfindung lassen sich letztlich nur durch Expertengespräche, in enger Anlehnung an die jeweiligen Maklerhäuser und die Befragung vorhandener und potentieller Nutzer, bzw. über Transaktionen im unmittelbaren Standortumfeld und auch hier nur im Rahmen eines Mietpreiskorridors treffen.[12] Arrondierend zu den Marktanalysen ist die Sekundäranalyse der Anzeigenteile der jeweils relevanten Tageszeitungen zur Datenerhebung heranzuziehen.

256 Von den ermittelten Mietpreiskennziffern sind zur Vermeidung von Datenverzerrungen Incentive-Maßnahmen wie mietfreie Zeiten und Ausbau- und Umzugshilfen bis hin zu kostentreibenden »pull-out«-Maßnahmen eines umzugswilligen Mieters aus bestehenden Mietverträgen abzuziehen. Auch subventionierte Mieten aus Untervermietungen bestehender Verträge, die den sogenannten latenten Leerstand prägen, verzerren oftmals das faktische Mietpreisbild im Markt. Für die Gesamtbetrachtung relevant ist außerdem die Laufzeit eines Mietvertrages, die enthaltenen Mieterhöhungsoptionen (Indexierung, Staffel usw.) sowie die Bonitätseinstufung des jeweiligen Mieters. Für die Gesamtanalyse des potentiellen Mietkorridors einer Immobilie

12 Vgl. *Laub, J.*, Bei der Vermarktung müssen Emotionen geweckt werden in: Büroanzeiger, Nr. 2, 12/2002, S. 34 ff.

ist auch die Entwicklung der **Nebenkosten** von Bedeutung. Insbesondere kommunale Gebühren und die Professionalität des eingeschalteten Facility Managements (vgl. dazu Kapitel F IV) weisen je nach Standort erhebliche Kostenunterschiede auf, die sich letztlich auf die erzielbaren Nettomieten auswirken.

257 Die Höhe des **Kaufpreises** einer Büroimmobilie richtet sich neben der Lage und Bauausführung wiederum nach der Langfristigkeit von Mietverträgen, der Bonitätsbewertung von Mietern, den eingepreisten Mieterhöhungsabsprachen, eventuell noch vorhandenen Genehmigungspotenzialen, der Attraktivität des Makrostandortes aus Investorensicht und der Verfügbarkeit vergleichbarer Projekte.

258 Neben inflationsinduzierten Preissteigerungen sind bei spekulativen Entwicklungen die **Wertsteigerungserwartungen** an den jeweiligen Mikrostandorten in ein Immobilienprojekt einzupreisen. Abschließend fließen in die preisbezogene Marktanalyse die **Abschreibungspotenziale** ein. Hier können Sonderfaktoren wie erhöhte Abschreibungen in Sanierungsgebieten oder Denkmalschutzabschreibungen die Renditeerwartungen nach Steuern erheblich beeinflussen.

259 Letztendlich bemisst sich der zu erzielende Preis einer Büroimmobilie am **Nettomietwertschöpfungsfaktor**, der sich nach dem jeweiligen Multiplikationsfaktor des Standortes, bezogen auf die faktische Nettomiete per annum, errechnet. Die Nettomietwertfaktoren werden von den führenden Maklerhäusern regelmäßig veröffentlicht und basieren auf den Abschlüssen der relevanten privaten und institutionellen Investoren am jeweiligen Teilmarkt. Im Bürobereich wird je nach Standort zwischen dem 11-fachen Nettomietwertfaktor für unrenovierte Gewerbelofts und dem 22-fachen Nettomietwertfaktor für vollvermietete Büroneubauten in 1 a Lagen gezahlt.

260 Marktanalysen werden schließlich auch neben den quantitativen Kriterien von Faktoren geprägt, die nicht in Zahlen greifbar sind, aber sich sowohl auf die Finanzierungsseite eines Projektes wie auch auf die Angebotsseite auswirken. Hierunter fallen **Stimmungen im Markt.** Es gibt in der Betriebswirtschaft kaum eine vergleichbare Branche, in der die Investitionsentscheidungen von euphorischen Phasen einer sogenannten »Goldgräberstimmung« durch Phasen tiefster »Marktdepression«, in denen der Eindruck vermittelt wird, dass nichts mehr geht, geprägt werden.

261 **Tipp** Die Kunst beim »Lesen« der Marktdaten liegt, neben der professionellen Marktbearbeitung, in der Festlegung des richtigen Kaufzeitpunktes während einer depressiven Phase, und der rechtzeitigen Projektveräußerung vor dem Erreichen des Marktpeaks. Zwar stellt eine Baissephase den optimalen Einkaufszeitpunkt für Projektentwickler dar, diese Phase wird jedoch in der Regel von einer restriktiven Bankenpolitik begleitet. Insofern bedarf es einer entsprechenden Liquiditätsausstattung, um Marktchancen zum richtigen Zeitpunkt eines Zyklusses wahrnehmen zu können. Viele Entwickler scheitern neben einer unprofessionellen Projektabwicklung, an zu hohen Einstandskosten während einer Boomphase und dem Versäumen des Verkaufzeitpunktes in der Erwartung noch höherer Entwicklermargen.

bb) Qualitative Marktanalyse

262 Die qualitative Marktanalyse umfasst insbesondere die Anforderungsprofile potentieller Nutzer an ein Immobilienprojekt. Die Verdichtung von Bedürfnisanalysen ist um so wichtiger, wenn eine Flächenabsorption vor der Fertigstellung einer Immobilie nicht mehr gegeben ist. Der Nutzer stellt aus Projektentwicklersicht dann eine »black box« dar, die es weitgehend einzugrenzen gilt, ohne nach Fertigstellung eines Projektes zu hohe Umbaukosten zu verursachen.

Kriterien der qualitativen Marktanalyse:

- **Bauqualität und Architektur** (Ausstattung, Fassade) 263
  Potenziale für Differenzierungsmerkmale
  (Werbeträgerfunktion, »Adresse«, Wiedererkennungseffekte)
  Berücksichtigung technologischer Trends
  (Videokonferenzen, Internetstandleitungen, Hostingsysteme, Verkabelung, Alarm-, Videosystem).[13]
  Erfüllung ökologischer Aspekte
  (Nutzung regenerierbarer Energien, begrünte Ruhezonen)

- **Raumkonzepte** (Großraum-, Gruppen-, Einzel-, Kombibüros) 264
  Flächenbedarfskennziffern je Mitarbeiter
  (Raumflexibilität/Mobile Trennwände)
  Personalwirtschaftliche Entwicklungen und Trends
  (Organisationspsychologische Trends, Licht- und Klimastudien)
  Repräsentationsbedarf
  (Gemeinschaftsflächen für Veranstaltungen, Eventpotenziale)

- **Serviceanforderungen und Vermittlung von Zusatznutzen** 265
  Dienstleistungserfordernisse
  (Concierge-, Paketdienste, Shopping Boxes, Freizeitzonen im Bürobereich, Kantinen, Bistros)
  Identifizierungsmaßnahmen
  (Projektname, Themenimmobilie)

Die Aspekte einer qualitativen Marktanalyse greifen in alle Bereiche der betriebswirtschaftlichen Forschung, insbesondere umfassen sie jedoch die Analyse organisationstheoretischer Trends und Teilbereiche der Marketingforschung, hier vor allem die Techniken der Produkt- und Markenbildung, die in der Immobilienbranche nach wie vor eine untergeordnete Rolle spielen.[14] Für Projektentwickler steigen bei immer kürzer werdenden Mietvertragslaufzeiten die Risiken einer Fehlinvestition, wenn nicht bereits beim Bau eines Bürogebäudes die Voraussetzungen zur Herbeiführung eines Nutzerwohlbefindens eingehalten werden. Insbesondere die Analyse der Erfolgsfaktoren bereits am Markt etablierter Immobilien hilft hier bei der Gestaltung eines Bürokonzeptes. Da während standortspezifischer Boomphasen in der Regel auch Bürogebäude minderer Qualität ihre Abnehmer finden, zeigt sich die Bedeutung der qualitativen Merkmale, die auch in engem Zusammenhang mit der Nutzungskonzeptanalyse stehen, erst in rezessiven Marktphasen. 266

cc) Wettbewerbsanalyse

Die Wettbewerbsanalyse deckt sich in Teilbereichen mit der Markt- und Standortanalyse. Der Unterschied liegt in der wesentlich detaillierteren Ausarbeitung der konkreten Konkurrenzsituation. Die systematische Erfassung der im unmittelbaren Marktsegment geplanten, projektierten, im Bau befindlichen und vorhandenen Gebäude und deren Leerstandssituation sind zu ermitteln. Die Daten dienen dazu, die eigene Standort- und Gebäudeattraktivität auf Grundlage der angestrebten Mietkonditionen gegenüber der Konkurrenz im Rahmen einer **Stärken-/Schwächenanalyse** zu gewichten. Als Ziel der Wettbewerbsanalyse sollte auch herausgefiltert werden, wie preissensibel die Konkurrenz ist, und ab welchem unteren Konditionenniveau 267

13 Die Entwicklungen in der Telekommunikationsindustrie und die Tatsache, dass zahlreiche Nutzer insbesondere aus sogenannten Innovationsbranchen der jüngeren Vergangenheit mittlerweile vom Markt verschwunden sind, führten auf der Planerseite teilweise zu kostspieligen Fehlinterpretationen technologischer Trends.

14 Vgl. allgemein dazu *Schulte, K.-W., Hiska Brade, K.,* Handbuch Immobilienmarketing, Köln, 2001.

(Miet-/Kaufpreis) das eigene Projekt nicht mehr wettbewerbsfähig vermarktet werden kann. Bei der Erstellung einer Wettbewerbsanalyse ist einschränkend anzumerken, dass kein Standort dem anderen gleicht und insofern eine objektive Vergleichbarkeit der erhobenen Daten immer mit hoher Unsicherheit behaftet sein wird. Weiche Vermarktungsfaktoren wie Gebäudeimages, herausragende architektonische Gestaltungen, die bereits erzielte Marktpenetration eines Konkurrenzobjektes und die Potenziale des Wettbewerbers, spezifische Incentives für potentielle Nutzer anzubieten, führen bereits zu möglichen Fehlinterpretationen des reinen Datenmaterials. Zur Einschätzung der Risiken muss ein Büroentwickler zudem seine eigene wirtschaftliche Situation, die Qualität der Kooperation mit den relevanten Maklerunternehmen sowie die Zuverlässigkeit von Investitions- und Finanzierungspartnern in Vergleich zur Konkurrenz setzen. Diese Aspekte der Wettbewerbsanalyse werden insbesondere dann wichtig, wenn längere Leerstandszeiten nach der Fertigstellung einer Büroimmobilie zu überbrücken sind.

dd) Risikoanalyse

268 Im gesamten Wirtschaftskreislauf gibt es kaum ein Geschäftsfeld, das von vergleichbar hohen Risiken begleitet wird, wie die spekulative Projektentwicklung in ein Bürogebäude. Ein hoher Kapitalbedarf geht einher mit einem räumlich statischen Investitionsfeld, das einen regional begrenzten Markt bedient und von terminlichen Unwägbarkeiten geprägt ist. Bei der durchschnittlichen Dauer einer Projektentwicklung von zwei bis vier Jahren (vom Grundstücksankauf bis zur Nutzerübergabe) kommt die Unsicherheit der Zinsentwicklung, der Nachfragesituation, der Kostenentwicklung am Bau und der Verfügbarkeit von Kapazitäten hinzu.

269 Die betriebswirtschaftliche Entscheidungstheorie und Risikolehre findet dennoch in der klassischen Projektentwicklung kaum Anwendung. Der Grund liegt darin, dass es sich nach wie vor um eine weitgehend mittelständisch und heterogen strukturierte Branche handelt, die in der Vergangenheit durch die Intuition und Erfahrung der jeweiligen Unternehmerpersönlichkeiten geprägt wurde. Erst in der jüngeren Zeit wurde durch die Zunahme institutionell geprägter Projektentwickler der Risikoanalyse mehr Bedeutung beigemessen.[15]

270 Die Risiken selbst lassen sich ohne eine vertiefende Betrachtung folgendermaßen abgrenzen:

- **Zeitrisiko**
- **Genehmigungsrisiko**
- **Finanzierungsrisiko**
- **Boden-/Baugrundrisiko**
- **Kostenrisiko**

271 Im Rahmen der **Risikoanalyse** sollte der Projektentwickler sich zunächst mit folgenden Aspekten auseinandersetzen:

- Selbsteinschätzung des projektspezifischen Erfahrungshorizontes
- Existenz originärer Standortkenntnis
- Abgrenzung der persönlichen und finanziellen Fähigkeiten
- Vorhandensein potentieller Ausweichstrategien
- Kritische Einschätzung der Planungspartner und Behörden

272 Das **Zeitrisiko** betrifft insbesondere die Bau- und Vermarktungszeiten in Abhängigkeit vom Finanzierungszinssatz. Im Vorfeld jeder Projektentscheidung sollte evaluiert werden, welchen Verzug in der Fertigstellung und welche Leerstandszeiten der Entwickler unter Berücksichti-

15 Allerdings ist der Rückgang der Quote projektspezifischer Fehlentscheidungen bei Großunternehmen und bankenabhängigen Projektentwicklern, die vermehrt auf risikoanalytische Instrumente zurückgreifen, empirisch nicht nachgewiesen, zumal Großunternehmen wiederum bei Anwendung noch so umfangreicher Analyseinstrumentarien oftmals im Projektentwicklungsgeschäft das »unternehmerische Gespür« fehlt.

gung verschiedener Zinsszenarien maximal zu tragen in der Lage ist und wie hoch er das Risiko einschätzt, dass Verzögerungen auch tatsächlich eintreten.

Genehmigungsrisiken bestehen insbesondere in der Arbeitsweise der zuständigen Behörden, aber auch durch Einwendungen von Nachbarn, die von Behördenseite zunehmend auf den Antragssteller zurückverlagert werden. 273

Das **Finanzierungsrisiko** muss bereits in der Konzeptionsphase unter Berücksichtigung aller Unwägbarkeiten in einem Grad abgedeckt sein, zu dem der Entwickler in der Lage ist, einen Teil seiner Liquidität oder Eigenkapitalausstattung für Zinsänderungen und Leerstandszeiten, ohne existentielle Probleme zur Verfügung zu halten. Zukünftig werden strategische Allianzen mit Kapitalgebern zur Risikoteilung zunehmend eine Rolle spielen. 274

Das **Baugrundrisiko** kann weitgehend durch unabhängige Bodengutachten (Baugrund- und Altlasten) eingeschränkt werden. Der Zeitverzug und die zusätzlichen Kosten für unerkannte Eigenschaften (Kontaminierung, Baudenkmäler, Grundwasser usw.) können allerdings den gesamten Projekterfolg gefährden. 275

Alle Risikogruppen münden letztlich im **Kostenrisiko,** das insbesondere im Vorfeld der Projektentwicklung durch ausreichende Budgetpuffer abgedeckt werden sollte. 276

Als Maßnahmen zur Risikoeingrenzung sollte eine regelmäßige Kommunikation mit allen internen und externen Projektbeteiligten unter Berücksichtigung einer stringenten Termin- und Zeitplanung ergriffen werden. Nur bei einem frühzeitigen Herausfiltern von Problemfeldern kann die jeweilige Risikogruppe entsprechend modifiziert werden und – im Zuge eines ganzheitlichen Zeit- und Kostencontrollings – sowohl die Vermarktung, wie auch die Finanzierung einer Feinsteuerung unterzogen werden.[16] 277

Fazit:

Die Ermittlung von Daten zur Erstellung einer projektspezifischen Marktanalyse münden in der Regel in einer Szenariostudie, die mit verschiedenen Projektionen die zukünftigen Marktzusammenhänge abbilden soll. Als Ergebnis sollte ein Entwicklungskorridor unter »best case und worst case« Bedingungen aufgezeigt werden. 278

Kritisch zu werten ist bei allen Marktanalyseinstrumenten allerdings, dass die klassischen quantitativen Prognosemethoden erhebliche Schwächen aufweisen. Sie bergen neben dem Fehlen einer einheitlichen Datenbasis insbesondere bei Büromärkten (im Gegensatz zum Wohnungsmarkt) die Gefahr einer Überschätzung extrapolierter statistischer Werte gegenüber den sich teilweise in der Realität ergebenden Nachfrageeinbrüchen auf Grund exogener Einflüsse (Migrationsthematik, Globalisierungstendenzen auch deutscher Konzerne, soziale und politische Veränderungen). Als Beispiel sei nur die jüngste Veränderung der Gesamtbeschäftigtenzahl, damit der Bürobeschäftigten und des Büroflächenbedarfs genannt. Auch technologische Veränderungen in Verbindung mit politisch induzierten Rezessionserscheinungen und den damit verbundenen Insolvenzquoten können bereits innerhalb eines Quartals an einem Standort zu dramatischen Einbrüchen der Büroflächennachfrage führen, worauf ein Entwickler im Regelfall bei im Bau befindlichen Maßnahmen nicht mehr reagieren kann. Ebensowenig wird ein Entwickler bei gleichbleibend steigender Nachfrage eine Prognose über das Angebot am jeweiligen Standort exakt antizipieren können. Selbst bei hoher Nachfrage kann eine erhebliche Leerstandsrate mit dem daran gekoppelten Preisverfall entstehen, wenn die Angebotsseite über die historischen Mittelwerte eines Standortes hinausschießt. Bedenklich ist in diesem Zusammenhang, dass Entwickler und Kapitalgeber, ungeachtet der Erfahrungen aus Marktzyk- 279

16 Vgl. allgemein zum Thema Projektkoordination unter Risikokriterien auch unter Zuhilfenahme von Checklisten *Kyrein, R.,* Immobilien Projektmanagement – Projektentwicklung und Projektsteuerung, 2. akt. u. erw. Aufl., Köln, 2002.

len der Vergangenheit, immer wieder der durch Maklerhäuser und Presse suggerierten Hysterie »etwas zu verpassen« verfallen und in bereits überhitzte Märkte investieren.

280 Die lange »Produktionsdauer« einer Büroimmobilie macht deshalb die revolvierende Anpassung der analysierten Informationen erforderlich, um Fehlentwicklungen im Zeitablauf zu identifizieren. Der mittels einer Standort- und Marktanalyse gestiftete Nutzen wird allerdings erst dann voll umfänglich ausgeschöpft, wenn durch eine ganzheitliche Unternehmensführung sichergestellt ist, dass Studien aus Projektakquisitionsphasen auch denjenigen Entscheidungsträgern bekannt sind oder zur Verfügung stehen, die – teilweise Jahre später – für die Projektdurchführung und -vermarktung verantwortlich sind.

Tipp

1. Standort- und Marktanalysen sollten bereits systematisch im Vorfeld einer gewerblichen Grundstücksentwicklung erstellt werden.
2. Regelmäßige Befragungen von Marktpartnern (Expertengespräche) müssen vor und während einer Projektentwicklungsphase durchgeführt werden.
3. Alle relevanten Marktstudien der Maklerhäuser und Banken sollten als Mindestanforderung an eine Standorteinwertung quartalsweise angefordert und evaluiert werden.
4. Ohne eine revolvierende Anpassung vorhandener Analysen – auf Grund neuer Daten – kann der Investitionserfolg erheblich gefährdet werden.
5. Büroentwicklungen während Boomphasen sind ohne Marktexpertise bzw. Vorvermietungen zu vermeiden, da Zyklen immer kürzer werden.
6. Harte Standortfaktoren sind als Ausschlusskriterien zu definieren.
7. Weiche Standortfaktoren wie Images dürfen nicht unterschätzt werden.
8. Die kritische Analyse von Fehlentwicklungen gescheiterter Projekte lehrt mehr als die Orientierung an Erfolgsprojekten.
9. Nutzerbedürfnisse sollten aus der betriebswirtschaftlichen Organisationslehre und der klassischen Organisationspsychologie abgeleitet werden.[17]
10. Die Anwendung von Szenariotechniken im ganzheitlichen Sinne – auch in der Übertragung auf die technische und planerische Seite einer Entwicklungsmaßnahme – erleichtert den Projekterfolg. Technische Überlegungen müssen den potentiellen Nutzerbedürfnissen untergeordnet werden.

2. Nutzungs- und Bebauungskonzept

281 Das Nutzungs- und Bebauungskonzept einer Gewerbeimmobilie hängt maßgeblich von zwei inhaltlich zunächst getrennten Entscheidungsfeldern ab.

282 Zum einen orientiert sich ein **Nutzungskonzept** an den durch die Markt- und Standortanalyse ermittelten Potenzialen eines Standortes, die erste Rückschlüsse über die kurz-, mittel- und langfristige Verwertbarkeit zulassen, und die in ein klassisches Marketingmix aus Produkt-, Preis- (Kontrahierungs-), Distributions- und Kommunikationspolitik münden.[18]

283 Zum anderen unterliegt das aus der Projektidee abgeleitete Verwertungsergebnis einem Korsett aus **gesetzlichen Auflagen** und kommunalen Anforderungen, die es in das angestrebte Marketingmix einzubinden gilt.[19] Während bau- und erschließungsrechtliche Fragen sowie

17 Vgl. allgemein dazu *Hentze, J.*, Personalwirtschaftslehre I und II, Bern, 2002 sowie *Rosenstiel, J. v.*, Grundlagen der Organisationspsychologie, Stuttgart, 2002.

18 Siehe hierzu *Meffert, H.*, Marketing – Grundlagen der Absatzpolitik, 9., überarb. und erw. Aufl., Wiesbaden 2002.

19 *Kavalirek, F.* in: Brauer, K., Grundlagen der Immobilienwirtschaft, 2. Aufl., Wiesbaden, 1999, S. 295 ff.

grundbuchrechtliche Aspekte im Vordergrund der rechtlichen Würdigung von Nutzungskonzepten steht, müssen parallel qualitative Gesichtspunkte (Gebäudestruktur, Ausstattung, Raumgrößen, Nutzungsänderungen) und quantitative Aspekte (Nutzflächen, Miet- und Kaufvertragsgrundlagen) der Gebäudegestaltung konkretisiert werden und in eine erste Kostenrechnung einfließen.

Da der Wert jeder Immobilie sich nach der baulichen Nutzung bemisst, richtet sich die ökonomische Verwertbarkeit zunächst nach folgenden Kriterien: 284

Art der baulichen Nutzung (§§ 1–15 BauNVO)

Maß der baulichen Nutzung (§§ 16–21 a BauNVO)

Flächen- und Raumdefinition (vermiet-, verkauf- und bewirtschaftbare Flächen)

a) Art der baulichen Nutzung

Für die betriebswirtschaftliche Betrachtung einer Immobilie unter absatzpolitischen Gesichtspunkten ist als Vorstufe der Verwertbarkeit der Reifegrad eines Grundstücks relevant. Während Agrarland (§ 4 Abs. 1 Nr. 1 WertV) nur der Land- und Forstwirtschaft dient, kann sich begünstigtes Agrarland (§ 4 Abs. 1 Nr. 2 WertV) zumindest für nicht bauliche Nutzungen (Erholungsgebiete) erschließen lassen. Die Verwertbarkeit von Bauerwartungsland (§ 4 Abs. 2 WertV) hängt zum einen vom jeweiligen Flächennutzungsplan ab, zum anderen von der grundsätzlichen Einstellung einer Gemeinde gegenüber möglichen Planungsverfahren. Rohbauland (§ 4 Abs. 3 WertV) sichert zumindest eine bauliche Nutzung zu, wobei weder der Umfang noch die Erschließung geklärt ist. Ausschließlich baureifes Land (§ 4 Abs. 4 WertV) gewährleistet eine ökonomische Verwertbarkeit, bei der sodann im Rahmen einer Bauleitplanung die **Art der baulichen Nutzung** determiniert werden und im Zuge von Marktanalysen in einem ökonomisch sinnvollen Zeithorizont ein Aktionsprogramm entwickelt werden kann. 285

Innerhalb der Bauleitplanung ist für eine geplante Büroentwicklung der erste Abschnitt der Baunutzungsverordnung relevant (§§ 1–15 BauNVO), der zunächst die baulichen Nutzungsmöglichkeiten nach Wohnbauflächen (W), gemischten Bauflächen (M), gewerblichen Bauflächen (G) und Sonderbauflächen (S) differenziert. Neben den allgemeinen baulichen Nutzungsarten hängt die betriebswirtschaftliche Analyse eines Grundstücks von der Zuordnung der baulichen Nutzungsart nach 11 Gebietstypen ab (§ 1 Abs. 2 sowie §§ 2–11 BauNVO). Innerhalb eines zu entwickelnden Grundstücks können je nach Größe auch unterschiedliche Gebietstypen zum Tragen kommen, die sodann in die ermittelten Markterfordernisse und Machbarkeitsstudien einfließen müssen. 286

Zuordnung eines baureifen Grundstücks nach Gebietstypen: 287

WS = Kleinsiedlungsgebiet
WR = Reine Wohngebiete
WA = Allgemeine Wohngebiete
WB = Besondere Wohngebiete
MD = Dorfgebiete
MI = Mischgebiete
MK = Kerngebiete
GE = Gewerbegebiete
GI = Industriegebiete
SO = Sondergebiete zu Erholungszwecken bzw. Sonstige Sondergebiete

Die Art der baulichen Nutzung gibt also zunächst Aufschluss über die grundsätzliche Verwertungsdimension einer Immobilie. Die faktische ökonomische Verwertbarkeit eines Grundstücks oder einer Bestandsimmobilie lässt sich aber erst auf Grundlage des **Maßes der baulichen Nutzung** einschätzen. 288

b) Maß der baulichen Nutzung

289 Die Absicherung des Maßes der baulichen Nutzung wird durch folgende Kriterien bestimmt (§§ 16–21 a BauNVO):

Def.

290 - GRZ = Grundflächenzahl (§ 19 BauNVO) als Anteil eines Grundstücks, der überbaut werden darf (qm Grundfläche je qm Grundstücksfläche).
291 - GFZ = Geschossflächenzahl (§ 20 BauNVO) als Anzahl der Quadratmeter Geschossfläche die bezogen auf die Grundstücksgröße gebaut werden darf (qm Geschossfläche im Verhältnis zum Grundstück).
292 - BMZ = Baumassenzahl (§ 21 BauNVO) als zulässige Kubikmeter Baumasse je Quadratmeter Grundstücksfläche.
293 - ZVG = Zahl der Vollgeschosse (§ 20 Abs. 1 BauNVO)
294 - HBA = Höhe der baulichen Anlagen (§ 18 Abs. 1, BauNVO)

In Abhängigkeit vom jeweiligen Gebietstyp werden Obergrenzen für die GRZ, GFZ und BMZ angegeben (§ 17 BauNVO).

295 Hauptaugenmerk für betriebswirtschaftliche Vorentscheidungen zur Verwertung einer Immobilie wird in der Regel neben der Nutzungsart auf die GFZ gelegt. Die GFZ bietet hilfsweise einen groben Vergleichskoeffizienten verschiedener Investitionsalternativen und dient als Gesprächsbasis für alle Marktteilnehmer. Zu kritisieren ist jedoch, dass eine Feingliederung der GFZ in eine ökonomisch bewertbare Größenordnung durch das »Flächenwirrwarr« auf Grund des Fehlens einer einheitlichen Flächendefinition bzw. einer allgemeingültige Rechtsnorm vermarktbarer Flächen in Deutschland erschwert wird.[20]

aa) Flächen- und Raumdefinition

296 Jeder Marktteilnehmer ist in der Definition des Wirtschaftsguts Fläche als maßgeblicher Faktor des Investitionsoutputs einer Projektidee im gewerblichen Bereich frei.

297 Die Ermittlung von Flächen bei Gebäuden, die nicht der Wohnungsnutzung dienen, kann hilfsweise nach DIN 277 erfolgen. Eine einheitliche Berechnung von Mietflächen bei Büroräumen wird hierdurch jedoch auch nicht gewährleistet. Um diese Lücke zur Bewertung von Verträgen im Immobilienrecht (Kauf, Miete, Pacht) zu schließen, wurde von der Gesellschaft für immobilienwirtschaftliche Forschung e.V. (gif) die Richtlinie zur Berechnung der Mietfläche für Büroraum (MF-B) auf Grundlage der DIN 277 in der Weise erstellt, dass Flächen als Mietfläche und »Nichtmietfläche« unterteilt werden. Dieser Berechnungsmaßstab wird jedoch weder an jedem Standort, noch von jedem Marktteilnehmer gleichermaßen angewandt. Demzufolge existiert auch nach Übereinkunft der gif keine formal gesicherte Festlegung der ökonomischen Fläche einer Immobilie. Letztlich gelten regionale Usancen in Abhängigkeit von der Marktsituation. Die Vergleichbarkeit von Kaufpreisen oder Mieten wird somit neben den bereits genannten Faktoren einer unzureichenden Markttransparenz erheblich erschwert. Ein Entwickler wird immer bestrebt sein, in Verbindung mit dem erzielbaren Quadratmetermietpreis als Maximalziel seine Bruttogeschossfläche in einen Mietvertrag einfließen zu lassen. Die Quoten zwischen reiner Bürofläche und Bruttogeschossfläche weisen jedoch Abweichungen von zumeist 20–

20 Abgesehen vom öffentlich geförderten Wohnungsbau, der auf der Zweiten Berechnungsverordnung die Wohnflächenberechnung regelt, gibt es zwar vom Deutschen Institut für Normung die DIN 283, Blatt 2/1962/Wohnungen eine Norm zur Berechnung von Wohn- und Nutzflächen bei Wohnungen, diese wurde jedoch 1983 zurückgezogen.

35% auf. Die Diskussionen und rechtlichen Auseinandersetzungen hierzu, alleine schon im Rahmen von Nebenkostenabrechnungen, sind weitreichend und nicht ansatzweise abschließend geklärt.

Die in der Praxis anerkannte und verbreitete Aufteilung von Büroflächen erfolgt gemäß gif nach folgendem Kriterienkatalog: 298

Def.

Mietfläche	=	**Hauptnutzfläche + Nebennutzfläche + Funktionsfläche + Konstruktionfläche + volle und anteilige Verkehrsfläche**
Hauptznutzfläche	=	Faktisches Büro, Archiv, Lager, Balkone, Terrassen, Empfangsräume
Nebennutzfläche	=	Sanitärräume, Teeküchen, Putz-, Abstellräume, Garagen, Stellplätze
Funktionsflächen	=	mieterindividuelle betriebstechnische Anlagen (Kühlaggregate, Serverräume usw.)
Konstruktions-Grundflächen	=	nicht ortsgebundene Innenwände und andere Bauteile
Verkehrsfläche Voll	=	innenliegende Gänge, Flure, zentraler Empfangsbereich
Verkehrsfläche Anteilig	=	Erschließungsflure, Eingangshalle, Aufzugsräume

Hinzu kommen nach DIN 277 Verkehrsflächen wie Fluchtbalkone, Notausgänge, Aufzugsschächte, Rampen, Treppenpodeste und -läufe, sowie Funktionsflächen wie Hausanschluss, Heizungs- und Hautechnikräume, begehbare Versorgungsschächte und Aufzugs- bzw. Beförderungsanlagen. Bei der BGF Betrachtung nach DIN 277 werden zudem Konstruktionswände, Stützen, Pfeiler, Säulen, Schornsteine sowie nicht begehbare Schächte aufgenommen. 299

bb) Nutzungsbezogene Minimalanforderungen an eine Projektentwicklung

Bei der Investition in einen Bürostandort ist die Rechtssicherheit bei der Durchsetzung der Genehmigungen eines geplanten Bauvorhabens von entscheidender Bedeutung. Das Minimalziel eines Investors ist die Durchsetzung der geplanten BGF und der notwendigen Stellplätze. 300

Zur Minimierung der ökonomischen Risiken in einem zeitlich überschaubaren Rahmen ist es am zweckmäßigsten, über eine **Bauvoranfrage** die Machbarkeit einer Projektidee zu evaluieren. Die im Zuge einer Bauvoranfrage gestellten Fragen werden von der zuständigen Bauaufsichtsbehörde rechtsverbindlich beantwortet und sind je nach Bundesland 2 bis 3 Jahre mit der Möglichkeit zur Fristverlängerung gültig. 301

Neben der Genehmigungsfrage ist im Vorfeld einer Investitionsentscheidung der innere und äußere **Erschließungsgrad** eines Grundstückes zu verifizieren, denn ohne Erschließung eines Grundstückes wird keine Baugenehmigung erteilt. Da der Erschließungsbegriff gesetzlich nicht definiert ist, muss hier auf allgemeingültige Kriterien zurückgegriffen werden. Es wird zwischen der leitungsgebundenen (Wasserver- und Abwasserentsorgung, Elektro-, Gasversorgung) und nicht leitungsgebundenen Erschließung (öffentliche Straßen) unterschieden, wobei in der Gesamtkalkulation berücksichtigt werden muss, dass Erschließungsbeiträge von den Gemeinden für nichtleitungsgebundene öffentliche Erschließungsbeiträge mit bis zu 90% des Erschließungsaufwandes bei den Grundstückseigentümern erhoben werden (§ 129 Baugesetzbuch). Bei städtebaulichen Verträgen können sogar 100% der anfallenden Kosten für eine Erschließung auf die Grundstückseigentümer abgewälzt werden. 302

c) Nutzungskonzeptanalyse

303 Auf Basis der ermittelten Erkenntnisse der Standort- und Marktanalyse sowie auf Basis der Rahmenkriterien einer genehmigungsfähigen Nutzbarkeit können, in Abstimmung mit den Planern, die ersten funktionalen und technischen Anforderungen an eine Büroimmobilie definiert werden. Je detaillierter dem Architekten potentielle Nutzungen vermittelt werden können, um so effizienter kann der konkrete Planungsprozess aus der Projektidee abgeleitet werden. Das Primat der Kostenorientierung durch zuverlässige Planung führt hier, gegenüber den Anforderungen einer maximalen Flexibilität, im Zuge weiterer Erkenntnisse aus Bedarfsanalysen während des Genehmigungs- und Bauprozesses zu einem Entscheidungsdilemma, das nur durch regelmäßige Abstimmungsprozesse der technischen und kaufmännischen Projektsteuerung geglättet werden kann.

304 Nehmen auch Experten aus der Phase der Vermarktung und des Facility Managements einer Immobilie bereits während der Nutzungskonzeptanalyse an den regelmäßigen Projektmeetings teil, so lassen sich Planungsdefizite frühzeitig identifizieren und erhebliche Kosten im Vorfeld des Baubeginns einsparen.

305 Eine Nutzungskonzeptanalyse basiert in der Regel auf fünf Säulen:

- **Imagekonzept**
- **Büroraumkonzept**
- **Gebäudekonzept**
- **Gebäudestruktur**
- **Technologie (Innovationsfähigkeit)**

306 Da die Vermarktung von Büroimmobilien nicht mehr nur vom Standort alleine geprägt werden, spielt das Gestaltungs- und Raumkonzept einer Immobilie eine tragende Rolle für den Vermarktungserfolg. Das **Imagekonzept** einer Immobilie basiert entweder auf der Thematisierung gesellschaftlicher Trends wie z. B gestiegenem Umweltbewusstsein mit energetischen und ökologischen Anforderungen an ein Gebäude oder antroposophischer Ansätze (Umsetzung von Feng-Shui Büros). Der Grundgedanke rührt aus den organisationspsychologischen Erkenntnissen, einen Arbeitsplatz so angenehm wie möglich zu gestalten, wobei für innerorganisatorische Umstrukturierungen oder technologische Neuentwicklungen eine maximale Raumflexibilität gewahrt werden sollte. Das Imagekonzept sollte nach psychologischen Marketingfaktoren aufgebaut werden, die nach innen (Mitarbeitermotivation) und nach außen (Werbeeffekte) ausstrahlen und gestalterische, ästhetische sowie haptische Qualitäten beinhaltet.

307 Das Spektrum imagefördernder Gebäudekomponenten reicht neben einer auffälligen Architektur, von Grünkonzepten über Licht-, Wasser, Energiesysteme (Tageslichtlenksysteme, 2-Komponentenbeleuchtung, Klimazonen, Regenwasserauffangbecken, Solartechnik, Naturinseln, Gestaltung der Raumakustik) und die Verwendung natürlicher Baustoffe bis zu »convenience« Aspekten (Kindertagesstätten, Wäschedienst, Frühstücksservice, Coffee Shops, Shopping Boxes, Sporteinrichtungen), die zur Aufwertung einer Büroimmobilie führen können. Der Lebensraum in einem Bürogebäude sollte im Idealfall im Mittelpunkt einer Raumgestaltung stehen. Allerdings darf bei aller künstlerischer Freiheit zur Erlangung eines attraktiven Images das Primat der Ökonomie nicht der Architektur untergeordnet werden. Ästhetische Ansprüche sollten immer mit den Anforderungen an ökonomische Raumkonzepte in Einklang gebracht werden. Bei einer Zunahme der Nebenflächen zu Gunsten der gestalterischen Freiheit zum Beispiel sind Mietpreiszugeständnisse vorprogrammiert. Ungeachtet dessen müssen Marketingaspekte vermehrt in die Immobilienwirtschaft Einzug nehmen. So werden die Techniken zur Herausarbeitung eines Projekt USP (unique selling proposition), also eines Alleinstellungsmerkmals von Büroentwicklern vielfach noch zu rudimentär angewendet.

308 Einschränkend ist anzumerken, dass zur Generierung eines Projekt-USP erhebliche Marketingbudgets erforderlich sind, die, über die klassischen Instrumentarien der Werbung hinaus, alle

Facetten des »below the line Marketings« mit Events, Internet, P.R., CD-ROM-Entwicklung usw. abdecken müssen.[21] Projektentwicklern fällt es nach wie vor schwer, über die für den klassischen Vertrieb vorgesehenen Budgets von 2–5% eines Projektvolumens weitere 2–4% für Marketing in ihre Kalkulation aufzunehmen. Ein Umdenkprozess ist hier erst in der jüngeren Vergangenheit festzustellen.

Bei abnehmender Vorvermietungsquote und zunehmender Kurzfristigkeit von Nutzerentscheidungen ist es für Entwickler besonders schwierig, die richtigen **Büroraumnutzungskonzepte** zu antizipieren. Die Anforderungen der einzelnen Nutzerzielgruppen divergieren zunehmend und lassen sich kaum mehr in einen einheitlichen Planungsrahmen stecken. Zukunftsfähige Büros müssen in kurzer Zeit an neue Arbeitssituationen angepasst werden können. Teamarbeit, variierende Projekt- und Prozesserfordernisse sowie zyklische firmeninterne Umstrukturierungen erfordern ein hohes Maß an Flexibilität, wobei das Postulat nach maximaler Flexibilität von Büroräumen an physikalische Grenzen der Machbarkeit stößt.[22] Aus Sicht des Nutzers interessiert dieses Dilemma in schwierigen Märkten allerdings in der Regel nicht. Der Büroentwickler muss also versuchen, aus soziodemografischen Daten und Trends der Personalwirtschafts- und Organisationslehre einen **Masterplan** bzw. ein **Pflichtenheft** für ein möglichst reversibles Bürolayout aufzustellen, das den potentiellen Nutzerbedürfnissen am nächsten kommt. 309

Zellen-, Gruppen- und Großraumbüros stellen in Europa seit den 50er Jahren die vorherrschende Büroform dar. Großraumbüros spielen allerdings bei spekulativen Projektentwicklungen heute kaum mehr eine Rolle.[23] **Kombibüros** als Sonderformen des Zellenbüros mit innenliegenden Multifunktionszonen und sogenannte **non- territoriale Konzepte** werden als Büroform der Zukunft betrachtet. 310

Beispielhaft herausgegriffen wird im Rahmen einer organisatorischen Zielvorgabe für Bürostrukturen das non-territoriale Konzept. Auf Basis eines Sharing-Ansatzes erhält jeder Mitarbeiter einen mobilen Arbeitsplatz mit persönlichem Container. Der Mitarbeiter kann tage- und stundenweise an jeder lokalen Arbeitsstation in einem Bürogebäude nach Vorreservierung arbeiten. Die mobilen Container stehen in einem zentralen »Caddy Bahnhof«, das Gesamtkonzept basiert auf einer hochgerüsteten informations- und kommunikationstechnischen Infrastruktur mit Fileserver, elektronischem Dokumentenmanagement, funkgesteuerten Laptops usw. Da die Zahl der Arbeitsplätze geringer ist als die Zahl der Nutzer, eignet sich dieses Konzept insbesondere für Beratungsunternehmen und vertriebsorientierte Firmen. In der Regel können mit professionell strukturierten Konzepten 30–50% der üblichen Arbeitsplätze und damit Flächenkosten eingespart werden. Eine Mischung aus offenen Teamflächen und geschlossenen Klausur- und Rückzugsräumen erhöht die innerbetriebliche Akzeptanz. Neue Bürokonzepte müssen allerdings nach dem Niedergang der »New Economy« kritischer gesehen werden, da zahlreiche Konzepte innovativer Bürostrukturen obsolet geworden sind und die sogenannten Zukunftskonzepte zu beachtlichen Fehlinvestitionen bei Investoren insbesondere im Zuge des Refurbishments alter Fabrikhallen geführt haben. Begriffe wie action office, Business Club, Lean Office, Nomadic Office, Fraktales Büros usw. überleben nun die Erfolglosigkeit ihrer Nutzer. 311

21 Vgl. *Auer, M.; Diederichs, F.*, Werbung below the line, Landsberg/Lech, 1993.

22 Führend in der Forschung nach innovativen Bürokonzepten ist in Deutschland das Fraunhofer Institut für Arbeitswirtschaft und Organisation (IAO) mit seinem International Office Concepts Survey. Seit 1996 wird im Zusammenschluss von Wissenschaftlern und Unternehmern unter dem Oberbegriff Office 21 die Zukunft der Arbeit untersucht, siehe auch www.office21.de.

23 Bei Großraumbüros treten außerdem neben den Anforderungen an eine Klimatisierung sogenannte »Masking Effekte« (Akustische Störungen) innerhalb der Bürolandschaften auf, die die Vorteile einer offenen Kommunikation und flexiblen Bürostruktur im Lauf der Jahre negativ überlagert haben.

312 Erst aufbauend auf einem Nutzungskonzept lässt sich für die Gesamtarchitektur die Frage des Gebäuderasters und der Gebäudetiefe lösen. Die **Gebäudestruktur** stellt das »Gerüst« des geplanten Baus dar. Die **Primärstruktur** als Rohbau sollte eine maximale Anpassungsflexibilität gewährleisten. Am besten eignet sich hierfür Stahlbetonskelettbauweise mit zweihüftigen Gebäuden. Der Innenausbau als **Sekundärstruktur** beinhaltet Fragen des Schall- und Brandschutzes, der Deckenbelastbarkeit usw. Die **Tertiärstruktur** umfasst alle haustechnischen Fragen, die insbesondere vom Projektanten in Abstimmung mit dem Architekten zu erarbeiten sind. Fragen der Beleuchtung, Energieversorgung, Klima- und Heizungstechnik, Telekommunikationsinfrastruktur, EDV-Vernetzung, sowie Fahrstühle und Alarm-, Überwachungs- und Zugangskontrollsysteme fallen in den Verantwortungsbereich der Nachherstellungsphase, also des Facilitymanagements hinsichtlich der Wartungsfrequenzen und des Nebenkostenmanagements.

313 Im Zuge der zunehmenden **technologischen Entwicklung** von innovativen Übertragungssystemen (Wireless-Lan-Systeme, Videoübertragung) stellt die regelmäßige Beobachtung von technischen Standards und die Abstimmung mit den Nutzerbedürfnissen unter personalwirtschaftlichen Aspekten (Teleworking, »Hot Desking«) einen wichtigen strategischen Ansatz für Projektentwicklungen dar. Neben der Größe von Büros, der Flächenflexibilität und Wirtschaftlichkeit, den Kommunikationsstrukturen in Unternehmen, den Arbeitsabläufen und organisationspsycholgischen Entwicklungen, stehen also Fragen des Corporate Identity-Potenzials bis hin zu Licht- und Klimaentwicklungen bei einer Gebäudekonzeption zur Disposition.

314 Unter Beachtung vorgenannter Unwägbarkeiten einer spekulativen Bürokonzeption kann man folgende Nutzungsmuster formulieren, die das Risiko »am Markt vorbei zu bauen« weitgehend reduzieren.

! Klassisches Büronutzungsmuster:

Struktur:	2-hüftig	
Rastermaß	1,25 bis 1,40 m	
Gebäudetiefe	12 m bis 13 m	
Raumtiefe:	2,5 fach der lichten Raumhöhe (bei einfacher Belüftung)	
Raumhöhe:	2,50 m bei 50 qm bis 3,25 m bei 2.000 qm (ArbStättV § 23) Aus Endinvestorensicht gelten 2,75 Meter als Sollvorgabe.	
Mindestgröße je Raum:	8 qm (ArbStättV)	
Erschließungsflure:	ArbStättV § 17, DIN 4543	
Raumgröße nach Hierarchien:	Vorstand	30 qm
	Direktor/Hauptabteilungsleiter	25 qm
	Abteilungsleiter	20 qm
	Gruppenleiter	15 qm
	Alle anderen Positionen	10 qm
BGF je Mitarbeiter	22–31 qm (inkl. Nebenutz-, Verkehrs- und Funktionsflächen).[24]	
Stellplatzbreite	2,40 m	
Technik:	Ausreichende Schachtdimensionierung (ständig steigende Anforderungen an Technik/Kabel- und Leitungsschächte)	

24 Gemäß einer Untersuchung des Beratungsunternehmens Jones Lang LaSalle aus dem Jahr 2002 hat sich der Flächenbestand je Mitarbeiter freisetzungsbedingt auf 31 qm erhöht, im Vorjahr lag der Durchschnittswert noch bei 29 qm.

Abschließend ist anzumerken, dass die analytischen Instrumentarien zur Konzeption von Bürogebäuden im Gegensatz zu anderen Forschungsgebieten der Betriebswirtschaftslehre wenig entwickelt sind. Neben architektonischen Entwurfsprogrammen als Visualisierung eines Planungsergebnisses stehen kaum Instrumente zur Verfügung, die den gesamten organisatorischen Büroablauf nach betriebswirtschaftlichen Optimierungskriterien konzeptionell abbilden. Hierzu bedarf es allerdings auch auf der Planungsseite einer stärkeren Auseinandersetzung in Aus- und Fortbildung mit interdisziplinären Berührungspunkten wie betriebswirtschaftlichen und organisationspsychologischen Entwicklungen und Imagetrends. 315

Tipp

1. Im Vorfeld einer Projektentscheidung sollten verschiedene Standorte über die Geschossflächenzahl (GFZ) als Vergleichskoeffizienten mit entsprechenden Nutzungen bewertet werden.
2. Die Umsetzbarkeit einer Projektidee sollte über einen Bauvorbescheid als Minimalanforderung für eine Investitionsentscheidung definiert werden.
3. Der Investor muss den Erschließungsgrad eines Grundstücks feststellen, um mögliche Erschließungsbeiträge an die Gemeinden bewerten zu können.
4. Zur Kosten- und Termineinhaltung ist ein Pflichtenheft für ein Bürogebäude aus den ermittelten Nutzerpotenzialen und technischen Rahmenbedingen zu entwickeln.
5. Für den Projekterfolg sind Imageaspekte als Differenzierungsmerkmal zu generieren. Je höher das Alleinstellungsmerkmal (USP) eines Gebäudes ist, desto größer ist die Wahrscheinlichkeit eines Vermarktungserfolges.
6. Bei Büroraumkonzepten ohne Nutzerfestlegung ist die höchstmögliche Flexibilität einzuhalten, da die Nutzerbedürfnisse einem immer schnelleren, auch technologischen Wandel, unterliegen.
7. Die regionalen Usancen bei der Flächenberechnung und Projektkalkulation müssen in die Mietkalkulation einfließen. Die Mindestanforderungen nach gif sind bei der ökonomisch verwertbaren Flächenkalkulation zu berücksichtigen.
8. Alle Projektpartner einer Verwertungskette einschließlich Facility Manager sind in den Planungsprozess der Nutzungskonzeptanalyse zu integrieren.
9. Trends wie Kombibüros und non territoriale Konzepte sollten konstruktiv aufgegriffen werden, da die Reduktion des Büroflächenbedarfs bei Nutzern eine zunehmende Rolle spielt. Innovative Trends sind allerdings sehr kritisch auf die Nachhaltigkeit ihrer potentiellen Nutzer zu überprüfen.
10. Planungspartner mit interdisziplinären Ausbildungs- und Denkansätzen und Zugang zu Markterfordernissen erleichtern einen erfolgreichen Projektablauf. Denkansätze der klassischen Marketinglehre auf Basis der Produktpolitik müssen vermehrt in der Immobilienprojektentwicklung Berücksichtigung finden.

3. Abwicklung des Vorhabens

Die Abwicklung von Bauvorhaben umfassen alle Bereiche der Volkswirtschaft und sind keinem einheitlichen gesetzlichem oder wissenschaftlichen Definitionsrahmen zuzuordnen. Grundsätzlich lässt sich eine Trennung nach kaufmännischen und planerisch technischen Gesichtspunkten vollziehen. Die Projektentwicklung macht in jedem Falle ein spezifisches interdisziplinäres Know How, umfangreiches Marktverständnis und erhebliches unternehmerisches Gespür erforderlich. 316

Baufirmen engagieren sich im Entwicklungsgeschäft, Banken treten als Initiatoren auf, institutionelle Fonds bilden joint ventures mit klassischen Entwicklern und (ehemalige) Staatsunternehmen wie die Post, die Telekom oder die Bahn schlüpfen in die Developerrolle oder gründen Entwicklungsgesellschaften mit oder ohne eigene Immobilienbestände aus. 317

318 Aus den negativen Erfahrung der vergangenen Jahre zeigt sich, dass zahlreiche Marktteilnehmer, die sich in Geschäftsfelder begeben haben, die nicht zu ihren Kernkompetenzen gehörten, feststellen mussten, wie wenig sie der Komplexität bei der Abwicklung eines Bauprojektes gewachsen sind. Insbesondere bei Großinstitutionen wie Banken, Versicherungen und Industriekonzernen war die Übernahme der eigenverantwortlichen Projektentwicklung nicht immer von Erfolg gekrönt. Die nachfolgende Abgrenzung nach Tätigkeitsfeldern kann somit also nur eine Facette der zahlreichen funktionalen und institutionellen Tätigkeitsbereiche abbilden.

a) Definition des Bauherrn

319 Bauherr ist derjenige, der selbst oder durch Dritte ein Bauvorhaben für eigene oder für fremde Rechnung erstellt. Bauherr kann eine Person, ein Unternehmen, eine Behörde oder eine öffentlich-rechtliche Körperschaft sein. Mischformen als Bauherrenorganisationen oder Bauherrengemeinschaften gerade bei komplexeren Projekten ab bestimmten Größenordnungen sind eher die Regel als die Ausnahme.[25]

320 Die Pflichten des Bauherren lassen sich aus den jeweiligen Landesbauordnungen ableiten und umfassen die Verpflichtung, bei einem genehmigungspflichtigen Bauvorhaben einen Entwurfsverfasser, einen Unternehmer und einen verantwortlichen Bauleiter zu beauftragen. Er hat für die Anträge, Mitteilungen und Nachweise an die jeweilige Bauaufsichtsbehörde Sorge zu tragen und ihm obliegt die Verkehrssicherungspflicht.

321 Die betriebswirtschaftliche Definition des Bauherren orientiert sich am unternehmerischen Risikobegriff. Besser ist die Formulierung Investor. Der Investor trägt für sich selbst oder gegenüber Kapitalgebern das wirtschaftliche Risiko einer Entwicklungsmaßnahme. Während ein Investor selbst als Projektentwickler tätig werden kann, bestehen auch Misch- und Kooperationsformen mit Projektentwicklern, Kapitalgebern und Projektsteuerern. Als Investoren kommen neben Privatleuten, Versicherungsunternehmen, Pensionskassen, Immobilienfonds, Bauträger, Bauunternehmen, Banken und Leasingunternehmen in Frage.

322 Ziel eines Bauherren ist es, mit einem je nach Projekt individuell zusammengestellten Team die Anforderungen der Planungs-, Kosten- und Vermarktungssicherheit zu optimieren, um den maximalen Projekterfolg im Verhältnis zu seinen erheblichen Risiken zu generieren. Idealerweise veräußert er das Projekt bereits in der Gestehungsphase. Ziel ist die Mehrwertabschöpfung, die in der Regel eine Gewinnspanne von 15–20% beinhalten sollte.

323 Letztlich hängt die Art der Bauherrenfunktion auch von der jeweiligen Unternehmensphilosophie ab, wie viele Teilbereiche eines Projektmanagements intern wahrgenommen werden sollen, und welche Aufgaben an Dienstleister abgegeben werden. In der Regel übernimmt der Bauherr die Projektinitiative, die Projektleitung und das Projektcontrolling. Projektsteuerung und Fachplanung werden zumeist ausgelagert. Der Bauherr behält in jedem Fall die Funktion des obersten Projektmanagers. Bedingt durch die Unterkapitalisierung mittelständischer Initiatoren und die Anforderungen an bzw. von Banken im Rahmen von Basel II werden zunehmend joint ventures zwischen Entwicklern und Kapitalgebern umgesetzt.

b) Einschaltung eines Projektentwicklers oder Bauträgers

324 Der Projektentwickler unterscheidet sich im Gegensatz zu dem ihm zuarbeitenden Spezialistenteam durch seine generalistische Ausbildung, die mit einem starken Hang zum unternehmerischen Handeln verbunden sein sollte. In der Regel ist der Projektentwickler nicht selbst Bauherr, sondern wird von Seiten eines Bauherren als Koordinationsträger zwischengeschaltet. Die Aufgabenstellung des Projektentwicklers umfasst die Konzeption und Realisierung von Projek-

25 Vgl. *Kalusche, W.*, Projekt-Management in der Bauplanung und Bauausführung in: Schulte, K.-W., Bone-Winkel, S., Handbuch Immobilien-Projektentwicklung, 2. Aufl., Köln, 2002, S. 304.

ten von der Akquisitions- bis zur Erhaltungsphase.[26] Der oftmals synonym verwendete Begriff des Bauträgers bezieht sich in der wirtschaftlichen Praxis zumeist auf Wohnungsbauunternehmen.

Der Projektentwickler hält alle Fäden während des meist mehrjährigen Projektentwicklungs- 325
prozesses in der Hand. Ihm obliegt das Festlegen der Projektziele, die Durchsetzung von Entscheidungen, der Abschluss von Verträgen, die Abnahme der Gewerke und die rechtzeitige Mittelbereitstellung. Da die Addition von Einzelabläufen auf Grund der zunehmenden Komplexität von Projektentwicklungen ausgedient hat, bedarf die integrierte Prozessorganisation unter Berücksichtigung der einzelnen Planungs- und Managementpartner, der Kunden und Nutzer, sowie der Verwalter und Endinvestoren einer erheblichen interdisziplinären Managementleistung. Neben Kreativität, Intuition und dem Gespür für Trends, die für das Herausfiltern von Nutzungskonzepten und Marktnischen erforderlich sind, ist eine analytische Kompetenz, umfangreiche Marktkenntnis und der Rückgriff auf ein etabliertes Netzwerk an professionellen Partnern unabdingbar. Organisationstalent, Führungs- und Durchsetzungsfähigkeit sind darüber hinaus Voraussetzungen im Umgang mit den unterschiedlichsten Teampartnern. Der Projektentwickler muss zu einer kritischen Würdigung juristischer, finanzmathematischer und steuerlicher Fragen in der Lage sein und über ausreichend Marketing- und Vertriebs-Know-How verfügen. Ebenso gehört die Beurteilung architektonischer und bauphysikalischer Fragen in sein Metier, wie die Fähigkeit, Baukosten einschätzen zu können und Verfahrensalternativen zu kennen. Neben einem hohen Maß an Weitblick, Sorgfalt und Erfahrung gehört die nachgewiesene Zuverlässigkeit gegenüber Kapitalgebern, ausführenden Firmen und Kunden zum erweiterten Anforderungsprofil.

Das vorgenannte Handwerkszeug ersetzt jedoch nicht die zwingend notwendige Fähigkeit, 326
heterogene Gruppen mit hohem Spezialistenwissen auf teilweise technokratischem Niveau zu motivieren und auf ein Projektziel einzuschwören. Darüber hinaus muss er im Umgang mit der Öffentlichkeit Geschick zeigen und gesellschaftspolitische Strömungen erkennen, aufgreifen und für seine Projektziele verwerten.

Innerhalb des Tätigkeitsfeldes eines Projektentwicklers sind heute hochspezialisierte Anbieter 327
(ECE, Köllmann Gruppe, investa, accumulata), die zum Teil ausschließlich ein bestimmtes Marktsegment bedienen, tätig.

c) Einschaltung eines Generalübernehmers

Neben den zahlreichen Misch- und Zwischenformen der Projektabwicklung existiert aus der 328
Sicht des Bauherrn auch die Möglichkeit, alle Aufgaben an einen Generalübernehmer zu delegieren, wobei der Generalübernehmer diese an Nachunternehmen weiterleitet.

Werden auch die Planungsleistungen übertragen, so spricht man vom Totalübernehmer. Die Aus- 329
gestaltung des Übernahmeverhältnisses geht grundsätzlich soweit, dass die Verträge mit Nachunternehmen in eigenem Namen des Übernehmers und für eigene Rechnung abgeschlossen werden und er die volle Verantwortung für die Einhaltung der Preise und Termine trägt.[27] Der Generalübernehmer füllt Projektmanagementaufgaben als koordinierender Funktionsträger – allerdings auf eigenes Risiko – aus, er schließt Verträge als »Auftraggeber« ab und hat die Verantwortung für den Projekterfolg ohne originär an der Bauausführung beteiligt zu sein. Aus Sicht des Auftraggebers ergibt sich zwar vordergründig eine schnittstellenfreie und weniger zeit- und personalintensive Projektbetreuung. Fehlt es jedoch dem Generalübernehmer an wirtschaftlichen oder personellen

26 *Schäfer, J.; Conzen, G.* in: Praxishandbuch der Immobilienprojektentwicklung, München 2002, S. 4.

27 Zu den komplizierten Zusammenhängen der Vertragsgestaltung und der sogenannten »Durchstellungsproblematik« von Leistungen vgl. *Heilmann, F.* in: Schäfer, J.; Conzen, G., Praxishandbuch der Immobilien-Projektentwicklung, München, 2002, S. 470–491.

Möglichkeiten, ein Projekt vertragsgemäß zu realisieren, kann dies auch zu einer Schieflage beim Bauherrn führen, da er nicht wie bei der Einzelvergabe punktuell eingreifen kann, sondern das Gesamtprojekt auf Grund des spezifischen Vertragsverhältnisses mit einem Partner ins Wanken gerät. Davon abgesehen ist das Verhältnis bei der Abwicklung von Erfüllungs- und Gewährleistungsansprüchen im Insolvenzfall äußerst kompliziert.

330 Kapitalgeber bevorzugen zwar die Sicherheit der Projektabwicklung mit Generalübernehmern. Großkonkurse der jüngeren Vergangenheit haben jedoch auch gezeigt, dass die Größe und Tradition eines Generalübernehmers auch nicht immer für die zielkonforme Projektdurchführung stehen muss. Insofern zeigt die Erfahrung, dass die Abwicklung mit einzelnen Projektpartnern die Risiken nicht zwangsläufig erhöht und bei eingespielten Projektteams sogar komparative Vorteile und Kostendegressionseffekte gegenüber der Generalübernahme bietet. Verständlich ist jedoch, dass insbesondere Bauherren (Verbände, Institutionelle Investoren, Konzerne), die originär keine Affinität zur Projektentwicklung aufweisen, aber Grundstücke des eigenen Vermögensbestandes zu entwickeln vorsehen, auf Generalübernehmer zurückgreifen, um die Projektrealisierung in »eine Hand« zu geben.

d) Einschaltung eines Baubetreuers

331 Die Baubetreuung umfasst nach dem Wortlaut die Betreuung eines Bauvorhabens. In welcher Form diese Betreuung stattfindet, hängt von der konkreten Vertragsgestaltung ab. Der Baubetreuer übernimmt im wesentlichen die wirtschaftliche und technische Baubetreuung für den Bauherrn.

aa) Baubetreuung im engeren Sinne

332 Baubetreuer ist, **wer gewerbsmäßig Bauvorhaben im fremden Namen für fremde Rechnung wirtschaftlich vorbereitet** oder **durchführt** (§ 34 c Abs. 1 S. 1 Nr. 2 b GewO). Schließt der Baubetreuer Verträge, so berechtigt und verpflichtet er unmittelbar den Betreuten. Dieser ist »Bauherr«; er trägt das »Bauherrenrisiko«.[28]

Die für den Immobilienerwerb und die Bauwerkserrichtung notwendigen Leistungen obliegen dem Baubetreuer, wobei diese Leistungen auf mehrere Personen aufgeteilt und übertragen werden können.

333 **Der wirtschaftliche Baubetreuer** ist in der Regel dazu verpflichtet, dafür Sorge zu tragen, dass **so wirtschaftlich wie möglich gebaut**, die Finanzierung geregelt und das Baugeld verwaltet wird. Auch die wirtschaftliche Baubetreuung zielt als Tätigkeit auf die Errichtung des Bauvorhabens.[29] Sie umfasst beispielsweise die Erstellung eines Zahlungsplans, Fertigung von Bautenstandsberichten und Wirtschaftlichkeitsberechnungen, Abwicklung des Zahlungsverkehrs oder die detaillierte Aufstellung der Gesamtkosten (Herstellungskosten).[30]

Die technische Baubetreuung umfasst die **Überwachung** der gesamten Tätigkeit der von dem Auftraggeber beauftragten Planungs- und Baubeteiligten.[31] Die technische Baubetreuung kann auch die Grundstücksbeschaffung, die Mitwirkung bei der Baugenehmigung, Ausschreibung der Bauaufträge und ihre Vergabe an Bauunternehmen, bis hin zur Geltendmachung und Durchsetzung von Gewährleistungsansprüchen einschließen.[32]

334 Das Wesensmerkmal der Baubetreuung besteht darin, dass der Baubetreuer im Namen und auf Rechnung des Betreuten die erforderlichen Verträge abschließt. Hierfür ist eine wirksame und umfassende Vollmacht durch den Betreuten nötig. Die umfassende Vollmacht ermächtigt den Betreuten, alle Handlungen und Erklärungen vorzunehmen, abzugeben und entgegenzuneh-

28 BGHZ 67, 334 (337 f.).
29 *Jagenburg/Weber*, NJW 2001, 3453 (3454).
30 *Schäfer/Conzen*, Praxishandbuch der Immobilien-Projektentwicklung, S. 474.
31 *Schulze-Hagen*, IBR 2001, 382.
32 *Schäfer/Conzen*, Praxishandbuch der Immobilien-Projektentwicklung, S. 474.

men, die im Rahmen der Betreuung der Durchführung des Bauvorhabens erforderlich sind, und alle hierfür jetzt und zukünftig vorgesehenen finanziellen Mittel einzusetzen. Im Gegensatz zur Architektenvollmacht umfasst die Vollmacht des Baubetreuers auch die Berechtigung, Bauverträge für den Betreuten abschließen zu dürfen. In diesem Fall umfasst die Vollmacht nicht den Abschluss eines Architektenvertrages für die Planung und Überwachung der am Bau Beteiligten. Eine solche Vollmacht wird nur dann übertragen, wenn der Betreuer auch die technischen Leistungen auf der Grundlage des Baubetreuungsvertrages zu übernehmen hat. Hierbei handelt es sich um eine wirtschaftliche und technische Vollbetreuung, bei der der Betreuer im eigenen Namen und auf eigene Rechnung einen Architekten einsetzt, der Erfüllungsgehilfe des Betreuers ist. Ein Vertrag zwischen Architekt und Bauherrn kommt dann nicht zustande.

> ! Ist der Baubetreuer ausdrücklich bevollmächtigt, für den Betreuten einen Architektenvertrag abzuschließen, muss der Betreuer die erforderlichen Planungsleistungen nicht selbst oder durch einen Erfüllungsgehilfen erbringen. Er ist allerdings verpflichtet, die Planung des Architekten sorgfältig zu überprüfen und zu überwachen.[33]

Der Baubetreuungsvertrag ist ein umfassender, auf die Erstellung des Bauwerks insgesamt gerichteter Werkvertrag, da die gesamte Tätigkeit des Baubetreuers erfolgsbezogen ist.[34] 335

> ! Die Baubetreuung ist von der Treuhänderschaft zu unterscheiden. Wenn die für den Immobilienerwerb und die Bauwerkserrichtung notwendigen Leistungen nicht nur dem Baubetreuer obliegen, sondern auf mehrere weitere Personen aufgeteilt und übertragen werden, findet möglicherweise das Rechtsberatungsgesetz (RBerG) Anwendung. Problematisch ist dabei nämlich die Besorgung von Rechtsangelegenheiten der am Immobilienerwerb Beteiligten durch einen Dritten. Derartige Geschäftsbesorgungsverträge können – in Ermangelung einer hierfür notwendigen Erlaubnis – wegen Verstoßes gegen Art. 1 § 1 Abs. 1 Satz 1 RBerG nichtig gemäß § 134 BGB sein. Dabei bereitet die Abgrenzung zwischen der erlaubnispflichtigen und der ausnahmsweise erlaubnisfreien Rechtsbesorgung im Sinne von Art. 1 § 5 Nr. 1 RBerG nicht unerhebliche Schwierigkeiten.[35]

bb) Haftung des Baubetreuers

Der Baubetreuer haftet nur für Pflichtverletzungen in seinem Bereich, also **im Rahmen der technischen und wirtschaftlichen Planung.**[36] 336

Der Baubetreuer kann sich seiner Haftung **nicht durch eine Klausel im Baubetreuungsvertrag entziehen,** durch die der Baubetreuer berechtigt sein soll, die **technische Betreuungsleistung** dem Architekten oder dem Unternehmer zu übertragen.[37] Eine solche Vereinbarung würde allenfalls zur Hinzuziehung eines Dritten berechtigen, nicht aber von der eigenen Haftung freistellen.

Der die Aufgaben eines Architekten übernehmende Baubetreuer haftet wie ein Architekt. Kommt es auf Grund von Verstößen gegen die dem Baubetreuer – gleich einem Architekten – obliegende Koordinationspflicht der am Bau beteiligten Unternehmen und treten dadurch Verzögerungen ein, hat diese der Baubetreuer zu vertreten und den daraus resultierenden Schaden zu ersetzen.[38]

---

33 BGH BauR 1994, 776.
34 BGH BauR 1991, 88.
35 BGH BauR 2001, 397.
36 BGH BauR 1994, 776.
37 OLG Saarbrücken NJW-RR 1999, 1397.
38 BGH NJW-RR 2000, 1547.

Übernimmt ein Baubetreuer unter anderem die »laufende technische Betreuung«, so hat er auch die einem Architekten obliegenden Überwachungsleistungen selbst oder durch einen Erfüllungsgehilfen zu erbringen, auch wenn schon ein Architekt eingesetzt ist.[39]

cc) Bauträger als Baubetreuer im weiteren Sinne

337 Wird das Bauvorhaben vom Gewerbetreibenden **im eigenen Namen für eigene oder fremde Rechnung vorbereitet** oder **durchgeführt,** so ist er nicht Baubetreuer, sondern Bauträger (§ 34 c Abs. 1 S. 1 Nr. 2 a GewO). Er selbst, nicht sein Auftraggeber ist dann der Vertragspartner der Bauhandwerker und »Bauherr«.[40]

Beim Bauträgervertrag verpflichtet sich der Bauträger, im eigenen Namen, auf eigene Rechnung oder Rechnung des Erwerbers sowie auf eigenem oder einem Dritten gehörenden Grundstück ein Haus (oder eine Eigentumswohnung) zum Zwecke der Veräußerung zu errichten; gleichzeitig verpflichtet sich der Vertragspartner (Erwerber), das Bauwerk mit Grundstück nach schlüsselfertiger Erstellung zu übernehmen, den ausgehandelten Preis ganz oder nach Baufortschritt zu zahlen und schließlich das Haus zu Eigentum zu erwerben.[41]

4. Steuer- und gesellschaftsrechtliche Aspekte

a) Ertragsteuerliche Aspekte

338 A muss klären, ob seine Investition im steuerlichen Betriebsvermögen oder im Privatvermögen stattfindet. Je nach Zuordnung entstehen unterschiedliche Besteuerungsfolgen mit Auswirkung auf die Rentabilitätsbetrachtung der Investition.

Eng verknüpft hiermit ist die Frage, in welcher Rechtsform A seine Investition tätigt.

339 Die ertragsteuerliche Behandlung einer Immobilieninvestition hängt davon ab, ob diese Investition im steuerlichen Privatvermögen oder im Betriebsvermögen stattfindet.

aa) Investition im steuerlichen Privatvermögen

340 Immobilieninvestitionen im steuerlichen Privatvermögen führen im Fall einer späteren Vermietung des Objektes einkommenssteuerlich zu laufenden Einkünften aus Vermietung und Verpachtung (§ 21 EStG). Diese Einkünfte unterliegen nicht der Gewerbesteuer.

341 Eine spätere Veräußerung des Objektes ist einkommensteuerpflichtig, wenn zwischen Anschaffung und Veräußerung ein Zeitraum von nicht mehr als zehn Jahren liegt (§ 23 Abs. 1 Nr. 1 EStG). Veräußerungen außerhalb dieses Zeitraumes sind nach jetziger Rechtslage nicht einkommensteuerpflichtig.

342 Immobilieninvestitionen im steuerlichen Privatvermögen erfolgen als Privatperson oder in der Rechtsform einer Gesellschaft bürgerlichen Rechts. Führt A die Investition ohne Beteiligung Dritter durch, kann er sie als Privatperson tätigen.

bb) Gewerblicher Grundstückshandel

343 Das Institut des gewerblichen Grundstückshändlers ist durch die Rechtsprechung des BFH entwickelt worden. Danach wird derjenige, der wie ein Gewerbetreibender in größerem Umfang mit Immobilien handelt, ertragsteuerlich als Gewerbetreibender behandelt. Hierbei wurde die sog. Drei-Objektgrenze entwickelt. Der Verkauf von mehr als drei Immobilien innerhalb eines Zeitraumes von fünf Jahren seit ihrem Erwerb oder Errichtung ist Indiz für die Gewerblichkeit dieser Einkünfte.

---

39 *Schulze-Hagen,* IBR 2001, 382.

40 BGH BauR 1981, 188 (189).

41 *Werner/Pastor,* Der Bauprozess, 10. Auflage, Rdnr. 996.

Sofern der Steuerpflichtige an vermögensverwaltenden Grundstücksgesellschaften oder Grundstücksgemeinschaften beteiligt ist, die ihrerseits Grundstücksveräußerungen innerhalb des Zeitraumes von fünf Jahren seit Errichtung oder Erwerb tätigen, werden ihm diese Veräußerungen zur Ermittlung der Drei-Objektgrenze zugerechnet. Voraussetzung ist, dass er zu mindestens 10% an der Gesellschaft beteiligt ist. Der anteilig zuzurechnende Verkauf gilt für den Gesellschafter als ein Objekt im Sinne dieser Regelung.[42] 344

Die Anzahl von drei Objekten ist jedoch nur ein Indiz für die Gewerblichkeit. Die Entwicklung von Großobjekten kann auch bei einer geringeren Objektanzahl zur Gewerblichkeit führen.[43] Insbesondere gilt dies bei der Errichtung von Gewerbeeinheiten. 345

Die berufliche Nähe eines Steuerpflichtigen zur Baubranche hingegen führt nicht zu einer Verringerung der Drei-Objektgrenze.[44] 346

Sofern Investor A das Projekt als natürliche Person durchführt, hängt die Zuordnung zum steuerlichen Betriebs- oder Privatvermögen von der späteren Verwendungsabsicht ab. 347

Sollte er das Objekt behalten und vermieten wollen, liegt steuerliches Privatvermögen vor. 348

Wird das Objekt errichtet und innerhalb eines Zeitraumes von fünf Jahren kurzfristig veräußert, erfolgt zum einen eine Zusammenrechnung mit anderen Projekten des A, was zu einer Überschreitung der Drei-Objektgrenze und damit zur Gewerblichkeit führen kann. Darüber hinaus handelt es sich vorliegend um ein Großobjekt, so dass der Verkauf dieses einen Objektes schon zur Gewerblichkeit führt. 349

cc) Investition im steuerlichen Betriebsvermögen

Der Erwerb als gewerblicher Grundstückshändler führt zur Investition im steuerlichen Betriebsvermögen. Daneben könnte A die Investition über eine Gesellschaft tätigen und damit die Betriebsvermögenseigenschaft der Investition begründen. 350

A hat hierbei die Wahl zwischen der Gründung einer Personengesellschaft und einer Kapitalgesellschaft. 351

Als mögliche Personengesellschaften kommen die OHG und die KG in Betracht. Hierfür sind jedoch Dritte als weitere Gesellschafter erforderlich. Möchte A alleine in der Rechtsform einer Personengesellschaft tätig werden, könnte er allenfalls eine GmbH & Co. KG gründen, deren alleiniger Kommanditist und Alleingesellschafter der Komplementär-GmbH er ist. 352

Die Verwendung einer GbR führt zu einer Investition im steuerlichen Betriebsvermögen, wenn entweder auf Ebene der Gesellschaft oder auf Ebene des Gesellschafters, hier des A, die Grenzen zum gewerblichen Grundstückshändler überschritten sind (vgl. A.II.1.a.) 353

Als Kapitalgesellschaften stehen GmbH und AG zur Verfügung. 354

(1) Personengesellschaft

Im Falle einer Vermietung des Objektes erzielt die Personengesellschaft laufende Einkünfte aus Gewerbebetrieb (§ 15 EStG). 355

Ertragsteuerliche Verluste, die in der Investitionsphase zu erwarten sind, können in den Grenzen des § 2 Abs. 3 EStG (vgl. A.II.1.d.) mit anderen positiven Einkünften des A verrechnet werden. Es besteht damit die Möglichkeit, diese Verluste zeitnah steuerwirksam werden zu lassen.

Die Rechtsform der KG führt für den Kommanditisten zur Verlustausgleichsbegrenzung des § 15 a EStG (vgl. A.II.1.d.). Verluste können nur bis zur Höhe der Kommanditeinlage unmittel-

42 BMF v. 20. 12. 1990, BStBl. I 1990, 884; BMF v. 9. 7. 1997, DStR 1997, 1208.

43 BMF v. 20. 12. 1990, Tz 9.

44 BMF v. 20. 12. 1990, Tz 8.

bar mit anderen positiven Einkünften verrechnet werden. Darüber hinausgehende Verluste können nur mit späteren Gewinnen aus dieser Beteiligung verrechnet werden.

Veräußert die Personengesellschaft ihren Grundbesitz, führt dies zu laufenden Einkünften aus Gewerbebetrieb (§ 15 EStG). Diese Einkünfte sind gewerbesteuerpflichtig.

356 Im Falle der alternativen Veräußerung der Mitunternehmeranteile an der grundstückshaltenden Personengesellschaft ist ein Veräußerungsgewinn einkommensteuerpflichtig.

Die Besteuerung eines Veräußerungsgewinnes aus dem Verkauf eines Betriebes, Teilbetriebes, einer 100%igen Beteiligung an einer Kapitalgesellschaft und aus dem Verkauf eines Mitunternehmeranteils ist begünstigt. Ein derartiger Veräußerungsgewinn wird nach der sog. Fünftelregelung besteuert. Ein Fünftel des Veräußerungsgewinnes ist hierbei dem Einkommen des Steuerpflichtigen zuzurechnen und die sich hierbei ergebende Steuer zu berechnen. Die Mehrbelastung, die sich aus dieser Hinzurechnung ergibt, ist dann mit dem Faktor fünf zu multiplizieren und als zusätzliche Einkommensteuer festzusetzen (§ 34 Abs. 1 EStG). Diese Berechnung führt dann zu einer Steuerbegünstigung, wenn die Steuerbelastung für das eine Fünftel unterhalb des Spitzensteuersatzes liegt. Sie lohnt sich also bei geringeren Veräußerungsgewinnen, bei denen zudem der Spitzensteuersatz nicht bereits durch andere hohe Einkünfte erreicht ist.

Alternativ kann ab dem 55. Lebensjahr einmal im Leben für Veräußerungsgewinne eine Besteuerung mit 56% des durchschnittlichen Steuersatzes vorgenommen werden (§ 34 Abs. 3 EStG. Der Mindeststeuersatz beträgt ab 2004 16%. Die Begünstigung ist auf einen Veräußerungsgewinn von € 5.000.000,00 begrenzt.

Für kleinere Veräußerungsgewinne gibt es einen Freibetrag von € 45.000,00 der sich jedoch um Gewinne, die € 136.000,00 übersteigen, reduziert (§ 16 Abs. 4 EStG).

357 Die Einkünfte der Personengesellschaft unterliegen der Gewerbesteuer. Soweit ausschließlich eigener Grundbesitz vermietet und verwaltet wird, greift die erweiterte Kürzung des § 9 Nr. 1 Satz 2 GewStG (vgl. A.II.3.). Dies führt zu einer faktischen Befreiung von der Gewerbesteuer. Diese erweiterte Gewerbesteuerkürzung wird jedoch versagt, wenn die Immobilie mit Weiterveräußerungsabsicht errichtet wird.

Die Immobilie muss deshalb im Anlagevermögen bilanziert werden. Die beabsichtigte Verwertung muss durch Vermietung erfolgen.

Wird die Immobilie mit Weiterveräußerungsabsicht angeschafft, bleibt die Gewerbesteuerkürzung um 1,2% des Einheitswertes der Immobilie (§ 9 Abs. 1 Satz 1 GewStG).

Finanzierungsaufwendungen sind dem Gewerbeertrag zur Hälfte hinzuzurechnen, wenn langfristige Finanzierungen vorliegen (§ 8 GewStG).

358 Sofern die Gesellschaft die Immobilie im Umlaufvermögen hält, unterliegt ein Verkauf der Gesellschaftsanteile ebenfalls der Gewerbesteuer.[45]

(2) Kapitalgesellschaft

359 Verluste, die insbesondere in der Errichtungsphase anfallen, bleiben auf Ebene der Kapitalgesellschaft stehen. Eine Durchreichung dieses Verlustausgleichsvolumens an den Gesellschafter, der andere positive Einkünfte mit entsprechender Steuerbelastung erzielt, erfolgt nicht. Verluste können lediglich mit zukünftigen Gewinnen der Kapitalgesellschaft verrechnet werden.

Wegen der auf das Eigenkapital der Gesellschaft begrenzten Haftung ist bei Kapitalgesellschaften die Frage der Überschuldung im Auge zu behalten.

Die Körperschaftsteuerbelastung beläuft sich auf Ebene der Gesellschaft auf 25% Körperschaftsteuer zuzüglich 5,5% Solidaritätszuschlag hierauf (2003 26,5%).

45 BFH BStBl. II 1995, 388.

(3) Vergleich

Die Thesaurierung positiver Ergebnisse ist bei der Kapitalgesellschaft im Vergleich zur Situation bei der Personengesellschaft – Besteuerung mit dem persönlichen Einkommensteuersatz des Gesellschafters, der bis zu 45% (2005 42%) gehen kann – steuerlich begünstigt. 360

Erfolgt eine Ausschüttung dieser Gewinne an den Gesellschafter, werden sie unter Ansatz des Halbeinkünfteverfahrens mit dem Einkommensteuersatz des Gesellschafters versteuert. 361

Addiert man die Besteuerung auf Ebene der Gesellschaft zur Halbeinkünftebesteuerung des Gesellschafters hinzu, kommt es für einen Vorteilhaftigkeitsvergleich zwischen Personen- und Kapitalgesellschaft auf den persönlichen Steuersatz des Gesellschafters und die Höhe des Gewerbesteuerhebesatzes an.

Gewerbesteuerlich ist die Situation auf Ebene der Kapitalgesellschaft bis auf Freibetrag und Staffelregelung (vgl. A.II.3.) identisch mit derjenigen der Personengesellschaft. Anders ist dies jedoch auf Ebene des Gesellschafters. Während der Gesellschafter der Personengesellschaft die auf ihn entfallende Gewerbesteuer mit den Pauschalierungsbeträgen (§ 35 EStG, vgl. A.II.1.c) von seiner Einkommensteuerschuld abziehen kann, besteht diese Möglichkeit für den Gesellschafter der Kapitalgesellschaft nicht. 362

Geht man von einem Hebesatz von 360% aus, entsteht bei der Personengesellschaft insgesamt keine Gewerbesteuerbelastung (vgl. A.II.1.f.) Die Einkommensteuerbelastung des Gesellschafters beträgt bei Ansatz des Spitzensteuersatzes derzeit (2004) insgesamt 47,47% (45% zuzüglich Solidaritätszuschlag von 5,5% hierauf). 363

Bei der Kapitalgesellschaft entsteht eine Gewerbesteuerbelastung von 18%, Körperschaftsteuer von 20,5% (25% zuzüglich 5,5% Solidaritätszuschlag auf das Ergebnis nach Gewerbesteuer) und Einkommenssteuer von 14,59% (Besteuerung des hälftigen Ergebnisses der Kapitalgesellschaft nach Körperschaftsteuer und Gewerbesteuer mit 45% zuzüglich 5,5% Solidaritätszuschlag hierauf). Die Gesamtertragsteuerbelastung beläuft sich auf 53,09%. 364

In der Gesamtbetrachtung ist die Besteuerung der Personengesellschaft in diesem Fall günstiger.

Wenn die erweiterte Kürzungsvorschrift des § 9 Nr. 1 Satz 2 GewStG greift und keine Gewerbesteuer anfällt, ist die Belastung der Kapitalgesellschaft in der Gesamtschau geringer. Körperschaftsteuer und Einkommensteuer (Spitzensteuersatz 45%) ergeben eine Gesamtbelastung von 43,84% gegenüber 47,47% bei der Personengesellschaft. 365

Werden die Ergebnisse zunächst in der Kapitalgesellschaft stehengelassen und erst in späteren Jahren bei gesunkenen Spitzensteuersätzen ausgeschüttet (ab 2005 42%) oder in Jahren ausgeschüttet, in denen nur geringe andere Einkünfte anfallen, kann dies zu einem anderen Ergebnis führen. 366

Die richtige Rechtsform hängt für A von der beabsichtigten Verwertung der Immobilie, seinen sonstigen Einkünften und bei einer längerfristigen Investition von der Verwendungsabsicht zukünftiger Überschüsse ab. 367

b) Umsatzsteuer

aa) Option zur Umsatzsteuerpflicht

Sowohl der spätere Verkauf der Immobilie (§ 4 Nr. 9 a UStG) als auch eine Vermietung der Immobilie (§ 4 Nr. 12 Buchstabe a UStG) sind umsatzsteuerfrei (vgl. A.II. 4.d.). Im Gegenzug besteht keine Möglichkeit, Umsatzsteuer, die auf Eingangsleistungen für diese Ausgangsleistungen ruht, im Wege der Vorsteuer geltend zu machen. Damit verteuert sich die Errichtung der Immobilie um Umsatzsteuerbeträge, die mit der Errichtung zusammenhängen, also derzeit um 16%. Die Umsatzsteuer ist dann Teil der Herstellungskosten der Immobilie und erhöht die 368

Abschreibungsbemessungsgrundlage. Ertragsteuerlich wirkt sich dies über das erhöhte Abschreibungsvolumen verteilt auf den Abschreibungszeitraum aus.

369 A kann aber freiwillig zur Umsatzsteuerpflicht optieren (§ 9 UStG, vgl. A.II.4.e). Dann kann Vorsteuer aus den Herstellungskosten gezogen werden.

Voraussetzung ist die spätere umsatzsteuerpflichtige Vermietung bzw. der umsatzsteuerpflichtige Verkauf des Objektes.

370 Ausreichend für die Ausübung der Option in der Errichtungsphase ist die Absicht, das Objekt nach Errichtung umsatzsteuerpflichtig zu verwerten.

Bereits bei Errichtung sollte A sich deshalb Gedanken über die Art der zukünftigen Nutzung machen.

Der Vorsteuerabzug ist ausgeschlossen bei der Vermietung von Wohnraum und bei der Vermietung von Gewerberäumen an nicht vorsteuerabzugsberechtigte Unternehmer wie etwa Ärzte und Versicherungen, da es sich um einen Neubau handelt (vgl. A.II.4.e).

Bei einem beabsichtigten Verkauf des Objektes ist zu klären, ob der zukünftige Erwerber den im Verkaufspreis auszuweisenden Umsatzsteuerbetrag als Vorsteuer abziehen kann oder definitiv damit belastet bleibt.

bb) Aufteilung Vorsteuerbeträge

371 Sollte die Objektnutzung teilweise umsatzsteuerpflichtig und teilweise umsatzsteuerfrei erfolgen, so hat eine Aufteilung des abziehbaren Vorsteuerbetrages zu erfolgen. Unmittelbar den jeweiligen Bereichen zuordenbare Beträge erlauben den Vorsteuerabzug entsprechend ihrer Zuordnung. Verbleibende Eingangsumsätze sind bei Herstellung eines Objektes nach dem Verhältnis der Flächen unter Berücksichtigung der Ausstattung aufzuteilen. In Erwerbsfällen kann der Erwerber Vorsteuerbeträge nach Ertragswerten, also einem Umsatzschlüssel aufteilen.[46] Der BFH hat diesen Aufteilungsmaßstab auch in Errichtungsfällen für zulässig erklärt.[47] Die Finanzverwaltung möchte diese Entscheidung jedoch nicht anwenden.[48] Ab 2004 kann eine Aufteilung von Vorsteuern nach Umsatzschlüssel nur noch erfolgen, wenn ein anderer Aufteilungsmaßstab nicht zur Verfügung steht (§ 15 Abs. 4 UStG **in der Fassung** des Steueränderungsgesetzes 2003). A sollte für Zeiträume vor 2004 prüfen, welcher Aufteilungsmaßstab für ihn günstiger ist. Ist die Aufteilung nach den mit den anteiligen Flächen erzielten Ausgangsumsätzen günstiger, sollte über eine erforderlichenfalls gerichtliche Durchsetzung dieses Aufteilungsmaßstabes nachgedacht werden.

cc) Veräußerung der Objektgesellschaft

372 Alternativ zur späteren Veräußerung des Immobilienobjektes besteht auch die Möglichkeit der Veräußerung der Anteile an der Objektgesellschaft. Ein Anteilverkauf ist umsatzsteuerfrei (§ 4 Nr. 8 Buchstabe f UStG).

Die Objektgesellschaft hat als Unternehmer die Voraussetzungen für eine Umsatzsteueroption zu erfüllen. Ändern sich hier die Verhältnisse, greift die Umsatzsteuerkorrekturvorschrift des § 15 a UStG (vgl. A.II.4.f.).

46 *Sölch, Ringleb, List,* UStG § 15, Rdnr. 678; BFH, BStBl. II 2002, 833.

47 BFH v. 17. 8. 2001, DStR 2001,1977.

48 OFD Koblenz Rdvfg. v. 6. 8. 2002, DStR 2002, 1531: BMF v. 19. 11. 2002, BStBl. I 2002,1368.

Tipp

1. Die Möglichkeit, Verluste mit anderen positiven Einkünften in selben Veranlagungszeitraum zu verrechnen, besteht nur bei Einzelunternehmen und Personengesellschaften.
2. Solange Gewinne der Gesellschaft nicht an Gesellschafter ausgeschüttet werden sondern im Unternehmen verbleiben, ist der Steuersatz der Kapitalgesellschaft mit 25% meist niedriger als der sonst anzusetzende Einkommensteuersatz des Personengesellschafters, der bis zu 45% betragen kann.
3. Ist die Gesellschaft gewerbesteuerpflichtig, ist die Gesamtsteuerbelastung auf Ebene von Gesellschaft und Gesellschafter bei der Personengesellschaft in Abhängigkeit vom Gewerbesteuerhebesatz und dem persönlichen Einkommensteuersatz tendenziell niedriger als bei der Kapitalgesellschaft.
4. Soweit eine Gesellschaft nur eigenen Grundbesitz verwaltet, kann über die erweiterte Kürzungsvorschrift des § 9 Nr. 1 Satz 2 GewStG eine vollständige Befreiung der Gesellschaft von der Gewerbeertragsteuer erreicht werden.
5. Soweit die Vorraussetzung für die Ausübung der Umsatzsteueroption des § 9 UStG gegeben ist, verringern sich die Herstellungskosten um Umsatzsteuerbeträge, die in den Herstellungskosten enthalten sind.
6. Die Ermittlung der abzugsfähigen Vorsteuern bei der Errichtung eines gemischt genutzten Objektes kann für Zeiträume bis 2003 nach dem Verhältnis der Flächen oder nach den erwarteten Ausgangsumsätzen erfolgen.
7. Die Umsatzsteueroption sollte im Zeitraum der Herstellung ausgeübt werden, auch falls sich später herausstellt, dass die spätere tatsächliche Nutzung optionsfeindlich ist, um in der Investitionsphase über die erstattete Umsatzsteuer Liquiditätsvorteile zu sichern.

5. Finanzierung

a) Begriff

Der Erwerb bzw. die Errichtung eines Immobilienobjektes ist durch hohen Kapitalbedarf gekennzeichnet. 373

Die Finanzierung organisiert die erforderlichen Zahlungsmittel, um alle Zahlungsverpflichtungen, die mit der Errichtung oder dem Erwerb des Objektes zusammenhängen, erfüllen zu können.

Hierbei ist nach der Mittelherkunft zwischen einer Eigenfinanzierung und einer Fremdfinanzierung zu differenzieren.

Eigenfinanzierung erfolgt durch die Bereitstellung von Geld oder Sachmitteln. Als Sachmittel kommen insbesondere Grundstücke in Betracht, die sich bereits im Eigentum des Investors befinden.

Aufgrund der hohen Investitionsbeträge, die für Immobilien erforderlich sind, kommt dem Bereich der Fremdfinanzierung eine wichtige Bedeutung zu.

Determinanten der Finanzierung sind Zinsaufwand, Tilgung, Belastung und der Aspekt eventueller Steuervorteile, die mit einzelnen Finanzierungsformen zusammenhängen. Aus diesen Faktoren ergibt sich die Höhe der laufenden, in der Regel monatlichen Belastung, die mit der Finanzierung zusammenhängt. 374

Bei den einzelnen Finanzierungsformen unterscheiden sich die gewährten Darlehen nach dem Darlehensumfang im Verhältnis zum Verkehrswert der Immobilie, der Zinshöhe, der Zinsbindungsfrist, der Tilgung und der angeforderten Sicherheiten.

b) Traditionelle Fremdfinanzierungsinstrumente

375 Üblicherweise werden Immobilieninvestitionen langfristig finanziert. Immobilien sind langlebige Investitionsgüter und der Kapitalbedarf für Immobilieninvestitionen ist hoch. Die Art der Finanzierung hängt jedoch vom aktuellen Zinsniveau und den zukünftigen Zinserwartungen sowie von der Verwendungsabsicht der Immobilie ab.

Bei hohen Zinssätzen sinkt das Interesse an einer langfristigen Zinsbindung. Bei niedrigen Zinssätzen steigt im Gegenzug die Bereitschaft, sich diesen Zinssatz langfristig über eine entsprechende Finanzierungszusage zu sichern.

Soll die Immobilie im Bestand des Erwerbers verbleiben, wird üblicherweise eine langfristige Finanzierungsvereinbarung eingegangen, um mit festen Finanzierungsbelastungen kalkulieren zu können. Anders sieht dies aus, wenn ein Objekt zur weiteren Veräußerung erworben bzw. errichtet wird. Hier besteht eher die Bereitschaft, eine kurzfristige Finanzierung zu wählen.

aa) Kurzfristige Finanzierungen

376 Eine kurzfristige Finanzierungsform stellt die Vorschaltfinanzierung dar. Es handelt sich um einen Baufinanzierungskredit, der überwiegend als Personalkredit im Kontokorrentbereich ausgestaltet ist. Sofern dieser Kredit dinglich gesichert ist, handelt es sich um eine Vorschalthypothek. Beiden Krediten gemeinsam ist die fehlende Zinsbindung und ihre sofortige Umschuldbarkeit.

Reine Bauträgerfinanzierungen sind als Bauträgerkredite ebenfalls dem kurzfristigen Bereich zuzuordnen.

Im Bereich der Finanzierung über Bauspardarlehen gibt es die Finanzierungsform des Vorausdarlehens. Hierbei wird ein langfristiges, grundbuchrechtlich abgesichertes Darlehen mit Tilgungsaussetzung abgeschlossen. Parallel erfolgt die Ansparung eines Bausparvertrages. Bei dessen Zuteilungsreife erfolgt eine Ablösung des Vorausdarlehens durch das Bauspardarlehen.

377 Zwischenfinanzierungen erfolgen, wenn eine endgültige Darlehensfinanzierung bereits rechtsverbindlich vereinbart wurde, aber eine Auszahlung dieses Darlehens erst zu einem späteren Zeitpunkt erfolgt.

378 Nachfinanzierungen erfolgen, wenn die Baukosten die Kalkulationen übersteigen. Da Banken Kredite nur bis zu den Beleihungsgrenzen des Objektes vergeben, muss hier der Bauherr durch Bereitstellen zusätzlicher Sicherheiten oder Eigenkapital die weitere Finanzierung sicherstellen.

bb) Langfristige Finanzierung

379 Die klassische Immobilienfremdfinanzierung erfolgt durch die Vereinbarung langfristiger Darlehen. Die maximale Darlehenshöhe ist vom Wert der Immobilie und sonstiger Sicherheiten sowie der erwarteten Möglichkeit, Verbindlichkeiten aus Einnahmen zurückzuführen, bestimmt. Üblicherweise werden die gewährten Darlehen grundpfandrechtlich gesichert (vgl. A.III.1.b.). Erstrangige Darlehen werden üblicherweise bis zu 60% des Immobilienwertes gewährt. Ein darüber hinausgehender Finanzierungsbedarf kann bis zu etwa 20% durch nachrangige Darlehen gedeckt werden. Für diese nachrangigen Darlehen sind regelmäßig über die Immobilie hinausgehende zusätzliche Sicherheiten zu gewähren. Die verbleibenden 20% sind regelmäßig durch Eigenkapital zu stellen.

cc) Annuitätendarlehen

380 Das Annuitätendarlehen beinhaltet eine feste Jahresrate, in der Zins- und Tilgungsanteil enthalten sind.

Im Laufe der Zeit verringert sich der Zinsanteil durch erfolgte Tilgungen. Entsprechend erhöht sich mit zunehmender Laufzeit der Tilgungsanteil.

Bei einem anfänglichen Tilgungssatz von 1% ist ein Darlehen mit einem Zinssatz von 7% in etwa 30 Jahren zurückgezahlt. Ist der Zinssatz höher, verkürzt sich die Rückzahlungsdauer. Bei niedrigeren Zinssätzen verlängert sich der Tilgungszeitraum.

Vorteil des Annuitätendarlehens ist die gleich bleibende Belastung mit einem wegen der üblicherweise nur 1%igen Tilgung geringen Betrag.

dd) Abzahlungs- oder Ratendarlehen

Hier wird eine konstante Tilgung über die Laufzeit des Darlehens vereinbart. Die anfallende Zinsbelastung richtet sich nach dem jeweiligen Stand der Verbindlichkeit. Mit zunehmender Tilgung verringert sich die Zinsbelastung. Damit sinkt im Laufe der Zeit die effektive laufende Belastung des Kreditnehmers um die verringerten Zinsen. Nachteilig ist die relativ hohe Anfangsbelastung. 381

Diese Darlehensart wird regelmäßig bei einer beabsichtigten schnellen Darlehensrückzahlung vereinbart.

Häufig finden sich zu Beginn der Laufzeit tilgungsfreie Zeiten, um die Anfangsbelastung geringer zu halten.

ee) Endfällige Darlehen, Festdarlehen

Diese Darlehensform ist dadurch gekennzeichnet, dass während der Laufzeit lediglich Zinsleistungen erbracht werden. Eine Rückzahlung der Darlehenssumme erfolgt am Ende der Laufzeit. 382

Vielfach erfolgt eine Kombination dieser Finanzierungsform mit dem Abschluss einer Lebensversicherung oder eines Bausparvertrages zur endfälligen Tilgung der Darlehenssumme. 383

Die Gesamtbelastung für den Darlehensnehmer ist bei dieser Finanzierungsform höher als bei einem Annuitätendarlehen. Über die gesamte Laufzeit des Darlehens müssen Zinsen auf den vollen Darlehensbetrag entrichtet werden. 384

Eine Vorteilhaftigkeit dieser Finanzierungsform resultiert aus steuerlichen Aspekten.

Soweit das Objekt vermietet wird, können Finanzierungsaufwendungen als Werbungskosten bzw. Betriebsausgaben geltend gemacht werden. Die gleich bleibend hohen Zinsaufwendungen mindern das Einkommen aus der Vermietungstätigkeit. Es erfolgt eine Entlastung des Investors in Höhe seines Grenzsteuersatzes.

Zusätzlich sind die mit einer Kapitallebensversicherung erwirtschafteten Zinsen und Überschussanteile für Versicherungsverträge, die bis Ende 2004 abgeschlossen wurden, grundsätzlich nicht steuerpflichtig. Voraussetzung ist eine Versicherungslaufzeit von mindestens zwölf Jahren und eine laufende Beitragszahlung. Ansonsten hingegen sind Kapitaleinkünfte, soweit der Freibetrag von € 1.370,00 überschritten wird, als Einkünfte aus Kapitalvermögen zu versteuern.

Weiterhin besteht die Möglichkeit Beiträge zu Lebensversicherungen steuerlich zu 88% als Sonderausgaben geltend zu machen. Dieser Sonderausgabenabzug ist jedoch jährlich auf maximal € 4.402,00 begrenzt. Er wird in der Regel bereits durch Arbeitnehmeranteile zu Sozialversicherungsbeiträgen oder andere Vorsorgeaufwendungen ausgeschöpft.

Der Sonderausgabenabzug und die Steuerfreiheit der Zinserträge wird nur unter Einhaltung gewisser Voraussetzungen gewährt (§ 10 Abs. 2 Satz 2 EStG).[49]

Festdarlehen werden von Banken und Lebensversicherungsgesellschaften angeboten. Der Zinssatz von Lebensversicherungsgesellschaften ist regelmäßig günstiger als derjenige, den Banken anbieten können. Allerdings liegt die Beleihungsgrenze der Lebensversicherungen nur bei etwa 50% des Verkehrswertes der Immobilie. Damit müssen vermehrt nachrangige Darlehen mit einem entsprechend höheren Zinssatz aufgenommen werden. 385

---

49 BMF v. 15. 6. 2000, BStBl. I 2000, 1118.

Festdarlehen sind regelmäßig nur dann interessant, wenn mit der Immobilie Einkünfte erzielt werden sollen. Eigennutzer können Zinsaufwendungen steuerlich nicht geltend machen. Diese Darlehensart ist damit für sie prinzipiell teurer als Darlehen mit Tilgungskomponenten.

c) Innovative Finanzierungsinstrumente

386 Bei gewerblichen Großprojekten stoßen diese traditionellen Finanzierungsformen häufig an ihre Grenzen. Die hohen Volumina dieser Investitionen erlauben es dem Investor selten, Eigenkapital in erforderlicher Höhe aufzubringen. Auch die Möglichkeiten, zusätzliche Sicherheiten für nachrangige Darlehen zu stellen, sind vielfach begrenzt.

387 Aus dieser Problematik heraus haben sich innovative Finanzierungsinstrumente entwickelt.

aa) Mezzanine Finanzierung

388 Eine Finanzierungsvariante ist die Mezzanine Finanzierung (vgl. B.III.1.). Bei dieser Finanzierungsform wird eine nachrangige Finanzierung nicht aus weiteren Sicherheiten des Investors, sondern aus dem Investitionsobjekt selbst besichert. Als Gegenleistung erhält die Bank entweder eine höhere Zinsmarge oder den Anspruch auf einen definierten Anteil am Gewinn des Immobilienprojektes, den sogenannten Equity-kicker. Im Fall der Gewinnbeteiligung erhält die finanzierende Bank die Chance, über diese Gewinnbeteiligung ihre Zinsmarge zu verbessern. Bei Verlusten des besicherten Objektes sinkt der Equity-kicker auf Null. Der Anspruch auf Rückzahlung des gewährten Darlehensbetrages ist hiervon unberührt.

Es handelt sich um eine Darlehensgewährung mit variablem Zinssatz, abhängig vom Ergebnis des Immobilienprojektes.

Problematisch an dieser Finanzierungsform ist, dass die finanzierende Bank vom erzielten Ergebnis des Projektes abhängig ist, ohne hierauf unmittelbar Einfluss nehmen zu können.

bb) Participating Mortgage Finanzierung

389 Eine andere innovative Finanzierungsvariante ist die Participating Mortgage Finanzierung. Hierbei wird ein geringer Basiszinssatz für die Darlehensgewährung eingeräumt. Gleichzeitig erhält die Bank die Option auf eine Gewinnbeteiligung am Immobilienprojekt. Diese Finanzierungsform hat für den Investor den Vorteil in der Investitionsphase, in der allenfalls geringe Einnahmen erfolgen, nur mit geringen Zinsverpflichtungen belastet zu sein, was sehr liquiditätsschonend ist.

Für die Bank bestehen dieselben Probleme wie bei der Mezzanine Finanzierung. Eine Einflussnahme auf das Projekt und damit auf die Erfolgsaussichten besteht nicht, obwohl das Zinsergebnis der Bank hiervon abhängt.

cc) Projektfinanzierung

390 Für Immobiliengroßprojekte sind in den letzten Jahren zunehmend Finanzierungen als Projektfinanzierungen durchgeführt worden.

Die Projektfinanzierung erfolgt durch Gründung einer Projektgesellschaft durch den Investor. Das Immobilienprojekt wird durch diese Projektgesellschaft abgewickelt.

Die erforderliche Kreditaufnahme erfolgt nicht mehr über den Investor, sondern durch die Projektgesellschaft selbst. Als Sicherheit dient das Investitionsobjekt. Darüber hinaus haftet die Projektgesellschaft mit ihrem Eigenkapital.

Die Finanzierung erfolgt auf der Basis des erwarteten Cash-Flows nach Steuern der Projektgesellschaft, aus dem heraus Zins- und Tilgungsleistungen zu erbringen sind. Der Cash-Flow ergibt sich aus den erwarteten Bruttomieterlösen unter Berücksichtigung erwarteter Mietausfälle und Leerstände abzüglich nichtumlagefähiger Betriebs- und Verwaltungskosten, Instandhaltungskosten sowie Steuerbelastungen.

Allein ausschlaggebend für die Finanzierung ist die erwartete Schuldendienstfähigkeit der Projektgesellschaft. Diese Schuldendienstfähigkeit muss für jedes Jahr einzeln ermittelt werden, um die Bedienung laufender Zins- und Tilgungsverpflichtungen sicherzustellen. Die Ermittlung erfolgt durch den sogenannten Dept-Service Coverage Ratio (DSCR). Hierbei wird der cash flow des Projektes den Zins- und Tilgungsleistungen einzelner Zeiträume gegenübergestellt, um zu ermitteln, in welchem Umfang der cash flow zur Erbringung dieser Leistungen ausreicht. 391

$$DSCR_t = \text{cash flow}/(\text{Zins und Tilgung})$$

t: Index für den jeweiligen Zahlungszeitpunkt in der Nutzungsphase

Um die Fähigkeit, aufgenommene Darlehensverbindlichkeiten über die Gesamtprojektdauer bedienen zu können, zu beurteilen, kann die Deckungsrelation Net Present Value Coverage Ratio (NPVCR) gebildet werden. Hierbei wird der Barwert des zukünftigen Cash-Flows ins Verhältnis zum Kreditstand gesetzt. 392

Für den Investor hat diese Finanzierungsform den Vorteil, dass das Projekt über eine eigene Gesellschaft abgewickelt wird und damit die Verschuldung der Projektgesellschaft keinen Einfluss auf seine sonstige Eigenkapitalrelation hat (Off Balance Sheet Financing). Der Investor wird durch das Projekt nicht in seiner sonstigen Kreditfähigkeit beeinträchtigt. 393

Die finanzierende Bank ist an der Projektgesellschaft beteiligt. Sie hat deshalb die Möglichkeit der unternehmerischen Einflussnahme. 394

Die Finanzierung durch die Bank kann bezogen auf Rückgriffsrechte gegenüber dem Initiator abgestuft erfolgen. Beim Non Recourse Financing besteht kein Rückgriffsrecht gegen den Initiator. Hierbei handelt es sich um die reinste Form der Projektfinanzierung. Das Gegenstück bildet das Full Recourse Financing mit vollem Rückgriffsrecht. Eingeschränkte Rückgriffsrechte bestehen beim Limited Recourse Financing. 395

Ein Merkmal der Projektfinanzierung ist die Risikoaufteilung zwischen den Projektbeteiligten. Dies geschieht durch entsprechende Vertragsgestaltungen, Garantien, Verpflichtungen oder Zusicherungen. 396

dd) Joint-Venture Finanzierung

Ausgangspunkt ist hier ebenfalls eine Projektgesellschaft, an der aber nun neben dem Investor und eventuell anderen Dritten die Bank mitbeteiligt ist. Die Beteiligung der Bank erfolgt regelmäßig nicht unmittelbar, sondern über eine Holdinggesellschaft. 397

Die Bank teilt das unternehmerische Risiko und ist am Ergebnis der Projektgesellschaft beteiligt. Über ihre Gesellschafterstellung kann sie zudem Einfluss auf die Projektabwicklung nehmen. Bei entsprechendem Immobiliensachverstand kann die Bank damit ihr Kreditausfallrisiko begrenzen. Kredittranchen können wegen der gegebenen Kenntnisse vom Unternehmen leichter weiterplatziert werden und damit eine weitere Risikobegrenzung erreicht werden.

Für den Initiator erfolgt durch die Beteiligung der Bank eine Begrenzung seiner Selbständigkeit verbunden mit einer Ergebnisbeteiligung der Bank. Vorteilhaft ist, dass nur sehr begrenzt Eigenmittel eingesetzt werden müssen und auch sehr große Projekte durchführbar werden.

ee) Securisation, Mortgage Backed Securities

Zur Projektfinanzierung wird eine Projektgesellschaft gegründet. Anschließend werden zum einen die Gesellschaftsanteile, z. B. Aktien, platziert, zum anderen werden Schuldverschreibungen, sog. Securities, herausgegeben. Die Finanzierung der Projektgesellschaft erfolgt durch die Schuldverschreibungen. Zins und Tilgung der Schuldverschreibungen werden aus dem Cash-Flow der Projektgesellschaft bedient. 398

Die Bank platziert die Anteile und die Schuldverschreibungen und gewährt in der Regel Bankgarantien für die Schuldverschreibungen. Wegen der hohen Transaktionskosten eignet sich diese Finanzierungsform nur für sehr große Projekte.

Für Anleger besteht das Problem eines nicht ausreichenden Sekundärmarktes für diese Schuldverschreibungen. Die Fungibilität ist damit sehr eingeschränkt.

d) Zinsvereinbarungen

aa) Variabler Zinssatz

399 Der Zinssatz hängt von der Entwicklung des Geldmarktzinssatzes ab. Der Darlehensnehmer trägt das Risiko sich erhöhender Kreditzinsen. Eine langfristige Finanzierungsplanung ist auf der Basis variabler Zinssätze nicht möglich. Vorteil des variablen Zinssatzes ist die jederzeitige Möglichkeit, den Kredit zurückzuführen.

Bei hohem Kapitalmarktzinsniveau verbunden mit der Erwartung sinkender Zinsen kann die Vereinbarung eines variablen Zinssatzes dazu dienen, sich diese zukünftigen niedrigeren Zinsen zu sichern. Die Vereinbarung eines festen Zinssatzes erfolgt dann erst, nachdem das Zinsniveau gesunken ist.

bb) Fester Zinssatz

400 Die Vereinbarung eines festen Zinssatzes ist für ein langfristiges Projekt wie die Immobilienfinanzierung Voraussetzung für eine zuverlässige Finanzplanung. Mit der Vereinbarung des festen Zinssatzes wird eine feste Darlehenslaufzeit vereinbart. Darlehenstilgungen sind während der Laufzeit nur im vereinbarten Rahmen möglich. Teilweise können mit dem Finanzierungsgeber Sondertilgungen vereinbart werden. Werden Tilgungen außerhalb des Tilgungsplanes vorgenommen, haben Banken das Recht, sog. Vorfälligkeitsentschädigungen zu verlangen. Diese Vorfälligkeitsentschädigungen dienen als Ausgleich für einen möglichen Zinsmargen- und Zinsverschlechterungsschaden. Banken refinanzieren sich langfristig und müssen die vorzeitigen Kapitalrückflüsse anderweitig am Geld- oder Kapitalmarkt anlegen bzw. als erneute Kredite vergeben.

Mit Vereinbarung eines Darlehensvertrages besteht der Anspruch des Darlehensnehmers auf Auszahlung der Darlehenssumme. Die Bank muss sich entsprechend refinanzieren. Kommt es zu einer verspäteten Darlehensauszahlung, trägt die Bank ihre Refinanzierungskosten, ohne entsprechende Zinsen vom Darlehensnehmer zu erhalten. Als Ausgleich hierfür dienen Bereitstellungszinsen, die von Banken vor Darlehensabruf für die Bereitstellung der Mittel in Rechnung gestellt werden.

cc) Cap-Darlehen

401 Bei einem Cap-Darlehen handelt es sich um ein Darlehen mit variablem Zinssatz, für das allerdings eine Obergrenze, der Cap, vereinbart ist. Vorteil einer derartigen Gestaltung ist, dass der Darlehensnehmer an sinkenden Kapitalmarktzinsen beteiligt wird, er jedoch bei steigenden Kapitalmarktzinsen eine Zinsentwicklung nur bis zur vereinbarten Cap hat. Gleichzeitig besteht die jederzeitige Möglichkeit, das Darlehen abzulösen.

Nachteilig bei dieser Zinsvariante sind die relativ hohen Kosten für die Zinsbegrenzungsprämie.

dd) (Zero-Cost)-Collar-Darlehen

402 Das Collar-Darlehen ist ebenfalls ein Darlehen mit variablem Zinssatz. Vertraglich wird jedoch neben einer Zinsobergrenze gleichzeitig eine Zinsuntergrenze vereinbart. Der Zinssatz kann sich also nur innerhalb eines Korridors entsprechend der Kapitalmarktentwicklung bewegen. Liegt der Kapitalmarktzinssatz außerhalb des vereinbarten Korridors, greifen die vertraglich vereinbarten Höchst- oder Niedrigstzinssätze.

Bei entsprechender Gestaltung der Zinsober- und Zinsuntergrenze lässt sich eine erhebliche Verringerung oder sogar eine Aufhebung der Kosten für die Zinsbegrenzungsprämie erreichen. Dann handelt es sich um ein Zero-Cost-Collar-Darlehen.

ee) Disagio

403 Beim Disagio oder Damnum gelangt ein kleinerer Betrag zur Darlehensauszahlung als die vertraglich vereinbarte Darlehenssumme. Bei dieser Differenz handelt es sich um eine Zinsvorauszahlung. Entsprechend senkt sich der Nominalzinssatz für das Darlehen.

Durch die geringere Auszahlung entsteht eine Finanzierungslücke, die durch einen höheren Darlehensbetrag oder durch Eigenmittel ausgeglichen werden muss.

Der niedrigere Zinssatz verbunden mit dem höheren Darlehensbetrag führt zu einer verlängerten Tilgungsdauer für das Darlehen und zu einer höheren Gesamtbelastung.

Die Inanspruchnahme eines Disagios kann dennoch aus steuerlichen und auch aus anderen Gründen vorteilhaft sein. Steuerliche Vorteile bestehen, wenn die Immobilie Vermietungszwecken dient oder sich im Betriebsvermögen befindet.

Das Disagio kann bei Vermietung im Privatvermögen sofort steuerlich als Werbungskosten abgezogen werden.

Befindet sich die Immobilie im Betriebsvermögen, hängt die Art der steuerlichen Abzugsfähigkeit von der Rechnungslegung des Betriebsvermögens ab. Einnahmen- Überschussrechner (§ 4 Abs. 3 EStG) können das Disagio sofort abziehen. Bilanzierende Unternehmer können das Disagio auf den Zeitraum der Zinsfestschreibung verteilen und in jedem Veranlagungszeitraum zeitanteilig geltend machen. Verbleibende Beträge werden jeweils in einem Rechnungsabgrenzungsposten ausgewiesen.

Auch außersteuerlich kann ein Disagio vorteilhaft sein. Der niedrigere Nominalzins erlaubt bei gleicher laufender Belastung die Vereinbarung eines höheren Tilgungsbetrages. Die höhere Tilgung führt zu einer kürzeren Tilgung des Darlehens und damit zu einer geringeren Gesamtbelastung.

Steuerlich wird ein Damnum anerkannt, wenn es marktüblich ist. Für ein Darlehen mit einer Laufzeit von fünf Jahren wird steuerlich ein Damnum von 5 % akzeptiert.[50]

Tipp

1. Die Finanzierungsdauer sollte abhängig von der geplanten Verwendungsart der Immobilie sein.
2. Kurzfristige Finanzierungen sollten allenfalls bei konkreter Weiterveräußerungsabsicht eingegangen werden.
3. Die Vereinbarung variabler Zinssätze ist insbesondere in Niedrigzinsphasen riskant.
4. Das Risiko variabler Zinssätze kann durch die Vereinbarung von Caps und Collars verringert werden.
5. Bei Selbstnutzung einer Immobilie ist ein endfälliges Darlehen regelmäßig teurer als ein Tilgungsdarlehen.
6. Die Vereinbarung eines Disagios kann zu einer kürzeren Tilgungsdauer und zu einer niedrigeren Gesamtbelastung führen.
7. Die Vereinbarung von Sondertilgungsrechten bei Tilgungsdarlehen vermeidet sonst anfallende Vorfälligkeitsentschädigungen.
8. Wird das steuerliche Ergebnis nach § 4 Abs. 3 EStG ermittelt, ist das Damnum im Jahr der Zahlung in voller Höhe steuerlich abzugsfähig.
9. Bei der Vereinbarung eines Damnums sind die Grenzen der steuerlichen Abzugsfähigkeit zu beachten.
10. Werden Lebensversicherungen zur Darlehensbesicherung oder Tilgung eingesetzt, ist zu prüfen, inwieweit der Sonderausgabenabzug für Versicherungsbeiträge und die Steuerfreiheit der Zinserträge erhalten bleiben.
11. Bei Großprojekten mit positivem Cash-Flow kann mangelndes Eigenkapital durch eine Projektfinanzierung ersetzt werden.

50 »5. Bauherrenerlass« BMF v. 20. 10. 2003, Tz. 15.

II. Der Erwerb eines Grundstücks

1. Einschaltung eines Maklers

a) Wesen des Maklervertrages

404 Im Maklervertrag verpflichtet sich der Auftraggeber, dem Makler die vereinbarte Vergütung zu zahlen, wenn der Auftraggeber durch den Nachweis der Gelegenheit zum Abschluss eines Vertrages (Nachweismaklervertrag) oder durch die Vermittlung des Maklers (Vermittlungsmaklervertrag) zu dem angestrebten Vertragsschluss gelangt (§ 652 BGB).

Der Maklervertrag ist grundsätzlich ein **einseitig verpflichtender Vertrag.** Ausnahme: **Alleinauftrag.**[51]

Der Makler ist nicht zum Tätigwerden verpflichtet, während der Auftraggeber den ausdrücklich oder stillschweigend vereinbarten Maklerlohn schuldet (vgl. § 653 BGB). Der Makler wird zudem, sollte es nicht zu dem nachgewiesenen oder vermittelten Vertragsschluss kommen, nur im eigenen Interesse und für sich selbst tätig.[52]

b) Abgrenzung zu anderen Vertragstypen

405 Der Maklervertrag unterscheidet sich vom **Geschäftsbesorgungsvertrag** und vom **Dienstvertrag** durch die fehlende Verpflichtung zum Tätigwerden. Die Vergütung des Maklers ist erfolgs- und nicht tätigkeitsbezogen. Eine Mischform ist der **Maklerdienstvertrag.** Hauptfall dieses Vertragstyps ist der **Alleinauftrag.** Der Maklerdienstvertrag, auf den die §§ 611 ff. BGB ergänzend anzuwenden sind, begründet eine Verpflichtung des Maklers zum Tätigwerden, wobei die Zahlung einer Vergütung weiterhin erfolgsabhängig ist. Der Maklerdienstvertrag bleibt daher im Kern ein Maklervertrag.[53]

Gemeinsam sind dem Makler- und dem **Werkvertrag** die Abhängigkeit der Vergütung von der Herbeiführung eines bestimmten Erfolges. Im Gegensatz zum reinen Werkvertrag verpflichtet sich der Makler in der Regel jedoch nicht, einen bestimmten Erfolg herbeizuführen und für diesen einzustehen. Ist dies ausnahmsweise gewollt, handelt es sich um einen **Maklerwerkvertrag.**[54]

c) Der Maklervertrag

aa) Abschluss und Form des Maklervertrages

406 Der Maklervertrag ist grundsätzlich nicht (schrift-)formbedürftig, so dass auch ein mündlicher oder konkludenter Vertragsschluss möglich ist. Insbesondere eine stillschweigende Einigung kann jedoch problematisch sein, da sich bei Vermittlungstätigkeiten dem Auftraggeber häufig erst im Erfolgsfall die Frage stellt, ob eine Vergütungspflicht besteht. Im Vergleich zu anderen Vertragstypen hat die Rechtsprechung im Bereich des Maklervertrages an das Zustandekommen von Verträgen durch schlüssiges Verhalten erhöhte Anforderungen gestellt. Unklarheiten gehen dabei zu Lasten des Maklers.[55] Der Makler muss eindeutig zum Ausdruck bringen, dass er (zumindest auch) Makler des Auftraggebers sein will.[56]

---

51 Vgl. dazu Ziff. h.

52 *Sprau* in: Palandt, BGB, Einf. v. § 652 Rdnr. 5.

53 *Sprau* in: Palandt, BGB, 62. Aufl., Einf. v. § 652 Rdnr. 6.

54 *Sprau* in: Palandt, BGB, 62. Aufl., Einf. v. § 652 Rdnr. 7.

55 BGH NJW-RR 1996, 114.

56 BGH NJW-RR 1996, 114; OLG Celle, Urteil vom 28. 11. 2002 – 11 U 47/02.

> **!** Aufgrund der Unsicherheiten bei der Frage, ob ein stillschweigender Vertragsschluss erfolgt ist oder nicht, ist zu empfehlen, Maklerverträge immer schriftlich abzufassen. Dies beseitigt die Rechtsunsicherheit für beide Parteien.
>
> Der Auftraggeber sollte bei Kontaktaufnahme zu einem Makler klarstellen, dass ein rechtlicher Bindungswille erst bei Abschluss eines schriftlichen Maklervertrages eintritt, d. h. ohne Einhaltung der Schriftform ein Maklervertrag (noch) nicht zustande kommt (§ 154 BGB).

Der notariellen Beurkundung bedürfen Maklerverträge jedenfalls dann, wenn sie geeignet sind, aufgrund der mit ihrem Abschluss verbundenen, ins Gewicht fallenden wirtschaftlichen Nachteile Druck auf den Auftraggeber auszuüben und dadurch seine Entschließungsfreiheit im Hinblick auf den Abschluss des Hauptvertrages erheblich einzuengen.[57] 407

Rechtslage bei notarieller Beurkundungspflicht: 408
Formzwang

- Der Auftraggeber verpflichtet sich gegenüber dem Makler ausdrücklich zum Kauf[58] oder Verkauf[59] eines Grundstücks.
- Vereinbarung, nach der bei Nichtzustandekommen des Kaufvertrages eine Reservierungsgebühr von 10%[60] bzw. 13,75%[61] der üblichen Maklercourtage zu zahlen ist.

kein Formzwang 409

- Vereinbarung, mit der sich der Makler **Ersatz** der ihm durch seine Maklertätigkeit entstandenen **Aufwendungen** für den Fall versprechen lässt, dass der Auftraggeber den Grundstückskauf verweigert.[62]
- Vereinbarung über ein **angemessenes Entgelt** des Maklers für dessen ergebnislose Bemühungen, wobei die Vergütung wesentlich unter der beim Kauf geschuldeten Provision liegen muss.[63]

Ein Verstoß gegen die Formvorschrift des § 311 b BGB führt grundsätzlich zur Nichtigkeit des gesamten Vertrages (§ 125 Abs. 1 Satz 1 BGB). Allerdings kann dieser Formmangel durch die notarielle Beurkundung des Hauptvertrages[64] sowie durch Auflassung und Eintragung in das Grundbuch[65] geheilt werden (§ 311 b Abs. 1 Satz 2 BGB). 410

bb) Unwirksamkeit des Maklervertrages

Die Unwirksamkeit des Maklervertrages kann sich insbesondere bei Verstößen gegen Formvorschriften[66] und bei Verstößen gegen ein gesetzliches Verbot ergeben (§§ 134 BGB). Allerdings führen gesetzliche Verbote in der Regel nur dann zur Nichtigkeit des Maklervertrages, wenn sie sich gegen beide Parteien gleichermaßen richten, nicht jedoch, wenn von dem Verbot lediglich eine Partei betroffen ist.[67] Verstöße gegen Berufsregelungen haben daher regelmäßig nicht die Unwirksamkeit des Vertrages zur Folge. 411

57 BGHZ 76, 43, 46; *Heinrichs* in: Palandt, BGB, 62. Aufl., § 311 b Rdnr. 13.
58 BGH NJW-RR 1990, 57.
59 BGH NJW 1970, 1915.
60 LG Berlin NJW-RR 2001, 706, 707 f.
61 LG Freiburg NZM 2001, 491.
62 BGH NJW 1980, 1622, 1623.
63 BGH NJW 1980, 1622, 1623; NJW 1971, 557 f.
64 BGH NJW-RR 1990, 57; a. A. *Schwerdtner,* Maklerrecht, 4. Aufl. Rdnr. 63 f.
65 BGH NJW 1987, 1628.
66 Vgl. dazu: Ziff. c) aa).
67 BGHZ 78, 263, 264 f.; *Sprau* in: Palandt, BGB, 62. Aufl., § 652 Rdnr. 8; *Lorentz* in: Soergel, BGB, 12. Aufl., § 652 Rdnr. 21.

Verstöße gegen gesetzliche Verbote und ihre Folgen:

412 **Verstoß führt nicht zur Unwirksamkeit**

- Das gesetzliche Maklerverbot für **Steuerberater** (§ 57 Abs. 4 Nr. 1 StBerG) führt nicht zur Nichtigkeit des Maklervertrages.[68]
- **Rechtsanwälten** ist die ständige Ausübung einer Maklertätigkeit verboten (§ 7 Nr. 8 BRAO); gleichwohl hat ein Verstoß gegen diese Vorschrift nicht die Unwirksamkeit des Maklervertrages zur Folge.[69] Gelegentliche einzelne Maklergeschäfte sind Rechtsanwälten ohnehin erlaubt.[70]
- Das **Fehlen der gewerberechtlichen Erlaubnis** (§ 34 c GewO) lässt die zivilrechtliche Wirksamkeit des Vertrages unberührt.[71]
- Das Gleiche gilt bei Verstößen gegen reine Ordnungsvorschriften der MaBV, z. B. § 11 MaBV.[72]
- Hat ein Makler sich auch verpflichtet, den Kaufvertragsentwurf auszuarbeiten, lässt der darin liegende Verstoß gegen das Rechtsberatungsgesetz den Provisionsanspruch unberührt.[73]

413 **Verstoß hat die Unwirksamkeit zur Folge**

- **Notaren** und den mit ihnen in Sozietäten verbundenen Rechtsanwälten sind Maklertätigkeiten verboten (§ 14 Abs. 4 BNotO). Ein Verstoß führt zur Unwirksamkeit des Maklervertrages.[74]
- Vereinbarungen, die zum Nachteil des Auftraggebers gegen §§ 2–8 MaBV verstoßen, können ebenfalls nichtig sein (§§ 12 MaBV, 134 BGB).[75]

414 Auch ein **Verstoß gegen § 138 BGB** kann die Nichtigkeit des Maklervertrages zur Folge haben. Die Vorschrift kommt insbesondere dann zur Anwendung, wenn die vereinbarte Vergütung in einem auffälligen Missverhältnis zu der für die erbrachte Leistung üblichen Vergütung steht und weitere Umstände, wie beispielsweise eine verwerfliche Gesinnung des Maklers oder die Ausnutzung einer schwierigen Lage des Geschäftspartners, hinzutreten.[76] Ausgangspunkt für die Frage, ob ein auffälliges Missverhältnis zwischen Leistung und Vergütung besteht, ist die Gegenüberstellung von üblicher und vereinbarter Provision.[77] Verlangt der Makler z. B. das Fünffache der üblichen Provision, ist ein auffälliges Missverhältnis anzunehmen.[78] Auch bei sog. Mehrerlösklauseln, bei denen der Makler neben seiner Provision auch den Betrag erhält, der über den im vorhinein festgelegten Kaufpreis hinausgeht, besteht häufig ein solches Missverhältnis. Eine in diesem Ausmaß überhöhte Vergütung legt gleichzeitig den Schluss auf eine verwerfliche Gesinnung nahe.[79]

Ferner kann auch ein unbefristeter Alleinauftrag unter Ausschluss eines Widerrufsrechts des Auftraggebers sittenwidrig sein. Allerdings führt die Unwirksamkeit einer solchen Vereinbarung nicht zur Nichtigkeit des gesamten Maklervertrages, sondern nur zu einer befristeten Bindung des Auftraggebers an den Makler für einen angemessenen Zeitraum.[80]

---

68 BGHZ 78, 263, 264 f.
69 BGH NJW 2000, 3067, 3068; BGH NJW 1992, 681.
70 BGH NJW 1996, 2499, 2500.
71 BGHZ 78, 269, 271.
72 BGH NJW 2001, 818, 819 f.; OLG Frankfurt, NJW 1979, 878, 879.
73 OLG Koblenz, IBR 2003, 49.
74 BGH NJW 2001, 1569 ff.
75 BGH NJW 2001, 818, 819 f.; OLG Karlsruhe WM 2001, 729, 732.
76 BGH NJW 2000, 2669 f.; BGH NJW 1994, 1475, 1476.
77 BGH NJW 1994, 1475.
78 BGH NJW 2000, 2669 f.
79 BGH NJW 2000, 2669, 2670; BGH NJW 1994, 1475, 1476.
80 BGH NZM 1998, 677.

cc) Inhalt des Maklervertrages

415 Nach dem gesetzlichen Leitbild besteht die Tätigkeit des Maklers entweder im Nachweis einer Abschlussmöglichkeit oder in der Vermittlung eines Hauptvertrages (»Nachweismakler« bzw. »Vermittlungsmakler«).

416 Tätigkeit beim **Nachweismaklervertrag:**

Der Makler muss dem Auftraggeber das Objekt (Lage und grundbuchmäßige Bezeichnung) und konkrete Angaben zur Person des Verkäufers bzw. der vertragsbereiten Person mitteilen, damit der Auftraggeber in der Lage ist, in konkrete Verhandlungen über den von ihm angestrebten Hauptvertrag einzutreten[81] bzw. den Vertrag zu schließen.[82] Die Verschaffung einer bloßen Ermittlungsmöglichkeit, z. B. durch die Übermittlung von Listen unzähliger potentieller Vertragspartner ist nicht ausreichend.[83]

417 Tätigkeit beim **Vermittlungsmaklervertrag:**

Im Gegensatz zum Nachweismakler obliegt dem Vermittlungsmakler die Aufgabe, mit dem möglichen Vertragspartner Kontakt aufzunehmen und in Verhandlungen einzutreten. Vermittlung bedeutet in diesem Zusammenhang das bewusste und zweckgerichtete Herbeiführen oder Fördern der Abschlussbereitschaft des künftigen Vertragspartners.[84] Der Makler muss bewusst auf die Willensentschließung des Vertragspartners des Auftraggebers einwirken.

Maklerverträge können auf unbestimmte oder bestimmte Zeit abgeschlossen werden. Ist die Dauer des Auftrages begrenzt, muss der Makler innerhalb dieses Zeitraums dem Auftraggeber ein Objekt nachweisen oder vermitteln, da er ansonsten keine Provision erhält.

418 **Mindestinhalt von Maklerverträgen:**

1. Bezeichnung der Vertragsparteien
2. Informationen über den Hauptvertrag (Miet-, Kauf-, Pachtvertrag etc.); dabei muss das Objekt genau beschrieben werden, einschließlich Angaben zur Vergütung (Kaufpreis, Miete etc.).
3. Inhalt der Maklerleistung (Nachweis- oder Vermittlungstätigkeit).
4. Laufzeit des Maklerauftrages
5. Provisionsabrede bzgl. Höhe und Fälligkeit etc.

d) Pflichten des Maklers

419 Der Makler ist, sofern nichts anderes vereinbart wurde, nicht zum Tätigwerden gegenüber dem Auftraggeber verpflichtet (anders jedoch beim Alleinauftrag).[85] Es besteht mithin keine einklagbare Hauptleistungspflicht.

Wird der Makler jedoch tätig, besteht zwischen ihm und seinem Auftraggeber ein **besonderes Treueverhältnis,** welches den Makler verpflichtet, die Interessen des Auftraggebers im Rahmen des Zumutbaren zu wahren (§ 242 BGB).[86] Inhalt und Umfang der sich aus dem Treueverhältnis ergebenden Einzelpflichten – Hinweis-, Informations-, Warn- und Unterlassungspflichten – lassen sich nicht generell festlegen. Maßgebend sind vielmehr die Umstände des Einzelfalls.

Der Definition der Einzelpflichten liegt in der Rechtsprechung jedoch durchgängig die allgemeine Wertung des § 654 BGB zugrunde, wonach der Makler nicht einseitig sein Provisionsinteresse trotz erkennbarer Schädigung seines Auftraggebers in den Vordergrund stellen darf.

---

81 BGH NJW-RR 1996, 113.
82 BGH NJW 1980, 123.
83 OLG München MDR 1974, 312, 1551.
84 BGHZ 112, 59, 63.
85 Sprau in: Palandt, BGB, 62. Aufl., § 652 Rdnr. 13.
86 St. Rspr. BGHZ 36, 323, 325 ff.; 48, 344, 346 ff.; BGH NJW 1981, 2685 f.; BGH NJW 2000, 3642.

Ferner richten sich Inhalt und Umfang der Nebenpflichten beider Vertragsparteien nach der Intensität des Vertrauensverhältnisses zwischen Makler und Auftraggeber[87], der wirtschaftlichen Bedeutung des Hauptvertrages sowie der Geschäftsgewandtheit bzw. -unerfahrenheit des Auftraggebers.[88]

Hervorzuheben ist die umfassende **Aufklärungs- und Informationspflicht** des Maklers. Der Makler muss den Auftraggeber zutreffend über alle vertragswesentlichen Umstände unterrichten, die für die Entschließung des Auftraggebers im konkreten Fall maßgeblich sind.[89]

z.B. Ein Makler muss, wenn er den Erwerb einer im Bau befindlichen Eigentumswohnung vermittelt, auf ihm bekannte finanzielle Schwierigkeiten des Bauträgers hinweisen. Verletzt er die Hinweispflicht, verwirkt er seinen Anspruch auf Maklerlohn.[90] Die Informationspflicht des Maklers findet ihre allgemeine Grenze darin, dass in der Regel nur die dem Makler bekannten Tatsachen mitgeteilt werden müssen.[91] So kann beispielsweise ein Auftraggeber nicht davon ausgehen, dass der von ihm beauftragte Makler, sofern er kein Fachmakler ist, zutreffende Aussagen darüber zu treffen vermag, ob eine beabsichtige gewerbliche Nutzung der nachgewiesenen Räume im Einzelnen zulässig sein würde.[92]

Aus dem Treueverhältnis ergibt sich ferner die Verpflichtung des Maklers, Tätigkeiten für beide Parteien des Hauptvertrages (**sog. Doppeltätigkeit**) zu unterlassen, sofern sich diese im Einzelfall als treuwidrig darstellen (§ 654 BGB). Eine treuwidrige Doppeltätigkeit ist anzunehmen, wenn die Tätigkeit als solche unzulässig ist oder der Makler die damit verbundenen Pflichten, insbesondere die Pflicht zur Unparteilichkeit, verletzt und dies zu einer vertragswidrigen Interessenkollision führt.[93] Eine Interessenkollision ist in der Regel nicht gegeben, wenn der Makler für beide Parteien lediglich als Nachweismakler oder für eine Partei als Vermittlungs- und für den anderen Teil als Nachweismakler tätig wird.[94] Beim beiderseitigen Vermittlungsauftrag ist eine Interessenkollision hingegen wegen der möglichen Einwirkung auf den Willen der Vertragsparteien naheliegend.[95] Gleichwohl ist die Doppeltätigkeit auch hier, außer bei konkreten Interessenkonflikten, nicht vertragswidrig, sofern sie vertraglich gestattet oder für die jeweils andere Seite klar erkennbar ist.[96]

420 z.B.

- Der sog. Vertrauensmakler ist zur ausschließlichen Interessenwahrnehmung für seinen Auftraggeber verpflichtet und handelt daher in der Regel treuwidrig, wenn er auch für den anderen Teil als Vermittlungsmakler tätig wird.[97]
- Der Makler darf hinsichtlich seiner Doppeltätigkeit keine unzutreffenden Angaben machen.[98]

---

87 *Sprau* in: Palandt, BGB, 62. Aufl., § 654 Rdnr. 3.
88 OLG Koblenz NJW-RR 1995, 500.
89 BGH NJW 2000, 3642.
90 OLG Hamburg NJW-RR 1998, 1206.
91 BGH NJW 1982, 1147.
92 OLG Celle Urteil vom 15. 8. 2002 – 11 U 104/02.
93 *Sprau* in: Palandt, BGB, 62. Aufl., § 654, Rdnr. 4.
94 BGH NJW-RR 1998, 992, 993.
95 *Dehner*, NJW 2000, 1986, 1994.
96 BGH NJW-RR 1998, 992, 993.
97 BGH NJW 1964, 1467; OLG Dresden NZM 1998, 1017; Ausnahme: BGH NJW-RR 2000, 430.
98 OLG Frankfurt NJW-RR 1988, 1199.

- Die Vereinbarung einer erfolgsunabhängigen Provision mit einer Partei ist im Rahmen einer Doppeltätigkeit unzulässig.[99]
- Der Makler darf sich nicht zum Interessenvertreter nur einer Partei machen[100] oder zugunsten eines Auftraggebers handeln.[101]
- Dem Makler ist jegliches Eingreifen in die Preisverhandlungen ohne eine entsprechende Erlaubnis untersagt.[102]

e) Pflichten des Auftraggebers

Die Hauptpflicht des Auftraggebers ist die Zahlung der für den Erfolgsfall vereinbarten Provision. Zum Ersatz von Aufwendungen des Maklers ist der Auftraggeber nur verpflichtet, wenn dies wirksam vereinbart wurde (§ 652 Abs. 2 BGB). 421

Daneben hat auch der Auftraggeber Nebenpflichten, die im wesentlichen den Schutz des Maklers vor provisionsschädigendem Verhalten des Auftraggebers und vor unnützen Aufwendungen bezwecken.

Nebenpflichten: 422

- Der Auftraggeber ist in seiner Entscheidungsfreiheit, ob er die nachgewiesene oder vermittelte Abschlussmöglichkeit in Anspruch nimmt, grundsätzlich frei.[103] Gleichwohl obliegt ihm eine **Mitteilungspflicht** hinsichtlich seiner Absicht, den intendierten Vertrag zu schließen, um dem Makler weitere Kosten zu ersparen.[104]
- Hat der Auftraggeber mit einem vom Makler nachgewiesenen oder vermittelten Dritten einen Hauptvertrag geschlossen, ohne den Makler hinzuzuziehen, ist der Auftraggeber verpflichtet, dem Makler über die Tatsache des Abschlusses und den Inhalt des Vertrages insoweit Auskunft zu erteilen, als sie für Grund und Höhe des Vergütungsanspruchs des Maklers von Bedeutung sind.[105]
- Der Auftraggeber ist zur **Vertraulichkeit** verpflichtet. Es ist ihm untersagt, die ihm durch den Makler erteilten Nachweise an Dritte weiterzugeben.[106]
- Schaltet der Auftraggeber **mehrere Makler** ein, ist er verpflichtet, allen beauftragten Maklern die Vermittlungsmöglichkeit zu eröffnen.[107]

f) Pflichtverletzungen

aa) Durch den Makler

Pflichtverletzungen des Maklers führen nach den allgemeinen schuldrechtlichen Regelungen zu einem Schadensersatzanspruch des Auftraggebers (§ 280 BGB), den der Auftraggeber dem Provisionsanspruch des Maklers entgegenhalten kann. 423

Schwerwiegende Vertragsverletzungen des Maklers können den Verlust seines Provisionsanspruch zur Folge haben.[108] (vgl. auch § 654 BGB). War die Pflichtverletzung für den Anfall der Provision ursächlich, hat der Makler den Auftraggeber nach den Grundsätzen der Naturalrestitution provisionsfrei zu stellen.[109]

99 BGHZ 61, 17.
100 OLG Düsseldorf NJW-RR 1998, 1207.
101 OLG Düsseldorf NJW-RR 2000, 1363.
102 *Sprau* in: Palandt, BGB, 62. Aufl., § 654, Rdnr. 5. m. w. N.
103 BGH NJW 1966, 1404, 1405.
104 BGH WM 1972, 444.
105 BGH NJW-RR 1987, 173; BGH NJW-RR 1990, 1370; OLG Düsseldorf NJW-RR 1996, 1464.
106 BGH NJW 1987, 2431, 2432; OLG Koblenz NJW-RR 1994, 180, 181.
107 *Sprau* in: Palandt, BGB, 62. Aufl., § 652, Rdnr. 20; *Schwerdtner,* Maklerrecht, 4. Aufl., Rdnr. 350.
108 BGH NJW 1985, 45.
109 *Sprau* in: Palandt, BGB, 62. Aufl., § 652 Rdnr. 18.

Wurde dem Makler die Provision bereits ausgezahlt, kann es zu Überschneidungen von etwaigen Provisionsrückzahlungsansprüchen und Schadensersatzansprüchen des Auftraggebers kommen. In diesem Fall ist der Rückzahlungsanspruch auf den Schadensersatzanspruch anzurechnen.[110]

bb) Durch den Auftraggeber

424 Der Auftraggeber ist ebenfalls nach den allgemeinen Grundsätzen schadensersatzpflichtig (§ 280 BGB). Der Makler ist dabei so zu stellen, wie er ohne die Pflichtverletzung stünde.[111] Daher wird ihm in der Regel lediglich ein Anspruch auf Ersatz nutzloser Aufwendungen zustehen.

Ersatz der entgangenen Provision kann der Makler nur dann verlangen, wenn er die Möglichkeit eines anderen provisionspflichtigen Vertragsschlusses nachweist.[112] Da dieser Nachweis, außer beim Alleinauftrag, in der Praxis kaum gelingen wird, ist ein weitergehender Schadensersatzanspruch des Maklers weitgehend ausgeschlossen.

g) Die Vergütung des Maklers

aa) Provision

425 Der Makler erhält für die von ihm erbrachte Leistung eine Provision. Soweit die Parteien nichts anderes vereinbart haben, hat der Provisionsanspruch des Maklers grundsätzlich folgende Voraussetzungen:

426
- Zustandekommen eines gültigen Maklervertrages
- Erbringung der Maklerleistung (Nachweis oder Vermittlung)
- Rechtswirksames Zustandekommen des intendierten Hauptvertrages
- Kausalität zwischen der Maklertätigkeit und dem Zustandekommen des Hauptvertrages
- Der abgeschlossene Hauptvertrag muss dem nach dem Maklervertrag intendierten Vertrag nach Inhalt, Geschäftsart und Personen im Wesentlichen entsprechen **(sog. inhaltliche und persönliche Kongruenz)**.

427 Im Hinblick auf die inhaltliche und persönliche Kongruenz besteht auf Seiten des Auftraggebers in der Regel ein gewisser Spielraum.[113]

Das Vorliegen der Kausalität zwischen der Maklertätigkeit und dem Zustandekommen des Hauptvertrages ist in der Praxis häufig umstritten.

428 **Probleme der Kausalität:**

- Die Maklerleistung muss nicht die alleinige oder hauptsächliche Ursache für den Vertragsschluss sein. Ausreichend ist vielmehr die **Mitursächlichkeit** der Leistung.[114]
- Der Abschluss des Vertrages muss sich bei wertender Beurteilung zumindest auch als Ergebnis einer dafür **wesentlichen Maklerleistung** darstellen.[115] Da der Makler nicht für den Erfolg schlechthin, sondern ausschließlich für seinen Arbeitserfolg bzw. seine erfolgreiche Tätigkeit vergütet wird, ist es nicht ausreichend, dass die Maklertätigkeit auf anderem Wege adäquat kausal zum Abschluss des Hauptvertrages führt.[116]

---

110 OLG Hamm NJW-RR 1997, 370.
111 BGH NJW 1987, 2431, 2433.
112 *Sprau* in: Palandt, BGB, 62. Aufl., § 652 Rdnr. 21.
113 Vgl. *Dehner*, NJW 2000, 1986, 1990.
114 BGH DB 1988, 1798.
115 BGH BB 1990, 1225 f.; *Sprau* in: Palandt, BGB, 62. Aufl., § 652, Rdnr. 47.
116 BGHZ 141, 40, 45; BGH NJW-RR 1996, 691.

- Die Vorkenntnis des Auftraggebers eines Nachweismaklers lässt den Ursachenzusammenhang entfallen[117], es sei denn, der Makler liefert zusätzliche für den Vertragsschluss wesentliche Informationen.[118]
- Beim Vermittlungsmakler lässt die Vorkenntnis des Auftraggebers den Provisionsanspruch unberührt, da die Vermittlungstätigkeit unabhängig vom bloßen Nachweis eine selbständige Leistung des Maklers darstellt.[119]

bb) Aufwendungsersatz

Erfolgsunabhängige Aufwendungen sind dem Makler grundsätzlich nicht zu erstatten (§ 652 Abs. 2 BGB). Individualvertraglich kann etwas anderes vereinbart werden.[120] Ferner kann der Makler bei einer Pflichtverletzung des Auftraggebers Ersatz seiner frustrierten Aufwendungen unter Umständen als Schadensersatz verlangen.[121] 429

h) Alleinauftrag

Beim **(einfachen) Alleinauftrag** verpflichtet sich der Auftraggeber, zum Nachweis oder zur Vermittlung nicht die Hilfe eines anderen Maklers in Anspruch zu nehmen. Im Gegenzug verpflichtet sich der Makler, im Interesse des Auftraggebers tätig zu werden.[122] Da der Makler zum Tätigwerden verpflichtet ist, handelt es sich beim Alleinauftrag um einen Maklerdienstvertrag. Gleichwohl schuldet der Makler lediglich das Bemühen um das Zustandekommen des Hauptvertrages, nicht jedoch das Zustandekommen des Hauptvertrages selbst. 430

Beim **sog. qualifizierten Alleinauftrag** verpflichtet sich der Auftraggeber gegenüber dem Makler zusätzlich, keine Eigengeschäfte vorzunehmen.

!

1. Da mit dem Alleinauftrag vom gesetzlichen Leitbild abgewichen wird, empfiehlt sich die schriftliche Fixierung des Maklervertrages hier besonders.
2. Ein qualifizierter Alleinauftrag kann nur individualvertraglich vereinbart werden. Eine Regelung in Allgemeine Geschäftsbedingungen ist nicht möglich.[123]
3. Der Alleinauftrag muss wegen der starken Bindung des Auftraggebers zeitlich befristet sein oder ein Widerrufsrecht des Auftraggebers enthalten. Anderenfalls kann die Regelung sittenwidrig sein.[124]

i) Abweichende Vereinbarungen

Abgesehen von Sondervorschriften für bestimmte Geschäfte ist das Maklerrecht dispositiv. Zugunsten des Maklers kann von der gesetzlichen Regelung beispielsweise dahingehend abgewichen werden, dass dieser unabhängig von einem bestimmten Erfolg einen Provisionsanspruch hat. Allerdings kann eine solche Regelung dazu führen, dass der Vertrag notariell beurkundet werden muss.[125] 431

Zugunsten des Auftraggebers knüpfen die Parteien den Provisionsanspruch des Maklers häufig an die **Ausführung bzw. Abwicklung** und nicht nur an das Zustandekommen **des Hauptver-**

---

117 OLG Karlsruhe NJW-RR 1994, 509.
118 BGH NJW-RR 1996, 114.
119 OLG Köln OLGR 1997, 203 f.
120 Vgl. zu den damit verbundenen Formproblemen: Ziff. 3 a.
121 Vgl. dazu Ziff. 6 b.
122 BGH JZ 1966, 360.
123 OLG Frankfurt NZM 2002, 181.
124 Vgl. dazu Ziff. c) bb).
125 Vgl. dazu Ziff. c) aa).

trages. Sie muss dann als aufschiebende Bedingung für die Entstehung des Provisionsanspruchs vereinbart werden.

Eine solche Regelung ist insbesondere dann anzuraten, wenn die Durchführung des Hauptvertrages gefährdet ist. Anderenfalls bestünde die Gefahr, dass nach einem wirksamen Vertragsschluss die Provision fällig wird, obgleich der Hauptvertrag nicht durchgeführt wird, sondern rückabgewickelt werden muss. Der potentielle Käufer oder Verkäufer müsste andernfalls auch ohne das Hauptgeschäft die Provision zahlen.

Ferner ermöglichen solche Abreden es dem Auftraggeber, die Provision aus dem Kaufpreis zu zahlen. Entsprechende Klauseln schieben entweder die Fälligkeit der Provision hinaus oder bilden eine zusätzliche Bedingung für die Entstehung des Provisionsanspruchs überhaupt (§ 158 Abs. 1 BGB). Was insoweit von den Parteien gewollt ist, muss im Wege der Auslegung ermittelt werden.[126] Das nachträgliche Entfallen des Hauptvertrages aufgrund der Ausübung gesetzlicher Gestaltungsrechte berührt grundsätzlich die Provisionspflicht nicht. Etwas anderes gilt nur dann, wenn der Vertrag offensichtlich noch in einem Schwebezustand gehalten werden soll oder sein Zustandekommen ungewiss ist und unter einer aufschiebenden Bedingung steht. Ergibt die Auslegung, dass nur die Fälligkeit des Provisionsanspruchs hinausgeschoben werden soll, und verzögert der Auftraggeber die Ausführung oder führt er den Vertrag gar nicht aus, so wird der Maklerlohnanspruch in der Regel nach Ablauf der Zeitspanne fällig, innerhalb derer die Ausführung des Vertrages erwartet werden konnte.[127]

432 z.B.

- Provision ist zahlbar bei Fälligkeit[128] oder Eingang[129] des Kaufpreises.
- Die Provision wird erst mit Abschluss eines Mietvertrages zu einem bestimmten Mietzins fällig.[130]

433 ! Schwebezustand → keine Provisionspflicht

- Die Zahlung der Maklerprovision wird von der Erteilung der Baugenehmigung abhängig gemacht.[131]
- Vereinbarung eines Rücktrittsvorbehalts im notariellen Kaufvertrag für den Fall der fehlenden Bebauungsfähigkeit des gekauften Grundstücks (Schwebezustand wie bei einer aufschiebenden Bedingung).
- Ausübung eines gesetzlichen (dinglichen) Vorkaufsrechts.[132]

434 ! kein Schwebezustand → Provisionspflicht

- Ausübung des gesetzlichen Rücktrittsrechts
- Ausübung eines vertraglich vereinbarten Rücktrittsrechts bei Nichterfüllung der Leistungspflichten durch eine Vertragspartei.[133]

---

126 BGH NJW 1966, 1404, 1405; OLG Frankfurt OLGR 2002, 54.
127 BGH NJW 1986, 1035.
128 OLG Frankfurt OLGR 2002, 54.
129 OLG Karlsruhe OLGR 1998, 306, 307.
130 OLG München OLGR 1997, 171.
131 KG Berlin OLGR 2000, 78, 79.
132 BGH NJW 1999, 2271.
133 OLG Koblenz IBR 2003, 49.

j) Muster eines Alleinauftrages

§ 1 Vertragsobjekt 435

Bürohausprojekt in			
Grundbuch-Band	Blatt	Flur	Flurstück
Kaufpreis, den der Auftraggeber anstrebt, zzgl. MwSt.		EUR 43.500.500,–	
i. W.: dreiundvierzigmillionenfünfhunderttausend			

§ 2 Vertragsgegenstand 436

Der Auftraggeber beauftragt den Makler allein mit dem Nachweis von Kaufinteressenten und der Vermittlung eines Kaufvertragsabschlusses bezüglich des Vertragsobjektes.

§ 3 Pflichten des Maklers 437

1. Der Makler verpflichtet sich, den Auftrag mit der Sorgfalt eines ordentlichen Kaufmannes sorgfältig, intensiv und unter Ausnutzung aller sich bietender Abschlusschancen auszuführen. Der Makler verpflichtet sich, vor Erstellung eines detaillierten Verkaufsangebotes sämtliche Erfolgspotenziale des Vertragsobjektes auf Marktfähigkeit zu analysieren und dem Auftraggeber Vorschläge zur Verbesserung der Verkaufsfähigkeit zu unterbreiten. Erklärtes Ziel ist es, ein Optimum an Kaufpreisakzeptanz für den potenziellen Kaufinteressenten zu erreichen.
2. Der Makler unterrichtet den Auftraggeber ständig über alle maßgeblichen Umstände und Entwicklungen hinsichtlich des Vertragsobjektes. Über die vom Makler ermittelten und vorgemerkten Kaufinteressenten hinaus werden zusätzlich neue Kaufinteressenten für das Objekt durch gezielte Anzeigenaktionen in den überregionalen und regionalen Zeitungen geworben. Hier wird ohne Nennung der Adresse inseriert.
3. Der Makler verpflichtet sich, insbesondere folgende Kosten zu übernehmen:
   3.1 die Kosten für Namensgebung, Logo, Hausfarben und Slogan;
   3.2 die Kosten für Satz und Layout von Werbeschildern und Bautafeln am Objekt;
   3.3 sämtliche Kosten (z. B. Satz, Layout, Druck) für die Erstellung eigener professioneller Verkaufsbroschüren;
   3.4 die Kosten für Zielgruppenrecherche und Adressenerfassung/-ankauf;
   3.5 die Kosten für Direktmailing-Aktionen;
   3.6 die Kosten für Insertionen zzgl. etwaiger Entstehungskosten (z. B. Satz und Layout) der mit dem Auftraggeber abgestimmten Anzeigen in den von ihm gewünschten Medien zu 50%;
   3.7 die Kosten für PR-Arbeit;
4. Der Makler verpflichtet sich, alle steuerlichen, rechtlichen und wirtschaftlichen Prüfergebnisse des Objektes aufzuzeigen und zu erläutern. Der Makler wird hinsichtlich der im Rahmen dieses Auftrages erlangten Kenntnisse über das Vertragsobjekt und den Auftraggeber Verschwiegenheit bewahren, sofern sie nicht zum Zwecke der Erfüllung des Vermittlungsauftrages weitergegeben werden müssen. Das gilt insbesondere auch für die Zeit nach Ablauf dieses Auftrages.

§ 4 Pflichten des Auftraggebers 438

1. Der Auftraggeber verpflichtet sich während der Laufzeit dieses Vertrages, keine weiteren Makler mit Maklerleistungen hinsichtlich des Vertragsobjektes zu beauftragen und die Ausschließlichkeitsrechte des Maklers zu wahren.
   Insbesondere wird der Auftraggeber jegliche Makler- oder Vermittlungstätigkeit Dritter bezüglich des Vertragsobjektes unverzüglich untersagen sowie Interessenten, die

bezüglich des Vertragsobjektes direkt mit dem Auftraggeber Kontakt aufnehmen, unverzüglich an den Makler verweisen.
(Alternativregelung: Die Möglichkeit des Abschlusses von provisionsfreien Geschäften durch den Auftraggeber bleibt vom Abschluss dieses Auftrages unberührt. Auf die in § 5 geregelte Aufwandsentschädigung wird insoweit verwiesen).

2. Der Auftraggeber übergibt dem Makler sämtliche Unterlagen, Informationen, Grundbuchauszug, Flurkarte usw. des Vertragsobjektes, die er zur vertragsgerechten Bearbeitung des Auftrages benötigt, und unterstützt die Verkaufsbemühungen des Maklers in jeder Weise, insbesondere im Rahmen von Objektbesichtigungen.
3. Der Auftraggeber unterrichtet den Makler ständig über alle maßgeblichen Umstände und Entwicklungen hinsichtlich des Vertragsobjektes wie anderweitige Veräußerung, Verfügungen nutzungsrechtlicher Art wie Vermietung, Verpachtung, Einräumung von Erbbaurechten, Aufgabe der Verkaufsabsicht usw. Gegebenenfalls überlässt der Auftraggeber dem Makler die entsprechenden Unterlagen und Urkunden (z. B. beglaubigte Abschrift des Kaufvertrages, Mietvertrag, Pachtvertrag usw.).
4. Außerdem wird der Auftraggeber insbesondere
   4.1 die Möglichkeit der optimalen Nutzung und Verwertung des gesamten Projektes prüfen oder prüfen lassen;
   4.2 die Kosten für Insertionen zzgl. etwaiger Entstehungskosten (z. B. Satz und Layout) der mit dem Makler abgestimmten Anzeigen in den von ihm gewünschten Medien zu 50% übernehmen;
   4.3 die Kosten für Fertigung und Aufstellung von Werbeschildern und Bautafeln am Objekt übernehmen;
   4.4 Musterpachtverträge/Musterkaufverträge entwerfen lassen.
5. Der Auftraggeber bevollmächtigt den Makler zur Vornahme der Eintragung in das Grundbuch und die Grundakten und in amtliche Register, in denen das Vertragsobjekt verzeichnet ist. Er verpflichtet sich ferner, den Zugang zum Objekt zu gewähren.
6. Der Auftraggeber ist damit einverstanden, dass der Makler Daten, die sich aus den Objektunterlagen oder der Vertragsdurchführung ergeben, erhebt, verarbeitet und nutzt und diese dem Kaufinteressenten im erforderlichen Umfang übermittelt.

439 **§ 5 Erfolgshonorar**

1. Der Auftraggeber ist zur Zahlung einer Provision nicht verpflichtet. Er wird den Makler jedoch in jeder Hinsicht bei der Durchsicht eines Provisionsanspruchs gegen den Käufer unterstützen.
   Im Falle der Zulassung von Eigengeschäften gem. § 4 Ziffer 1 Alternativregelung:
   Der Auftraggeber zahlt im Fall des Abschluss eines provisionsfreien Eigengeschäftes eine angemessene Entschädigung für dem Makler entstandenen nutzlosen Arbeitsaufwand, die mit ... EUR brutto für jeden Monat der Geltung des Alleinauftrags vereinbart wird. Im Fall des Abschlusses des provisionsfreien Eigengeschäfts innerhalb eines Monats entsteht eine anteilige Aufwandsentschädigung. Zur Abdeckung der dem Makler entstehenden Anlaufkosten (nachweisliche Aufwendungen wie Kosten für Inserate, Exposés, sonstige Prospekte, Fahrtkosten etc.) wird für den ersten Monat des Alleinauftrags eine zusätzliche Entschädigung von weiteren ... EUR vereinbart).
2. Für den Fall, dass der vermittelte Käufer/Investor einen höheren Kaufpreis als den unter § 1 Vertragsobjekt angegebenen Kaufpreis zahlt, verpflichtet sich der Auftraggeber, dem Makler daneben ein Erfolgshonorar zzgl. der jeweils geltenden gesetzlichen Mehrwertsteuer (z. Zt. 16%) zu zahlen. Das Erfolgshonorar berechnet sich anteilig aus dem den Kaufpreis übersteigenden Betrag in Höhe von ...% i. W.: ... Prozent

§ 6 Erfolg der Maklerleistung 440

Der Erfolgshonoraranspruch entsteht mit Abschluss des Hauptvertrages mit dem vom Makler nachgewiesenen oder vermittelten Vertragspartner oder dann, wenn der Auftraggeber den erhaltenen Nachweis an einen Dritten weitergibt oder die Weitergabe in Verwendung des Nachweises durch Dritte zulässt und somit der Hauptvertrag abgeschlossen wird.

Als Hauptvertrag gilt der Abschluss eines notariellen Kaufvertrages über das Vertragsobjekt. Dem notariellen Kaufvertrag gleichwertig sind die Vergabe einer Option an einen Vertragspartner, der Erwerb des Vertragsobjektes im Wege der Zwangsversteigerung, der Erwerb im Rahmen eines Werkvertrages o. Ä., sowie der Erwerb eines anderen, jedoch vergleichbaren Objektes des Auftraggebers.

§ 7 Fälligkeit 441

Das Erfolgshonorar des Maklers ist verdient und dann fällig, wenn der Hauptvertrag abgeschlossen ist. Es ist zahlbar ohne jeden Abzug innerhalb von 14 Tagen nach Rechnungslegung.

Im Falle des Verzuges sind vom Auftraggeber Verzugszinsen in Höhe von 11% zu zahlen.

§ 8 Vertragsdauer und Kündigung 442

Der Alleinauftrag beginnt sofort.

1. Bei fertiggestellten Vertragsobjekten wird der Vertrag auf die Dauer von zwölf Monaten unkündbar fest abgeschlossen und endet, ohne dass es einer Kündigung bedarf.
2. Bei noch nicht fertiggestellten Vertragsobjekten wird der Vertrag ebenfalls auf die Dauer von zwölf Monaten unkündbar fest abgeschlossen – dauert aber mindestens bis zwei Monate nach Fertigstellung – und endet, ohne dass es einer Kündigung bedarf.
3. Er kann jedoch im beiderseitigen Einvernehmen verlängert werden. Die Verlängerung muss schriftlich erfolgen.
4. Das Recht zur fristlosen Kündigung aus wichtigem Grund wird durch die Befristung und den Kündigungsausschluss nicht eingeschränkt. Als wichtiger Grund gilt insbesondere die Verletzung der Tätigkeitspflicht des Maklers trotz Abmahnung oder die Verletzung der Alleinauftragsbindung durch den Auftraggeber.
   (Bei Alternativregelung gem. § 4 Ziffer 1: letzter Halbsatz ist ersatzlos zu streichen)
5. Jede Kündigung bedarf zu ihrer Wirksamkeit der Schriftform.

§ 9 Doppeltätigkeit 443

Der Makler ist berechtigt, auch für alle anderen Vertragspartner des Auftraggebers entgeltlich (z. B. provisionspflichtig) oder unentgeltlich uneingeschränkt tätig zu werden.

Etwaige Interessenkollisionen wird der Makler dem Auftraggeber unverzüglich mitteilen.

§ 10 Haftung 444

Der Makler gibt die Informationen und Unterlagen des Auftraggebers ungeprüft an die Kaufinteressenten weiter. Für die Richtigkeit dieser Angaben übernimmt der Makler keine Haftung. Der Auftraggeber wird alle Unterlagen vor Weitergabe an den Makler auf deren Richtigkeit hin überprüfen.

§ 11 Schlussbestimmungen 445

1. Erfüllungsort ist der Sitz des Maklers, Gerichtsstand ist das Landgericht ....
2. Änderungen und Ergänzungen des Maklervertrages bedürfen zu ihrer Wirksamkeit der Schriftform, ebenso eine etwaige Aufhebung dieser Schriftformklausel.

3. Sollte eine Vorschrift dieses Vertrages nichtig sein oder nichtig werden, so hat dies nicht die Unwirksamkeit des gesamten Vertrages zur Folge. Die nichtige Bestimmung ist durch eine Regelung zu ersetzen, die dem angestrebten Zweck am ehesten entspricht.

Ort, Datum

Auftraggeber Makler

2. Prüfung der öffentlich-rechtlichen Rahmenbedingungen

446 Der Investor sollte sich frühzeitig mit den öffentlich-rechtlichen Rahmenbedingungen auseinandersetzen, um die Realisierung des Vorhabens auch betreffend der öffentlich-rechtlichen Anforderungen sicherzustellen.

447 ! Es ist eine frühzeitige Auseinandersetzung mit den öffentlich-rechtlichen Rahmenbedingungen geboten.

Denn eine Baugenehmigung ist nach den jeweiligen Regelungen in den Landesbauordnungen (LBauO) nur zu erteilen, wenn das Vorhaben den öffentlich-rechtlichen Vorschriften entspricht.

Die wesentlichen öffentlich-rechtlichen Vorschriften, die für die Erteilung einer Baugenehmigung relevant sind, werden im Folgenden behandelt.

a) Städtebaurecht einschließlich städtebaulicher Vertrag

448 Ein wesentlicher Gesichtspunkt für die Realisierung des Vorhabens ist die Klärung der planungsrechtlichen Situation. Die planungsrechtliche Zulässigkeit eines Vorhabens richtet sich nach der vorhandenen Situation. Auskunft über die planungsrechtliche Situation des jeweiligen Grundstücks erteilt das Planungsamt der betreffenden Gemeinde. Die Gemeinde ist rechtlich verpflichtet, den Bebauungsplan und seine Begründung auf Dauer zur Einsichtnahme bereitzuhalten und über dessen Inhalt Auskunft zu geben (§ 10 Abs. III S. 2 BauGB). Man unterscheidet im wesentlichen folgende Möglichkeiten, wie sich die Situation vor Ort gestalten kann.

aa) Die planungsrechtliche Zulässigkeit eines Vorhabens im Bereich eines Bebauungsplanes

449 Im Geltungsbereich eines Bebauungsplanes, der allein oder gemeinsam mit sonstigen baurechtlichen Vorschriften mindestens Festsetzungen über die Art und das Maß der baulichen Nutzung, die überbaubaren Grundstücksflächen und die örtlichen Verkehrsflächen enthält (qualifizierter Bebauungsplan), ist ein Vorhaben zulässig, wenn es diesen Festsetzungen nicht widerspricht und die Erschließung gesichert ist (§ 30 Abs. I BauGB).

450 Die Erschließung ist gesichert, wenn spätestens bis zur Fertigstellung der baulichen Anlagen ein Anschluss des Baugrundstücks an das öffentliche Straßennetz, die Versorgung mit Wasser und Elektrizität sowie die Abwasserbeseitigung gewährleistet ist.[134]

451 ! Es sollte eine frühzeitige Prüfung der planungsrechtlichen Zulässigkeit unter Heranziehung der BauNVO erfolgen.

Zur Konkretisierung der einzelnen Festsetzungen lässt sich die Verordnung über die bauliche Nutzung der Grundstücke (Baunutzungsverordnung – BauNVO) heranziehen. Im Bebauungsplan können die in der BauNVO bezeichneten Baugebiete festgesetzt werden. Durch die Festsetzung werden die entsprechen-

134 *Thurow* in: Heiermann, Franke, Knipp, Baubegleitende Rechtsberatung 2002, S. 120.

den Vorschriften der BauNVO soweit nichts anderes bestimmt wird Bestandteil des Bebauungsplans (§ 1 Abs. III BauNVO).

Die Vorschriften der BauNVO beinhalten zu jedem der festsetzbaren Baugebiete zunächst eine Definition des Schutzzweckes. So dienen Mischgebiete beispielsweise dem Wohnen und der Unterbringung von Gewerbegebieten, die das Wohnen nicht wesentlich stören (§ 6 Abs. I BauNVO). Es folgt eine Auflistung der in dem Baugebiet grundsätzlich zulässigen Nutzungsarten (jeweils Abs. II der Vorschrift) sowie der ausnahmsweise zulässigen Nutzungsarten (jeweils Abs. III der Vorschrift). 452

Zudem finden sich in der BauNVO Regelungen zu Stellplätzen und Garagen (§ 12 BauNVO) sowie Nebenanlagen (§ 14 BauNVO).

Eine Vorschrift von zentraler Bedeutung ist schließlich die Regelung über die allgemeinen Voraussetzungen für die Zulässigkeit baulicher und sonstiger Anlagen, das sogenannte Rücksichtnahmegebot (§ 15 BauNVO). Danach sind bauliche und sonstige Anlagen im Einzelfall unzulässig, wenn sie nach Anzahl, Lage, Umfang oder Zweckbestimmung der Eigenart des Baugebiets widersprechen. Sie sind auch unzulässig, wenn von ihnen Belästigungen oder Störungen ausgehen können, die nach der Eigenart des Baugebiets im Baugebiet selbst oder in dessen Umgebung unzumutbar sind, oder wenn sie solchen Belästigungen oder Störungen ausgesetzt werden (§ 15 Abs. I BauNVO). Ein bestimmtes Bauvorhaben kann demzufolge zwar grundsätzlich in dem betreffenden Baugebiet zulässig sein, sich im Einzelfall aber als rücksichtslos gegenüber der Umgebung erweisen, was wiederum zur Unzulässigkeit des Vorhabens führt. Da es sich bei genannter Vorschrift um eine nachbarschützende Norm handelt, die nicht nur im Bereich eines Bebauungsplans Anwendung findet, sondern über die Auslegung einer Vielzahl von Vorschriften als allgemein zu beachtender Grundsatz in die Entscheidungsfindung über die Zulässigkeit eines Vorhabens einzufließen hat, besteht bei einem Verstoß das nicht unerhebliche Risiko, dass die Baugenehmigung – spätestens – durch einen Nachbarwiderspruch zu Fall gebracht wird (**siehe B. II. 2.) f.**) bzw. gar nicht erst erteilt wird. 453

Darüber hinaus sei an dieser Stelle darauf hingewiesen, dass die BauNVO u. a. Regelungen zum Maß der baulichen Nutzung wie Grundflächenzahl, Geschossflächenzahl sowie Baumassenzahl (§§ 16–21 a BauNVO), die Bauweise die überbaubaren Grundstücksflächen (§§ 22, 23 BauNVO) enthält. 454

Im Geltungsbereich eines Bebauungsplans, der die Voraussetzungen des § 30 Abs. I BauGB nicht erfüllt (einfacher Bebauungsplan) richtet sich die Zulässigkeit von Vorhaben im übrigen nach § 34 oder § 35 BauGB (§ 30 Abs. III BauGB). Das heißt, in erster Linie muss das Vorhaben den Festsetzungen des einfachen Bebauungsplanes entsprechen. Sofern einzelne Festsetzungen nicht getroffen werden – beispielsweise hinsichtlich des zulässigen Maßes der baulichen Nutzung – ist für die Beurteilung der Zulässigkeit ergänzend § 34 BauGB oder § 35 BauGB heranzuziehen. 455

Ausnahmsweise richtet sich die planungsrechtliche Zulässigkeit eines Vorhabens nach einem Bebauungsplanentwurf. In Gebieten, für die ein Beschluss über die Aufstellung eines Bebauungsplans gefasst ist, ist ein Vorhaben zulässig, wenn 456

- die öffentliche Auslegung (§ 3 Abs. II und III BauGB) durchgeführt worden ist, die Träger öffentlicher Belange (§ 4 BauGB) beteiligt worden sind und erforderlichenfalls eine grenzüberschreitende Beteiligung durchgeführt worden ist (§ 4 a BauGB),
- anzunehmen ist, dass das Vorhaben den künftigen Festsetzungen des Bebauungsplans nicht entgegensteht,
- der Antragsteller diese Festsetzungen für sich und seine Rechtsnachfolger schriftlich anerkennt und
- die Erschließung gesichert ist (§ 33 Abs. I BauGB).

bb) Die planungsrechtliche Zulässigkeit eines Vorhabens außerhalb des Geltungsbereiches eines Bebauungsplanes

457 Liegt das Grundstück auf dem das Vorhaben realisiert werden soll nicht im Geltungsbereich eines Bebauungsplanes, so ist für die Beurteilung der planungsrechtlichen Zulässigkeit entscheidend, ob das Grundstück innerhalb der im Zusammenhang bebauten Ortsteils oder im Außenbereich liegt.

458 Von einem im Zusammenhang bebauten Ortsteil spricht man, wenn ein organisch gewachsener Siedlungskomplex mit einem gewissen eigenständigen Gewicht vorliegt, dessen aufeinanderfolgende Bebauung – trotz möglicher Baulücken – den Eindruck der Geschlossenheit vermittelt. Die Gemeinde kann durch Satzung die Grenzen für im Zusammenhang bebaute Ortsteile festlegen (§ 34 Abs. IV S. 1 Nr. 1 BauGB).

Zulässig ist ein Vorhaben hier, wenn es sich nach Art und Maß der baulichen Nutzung, der Bauweise und der Grundstücksfläche, die überbaut werden soll, in die Eigenart der näheren Umgebung einfügt und die Erschließung gesichert ist. Die Anforderungen an gesunde Wohn- und Arbeitsverhältnisse müssen gewahrt bleiben, das Ortsbild darf nicht beeinträchtigt werden (§ 34 Abs. I S. 1 und 2 BauGB).

459 Das Vorhaben fügt sich in die Eigenart der näheren Umgebung ein, wenn es sich in jeder Hinsicht innerhalb des aus seiner Umgebung hervorgehenden Rahmens hält.[135]

460 Entspricht die Eigenart der näheren Umgebung einem der Baugebiete, die in der BauNVO bezeichnet sind, beurteilt sich die Zulässigkeit des Vorhabens nach seiner Art allein danach, ob es nach der Verordnung in dem Baugebiet allgemein zulässig wäre (§ 34 Abs. II BauGB). Die BauNVO dient hier folglich als eine Art Planersatz.

461 Sofern weder ein Bebauungsplan vorliegt, noch sich das Vorhaben innerhalb eines im Zusammenhang bebauten Ortsteils befindet, ist davon auszugehen, dass das Grundstück im Außenbereich liegt, so dass sich die planungsrechtliche Zulässigkeit des Vorhabens nach § 35 BauGB beurteilt. Nach der gesetzlichen Wertung ist der Außenbereich grundsätzlich von der Bebauung freizuhalten. Im Außenbereich ist ein Vorhaben nur zulässig, wenn öffentliche Belange nicht entgegenstehen, die ausreichende Erschließung gesichert ist und wenn es sich um eines der in der Vorschrift enumerativ genannten privilegierten Vorhaben handelt (z. B. land- oder forstwirtschaftlicher Betrieb). Sonstige Vorhaben können im Einzelfall zugelassen werden, wenn ihre Ausführung oder Benutzung öffentliche Belange nicht beeinträchtigt und die Erschließung gesichert ist (§ 35 BauGB). Welche öffentlichen Belange insbesondere einem Vorhaben entgegenstehen können, ist ebenfalls in § 35 BauGB geregelt.

cc) Ausnahme und Befreiung

462 Ist die planungsrechtliche Zulässigkeit des Vorhabens nicht gegeben, so kommt die Möglichkeit in Betracht, seitens der Baugenehmigungsbehörde eine Ausnahme bzw. Befreiung einzuholen. Die Voraussetzungen, unter denen eine Ausnahme oder Befreiung erteilt werden kann, sind ebenfalls im BauGB geregelt. Von den Festsetzungen des Bebauungsplans können solche Ausnahmen zugelassen werden, die nach dem Bebauungsplan nach Art und Umfang ausdrücklich vorgesehen sind (§ 31 Abs. I BauGB). Im Übrigen kann von den Festsetzungen des Bebauungsplans befreit werden, wenn die Grundzüge der Planung nicht berührt werden und

- Gründe des Wohls der Allgemeinheit die Befreiung erfordern, oder
- die Abweichung städtebaulich vertretbar ist oder
- die Durchführung des Bebauungsplans zu einer offenbar nicht beabsichtigten Härte führen würde

135 *Krautzberger* in: Battis/Krautzberger/Löhr, BauGB, 7. Aufl., § 34 Rdnr. 15.

und wenn die Abweichung auch unter Würdigung nachbarlicher Interessen mit den öffentlichen Belangen vereinbar ist (§ 31 Abs. II BauGB). Die Grundzüge der Planung sind berührt, wenn die Erteilung von Befreiungen dem planerischen Grundkonzept des Bebauungsplans zuwiderläuft.[136] Das Vorhaben muss sich also trotz Widerspruch zu einzelnen Festsetzungen des Bebauungsplans mit den planerischen Vorstellungen, die dem Bebauungsplan zugrundeliegen, noch in Einklang bringen lassen. Das planerische Grundkonzept lässt sich dabei durch Heranziehen der Begründung des Bebauungsplans ermitteln.

Liegen die Voraussetzungen für eine Ausnahme bzw. eine Befreiung vor, so besteht auf deren Erteilung kein Rechtsanspruch. Vielmehr steht die Entscheidung darüber im pflichtgemäßen Ermessen der Baugenehmigungsbehörde. 463

> ! Es empfiehlt sich, frühzeitig mit der Baugenehmigungsbehörde in Verhandlungen zu treten, um die Möglichkeiten, eine Ausnahme bzw. Befreiung zu erlangen, in Erfahrung zu bringen.

Scheidet die Möglichkeit einer Ausnahme bzw. Befreiung aus, so lässt sich bei einem Zuwiderlaufen des Vorhabens gegen die Festsetzungen eines bestehenden Bebauungsplans eine Baugenehmigung nur erlangen, wenn der Bebauungsplan geändert wird. Dies wiederum kann durchaus ein Jahr dauern. 464

Erteilt die Baugenehmigungsbehörde eine Ausnahme bzw. Befreiung, birgt dies wiederum das Risiko von Nachbarwidersprüchen in sich, was ebenfalls zu Verzögerungen führen kann (**siehe B. II. f.**). Es bietet sich hier an, insbesondere bei einer Befreiung von nachbarschützenden Festsetzungen des Bebauungsplans eine Nachbarvereinbarung abzuschließen (**siehe ebenfalls B. II. f.**). 465

dd) Vorhaben- und Erschließungsplan

Schließlich besteht für den Investor die Möglichkeit, in Zusammenarbeit mit der Gemeinde Baurecht aufgrund einer Satzung über einen Vorhaben- und Erschließungsplan, aber auch aufgrund von städtebaulichen Verträgen, zu schaffen. Die Gemeinde kann durch einen vorhabenbezogenen Bebauungsplan, das heißt einen Bebauungsplan, der für ein konkretes Bauvorhaben aufgestellt wird, die Zulässigkeit von Vorhaben bestimmen, wenn der Vorhabenträger auf der Grundlage eines mit der Gemeinde abgestimmten Plans zur Durchführung der Vorhaben und der Erschließungsmaßnahmen (Vorhaben- und Erschließungsplan) bereit und in der Lage ist, und sich zur Durchführung innerhalb einer bestimmten Frist und zur Tragung der Planungs- und Erschließungskosten ganz oder teilweise vor dem Beschluss über den Bebauungsplan verpflichtet (Durchführungsvertrag) (§ 12 Abs. I BauGB). 466

Die vorgenannten Anforderungen an den Investor, »bereit und in der Lage« zu sein, sind erfüllt, wenn er hinsichtlich des Grundbesitzes entweder den Nachweis des Eigentums oder der gesicherten Verfügungsgewalt über das Grundstück erbringt. Hier reicht der Abschluss eines notariellen Kaufvertrages, insbesondere eine Auflassungsvormerkung aus. 467

Zudem muss die Finanzierung des Vorhabens gesichert sein. In der Regel ist hier eine Erfüllungsbürgschaft vorzulegen bzw. eine Finanzierungszusage einer seriösen Bank oder Sparkasse. 468

Erfüllt der Investor die vorgenannten Anforderungen, so kann er durch einen entsprechenden Antrag die Einleitung des Bebauungsplanverfahrens veranlassen. Über den Antrag hat die Gemeinde nach pflichtgemäßem Ermessen zu entscheiden (§ 12 Abs. II S. 1 BauGB), denn ein Rechtsanspruch auf Aufstellung eines vorhabenbezogenen Bebauungsplans besteht nicht. Wie bei jedem Bebauungsplan muss ein städtebauliches Erfordernis für die Aufstellung des Bauleitplans in der Form des Vorhaben- und Erschließungsplans gegeben sein (§ 1 Abs. III BauGB). Dies wird unschwer damit zu begründen sein, als Gegenstand des Vorhaben- und Erschließungsplan ja gerade Veränderungen der bisherigen planungsrechtlichen Situation sind. Auch 469

136 BVerwG NVWZ 1999, 1110.

das weitere Verfahren entspricht dem üblichen Bebauungsplanaufstellungsverfahren. Früher genoss der vorhabensbezogene Bebauungsplan bei Aufstellung die Vorteile der Verfahrensbeschleunigung gegenüber dem üblichen Bebauungsplanaufstellungsverfahren, die jedoch mit dem Bau- und Raumordnungsgesetz 1998 (BauROG) weggefallen sind.

470 Entspricht das Vorhaben dem vorhabensbezogenen Bebauungsplan – was in der Regel der Fall ist, da der Investor an der Aufstellung des Bebauungsplans mitgewirkt hat – so ist das Vorhaben im planungsrechtlichen Sinn zulässig, sofern zudem die Erschließung gesichert ist (§ 30 Abs. II BauGB), was in der Regel auf Grundlage des Durchführungsvertrages der Fall ist. Das heißt, durch den Vorhaben- und Erschließungsplan wird für den Investor Planungssicherheit geschaffen. Vorteilhaft ist weiterhin, dass die Gemeinde im Bereich eines Vorhaben- und Erschließungsplan nicht an die üblicherweise nach dem BauGB begrenzten Festsetzungsmöglichkeiten im Rahmen eines Bebauungsplans (§ 9 BauGB) gebunden ist (§ 12 Abs. III BauGB).

471 Gleichzeitig ist der Investor allerdings aufgrund des Durchführungsvertrages verpflichtet, das Bauvorhaben innerhalb einer vereinbarten Frist zu realisieren. Bei der Vereinbarung der Frist sollte der Investor darauf achten, dass diese für ihn großzügig bemessen wird. Zudem sollten mehrere Fristen gestaffelt – da der Investor auf bestimmte Umstände wie zum Beispiel die Dauer des Baugenehmigungsverfahrens keinen Einfluss hat – vereinbart werden. Falls die Bauverpflichtung nicht innerhalb der vereinbarten Frist erfüllt wird, soll die Gemeinde den Bebauungsplan aufheben (§ 12 Abs. VI S. 1 BauGB). Aus der Aufhebung können Ansprüche des Vorhabensträgers gegen die Gemeinde nicht geltend gemacht werden (§ 12 Abs. VI S. 2 BauGB).

472 Ein Wechsel des Vorhabensträgers bedarf der Zustimmung der Gemeinde. Die Zustimmung darf nur dann verweigert werden, wenn Tatsachen die Annahme rechtfertigen, dass die Durchführung des Vorhaben- und Erschließungsplans innerhalb der vereinbarten Frist gefährdet ist (§ 12 Abs. V BauGB).

! In dem Durchführungsvertrag lässt sich regeln, dass die Gemeinde im Fall eines etwaigen Wechsels des Vorhabensträgers hinsichtlich eines bestimmten neuen Vorhabensträgers ihre Zustimmung vorab erteilt. Dies bietet sich beispielsweise für einen Projektentwickler an, der von vornherein beabsichtigt, das Grundstück und/oder Projekt nach Abschluss der Durchführung des Bauvorhabens zu veräußern.

ee) Städtebaulicher Vertrag

473 Wie bereits erwähnt, kommt schließlich der Abschluss eines städtebaulichen Vertrages mit der Gemeinde in Betracht (§ 11 BauGB). Hier bestehen vielfältige Vereinbarungsmöglichkeiten. Im Gesetz sind einige mögliche Vertragsgegenstände – nicht abschließend – aufgeführt, die insbesondere Inhalt einer Vereinbarung sein können.

474 Gegenstand eines städtebaulichen Vertrages können insbesondere sein, die Vorbereitung oder Durchführung städtebaulicher Maßnahmen durch den Vertragspartner auf eigene Kosten; dazu gehören auch die Neuordnung der Grundstücksverhältnisse, die Bodensanierung und sonstige vorbereitende Maßnahmen, die Ausarbeitung der städtebaulichen Planungen sowie erforderlichenfalls des Umweltberichts; die Verantwortung der Gemeinde für das gesetzlich vorgesehene Planaufstellungsverfahren bleibt unberührt (§ 11 Abs. I S. 2 Nr. 1 BauGB);

475 So kann sich der Investor durchaus im Rahmen einer sogenannten Planungsvereinbarung verpflichten, einen Bebauungsplan auszuarbeiten. Zur Realisierung der Aufstellung eines Bebauungsplans bietet sich die Hinzuziehung eines Architekten oder Stadtplaners sowie gegebenenfalls von Gutachtern (Boden-/Verkehrs-/Lärmschutz-/Immissionsschutzgutachter) an. Darüber hinaus ist die Unterstützung einer kompetenten Rechtsberatung zu empfehlen, um sicherzustellen, dass die Festsetzungen des Bebauungsplans auch rechtlichen Bestand haben.

Die Grenze derartiger Planungsvereinbarungen liegt in der Planungshoheit der Gemeinde. Das heißt, die letztendliche Entscheidung über den Inhalt des Bebauungsplans und die Durchführung des gesetzlich vorgeschriebenen Aufstellungsverfahrens obliegen der Gemeinde. Ein Anspruch auf die Aufstellung von Bauleitplänen kann nicht durch Vertrag begründet werden (§ 2 Abs. III BauGB). Demzufolge wäre ein städtebaulicher Vertrag, der die Gemeinde zur Aufstellung eines Bebauungsplans mit bestimmten Festsetzungen verpflichtet, nichtig. Zulässig ist jedoch die Vereinbarung eines Schadensersatzanspruchs für den Fall, dass die erwartete Bauleitplanung ausbleibt. Die Vereinbarung sollte allerdings nicht einen derart hohen Schadensersatzanspruch begründen, dass sich die Gemeinde aufgrund dessen gezwungen sieht, die seitens des Investors beabsichtigte Bauleitplanung durchzuführen, da in diesem Fall wiederum die Planungshoheit der Gemeinde beeinträchtigt wäre. Hier sollte man die Vereinbarung auf den Ersatz des Vertrauensschadens, das heißt das negative Interesse, beschränken. 476

Demgemäß ist an dieser Stelle festzuhalten, dass sich ein Investor – um das Verfahren voranzutreiben und einen eigenen Gestaltungsspielraum wahrzunehmen – zur Durchführung vorbereitender Maßnahmen verpflichten kann, jedoch dadurch kein gesichertes Baurecht erzielen kann. 477

Darüber hinaus können städtebauliche Verträge die Förderung und Sicherung der mit der Bauleitplanung verfolgten Ziele, insbesondere die Grundstücksnutzung, die Durchführung des Ausgleichs im Sinne des § 1 a Abs. III BauGB, die Deckung des Wohnbedarfs von Bevölkerungsgruppen mit besonderen Wohnraumversorgungsproblemen sowie des Wohnbedarfs der ortsansässigen Bevölkerung zum Gegenstand haben (§ 11 Abs. I S. 2 Nr. 2 BauGB). 478

Derartige Verträge kommen in Betracht, wenn bereits eine Bauleitplanung in verbindlicher Form vorliegt. Der Investor kann sich hier beispielsweise einer bestimmten Bauverpflichtung unterwerfen. Auch hier ist es sinnvoll – wie bei einem Vorhaben- und Erschließungsplan – Fristen für die Durchführung zu vereinbaren. Diesbezüglich sollte allerdings auch hier berücksichtigt werden, dass der Investor keinen Einfluss auf die Dauer des Baugenehmigungsverfahrens hat. 479

Schließlich nennt das Gesetz als möglichen Gegenstand eines städtebaulichen Vertrages die Übernahme von Kosten die Übernahme oder sonstigen Aufwendungen, die der Gemeinde für städtebauliche Maßnahmen entstehen oder entstanden sind und die Voraussetzung oder Folge des geplanten Vorhabens sind; dazu gehört auch die Bereitstellung von Grundstücken (§ 11 Abs. I S. 2 Nr. 3 BauGB). 480

Derartige Folgekostenvereinbarungen sind zulässig, wenn die gegenständlichen Kosten oder sonstigen Aufwendungen Voraussetzung oder Folge des geplanten Vorhabens sind.[137] 481

Für alle städtebaulichen Verträge gilt, dass die vereinbarten Leistungen den gesamten Umständen nach angemessen sein müssen (§ 11 Abs. II S. 1 BauGB). Die Vereinbarung einer vom Vertragspartner zu erbringenden Leistung ist unzulässig, wenn er auch ohne sie einen Anspruch auf die Gegenleistung hätte (§ 11 Abs. II S. 2 BauGB). Beide voraufgezeigten inhaltlichen Grenzen städtebaulicher Verträge haben bei Verstoß der Vereinbarung dagegen deren Nichtigkeit zur Folge. 482

Zu beachten ist ferner, dass ein städtebaulicher Vertrag der Schriftform bedarf, soweit nicht durch Rechtsvorschriften eine andere Form vorgeschrieben ist (§ 11 Abs. III BauGB). So ist eine notarielle Beurkundung erforderlich, sofern der Vertrag die Verpflichtung einer Partei zur Übereignung einer Grundstücksfläche beinhaltet (§ 313 BGB). 483

137 BVerwG NVWZ 1993, 773.

b) Erschließungsrecht

484 Die Erschließung ist Aufgabe der Gemeinde, soweit sie nicht nach anderen gesetzlichen Vorschriften oder öffentlich-rechtlichen Verpflichtungen einem anderen obliegt (§ 123 Abs. I BauGB). Die Gemeinde kann die Erschließung durch Vertrag auf einen Dritten übertragen (§ 124 Abs. I BauGB). In dem Erschließungsvertrag wird üblicherweise geregelt, welche Erschließungsanlagen der Investor zu erstellen hat. Dies können insbesondere die in § 127 Abs. II BauGB genannten Erschließungsanlagen (Straßen, Grünanlagen, Lärmschutzanlagen etc.) sein. Der Investor kann sich aber auch verpflichten, die Anlagen zur Versorgung des Gebiets mit Wasser und Elektrizität sowie die Anlagen zur Abwasserbeseitigung herzustellen. Der Dritte kann sich gegenüber der Gemeinde verpflichten, die Erschließungskosten ganz oder teilweise zu tragen (§ 124 Abs. II S. 2 BauGB), was in der Regel der Fall ist. Wird kein Erschließungsvertrag mit der Gemeinde geschlossen, so erheben die Gemeinden zur Deckung ihres anderweitig nicht gedeckten Aufwands für Erschließungsanlagen einen Erschließungsbeitrag nach Maßgabe der §§ 127 ff. BauGB.

Näheres, wie zum Beispiel Art und Umfang des beitragsfähigen Erschließungsaufwandes und die Art der Ermittlung und der Verteilung des Aufwandes, regeln die Gemeinden durch Satzung (§ 132 BauGB).

c) Umweltrecht

485 > ! Der Investor sollte sich auch über die bodenschutz- und altlastenrechtliche Situation Klarheit verschaffen.

Denn auch wenn wie in Fall 1 eine Büroimmobilie errichtet werden soll – von der üblicherweise keine Umweltbeeinträchtigungen im Sinne des BundesbodenSchutzG ausgehen – so können bereits im Boden befindliche Belastungen zu Einschränkungen bei der Realisierung des Vorhabens führen. Einzelheiten werden im Zusammenhang mit Fall 3 dargestellt (**siehe D. II. 2.**).

486 Mit dem Gesetz zur Änderung des Baugesetzbuches und zur Neuregelung des Rechts der Raumordnung (Bau- und Raumordnungsgesetz 1998), das zum 1. 1. 1998 in Kraft getreten ist, ist das Gebot zur Berücksichtigung umweltschützender Belange in die vorzunehmende Abwägung bei der Aufstellung von Bauleitplänen aufgenommen worden (§ 1 a BauGB). Ein Verstoß gegen dieses Gebot führt zu einem Abwägungsfehler des Bebauungsplans mit der Folge der Nichtigkeit. Insofern empfiehlt es sich für den Investor, die Gemeinde bei der Planaufstellung – insbesondere durch die Einschaltung von Gutachtern – zu unterstützen. Der Gemeinde kann durch ein entsprechendes Gutachten, das einerseits eine Bestandsaufnahme der vorhandenen Natur und Landschaft und demgegenüber die durch das beabsichtigte Vorhaben zu erwarteten Eingriffe darstellt, eine hinreichende Entscheidungsgrundlage an die Hand gegeben werden.

487 Nach der gesetzlichen Wertung soll mit Grund und Boden sparsam umgegangen werden, dabei sind Bodenversiegelungen auf das notwendige Maß zu begrenzen (§ 1 a Abs. I BauGB). In der bei der Planaufstellung vorzunehmenden Abwägung sind u. a. auch zu berücksichtigen die Darstellungen von Landschaftsplänen und sonstigen Plänen, insbesondere des Wasser-, Abfall- und Immissionsschutzrechts (§ 1 a Abs. II Nr. 1 BauGB) sowie die Vermeidung und der Ausgleich der zu erwartenden Eingriffe in Natur und Landschaft (§ 1 a Abs. II Nr. 2 BauGB).

488 Nach letzterer Eingriffsregelung sind nach Art und Umfang unnötige und damit vermeidbare Beeinträchtigungen von Natur und Landschaft zu vermeiden. So sind beispielsweise Bodenversiegelungen möglichst in Grenzen zu halten. Sind die Eingriffe im Rahmen der vorzunehmenden Abwägung als unvermeidbar befunden worden, so hat die Behörde im gleichen Rahmen über entsprechende Ausgleichsmaßnahmen zu entscheiden. Einen 100%-igen Ausgleich schreibt das Baugesetzbuch nicht vor. Vielmehr ist der vorzunehmende Ausgleich im Rahmen der Abwägung für den Einzelfall zu ermitteln. Es empfiehlt sich hier, entsprechende Ausgleichsmaßnahmen bereits von dem – oben bereits nahegelegten – beauftragten Gutachter vor-

schlagen zu lassen. Flächen oder Maßnahmen zum Ausgleich im Sinne des § 1 a Abs. III BauGB können auf den Grundstücken, auf denen Eingriffe auf Natur und Landschaft zu erwarten sind oder an anderer Stelle sowohl im sonstigen Geltungsbereich des Bebauungsplans als auch in einem anderen Bebauungsplan festgesetzt werden (§ 9 Abs. Ia BauGB).

Über Fragen der Vermeidung und des Ausgleichs ist folglich abschließend im Rahmen des planerischen Abwägungsvorgangs bei Aufstellung eines Bebauungsplans zu entscheiden und entsprechendes zu regeln. Dies hat zur Folge, dass in dem darauf folgenden Baugenehmigungsverfahren seitens der Behörde keine Ausgleichsmaßnahmen verlangt werden können, die nicht in dem Bebauungsplan entsprechend festgesetzt sind. 489

Es besteht auch die Möglichkeit, als Alternative zu entsprechenden planerischen Festsetzungen einen städtebaulichen Vertrag mit der Gemeinde über die Durchführung von Ausgleichsmaßnahmen abzuschließen (§ 11 Abs. I Nr. 2 BauGB). So kann sich der Investor auch bei Aufstellung eines vorhabenbezogenen Bebauungsplans im Durchführungsvertrag zum Vorhaben- und Erschließungsplan verpflichten, Ausgleichsmaßnahmen auf bestimmten Flächen durchzuführen (**siehe B. II. 2. a) dd**)). 490

Ein Ausgleich ist nicht erforderlich, soweit die Eingriffe bereits vor der planerischen Entscheidung erfolgt sind oder zulässig waren (§ 1 a Abs. III S. 4 BauGB). 491

Im Bebauungsplan festgesetzte Maßnahmen zum Ausgleich sind grundsätzlich vom Vorhabensträger selbst durchzuführen (§ 135 a Abs. I BauGB), soweit Maßnahmen zum Ausgleich an anderer Stelle, das heißt auf anderen Grundstücken, durchgeführt werden, soll die Gemeinde diese anstelle und auf Kosten des Vorhabensträgers durchführen (§ 135 a Abs. II S. 1 BauGB). Die Kosten können geltend gemacht werden, sobald die Grundstücke, auf denen Eingriffe zu erwarten sind, baulich oder gewerblich genutzt werden dürfen. Die Gemeinde erhebt zur Deckung ihres Aufwandes für Maßnahmen zum Ausgleich einschließlich der Bereitstellung hierfür erforderlicher Flächen einen Kostenerstattungsbetrag. Die Erstattungspflicht entsteht mit der Herstellung der Maßnahmen zum Ausgleich durch die Gemeinde. Der Betrag ruht als öffentliche Last auf dem Grundstück (§ 135 a Abs. III BauGB). 492

Die Gemeinde kann durch Satzung u. a. die Grundsätze für die Ausgestaltung von Maßnahmen zum Ausgleich entsprechend den Festsetzungen eines Bebauungsplans, den Umfang der Kostenerstattung, die Art der Kostenermittlung, Voraussetzungen für die Anforderung von Vorauszahlungen sowie die Fälligkeit des Kostenerstattungsbetrages regeln (§ 135 c BauGB). Dadurch lässt sich für den Investor von vornherein der Kostenumfang der Ausgleichsmaßnahmen abschätzen. In der Regel empfiehlt es sich jedoch, die Ausgleichsmaßnahmen auf eigene Kosten auf dem eigenen Grundstück vorzunehmen. Einerseits können die eigenen Kosten deutlich geringer sein als die gemeindlichen Aufwendungen. Zudem kann der Investor die Ausgleichsmaßnahme für eigene Zwecke nutzen. 493

d) Bauordnungsrecht

Das Vorhaben darf auch den bauordnungsrechtlichen Vorschriften nicht widersprechen. Die maßgeblichen bauordnungsrechtlichen Regelungen finden sich in den Landesbauordnungen, die im Einzelnen jeweils unterschiedlich ausgestaltet sind. Im wesentlichen finden sich in den Landesbauordnungen u. a. Regelungen zu sicherheitstechnischen Anforderungen an ein Vorhaben, zu den einzuhaltenden Abstandsflächen sowie zu der Baugenehmigung nebst Genehmigungsverfahren (**zu letzterem siehe zu B. II. 2. e**)). 494

Wesentliche Bedeutung für die Realisierung eines Bauvorhabens kommt der gebotenen Einhaltung von Abstandsflächen zu. Zwar wird die Übereinstimmung des Vorhabens mit den Abstandsflächenregelungen erst im Baugenehmigungsverfahren von der Behörde geprüft, der Investor sollte sich jedoch bereits frühzeitig mit den in dem entsprechenden Bundesland gülti- 495

> ! Es empfiehlt sich bei Widerspruch des Vorhabens zu geltendem Abstandsflächenrecht im Vorfeld eine schriftliche Nachbarzustimmung einzuholen und der Baugenehmigungsbehörde bei Antragstellung vorzulegen.

gen Regelungen zu den Abstandsflächen vertraut machen. Grundsätzlich ist darauf zu achten, dass die Abstandsflächen vollständig auf dem Baugrundstück selbst liegen. Steht das geplante Vorhaben in Widerspruch zu geltendem Abstandsflächenrecht, so besteht zunächst das Risiko, dass eine Baugenehmigung – da das Vorhaben nicht den öffentlich-rechtlichen Vorschriften entspricht – nicht erteilt wird. Aber selbst wenn die Baugenehmigung beispielsweise über eine Befreiung erteilt wird, besteht das nicht unerhebliche Risiko, dass der betroffene Nachbar dagegen vorgeht und schlimmstenfalls einen Baustopp erwirkt.

496 Die Erteilung der Nachbarzustimmung ist allerdings nicht selten mit Zahlung eines entsprechenden Geldbetrages verbunden.

497 Eine weitere Möglichkeit bei Abweichen des Vorhabens von landesrechtlichen Abstandsflächenregelungen besteht darin, dies im Rahmen eines etwaigen Bebauungsplanaufstellungsverfahrens derart einfließen zu lassen, dass in dem Bebauungsplan entsprechende Festsetzungen getroffen werden, beispielsweise durch Festsetzung der geschlossenen Bauweise, dass an die Nachbargrenze gebaut werden darf. Zu beachten ist allerdings, dass ein Bebauungsplan in einigen Bundesländern nur dann Vorrang vor den landesrechtlichen Abstandsflächenregelungen hat, wenn die Festsetzungen in dem Bebauungsplan zwingenden Charakter haben.

498 Abschließend ist an dieser Stelle auf die Möglichkeit der Eintragung einer Baulast zu Lasten eines Grundstücks hinzuweisen. Dadurch lassen sich – soweit das Vorhaben nicht den öffentlich-rechtlichen Vorschriften entspricht – Genehmigungshindernisse ausräumen.

e) Baugenehmigungsverfahren

499 Einzelheiten zu dem Baugenehmigungsverfahren finden sich in den Landesbauordnungen. Die Regelungen sind im Einzelnen derart unterschiedlich, so dass hier auf eine Darstellung verzichtet werden muss. Insbesondere enthalten die Landesbauordnungen unterschiedliche Regelungen zu dem Genehmigungsverfahren als solchen. Durchweg gilt der Grundsatz, dass die Errichtung, die Änderung, die Nutzungsänderung und der Abbruch baulicher Anlagen einer Baugenehmigung bedarf. Neben dem herkömmlichen Baugenehmigungsverfahren bestehen weitere spezielle Verfahren, wie zum Beispiel das vereinfachte Genehmigungsverfahren, das Freistellungsverfahren oder sonstige besondere Verfahren, wie zum Beispiel das Bauanzeigeverfahren nach der brandenburgischen Bauordnung. Überdies treffen die Landesbauordnungen Regelungen dazu, wann ein Vorhaben genehmigungsfrei ist.

500 Um bereits vorab vor Einreichung eines Bauantrages eine rechtsverbindliche Klärung herbeizuführen, ob und in welchem Umfang ein Grundstück bebaut werden kann, bietet sich die Beantragung eines Bauvorbescheids an. Der Bauvorbescheid entfaltet Bindungswirkung für das nachfolgende Baugenehmigungsverfahren insofern, als die Baugenehmigungsbehörde die Erteilung der Baugenehmigung nicht mehr bezüglich einzelner Fragen ablehnen darf, die bereits im Rahmen des Bauvorbescheids zugunsten des Bauherrn beschieden wurden. Zudem setzt sich der Bauvorbescheid gegenüber nachfolgenden Rechtsänderungen, wie zum Beispiel den Erlass einer Veränderungssperre oder die Festsetzung eines Bebauungsplans, dem das Vorhaben widersprechen würde, durch. Daher empfiehlt es sich, wenn Änderungen anstehen, die die planungsrechtliche Situation des Grundstücks zu Lasten des Investors verändern, sich bestehende Planungsrecht durch einen Bauvorbescheid zu sichern. Ein Bauvorbescheid gilt – je nach landesrechtlicher Ausgestaltung – zwei oder drei Jahre mit Verlängerungsmöglichkeit.

Wichtig ist hier, einen Bauantrag entsprechend der Vorbescheidsplanung vor Ablauf der Geltungsdauer des Vorbescheides zu stellen um dadurch die Bindungswirkung der Baugenehmigungsbehörde an den Vorbescheidsinhalt zum Tragen kommen zu lassen. 501

f) Nachbarrecht und Abwehr von Nachbarwidersprüchen

Frühzeitig sollte ein Augenmerk auf möglicherweise bei Realisierung des Vorhabens tangierte Nachbarrechte geworfen werden. Zunächst sollte geprüft werden, ob durch das Vorhaben überhaupt nachbarliche Belange beeinträchtigt werden können. Das ist dann der Fall, wenn das Vorhaben nicht mit sogenannten nachbarschützenden Vorschriften in Einklang stehen könnte. Nachbarschützende Vorschriften sind solche, die zumindest auch den Interessen des Nachbarn zu dienen bestimmt sind.[138] 502

Zu den nachbarschützenden Vorschriften gehören beispielsweise Festsetzungen in einem Bebauungsplan zu Lärmschutz oder zur Art des Baugebietes, die Befreiungsvorschrift des § 31 Abs. III BauGB, die in § 34 Abs. I BauGB getroffene Regelung, dass sich das Vorhaben in die Eigenart der näheren Umgebung »einfügen« muss sowie im Außenbereich die Regelung des § 35 Abs. III BauGB, da der Nachbarschutz einen abwägungserheblichen öffentlichen Belang darstellt. Eine zentrale nachbarschützende Norm ist § 15 BauNVO. Danach sind Bauvorhaben im Einzelfall unzulässig, wenn sie nach Anzahl, Lage, Umfang oder Zweckbestimmung der Eigenart des Baugebiets widersprechen. Sie sind auch unzulässig, wenn von ihnen Belästigungen oder Störungen ausgehen können, die nach der Eigenart des Baugebiets im Baugebiet selbst oder in dessen Umgebung unzumutbar sind, oder wenn sie solchen Belästigungen oder Störungen ausgesetzt werden (§ 15 Abs. I BauNVO). Schließlich haben die bauordnungsrechtlichen Vorschriften über die einzuhaltenden Abstandsflächen zum Brandschutz sowie die Lage von Stellplätzen und Garagen nachbarschützenden Charakter. 503

aa) Rechtsschutz der Nachbarn

Verstößt eine Baugenehmigung gegen nachbarschützende Vorschriften, so hat der Nachbar die Möglichkeit, diese durch Erhebung eines Widerspruchs gegenüber der Baugenehmigungsbehörde zu Fall zu bringen. Ist dem Nachbarn die Baugenehmigung gegenüber seitens der Baugenehmigungsbehörde bekannt gegeben worden, so hat die Erhebung des Widerspruchs innerhalb eines Monats nach Bekanntgabe zu erfolgen (§ 70 Abs. I VWGO). Fehlt es an einer Bekanntgabe über die Erteilung der Baugenehmigung und damit auch an einer entsprechenden Rechtsbehelfsbelehrung, so kann der Nachbar noch innerhalb eines Jahres nach Kenntniserlangung von dem Bauvorhaben – die üblicherweise spätestens mit Beginn der Bauarbeiten erfolgt – bzw. der Möglichkeit der Kenntniserlangung Widerspruch einlegen (§§ 70 Abs. II, 58 und 60 Abs. I-IV VWGO). Der Nachbarwiderspruch ist begründet, wenn der Nachbar durch das Bauvorhaben in seinen nachbarschützenden Rechten verletzt ist. Wird behördlicherseits dem Widerspruch des Nachbarn nicht abgeholfen, so kann der Nachbar gegen den entsprechenden Widerspruchsbescheid innerhalb eines Monats nach dessen Zustellung Klage vor dem Verwaltungsgericht erheben (§§ 74, 79 VWGO). 504

Sowohl Widerspruch als auch die Anfechtungsklage haben keine aufschiebende Wirkung (§ 212 a BauGB). Damit wird erst mit Vorliegen einer rechtskräftigen Entscheidung über die Rechtmäßigkeit des Vorhabens abschließend entschieden. Das heißt, der Investor kann – auf eigenes Risiko – trotz Widerspruch bzw. Anfechtungsklage des Nachbarn weiterbauen. Der Nachbar hat aber auch die Möglichkeit, im Wege eines einstweiligen Rechtsschutzverfahrens die Wiederherstellung der aufschiebenden Wirkung seines Widerspruchs bzw. seiner Klage anordnen zu lassen. Damit kann der Nachbar die Stillegung des Bauvorhabens bis zur Entscheidung über die Hauptsache erzielen. 505

---

138 *Löhr* in: Battis/Krautzberger/Löhr, BauGB, 7. Aufl., § 31 Rdnr. 56.

506 Bei genehmigungsfreien oder von der Baugenehmigung nach Landesrecht freigestellten Vorhaben kann der Nachbar mangels angreifbarer Baugenehmigung einen Antrag auf Erlass einer Baueinstellungsanordnung der Behörde stellen, den er bei Zurückweisung in einem vorläufigen Rechtschutzverfahren auf Erlass einer einstweiligen Anordnung weiterverfolgen kann.

507 Es besteht zudem für den Nachbarn die Möglichkeit – sofern ein solcher Grundlage der Baugenehmigung ist – gegen den Bebauungsplan durch Einleitung eines Normenkontrollverfahrens vor dem zuständigen Oberverwaltungsgericht vorzugehen (§ 47 VWGO) und dadurch wiederum der Baugenehmigung die Grundlage zu entziehen. Den Antrag kann jede natürliche oder juristische Person, die geltend macht, durch den Bebauungsplans oder dessen Anwendung in ihren Rechten verletzt zu sein oder in absehbarer Zeit verletzt zu werden, innerhalb von 2 Jahren nach Bekanntmachung des Bebauungsplans stellen (§ 47 Abs. II 1 VWGO). Das Gericht kann auf Antrag – im Wege der einstweiligen Anordnung den Bebauungsplan außer Vollzug setzen (§ 47 Abs. VI VWGO). Sofern eine Verletzung der Rechte des Antragstellers als möglich erscheint, prüft das Gericht daraufhin die Rechtmäßigkeit des gesamten Bebauungsplans – nicht nur beschränkt auf einen etwaigen Verstoß gegen nachbarschützende Vorschriften.

508 Schließlich kann sich ein Verstoß gegen nachbarschützende Vorschriften bereits im Baugenehmigungsverfahren derart auswirken, dass die Baugenehmigungsbehörde die Baugenehmigung – etwa unter einer Befreiung – erst gar nicht erteilt.

bb) Nachbarvereinbarung

509 Sofern die angeratene Prüfung ergibt, dass ein seitens eines Nachbarn eingelegter Rechtsbehelf Erfolg haben könnte und aber auch auf die Nichteinhaltung der nachbarschützenden Vorschriften nicht verzichtet werden kann, so empfiehlt es sich, die Realisierung des Vorhabens insofern durch den Abschluss einer entsprechenden Nachbarvereinbarung zu sichern. Sofern der Nachbar ebenfalls das Problem hat, nachbarschützende Vorschriften wie beispielsweise die Abstandsflächen nicht einhalten zu können, bietet sich an, eine Nachbarvereinbarung auf Gegenseitigkeit abzuschließen. Ansonsten sollte der Versuch unternommen werden, eine (einfache) Nachbarvereinbarung zu treffen mit oder ohne die Vereinbarung über eine Ausgleichszahlung. Die Nachbarvereinbarung sollte die ausdrückliche Zustimmung des Nachbarn zu dem in dem Bauantrag beschriebenen Bauvorhaben unter Verzicht auf jegliche Nachbarrechte gegebenenfalls auf die Einbringung von Anregungen im Bebauungsplanverfahren beinhalten.

510 Die Zustimmung sollte durch Unterzeichnung der Bauvorlagen durch den Nachbarn dokumentiert werden. Jedenfalls sollte die Erklärung der Zustimmung schriftlich erfolgen. Im Falle des Abschlusses einer Nachbarvereinbarung gegen Zahlung eines Ausgleichsbetrages sollte neben der Höhe auch die Fälligkeit der Zahlung festgelegt werden. Hier empfiehlt es sich, die Fälligkeit an das Vorliegen einer rechtskräftigen Baugenehmigung zu koppeln bzw. an die Anzeige des Baubeginns. Im übrigen ist es ratsam, eine Rechtsnachfolgeklausel in die Vereinbarung aufzunehmen. In Betracht kommt auch die Sicherung der Nachbarzustimmung durch Eintragung einer entsprechenden Baulast zu Lasten des Nachbargrundstücks (**siehe B. II. 2. d)**).

Tipp

1. Es ist eine frühzeitige Auseinandersetzung mit öffentlich-rechtlichen Rahmenbedingungen geboten.
2. Die planungsrechtliche Situation ist zu klären: Auskunft erteilt Planungsamt.
3. Zur Beurteilung der planungsrechtlichen Zulässigkeit lässt sich die BauNVO heranziehen.
4. Bei planungsrechtlicher Unzulässigkeit sollte ggfs. eine Bebauungsplanänderung angestrebt werden.
5. Ein Vorhaben- und Erschließungsplan kann der Schaffung von Baurecht dienen.

6. Zur Beschleunigung der baurechtlichen Planung sollte der Abschluss eines städtebaulichen Vertrages in Betracht gezogen werden.
7. Es sollte eine frühzeitige Prüfung der bodenschutz- und altlastenrechtlichen Situation erfolgen.
8. Eine Prüfung der bauordnungsrechtlichen Voraussetzungen anhand der LBauO ist geboten.
9. Ggfs. sollte ein Bauvorbescheid eingeholt werden.
10. Es empfiehlt sich eine frühzeitige Prüfung, ob nachbarrechtliche Belange betroffen sind. Gegebenenfalls sollte frühzeitig Kontakt aufgenommen werden und eine Nachbarzustimmung eingeholt werden bzw. Nachbarvereinbarungen geschlossen werden. Die Bekanntgabe der Erteilung der Baugenehmigung sollte angestrebt werden, um die Widerspruchsfrist der Nachbarn zu verkürzen.

3. Bewertung von Grundstücken

Im Lebenszyklus einer Immobilie ergeben sich in regelmäßig wiederholenden Abständen Anlässe, die eine mehr oder weniger aufwändige Grundstücksbewertung erforderlich machen. 511

Die häufigsten **Anlässe** sind: 512

- Ankauf-/Verkaufsverhandlungen
- Kreditwürdigkeitsprüfung
- Versicherungsprüfung
- Vermögensauseinandersetzungen (Erbfall/Scheidungen)
- Insolvenz- oder Zwangsversteigerungsverfahren
- Enteignungen
- Firmenübernahmen

Neben den klassischen Expertengesprächen mit Marktteilnehmern zur Evaluierung eines realistischen Marktpreises wurden zahlreiche Bewertungsmethoden entwickelt, die heute von Sachverständigen angewendet werden. Es gibt keinen gesetzlich geschützten oder allgemein verbindlichen Titelschutz für **Sachverständige.** Jeder kann sich in Deutschland im Rahmen der selbst definierten Sachkunde als Sachverständiger bezeichnen.[139] 513

Auf Grund der wachsenden Bedeutung betriebswirtschaftlicher Aspekte im Immobilienwesen, werden vermehrt Makler, Immobilienökonomen und gemischte Teams aus verschiedenen Berufsrichtungen zur Erstellung eines Bewertungsgutachtens herangezogen. Als Maßstab für die Güte eines Gutachters kann die Zugehörigkeit zu einem der folgenden **Berufsverbände** herangezogen werden: 514

- Berufsverband öffentlich bestellter, vereidigter Sachverständiger e.V. (BVS)
- Bund der öffentlich bestellten Vermesseungsingenieure (BDVI)
- Bundesverband Deutscher Grundstückssachverständiger (BDGS)
- Deutscher Verein für Vermessungswesen (DVW)
- Bundesverband Ring Deutscher Makler (RDM)
- Deutscher Verband Chartered Surveyors e.V. (DVCS)

Eine besondere Bedeutung kommt dem DVCS zu, der aus England kommend, hohe Anforderungsmaßstäbe an den Titel des Chartered Surveyors stellt. Die Ansprüche an einen C.S. in England sind denen eines Wirtschaftsprüfers in Deutschland durchaus gleichzusetzen. Auch wenn das englische Profil in Deutschland noch nicht ansatzweise erfüllt wird, so führt die Institution des C.S. zu einer beachtlichen Professionalisierung des immobilienwirtschaftlichen Berufsstandes. 515

---

139 *Kleiber, W.; Simon, J.; Weyers G.*, Verkehrswertermittlung von Grundstücken, 2. Aufl., Köln 1994, S 85.

516 Sachverständige haben entweder ihre persönliche Eignung und Sachkunde gegenüber den örtlichen Industrie- und Handelskammern nachzuweisen oder unterliegen als Teilnehmer von Gutachterausschüssen dem jeweiligen Landesrecht. Damit sind diese an die Wertermittlungsverordnung (WertV) bzw. die Wertermittlungsrichtlinien (WertR) gebunden. Die Tätigkeit ist im Baugesetzbuch (§ 193 BauGB) festgeschrieben und dient hauptsächlich der Veröffentlichung von Kaufpreissammlungen und der Ermittlung von Bodenrichtwerten.

a) Wertbegriffe

517 Zunächst bedarf es einer Abgrenzung der ökonomischen Wertbegriffe einer Immobilie:

- **Verkehrswert**
- **Beleihungswert**
- **Versicherungswert**
- **Einheitswert**

518 Mit dem **Verkehrswert** (§ 194 BauGB) ermittelt man den Preis einer Immobilie zum Zeitpunkt des Gutachterauftrages. Die normativen Vorgaben der Verkehrwertermittlung sind die Feststellung der Eigenschaften eines Grundstückes und des Teilmarktes (Lage, Zustand, Rechtsstatus, Angebot, Nachfrage usw.) unter Beachtung der Bedingungen des gewöhnlichen Geschäftsverkehr (Handel am freien Markt ohne Zeitdruck) zur Ermittlung der allgemeinen Wertverhältnisse am Teilmarkt.

519 Der Verkehrswert ist ein Schätzwert über den am wahrscheinlichsten umsetzbaren Kaufpreis im freien Grundstückshandel, wobei subjektive Kriterien wie Wachstumsperspektiven, Mietmarktengpässe oder Lagepräferenzen unberücksichtigt bleiben. Der Kaufpreis einer Immobilie kann je nach subjektiven Wertmaßstäben am Teilmarkt vom Verkehrswert jederzeit abweichen. Die Rechtsprechung unterstellt Bewertungsab- bzw. zuschläge von 20% bis 30%. Das hauptsächliche Anwendungsgebiet der Verkehrswertermittlung umfasst Enteignungen (§ 95 Abs. 1Satz 1 BauGB), Zwangsversteigerungsverfahren (§ 74 a Abs. 5 ZVG) sowie die Ermittlung der Immobilienbestandswerte offener Immobilienfonds (§ 34 KAGG) zur Ermittlung der Ausgabe- und Rückgabepreise von Anteilsscheinen.

520 Der **Beleihungswert** ist ein überwiegend von Kapitalgebern verwendeter Begriff, der gesetzlich nicht geregelt ist, sondern dem Verkaufswert nach dem Hypothekenbankgesetz entspricht (§ 12 Abs. 1 HBG). Der für eine Beleihung angenommene Wert darf den Verkaufswert nicht übersteigen. Einfluss auf die Bewertung nehmen die Eigenschaften eines Grundstückes in Verbindung mit dem nachhaltig erzielbaren Ertrag im Rahmen ordnungsgemäßer Bewirtschaftung. Der Beleihungswert soll insbesondere aus Sicht des Kapitalgebers auch unter ungünstigen Marktverhältnissen den freihändigen Verkauf im Rahmen der Beleihungswertgröße gewährleisten. Aus diesem Grund werden Sonderausstattungen, Sonderbauteile, überhöhte Baulandpreise aus Boomphasen sowie Höchstmieten bei der Bewertung unberücksichtigt gelassen. Die spezifischen Anweisungen der Hypothekenbanken zur Beleihungswertermittlung unterliegen der Genehmigung durch das Bundesaufsichtsamt für Kreditwesen. Der Beleihungswert wird auf der Grundlage von Verkehrswerten ermittelt, wobei der Wert durch Sicherheitsabschläge in der Regel unter diesem liegt.

521 Der **Versicherungswert** findet bei der Versicherung baulicher Anlagen für Feuer-, Leitungswasser- und Sturmschäden Anwendung. Grundlage der Ermittlung ist der Gebäudewert ohne Grund und Boden (§ 13 Nr. 2 VGB). Man unterscheidet zwischen Neuwertversicherung, gleitender Neuwertversicherung, Zeitwertversicherung und dem gemeinen Wert. Die Neuwertversicherung entspricht dem ortsüblichen Neubauwert zum Zeitpunkt des Versicherungsabschlusses, der gleitende Neubauwert nimmt automatische Schwankungen in den Preis- und Wertentwicklungen mit auf. Die Zeitwertversicherung berücksichtigt die Abnutzung der baulichen Anlagen (Landwirtschaftliche Gebäude). Der gemeine Wert orientiert sich am vom Versicherungsnehmer erzielbaren Verkaufspreis.

Die Ermittlung des **Einheitswertes** dient den Fiskalbehörden zur Festsetzung von Bemessungsgrundlagen für Grund- sowie Erbschafts- und Schenkungssteuern (§ 9 Abs. 2 Bewertungsgesetz). Ohne auf die Einheitswertproblematik näher einzugehen, liegt die Kritik der Einheitswertfestlegung an der Entfernung von den realen Wertverhältnissen. Nach neuen Bewertungsverfahren wird der Einheitswert unbebauter Grundstücke gemäß Bodenrichtwert abzüglich 20% ermittelt, bei bebauten Grundstücken aus dem Zwölfeinhalbfachen der aus den letzten drei Jahren vor dem Besteuerungszeitraum durchschnittlich erzielten Jahresmiete abzüglich Alterswertminderung.[140] 522

b) Wertermittlungsverfahren

Die Wertermittlungsverfahren in Deutschland werden in normierte und nicht normierte Verfahren unterteilt. 523

Normierte Verfahren 524

- **Vergleichswertverfahren (§§ 13 WertV)**
- **Ertragswertverfahren (§§ 15 WertV)**
- **Sachwertverfahren (§§ 21 WertV)**

Nichtnormierte Verfahren 525

- **Discounted cash flow Methode (DCF)**
- **Residualwertverfahren**

Während normierte Verfahren in der Wertermittlungsverordnung (WertV) geregelt sind, bieten die nicht normierten Verfahren subjektive, entscheidungsorientierte Grundlagen einer Immobilieneinwertung. Die Wertermittlungsverordnung enthält anerkannte Grundsätze für die Ermittlung von Verkehrswerten. Zu beachten ist jedoch, dass neben den Gutachtern der örtlichen Gutachterausschüsse tätige Sachverständige nicht an die Regelungen der WertV gebunden sind. Aufgrund der allgemeinen Regelungsakzeptanz wird die WertV im praktischen Wirtschaftsverkehr aber in der Regel übernommen. Davon abgesehen werden die normierten Verfahren von der Rechtsprechung als gleichrangig angesehen und anerkannt. In Deutschland wird überwiegend auf den Verkehrwert zurückgegriffen. 526

Einschränkend ist anzumerken, dass im Zuge der Internationalisierung des Immobiliengeschäftes die normierten Verfahren nur begrenzt zur marktgerechten Wertermittlung dienen können. Mit zunehmenden Einfluss der Rechnungslegungsvorschriften nach IAS und der Umsetzung von Basel II ab 2005 muss sich die vermehrte Ausweisung von Immobilienbeständen nach Marktwerten etablieren. Hierzu dient das bereits 1981 gegründete International Valuation Standards Comitee (IVSC) sowie der europäische Dachverband unter der Bezeichnung The European Group of Valuers Associations (TEGoVA), der die European Valuation Standards, besser bekannt als »Blue Book« zur Einführung eines einheitlichen europäischen Standards entwickelt hat. Auch unter dem Einfluss ausländischer Fonds auf den deutschen Immobilienmarkt und unter Berücksichtigung der Internationalisierung des deutschen Hypothekenbankwesens rücken angelsächsische Methoden vermehrt in den Vordergrund der Immobilienbewertung. 527

---

140 *Matthias, T.; Leopoldsberger, G.; Walbröhl, V.* in: Schulte Immobilienökonomie, Band I, Betriebswirtschaftliche Grundlagen, 2. Aufl., 2000, S. 391.

528

Übersicht Bewertungsverfahren

Methode	Anwendungsgebiet	Rechtsgrundlage	Praxistauglichkeit
Vergleichswertverfahren	Bodenbewertung von Grundstücken	§§ 13 und 14 WertV	nur für Grundstücke geeignet
Ertragswertverfahren	Bewertung bebauter Grundstücke	§§ 15 bis 22 WertV	für alle Mietwohn- und gewerbliche Grundstücke
Sachwertverfahren	Grundstücke, bei denen es nicht auf den Ertrag ankommt	§§ 21 WertV	eigengenutzte Ein- und Zweifamilienhäuser, Fabriken, Lagerhallen
DCF	spekulative Grundstücksentwicklungen	nicht normiert	alle Objekte – Investmentfonds
Residualwertverfahren	Ermittlung maximaler Baukosten	nicht normiert	alle Objekte

529 Das **Vergleichswertverfahren** orientiert sich grundsätzlich neben dem Zustand eines Grundstückes an direkten Preisvergleichen im Markt aus Vergleichsgrundstücken und dem Bodenrichtwert. Problematisch ist jedoch die hinreichende Übereinstimmung vergleichbarer Grundstücke.

530 Kriterien der Bewertung sind: Lage, Art und Maß der baulichen Nutzung, Bodenbeschaffenheit, Größe, Grundstücksform bzw. -gestaltung und Erschließungszustand. Bei baulichen Anlagen fließen das Alter, der Bauzustand und der Ertrag in die Ermittlung mit ein. Zu- und Abschläge mangels Vergleichbarkeit von 30–35% sind üblich. Die Berücksichtigung von Bodenrichtwerten kann je nach Erhebungszeitraum insbesondere in dynamischen Märkten nur als Orientierungsgröße dienen, die nicht die Realität im Markt widerspiegeln muss.

531 Insgesamt handelt es sich aber beim Vergleichswertverfahren dennoch um die einfachste und zuverlässigste Wertermittlungsmethode, die am genauesten auf die Verhältnisse am Grundstücksmarkt hin justiert ist, sofern eine ausreichende Anzahl vergleichbarer Objekte und Preise verfügbar ist.

532 Auch wenn die Verwendung von Preisen aus Zeitungsanzeigen oder Expertengesprächen als ungeeignet bezeichnet wird[141], bietet dieses Verfahren unter Berücksichtigung entsprechender Wertabschläge auf Grund von Wunschpreisvorstellungen der Anbieter einen teilweise marktgerechteren Überblick in der Praxis.

533 Das **Ertragswertverfahren** orientiert sich an den Reinerträgen einer Immobilie unter der Voraussetzung ordnungsgemäßer Bewirtschaftung inklusive dem Barwert des Bodens. Vom Jahresrohertrag werden die Bewirtschaftungskosten abgezogen. Der sich ergebende Grundstücksreinertrag ergibt unter Abzug der Bodenwertverzinsung (= Bodenwert x Liegenschaftszins) den Reinertrag der baulichen Anlagen, die mit einem Vervielfältiger unter Berücksichtigung wertbeeinflussender Zu- und Abschläge multipliziert wird und dem Ertragswert baulicher Anlagen entspricht. Das Ergebnis aus Bodenwert und Ertragswert der baulichen Anlagen führt zum Ertragswert. Auf den Ertragswert können die Ergebnisse anderer Verfahren ebenso Einfluss nehmen wie die Verhältnisse auf dem Grundstücksmarkt.

141 *Kleiber, W.; Simon, J.; Weyers, G.:* Verkehrswertermittlung von Grundstücken, 2. Aufl., Köln 1994, S. 568 f.

Die je nach Marktlage und Objekt zu definierenden Faktoren der Bewirtschaftungskosten setzen sich folgendermaßen zusammen: 534

Bewirtschaftungskosten beim Ertragswertverfahren:

Abschreibung	=	eingerechnet im Vervielfältiger (§ 18 WertV)
Verwaltungskosten	=	2%-5% des Rohertrages
Nicht auf den Mieter umlegbare Betriebskosten	=	5% bis 12% des Rohertrages
Instandhaltungskosten	=	4,50 € bis 8,– €/qm p. a.
Mietausfallwagnis (Mietrückstände, Leerstand)	=	2% des Rohertrages bei wohnlich genutzten Immobilien 6% des Rohertrages bei gewerblich genutzten Immobilien in erheblicher Abhängigkeit von der Bonitätseinstufung eines Mieters und der Mietvertragslaufzeit

Tabelle 2: Bewirtschaftungskosten beim Ertragswertverfahren:

Während die Bewirtschaftungskosten, der Bodenwert und der Liegenschaftszinssatz hinreichend durch Vergleichs- und Erfahrungswerte abgesichert werden können, ergeben sich sowohl beim Vervielfältiger auf Grund umstrittener Ansätze für die Restnutzungsdauer von Gebäuden wie auch bei der Festsetzung wertbeeinflussender Umstände bereits subjektive Beurteilungsspielräume, die sich maßgeblich auf den ermittelten Verkehrswert auswirken können. 535

Das **Sachwertverfahren** wird zwar im Gesetz dem Ertrags- und Vergleichswertverfahren gleichgesetzt. In der Praxis jedoch gelten die verfahrenstechnisch zugrundegelegten Herstellungswerte als marktfremd. Kritisch anzumerken ist außerdem, dass sowohl die ersparte Miete nicht ausreichend Berücksichtigung findet, wie auch die Zweitverwertungsmöglichkeit bei Entfall des Eigennutzeransatzes. Insofern ist immer hilfsweise das Vergleichs- oder Ertragswertverfahren zur Ermittlung eines Verkehrswertes heranzuziehen. Letztlich gibt das Sachwertverfahren »nur« Aufschluss über die Wiederherstellungskosten, was überwiegend bei Versicherungswerten von Bedeutung ist. 536

Die nicht normierten Verfahren, die insbesondere im Ausland Anwendung finden, aber auch in Deutschland zunehmend an Bedeutung gewinnen, zeichnen sich durch ihre höhere Komplexität und eine umfangreichere Datenbasis aus. So werden bei der **Discounted Cash Flow Methode** neben dem Wertwachstum im Zeitablauf, Abschreibungen, Inflationsprognosen, Finanzierungskosten und Steuern explizit berücksichtigt. Die DCF-Methode zinst zukünftig auf einem Grundstück anfallende Zahlungen auf den Bewertungsstichtag ab, zur Abgrenzung vom klassischen Ertragswertverfahren werden jedoch subjektive Interpretationen von Markt- und Miet- oder Preisentwicklungen zugelassen. Neben der Notwendigkeit der Verfügbarkeit von Daten stellt sich hier das Problem der Prognoserechnung, da die wenigsten Daten zuverlässig extrapolieren werden können. Sensitivitätsanalysen und Szenariotechniken sind erforderlich, um halbwegs valide Prognosen zu erstellen. Außerdem ist die Festlegung von Diskontierungsfaktoren, die sich nur aus den Renditeerwartungen des Investors bzw. dessen Finanzierungs- und Opportunitätskosten ableiten lassen, nicht unproblematisch. Ungeachtet dessen liegt der Vorteil der DCF Methode in der kritischen Würdigung möglicher Ereignisse in der Zukunft, was der Vision eines Projektentwicklers wesentlich näher steht, als die retrospektive Betrachtung normierter Verfahren. 537

Noch weitgehender an der Festlegung weicher Prognosefaktoren orientiert sich die **Residualmethode.** Hier werden entwicklungsreife Grundstücke oder abrissreife Gebäude mittels einer Verkaufspreisschätzung bezogen auf das potentielle Projekt abzüglich Entwicklungskosten und Gewinnmarge auf ihre Kaufpreiswerthaltigkeit hin überprüft. Problematisch ist die antizipierte Betrachtung von Mieten, Preisen und Baukosten ebenso wie das Risiko der Baugenehmi- 538 gungserteilung. Dennoch bietet die Methode ausreichend Aufschluss über den maximal zu zahlenden Kaufpreis für eine Immobilie aus Projektentwicklersicht unter Berücksichtigung des individuellen unternehmerischen Risikos. Die Bewertung orientiert sich grundsätzlich daran, ob der Projektentwickler eine risikoaverse oder risikobereite Handlungsprämisse vorgibt.

539 Das Residualwertverfahren zielt also auf den maximal tragfähigen Grundstückspreis unter Berücksichtigung aller Planungs- und Entwicklungsüberlegungen ab. Bei einem bereits in Eigentum befindlichen Grundstück lässt die Methode valide Rückschlüsse auf die maximalen Baukosten zu.

540 Keine der angeführten Methoden kann die unternehmerische Entscheidung über den Erwerb eines Grundstücks oder die Investition in eine Entwicklungsmaßnahme ersetzen. Erfahrungen, Marktkenntnisse, Risikobereitschaft, Qualität der Kooperationspartner, Marktkontakte, Wettbewerbsvorteile im Bau-, Vertriebs- oder Genehmigungsbereich werden regelmäßig dazu führen, dass am Ende die Entscheidung über die Kaufpreishöhe für eine Immobilie intuitiv gefällt wird und die durch vorgenannte Verfahren evaluierten Verkehrswerte oftmals deutlich überschritten werden.

Tipp

1. Es gibt keinen allgemeingültigen Sachverständigenbegriff – neben den früher technisch orientierten Sichtweisen treten vermehrt betriebswirtschaftlich und interdisziplinär agierende Sachverständige auf, die idealerweise in gemischten Teams Gutachten erstellen sollten.
2. Verkehrswerte können Bewertungszuschläge und -abschläge von 20–30% aufweisen.
3. Beleihungswerte dürfen nicht über den Verkehrswerten liegen.
4. Das Vergleichswertverfahren gibt nur eine valide Auskunft, wenn eine ausreichende Anzahl an Vergleichsimmobilien zur Verfügung stehen.
5. Bei Ertragswertverfahren können die festgesetzten Restnutzungsdauern und Vervielfältiger zur Wertverzerrung führen.
6. Das Sachwertverfahren bietet keine ausreichende Grundlage für die Werteinschätzung einer Immobilie.
7. Den deutschen Bewertungsverfahren fehlt es in der Regel an prospektiven Erwartungen wie Mietpreisentwicklungen, Marktengpässen usw. Zu beachten ist, dass es den einzig richtigen Bewertungsstandard nicht gibt und der Bewertungszweck maßgeblich die Wahl der Methode bestimmt.
8. Angelsächsische Verfahren unterliegen zwar erheblichen subjektiven Bewertungsspielräumen, gewinnen aber im Zuge der Internationalisierung des Immobiliengeschäftes zunehmend an Bedeutung.
9. Grundstückseigentümern bietet die Residualwertmethode die Möglichkeit, die Baukostenobergrenze zu definieren.
10. Kein Bewertungsverfahren ersetzt die situative Konkurrenz- und Zeitungsanalyse zur Wertorientierung.

4. Erwerbsvorgang

a) Grundstückskauf

aa) Beurkundung

541 Ein Vertrag, durch den sich der eine Teil verpflichtet, das Eigentum an einem Grundstück zu übertragen oder zu erwerben, bedarf der notariellen Beurkundung, § 311 b Abs. 1 Satz BGB. Einem Grundstück stehen gleich Miteigentumsanteile, Wohnungseigentum, Erbbaurecht und das Sondereigentum an Gebäuden nach ZGB. Zuständig zur Vornahme der Beurkundung sind

Notare, § 20 BNotO. Obwohl der Notar nur innerhalb seines jeweiligen Amtsbezirkes beurkunden darf, kann der zu verkaufende Grundbesitz auch außerhalb des Amtsbezirkes belegen sein. Beurkundungen können außerdem von den Konsularbeamten des Bundes im Ausland vorgenommen werden, § 10 Abs. 1 Konsulargesetz. Schließlich kann die notarielle Urkunde auch durch einen gerichtlichen Vergleich ersetzt werden, § 127 a BGB. Beispiel: Zur Streitbeilegung in einem gerichtlichen Scheidungsverfahren überträgt ein Ehepartner im Vergleichswege Grundeigentum an den anderen.

Der Zwang zur Beurkundung soll die Beteiligten auf die Bedeutung des Geschäftes hinweisen 542
und vor dem Eingehen übereilter Verpflichtungen schützen (Warnfunktion), den Beweis des Inhalts der getroffenen Vereinbarungen sichern (Beweisfunktion), die Gültigkeit des Rechtsgeschäftes gewährleisten (Gültigkeitsgewähr) und eine angemessene Beratung der Beteiligten sicherstellen (Beratungsfunktion).[142] Da der Schutzgedanke der Beurkundung nur Gesetzeszweck und nicht Tatbestandsmerkmal ist, muss ein Grundstücksgeschäft selbst dann beurkundet werden, wenn eine Schutzbedürftigkeit der Beteiligten im Einzelfall nicht gegeben ist.

Unklare Vorstellungen haben die Beteiligten häufig hinsichtlich 543
des Umfanges der Beurkundungspflicht. Beurkundungsbedürftig sind bei Grundstücksgeschäften alle Vereinbarungen, aus denen sich nach dem Willen der Vertragspartner das schuldrechtliche Veräußerungsgeschäft zusammensetzt.[143]

> ! Auch Nebenabreden und zusammengesetzte Verträge sind zu beurkunden

Damit sind sämtliche Nebenabreden anlässlich des Abschlusses eines Grundstückskaufvertra- 544
ges unabhängig von ihrer Bedeutung beurkundungsbedürftig, also z. B. die Übernahme von Renovierungsarbeiten, die Anrechnung von Vorauszahlungen wie z. B. Bindungsentgelten. Rechtsfolge einer unvollständigen Beurkundung ist die Nichtigkeit des Vertrags, § 125 BGB.

Besondere Risiken bergen insofern zusammengesetzte Verträge. Sollen die verschiedenen Ver- 545
träge miteinander »stehen und fallen« (sog. Vertragseinheit) und enthält nur einer der Verträge die Verpflichtung zum Erwerb oder zur Übertragung eines Grundstückes, so erstreckt sich die Beurkundungspflicht auf das gesamte Geschäft.[144] Bei einem Unternehmenskauf stellt sich diese Problematik immer dann, wenn ein Betriebsgrundstück mitverkauft wird.[145] Nur bei wechselseitiger Abhängigkeit der verschiedenen Verträge besteht die Pflicht zur Beurkundung aller Verträge. Ist nur das formfreie Geschäft von dem Abschluss eines weiteren beurkundungsbedürftigen Grundstückskaufvertrages abhängig, erstreckt sich das Beurkundungserfordernis nicht auf das formfreie Geschäft.

> ! Ein Bauvertrag ist formbedürftig, wenn der Grundstückskaufvertrag geschlossen wurde, um die Ausführung des Bauvertrages zu ermöglichen.[146]

Formbedürftigkeit ist nicht gegeben, wenn nach dem Willen der Beteiligten eines Grundstückskaufvertrages dieser nicht von dem Bauvertrag abhängen soll.[147] Formbedürftig sind auch solche Verträge, mit denen über die Vereinbarung eines empfindlichen Nachteiles ein mittelbarer Zwang ausgeübt werden soll oder wird, Immobilien zu erwerben oder zu veräußern, z. B. durch Vereinbarungen eines Vertragsstrafeversprechens oder einer ähnlichen Zusage, durch die die Entschließungsfreiheit des potentiellen Käufers über den Abschluss des Grundstückskaufvertrages so beeinflusst wird, dass ein Entscheidungszwang entsteht.[148]

142 *Heinrichs* in: Palandt, BGB 1–5, 62. Aufl., § 311 b Rdnr. 2; BGHZ 87, 153.
143 BGH NJW 1984, 974 f.
144 BGH NJW 1997, 250, 252; BGH DNotZ 1990, 658.
145 *Günther* in: Münchener Vertragshandbuch Band II, 4. Aufl., Seite 124 f.
146 BGH NJW 2002, 2559 ff.; OLG Karlsruhe Urteil v. 15. 01. 2003 zit. nach: IBR 2003, 659
147 BGH DNotZ 2002, Seite 944 f.; NJW 2002, 2559 ff.
148 BGH NJW 1987, 54.

546 Beurkundungsbedürftig sind auch ein Vorvertrag und ein Gesellschaftsvertrag, wenn sich ein beitretender Gesellschafter zur Übertragung eines Grundstückes oder zum Erwerb eines Grundstückes verpflichtet.[149] Im Rahmen von Industrieleasingverträgen wird häufig dem Leasinggeber ein Erbbaurecht bestellt oder er bzw. der Leasingnehmer erhalten Ankaufsrechte betreffend das Grundstück, so dass alle hiermit im Zusammenhang stehenden Rechtsgeschäfte beurkundungsbedürftig sind.[150] Gleichermaßen enthalten Mietverträge gelegentlich Ankaufs- oder Vorkaufsrechte, was ebenfalls zur Beurkundungsbedürftigkeit führt. Das formnichtige Geschäft wird allerdings durch Auflassung und Eintragung im Grundbuch geheilt, § 311 b Abs. 1 S. 2 BGB, aber nur, sofern es nicht noch weitere Gründe für die Unwirksamkeit gibt.

bb) Kaufgegenstand

547 Die Beteiligten eines Grundstückskaufes stellen sich das Grundstück als einen bestimmten abgegrenzten Teil der Erdoberfläche dar, der in irgendeiner Weise genutzt oder bewirtschaftet wird. Im Rechtssinn und damit auch im Grundstückskaufvertrag wird das Grundstück ausgehend vom Grundbuch definiert. Die Grundstücke werden im Grundbuch nach dem amtlichen Verzeichnis (Liegenschaftskataster) benannt, § 2 Abs. 2 GBO. Katastermäßig werden Bodenflächen durch das Flurstück beschrieben. Dies ist die kleinste Unterteilung der Erdoberfläche, die von einer umschlossenen Linie umgrenzt und in einer Flurkarte unter einer Flurstücks-Nummer verzeichnet ist. Katastergrundstück (Flurstück) und Grundstück im Rechtssinne müssen nicht übereinstimmen. Dies ist nur dann der Fall, wenn auf einem Grundbuchblatt oder auf einem gemeinschaftlichen Grundbuchblatt unter einer bestimmten laufenden Nummer jeweils nur ein Flurstück eingetragen ist. Sind dagegen auf einem Grundbuchblatt oder unter einer laufenden Nummer des gemeinschaftlichen Grundbuchblattes mehrere Flurstücke verzeichnet, bilden diese mehreren Flurstücke zusammen das Grundstück im Rechtssinne.

548 Der Notar soll bei Grundstücksgeschäften vor Abschluss eine Grundbucheinsichtvornehmen, § 21 Abs. 1 Satz 1 BeurkG. Die Pflicht zur Einsichtnahme erstreckt sich allerdings nicht auf die Grundakte, sondern nur auf das aktuelle Grundbuchblatt.[151] Ebensowenig muss er das Baulastenverzeichnis einsehen.[152] Die Grundbucheinsicht soll Fehler bei der Vertragsgestaltung und Abwicklungsschwierigkeiten vermeiden. Oft haben die Parteien auch falsche Vorstellungen über den Grundbuchinhalt. Bis zu sechs Wochen Frist zwischen Einsichtnahme und Beurkundung sind noch als amtspflichtgemäß angesehen worden.[153]

Bestehen die Beteiligten auf sofortiger Beurkundung, kann der Notar nach Belehrung auch ohne Grundbucheinsicht beurkunden. Aber selbst in diesem Fall sollte grundsätzlich ein Grundbuchauszug, sei er auch unbeglaubigt und nicht aktuellen Datums, vorgelegt werden.

549 Kaufgegenstand kann auch eine noch zu vermessende Teilfläche eines oder mehrerer Flurstücke sein. Mit zum Kaufgegenstand gehören die mit dem Grund und Boden fest verbundenen Sachen, insbesondere Gebäude, sowie die zur Herstellung des Gebäudes eingefügten Sachen, § 94 BGB. Zu den wesentlichen Bestandteilen des Grundstückes bzw. des Gebäudes gehören z. B. Fenster und Türrahmen, Zentralheizung, besonders eingepasste Einbauküchen, die nicht ohne weiteres woanders wieder aufgestellt werden können. Auch ohne Erwähnung im Kaufvertrag sind die vorgenannten Gegenstände mitverkauft. Aufgrund der Auslegungsregel in § 311 c BGB ist im Zweifel auch Zubehör mitverkauft. Das sind bewegliche Sachen, die, ohne Bestandteile der Hauptsache zu sein, dem wirtschaftlichen Zwecke der Hauptsache zu dienen bestimmt sind und zu ihr in einem dieser Bestimmung entsprechenden räumlichen Verhältnisse stehen. Maßgeblich ist die Verkehrsanschauung. Beispiele im Grundstückskauf sind Einrichtungen und

149 *Nitschke* in: Heiermann/Franke/Knipp, Handbuch der baubegleitenden Rechtsberatung, S. 40.
150 OLG Düsseldorf WM 1989, 1127.
151 *Brambring* in: Beck'sches Notarhandbuch, 3. Auflage, A I, Rdnr. 18.
152 OLG Schleswig DNotZ 1991, 339.
153 OLG Frankfurt DNotZ 1985, 244.

Kühlanlagen einer Gastwirtschaft, wenn diese zur dauerhaften Benutzung eingerichtet sind, eine Alarmanlage in einer Eigentumswohnung, eine Einbauküche, wenn sie nicht schon wesentlicher Bestandteil ist.

Sonstige Einrichtungsgegenstände, Heizmaterial, Gartengeräte und -möbel, ja sogar eine Sauna fallen in keine der vorgenannten Kategorien, so dass eine gesonderte ausdrückliche Erwähnung im Kaufvertrag und Übereignung gemäß § 929 ff. BGB notwendig ist. Da etwa mitverkauftes Inventar nicht in die Bemessungsgrundlage der Grunderwerbsteuer fällt, empfiehlt sich im Einzelfall eine gesonderte Bewertung im Kaufvertrag.

cc) Käufer und Verkäufer

Natürliche Personen sind mit Vorname, Nachname, ggf. Geburtsname und dem Geburtstag und Anschrift zu vermerken, um die Identifikation zu ermöglichen. Bei juristischen Personen und Personenhandelsgesellschaften sind neben Firma bzw. Unternehmensbezeichnung, Sitz, Geschäftsanschrift und Registernummer auch die Angaben zu den vertretungsberechtigten Mitgesellschaftern oder Organen aufzunehmen. Regelmäßig hat der Notar eine Vertretungsbescheinigung durch Einsichtnahme in das Handelsregister vorzunehmen, § 21 BNotO, bei auswärtig eingetragenen Gesellschaften kann dies durch Anforderung eines beglaubigten Handelsregisterauszuges oder durch Beauftragung eines ortsansässigen Kollegen geschehen. Empfehlenswert ist es, die Beteiligten vor der Beurkundung zur Einholung eines beglaubigten Handelsregisterauszuges aufzufordern. 550

> ! Trotz Rechtsfähigkeit der Außen-Gesellschaft bürgerlichen Rechts nach neuer Rechtsprechung sind für grundbuchliche Zwecke weiterhin die Gesellschafter im Vertrag aufzuführen und es ist anzugeben, dass sie in eine Gesellschaft bürgerlichen Rechts verkaufen oder erwerben.[154]

Bei Miteigentümern ist das Beteiligungsverhältnis anzugeben, bei einer ehelichen Gütergemeinschaft ist anzugeben, dass zum Gesamtgut erworben wird. 551

Ist einer der Beteiligten verheiratet und treten nicht beide Ehegatten auf, ist § 1365 BGB zu beachten. Es kommt vor, dass ein Grundstück nahezu das gesamte Vermögen eines Ehegatten ausmacht und dann das Geschäft der Zustimmung des anderen bedarf. Relativiert werden die Wirkungen des § 1365 BGB durch die subjektive Theorie, wonach bei Veräußerung von Einzelgegenständen der Vertragspartner positiv wissen muss oder zumindest die Verhältnisse kennen muss, aus denen sich ergibt, dass das Rechtsgeschäft im Wesentlichen das ganze Vermögen erfasst.[155] 552

> ! Ohne nähere Anhaltspunkte hat der Notar bezüglich der Verfügung über das Vermögen im Ganzen gem. § 1365 BGB keine Nachforschungen anzustellen.[156]

Die Genehmigung des anderen Ehegatten ist zwar formlos gültig, allerdings dem Grundbuchamt in notariell beglaubigter Form nachzuweisen, § 29 GBO. 553

Minderjährige Kinder werden durch ihre Eltern gemeinschaftlich vertreten, § 1629 BGB. Ein Elternteil vertritt allein, soweit er die elterliche Sorge allein ausübt oder ihm in einer einzelnen oder bestimmten Art von Angelegenheiten durch das Familiengericht die Entscheidungsgewalt übertragen wurde, § 1629 Abs. 1 und § 1628 BGB. Auch nach Scheidung bleibt es grundsätzlich bei gemeinschaftlicher Vertretungsmacht, § 1671 BGB.[157] Bei einem Insichgeschäft können die Eltern das Kind nicht vertreten; auch nicht bei einem Geschäft zwischen dem anderen Ehegatten oder einem seinem Verwanden in gerader Linie einerseits und dem Kind. Zur Vertragsun- 554

154 BayObLG NJW 2003, 70.
155 BGHZ 43, 177.
156 BGH DNotZ 1975, 628.
157 Eingehend hierzu *Brambring* in: Beck'sches Notarhandbuch, 3. Aufl., A I, Rdnr. 285.

terzeichnung ist daher ein Ergänzungspfleger nach § 1909 Abs. 1 BGB zu bestellen. Die Eltern bzw. der Pfleger benötigen darüber hinaus der familiengerichtlichen (bzw. vormundschaftsgerichtlichen Genehmigung), § 1821 Abs. 1 Nr. 1, 4. Für die Genehmigung gibt es eine besondere Formvorschrift, wonach sie von den Eltern bzw. dem Pfleger dem anderen Vertragsteil (nach nochmaliger Überprüfung auf mögliche Gefahren für den Minderjährigen) mitgeteilt werden und der Zugang dieser Mitteilung dem Grundbuchamt durch öffentliche Urkunde nachgewiesen werden muss, was in der notariellen Abwicklung durch die Doppelbevollmächtigung des Notars stark vereinfacht wird.[158]

> ! Bei vormundschaftsgerichtlicher Genehmigung Doppelvollmacht auf den Notar verwenden.

555 Hat ein Minderjähriger einen Vormund oder ein Volljähriger einen amtlichen Betreuer, bedarf regelmäßig auch dieser für einen Grundstückskaufvertrag seines Schützlings der Genehmigung durch das Vormundschaftsgericht. Vormund, Pfleger und Betreuer weisen sich gegenüber dem Notar durch Vorlage ihrer Bestallungsurkunde aus. Die Bestallungsurkunde des Betreuers enthält Angaben zum Aufgabenkreis des Betreuers und eventuellen Einwilligungsvorbehalten enthält, § 69 Abs. 2 Nr. 2 und 4 FGG.

556 Verkauft ein Testamentsvollstrecker, muss er sein Testamentsvollstreckerzeugnis in Ausfertigung vorlegen. Zur unentgeltlichen Verfügung ist er grundsätzlich nicht befugt, § 2205 Satz 2 BGB. Verkauft ein nicht befreiter Vorerbe, ist die Zustimmung des Nacherben erforderlich, damit der Käufer das Grundstück nicht später an den Nacherben herausgeben muss, § 2113 Abs. 1 BGB.[159] Verkauft ein Insolvenzverwalter, hat er seine Bestallung durch Vorlage seiner Bestallungsurkunde nachzuweisen. Probleme ergeben sich, wenn erst nach Abschluss des Kaufvertrages das Insolvenzverfahren über das Vermögen des Verkäufers eröffnet wird. Die Verfügungsbefugnis des Verkäufers geht ohne jede Eintragung im Grundbuch auf den Verwalter gemäß § 80 Abs. 1 InsO über. Insolvenzfest ist der Kaufvertrag erst dann, wenn zu diesem Zeitpunkt sowohl die Auflassung erklärt, als auch Eintragungsantrag beim Grundbuchamt gestellt ist.[160] Ist die Zwangsversteigerung oder -verwaltung des Kaufgegenstandes angeordnet, kann zwar das Grundstück veräußert werden, jedoch muss der Käufer befürchten, dass der betreibende Gläubiger das Zwangsverfahren fortführt und der Eigentumserwerb des Käufers nicht endgültig ist. Daher sind Rücknahmeerklärungen der betreibenden Gläubiger, und zwar auch der nur aus den Versteigerungsakten und nicht dem Grundbuch selbst erkennbaren, zu besorgen.

dd) Kaufpreis

557 Der Kaufpreis für das Grundstück kann im Rahmen allgemeiner rechtlicher Grenzen frei vereinbart werden. Wird ein noch zu vermessendes Teilstück verkauft, ergeben sich häufig Veränderungen zu den ursprünglichen Größenvorstellungen der Kaufvertragsparteien. Hier kann vereinbart werden, dass diese Differenzen auf Basis eines bestimmten Quadratmeterpreises auszugleichen sind. Häufig wird eine Toleranzgrenze für Abweichungen vereinbart, z. B. 2 oder 3 % der Grundstücksgröße, die nicht zu einer Kaufpreisanpassung führen.

> ! Es sollte bezüglich abweichender Vermessungsergebnisse klargestellt werden, ob bei einem Überschreiten der Toleranzgrenze der gesamte Mehr- oder Minderbetrag ausgeglichen wird oder ob hiervon die Toleranzgröße abzuziehen ist.

558 Wird der Kaufpreis zur Ersparnis von Grunderwerbsteuer oder zum Vorspiegeln eines höheren Beleihungswertes des Grundstückes falsch angegeben, ist der beurkundete Kaufvertrag gemäß § 117 Abs. 1 BGB nichtig. Das wirklich Gewollte ist gemäß § 125 BGB ebenfalls unwirksam.

---

158 Eingehend hierzu *Reibold* in: Beck'sches Notarhandbuch, 3. Aufl., A I, Rdnr. 74.

159 Zur Gütergemeinschaft und zum Auslandsbezug wird auf *Brambring* in: Beck'sches Notarhandbuch 3. Aufl. A I, Rdnr. 235 ff. verwiesen.

160 Eingehend *Brambring* in: Beck'sches Notarhandbuch, 3. Aufl., A I, Rdnr. 312.

Der Grundstückskauf ist gemäß § 4 Abs. 9 a) UStG nicht umsatzsteuerpflichtig. Sofern auf beiden Seiten eines Grundstücksvertrages Unternehmer beteiligt sind, können diese gemäß § 9 Abs. 1 UStG auf die Steuerbefreiung verzichten, sogenannte Option. Die Umsatzsteuer ist im Kaufvertrag offen auszuweisen und wird nicht etwa aus dem reinen Nettokaufpreis, sondern aus dem Nettokaufpreis plus hälftiger Grunderwerbsteuer (derzeit 1,75 %) berechnet.[161] 559

Anders als bei Bargeschäften ist bei einem Grundstückskaufvertrag der Leistungsaustausch Zug-um-Zug nicht möglich, weil der Käufer das Eigentum erst mit Eintragung im Grundbuch erwirbt. Um den Verkäufer vor einem Eigentumsverlust ohne Erhalt des Kaufpreises zu schützen, tritt der Käufer mit der Kaufpreiszahlung in Vorleistung. Diese Vorleistung wiederum ist für den Käufer nur dann akzeptabel, wenn der vertragsgemäße Eigentumserwerb des Käufers sichergestellt ist. Die Kaufpreisfälligkeit wird daher davon abhängig gemacht, dass die für den vertragsgemäßen Eigentumserwerb notwendigen Voraussetzungen vorliegen, die nachfolgend dargestellt werden: 560

Zunächst ist eine Eigentumsverschaffungsvormerkung (auch Auflassungs- oder Eigentumserwerbsvormerkung genannt) für den Käufer im Grundbuch einzutragen. Die Vormerkung sichert vor späteren Verfügungen, die den unbelasteten und vertragsgemäßen Eigentumserwerb verhindern würden, also z. B. Weiteräußerung an einen Dritten, nachträgliche Belastung mit Grundpfandrechten, Sicherungshypotheken von Gläubigern, Zwangsversteigerung, Veräußerungsverbot. Die Vormerkung sichert den Anspruch aus dem Kaufvertrag auf Eigentumsverschaffung, hängt also in ihrem Bestehen und ihrem Umfang vom Kaufvertrag ab. Daher bietet die Vormerkung allein noch keine Gewähr für den vertragsgerechten Erwerb des Eigentums. Es müssen vielmehr noch folgende Genehmigungen oder Erklärungen vorliegen: 561

Die Gemeinde muss auf das allgemeine Vorkaufsrecht nach § 24 BauGB verzichten oder ein Negativattest über die Ausübung oder das Nicht-Bestehen des Vorkaufsrechtes erteilen; ohne Ausübungsverzicht oder Negativattest besteht eine Grundbuchsperre gem. § 28 Abs. 1 BauGB. Vorkaufsrechte der Gemeinde bestehen nur in den in § 24 f BauGB geregelten Fällen, wenn der Erwerb zur Sicherung der Bauleitplanung erfolgt. Jedem Vorkaufsrecht liegt eine Satzung der Gemeinde zugrunde, also z. B. Flächennutzungsplan, Bebauungsplan, Sanierungsgebietssatzung, so dass das Bestehen des Vorkaufsrechts jederzeit im Rahmen der Vorabklärung bei der Gemeinde erfragt werden. Der Verkauf land- und forstwirtschaftlich genutzter Grundstücke bedarf gemäß § 2 GrdStVG der Genehmigung. Die Teilung eines Grundstückes ist grundsätzlich genehmigungsfrei. Allerdings kann eine Gemeinde gemäß § 19 BauGB im Geltungsbereich eines Bebauungsplans die Genehmigungspflicht durch Satzung festlegen. Da das Grundbuchamt die Eigentumsumschreibung sowieso nur nach Vorlage des Genehmigungsbescheides oder eines Negativzeugnisses über die Erteilung der Genehmigung oder Genehmigungsfreiheit vornimmt, § 20 Abs. 2 Satz 2 BauGB, ist auch insofern eine Anfrage an die Gemeinde zu stellen. Teilweise unterliegen Grundstücke in bestimmten Stadtgebieten den Beschränkungen einer Sanierungssatzung. Solche Sanierungsmaßnahmen dienen zur Behebung städtebaulicher Missstände wie z. B. ungesunder Wohn- und Arbeitsverhältnisse, § 136 ff. BauGB. In einem derartig festgelegten Sanierungsgebiet müssen die Grundstücksveräußerung sowie die Bestellung belastender Rechte und die Teilung genehmigt werden, § 144 Abs. 2 BauGB. Zwar soll das Grundbuchamt einen Sanierungsvermerk im Grundbuch eintragen, § 143 Abs. 2 BauGB, doch kann man sich nicht in jedem Fall darauf verlassen, dass dies geschehen ist. Weitere Vorkaufsrechte können nach Reichsiedlungsgesetz und den Denkmalsschutz-, Naturschutz-oder Waldgesetzen der Länder bestehen.[162] In den neuen Bundesländern bedürfen der 562

161 Vgl. zur Begründung für diese Berechnungsweise *Palke* in: Palke/Franz, Grunderwerbsteuergesetz; § 9, Rdnr. 97 ff.; Formulierungsvorschlag mit Klauseln zur Absicherung der Beteiligten bei *Brambring* in: Beck'sches Notarhandbuch, 3. Aufl., A I, Rdnr. 47 ff. und *Basty* in: Kersten/Bühling, Formularbuch und Praxis der freiwilligen Gerichtsbarkeit, 21. Aufl., § 36, Rdnr. 42 ff.

162 Vgl. hierzu *Reibold* in: Beck'sches Notarhandbuch, 3. Aufl., A I, Rdnr. 83 ff.

Grundstückskaufvertrag und die Auflassung der Genehmigung nach der Grundstücksverkehrsordnung, um Rückgabeberechtigte nach dem Vermögensgesetz vor einem Verlust ihrer Grundstücke zu schützen. Die Genehmigung ist nicht mehr notwendig, wenn der Verkäufer das Grundstück nach dem 28. 09. 1990 erworben und in diesem Zusammenhang das Bestehen von Ansprüchen nach Vermögensgesetz überprüft worden ist, wenn eine Investitionsvorrangbescheinigung nach dem inzwischen ausgelaufenen Investitionsvorranggesetz ergangen ist, wenn der Veräußerer selbst das Eigentum aufgrund einer positiven Entscheidung des Vermögensamtes zurückerworben hat oder wenn der Veräußerer seit dem 29. 1. 1933 ununterbrochen im Grundbuch eingetragen worden war oder in der Zwischenzeit nur Erwerbe durch Erbfolge stattgefunden haben, vgl. zu den Ausnahmen im Einzelnen § 2 Abs. 1 GVO. Aus dem Grundbuch lässt sich eine evtl. Genehmigungsfreiheit regelmäßig erkennen.

563 **! Vorkaufsrecht des Mieters nach § 577 BGB nicht vergessen.**

Im Grundbuch können darüber hinaus privatrechtliche Vorkaufsrechte nach § 1094 BGB eingetragen sein, so dass in diesem Fall entweder eine Verzichtserklärung beizubringen oder das Erlöschen des Rechtes nachzuweisen ist.

564 Sofern die Mietwohnung während der laufenden Mietzeit in eine Eigentumswohnung umgewandelt wurde, ist dem Mieter beim ersten Verkaufsfall Mitteilung über den rechtswirksamen Vertrag zu machen, wozu wohl Übersendung der kompletten Vertragsunterlagen gehört, was insbesondere bei Paketverkauf einer gesamten Wohnanlage zu Schwierigkeiten führt. Der Notar selbst muss über das mögliche Bestehen des Vorkaufrechtes nicht aufklären. Ein Verstoß gegen die Mitteilungspflicht bewirkt keine Grundbuchsperre, sondern hat Schadensersatzansprüche des übergangenen Mieters zur Folge.[163] In den neuen Bundesländern kann Mietern und Nutzern von Häusern und Grundstücken ein Vorkaufsrecht zustehen, dass aber erst entsteht, wenn es aufgrund eines Bescheides des Amts zur Regelung offener Vermögensfragen im Grundbuch eingetragen ist, § 20 Abs. 6 Vermögensgesetz. Dieses Vorkaufsrecht ist nicht übertrag- oder vererbbar. Ähnliches gilt für das Vorkaufsrecht des Berechtigten nach Vermögensgesetz gemäß § 20 a Vermögensgesetz. Bei öffentlich gefördertem Wohnraum hat der Mieter beim Erstverkauf ein Vorkaufsrecht gemäß § 2 b Wohnungsbindungsgesetz, welches allerdings auch keine Grundbuchsperre bewirkt.

565 Die Zahlung der Grunderwerbssteuer und die danach vom Finanzamt erteilte Unbedenklichkeitsbescheinigung dürfen **nicht** zu Fälligkeitsvoraussetzungen gemacht werden, da das Fehlen der Unbedenklichkeitsbescheinigung die Wirksamkeit des Vertrages unberührt lässt und der Käufer durch Nichtentrichtung der Steuer die Kaufpreisfälligkeit hinausschieben könnte.

566 Weitere Voraussetzung der Kaufpreisfälligkeit ist die Freistellung des Grundstückes von allen grundbuchlichen und nicht vom Käufer zu übernehmenden Belastungen. Die Einholung der entsprechenden Erklärungen wird häufig vom Notar übernommen. Die Berechtigten von Rechten aus Abteilung zwei und drei des Grundbuches übersenden dem Notar auf Anforderung Löschungsunterlagen, häufig verbunden mit bestimmten Bedingungen, unter denen der Notar die Löschungsunterlagen zur Lastenfreistellung verwenden darf, sogenannte Treuhandauflagen. Bei Grundpfandrechten ist dies z. B. die Zahlung eines Ablösungsbetrages oder einer Vorfälligkeitsentschädigung. Bei Briefrechten ist die Übergabe des Briefes notwendig. Bei Gesamtgrundpfandrechten ist eine Pfandfreigabeerklärung des Kaufgrundstücks herbeizuführen. Bei dem Verkauf von Trennstücken reicht eine schuldrechtliche und unwiderrufliche Pfandfreigabeerklärung für den Fall der Abschreibung der Teilfläche vom Gesamtgrundstück.

567 Sofern die Höhe des Kaufpreises an eine Gleitklausel geknüpft ist, also z. B. an Preise oder Werte von anderen Gütern oder Leistungen, die mit dem Kaufpreis nicht vergleichbar sind, ist das Verbot mit Erlaubnisvorbehalt nach § 2 des Preisangaben- und Preisklauselgesetzes zu beach-

163 *Weidenkaff* in: Palandt, BGB, 62. Aufl., § 577, Rdnr. 6 ff.

ten, wobei regelmäßig diese Problematik bei Erbbaurechtsverträgen auftritt. Ausnahmen vom Genehmigungsvorbehalt finden sich in der Preisklauselverordnung. Wichtig ist die Genehmigungsfreiheit für Erbbauzinsklauseln bei Laufzeiten von mindestens 30 Jahren.

Aus besonderen Bedürfnissen des Käufers können sich im Einzelfall weitere Fälligkeitsvoraus- 568
setzungen ergeben, wie z. B. Auszug des Mieters, Renovierung des Hauses, Klärung der Bebaubarkeit. Da der Eintritt dieser Fälligkeitsvoraussetzungen vom Notar nicht feststellbar ist, ist im Kaufvertrag zu formulieren, dass die von dem Eintritt begünstigte Partei verpflichtet ist, dem Notar vom Bedingungseintritt Mitteilung zu machen. Streiten sich die Parteien, ist der Eintritt der Bedingung durch gerichtliches Urteil nachzuweisen.

Vorstehend wurde die Fälligkeit bei der direkten Zahlung des Kaufpreises vom Käufer an den 569
Verkäufer dargestellt. Daneben gibt es die Möglichkeit einer Abwicklung der Zahlung über Notar-Anderkonto. Hier kann der Fälligkeitszeitpunkt für die Einzahlung des Kaufpreises auf Notar-Anderkonto frei bestimmt werden, wobei bei einer Finanzierung die nötige Vorlaufzeit der Kreditabwicklung und Bereitstellung der Darlehensvaluta miteinkalkuliert werden sollte. Die Auszahlungsvoraussetzungen entsprechen den Fälligkeitsvoraussetzungen bei der Direktzahlung. Die Anderkonten-Abwicklung hat den großen Vorteil, dass der Verkäufer frühzeitig sicher ist, dass der Käufer den Kaufpreis bezahlen kann. Weiterer Vorteil der Anderkontenregelung ist die Abwicklungserleichterung für die Beteiligten, indem der Notar an die abzulösenden Banken die angeforderten Teilbeträge zahlt.

Die Eröffnung eines Notar-Anderkontos und die Entgegennahme des Kaufpreises durch den Notar stellen im Sinne des BeurkG ein Verwahrungsgeschäft dar. Nach § 54 a Abs. 2 des BeurkG darf der Notar Geld zur Verwahrung nur entgegennehmen, wenn neben anderen Voraussetzungen hierfür ein berechtigtes Sicherungsinteresse der Beteiligten besteht. Nach herrschender Meinung wird dieses Sicherungsinteresse objektiv definiert und besteht nur in folgenden besonderen Fällen:

- der Grundbesitz ist mit abzulösenden Rechten Dritter belastet, und der Käufer finanziert 570
  den Kaufpreis aus Darlehen mehrerer Kreditgeber
- der Käufer kann bei Abschluss des Vertrages die Vertretungsmacht nicht nachweisen
- ein frühzeitiger Besitzübergang ist erwünscht, z. B. zum Zwecke des Nutzen-Lasten-Wechsels oder aus steuerlichen Gründen
- ein Kaufpreisrest soll erst nach Eintritt zeitlich nachfolgender Bedingungen ausgezahlt werden, z. B. Renovierung
- Verkauf erfolgt während eines Versteigerungsverfahrens; der Nachweis der Hinterlegung soll die betreibenden Gläubiger zur Rücknahme ihrer Anträge bewegen.[164]

! Abwicklung über Notar- Anderkonto nur noch in Ausnahmefällen

Der herrschenden Meinung ist zuzugeben, dass selbst für den Fall, dass aus dem Kaufpreis 571
Grundpfandrechte abzulösen sind, eine Abwicklung ohne Anderkontenzahlung ebenfalls sachgerecht ist und dass darüber hinaus bei notariellen Fehlern im Rahmen der Anderkontenabwicklung das Haftungsprivileg nach § 19 Abs. 1 Satz 2 BNotO nicht gilt. Andererseits ist nicht zu verkennen, dass das Interesse der Beteiligten an einer Kaufpreissicherung immer eine starke subjektive Komponente hat und sie aufgrund der Vertragsfreiheit ihre Rechtsverhältnisse frei gestalten können, so dass auch in den nach herrschender Meinung für die Direktzahlungsvariante vorgesehenen Fallgruppen ausnahmsweise ein Sicherungsinteresse bestehen kann, wenn die Parteien trotz Belehrung auf der Anderkontenabwicklung bestehen.[165] Aus der sub-

164 Beispiele nach *Brambring,* Das »berechtigte Sicherungsinteresse« als Voraussetzung für notarielle Verwahrungstätigkeit, DNotZ 1999, 381 ff.

165 So auch: *Weingärtner,* Berechtigtes Sicherungsinteresse im Sinne des § 54 a Abs 2 BeurkG, DNotZ 1999, 393; anderer Meinung *Tönnies* in: Beck'sches Notarhandbuch 3. Aufl., A I, Rdnr. 315 b ff.

jektiven empfundenen Notwendigkeit der Bewältigung eines bestimmten Risikos, z. B. des Risikos der Käuferbonität, wird dann ein berechtigtes Sicherungsinteresse.

572 Die im Kaufvertrag getroffenen Regelungen zur Fälligkeit der Belegung auf Anderkonto sowie die Auszahlungsvoraussetzungen und die Regelung über die Zinserträge stellen in der Terminologie des Beurkundungsgesetzes die notwendige Verwahrungsanweisung an den Notar dar, die er schlüssig durch Beurkundung des Vertrages annimmt. Die Hinterlegungszinsen werden häufig zeitanteilig demjenigen zugewiesen, der die Grundstücksnutzungen hat, wobei jede andere Regelung denkbar ist.[166] Da die Anderkontenverzinsung gering ist, sollte eine Festgeldanlage besprochen werden und dem Verkäufer ein Recht zu entsprechender Anweisung gegeben werden. Im Rahmen der Hinterlegung wird der Notar treuhänderisch tätig, so dass in der Durchführung der Verwahrung die Annahme eines Treuhandauftrages des Notars liegt und die Regelungen im Kaufvertrag hinsichtlich der Verwendung des hinterlegten Geldbetrages Treuhandanweisungen darstellen. Wird der Kaufpreis durch Banken finanziert und von diesen direkt eingezahlt, werden von den Banken eigenständige Treuhandauflagen an den Notar erteilt, wie und unter welchen Bedingungen er über die Darlehensvaluta verfügen kann. Es wird somit neben den Treuhandanweisungen aus dem Kaufvertrag ein zweites Treuhandverhältnis zu der finanzierenden Bank begründet.

> ! Treuhandanweisungen der Bank auf Übereinstimmung mit dem Vertrag überprüfen

573 Hier muss der Notar darauf achten, dass die Treuhandanweisungen aus dem Kaufvertrag und die zusätzliche Treuhandanweisung der Bank sachlich und inhaltlich übereinstimmen. Wenn beispielsweise nach Kaufvertrag ein Wegerecht als Belastung in Abteilung 2 des Grundbuches zu übernehmen ist, kann die finanzierende Bank nicht verlangen, dass ihrer Grundschuld keine Rechte in Abteilung zwei vorgehen dürfen. Die Verwahrungsanweisung aus dem Kaufvertrag kann nur durch alle Beteiligte widerrufen werden, § 54 c Abs. 2 BeurkG. Widerrufen nicht alle Beteiligten, stoppt der Notar die Verfügung über den Hinterlegungsbetrag und setzt dem Widerrufenden eine Frist zur Einleitung eines gerichtlichen Verfahrens zur Klärung der Frage, § 54 c Abs. 3 BeurkG. Für das Treuhandverhältnis zwei bezüglich der von der Bank erteilten Treuhandauflagen ist ein jederzeitiger Widerruf möglich, § 54 c Abs. 1 BeurkG. Nach Erledigung des Treuhandauftrages, also nach Abwicklung der Verwahrung, ist ein Widerruf allerdings nicht mehr möglich.[167] Wichtig ist in diesem Zusammenhang, dass Banken ihre Treuhandaufträge regelmäßig zeitlich befristen und bei längerem Vollzug Fristverlängerungen einzuholen sind.

ee) Finanzierung

574 Wird der Kaufpreis durch Darlehen finanziert, wird regelmäßig vom Darlehensgeber die Absicherung durch ein Grundpfandrecht auf dem Kaufgrundstück verlangt. Es ist üblich, dass der Verkäufer bei der Eintragung des Grundpfandrechts behilflich ist, da von der Bank erst danach der Kaufpreis valutiert wird. Außerdem wird der Käufer bevollmächtigt, das Kaufgrundstück der sofortigen Zwangsvollstreckung zu unterwerfen, § 800 ZPO. Da der Verkäufer sein Grundstück vor Erhalt des Kaufpreises als Pfandobjekt zur Verfügung stellt, sind besondere Sicherungsvereinbarungen für den Fall von Abwicklungsstörungen zu vereinbaren, und zwar im Rahmen der Sicherungsabrede im Kaufvertrag.[168] Der Grundpfandrechtsgläubiger darf danach die Grundschuld nur verwerten, wenn er auf den Kaufpreis mit Tilgungswirkung gezahlt hat. Darüberhinaus wird die Bank zur Zahlung an den Verkäufer angewiesen, die Kostenübernahme durch den Verkäufer abgelehnt genauso wie die Übernahme persönlicher Zahlungspflichten. Um den Zugriff von Gläubigern des Verkäufers zu begrenzen, werden Eigentümerrechte und Rückgewähransprüche betreffend das Grund-

---

166 *Tönnies* in: Beck'sches Notarhandbuch, 3. Aufl., A I, Rdnr. 372 f.
167 BGH NJW 1997, 2104.
168 *Amann* in: Beck'sches Notarhandbuch, 3. Aufl., A I, Rdnr. 121.

pfandrecht ab Kaufpreiszahlung an den Käufer abgetreten. Als Variante kann im Kaufvertrag formuliert werden, dass die Finanzierungsvollmacht nur vor dem amtierenden Notar ausgenutzt werden darf und dass der Notar überwacht, dass die Grundpfandrechte der Kaufpreisfinanzierung dienen. Die Auszahlungsansprüche des Käufers gegenüber der Bank werden an den Verkäufer abgetreten.[169] Auf eine Wiederholung dieser Regelungen in der Grundschuldbestellung wird verzichtet.[170] Die Höhe der Grundschulden muss bei den vorgenannten Gestaltungen nicht auf den Kaufpreis beschränkt sein. Die Banken verlangen üblicherweise die Eintragung der Grundpfandrechte im Rang vor der Auflassungsvormerkung im Grundbuch, was durch entsprechende Antragstellung oder Rangvorbehalt gewährleistet wird.

ff) Zwangsvollstreckungsunterwerfung und Verzug

Zur Sicherung des Verkäufers unterwirft sich der Käufer wegen der Kaufpreiszahlung der 575
sofortigen Zwangsvollstreckung in sein gesamtes Vermögen, § 794 Nr. 5 ZPO, damit dieser nicht gezwungen ist, bei Nichtzahlung Zahlungsklage zu erheben. Um dieses Sicherungsmittel praktikabel zu machen, ist auf den Nachweis der Fälligkeit als Voraussetzung der Erteilung der vollstreckbaren Ausfertigung zu verzichten. Bei unzulässiger Vollstreckung kann sich der Käufer mit der Vollstreckungsgegenklage zur Wehr setzen. Wegen des vollstreckungsrechtlichen Bestimmtheitsgrundsatzes ist der Beginn von Verzugszinsen datumsmäßig festzulegen.[171] Weitere Folge der Vollstreckungsunterwerfung ist eine Verlängerung der Verjährung von 10 auf 30 Jahre, § 197 Abs. 1 Nr. 4 BGB.

> ! Die Zwangsvollstreckungsunterwerfung wird als einseitige Prozesshandlung angesehen, sodass sie bei zeitlicher Trennung von Angebot und Annahme vom Annehmenden wiederholt werden muss.[172]

Durch das Schuldrechtsmodernisierungsgesetz sind die Anforderungen an den Verzugsbeginn 576
erleichtert worden, so dass bei datumsmäßig feststehenden Zahlungstermin (regelmäßig dürfte dies bei Anderkontenabwicklung der Fall sein) bei Fristablauf ohne weiteres Verzug eintritt, § 286 Abs. 2 Nr. 1 BGB. Entsprechende Regelungen im Vertrag dienen nur zur Verdeutlichung der Rechtslage. Insbesondere der Hinweis auf den inzwischen recht hohen gesetzlichen Verzugszins soll nur zur Vermeidung falscher Vorstellungen der Beteiligten dienen. Die Vereinbarung eines höheren als des gesetzlichen Verzugszins ist inzwischen die Ausnahme. Geht der Fälligkeit eine Mitteilung des Notars über das Vorliegen der Fälligkeitsvoraussetzungen an den Käufer voraus, sollte zur Vermeidung von Unklarheiten diese Mitteilung als verzugsauslösendes Ereignis i. S. von § 286 Abs. 2 Nr. 2 BGB festgelegt werden.

Typischerweise wird im Kaufvertrag das Problem geregelt, dass der Kaufpreis nicht gezahlt 577
wird, um die dann notwendige Rückabwicklung, insbesondere die Löschung der Eigentumsverschaffungsvormerkung zu erleichtern. Entweder erteilt der Käufer bei Vertragsabschluss vorsorglich eine Löschungsvollmacht, die der Notar verwahrt (Schubladenvollmacht) oder der Notar bzw. seine Angestellten werden im Kaufvertrag zur Vornahme der nötigen Schritte bevollmächtigt. Damit der Käufer nicht schutzlos gegenüber möglicherweise falschen Behauptungen des Verkäufers ist, sollte eine überschlägige Prüfung der Fälligkeitsvoraussetzungen möglich sein, und der Käufer sollte vom Notar angehört und ihm Gelegenheit zur Erhebung negativer Feststellungsklage zum Zwecke des vorläufigen Stopps der Rückabwicklung gegeben werden.

---

169 Eingehend: *Amann* in: Beck'sches Notarhandbuch, 3. Aufl., A I, Rdnr. 118 ff. und *Brambring* in: Beck'sches Notarhandbuch, 3. Aufl., A I, Rdnr. 247.

170 Zur Kritik an dieser Lösung: *Amann* in: Beck'sches Notarhandbuch, 3. Aufl., A I, Rdnr. 123.

171 OLG Düsseldorf MittRhNotK 1988, 71.

172 HM, vgl. *Wolfsteiner* in: Kersten/Bühling, Formularbuch und Praxis der Freiwilligen Gerichtsbarkeit, 21. Aufl., § 21 Rdnr. 105.

gg) Übergabe und Nutzen-Lastenwechsel

578

> ! Bei vermieteten Häusern gehen die Mietverhältnisse gem. § 566 Abs. 1 BGB auf den Erwerber über, allerdings erst mit Eigentumsumschreibung, sodass der Verkäufer dem Käufer für die Zwischenzeit im Kaufvertrag eine Vollmacht zur Ausübung der Vermieterrechte geben sollte.[174]

Vielfach wird die Übergabe des Grundstücks an die Kaufpreiszahlung, entweder auf Notaranderkonto oder direkt an den Verkäufer, gekoppelt. Diese Reihenfolge der Abwicklung wird allgemein als diejenige betrachtet, die am besten die wechselseitigen Risiken der Beteiligten für den Fall der Rückabwicklung des Kaufvertrages mindert.[173] An die Übergabe schließt sich die Gefahr des zufälligen Untergangs und der zufälligen Verschlechterung der Kaufsache an, z. B. Beschädigung des Gebäudes. Außerdem gebühren dem Käufer ab diesem Zeitpunkt die Nutzungen, und er trägt die Lasten der Kaufsache, § 446 BGB. Zur Klarstellung sollten auch öffentliche Lasten und Abgaben und die Versicherungsverträge erwähnt werden. Will der Verkäufer das Grundstück schnell übergeben oder der Käufer frühzeitigen Besitzübergang, z. B. um zu renovieren, bietet sich die Anderkontenabwicklung an.

hh) Sach- und Rechtsmängel

579 Der Verkäufer hat das Grundstück frei von Rechtsmängeln zu liefern, sofern nicht im Kaufvertrag ausdrücklich Rechte Dritter betreffend die Kaufsache übernommen werden, § 435 BGB. Die zu übernehmenden Rechte können z. B. Mietverträge, grundbuchliche Belastungen, Baulasten sein.[175] Kennt der Käufer die Rechtsmängel, hat er keine Rechte, § 442 BGB. Grundbuchliche Belastungen hat der Verkäufer auch bei Kenntnis durch den Käufer zur Löschung zu bringen, § 442 BGB, so dass schon deswegen ausdrücklich die evtl. Übernahme von solchen Lasten zu regeln ist. Für die Freiheit von öffentlichen Abgaben und Lasten haftet der Verkäufer nicht, § 436 Abs. 2 BGB. Für Erschließungs- und Anliegerbeiträge wird nach Gesetz die Lastenverteilung davon abhängig gemacht, ob die Herstellung der entsprechenden Anlagen bautechnisch im Zeitpunkt des Vertragsabschlusses schon begonnen worden ist, § 436 Abs. 1 BGB. Die letztgenannte Regelung wird vielfach als nicht sachgerecht abgeändert, z. B. dahingehend, dass es auf den Zugang des Beitragsbescheides ankommt (was im Einzelfall allerdings Jahre dauern kann) oder auf die Fertigstellung von solchen Anlagen.

> ! Erschließungskosten individuell regeln

580 Eine differenzierte Regelung ist hinsichtlich der Sachmangelfreiheit zu treffen. Das Gesetz definiert die Freiheit von Sachmängel dreistufig, ausgehend von der Beschaffenheitsvereinbarung, bei deren Fehlen es auf die Eignung zur vertraglich vorausgesetzten Verwendung und bei deren Fehlen es auf die Eignung zur gewöhnlichen Verwendung und üblichen Beschaffenheit ankommt, § 434 Abs. 1 BGB. Bei Verkauf von unbebauten oder mit gebrauchten Immobilien bebauten Grundstücken wird häufig ein vollständiger oder teilweise Ausschluss der Sachmängelhaftung vereinbart. Wesentliche und für die Kaufentscheidung des Käufers tragende Gesichtspunkte, wie z. B. die Bebaubarkeit, Grundstücks- und Wohnungsgröße, Freiheit von Schädlingsbefall, sollten allerdings wenigstens als Beschaffenheit der Kaufsache vereinbart werden. Übernimmt der Verkäufer darüber hinaus sogar eine Garantie für bestimmte Eigenschaften der Sache, haftet er auch ohne Verschulden, § 276 Abs. 1, und kann die Haftung nicht ausschließen, § 444 BGB.

> ! Ein Einfallstor für die strengen Regelungen des Verbrauchsgüterkaufs stellt der Mitverkauf beweglicher Sachen dar, wenn ein Verbraucher Käufer ist.

173 *Brambring* in: Beck'sches Notarhandbuch, 3. Aufl., A I, Rdnr. 128.
174 Eingehend: *Brambring* in: Beck'sches Notarhandbuch, 3. Aufl., A I, Rdnr. 133.
175 Ausführlich zu Rechtsmängel: *Brambring* in: Beck'sches Notarhandbuch, 3. Aufl., A I, Rdnr. 136.

Angesichts des gestiegenen Risikos sind häufig Regelungen hinsichtlich von Altlasten notwendig. Wird die Abwesenheit von schädlichen Bodenveränderungen und Altlasten im i. S. d. Bundesbodenschutzgesetzes vereinbart, stellen Verunreinigungen unterhalb der Erheblichkeitsschwelle des Gesetzes keinen Sachmangel dar. Der Verkäufer kann sich seiner öffentlich-rechtlichen Störerhaftung für solche Verunreinigungen auch nicht durch Verkauf des verunreinigten Grundstücks entziehen, wenn er die schädliche Bodenveränderung oder Altlast kannte oder kennen musste, es sei denn, er selbst durfte bei Grundstückserwerb auf die Abwesenheit von solchen Bodenveränderungen und Altlasten vertrauen (Ewigkeitshaftung), § 4 Abs. 6 BBodSchG. Da der Käufer als Zustandsstörer ebenfalls haftet, sollte ggfls. die interne Ausgleichung etwaiger Kosten gem. § 24 Abs. 2 BBodSchG geregelt werden. 581

ii) Kosten

Nach der gesetzlichen Regelung in § 448 Abs. 2 BGB trägt im Innenverhältnis der Beteiligten des Grundstückskaufvertrages der Käufer die Kosten der Beurkundung und Auflassung, der Eintragung in das Grundbuch und der zur Eintragung erforderlichen Erklärungen. Die Kosten der Löschung nicht zu übernehmender Rechte trägt der Verkäufer, da er das Grundstück frei von Rechtsmängeln zu liefern hat, § 435 BGB. Die Vermessungskosten bei einem Trennstückverkauf trägt üblicherweise der Verkäufer, wobei mangels ausdrücklicher Regelung im Gesetz im Vertrag eine Festlegung erfolgen sollte. Üblich ist auch die ausdrückliche Vereinbarung, dass der Käufer alle Notar- und Gerichtskosten mit Ausnahme der Löschungskosten zu tragen. Besondere Sorgfalt ist bei der Kostenverteilung hinsichtlich der Hinterlegungsgebühr bei Anderkontenabwicklung, der Mehrkosten für die Genehmigung vollmachtlosen Handelns und der Einholung vormundschaftlicher Genehmigungen geboten.[176] Die Grunderwerbssteuer wird im Innenverhältnis regelmäßig vom Käufer getragen, was zur Vermeidung von Streitigkeiten ebenfalls ausdrücklich festzuhalten ist. Dass die Beteiligten für die Kostenund Steuern gesamtschuldnerisch haften, muss nicht ausdrücklich erwähnt werden. 582

jj) Eigentumsverschaffungsvormerkung

Die Eintragung einer Vormerkung zur Sicherung des Anspruchs des Käufers auf Eigentumsverschaffung ist grundsätzlich unverzichtbar.[177] Schon im Kaufvertrag bewilligt der Käufer zur Erleichterung der Abwicklung die Löschung der Vormerkung gegen vertragsgemäße Eigentumsumschreibung (Schubladenbewilligung). Vielfach wird eine Löschungsbewilligung auch für den Fall der Rückabwicklung des Vertrages wegen Nichtzahlung des Kaufpreises erklärt. Der Notar wird beauftragt, von der Löschungsbewilligung bei Vorliegen der vertraglichen Voraussetzungen Gebrauch zu machen. Denkbar ist auch eine Gestaltung, wonach die Mitarbeiter des Notars unter den vorgenannten Bedingungen zur Bewilligung und Beantragung bzw. der Löschung der Vormerkung bevollmächtigt werden. 583

> ! Zukünftige Ansprüche auf Übereignung können durch Vormerkung gesichert werden, wenn der Verkäufer die Bindung nicht mehr einseitig beseitigen kann, § 883 Abs. 1 Nr. 2 BGB.[178]

kk) Auflassung

Zur Erfüllung der kaufvertraglichen Verpflichtung des Verkäufers zur Eigentumsverschaffung ist die Einigung der Beteiligten über den Eigentumsübergang und die Besitzübergabe[179] notwendig, § 873 BGB. Bei der Übertragung des Eigentums an einem Grundstück wird die Einigung Auflassung genannt, § 925 Abs. 1 BGB. Im Aufbau des Grundstückskaufvertrags wird die Aufspaltung in das schuldrechtliche Grundgeschäft, den Kaufvertrag, und das dingliche Verfü- 584

176 Ausführlich: *Brambring* in: Beck'sches Notarhandbuch, 3. Aufl., A I, Rdnr. 182 ff.
177 Der Sicherungsumfang wurde schon oben unter dd) Kaufpreis dargestellt.
178 *Bassenge* in: Palandt, BGB, 62. Aufl., § 833 Rdnr. 15.
179 Zur Besitzübergabe vgl. oben Abschnitt gg) Übergabe und Nutzen-Lastenwechsel.

gungsgeschäft, z. B. die Auflassung, deutlich (Abstraktions- oder Trennungsprinzip). Verpflichtungs- und Verfügungsgeschäft sind voneinander unabhängig. Die Auflassung kann nicht unter einer Bedingung erklärt werden, § 925 Abs. 2 BGB. Allerdings erteilen die Beteiligten dem Notar regelmäßig eine Weisung, eine die Auflassung enthaltende Ausfertigung oder beglaubigte Abschrift des Vertrages erst nach Kaufpreiszahlung zu erteilen, so dass faktisch die Eigentumsumschreibung zunächst blockiert ist. Teilweise wird die Auflassung getrennt vom Grundstückskaufvertrag erklärt, was den Nachteil hat, dass die Beteiligten zur Erklärung der Auflassung erneut zur Beurkundung erscheinen müssen.[180] Sinnvoll ist es auf jeden Fall, den Mitarbeitern des Notars Vollmacht zur Erklärung der Auflassung zu geben, oder auch dem Käufer, allerdings bei Formulierung entsprechender Sicherungen. Vielfach werden starke Bedenken gegen die Verwendung solcher Mitarbeitervollmachten geäußert[181], wobei die Bedenken jedenfalls bezüglich der Auflassung durch Mitarbeiter des Notars nicht überzeugen.

ll) Vertragsdurchführung

585 Üblicherweise beauftragen die Beteiligten den Notar mit der Abwicklung des Vertrages. Er holt die Genehmigungen und Löschungsbewilligungen ein, macht die Anzeigen bei der Grunderwerbssteuerstelle und dem Gutachterausschuss und stellt die Anträge bei dem Grundbuchamt. Ergänzt wird dieser Auftrag durch eine umfassende Bevollmächtigung der Mitarbeiter des Notars, von der allerdings aus beurkundungsrechtlichen Gründen, § 17 BeurkG, sparsam Gebrauch gemacht werden sollte. Die Bestellung von Grundpfandrechten wird daher grundsätzlich nicht mehr von Angestellten des Notars in Vollmacht vorgenommen. Sofern Käufer und Verkäufer einen Verzicht auf eigene Antragsrechte erklären, ist dieser Verzicht tatsächlich allerdings unbeachtlich, und der Schutz vor vorzeitiger Eigentumsumschreibung oder eigenmächtiger Belastung des Grundstücks mit nicht zur Vertragsdurchführung benötigten Grundpfandrechten muss dadurch sichergestellt werden, dass zunächst Ausfertigungen und beglaubigte Abschriften nur ohne Belastungsvollmacht und Auflassung erteilt werden.

> **Tipp** Antragsverzicht gegenüber Grundbuchamt nicht wirksam

586 Es hat sich eingebürgert, dass am Schluss des Vertrages über die Tatsache, dass die Eigentumsumschreibung nicht sofort erfolgt, belehrt wird. Gleichermaßen wird auf die gesamtschuldnerische Kostenhaftung, das Vorkaufsrecht der Gemeinde nach BauGB, die sonstigen Genehmigungserfordernisse und die Folgen falscher Angaben im Kaufvertrag hingewiesen.

mm) Maklerklausel

587 Klauseln, wonach ein bestimmter Makler das Zustandekommen des Vertrags bewirkt und bestimmt Provisionen verdient hat, sind zulässig. Bedenken werden gegen die Unterwerfung des Schuldners wegen der Provision unter die sofortige Zwangsvollstreckung und eine Fälligkeit der Provision vor Vorliegen der zur Wirksamkeit des Vertrages notwendigen Genehmigungen geäußert.[182] Schuldet der Verkäufer die Maklerprovision, und übernimmt der Käufer diese Verpflichtung, erhöht dies die Grunderwerbssteuer.[183]

---

180 Zum Streit über die Vor- und Nachteile beider Lösungen *Brambring* in: Beck'sches Notarhandbuch, 3. Aufl., A I, Rdnr. 178 ff.

181 *Brambring* in: Beck'sches Notarhandbuch, 3. Aufl., A I, Rdnr. 179; keine Bedenken gegen Mitarbeitervollmachten gibt es beim Teilflächenkauf bezüglich Auflassung und Identitätserklärung.

182 Rundschreiben des Präsidenten des LG Berlin zur Amtsführung der Notare vom November 1994.

183 *Pahlke/Franz*, GrEStG, 2. Aufl., § 9 Rdnr. 107.

Tipp

1. Zwei-Wochen-Frist des § 17 Abs. 2 a BeurkG beachten.
2. Einsicht in das Grundbuch nehmen.
3. Einseitige Vorleistungen eines Vertragspartners vermeiden.
4. Anderkontenabwicklung nur noch in Ausnahmefällen.
5. Treuhandaufträge genau überprüfen.
6. Sachmangelhaftung individuell regeln.
7. Erschließungsbeiträge regeln.
8. Nebenabreden mitbeurkunden.
9. Mitarbeitervollmacht vereinbaren.
10. Doppelvollmacht bei vormundschaftsgerichtlicher Genehmigung.

b) Erwerb im Rahmen der Zwangsversteigerung

Der Eigentumserwerb im Rahmen der Zwangsversteigerung erfolgt durch den Zuschlag,§ 90 ZVG, also nicht durch Auflassung und Eintragung im Grundbuch. Die Zwangsversteigerung erfolgt im Rahmen eines förmlichen gerichtlichen Verfahrens auf Grundlage des Gesetzes über die Zwangsversteigerung und Zwangsverwaltung. Zuständig ist das Amtsgericht der Belegenheit des Grundstücks. Das Verfahren ist dem Rechtspfleger übertragen, § 3 Nr. 1 RPflG. Das Verfahren wird auf Antrag eines Gläubigers des Grundstückseigentümers angeordnet. Der Rechtspfleger prüft nur das Vorliegen der formalen Voraussetzungen der Zulässigkeit der Zwangsvollstreckung (Titel-Klausel-Zustellung) sowie der konkreten Maßnahme, nicht aber, ob der Anspruch auch materiell-rechtlich besteht. Der Rechtspfleger trifft einen Beschluss über die Eröffnung des Verfahrens. Damit erfolgt gleichzeitig die Beschlagnahme des Grundstücks, § 20 ZVG. Außerdem wird auf Ersuchen des Rechtspflegers ein Vermerk über die Beschlagnahme im Grundbuch eingetragen, § 23 Abs. 1 ZVG. Ein gutgläubiger lastenfreier Erwerb durch einen Dritten ist dann nicht mehr möglich. Weitere Gläubiger können dem Zwangsversteigerungsverfahren beitreten. Durch die Zwangsversteigerung verliert der Schuldner das Eigentum an dem Grundstück, und die Gläubiger werden aus dem Erlös entsprechend dem Rang ihrer Ansprüche befriedigt. Der Schuldner kann die Verfahrensanordnung mit der Beschwerde angreifen, wenn die formalen Voraussetzungen nicht vorliegen, oder er kann einen Antrag auf einstweilige Einstellung des Verfahrens stellen, § 30 a ZVG, wenn er glaubhaft machen kann, dass er innerhalb von sechs Monaten die Voraussetzungen für die Einstellung des Verfahrens schaffen kann, also z. B. das Grundstück freihändig verkaufen und die Gläubiger aus dem Erlös befriedigen kann. 588

Ist der Beschluss über die Anordnung des Verfahrens bestandskräftig, beauftragt der Rechtspfleger einen öffentlich vereidigten Sachverständigen mit der Wertermittlung. Streitigkeiten der Beteiligten über die zutreffende Ermittlung des Verkehrswerts können das Verfahren erheblich verzögern. Regelmäßig wird der Rechtspfleger mangels eigener Sachkunde den Grundstückswert entsprechend dem Gutachten festsetzen. Der Verkehrswert ist der Wert, der bei einer freihändigen Veräußerung am Markt erzielbar wäre, wobei sich der tatsächliche Wert erst bei der Zwangsversteigerung anhand der Angebote feststellen lässt. Häufig sind die vom Gutachter festgestellten Werte nicht erzielbar. 589

Am Verfahren sind gem. § 9 ZVG alle diejenigen beteiligt, 590

- für welche im Zeitpunkt der Eintragung des Vollstreckungsvermerks ein Recht im Grundbuch eingetragen oder durch Eintragung gesichert war, also z. B. andere Grundschuldgläubiger oder
- die ein der Zwangsvollstreckung entgegenstehendes Recht, ein Recht an dem Grundstück oder an einem das Grundstück belastendem Recht, einen Anspruch mit dem Recht auf Befriedigung aus dem Grundstück oder ein Miet – oder Pachtrecht, auf Grund dessen ihnen

das Grundstück überlassen ist, bei dem Vollstreckungsgericht anmelden und auf Verlangen des Gerichts oder eines Beteiligten glaubhaft machen.

aa) Versteigerungstermin

591 Nach Feststellung des Grundstückswerts wird der Versteigerungstermin durch das Gericht festgesetzt. Die Mitteilung erfolgt an alle Verfahrensbeteiligten, durch Aushängen an der Gerichtstafel und im Amtsblatt. Darüber hinaus veröffentlichen viele Amtsgerichte im Immobilienteil örtlicher Tageszeitungen und im Internet, z. B. unter: zvg.com.

Die Versteigerung erfolgt in öffentlicher Sitzung des Amtsgerichts, zu der auch Zuhörer zutritt haben, so dass auch unerfahrene Interessenten den Ablauf der Versteigerung kennen lernen können. Sie beginnt mit dem Aufruf der Sache durch den Rechtspfleger. Zunächst werden die grundbuchlichen Daten des Grundstücks mitgeteilt und die sonstigen, das Objekt betreffenden Nachweisungen, also u. a. Baulasten, Baubeschränkungen, Auflagen, steuerlicher Einheitswert. Die Bieter sollten sich aber schon rechtzeitig vor dem Termin eine Kopie des Wertgutachtens besorgen und das Objekt besichtigen. Der Rechtspfleger teilt dann mit, wer das Verfahren betreibt, welche Anmeldungen von den Beteiligten vorliegen, also welche aus dem Grundbuch nicht ersichtliche Berechtigte ihre Rechte im Verfahren angemeldet haben, den Zeitpunkt der Beschlagnahme und den von dem Gericht festgestellten Wert des Grundbesitzes. Einer der wichtigsten Punkte ist das vom Gericht mitgeteilte geringste Gebot. Es werden vom Rechtspfleger nur solche Gebote zugelassen, die den Betrag des geringsten Gebots erreichen, § 44 ZVG. Der Betrag des geringsten Gebots ergibt sich aus dem Bargebot und den bestehen bleibenden Rechten, also den vom Bieter zu übernehmenden Rechten. In das Bargebot fallen nur die Verfahrenskosten und die Ansprüche aus den Rangklassen der Nr. 1–3 des § 10 Abs. 1 ZVG.
Nach Aufstellung des geringsten Gebots werden die Versteigerungsbedingungen festgelegt. Danach ist das Meistgebot vom Bieter im Verteilungstermin, der 2 bis 6 Wochen nach dem Versteigerungstermin liegt, bar zu bezahlen ist. Überweisung und Einzahlung in die Gerichtskasse vor dem Verteilungstermin sind möglich. Ab dem Zuschlag wird das Bargebot verzinst. Die Finanzierung des Meistgebots durch den Bieter kann auf Schwierigkeiten stoßen, da Finanzierungsgrundpfandrechte erst nach Bezahlung des Meistgebots im Grundbuch eingetragen werden können. Die Kosten des Zuschlagbeschlusses trägt der Ersteher. Abweichende Versteigerungsbedingungen können bei Einverständnis der Betroffenen vereinbart werden, § 59 ZVG. Nach Belehrung der Beteiligten fordert der Rechtspfleger zur Abgabe von Angeboten auf und die Bietstunde beginnt. Sie beträgt allerdings nur 30 Minuten, wenn nicht danach noch Angebote abgeben werden, § 73 ZVG. Alle Bieter müssen sich durch Ausweise legitimieren, bei Bietgemeinschaften müssen alle Mitglieder anwesend sei oder es müssen notariell beglaubigte Vollmachten vorgelegt werden. Bei juristischen Personen, also z. B. AG und GmbH, Handelsgesellschaften und Vereinen, müssen aktuelle beglaubigte Handelsregisterauszüge vorgelegt werden, die die Vertretungsbefugnis nachweisen. Nach Abgabe eines Angebots kann ein Beteiligter die Stellung einer Sicherheit in Höhe von 10% des Verkehrswertes verlangen. Sicherheit wird überwiegend durch Bargeld oder LZB-bestätigte Schecks oder Verrechnungsschecks inländischer Kreditinstitute geleistet. Zu beachten ist, dass die Vorlegungsfrist für den Scheck nicht vor dem vierten Tag nach dem Versteigerungstermin ablaufen darf. Hat der Bieter die verlangte Sicherheit geleistet, wird das Gebot zugelassen, ansonsten zurückgewiesen. Ist die Bietzeit abgelaufen, wird nochmals zur Abgabe von Geboten aufgefordert und das letzte Gebot, das Meistgebot, dreimal verkündet. Danach verkündet der Rechtspfleger den Schluss der Versteigerung, und weitere Gebote können nicht mehr abgeben werden. Nach der Bietstunde erfolgt die Verhandlung über den Zuschlag. Alle Anwesenden Beteiligten können versuchen, die Entscheidung des Gerichts über die Zuschlagserteilung auf das Meistgebot zu beeinflussen. Derjenige das Verfahren betreibende Gläubiger mit dem besten Rang kann die einstweilige Einstellung bewilligen, wenn er z. B. mit dem Erlös nicht zufrieden ist, § 30 ZVG. Das Verfahren wird dann erst auf einen Fortsetzungsantrag dieses Gläubigers oder auf Antrag eines anderen Gläubigers in einem neuen Termin fortgesetzt. Erreicht das Meistgebot 70% des Verkehrswertes nicht,

kann ein Berechtigter, dessen Anspruch ganz oder teilweise durch das Meistgebot nicht gedeckt ist, der aber bei einem Gebot von 70% des Verkehrswertes etwas oder etwas mehr aus dem Erlös erhalten würde, den Zuschlag verhindern. Es wird dann ein neuer Versteigerungstermin anberaumt. Verläuft die Versteigerung so schlecht, dass nicht einmal 50% des Verkehrswertes erreicht werden, muss das Gericht auch ohne Antrag den Zuschlag versagen, § 85 a ZVG. Die Versagung des Zuschlages wegen des Verfehlens der Wertgrenzen darf aber nur einmal erfolgen. Im Fortsetzungstermin gelten daher keine Wertgrenzen mehr. Eine Verschleuderung des Grundbesitzes kann der betreibende Gläubiger dann nur Rücknahme seines Verfahrensantrages oder einstweilige Einstellung verhindern. Gibt es gar kein Gebot, gilt das Verfahren als einstweilen eingestellt. Weitere Gründe für die Zuschlagversagung folgen aus § 83 ZVG.

bb) Zuschlag

Der Zuschlag erfolgt durch Beschluss des Gerichts, der an Ort und Stelle verkündet wird. Der 592
Ersteher erwirbt in diesem Moment das Eigentum am Grundbesitz, ohne dass er als Eigentümer eingetragen ist. Die vollstreckbare Ausfertigung des Beschlusses dient als Räumungstitel gegenüber dem Schuldner, wenn dieser das Haus noch bewohnt. Ist der Beschluss über den Zuschlag rechtskräftig, wird der Verteilungstermin zur Erlösverteilung anberaumt. Das Gericht teilt die bar zu zahlende Summe mit und legt den Teilungsplan vor, aus dem folgt, was die einzelnen Gläubiger aus dem Erlös erhalten. Die Beteiligten können über den Plan verhandeln. Nach Durchführung des Verteilungstermins muss der Ersteher gegenüber dem Gericht durch Vorlage der Unbedenklichkeitsbescheinigung nachweisen, dass er die Grunderwerbssteuer gezahlt hat. Danach ersucht der Rechtspfleger das Grundbuchamt, den Ersteher als Eigentümer einzutragen, den Zwangsversteigerungsvermerk und die nicht zu übernehmenden Rechte zu löschen. Der Erwerb des Grundstücks erfolgt unter Ausschluss jeglicher Gewährleistung. Bei berechtigtem Interesse, z. B. Eigenbedarf, gibt es ein Sonderkündigungsrecht. Dieses muss allerdings bei zeitlich begrenztem Mietvertrag unverzüglich erfolgen, also im Monat des Zuschlags oder den ersten drei Werktagen des Folgemonats.

> ! Manche Eigentümer sind trickreich in der Verhinderung der Zwangsräumung. Mietverhältnisse mit Angehörigen und Freunden verhindern die erfolgreiche Versteigerung. Sind Baukostenzuschüsse gezahlt worden, die mit der laufenden Miete verrechnet werden sollen, ist die Kündigung (zunächst) ausgeschlossen, § 57 c ZVG.

Ist die vermietete Wohnung während der Mietzeit in Wohnungseigentum umgewandelt wor- 593
den, können sich Fristen bis zu 10 Jahren ergeben, in denen die Geltendmachung von Eigenbedarf ausgeschlossen ist. Gewerbemietverhältnisse können dagegen, ob befristet oder nicht, nach Zuschlag zum nächst zulässigen Termin gekündigt werden.

Für Wohngeldrückstände des Eigentümers haftet der Ersteher nicht.[184] Werden allerdings die 594
Rückstände später durch Beschluss der Eigentümer als Sonderumlage auf alle Eigentümer gem. dem vereinbarten Schlüssel umgelegt, ist hieran auch der Ersteigerer zu beteiligen.[185]

5. Steuerrechtliche Aspekte

a) Einkommensteuerrecht

Nach erfolgter Klärung der Rechtsformfrage (vgl. B.I.4.) ist die ertragsteuerliche Behandlung 595
der Immobilieninvestition zu prüfen.

In der Errichtungsphase ist zu ermitteln, was steuerlich sofort aufwandswirksam und was Teil 596
der Anschaffungs- und Herstellungskosten ist.

---

184 BGH NJW 1999, 3713.
185 KG ZfIR 2003, 87.

Soll die Büroimmobilie nach Fertigstellung veräußert werden ist sie in der Bilanz mit den Anschaffungs-, Herstellungskosten im Umlaufvermögen zu aktivieren. Planmäßige Abschreibungen der Gebäude erfolgen nicht.

Wird die zu errichtende Büroimmobilie nach Fertigstellung vermietet sind Gebäude planmäßig abzuschreiben.

Die Abschreibungsbeträge stellen steuerlichen Aufwand dar. Sie mindern das steuerliche Ergebnis.

597 Die Abschreibung soll den Werteverzehr der Gebäude ausgleichen. Der Wert wird auf die voraussichtliche Nutzungsdauer in jährliche Abschreibungsbeträge verteilt. Planmäßig abgeschrieben werden nur Gebäude, nicht der Grund und Boden. Dieser unterliegt keinem Werteverzehr.

598 Beim Erwerb der Immobilie sind damit zunächst die Anschaffungs- und Herstellungskosten und zukünftige Abschreibungsmöglichkeiten zu ermitteln.
Basis der Abschreibung sind die Anschaffungs- oder Herstellungskosten für Gebäude.

599 Ein Gebäude im Sinne des Einkommensteuerrechts ist ein Bauwerk auf eigenem oder fremdem Grund und Boden, das Menschen oder Sachen durch räumliche Umschließung Schutz gegen äußere Einflüsse gewährt, den Aufenthalt von Menschen gestattet, fest mit dem Grund und Boden verbunden, von einiger Beständigkeit und standfest ist (R 42 Abs. 5 EStR). Keine Gebäude sind Scheinbestandteile, Betriebsvorrichtungen, Mieterein- und umbauten. Diese sind als eigenständige Wirtschaftsgüter zu aktivieren und abzuschreiben.

600 Die Höhe der jährlichen Abschreibung richtet sich nach der Zugehörigkeit der Immobilie zum steuerlichen Privat- oder Betriebsvermögen.

Abhängig von der Nutzung können Gebäude oder Gebäudeteile steuerlich in vier Kategorien unterteilt werden: Eigennutzung zu Wohnzwecken, Nutzung zu fremden Wohnzwecken, eigenbetriebliche Nutzung und Nutzung für Fremdbetriebe (R 13 Abs. 4 EStR).

aa) Anschaffungskosten

601 Anschaffungskosten sind Aufwendungen, die geleistet werden, um einen Vermögensgegenstand zu erwerben und ihn in betriebsbereiten Zustand zu versetzen § 255 Abs. 1 HGB). Die Anschaffungskosten umfassen zusätzlich Anschaffungsnebenkosten und nachträgliche Anschaffungskosten. Anschaffungsnebenkosten sind Aufwendungen, die getätigt werden, um die wirtschaftliche Verfügungsmacht über das Wirtschaftsgut zu erlangen, z. B. Gebühren, Grunderwerbsteuer, Maklerkosten und Bewertungsgutachten. Nachträgliche Anschaffungskosten sind insbesondere Erschließungsbeiträge.

602 Entstehen Erhaltungsaufwendungen zeitnah zur Anschaffung eines Objektes, wurden diese von der Finanzverwaltung als anschaffungsnahe Aufwendungen in aktivierungspflichtige Anschaffungskosten umqualifiziert. Dies geschah, wenn Aufwendungen innerhalb von drei Jahren seit Erwerb 15 % der Anschaffungskosten überstiegen (R 157 Abs. 4 EStR).

Die Rechtsprechung hatte diese Verwaltungsmeinung aufgehoben.[186] Maßgeblich für die Zuordnung zu den Herstellungskosten ist allein der handelsrechtliche Herstellungskostenbegriff, der eine wesentliche Verbesserung des Objektzustandes durch die Aufwendungen voraussetzt. Bei Wohngebäuden erfordern die Maßnahmen eine deutliche Erhöhung des Gebrauchswertes verbunden mit einer Veränderung des Ausstattungsstandards.

Zwischenzeitlich ist die bisherige Verwaltungsauffassung durch Gesetzesänderung im Rahmen des Steuervergünstigungsbaugesetzes wieder hergestellt worden, § 6 Abs. 1 a EStG.

---

186 BFH v. 12. 9. 2001, DStR 2002, 1035, 1039.

Wird durch einheitlichen Vertrag ein bebautes Grundstück erworben, ist der Kaufpreis zur Ermittlung der Anschaffungskosten von Grund und Boden und Gebäude anhand objektiver Maßstäbe aufzuteilen. Zunächst gilt als Verteilungsmaßstab eine ernstlich gewollte Preisabsprache der Vertragsparteien. Fehlt eine derartige Absprache, hat eine Aufteilung anhand der Teilwerte von Gebäuden und Grund und Boden zu erfolgen. 603

Erwirbt A vorliegend ein unbebautes Grundstück, liegen Anschaffungskosten vor. Ist A zudem nicht Bauherr der zu errichtenden Gebäude, trägt er also kein Bauherrenwagnis, dann liegen auch für die Gebäude Anschaffungskosten vor. 604

bb) Herstellungskosten

Herstellungskosten sind Aufwendungen, die durch den Verbrauch von Gütern und die Inanspruchnahme von Diensten für die Herstellung eines Vermögensgegenstandes, seine Erweiterung oder für seine über den ursprünglichen Zustand hinausgehende wesentliche Verbesserung entstehen.[187] (§ 255 Abs. 2 HGB). 605

Steuerlich sind in die Herstellungskosten die Materialeinzelkosten, Fertigungseinzelkosten und Sonderkosten der Fertigung einzubeziehen. Darüber hinaus sind notwendige Materialgemeinkosten und Fertigungsgemeinkosten zu aktivieren.

Für die Einbeziehung der Kosten der allgemeinen Verwaltung und für betriebliche Sozial- und Altersvorsorgeleistungen besteht ein Wahlrecht.

Die Errichtung der Gebäude durch A führt bei ihm zu Herstellungskosten. 606

Abhängig von der Verwertungsabsicht wird die zu errichtende Immobilie im Betriebsvermögen dem Anlagevermögen oder dem Umlaufvermögen zugerechnet. 607

Sofern die Immobilie zur baldigen Veräußerung errichtet wird, ist sie steuerliches Umlaufvermögen. Sie wird damit nach Fertigstellung nicht planmäßig abgeschrieben. Abschreibungen erfolgen nur, soweit Wertberichtigungsbedarf besteht.

Beabsichtigt A die Immobilie zu vermieten und sie also langfristig dem Betrieb zur Verfügung zu stellen, wird sie dem Anlagevermögen zugeordnet. Ab Fertigstellung erfolgen planmäßige Abschreibungen auf die Herstellungskosten.

cc) Lineare Abschreibung

Die jährliche lineare Abschreibung für Immobilien des Betriebsvermögens, die nicht Wohnzwecken dienen beträgt 3 %, soweit ihr Bauantrag nach dem 31. 3. 1985 gestellt wurde. Für ältere Objekte beträgt die jährliche Abschreibung 4 % (§ 7 Abs. 4 Nr. 1 EStG). 608

Die lineare Abschreibung für Immobilien des Privatvermögens beträgt 2 % für Objekte, die nach dem 31. 12. 1924 fertig gestellt wurden und 2,5 % für ältere Objekte (§ 7 Abs. 4 Nr. 2 EStG).

dd) Degressive Abschreibung

Degressive Abschreibungsmöglichkeiten bestehen nur noch für Wohnimmobilien (§ 7 Abs. 5 Nr. 3 Buchstabe b EStG). Hier können bis 2003 bei Neubauten alternativ zur linearen Abschreibung in den ersten acht Jahren jährlich 5 %, in den darauf folgenden sechs Jahren jeweils 2,5 % und in den verbleibenden 36 Jahren 1,25 % jährlich abgeschrieben werden. 609

Ab 2004 reduziert sich die degressive Abschreibung auf 4 % für die ersten 10 Jahre, 2,5 % für die folgenden 8 Jahre, sowie 1,25 % für die verbleibenden 32 Jahre.

In Anschaffungsfällen ist Voraussetzung, dass der Hersteller die degressive Abschreibung nicht seinerseits in Anspruch genommen hat. Die Vorschriften zur degressiven Abschreibung unterlagen in den letzten Jahren wiederholt gesetzlichen Veränderungen. Gegenwärtig bestehen Bestrebungen, die degressive Abschreibung auslaufen zu lassen.

---

187 BFH v. 3. 12. 2002, DStR 2003, 322.

ee) Fördergebietsgesetz

610 Zum 31. 12. 1998 ist das Fördergebietsgesetz ausgelaufen. Danach bestand die Möglichkeit, für Objekte im Fördergebiet (neue Bundesländer) Sonderabschreibungen in Anspruch zu nehmen. Soweit Personengesellschaften oder Gemeinschaften entsprechende Objekte errichteten oder erwarben, bestand die Abschreibungsberechtigung nicht für die Gesellschaft, sondern für die einzelnen Gesellschafter bzw. Gemeinschafter (§ 1 Abs. 1 Satz 2 FöGG).

Die Immobilienbranche hat mit Auslaufen des Fördergebietsgesetzes Konservierungsmodelle entwickelt. Förderfähige Objekte wurden vor Auslaufen des Gesetzes durch Personengesellschaften erworben. Nach dem 31. 12. 1998 beigetretene Gesellschafter konnten sodann bislang nicht in Anspruch genommene Abschreibungsbeträge geltend machen.

Das Fördergebietsgesetz ist zum 1. 1. 1999 durch das Investitionszulagengesetz abgelöst worden.

ff) Investitionszulagengesetz

611 Das Investitionszulagengesetz 1999 fördert Investitionen in den neuen Bundesländern durch Zahlung einer Investitionszulage. Begünstigt ist die erstmalige Anschaffung und Herstellung neuer Gebäude im Betriebsvermögen, die mindestens fünf Jahre nach Fertigstellung einem Betrieb des verarbeitenden Gewerbes oder einem Betrieb der produktionsnahen Dienstleistungen dienen (§ 2 Abs. 3 Nr. 1 InvZulG). Die Höhe der Zulage beträgt 12,5 % der Anschaffungs- oder Herstellungskosten. Bei Investitionen im sogenannten Randgebiet (Anlage 2 zum InvZulG 1999) erhöht sie sich auf 15 % (§ 2 Abs. 6 Nr. 2, 3 InvZulG). Die Zulage wird befristet für Investitionen bis zum 31. 12. 2004 gewährt. Es bestehen gesetzgeberische Überlegungen, Investoren auch über 2004 hinaus mit Investorenzulagen zu fördern.

Gefördert werden zudem Modernisierungsmaßnahmen bei Mietwohngebäuden im innerörtlichen Bereich, die vor dem 1. 1. 1991 fertig gestellt worden sind. Die Förderung ist befristet für Investitionen, die vor dem 1. 1. 2005 abgeschlossen sind.

Die Investitionszulage beträgt 15 % des Investitionsbetrages. Gefördert werden Investitionskosten bis zu € 614,00 pro Quadratmeter. Die Investitionen müssen insgesamt mindestens € 50,00 pro Quadratmeter betragen.

Bei Gebäuden, die vor dem 1. 1. 1949 fertig gestellt worden sind, beträgt die Zulage 22 % (§ 3 a InvZulG). Gefördert werden Investitionen bis € 1.200,00 pro Quadratmeter. Die Gebäude müssen in einem förmlich festgesetzten Sanierungsgebiet nach dem Baugesetzbuch, einem förmlich festgelegten Erhaltungssatzungsgebiet, in einem Gebiet, das durch Bebauungsplan als Kerngebiet festgesetzt ist oder das aufgrund der Bebauung der näheren Umgebung diesem Gebiet entspricht, liegen.

612 Die Investitionszulage gehört nicht zu den Einkünften im Sinne des Einkommensteuergesetzes (§ 9 InvZulG). Zulagenbeträge sind damit nicht zu versteuern.

613 Zur Gewährung der Investitionszulage ist ein Antrag beim Finanzamt mittels amtlichem Formular zu stellen (§ 5 InvZulG).

gg) Erhöhte Absetzungen nach § 7h EStG

614 Bei Immobilien, die in einem förmlich festgelegten Sanierungsgebiet oder in einem städtebaulichen Entwicklungsbereich liegen, können Herstellungskosten für Modernisierungs- und Instandhaltungsmaßnahmen bis 2003 innerhalb von zehn Jahren mit jährlich 10 % abgeschrieben werden. Gleiches gilt für Maßnahmen › die der Erhaltung, Erneuerung und funktionsgerechten Verwendung eines derartigen Gebäudes dienen, welches wegen seiner geschichtlichen, künstlerischen oder städtebaulichen Bedeutung erhalten bleiben soll, und zu deren Durchführung sich der Eigentümer neben bestimmten Modernisierungsmaßnahmen gegenüber der Gemeinde verpflichtet hat.

Abschreibungen nach § 7 h EStG setzen voraus, dass der Steuerpflichtige die Voraussetzungen durch eine entsprechende Bescheinigung der zuständigen Gemeindebehörde nachweist (§ 7 h Abs. 2 EStG). Ab 2004 können in den ersten 8 Jahren 9 % und in den folgenden 4 Jahren jeweils 7 % abgeschrieben werden.

Soweit für einzelne Maßnahmen Zuschüsse gewährt werden, kann keine erhöhte Abschreibung geltend gemacht werden.

hh) Erhöhte Absetzungen nach § 7 i EStG

Für Gebäude, Gebäudeteile, Eigentumswohnungen und in Teileigentum stehende Räume, die Baudenkmäler nach landesrechtlichen Vorschriften sind, können bis 2003 innerhalb von zehn Jahren jährlich 10 % der Herstellungskosten für Baumaßnahmen, die nach Art und Umfang zur Erhaltung des Gebäudes als Baudenkmal oder zu seiner sinnvollen Nutzung erforderlich sind, abgesetzt werden. Eine sinnvolle Nutzung setzt voraus, dass die Erhaltung der schützenswerten Substanz des Gebäudes auf Dauer gewährleistet ist. Ab 2004 können in den ersten 8 Jahren 9 % jährlich und in den folgenden 4 Jahren jeweils 7 % abgeschrieben werden. 615

Bei Gebäuden oder Gebäudeteilen, die für sich alleine keine Baudenkmäler sind, aber Teil eines denkmalgeschützten Ensembles sind, können die erhöhten Absetzungen für Herstellungskosten geltend gemacht werden, die zur Erhaltung des geschützten Erscheinungsbildes der Gebäudegruppe oder Gesamtanlage erforderlich sind. 616

Die erhöhten Absetzungen können nur geltend gemacht werden, wenn die Voraussetzungen hierfür und die Erforderlichkeit der Aufwendungen durch eine Bescheinigung der nach Landesrecht zuständigen oder von der Landesregierung bestellten Stelle nachgewiesen werden (§ 7 i Abs. 2 EStG).

ii) Teilwertabschreibung

Immobilien im Betriebsvermögen, die dort nicht längerfristig dem Unternehmensziel dienen, sondern weiterveräußert werden sollen, befinden sich nicht im Anlagevermögen, sondern im Umlaufvermögen. Planmäßige Abschreibungen erfolgen im Umlaufvermögen nicht. Ein Werteverzehr für Produktionszwecke des Unternehmens findet nicht statt. 617

Sofern der Teilwert des Grundstückes unter die aktivierten Anschaffungs- oder Herstellungskosten sinkt, ist eine Wertberichtigung auf diesen Teilwert im Wege einer Teilwertabschreibung vorzunehmen.

Teilwert ist der Betrag, den ein Erwerber des ganzen Betriebes im Rahmen des Gesamtkaufpreises für das einzelne Wirtschaftsgut ansetzen würde. Dabei ist davon auszugehen, dass der Erwerber den Betrieb fortführt (§ 6 Abs. 1 Nr. 1 Satz 3 EStG).

Indizien für eine Wertminderung, welche eine Teilwertabschreibung erforderlich macht, sind einer Stellungnahme des IDW (Institut der Wirtschaftsprüfer) zur Bewertung von zur Vermietung vorgesehenen Wohngebäuden zu entnehmen.[188]

Auch im Bereich des Anlagevermögen besteht die Verpflichtung, erforderlichenfalls neben den planmäßigen Abschreibungen Teilwertabschreibungen vorzunehmen (§ 6 Abs. 1 Nr. 1 Satz 2 EStG).

Teilwertabschreibungen erfolgen nicht nur für Gebäude, sondern auch für den Grund und Boden. 618

jj) Degressive Absetzungen für bewegliche Wirtschaftsgüter des Anlagevermögens

Für bewegliche Wirtschaftsgüter des Anlagevermögens kann anstelle der linearen Absetzung eine Absetzung in fallenden Jahresbeträgen vorgenommen werden. Die Absetzung erfolgt zu 619

188 IDW RS WFA 1 Berücksichtigung von strukturellem Leerstand bei zur Vermietung vorgesehenen Wohngebäuden.

einem festen Prozentsatz vom jeweils verbleibenden Buchwert. Der Prozentsatz darf das zweifache der zulässigen jährlichen linearen Absetzung und 20% absolut nicht übersteigen.

Ein Wechsel von der degressiven zur linearen Absetzung ist zulässig (§ 7 Abs. 3 EStG). Der jährliche Absetzungsbetrag ergibt sich dann aus dem Quotient von Restbuchwert und Restnutzungsdauer.

Der Übergang ist vorteilhaft, sobald der nach der Restwertmethode ermittelte lineare Absetzungsbetrag den Absetzungsbetrag nach der degressiven Methode übersteigt.

620 Zu den beweglichen Wirtschaftsgütern des Anlagevermögens zählen auch Betriebsvorrichtungen. Betriebsvorrichtungen sind selbständige Wirtschaftsgüter, weil sie nicht in einem einheitlichen Nutzungs- und Funktionszusammenhang mit dem Gebäude stehen. Mit Betriebsvorrichtungen wird das Gewerbe unmittelbar betrieben. Sie gehören auch dann zu den beweglichen Wirtschaftsgütern, wenn sie wesentliche Bestandteile eines Gebäudes sind (R 42 Abs. 3 EStR).

b) Umsatzsteuer

621 Erwirbt A das Grundstück umsatzsteuerpflichtig, erhöhen sich seine Anschaffungskosten um die ausgewiesene Umsatzsteuer, wenn er nicht zur Umsatzsteuerpflicht der Mietumsätze optiert (vgl. B.I.4.b.). Gleiches gilt für die Herstellungskosten des Gebäudes.

Bei Grundstückserwerb durch Zwangsversteigerung kann der Vollstreckungsschuldner bis zur Aufforderung zur Abgabe von Geboten zur Umsatzsteuerpflicht optieren (§ 9 Abs. 3 UStG).

622 Bei Option zur Umsatzsteuerpflicht kann A anfallende Umsatzsteuer als Vorsteuer beim Finanzamt geltend machen.

Zur Option bei gemischter Nutzung vgl. B.I.4.b.bb.

623 Sofern A das Projekt über eine Kapitalgesellschaft abwickelt, entsteht ein Vorsteuererstattungsanspruch nur für Leistungen, die nach Abschluss des notariellen Gesellschaftsvertrages erfolgen. Die Vorgründungsgesellschaft ist umsatzsteuerlich nicht identisch mit der späteren GmbH. Erst die Vorgesellschaft wird unternehmerisch als einheitlich mit der späteren GmbH gesehen.
Die Gesellschaft sollte erst nach Abschluss des Notarvertrages tätig werden, um den Vorsteuerabzug nicht zu gefährden.

624 Bei Anmeldung der Vorsteuerguthaben in der Errichtungsphase sollte den Umsatzsteuervoranmeldungen entsprechende Belege beigefügt werden.

625 Durch das Steuerverkürzungsbekämpfungsgesetz[189] hat die Finanzverwaltung die Möglichkeit, die Auszahlung der Vorsteuer von der Leistung von Sicherheiten abhängig zu machen (§ 18 f UStG). Die Finanzverwaltung hat ein Ermessen zur Art und Höhe einer Sicherheitsleistung. Der genaue Nachweis der geltend gemachten Beträge kann dieses Ermessen reduzieren. Soweit bestehende Zweifel mit einer Umsatzsteuer-Nachschau[190] oder einer Umsatzsteuer-Sonderprüfung kurzfristig ausgeräumt werden können, soll auf eine Sicherheitsleistung verzichtet werden.[191]

c) Grunderwerbsteuer

626 Der Erwerb des Grundstücks ist grunderwerbssteuerpflichtig (vgl. A.II.5.).

Sofern neben dem Grundstückserwerb eine weitere Vereinbarung zur Gebäudeerrichtung abgeschlossen wird, kann dies dazu führen, dass Bemessungsgrundlage der Grunderwerb-

189 StVBG vom 19. 12. 2001.
190 BMF v. 23. 12. 2002, NWB Fach 7, 5953.
191 BMF v. 8. 10. 2002, DStR 2002, 1864.

steuer auch die Gebäudeherstellungskosten sind. Voraussetzung ist ein einheitlicher Vertrag, der nicht notwendigerweise in einer Vertragsurkunde enthalten sein muss. Ausreichend ist eine Verknüpfung dergestalt, dass die Gültigkeit des einen Rechtsgeschäfts vom Bestand des anderen abhängt. Diese Abhängigkeit kann ausdrücklich oder auch konkludent bestehen. Auf Seite des Veräußerers können hierbei mehrere Personen beteiligt sein.

Zur Wechselwirkung zwischen Umsatzsteuer und Grunderwerbsteuer vgl. A.II.5.c. 627

Tipp

1. Ausübung der umsatzsteuerlichen Option soweit möglich, um Liquidität zu gewinnen.
2. Bei Abgabe der Umsatzsteuervoranmeldungen Beifügung entsprechender Nachweise, um Sicherheitsleistungen zu vermeiden und Bearbeitungsdauern zu kürzen.
3. Sofern eine GmbH als Projektgesellschaft eingeschaltet wird, sollten Leistungsbeziehungen erst nach Abschluss des Notarvertrages begründet werden, um den Vorsteuerabzug zu erhalten.
4. Vermeidung von Vertragsbündeln beim Erwerb einer zu bebauenden Immobilie, da ansonsten auf den Gebäudewert 3,5% Grunderwerbsteuer erhoben wird.
5. Klären, welche Abschreibungsmöglichkeiten bestehen.
6. Bei erhöhten Absetzungen nach § 7i EStG und § 7h EStG sicherstellen, dass die erforderlichen behördlichen Nachweise vorliegen.
7. Bei Investitionen in den neuen Bundesländern Fördermöglichkeiten nach dem InvZulG prüfen.

III. Finanzierung des Grundstückserwerbs und der Baumaßnahme

1. Grundbegriffe der Finanzierung

a) Fremdkapital, Eigenkapital und Mezzanine-Kapital

Eine Immobilienprojektentwicklung zu finanzieren bedeutet aus Sicht des Projektentwicklers, zwei- oder mehrseitige Finanzierungsvereinbarungen in Form von Darlehens- und Beteiligungsverträgen zu schließen, um Kapital für die Realisierung des Projektes zu erhalten. 628

In diesen Finanzierungsvereinbarungen erwerben die Kapitalgeber als Gegenleistung für die Kapitalbereitstellung Ansprüche gegen den Kapitalnehmer auf Beteiligung an den Netto-Rückflüssen aus dem Immobilienprojekt. Finanzierungsvereinbarungen, die sog. Festbetragsansprüche (i. d. R. feste Verzinsung) begründen, werden als Fremdkapital qualifiziert, Finanzierungsvereinbarungen die Restbetragsansprüche (i. d. R. Beteiligung am Projektgewinn) begründen, stellen Eigenkapital dar. 629

Fremdkapital wird klassisch auf Basis von schuldrechtlichen Darlehens- und Kreditverträgen gewährt. Daneben spielen in der Finanzierungspraxis auch immer mehr innovative Finanzierungsinstrumente Anwendung wie etwa die Verbriefung von Fremdkapital in Form von Wertpapieren, z. B. als Projektanleihen oder CMBS.[192]-Papiere, eine Rolle. 630

Eigenkapital wird auf Basis von Beteiligungs- und Gesellschaftsverträgen gewährt. Häufig gewählte Gesellschaftsformen sind dabei die GbR, die GmbH & Co. KG, die GmbH oder vereinzelt auch die AG. Die Wahl der Gesellschaftsform für den Einzelfall folgt regelmäßig v. a. haftungsrechtlichen, steuerlichen, gesellschaftsrechtlichen sowie finanziellen Erwägungen. 631

192 CMBS = Commercial Mortgage-backed Securities.

632 Als Mischform zwischen Eigen- und Fremdkapital gilt das sog. Mezzanine[193]-Kapital, das in der Regel mit einer Kombination aus fester Verzinsung und Gewinnbeteiligung (»equity kicker«) ausgestattet ist. Mezzanine-Kapital kann rechtlich Darlehens- oder Beteiligungscharakter haben. Je nach Ausgestaltung ergeben sich unterschiedliche haftungs- und steuerrechtliche Implikationen.

633 Fremdkapital, Mezzanine-Kapital und Eigenkapital unterscheiden sich v. a. in der Reihenfolge der Bedienung ihrer Ansprüche aus den Netto-Projektrückflüssen.

b) Risiken aus Sicht der Kapitalgeber

634 Mit jedem Immobilienprojekt sind aus kaufmännischer Sicht im wesentlichen zwei Kategorien von Unsicherheiten verbunden:

- **Kostenunsicherheit:** Das Projekt wird billiger oder teuerer als kalkuliert (Kosten-, Termin- oder Qualitätsunsicherheit). Es muss entweder mehr oder ggf. auch weniger Kapital als geplant zur Projektrealisierung eingesetzt werden.
- **Ertragsunsicherheit:** Die Netto-Projektrückflüsse aus Vermietung und/oder Vermarktung des Projektes sind niedriger oder ggf. höher als erwartet (Vermietungs- und Vermarktungsunsicherheit).

635 Unsicherheit ist ein neutraler Begriff. So ist es unsicher, welches vorher bekannte oder aber auch unbekannte Ereignis zukünftig eintritt. Es besteht die Chance, dass ein günstiges Ereignis (z. B. geringere als geplante Kosten, höhere als geplante Netto-Projektrückflüsse aus Verkauf oder Vermietung) eintritt, aber auch das Risiko, dass ein ungünstiges Ereignis (z. B. höhere als geplante Kosten, niedrigere als geplante Netto-Projektrückflüsse aus Verkauf oder Vermietung) eintritt.

636 Wesentliche zu untersuchende Risikobereiche aus Sicht der Kapitalgeber sind:

- Grundstück (v. a. Grundbuchsituation, Altlasten)
- Projektplanung/Baurecht (v. a. Gebäudekonzeption, Planungs- und Genehmigungsstand)
- Realisierung (v. a. Kosten, Termine, Qualitäten, Generalunternehmer, Projektcontrolling)
- Vermietung (v. a. Vorvermietung, Wiedervermietbarkeit)
- Vermarktung (v. a. Verkäuflichkeit, Investorennachfrage)

c) Wie viel Fremdkapital verträgt eine Projektfinanzierung?

637 Fremdkapital kann zur Finanzierung einer Projektentwicklung nur in der Höhe eingesetzt werden, da die Netto-Projektrückflüsse als »gesichert«, d. h. weitgehend risikolos, angesehen werden können, um fest vereinbarte Verzinsung und Tilgung (Kapitaldienst) zu bedienen.

638 Zweck der Finanzierungsanalyse (auch »Financial Due Diligence«) eines Immobilienprojektes ist es, die Höhe der »gesicherten« Netto-Projektrückflüsse näher zu bestimmen und daraus dann die maximale Höhe des Fremdkapitals abzuleiten. Hierzu bedient sich die Finanzierungsanalyse der Methodik der Cashflow-Modellierung und Szenarioanalyse. Im Cashflow-Modell werden alle zahlungswirksamen Kosten (v. a. Anschaffungs- und Herstellungskosten, laufende Betriebskosten) und Erträge (v. a. Mieteinnahmen, Verkaufserlöse) erfasst und gegenübergestellt.

639 Die Differenz zwischen Gesamtinvestitionskosten und möglichem Fremdkapitaleinsatz ergibt den Eigenkapital- und Mezzanine-Kapitalbedarf und damit die Kapitalstruktur.

d) Welche Kapitalkosten und Renditen sind anzusetzen?

640 Jedes Immobilienprojekt muss mindestens seine Kapitalkosten, d. h. Eigenkapital-, Mezzanine-Kapital und Fremdkapitalkosten verdienen. Die bloße Bedienbarkeit von Fremdkapital reicht

193 Von ital. »mezzo« = in der Mitte, halb.

nicht aus. Die Kapitalkosten errechnen sich dabei in der Praxis als gewichteter Durchschnitt der Fremdkapitalkosten, der Mezzanine-Kapitalkosten und der Eigenkapitalkosten(engl. WACC = Weighted Average Cost of Capital).[194] Je mehr Risiko ein Projekt birgt, desto höher sind seine Eigenkapitalkosten. Zur Berechnung der Eigenkapitalkosten können Vergleichsprojekte herangezogen werden. In der Praxis ist von Eigenkapitalkosten vor Steuern in Höhe von 15% bis 20% p.a. auszugehen.

Die Kapitalkosten stellen die Mindestrenditeanforderung des Projektentwicklers dar. Die 641
Eigenkapitalrendite einer Projektentwicklung ergibt sich aus der Projektkalkulation. Die Renditeberechnung erfolgt dabei i. d. R. nach der Methode des internen Zinsfußes (angelsächsisch: internal rate of return, IRR). Sofern die kalkulierte Eigenkapitalrendite über den Fremdkapitalkosten und Mezzanine-Kapitalkosten liegt, ist es möglich, sie durch zusätzliche Fremdkapital- oder Mezzanine-Kapitalaufnahme mit einem Hebel (angelsächsich: leverage) zu versehen und zu erhöhen.

Um Eigenkapitalrenditen von 20% und mehr zu erreichen, muss dieser Hebel entsprechend 642
hoch sein. Als Maß für den Hebel gilt der Anteil des Fremdkapitals an der Finanzierung der Gesamtkosten (»loan-to-cost-ratio«). Neben dem anfänglichen Hebel spielen die Termin und Höhe der Rückzahlungen auf das Eigenkapital bei der Berechnung der Eigenkapitalrendite eine wesentliche Rolle. Je schneller Fremdkapital und Mezzanine-Kapital tilgen, desto weniger Mittel verbleiben für die Rückzahlungen auf das Eigenkapital. Deshalb verringern hohe Fremdkapitaltilgungen die Eigenkapitalrendite. Eigenkapitalinvestoren versuchen deshalb in den Kreditverhandlungen nicht nur einen hohen Fremdkapitalanteil (»high leverage«) sondern auch eine möglichst späte Tilgung (»deferred amortization«) zu erreichen.

Hier besteht ein klassischer Interessenkonflikt zwischen Eigenkapital- und Fremdkapitalgeber. 643
Je schneller und höher Rückzahlungen auf das Eigenkapital erfolgen, desto mehr Risiko verbleibt beim Fremdkapital. Im Extremfall kann »high leverage« und »deferred amortization« dazu führen, dass das Eigenkapital bereits nach wenigen Jahren vollständig zurückgeführt und teilweise sogar bereits verzinst ist, während das Fremdkapital zwar verzinst wird, aber weitgehend ohne Tilgung voll gebunden bleibt. Eine Situation, die das Risikoprofil von Eigen- und Fremdkapital de facto umzukehren droht. Diesem Umstand ist bei der Strukturierung der Finanzierung unbedingt Rechnung zu tragen.

> ! Wenn Projektentwickler nicht über das notwendige Eigenkapital verfügen, sollten Mezzanine- und/oder Eigenkapitalinvestoren eingebunden werden.

2. Finanzierungsanalyse

a) Immobilien Due Diligence

Ausgangspunkt der Finanzierungsanalyse ist die Immobilien Due Diligence. Unter Immobilien 644
Due Diligence ist die sorgfältige Prüfung eines Immobilienprojektes zu verstehen. Der angelsächsische Begriff der »due diligence« lässt sich dabei am besten mit »gebotener« oder »verkehrsüblicher Sorgfalt« übersetzen, mit der diese Prüfung zu erfolgen hat. Seine Wurzeln hat der Begriff »Due Diligence« im Investmentbanking, wo er vor allem bei M&A-Transaktionen die Prüfungsphase bei Unternehmenskäufen bezeichnet.[195] Zu den Prüffeldern der Due Diligence gehören die technische, die rechtliche, die steuerliche und die finanzielle Due Diligence.

Gegenstand der technischen Due Diligence sind Grundstücke und Gebäude, die hinsichtlich 645
Altlasten, Erschließung, Funktionalität, Gebäudetechnik (Statik, Versorgung, Entsorgung) über-

194 Vgl. *Drukarczyk* Unternehmensbewertung S. 273 ff.
195 Vgl. *Achleitner,* Handbuch Investment Banking, S. 172 ff.

prüft werden. Ergänzt wird die technische Due Diligence durch eine Immobilienbewertung. Dabei stellen Gutachter den aktuellen Markt- oder Verkehrswert[196] der Immobilien fest. Für Finanzierungszwecke ermitteln Gutachter v. a. den Beleihungswert[197] der Objekte, der den subjektiven Anforderungen der Fremdkapitalgeber an die Beleihbarkeit Rechnung tragen muss. Bei internationalen Transaktionen wird i. d. R. der (Open) Market Value als Immobilienwert herangezogen

646 Bei der rechtlichen Due Diligence werden alle rechtlichen Aspekte der Immobilienprojektentwicklung untersucht. Im Einzelnen handelt es sich dabei um öffentliches Baurecht, Bauverträge, grundpfandrechtliche Belastungen, Mietverträge, Kaufverträge und ggf. Erbbaurechtsverträge. Neben den immobilienrechtlichen Aspekten, sind v. a. gesellschafts-, arbeits- und haftungsrechtliche Aspekte zu prüfen.

647 Die steuerliche Due Diligence leuchtet die steuerlichen Aspekte der Transaktion aus. Im Bereich der Umsatzsteuer geht es regelmäßig darum, die Möglichkeit der Umsatzsteueroption zu prüfen. Daneben spielen Fragen der Einkommensteuer (v. a. Abschreibungen und Sonderabschreibungen, steuerliche Buchwerte) sowie der Gewerbesteuer (v. a. Möglichkeit der Befreiung) eine wichtige Rolle. Beim Erwerb von Immobiliengesellschaften ist die steuerliche Situation der zu übernehmenden Gesellschaft eingehend zu analysieren. Etwaig vorhandene steuerliche Verlustvorträge sind ebenso prüfungsrelevant wie vorhandene 6 b-Rücklagen. Neben der Identifikation von Steuerpotenzialen dient die steuerliche Due Diligence der Aufdeckung latenter Steuern und steuerlicher Risiken.

648 Die finanzielle Due Diligence umfasst die Prüfung sämtliche finanzieller Aspekte und Auswirkungen der Immobilienprojektentwicklung. Die Financial Due Diligence wird zu allererst vom Eigenkapitalinvestor, durchgeführt. Aber auch für die Finanzierungspartner der Investoren, die Fremdkapital- und Mezzanine-Kapitalgeber, sind die Analysen und Ergebnisse der Due Diligence von großer Bedeutung.

Tipp Die Due Diligence systematisch aufbauen, Prüfungsfelder und offene Punkte festlegen (Checklisten). Die Prüfungsergebnisse in einem Bericht zusammenführen.

Zur Unterstützung bei der Due Diligence sollten professionelle Spezialisten aus den Bereichen Finanzierung, Bewertung, Bautechnik, Altlasten, Recht und Steuern eingebunden werden.

b) Cashflowanalyse: Investment Case und Bank Case

649 Die Kapitalgeber führen neben der Immobilien Due Diligence eine auf die Zukunft gerichtete Cashflowanalyse des Immobilienprojektes durch. Mit der Cashflowanalyse werden alle zahlungswirksamen Mittelflüsse abgebildet. Das Mengen- und Preisgerüst der Cashflowanalyse basiert auf den Ergebnissen der technischen Due Diligence und der Immobilienbewertung. Hieraus werden erzielbare Mietansätze und Verkaufspreise sowie Kostenansätze für notwendige Instandhaltungs- und Modernisierungsmaßnahmen für das Immobilienprojekt abgeleitet, die als Objektdaten in die Cashflow-Rechnung eingehen.

650 Je nach Risiko- und Chanceneigung lassen sich bei der Projektion künftiger Cashflows unterschiedliche Annahmen treffen. Der risikobereite Eigenkapitalgeber plant die Cashflows mit kaufmännischer Sorgfalt. Er geht von wahrscheinlichen Zahlungsströmen aus, berücksichtigt Chancen und Risiken, an denen er im Positiven wie im Negativen teilhat. Der eher risikoaverse Fremdkapitalgeber, der an Chancen wirtschaftlich nicht partizipiert, versucht verständlicher-

196 Legaldefinition »Verkehrswert« vgl. § 194 BauGB i. V. m. §§ 12–25 WertV.
197 Legaldefinition »Beleihungswert« vgl. §§ 12 f. HBG.

weise Risiken für sein Fremdkapitalinvestment zu vermeiden. Er geht daher von Zahlungsströmen aus, die mit einer statistisch zu definierenden, hinreichenden Sicherheit eintreten. In der Finanzierungspraxis unterscheidet man bei der Cashflowanalyse deshalb regelmäßig den sog. »Investment Case« aus Sicht der Eigenkapitalgeber und den sog. »Bank Case« aus Sicht der Fremdkapitalgeber.

Tipp Wenn Expertise und Tools für eine professionelle Cashflowanalyse fehlen, Standardsoftware oder Eigenentwicklung eines Analysetools (z. B. auf Excel-Basis) einsetzen, Einbindung von professionellen Finanzierungsberatern.

c) Bonitätsprüfung und Rating

Neben Immobilien Due Diligence und Cashflow-Rechnung ist die Prüfung der Bonität der beteiligten Projektpartner wesentliche Finanzierungsvoraussetzung. Die Mindestanforderungen an die Bonitätsprüfung sind bankaufsichtsrechtlich in § 18 KWG sowie in Rundschreiben der Bankaufsicht (BAFin) geregelt.[198] Diese Gesetzesnorm sieht eine umfassende und laufende Offenlegung der wirtschaftlichen Verhältnisse des oder der Kreditnehmer vor. Das Verfahren ist in drei Schritte untergliedert: Vorlage der erforderlichen Unterlagen, deren Auswertung sowie Dokumentation des Auswertungsergebnisses und Pflicht zur Aufbewahrung der Dokumentation samt Auswertungsergebnissen zwecks Nachweis der ordnungsgemäßen Prüfung. 651

Zu den üblicherweise geforderten Unterlagen gehören bei bilanzierenden Kreditnehmern u. a. Jahresabschluss und Prüfungsbereicht sowie bei nicht-bilanzierenden Kreditnehmern Vermögensaufstellung und Überschussrechnung nebst aktuellem Einkommensteuerbescheid. Es bleibt den Banken selbstverständlich unbenommen, über diese Mindestanforderungen hinaus Unterlagen einzufordern und Prüfungen vorzunehmen. 652

Auch bei Immobilienobjektgesellschaften, sog. Einzweckgesellschaften, die nur das finanzierte Objekt im Bestand haben, reicht eine bloße Cashflow-Rechnung oder auch Kapitaldienstrechnung für die Bonitätsprüfung nicht aus. Neben den Jahresabschlussunterlagen für die Objektgesellschaft sind Unterlagen über alle maßgeblichen Projektbeteiligten, ggf. auch über die Mieter, erforderlich. 653

Üblicherweise ist die Bonitätsprüfung des Kreditnehmers in ein umfassendes Verfahren der internen Rating-Ermittlung eingebunden. In das Rating fließen neben quantitativen Auswertungsergebnissen auch qualitative Einschätzungen ein, die u. a. die Professionalität des Managements, die verfolgte Strategie, Marktpositionierung und sonstige Risikofaktoren umfassen. 654

Mit Basel II erhalten interne und externe Ratings von Kreditnehmern für die bankaufsichtsrechtliche Risikoklassifizierung von Krediten eine entscheidende Bedeutung. Sie bestimmen darüber, wie viel Eigenkapital die Bank einem Kredit zurechnen muss. Die Kosten des zu unterlegenden Eigenkapitals werden in der Kreditkalkulation den Kreditkonditionen zugeschlagen. Je mehr Eigenkapital die Bank für einen Kredit vorhalten muss, desto teurer der Kredit.[199] 655

Tipp Um den Informationsanforderungen am besten Rechnung zu tragen, sollte eine umfassende Projektdokumentation mit allen Informationen zu Strategie, Objekt, Mietern und Initiatoren durch bankerfahrene Mitarbeiter oder Berater erarbeitet werden.

198 Vgl. BAKred-Rundschreiben 9/98 (BAFin).
199 Vgl. *Hagen*, Der Hypothekarkredit in Basel II, S. 41 ff.

3. Finanzierungsstrukturierung und -platzierung

a) Strukturierung

656 Ausgehend von den Ergebnissen der Finanzierungsanalyse wird die Finanzierung gestaltet bzw. strukturiert. Hierzu empfiehlt sich die Beauftragung eines versierten Finanzierungsberatungsunternehmens, in aller Regel einer Bank.

657 Die Strukturierung der Finanzierung beinhaltet u. a. folgende Strukturierungsdimensionen[200]:

- Festlegung der Kapitalstruktur aus Eigenkapital, Mezzanine-Kapital und Fremdkapital
- Kombination maßgeschneiderter Finanzierungs- und Kapitalmarktinstrumente
- Auswahl der Kapitalinvestoren
- Festlegung der Finanzierungscashflows (v. a. Tilgung, Zinsen, Gewinnentnahmen)
- Festlegung der Sicherheiten (v. a. Grundpfandrechte, Zessionen, Haftungen)
- Detailausarbeitung der Vertragsdokumentation

658 Wesentlicher Einflussfaktor der Kapitalstruktur einer Transaktion ist die Volatilität des Projektcashflows. Je stabiler der Cashflow ist, desto höher können die Gesamtinvestitionskosten mit Fremdkapital finanziert sein. So kann ein sicherer Cashflow zu 100 % mit Fremdkapital gekauft werden. Einfaches Beispiel hierfür ist die Investition in Bundesanleihen, die eine risikolose Verzinsung bieten.

659 Nun ist der Cashflow aus einem Immobilienprojekt niemals risikolos, sondern mit spezifischen Immobilienrisiken, aber auch mit Risiken der allgemeinen wirtschaftlichen Entwicklung verbunden. Aus diesem Grunde ist der Einsatz von Eigen- oder Mezzaninekapital ergänzend zum Fremdkapital erforderlich.

660 Die Kapitalstruktur einer Immobilienprojektfinanzierung hängt vom Einzelfall ab. In der Praxis ergeben sich in der Regel folgende Bandbreiten des Kapitaleinsatzes:

Eigenkapital	10% bis 20%
Mezzanine	10% bis 20%
Fremdkapital	60% bis 80%

661 Das Eigenkapital wird von den Investoren regelmäßig als Kapitaleinlage in die Projektgesellschaft geleistet, und zu einem Teil auch als nachrangiges Gesellschafterdarlehen zur Verfügung gestellt. Das Mezzanine-Kapital wird von Banken und von spezialisierten Beteiligungsfonds in das Projekt gegeben. Die rechtliche Ausgestaltung von Mezzaninefinanzierungen ist vielfältig. Mezzanine-Kapital kann entweder als bevorzugtes Eigenkapital (z. B. als stille Beteiligung) oder aber als nachrangiges Darlehen mit Gewinnbeteiligung (partiarisches Darlehen, »equity kicker«) strukturiert werden. Die Bereitstellung von Fremdkapital erfolgt in der Regel als mittel- bis langfristiges Darlehen mit einer Laufzeit zwischen 5 und 10 Jahren. Die Besicherung des Darlehens erfolgt regelmäßig durch erstrangige Grundschulden. Die Zinsvereinbarung wird auf EURIBOR-Basis vorgenommen. Dabei wird die Zinssicherung flexibel auf die Cashflow-Planung des Investors abgestimmt und über Zinssicherungsinstrumente wie Swaps und Caps dargestellt. Alternativ wird eine Festzinssatzvereinbarung für 5 bis 10 Jahre getroffen.

b) Kreditzusage, Syndizierung und Platzierung im Kapitalmarkt

662 Bei großvolumigen Immobilienprojektfinanzierungen kommt es in besonderem Maße auf die Fähigkeit der arrangierenden Bank an, Eigen- und Fremdkapital im Kapitalmarkt weiter zu platzieren. Das moderne Risikomanagement erlaubt es nicht, dass Banken größere Finanzie-

200 *Zoller/Kiesl*, Real Estate Structured Finance, S. 215 f.

rungsvolumina auf eigenes Risiko im Bestand halten. Risikodiversifizierung ist daher heute bei allen Banken ein wesentlicher Bestandteil der Geschäftspolitik. Der Grad der Risikodiversifizierung wirkt sich nicht zuletzt auch auf die Margengestaltung von Einzelgeschäften aus.

Um eine Immobilienprojektfinanzierung als Arranger und Konsortialführer zu begleiten, ist es notwendig, dass Banken einen großen Teil des erforderlichen Finanzierungsvolumens zumindest im ersten Schritt übernehmen. Die Übernahme eines entsprechenden Finanzierungsvolumens erfolgt durch Kreditzusage und wird als Underwriting bezeichnet. 663

Die Finanzierungsstärke einer Bank beruht im Wesentlichen auf drei Faktoren: 664

- auf ihrer Fähigkeit, Risiken kurzfristig zu übernehmen,
- auf ihrer Fähigkeit, Risiken im Banken- und Kapitalmarkt zu platzieren und
- auf ihrer Fähigkeit, Risiken langfristig auf das eigene Buch zu nehmen.

Unter Syndizierung[201] ist der Verkauf von Darlehensforderungen an Fremdkapitalinvestoren, im Regelfall an andere Banken, zu verstehen. Wenn die Syndizierung bereits in der Phase der Darlehensgewährung erfolgt, spricht man häufig auch von Konsortialgeschäft. Die Technik von Syndizierung und Konsortialgeschäft ist im Wesentlichen die gleiche. Dem Syndizierungspartner wird eine Beteiligung an einem Darlehen einschließlich Sicherheiten eingeräumt. Im Einzelfall bestehen vielfältige Möglichkeiten der vertraglichen Gestaltung. Ein grundlegender Unterschied besteht zwischen vertikaler und horizontaler Syndizierung. Besitzen die Syndizierungsparter eine gleichrangige Gläubiger- und Sicherheitenposition, spricht man von einem vertikal syndizierten Darlehen, ansonsten von einem horizontal syndizierten Darlehen. Bei letzterem wird den Syndizierungspartnern entsprechend ihrer individuellen Ertrags-/Risikopräferenz eine Vorrang- oder Nachrangposition eingeräumt. Der Risikoverteilung beim horizontal syndizierten Kredit liegt damit der gleiche Grundgedanke zugrunde wie einer Mezzanine-Finanzierung bzw. einer Mortgage-Backed-Transaktion. Kredittranchen mit geringerem Risiko werden Senior Tranchen, Kredittranchen mit höherem Risiko Junior bzw. Sub-Tranchen genannt. 665

Um hohe Volumina im Markt zu platzieren, ist es erforderlich möglichst viele Investoren anzusprechen. Während die Syndizierung i. d. R. nur die Verteilung einer Finanzierung im Bankenmarkt erlaubt, kann mit einer Kapitalmarkttransaktion die tiefe des weltweiten Kapitalmarktes genutzt werden. Die Verbriefung von Forderungen als »Mortgage-Backed-Transaktion« bietet hierzu das geeignete Finanzierungsinstrument. Unter Mortgage-Backed-Transaktionen sind Kapitalmarkttransaktionen mit Hypothekdarlehen und/oder dem Miet-Cashflow aus Immobilien zu verstehen. Hierunter fallen Instrumente der Forderungsverbriefung (Securitisation) wie Mortgage-Backed-Securities (MBS), Credit-Linked-Pfandbriefe und Mortgage-Loan-Guarantee-Strukturen (MLG). 666

c) Eigenkapitalplatzierung und Einbindung von Investoren

Neben der Platzierung von Fremdkapital ist auch die Einbindung von Eigenkapital- und Mezzanineinvestoren wesentliche Aufgabe der Bank. 667

Potentielle Eigenkapitalgeber sind v. a. Privatinvestoren, institutionelle Investoren sowie gewerbliche Immobilieninvestoren (v. a. Projektentwickler, Bauunternehmen, Planungs- und Architekturbüros, Facility-Manager sowie sonstige Sponsoren). Die Eigenkapitalgeber investieren entweder direkt (v. a. gewerbliche Immobilieninvestoren) oder über Fonds (v. a. private und institutionelle Investoren). Neben den geschlossenen und offenen Immobilienfonds banknaher deutscher Fondsinitiatoren treten vermehrt internationale und global agierende Real Estate Funds und Real Estate Opportunity Funds in Erscheinung. 668

201 *Zoller/Kiesl*, Real Estate Structured Finance, S. 221 f.

669 Institutionelle Investoren legen v. a. Wert auf langfristige Mietverträge und gute Mieterbonitäten. Projekte mit Mietverträgen mit der öffentlichen Hand, sog. Public-Private-Partnership-Modelle (PPP-Modelle) sind besonders gesucht.[202]

> **!** **Wenn die Finanzierung vor Abschluss der Grundstückskauf- und Bauverträge unter Dach und Fach sein muss, sollten Spezialisten für die Strukturierung und Arrangierung einer marktgängigen Finanzierung eingebunden werden.**
>
> **Frühzeitige Ansprache der potenziellen Finanzierungspartner auf der Eigen- und Fremdkapitalseite.**

4. Fremdkapitalfinanzierung

a) Fremdkapitaleinsatz in den unterschiedlichen Projektphasen

670 In der Projektvorbereitungsphase kommt eine Finanzierung mit Fremdmitteln in der Regel nicht in Betracht. Die in dieser Phase anfallenden Kosten der Projektplanung und -vorbereitung müssen durch Eigenmittel des Projektentwicklers vorfinanziert werden. Auch Eigenmittel von Fonds oder sonstigen Investoren stehen in dieser Projektphase im Allgemeinen noch nicht zur Verfügung.

671 Größerer Finanzierungsbedarf entsteht dann in Projektrealisierungsphase, in die auch der Grundstücksankauf fällt, falls es noch erworben werden muss. Sofern das Grundstück zum Zeitpunkt des Ankaufs noch nicht über gesichertes Baurecht verfügt, ist auch hier eine Finanzierung mit Fremdmitteln praktisch ausgeschlossen. Diesem sog. spekulativen Grundstücksankauf ist ein erhebliches, schwer kalkulierbares Planungsrisiko immanent, das von Banken nicht getragen wird. Auch Investoren stellen in dieser Phase noch keine Mittel zur Verfügung. Verbleibt also wiederum nur die Finanzierung aus Eigenmitteln des Projektentwicklers. Sofern das Grundstück bereits über gesichertes Baurecht verfügt, kann der Grundstücksankauf in Ausnahmefällen auch schon vor Realisierung der Baumaßnahme anteilig mit Fremdmitteln finanziert werden.

672 Für die Realisierung der Baumaßnahme können dann üblicherweise Fremdmittel von Banken eingeworben werden. Die Banken achten jedoch auf einen angemessenen Eigenmitteleinsatz, der geeignet ist, die kosten- und ertragsmäßigen Projektrisiken (vgl. Unsicherheit, s. o.) abzudecken. Daneben setzten sie voraus, dass die Baurisiken hinsichtlich Kosten, Qualitäten und Terminen auf einen Generalübernehmer akzeptabler Bonität wirksam übertragen werden. Sind diese Voraussetzungen gegeben, sind dann auch potenzielle Investoren bereit, Eigenmittel für Immobilienprojektentwicklungen zur Verfügung zu stellen und Immobilienmarktrisiken zu übernehmen. Die Investoren stellen daher keine oder geringere Anforderungen an die Vorabvermietung und Vorabvermarktung des Projektes als die fremdfinanzierenden Banken, die nicht bereit sind, Immobilienmarktrisiken, also das Risiko der Vermietung und Vermarktung des Projektes zu tragen.

673 Die Vorfinanzierung von Gemeinkosten des Projektentwicklers oder etwa von Projektentwicklungsgewinnen durch Fremdmittel von Banken kommt regelmäßig nicht in Betracht.

> **Tipp** **Wenn die einzubringenden Eigenmittel zwar vorhanden sind, aber nicht rechtzeitig zur Verfügung stehen, ist unter bestimmten Umständen eine Vorfinanzierung des Eigenkapitals grundsätzlich möglich.**

202 *Kiesl/Schuster,* Abschied vom Kommunalkredit als Benchmark, S. 17.

b) Der Realkredit als gesetzlich normierter Standard der Fremdkapitalfinanzierung

674 Der Realkredit ist ein im deutschen Bankaufsichtsrecht normierter Standard der Immobilienkreditfinanzierung. Er hat seine Wurzeln im Hypothekenbankgesetz (HBG) und im Kreditwesengesetz (KWG). Als Realkredit wird ein Kredit mit werthaltiger grundpfandrechtlicher Besicherung bezeichnet. Eine werthaltige grundpfandrechtliche Besicherung liegt vor, sofern der Kredit unter Berücksichtigung von dinglichen Vorlasten im Rahmen von 60% des nach den Vorschriften des HBG ermittelten nachhaltigen Beleihungswertes besichert ist. Der Realkredit stellt in erster Linie auf die nachhaltige Ertragsfähigkeit der Immobilie ab. Daneben spielt auch die Bonität des Kreditnehmers und der Mieter der Immobilie eine wesentliche Rolle bei der Kreditvergabe.

c) Grundpfandrechte

675 Grundpfandrechte gewähren ihrem Inhaber das Recht, die Zahlung einer bestimmten Geldsumme aus dem damit belasteten Grundstück zu verlangen. Der Grundpfandrechtsinhaber oder -gläubiger kann zur Realisierung dieses Zahlungsanspruches die Zwangsverwertung des Grundstücks erwirken. Das BGB sieht mit der Hypothek und der Grundschuld zwei Formen von Grundpfandrechten für den Rechtsverkehr vor.[203]

676 Während die Hypothek streng an die gesicherte Forderung gebunden und damit akzessorisch ist, besteht die Grundschuld unabhängig von der gesicherten Forderung und damit abstrakt. Dieser Umstand macht die Hypothek im Gegensatz zur Grundschuld als Sicherungsinstrument unflexibel und unpraktisch. Daher findet im Kreditgeschäft fast ausschließlich die Grundschuld Anwendung.

677 Die rechtsgeschäftliche Entstehung einer Grundschuld erfordert Einigung und Eintragung der Grundschuld im Grundbuch. Dazu wird die Grundschuldbestellung notariell beurkundet und die Urkunde dem Grundbuchamt zur Eintragung vorgelegt. Bei Briefgrundschulden ist außerdem die Erteilung und Übergabe des Grundschuldbriefes an den Gläubiger Vorraussetzung. Die Verbindung zwischen dem grundpfandrechtlich zu besichernden Kredit bzw. Darlehen und der Grundschuld wird durch eine Sicherungsabrede oder auch Sicherungszweckerklärung hergestellt.[204]

678 Die Eintragung von Briefgrundschulden ist vor allem für Konsortialfinanzierungen von Bedeutung. Sie ermöglicht es, dass alle an der Finanzierung beteiligten Banken durch privatschriftliche Abtretung der Grundschuld und treuhänderische Verwahrung des Grundschuldbriefes Gläubiger der Grundschuld werden können.

679 Für die Verwertung der Grundschuld in der Zwangsvollstreckung benötigt die Bank einen dinglichen Titel, entweder eine vollstreckbare Urkunde oder ein Urteil. In der Praxis verlangt sie daher, dass sich der Grundschuldbesteller als Grundstückseigentümer der sofortigen dinglichen Zwangsvollstreckung in das Grundstück unterwirft. Gleichzeitig muss der Kreditnehmer (i. d. R. identisch mit dem Grundstückseigentümer) persönliche Haftungsübernahme erklären und sich der sofortigen persönlichen Zwangsvollstreckung in sein ganzes Vermögen unterwerfen. Diese dingliche und persönliche Zwangsvollstreckungsunterwerfung wird als Vollstreckungsklausel in die Grundschuldbestellungsurkunde aufgenommen. Die Bank lässt sich von dieser Urkunde dann eine vollstreckbare Ausfertigung durch den Notar erteilen.

680 Mit der notariell beurkundeten Grundschuldbestellung und der Eintragung ins Grundbuch, der Erteilung eines Grundschuldbriefes und der Erteilung einer vollstreckbaren Ausfertigung der

203 Vgl. *Nitschke*, Grundstücksrechtliche Fragen, S. 107 f.
204 Vgl. *Nitschke*, Grundstücksrechtliche Fragen, S. 109.

Grundschuldbestellungsurkunde sind Notar- und Grundbuchkosten gemäß Kostenordnung (KostO) verbunden. Diese Kosten variieren je nach Art, Umfang und Geschäftswert. Der Geschäftswert ist regelmäßig der Nominalbetrag der Grundschuld. Um den Geschäftswert niedrig zu halten, ist es Praxis, die sofortige dingliche Zwangsvollstreckungsunterwerfung in das Grundstück auf einen zuletzt zu zahlenden Teilbetrag zu beschränken.

! Die Verfügung über Kreditmittel setzt voraus, dass das Grundpfandrecht als Sicherheit wirksam bestellt ist. Wenn die die Eintragung der Grundschuld sich verzögert, stimmt unter bestimmten Umständen die Bank einer Verfügung über die Kreditmittel bereits zu, wenn ihr die Bestätigung eines Notars vorliegt, dass der Eintragungsantrag beim Grundbuchamt vorliegt und keine Hindernisse für die rangrichtige Eintragung des Grundpfandrechtes bestehen (Notarbestätigung).

d) Definition und Methodik der Beleihungswertermittlung

681 Ebenso wie der Realkredit ist der Beleihungswert im HBG bankaufsichtsrechtlich definiert. Der Beleihungswert ist im Gegensatz zum ebenfalls gesetzlich normierten Verkehrswert ein subjektiver Wert, der den Anforderungen eines Kreditgebers Rechnung trägt. Die Beleihungswertermittlung hat den Zweck, eine langfristige und sichere Wertobergrenze einer Immobilie zu ermitteln.

682 Der Beleihungswert ist definiert als der Wert eines Grundstückes, »von dem aufgrund der aus dem langfristigen Marktgeschehen abgeleiteten Erkenntnisse zum Bewertungszeitpunkt auf der Basis der dauerhaften, zukunftssicheren Merkmale mit hoher Sicherheit erwartet werden kann, dass er über einen langen, in die Zukunft gerichteten Zeitraum im normalen Geschäftsverkehr realisiert wird«.[205]

683 Die Methodik der Beleihungswertermittlung beinhaltet folgende wesentliche Parameter:

1. Die Wertermittlung basiert auf dem Zwei-Säulen-Prinzip, bestehend aus Sach- und Ertragswert.
2. Auf den Bauwert als Teil des Sachwertes werden nach Maßgabe des Vorsichtsprinzips Abschläge vorgenommen (»geminderter Bauwert«).
3. Die Baunebenkosten (einschließlich Zwischenfinanzierungskosten) werden nur bis zu einem angemessenen Höchstsatz als Anteil der reinen Baukosten berücksichtigt.
4. In die Ertragswertberechnung gehen nur dauerhafte ortsübliche Nettokaltmieten ein. Bei bestehenden Mietverträgen wird ein sog. »Overrent« (Ist-Miete höher als Marktmiete) nicht berücksichtigt, ein sog. »Underrent« (Ist-Miete niedriger als Marktmiete) allerdings schon.
5. Bei den Bewirtschaftungskosten sind Mindestansätze zu berücksichtigen.
6. Die Zinssätze für die Kapitalisierung der Reinerträge müssen innerhalb vorgegebener Bandbreiten liegen. Der untere Wert ist der Mindestkapitalisierungszinssatz. Je nach Standort, Nutzungsart, Objektzustand, Vermietung und Verwertbarkeit kann ggf. auch ein Kapitalisierungszinssatz oberhalb der Bandbreite Anwendung finden.
7. Die nachhaltige Ertragsfähigkeit eines Objektes setzt ihre vielseitige Verwendbarkeit und Nutzbarkeit für Dritte unbedingt voraus.
8. Wesentliche objektbezogene Beleihungsrisiken sind als Grundlage für die Kreditentscheidung darzulegen.
9. Wertbeeinflussende Rechte in Abteilung II des Grundbuchs sind zu ermitteln und gesondert zu bewerten.

---

205 Vgl. Verband Deutscher Hypothekenbanken VDH, Grundsatzpapier zum Beleihungswert von Immobilien, und VDH, Wesentliche Aspekte der Beleihungswertermittlung.

10. Für die Beleihungswertermittlung dürfen nur Sachverständige bzw. Bankmitarbeiter mit der erforderlichen Qualifikation herangezogen werden.
11. Bei gemischt genutzten Objekten ist die Trennung der Ertragswertberechnung nach wohnungswirtschaftlicher und gewerblicher Nutzung erforderlich.
12. Die Beleihungswertermittlung wird ergänzt durch eine Beurteilung der Marktgängigkeit des Objektes (Vermietbarkeit und Verkäuflichkeit).

Das Beleihungswertgutachten dient ausschließlich bankinternen Zwecken der Kreditprüfung und Kreditentscheidung und wird dem Kunden grundsätzlich nicht offengelegt. 684

Tipp Wenn der Projektentwickler Einsicht in die Beleihungswertermittlung erhalten bzw. ein Beleihungswertgutachten bei mehreren Banken zum Zwecke der Prüfung der Finanzierung einreichen möchte, kann ein Beleihungswertgutachten bei einem unabhängigen vereidigten Sachverständigen einer renommierten Bewertungsgesellschaft beantragt werden.

e) Sonstige Sicherheiten

Neben der grundschuldmäßigen Besicherung am Projekt kommen außerdem noch nachstehende Zusatzsicherheiten für die Fremdfinanzierung in Betracht: 685

- offene Abtretung der Zahlungsansprüche aus dem Bau- bzw. GÜ-Vertrag
- offene Abtretung bestehender und künftiger Zahlungsansprüche aus Mietverträgen bzw. entsprechenden Vorverträgen
- offene Abtretung bestehender und künftiger Kaufpreiszahlungsansprüche aus Kaufverträgen
- Verpfändung von Kontoguthaben und Wertpapieren
- Einrichtung und Überwachung eines laufenden Projektkontos
- Bürgschaften
- grundpfandrechtliche Besicherung auf weiteren Objekten

Der Umfang erforderlicher Zusatzsicherheiten ist projektspezifisch und daher im Einzelfall auf Basis der Kreditanalyse zu bestimmen. 686

f) Kreditarten während der Bauphase und nach Fertigstellung

aa) Bauzwischenfinanzierung

Der Fremdmitteleinsatz in der Bauzwischenfinanzierung wird regelmäßig über den Kontokorrentkredit, den Eurokredit oder ein Euribor-Darlehen bewerkstelligt. 687

Der Kontokorrentkredit ermöglicht eine variable Kreditinanspruchnahme, d. h. ein Inanspruchnehmen und Rückführen des Kredites im Rahmen der Kreditlinie ohne zeitliche Vorgaben für Auszahlungen, Zinsbindungen und Tilgungen wie etwa beim Darlehen oder auch beim Eurokredit. Die Zinsvereinbarung des Kontokorrentkredites gilt »b. a. w.«, d. h. bis auf weiteres. Ändert sich das kurzfristige Zinsniveau nachhaltig, wird die Kontokorrentverzinsung nach oben wie nach unten angepasst. 688

Der Eurokredit und das Euribor-Darlehen erfordern eine feste Inanspruchnahme für den kurzfristigen Zinsbindungszeitraum von in der Regel drei oder sechs Monaten. Ggf. kann auch eine abweichende Zinsfestschreibung von z. B. einem oder aber auch 12 Monaten vereinbart werden. Der Eurokredit wird von Banken in Luxemburg oder London, wo Eurokreditmärkte bestehen, vergeben. Ein Euribor-Darlehen kann im Gegensatz zum Eurokredit auch von Inlandsbanken gegeben werden. Seine Verzinsung orientiert sich am Euribor, dem Zinssatz für Geldhandel zwischen Banken im Euro-Raum. Die Feststellung des Euribors ist amtlich geregelt, so dass er eine verlässliche Bezugsgröße für die Zinsvereinbarung darstellt. 689

690 Bereits während der Bauphase kann es sinnvoll sein Zinsänderungsrisiken während der Bauzeit, ggf. aber auch darüber hinaus abzusichern. Hierzu bieten sich Zinssicherungsinstrumente an (s. u.).

bb) Langfristfinanzierung

691 Die Rückführung der Bauzwischenfinanzierung erfolgt regelmäßig durch eine langfristige Anschlussfinanzierung in Form eines Darlehens. Bei den Darlehensvarianten werden Annuitätendarlehen, Ratendarlehen und endfälliges Darlehen unterschieden. Ein Annuititätendarlehen zeichnet sich dadurch aus, dass der Kapitaldienst aus einer festen Rate (Annuität) besteht, bei der der Tilgungsanteil um die aufgrund der bereits erfolgten Tilgung ersparten Zinsen zunimmt und der Zinsanteil um die ersparten Zinsen abnimmt. Das Ratendarlehen ist mit einer festen Tilgung versehen, d. h. das Darlehen wird in gleichen Rückzahlungsbeträgen getilgt. Da die Zinsen auch hier mit der erfolgten Tilgung geringer werden, verringert sich der Kapitaldienst beim Ratendarlehen von Rate zu Rate. Ratendarlehen haben i. d. R. eine höheren Kapitaldienst (Anfangsbelastung) als Annuiätendarlehen. Endfällige und damit während der Laufzeit tilgungsfreie Darlehen werden nur gegen entsprechenden werthaltigen Tilgungsersatz (z. B. Abtretung einer Kapitallebensversicherung) gewährt. Sie sind meist steuerlich motiviert, nehmen in ihrer Bedeutung immer mehr ab.

692 Die Zinsvereinbarung beim Darlehen kann entweder einen Festzinssatz für die Dauer einer Zinsbindung von 5 bis 10 Jahren vorsehen, oder aber eine Zinsfestschreibung auf Euribor-Basis. Die Zinssicherung kann bei Euribor-Darlehen flexibel über Zinssicherungsinstrumente dargestellt werden. Zinsbindungen über 10 Jahre sind in der Praxis kaum anzutreffen, da sie relativ teuer sind. Dies liegt vor allem an höheren Refinanzierungskosten und an einem kalkulatorischem Aufschlag, den Banken für eine etwaige vorzeitige Rückzahlung verlangen. Die Rückzahlung von Darlehen kann nämlich für die Laufzeit von bis zu 10 Jahren aber nicht darüber hinaus vertraglich ausgeschlossen werden.

693 Sinnvollerweise wird der Kapitaldienst mit den Mietfälligkeiten synchronisiert, um Zwischenfinanzierung oder Zwischenanlage von Mitteln zu vermeiden. Üblich ist monatliche respektive vierteljährliche Zahlungsweise. Ggf. können die Zinszahlung von der Fälligkeit der Tilgung abweichend vereinbart werden.

694 Je nach Kredit- oder Darlehensart gibt es Unterschiede in der vertraglichen Dokumentation der Finanzierung. Gemeinsam ist allen Verträgen den Festlegung von Kreditgeber und Kreditnehmer, Darlehenshöhe, Verzinsung, Auszahlungskurs, Auszahlungsvoraussetzungen und Sicherheiten. In der Praxis werden immer häufiger auch Finanzrelationen (z. B. Kapitaldienstfähigkeit, Finanzierungshöhe in Relation zum Marktwert) vereinbart, in Abhängigkeit von denen die Verzinsung, die Stellung von Sicherheiten, aber auch Tilgung und Rückzahlung des Darlehens geregelt sind.

g) Kreditkosten

695 Die Kreditkosten für Immobilienprojektfinanzierungen bestehen regelmäßig aus einem einmaligen Entgelt (z. B. 1,50% aus dem Darlehensbetrag) sowie einem laufenden Entgelt, nämlich dem Zinssatz häufig bestehend aus Referenzzinssatz zzgl. Margenaufschlag (z. B. 3-Monats-Euribor zzgl. 2,00% p. a.).

696 Die Höhe des Bearbeitungsentgeltes und des Margenaufschlages werden von den Banken nach den individuellen Begebenheiten des Projektes kalkuliert. Als Referenzzinsatz wird ein Zins gewählt, der für die Kosten der Refinanzierung der Bank möglichst genau widerspiegelt. Der Margenaufschlag deckt, neben etwaigen sog. Funding-Kosten für die Abweichung der Refinanzierungskosten vom Referenzzinssatz, die Handlungs-, Risiko- und Eigenkapitalkosten der Bank ab. Die Risiko- und Eigenkapitalkosten der Bank werden vom internen Controlling der Bank vorgegeben. In die internen Controllingvorgaben fließen die bankaufsichtsrechtlichen

Mindestvorgaben für die Eigenkapitalausstattung von Banken sowie für die Eigenkapitalunterlegungspflicht im Kreditgeschäft ein. Unter dem Stichwort »Basel II« werden aktuell Neuerungen dieser bankaufsichtsrechtlichen Vorgaben diskutiert. Diese sollen in Kürze umgesetzt werden. Im Ergebnis wird »Basel II« zu einer nach Risikogesichtspunkten und Informationstransparenz differenzierteren Konditionierung von Krediten durch die Banken führen sowie die von den Kunden einzufordernde Informationstransparenz im Kreditgeschäft erhöhen. Externe sowie bankinterne Ratingverfahren werden künftig fester Bestandteil des Kreditgeschäftes, was jedoch bei vielen Instituten bereits heute schon der Fall ist.

h) Zinssicherungsinstrumente

Zinssicherungsinstrumente (auch Zinsderivate genannt) ermöglichen es, sich gegen Zinsänderungsrisiken abzusichern, sowie an Chancen aus Veränderungen des Zinsniveaus zu partizipieren. Bei einer günstigen Marktsituation besteht die Möglichkeit, eine bestehende Zinsbelastung zu reduzieren, ohne dass in vorhandene Finanzierungstverträge eingegriffen werden muss. Dabei müssen bestehende Finanzierungen keineswegs aufgelöst oder umgeschuldet werden. Vielmehr wird in Zinsderivaten die Zinskomponente einer Finanzierung von dem Aspekt der Bereitstellung von Liquidität durch ein Darlehen abgetrennt und für sich handelbar gemacht. Durch den Einsatz von Zinssicherungsinstrumenten wird das Zinssicherungsmanagement sowie die Handhabung von vorzeitigen Rückzahlungen flexibilisiert. 697

Folgende Tabelle gibt Beispiele der gängigsten Zinsderivate, die im Zusammenhang mit Immobilienfinanzierungen eingesetzt werden: 698

SWAP	Tausch von kurzfristigen und langfristigen Zinszahlungen und Sicherung eines mittel- oder langfristigen Zinssatzes bei gleichzeitiger Flexibilität für vorzeitige Kreditrückzahlung.
Forward-SWAP	Sicherung eines festen Zinssatzes für die Zukunft, z. B. für die Vermietungsphase nach Fertigstellung
SWAP-Option	Zinssicherung und gleichzeitig Flexibilität im Hinblick auf die tatsächliche Abnahme des Betrags
Zins-Währungs-SWAP	Nutzen günstiger Zinsen in Fremdwährung bei gleichzeitiger Inkaufnahme eines Wechselkursrisikos ohne Kreditaufnahme in der Fremdwährung
CAP	Sicherung einer Zinsobergrenze bei variablen Finanzierungen
FLOOR	Sicherung einer Zinsuntergrenze bei variablen Finanzierungen
COLLAR	Sicherung einer Zinsobergrenze durch Kauf eines CAP bei gleichzeitigem Verkauf eines FLOOR zur Prämienreduzierung (je nach Marktsituation auch »ZERO COST COLLAR« möglich)
Forward Rate Agreement	Sicherung eines festen Zinssatzes für kurz- und mittelfristige Finanzierungen, deren Beginn in der Zukunft liegt

Tabelle 1: Die gängigsten Zinsderivate

699 Der Einsatz von Zinssicherungsinstrumenten erfordert in jedem Fall eine klare Zinsmeinung. Hierzu gehört u. a. eine fundierte Einschätzung des aktuellen und künftigen Zinsniveaus sowie ein auf den Einzelfall abgestimmter Einsatz ausgewählter Zinsinstrumente. Für Projektentwickler empfiehlt sich in jedem Fall, eine professionelle Beratung hinsichtlich der Zinssicherungsinstrumente bei Banken zu suchen.

! Der Einsatz von Derivaten erfordert bei Banken eine kreditmäßige Beordnung. Falls Zinsrisiken nicht voll abgesichert werden oder ggf. Fremdwährungsrisiken eingegangen werden, kann ein gegenüber langfristigen Festzinsfinanzierungen erhöhtes Risiko bestehen und ggf. die Stellung von Zusatzsicherheiten erforderlich sein.

5. Immobilienleasing als Variante der Langfristfinanzierung

700 Großvolumige Immobilieninvestements haben zum Teil erhebliche Auswirkungen auf die Ertrags- und Kapitalrelationen von Unternehmen. Investitionen in Immobilien weisen bei diesen Unternehmen meist nicht die Renditen der Kerngeschäftsfelder auf und verschlechtern, sofern sie auf der Bilanz erfolgen, die Gesamtrendite des Unternehmens. Daneben liegen die gewichteten Kapitalkosten (WACC) der Unternehmen häufig über der Rendite des Immobilienbestandes. Insbesondere für Unternehmen, die am Kapitalmarkt agieren und sich am Shareholder Value orientieren, eine nicht aktzeptable Situation. Zwangsläufig suchen diese Unternehmen nach Finanzierungsvarianten, die die Bilanz entlasten oder sich bilanzneutral darstellen.

701 Das Immobilienleasing hat seit jeher diese Funktion mehr oder weniger erfüllt. Beim klassischen »deutschen« Immobilienleasing nach den Grundsätzen des deutschen Bilanz- und Steuerrechts wurden schon in den 70er Jahren mit entsprechenden Steuererlassen Kriterien für die Bilanzneutralität von Immobilienleasingkonstruktionen beim Leasingnehmer entwickelt und bis heute fortgeschrieben.

702 Aufgrund der Internationalisierung der Kapitalmärkte sehen sich insbesondere international agierende Unternehmen vermehrt dem Zwang ausgesetzt, nach internationalen Rechnungslegungsvorschriften zu bilanzieren. Die international verwendeten Grundsätze nach IAS/IFRS und US-GAAP zeichnen sich im Vergleich zum deutschen Bilanzrecht in erster Linie durch eine stärkere Ausrichtung an den Interessen der Investoren bzw. Aktionären als der Gläubiger der Unternehmen aus. Bilanzen nach IAS/IFRS und US-GAAP zeichnen sich durch eine marktgerechtere Bewertung von Vermögen und Schulden aus (»true and fair view«). Das deutsche Bilanzrecht hingegen tendierte zumindest in der Vergangenheit, auch wenn inzwischen auch gewisse Konvergenzen feststellbar sind, zu einer Unterbewertung des Vermögens und einer Überbewertung der Schulden und trug damit zur Bildung stiller Reserven in den Unternehmen bei.

703 Die Bilanzneutralität oder Bilanzentlastung von Leasingkonstruktionen nach IAS/IFRS oder US-GAAP stellt höhere Anforderungen an die Strukturierung der Finanzierung als das klassische »deutsche« Immobilienleasing. Hauptgrund hierfür ist, dass eine Bilanzneutralität oder Bilanzentlastung nur erreicht wird, wenn den Unternehmen auch ein wesentlicher Teil der mit den Immobilien verbundenen Risiken abgenommen wird. Anders als nach den deutschen Leasingerlassen folgt die Klassifizierung von Leasingkonstruktionen nach US-GAAP bzw. IAS/IFRS weniger starren Regeln. Vielmehr gilt das Prinzip »substance over form«. Auch wenn für das Off-Balance-Leasing nach US-GAAP bzw. IAS/IFRS inzwischen eine Abgrenzungssystematik nach bestimmten Grobkriterien besteht, verbleiben im Einzelfall eine Vielzahl offener Fragen.

704 Aufgabe einer professionellen Finanzierungsberatung ist es, die bilanziellen Anforderungen des Off-Balance-Leasing mit den Finanzierungsanforderungen des Kapitalmarktes abzugleichen und auf die jeweiligen Risiken individuell abgestimmte Finanzierungsstrukturen zu ent-

wickeln und umzusetzen. Nur so kann eine optimale Platzierung der Finanzierung im Kapitalmarkt zum Nutzen des Kunden als Nutzer (Mieter) sichergestellt werden. Zu einer marktgängigen Finanzierungsstruktur gehört in jedem Fall auch der Einsatz von Eigenkapital. »Klassisches Leasing« nach traditionell deutschem Muster mit 100% Fremdfinanzierung funktioniert weder mit Blick auf IAS/IFRS und US-Gaap noch mit Blick auf die Erfordernisse von Banken und Kapitalmarkt.

! Wenn keine Finanzierung für eine fertige Leasingkonzeption gefunden werden kann, sollte frühzeitig ein Financial Advisor eingebunden werden, um sicherzustellen, dass die Finanzierungsanforderungen an Standortwahl, Objektkonzeption, Mietvertrags- und Optionsgestaltung erfüllt werden können.

Tipp Bei großen und komplexen Immobilienprojekten empfiehlt es sich, bereits frühzeitig einen Financial Advisor zu beauftragen. Dadurch wird sichergestellt, dass die Strukturierung der Finanzierung marktgerecht erfolgt und die notwendigen Finanzierungspartner für Eigen- und Fremdkapital gefunden werden.

6. Public Private Partnership (PPP)

a) Notwendigkeit und Vorteile von PPP

Public Private Partnership (PPP) bedeutet Zusammenarbeit zwischen Trägern öffentlicher Auf- 705
gaben und privaten Unternehmen auf vertraglicher Basis zur Verfolgung gemeinsamer wirtschaftlicher Ziele.[206]

PPP verfügen über eine lange Historie, die beispielsweise beim gemeinnützigen Wohnungsbau bis ins 19. Jahrhundert zurückreicht.[207] Die in wirtschaftlicher Hinsicht bedrohliche Situation der öffentlichen Haushalte zwingt die öffentliche Hand wiederum dazu, auf lange Zeit in Vergessenheit geratene alternative Gestaltungen zur Finanzierung von Sanierungs- bzw. Neubaumaßnahmen und zum Betrieb von Infrastruktureinrichtungen zurückzugreifen. Aber auch Unternehmen der Privatwirtschaft müssen sich im Rahmen struktureller Krisen neue Betätigungsfelder schaffen. Dass PPP hierfür eine ideale Plattform bieten, hat nicht nur die Bauindustrie erkannt[208], die sich in den letzten Jahren mit großem Engagement der privaten Realisierung von Infrastrukturprojekten widmete.

Anwendungsbereiche von PPP beschränken sich nicht allein auf Verkehrsinfrastrukturmaßnahmen, wo die öffentliche Mittelknappheit in den vergangenen Jahren zu einem erheblichen Finanzierungsstau geführt hat und man beispielsweise mit Mautmodellen auf überaus positive Erfahrungen anderer europäischer Staaten blicken kann.[209] Auch im Bereich von anderen Infrastruktureinrichtungen, wie z. B. Wasser- und Stromversorgung, Abfallentsorgung oder bei Schulgebäuden bieten sich vielfältige Ansatzpunkte für Partnerschaften zwischen öffentlicher Hand und der Privatwirtschaft. Es gilt als anerkannt, dass mit PPP nicht nur die öffentliche Mittelknappheit überwunden werden kann, sondern dass auch wesentliche Nachfrage- und Beschäftigungseffekte initiiert werden können.[210]

---

206 *Gottschalk* in Budäus/Eichhorn, Public Private Partnership, S. 154.

207 *Kirsch*, Public Private Partnership, S. 23.

208 Vgl. Verkehrspolitisches Grundsatzprogramm des Hauptverbandes der Deutschen Bauindustrie e.V. (»Der Zukunft Wege bauen«); Entwicklungschancen der privaten Realisierung von Verkehrsinfrastrukturen in Deutschland, eine ökonomische Analyse des Vekehrsstraßenbauprivatfinanzierungsgesetzes, Hauptverband der Deutschen Bauindustrie, DGZ-Bank und HochTief.

209 *Jakob/Kochendörfer*, Private Finanzierung öffentlicher Bauvorhaben-Ein EU-Vergleich, S. 31 ff.

210 *Kirchhoff/Müller-Godffroy*, Finanzierungsmodelle für kommunale Investitionen, S. 12.

706 Neben solch positiven volkswirtschaftlichen Effekten können PPP im Einzelfall erhebliche Know-how Vorteile bringen. Der Privatsektor verfügt in vielen Bereichen über besonderes Know-how und über besondere Erfahrungen bei der Erstellung und dem Betrieb infrastruktureller Einrichtungen. Öffentliche Kooperationspartner können deshalb oftmals von der Planungserfahrung und dem Fachwissen kompetenter Fachleute bei privaten Vertragspartnern profitieren.[211]

Als wesentliche Hilfestellung zur Systematisierung der Planungen und Überlegungen zu PPP sowie zu ihrer Realisierung ist das im Oktober 2003 vorgestellte, auftrags von Bund, Ländern, Spitzenverbänden der Kommunen, Bauwirtschaft und Banken erstellte Gutachten »PPP im öffentlichen Hochbau« in fünf Bänden anzusehen.

Während Band I, Leitfaden, ablauforientiert die Schritte für eine PPP-Maßnahme im öffentlichen Hochbau zeigt, werden in Band II, Rechtliche Rahmenbedingungen, die vergabe-, steuer-, zuwendungs-, haushalts- und kommunalrechtlichen Bedingungen aufgezeigt und Novellierungsvorschläge unterbreitet. Ein standardisierter Wirtschaftsvergleich zwischen einer PPP-Variante und der herkömmlichen konventionellen Eigenrealisierung findet sich in Band III, Band IV stellt einen internationalen Vergleich an. In Band V werden schließlich Empfehlungen zum Aufbau eines Kompetenzzentrums sowie eines Kompetenznetzwerkes abgegeben.

b) Gestaltungsformen von PPP

707 Die Ausgestaltung von PPP ist in vielfältiger Weise denkbar. Es können mit ihrer Hilfe sowohl Aufgaben bzw. Funktionen als auch Finanzierungen privatisiert werden.[212]

Dienstleistungsmodell/Betriebsführungsmodell

708 Beim Dienstleistungs- bzw. Betriebsführungsmodell betreibt das private Unternehmen als Betriebsführer aufgrund eines Vertrages mit der öffentlichen Hand Anlagen des öffentlichen Aufgabenträgers. Der Private erbringt im Außenverhältnis Leistungen gegenüber den Leistungsempfängern bzw. Nutzern der Anlage. Unmittelbare Rechtsbeziehungen kommen im Außenverhältnis allerdings nur zwischen der öffentlichen Hand und den Leistungsempfängern zustande. Der private Erbringer der Leistungen erhält von der öffentlichen Hand eine Vergütung. Das notwendige technische Personal wird in der Regel vom öffentlichen Aufgabenträger gestellt.

Die Anlage bleibt im Eigentum des öffentlichen Aufgabenträgers, der auch weiterhin das wirtschaftliche Risiko trägt.

Betreibermodell/Konzessionsmodell

709 Anders als das Dienstleistungs- oder Betriebsführungsmodell sieht das Betreibermodellweitergehende Kompetenzen des Privaten als Betreiber im Rahmen der Aufgabenerledigung vor. Der Betreiber erbringt im einvernehmlichen, vertraglich geregelten Zusammenwirken mit dem Hoheitsträger die für die Planung und den Bau neuer oder die Sanierung bestehender Anlagen erforderlichen Leistungen, er hat ggf. die Bauherreneigenschaft, trägt das wirtschaftliche Risiko und übernimmt sodann den Betrieb der Anlagen einschließlich der öffentlich-rechtlichen Betreiberpflichten.[213]

Vertragsrechtlich ist das Betreibermodell dadurch geprägt, dass ein Betreibervertrag sowie verschiedene andere, das Rechtsverhältnis zwischen Betreibergesellschaft und Hoheitsträger regelnde Verträge abgeschlossen werden müssen.

---

211 *Knoop,* FiWi 1992, S. 15 (16).

212 Vgl. hierzu *Dreher,* NZBau 2002, S. 245 (246), der die rein materielle Privatisierung, d. h. Aufgabenprivatisierung, nicht als Unterfall der PPP ansieht.

213 Das Betreibermodell wird auch »Niedersächsisches Betreibermodell« genannt, vgl. *Knoop,* FiWi 1992, S. 15.

Im Regelfall wird der private Betreiber, der die Anlage errichtet, Eigentümer dieser Anlage. Ihm wird dazu ein Erbbaurecht am Grundstück eingeräumt, um das Zusammenfallen von Eigentum am Grundstück und an der Anlage zu verhindern. Mit Ablauf des (langfristigen) Betreibervertrages muss auch das Erbbaurecht enden, weshalb dafür eine Heimfallregelung zu vereinbaren ist.

Zu den wesentlichen Fragen gehört auch die Regelung des zu übernehmenden Personals. Falls vom Betreiber eine Altanlage mit oder ohne Durchführung von Sanierungsmaßnahmen übernommen wird oder anstelle einer alten Anlage eine neue gebaut wird, so wird das vorhandene Personal zu übernehmen sein.

Ob vertragliche Beziehungen zwischen dem Betreiber und den Nutzern der Anlage zustande kommen, hängt im wesentlichen von der jeweiligen Ausgestaltung des Modells ab.

Gestaltungsspielräume bestehen auch mit Blick auf die dem Betreiber für seine Tätigkeit zu zahlende Vergütung. Der Hoheitsträger als Vertragspartner kann dem Betreiber für seine Tätigkeit eine nach verschiedenen Kriterien bemessbare Vergütung zahlen. 710

Nicht unüblich ist allerdings auch, die wirtschaftliche Gegenleistung in einem Recht zur Nutzung, d. h. dem Recht zur Gebührenerhebung zu erbringen, also eine Konzession einzuräumen. Diese Konzession kann die alleinige Gegenleistung darstellen, daneben kann aber auch die Zuzahlung eines Entgeltes durch die öffentliche Hand erfolgen.[214]

Der Konzessionär trägt aber entsprechend der weiteren Ausgestaltung zumindest teilweise zusätzlich zum Baurisiko auch die Risiken, die mit der Verwaltung und der Inanspruchnahme der Einrichtung verbunden sind.

Das Betreiber- und das Konzessionsmodell unterscheiden sich in ihrer Grundkonzeption durch die Form der Vergütungszahlung.

Für das Betreibermodell, das unterschiedliche Ausprägungen erhalten kann, haben sich englische Bezeichnungen durchgesetzt. Zu begründen ist dies damit, dass PPP in den USA und Großbritannien auf eine längere Tradition als in Deutschland zurückblicken und weiter verbreitet sind.[215]

Das Betreibermodell wird auch BOOT- (Built-Own-Operate-Transfer) oder BOT- (Built-Operate-Transfer) Modell genannt. Soll die Anlage nicht übertragen werden, so spricht man vom BOO-Modell (Built-Own-Operate).

Beim Kurzzeitbetreibermodell wird eine Anlage oder Einrichtung durch einen Privaten schlüsselfertig hergestellt. Während der Anlaufphase wird von ihm der Betrieb der Anlage übernommen, der öffentliche Auftraggeber der Anlage soll nach einer Anlaufzeit den Betrieb allerdings selbst durchführen. Durch das Betreiben während der Anlaufphase der Anlage kann das Know-how des Anlagenerstellers zielgerichtet genutzt werden.[216]

Pachtmodell

Eine Zwischenlösung zwischen Betriebsführungs- und Betreibermodell stellt das Pachtmodell dar. 711

Dem Privaten als Betreiber werden im Gegensatz zum Betriebsführungsmodell, wo ihm außerhalb von Geschäftsbesorgungsaufgaben keine Organisationsfunktion zukommt, weitergehende Gestaltungsfreiräume bei laufendem Betrieb sowie zusätzliche Ermächtigungen und Vollmachten im Einzelfall eingeräumt. Das wirtschaftliche Risiko des Betriebes trägt ausschließlich

214 Ausführlich zur Konzession und den aktuellen Entwicklungen des Konzessionsmodells im Straßenbau Kap. B VI 1.

215 *Kirsch,* Public Private Partnership, S. 16 ff.

216 Das BOT-Modell ist gleichzeitig einer der vertraglichen Grundtypen bei Projektfinanzierungen, vgl. *Reuter/Wecker,* Projektfinanzierung, S. 82 ff.

die öffentliche Hand, die als Anbieter der entsprechenden Dienstleistung oder Leistung am Markt auftritt und auch Eigentümerin der Anlagen bzw. Einrichtungen bleibt. Der Private pachtet diese vom öffentlichen Hoheitsträger (z. B. Kommune) und zahlt dafür ein Pachtentgelt. Der Hoheitsträger trägt zudem die Lohnkosten und die Kosten für die technische Instandhaltung. Der Private übernimmt für die Kommune die komplette Organisation der Aufgabenerbringung, wofür er eine entsprechende Vergütung erhält.

Kooperationsmodell

712 Wesentliches Merkmal des Kooperationsmodells ist die Gründung eines gemeinschaftlichen Unternehmens zwischen der öffentlichen Hand und dem privaten Vertragspartner. Es erfreut sich insbesondere bei Kommunen großer Beliebtheit. Es hängt von den Erfordernissen des Einzelfalls ab, ob das zu gründende Gemeinschaftsunternehmen nun direkt die betreffende Aufgabe der Daseinsvorsorge wahrnimmt oder ob die Anlage bzw. Einrichtung in eine Besitzgesellschaft eingegliedert und eine separate Betriebsgesellschaft tätig wird.

Bei Gründung eines Gemeinschaftsunternehmens und anschließender Wahrnehmung der ursprünglich hoheitlichen Aufgabe durch dieses Gemeinschaftsunternehmen wird eines der vorstehend skizzierten Modelle integriert.

Das Kooperationsmodell, bei dem üblicherweise die öffentliche Hand 51 % der Anteile des Unternehmens hält, ermöglicht der Kommune den größtmöglichen Einfluss auf die Geschäftstätigkeit im Rahmen des Betriebes einer Anlage oder Einrichtung.

Wird eine solche gemischt-wirtschaftliche Gesellschaft gegründet, so müssen die Regeln des Vergaberecht beachtet werden (**vgl. hierzu Kap. B VI 1**).

Finanzierungsprivatisierung

713 Neben den dargestellten Möglichkeiten, Aufgaben auf Private zu übertragen, kann die Finanzierung von Projekten privatisiert werden.

Neben der klassischen Kreditfinanzierung über Bankdarlehen oder die Emission von Anleihen kommen Leasingmodelle (**vgl. hierzu Kap. B III 2 a**)), Fondsmodelle (**vgl. hierzu Kap. B III 2 b**)) oder Forfaitierung in Betracht. Bei der Forfaitierung handelt es sich um eine Sonderform des Forderungsverkaufs. Sie findet Anwendung in erster Linie im Bereich kommunaler Aufgaben. Ziel ist die Entlastung des kommunalen Vermögenshaushalts. Der Vertragspartner der Kommune, der die Erstellung des Bauwerkes übernommen hat, verkauft ihm aus diesem Vertrag für die Leistung zustehende Vergütungsansprüche an eine Bank, um seine Investitionskosten und ggf. Gewinn mit dem Verkaufserlös abzudecken. Die öffentliche Hand ihrerseits stellt die Bank von allen Risiken und Einreden frei, die aus der Rechtssphäre Unternehmer-Staat stammen. Nach Erstellung des Objekts leistet die Kommune ratenweise auf die gestundeten Forderungen an die Bank. Mit Zahlung auf die abgetretenen Forderungen werden die Kosten für das Bauwerk liquidiert.[217]

Tipp

1. Durch PPP bieten sich dem Staat Möglichkeiten, durch die Einbindung Privater öffentliche Haushalte zu entlasten.
2. Durch PPP können sich Privatunternehmen in der Immobilienwirtschaft neue Absatzmärkte schaffen.
3. Die sorgfältige Auswahl und die sorgsame vertragliche Gestaltung des PPP-Modells sind Grundvoraussetzungen für die erfolgreiche Durchführung; verschiedene Modelle können anhand der Erfordernisse des Einzelfalles kombiniert oder müssen im Einzelfall miteinander verzahnt werden.

---

217 Ausführlich zur Forfaitierung vgl. *Noll*, FiWi 1999, S. 221 (222).

4. Beim Dienstleistungsmodell erbringt der Private eine Leistung als Betriebsführer, die öffentliche Hand hat größtmöglichen Einfluss auf die Abläufe.
5. Das Betreibermodell ist besonders geeignet, um öffentliche Haushalte personell und wirtschaftlich zu entlasten.
6. Soll der private Vertragspartner das wirtschaftliche Risiko voll tragen, so kann ihm eine Konzession z. B. mit dem Recht, für die Nutzung der baulichen Anlage Maut zu erheben, eingeräumt werden.
7. Mit Mautmodellen sind in Europa im Verkehrswegebau in den vergangenen Jahrzehnten beste Erfahrungen gemacht worden.
8. Bei der Entscheidung für ein Betreibermodell muss sorgfältig abgewogen werden, ob im konkreten Fall die relativ große Abhängigkeit vom privaten Betreiber akzeptabel ist.
9. Im Betreibervertrag sollten neben Sanktionsmöglichkeiten bei Pflichtverletzungen auch Kontrollmöglichkeiten eingeräumt werden. Am wirkungsvollsten kann Kontrolle über eine Mehrheitsbeteiligung an einer kooperativen Betreibergesellschaft erreicht werden.
10. Kurzzeitbetreibermodelle empfehlen sich besonders, wenn beim Neubau von technischen Anlagen der Hersteller während der Anlaufphase das zum Betreiben der Anlage notwendige Fachwissen an den späteren Betreiber weitergeben soll.

7. Steuerrechtliche Aspekte

a) Immobilienleasing

Die ertragssteuerliche Behandlung des Immobilienleasings hängt von der Zuordnung des Leasingguts zum Leasinggeber oder Leasingnehmer ab. 714

Die steuerliche Zuordnung folgt den zivilrechtlichen Eigentumsverhältnissen, es sei denn, es liegt wirtschaftliches Eigentum vor (§ 38 Abs. 2 Nr. 1 Satz 1 AO). Wirtschaftlicher Eigentümer ist, wer als Nichteigentümer die tatsächliche Herrschaft über ein Wirtschaftsgut in der Weise ausübt, dass er den Eigentümer im Regelfall für die gewöhnliche Nutzungsdauer von der Einwirkung auf das Wirtschaftsgut wirtschaftlich ausschließen kann.[218] Die Finanzverwaltung hat die Frage der Zuordnung in vier steuerlichen Leasingerlassen konkretisiert. Für die ertragssteuerliche Zuordnung von Immobilien sind das Schreiben betr. Ertragssteuerliche Behandlung von Finanzierungs-Leasing-Verträgen über unbewegliche Wirtschaftsgüter[219] und das Schreiben betr. Ertragssteuerliche Behandlung von Teilammortisations-Leasing-Verträgen über unbewegliche Wirtschaftsgüter[220] heranzuziehen.

aa) Steuerliche Zuordnung beim Leasingnehmer

Einkommensteuer/Körperschaftsteuer

Erfolgt eine ertragssteuerliche Zuordnung beim Leasingnehmer, so hat dieser den Leasinggegenstand zu aktivieren und über die betriebsgewöhnliche Nutzungsdauer abzuschreiben. Die Aktivierung erfolgt mit den tatsächlichen Anschaffungs- bzw. Herstellungskosten des Leasinggebers. Darüber hinausgehende Beträge, die der Leasingnehmer zu tragen hat, sind in einen aktiven Rechnungsabgrenzungsposten einzustellen und anteilig mit Zahlung der Leasingraten aufzulösen. Die Auflösungsbeträge stellen Zinsaufwand dar. 715

Die Verbindlichkeit, die sich aus der Summe der Leasingraten ergibt, ist zu passivieren.

218 *Tipke/Kruse,* Kommentar zur Abgabenordnung § 39, Rdnr. 10 ff.
219 BMF v. 21. 3. 1972, BStBl. I 1972, 188.
220 BMF v. 23. 12. 1991, BStBl. I 1992, 13.

bb) Steuerliche Zuordnung beim Leasinggeber

(1) Einkommensteuer/Körperschaftsteuer

716 Üblicherweise wird eine Zuordnung des Leasinggegenstandes beim Leasinggeber angestrebt. In diesen Fällen hat der Leasinggeber den Leasinggegenstand zu aktivieren und über die Nutzungsdauer abzuschreiben. Die steuerlich anerkannten Nutzungsdauern ergeben sich aus den amtlichen AfA-Tabellen.[221]

Die Leasingraten stellen beim Leasinggeber in voller Höhe Betriebseinnahmen dar. Der Leasingnehmer kann sie in voller Höhe als Betriebsausgaben absetzen. Besonderheiten bestehen bei der Vereinbarung nicht linearer Leasingraten.[222]

(2) Gewerbesteuer

717 Der Leasinggeber ist gewerbesteuerpflichtig, soweit er einen Gewerbebetrieb führt (§ 2 Abs. 1 GewStG). Eine rein vermögensverwaltende Personengesellschaft, welche nicht gewerblich geprägt ist, ist nicht gewerbesteuerpflichtig (vgl. A.II.3).

Soweit Gewerbesteuerpflicht besteht, sind Refinanzierungszinsen für langfristige Verbindlichkeiten zu 50% als Dauerschuldzinsen zur gewerbesteuerlichen Bemessungsgrundlage hinzuzurechnen (§ 8 Nr. 1 GewStG). Langfristige Verbindlichkeiten sind bei einer Laufzeit von über zwölf Monaten gegeben (Abschn. 47 Abs. 7 Nr. 1 Satz 9 ff. GewStR).

Für den Immobilienbereich ist die Kürzungsvorschrift des § 9 Nr. 1 Satz 1 GewStG, 1,2% des Einheitswertes, sowie die erweiterte Kürzungsnorm des § 9 Nr. 1 Satz 2 GewStG für den Teil des Gewerbeertrages, der auf die Verwaltung und Nutzung des eigenen Grundbesitzes entfällt, gegeben (vgl. A.II.3.).

(3) Grunderwerbsteuer

718 Die entgeltliche Übertragung bebauter oder unbebauter Grundstücke ist grunderwerbsteuerpflichtig. Der Erwerb eines Objektes durch die Leasinggesellschaft ist damit grunderwerbsteuerpflichtig. Gleiches gilt für einen eventuellen späteren Erwerb durch den Leasingnehmer.

Eine Verringerung der anfallenden Grunderwerbsteuer lässt sich durch die Einschaltung einer Objektgesellschaft in der Rechtsform einer Personengesellschaft erzielen. Grunderwerbsteuer fällt in diesen Fällen insoweit nicht an, als Beteiligungsidentität zwischen Veräußerndem und Erwerbendem besteht (vgl. A.II.5.a.).

(4) Umsatzsteuer

719 Umsatzsteuerlich gelten die allgemeinen Regelungen (vgl. A.II.4.).

b) Immobilienfonds

aa) Geschlossener Immobilienfonds

720 Die Fondsgesellschaft wird üblicherweise in der Rechtsform einer Personengesellschaft betrieben. Wegen der Transparenz der Personengesellschaft werden die Einkünfte der Gesellschaft dem Gesellschafter anteilig zugerechnet. Der Gesellschafter erzielt Einkünfte der Einkunftsart, welche die Fondsgesellschaft erzielt, es sei denn in seiner Person treten Besteuerungsmerkmale auf, die zu einer Umqualifizierung dieser Einkünfte für ihn als Gesellschafter führen (Zebragesellschaften).

721 Die Art der Einkünfte eines geschlossenen Immobilienfonds hängt von der rechtlichen Ausgestaltung des Fonds ab.

Ist der Immobilienfonds rein vermögensverwaltend tätig, indem er Bestandsimmobilien verwaltet und handelt es sich nicht um eine gewerblich geprägte Personengesellschaft, so erzielt der Fonds Einkünfte aus Vermietung und Verpachtung.

---

221 www.bundesfinanzministerium.de.

222 Behandlung progressiver und degressiver Leasingraten, BFH BStBl. II 1982, 696.

Die gewerbliche Vermietung führt zu Einkünften aus Gewerbebetrieb. Eine gewerbliche Vermietung liegt vor, wenn neben der reinen Vermietung von Gewerbeimmobilien Tätigkeiten ausgeübt werden, die für sich genommen bereits eine Gewerblichkeit begründen. Hierunter fällt etwa das Betreiben eines Hotels oder Altenheims. Eine gewerbliche Vermietung kann in diesen Fällen durch eine Ausgliederung des Betriebs auf einen Betreiber vermieden werden. Zu beachten ist hierbei, dass die Gesellschafter der Fondsgesellschaft mit dem Betreiber nicht verflochten sind. Ansonsten entstünde eine Betriebsaufspaltung.

Eine Betriebsaufspaltung liegt bei einer personellen und sachlichen Verflechtung zwischen einer Besitzgesellschaft und einer Betriebsgesellschaft vor. Sie führt dazu, dass Einkünfte der Besitzgesellschaft, der Fondsgesellschaft, in Einkünfte aus Gewerbebetrieb umqualifiziert werden.

Die personelle Verflechtung verlangt die Beherrschung beider Unternehmen durch dieselbe Person oder Personengruppe.

Die sachliche Verflechtung entsteht dadurch, dass die Besitzgesellschaft der Betriebsgesellschaft eine wesentliche Betriebsgrundlage überlässt. Wesentliche Betriebsgrundlage können neben Fabrikationsgebäuden auch Büroräume sein. Die Gebäude müssen nicht speziell auf die Bedürfnisse der Betriebsgesellschaft ausgerichtet sein.

Überschreitet der Fonds die Grenze zum gewerblichen Grundstückshändler, erzielt der Fonds Einkünfte aus Gewerbebetrieb (vgl. B.I.4.a.bb). 722

Bei Einkünften aus Vermietung und Verpachtung werden Einnahmen in Form der Mieterträge erzielt. Dem stehen Werbungskosten aus der Errichtung und Unterhaltung der Vermietungsobjekte gegenüber. 723

Veräußerungen von Immobilien außerhalb der Grenze der Gewerblichkeit unterliegen nur der Besteuerung, wenn diese Verkäufe innerhalb der Spekulationsfrist von zehn Jahren seit Erwerb oder Errichtung erfolgen (§ 23 EStG).

Wird der geschlossene Immobilienfonds in der Rechtsform einer gewerblich geprägten Personengesellschaft betrieben, werden Einkünfte aus Gewerbebetrieb erzielt. Eine gewerblich geprägte Personengesellschaft liegt vor, wenn eine Gesellschaft, die an sich keine gewerblichen Einkünfte erzielt, ausschließlich einen oder mehrere Kapitalgesellschaften als persönlich haftende Gesellschafter hat und nur diese oder Personen, die nicht Gesellschafter sind, zur Geschäftsführung befugt sind (§ 15 Abs. 3 Nr. 2 EStG). Typisches Beispiel ist die GmbH & Co. KG. 724

Die gewerbliche Prägung kann dadurch vermieden werden, dass anstelle oder neben Kapitalgesellschaften auch mindestens eine natürliche Person Komplementärin wird. Ebenso besteht die Möglichkeit, einen Kommanditisten zum Geschäftsführer zu bestellen.

Bei einer gewerblich geprägten Personengesellschaft befinden sich die Immobilien im Betriebsvermögen. Einkommensteuerpflichtig sind damit neben den laufenden Vermietungseinkünften sämtliche Immobilienveräußerungen der Gesellschaft. 725

Die Beteiligung an einem Immobilienfonds in der Rechtsform der GmbH & Co. KG erfolgt in der Regel als Kommanditist. Verluste, die den Gesellschaftern insbesondere in der Anlaufphase zugerechnet werden, können für Kommanditisten nur bis zur Höhe ihrer Kommanditeinlage unmittelbar mit anderen positiven Einkünften verrechnet werden. Darüber hinausgehende Verluste können nur mit zukünftigen Gewinnen der Kommanditgesellschaft verrechnet werden (§ 15 a EStG).

Geschlossene Immobilienfonds weisen den Gesellschaftern in der Anlaufphase vielfach hohe steuerliche Verluste zu. Sofern dieser steuerliche Vorteil im Vordergrund steht, sich nach dem Konzept des Immobilienfonds die Nachsteuerrendite mehr als verdoppelt und mit Verlustzuweisungen geworben wird, können diese Verluste nicht mit anderen Einkünften verrechnet werden, § 2 b EStG (vgl. A.II.1.d.). 726

Finanzierungsaufwand der Gesellschafter aus dem Erwerb der Beteiligung an der Fondsgesellschaft sind Sonderwerbungskosten bei den Einkünften aus Vermietung und Verpachtung sowie Sonderbetriebsausgaben bei gewerblichen Einkünften.

Zur Ermittlung der Nachsteuerrendite im Sinne des § 2 b EStG sind auch diese Sonderwerbungskosten oder -betriebsausgaben mit einzubeziehen.

727 Geprüft werden muss, ob der Immobilienfonds eine Überschusserzielungsabsicht hat und damit keine Liebhaberei vorliegt. Ist dies zu verneinen, werden Verluste der Gesellschaft steuerlich nicht anerkannt. In die Ermittlung des notwendigen Totalüberschusses sind auch die Sonderwerbungskosten bzw. Sonderbetriebsausgaben der Gesellschafter einzubeziehen. Die Gewinnerzielungsabsicht kann durchaus auf Ebene der Gesellschaft vorliegen, aber bedingt durch eine hohe Fremdfinanzierung des Gesellschaftsanteils auf Ebene des Gesellschafters versagt werden.

728 Soweit der geschlossene Immobilienfonds Einkünfte aus Gewerbebetrieb erzielt, unterliegt er grundsätzlich der Gewerbesteuer. Wenn nur eigener Grundbesitz verwaltet wird, fällt jedoch Gewerbesteuer wegen der erweiterten Kürzungsvorschrift des § 9 Nr. 1 Satz 2 GewStG nicht an (vgl. A.II.3.).

729 Geschlossene Immobilienfonds lebten in der Vergangenheit vielfach von der Möglichkeit hohe steuerliche Anfangsverluste zuweisen zu können und bei vermögensverwaltenden Fondsgesellschaften Immobilien steuerfrei außerhalb der zehnjährigen Spekulationsfriststeuerfrei veräußern zu können.

Der Steuergesetzgeber hat diese Vorteile in den letzten Jahren beschnitten.

Investitionen in geschlossene Immobilienfonds werden sich deshalb zunehmend weg von einer steuerlichen und hin zu einer substanzorientierten Betrachtung entwickeln.

(1) Treuhandgestaltungen

730 Vielfach wird bei Immobilienfonds mit einer Vielzahl von Anlegern ein Treuhänder zwischen die Fondsgesellschaft und die Anleger geschaltet. Hierdurch soll die Handhabung des Fonds erleichtert werden. Der Treuhänder wird regelmäßig Kommanditist. Das steuerliche Ergebnis der Fondsgesellschaft wird über ihn auf die einzelnen Gesellschafter verteilt.

Der Treuhänder muss für Rechnung und Gefahr der Treugeber handeln. Er darf nicht eine derart beherrschende Stellung einnehmen, dass nicht die Fondsgesellschaft, sondern er die Einkünfte erzielt. Zu den Anerkennungsvoraussetzungen ist ein BMF-Schreiben ergangen.[223]

(2) Bauherreneigenschaft

731 Bauherr ist, wer auf eigene Rechnung und Gefahr ein Gebäude baut oder bauen lässt. Der Bauherr muss das Bauherrenwagnis tragen und rechtlich und tatsächlich die Planung und Ausführung des Bauvorhabens beherrschen.[224] Die Finanzverwaltung ist bislang davon ausgegangen, dass die Beurteilung der Bauherreneigenschaft auf die Ebene der Fondsgesellschaft und nicht auf die Ebene der Gesellschafter erfolgt. Diese Haltung schlug sich im 4. Bauherrenerlass der Finanzverwaltung nieder.[225] Ausreichend war, dass die Gesellschaft, die zur Durchführung des Bauvorhabens erforderlichen Verträge aushandelte. Hierfür genügte es, wenn mindestens ein Gesellschafter, der hinsichtlich seiner gesellschaftsrechtlichen Stellung und seiner Kündigungsrechte den übrigen Gesellschaftern gleichgestellt ist, das konkrete Vertragswerk in seiner Eigenschaft als Bauherr entwickelte. Die Initiatoren des Fonds konnten damit das Projekt als Gründungsgesellschafter entwickeln und vor Beitritt der übrigen Gesellschafter vertragliche Vorbereitungen zur Errichtung des Bauwerkes treffen.

---

223 BMF v. 1. 9. 1994, BStBl. I 1994, 604.
224 BFH, BStBl. II 1990, S. 299.
225 BMF v. 31. 8. 1990, BStBl. I 1990, 366.

Die Rechtsprechung hat abweichend von dieser Haltung für die Beurteilung der Bauherreneigenschaft auf die Ebene des Gesellschafters abgestellt. Diese Beurteilung trägt der ertragsteuerlichen Transparenz der Personengesellschaft im Einkommensteuerrecht Rechnung. Die Finanzveraltung hat sich nunmehr dieser Haltung in dem 5. Bauherrenerlass angeschlossen.[226] 732

Der 5. Bauherrenerlass regelt den Umfang der derzeitigen Abzugsfähigkeit einzelner Aufwendungen im Fall der Bauherreneigenschaft des Fonds. 733

(3) Gewinne aus privatem Veräußerungsgeschäft

Werden Fondsanteile im steuerlichen Privatvermögen gehalten, lösen nach jetziger Rechtslage Anteilverkäufe innerhalb von zehn Jahren nach Erwerb eine Besteuerung des Veräußerungserlöses als privates Veräußerungsgeschäft aus (§ 23 EStG). 734

(4) Ausschüttungen

Ausschüttungen des geschlossenen Immobilienfonds müssen nicht mit dem steuerlichen Ergebnis korrelieren. So kann der Fonds durchaus eine positive Liquidität haben und Gelder an die Gesellschafter ausschütten, obwohl bedingt durch Abschreibungen steuerliche Verluste erzielt werden. 735

In diesen insbesondere in der Anfangsphase häufiger auftretenden Fällen erfolgen die Ausschüttungen quasi steuerfrei.

Zu beachten ist, dass die hiermit verbundene Rückzahlung von Eigenkapital an Kommanditisten deren Haftung wiederaufleben lässt (§ 172 Abs. 4 HGB).

Die Verminderung des Eigenkapitals des Kommanditisten hat auch zur Folge, dass die Verlustverrechnungsgrenze des § 15 a EStG herabgesetzt wird.

(5) Ergebnisverteilung

Problematisch ist die Zuordnung von Gewinnen und Verlusten soweit nicht alle Gesellschafter zeitgleich in die Gesellschaft eingetreten sind. Für die Gründungsphase ist anerkannt, dass eine gesellschaftsvertragliche Regelung ausreicht, wonach allen Beteiligten unabhängig vom Zeitpunkt des Beitritts bis zum Ende des Kalenderjahres, in dem das Eigenkapital vollständig platziert ist, das gleiche anteilige Ergebnis zuzurechnen ist.[227] 736

Bei einem späteren Gesellschafterwechsel ist der Stand des Kapitalkontos des ausscheidenden Gesellschafters zum Zeitpunkt des Ausscheidens zu ermitteln. Dem Gesellschafter ist damit das zeitanteilige Ergebnis bis zum Ausscheidenszeitpunkt zuzurechnen.

bb) Offene Immobilienfonds

Gesetzlich geregelt ist der offene Immobilienfonds im KAGG. 737

Offene Immobilienfonds kommen als Finanzierungsinstrument für ein Projekt eines Einzelinvestor regelmäßig nicht in Betracht. Das Fondsvermögen kann nicht in ein Einzelobjekt investiert werden (§ 27 Abs. 1 Satz 2 KAGG).

Die Finanzierung über einen offenen Immobilienfonds erübrigt sich damit für A.

(1) Public Private Partnership

Für Public Private Partnerships gelten die allgemeinen steuerlichen Regelungen. Meistens erfolgt eine Abwicklung über Projektgesellschaften. 738

Ertragsteuerlich ist zu prüfen, ob Leistungen, die im Zusammenhang mit einer Projektgenehmigung oder einem Immobilienerwerb erbracht werden, aufwandswirksam sind oder zu aktivieren sind. Es gilt der allgemeine Anschaffungskosten-/Herstellungskostenbegriff (vgl. B.II.5.a.aa; bb).

---

226 BMF v. 20. 10. 2003, www.bundesfinanzministerium.de

227 BFH, BStBl. II 1987, 558.

Umsatzsteuerlich besteht beim Public Private Partnership vielfach keine Vorsteuerabzugsberechtigung auf Seiten der beteiligten öffentlichen Stellen. Sofern Immobiliennutzungen durch die öffentliche Hand geplant sind, ist die Optionsmöglichkeit zur Umsatzsteuerpflicht zu überprüfen.

Tipp

1. Beteiligungen von mehr als 10% an geschlossenen Immobilienfonds werden in die Objektgrenze für den gewerblichen Grundstückshandel einbezogen.
2. Verlustzuweisungen von Immobilienfonds, deren Nachsteuerrendite mehr als doppelt so hoch ist als die Vorsteuerrendite und für die entsprechend geworben wurde, werden nicht anerkannt.
3. Finanzierungsaufwendungen aus dem Beteiligungserwerb sind für die Renditeermittlung und die Berechnung des Totalüberschusses des Fonds einzubeziehen.
4. Bei Vermietung von Gewerbeimmobilien können Einkünfte aus Vermietung und Verpachtung nur erzielt werden, wenn der Fonds nicht Betreiber der Gewerbeeinheit ist.
5. Bei einer GmbH & Co. KG kann die gewerbliche Prägung dadurch vermieden werden, dass eine natürliche Person Komplementärin ist oder ein Kommanditist Geschäftsführer wird.
6. Die steuerliche Behandlung von Aufwendungen bei Bauherreneigenschaft des Fonds ergibt sich aus dem 5. Bauherrenerlass.

IV. Versicherungen

1. Einleitung

739 Mit Blick darauf, dass der Bauherr von Schäden an seiner Baumaßnahme vorrangig betroffen ist, sei es aufgrund mangelhafter Planung, fehlerhafter Überwachung oder falscher Ausführung, sollten er und seine Berater sich bereits zu einem sehr frühen Zeitpunkt intensiv mit der versicherungsrechtlichen Absicherung der geplanten Baumaßnahme befassen.

740 Die Praxis zeigt aber, dass eine umfassende Risikoanalyse nur in den seltensten Fällen durchgeführt wird. In der Regel werden die Auftragnehmer vertraglich verpflichtet, Versicherungen abzuschließen, ohne deren Inhalt sowie Umfang zu präzisieren. Freilich ist der Bauherr häufig überfordert, die unterschiedlichen Versicherungsbedingungen im Einzelnen auf Richtigkeit und Vollständigkeit zu prüfen und gibt sich daher oftmals mit einer lapidaren Bestätigung eines Versicherers zufrieden. Übersehen wird, dass diese Bestätigung in der Regel nur eine Momentaufnahme ist. Sie besagt lediglich, dass der Versicherungsschutz zum Zeitpunkt der Erstellung dieser Bescheinigung besteht. Ob dieser auch bei Schadenseintritt Bestand haben wird, ist ungewiss.

741 Für den Bauherrn ist es fast unmöglich, sich ohne fachmännische Unterstützung ein umfassendes Bild über den Umfang der notwendigen Versicherungen, die bei Beauftragung einer Baumaßnahme notwendig sind, zu machen. Da erfahrungsgemäß oftmals Versicherungen in erster Linie nach Kostengesichtspunkten abgeschlossen werden, ist es nicht verwunderlich, dass häufig erst im Schadensfall festgestellt wird, dass der Versicherungsschutz unzureichend war.

742 Nachdem die Genehmigungspflicht von Versicherungsbedingungen durch das Bundesaufsichtsamt für das Versicherungswesen zum 1. 7. 1994 im Zuge der EU-Harmonisierung aufgehoben wurde, haben alle Versicherungsgesellschaften eigene Bedingungswerke entwickelt. Einige Gesellschaften haben sogar für gleichartige Risiken mehrere Bedingungswerke veröffentlicht, die von der Prämie und somit vom Umfang des Versicherungsschutzes erheblich variieren. Einige der einschlägigen Versicherungsmakler sind ebenfalls mit z. T. erweiterten Bedingungswerken am Markt.

Versichert ist die im Versicherungsschein beschriebene Tätigkeit/Sache entsprechend den vom Versicherer beigefügten Bedingungen. Der geografische Geltungsbereich des Versicherungsschutzes wird in den jeweiligen Bedingungen definiert. Bei einigen Gesellschaften ist dieser auf Deutschland beschränkt, andere beschränken ihn auf die EU oder auf Gesamt-Europa. Auch hier sind Unterschiede anzutreffen: einige Versicherer legen deutsches Recht, andere wiederum das jeweilige Landesrecht zu Grunde. 743

Ein weltweiter Versicherungsschutz ist gegen Prämienzuschlag möglich, allerdings wird der Versicherungsschutz für USA und Kanada von deutschen Gesellschaften in der Regel nicht angeboten. 744

Versicherungsbeginn ist das im Antrag/Versicherungsschein dokumentierte Datum. Er kann nur in Ausnahmefällen rückwirkend beantragt werden. Wurde der Versicherungsvertrag unbefristet abgeschlossen, verlängert er sich von Jahr zu Jahr, sofern er nicht von einer der Parteien mit einer Frist von drei Monaten vor Ablauf schriftlich gekündigt wird. 745

Die Parteien können auch innerhalb eines Monats nach einer Schadensregulierung kündigen. Kündigt der Versicherer, hat er die eingezahlte Prämie bis Versicherungsjahresende anteilig zurückzuerstatten; kündigt der Versicherungsnehmer, geht ihm diese verloren (§§ 40 Abs. 1 i. V. m. 158 Abs. 3 VVG). 746

Zu den Aufgaben des Versicherers gehört es, nicht nur die gedeckten Schäden zu begleichen, sondern auch unberechtigte Forderungen auf eigene Kosten abzuwehren, also den »passiven Rechtsschutz« zu gewährleisten. Es ist ihm freigestellt, einen etwaigen Anspruch zu begleichen, ihn abzuwehren oder sich mit dem Anspruchsteller zu vergleichen (§§ 40, 96 Abs. 3, 158 Abs. 3 VVG). 747

Wird der Versicherer mit einer Schadensersatzforderung konfrontiert, wird er zunächst die vertraglich geschuldete Leistung überprüfen. Sind diese Leistungen nicht oder ungenau definiert, entsteht ein Streitpotenzial, das durch präzise Formulierungen vermeidbar ist. Begriffe, wie Funktionalausschreibung, Leitdetails, Qualitätskontrolle oder künstlerische Oberleitung ohne eine genaue Definition und Beschreibung der geschuldeten Leistung, führen häufig zu Auseinandersetzungen zwischen den Beteiligten. 748

> **!** Dem Versicherungsnehmer obliegt es, den Versicherer von jedem Schaden bzw. von jeder Schadensersatzforderung unverzüglich in Kenntnis zu setzen. Verstößt der Versicherte gegen diese Obliegenheit, kann der Versicherer den Versicherungsschutz verweigern (§ 6 VVG).
>
> Der Auftragnehmer ist aufgrund seines überlegenen Sachverstandes verpflichtet, den Bauherrn von eigenen Fehlern, sobald ihm diese bewusst werden, in Kenntnis zu setzen. Tut er dies ohne vorherige Absprache, kann der Versicherungsschutz ebenfalls versagt werden (§§ 6 Abs. 1 S. 1 i. V. m. 154 Abs. 2 VVG).
>
> Der Versicherungsschutz kann auch versagt werden, wenn der Versicherte ohne vorherige Absprache eine Forderung anerkennt, sie erfüllt oder sich mit dem Anspruchsteller in der Annahme vergleicht, dass dies vom Versicherer im Nachhinein beglichen wird.

Die Versicherungsprämie zuzüglich gesetzlicher Versicherungssteuer ist im Voraus zu entrichten. Eine Vereinbarung zur unterjährigen Zahlung ist bei durchlaufenden Verträgen gegen Zuschlag (3 % bei ½ jähriger bzw. 5 % bei ¼ jähriger Zahlungsweise) möglich. Bei Einmalversicherungen können zuschlagfreie Ratenzahlungen vereinbart werden. 749

Die Grundlage der Versicherungsverträge bilden: 750

- Das Versicherungsvertragsgesetz (VVG)
- Die allgemeinen Bedingungen für alle Haftpflichtversicherungen(AHB)

- Die besonderen Bedingungen und Risikobeschreibungen für die Berufshaftpflichtversicherung der Planenden (BBR-ARCH)
- Die Haftpflichtbedingungen für das Bau-, Baunebengewerbe und Handwerksbetriebe für die Ausführenden
- Die Bedingungen für die Bauherrenhaftpflichtversicherung
- Die Bauleistungsversicherungsbedingungen (ABN bzw. ABU)
- Individuelle Vereinbarungen, die zwischen den Parteien getroffen werden

751 **Die wesentlichen Versicherungen, die bei jeder Baumaßnahme zu beachten sind:**

- Versicherung der Planer (Berufshaftpflichtversicherung)
- Versicherung der Bauherren (Bauherrenhaftpflichtversicherung)
- Versicherung der Baumaßnahme (Bauleistungsversicherung)
- Versicherung der Bauausführenden (Betriebshaftpflichtversicherung)
- Die Multiriskversicherung (für den Besteller)

2. Versicherung der Planer (Berufshaftpflichtversicherung)

a) Der Versicherungsschutz

752 Die Berufshaftpflichtversicherung der Planenden deckt die Schäden, die diese im Zuge ihrer Tätigkeit verursachen können, sei es fahrlässig oder grob fahrlässig. Nicht versichert werden kann das vorsätzlich gesetz-, vorschrift- oder sonst pflichtwidrige Verhalten. Nachdem die Planungsbeteiligten in erster Linie ein geistiges Werk zu erbringen haben, genießen sie, im Gegensatz zu den ausführenden Unternehmen, Versicherungsschutz für Mängel und deren Folgen am Gebäude selbst (Ausschluss § 4, I, 6 b AHB wurde in den BBR-ARCH abbedungen). Hierin liegt auch der Grund, dass es vor allem der Architekt ist, der am häufigsten von allen am Bau Beteiligten vom Auftraggeber in Anspruch genommen wird.

753 Mitversichert ist auch die persönliche gesetzliche Haftpflicht der Angestellten sowie freier Mitarbeiter. Sofern mit dem Versicherer nichts anderes vereinbart wurde, ist die persönliche gesetzliche Haftpflicht von selbstständigen Büros (Subplanern) vom Versicherungsschutz **nicht** erfasst.

754 Zu beachten ist bei Abschluss der Berufshaftpflichtversicherung vor allem die korrekte Angabe der zu versichernden Tätigkeit. In allen derzeit gängigen Bedingungswerken (BBR) ist unter § 1 vermerkt: ***»Versichert ist die gesetzliche Haftpflicht des Versicherungsnehmers für die Folgen von Verstößen aus der Ausübung der im Versicherungsschein beschriebenen Tätigkeit.«***

755 Der Versicherungsschutz ist also grundsätzlich lediglich auf die eigene, im Versicherungsschein dokumentierte Tätigkeit beschränkt. Es kann also nicht davon ausgegangen werden, dass z. B. Leistungen nach § 15 HOAI, die von einem Tragwerksplaner erbracht werden, vom Versicherungsschutz erfasst sind, es sei denn, dies wurde mit dem Versicherer ausdrücklich vereinbart.

b) Ausschlüsse

756 Festzuhalten ist auch, dass der Versicherungsschutz ausschließlich auf die **persönliche gesetzliche** Haftung des Versicherungsnehmers beschränkt ist.

> **!** Werden zwischen Auftragnehmer und Besteller Vereinbarungen getroffen, die über den gesetzlichen Rahmen hinausgehen, z. B. Verlängerung der Gewährleistungsfristen, Gestaltung der Verträge mit den Ausführenden oder deren Entlohnung, besteht für Ansprüche aus diesen Leistungen keine Deckung.

Zum gegenwärtigen Zeitpunkt ist nicht abzusehen, wie sich die Versicherer bezüglich des Urteils des OLG Brandenburg vom 26. 9. 2002 – 12 U 63/02 – im Zusammenhang mit der Entscheidung des BGH vom 10. 4. 2003 – VII ZR 378/02 – verhalten werden.

Entschieden wurde:

»Ist der Architekt dazu verpflichtet, bei der Vergabe mitzuwirken, so gehört hierzu auch die Vorbereitung der erforderlichen Verträge einschließlich der Ausarbeitung der Vertragsbedingungen. Erweisen sich diese als unwirksam (hier: Vertragsstrafenklausel wegen fehlender Obergrenze), haftet der Architekt grundsätzlich nach § 635 BGB. Hieran ändert sich auch nichts dadurch, dass der Architekt den Vertragsentwurf mit der Bitte übermittelt, den Vertrag durch einen Rechtsanwalt prüfen zu lassen« (s. a. Baurecht 11/2003).

Nach bisheriger Auffassung der Versicherer gehört die Gestaltung von Bauverträgen, sofern sie vom Architekten erbracht werden, in den Bereich der unerlaubten Rechtsberatung und ist daher vom Versicherungsschutz ausgeschlossen. Inwiefern sich diese Einstellung im Zusammenhang mit der neuesten Rechtsprechung verändern wird, bleibt abzuwarten und sollte mit den Versicherern abgeklärt werden.

> ! Bei Vertragsabschluss soll vom Architekten die Gestaltung von Bauverträgen in rechtlicher Hinsicht sowie jegliche Rechtsberatung abbedungen werden.

Ebenfalls vom Versicherungsschutz ausgeschlossen sind Planungsleistungen, die für Unternehmen erbracht werden, mit denen der Planende oder sein Ehegatte wirtschaftlich verbunden ist, die ihm gehören, die er leitet, für die er Baustoffe liefert oder selbst Bauleistungen erbringt. 757

> ! Sobald der Planer auch ein wirtschaftliches Interesse an dem zu erstellenden Gebäude hat, ist eine Versicherung nur im Ausnahmefall zu unterschiedlichen Bedingungen, bei einigen Gesellschaften gegen Prämienzuschlag, möglich.

Nicht erfasst vom Versicherungsschutz sind – je nach Gesellschaft und Bedingungen – Fristen und Termine sowie die Kostenermittlungen. Einige Bedingungswerke haben den Ausschluss lediglich für **eigene** Fristen und Termine sowie für Zusagen zur Baufertigstellung beschränkt, andere schließen den gesamten Komplex vollständig aus. 758

> ! Unter eigenen Fristen und Terminen versteht man die Einhaltung der verbindlichen Termine, z. B. die rechtzeitige Fertigstellung von Plänen, die termingerechte Rechnungsprüfung, um vereinbarte Skontofristen einhalten zu können oder das rechtzeitige Erbringen der Leistungsphase 9 HOAI.
> Skonti, die dem Besteller aufgrund verspäteter Rechnungsprüfung versagt werden, werden also vom Versicherer nicht erstattet.

Für den Bereich Kostenermittlung sind ebenfalls unterschiedliche Ausschlussklauseln anzutreffen; einige Bedingungswerke sehen lediglich einen Ausschluss der Sowiesokosten – also die Kosten, die bei richtiger Planung ohnehin angefallen wären – vor, andere wiederum lehnen die Deckung pauschal ab, sobald es sich um einen Anspruch handelt, der nur im Entferntesten mit dem Thema zu tun hat. 759

c) Versicherungsbeginn und -ende

Der Versicherungsschutz beginnt mit dem im Antrag/Versicherungsschein vermerkten Datum. Ausnahme: Bei erstmaligem Versicherungsabschluss ist eine einjährige Rückwärtsdeckung gegeben. Der Versicherungsschutz endet mit Kündigung/Ablauf des Vertrages. Die bedingungsgemäße Nachhaftung läuft in den gängigen Bedingungswerken 5 Jahre ab Beendigung des Vertrages. 760

761 Wird die Versicherung von einer der Parteien gekündigt, besteht eine Nachhaftung des Versicherers über einen Zeitraum von 5 Jahren. Bei endgültiger Berufsaufgabe haben einige Gesellschaften den Nachhaftungszeitraum, zum Teil gegen Prämienzuschlag, auf 30 Jahre erweitert.

Tipp **Bei Versichererwechsel ist eine Vereinbarung zu treffen, die gewährleistet, dass der nachfolgende Versicherer die Nachhaftung zu den Bedingungen und Deckungssummen des Vorversicherer übernimmt, sofern dieser aufgrund des Ablaufes der 5-jährigen Verjährungsfrist von der Leistung freigestellt ist.**

d) Prämienberechnung

762 Bei der Gestaltung des Versicherungsschutzes ist die Struktur und der Leistungsumfang des einzelnen Büros zu berücksichtigen. Vor allem müssen die einzelnen Leistungsbilder, die vom Büro erbracht werden, sowie deren Umfang dem Versicherer dargelegt werden.

763 Der Kostenfaktor, der bei der Gestaltung des Versicherungsschutzes eine gewichtige Rolle spielt, darf aber keineswegs dessen Umfang beeinträchtigen. Die Prämie wird bei allen Gesellschaften von den Leistungen des Büros, von der Höhe der Deckungssummen (Personenschäden und sonstige Schäden) sowie von der Selbstbeteiligung im Schadensfall abhängig gemacht.

764 Die Wahl der Deckungssummen insbesondere für sonstige Schäden (Sach- und Vermögensschäden) hat in erster Linie auf der Grundlage der Büroleistung und dessen Größe zu erfolgen. Berücksichtigt werden muss, dass die Planer auch für Folgekosten, die durch ein Fehlverhalten verursacht wurden, in Anspruch genommen werden können. Dies können sowohl Forderungen des Unternehmers, wie Verzugskosten oder Behinderungsschäden, als auch Nutzungs- und Mietausfall des Bestellers, als Folge einer fehlerhaften Planung oder Überwachung, sein. Auch überhöhte Betriebskosten, die auf eine fehlerhafte Planung oder Beratung zurückzuführen sind, können einen Vermögensschaden darstellen.

765 Der Planer haftet grundsätzlich mit seinem Vermögen für Schäden, die er einem Dritten zufügt. Die Beschränkung der Haftung auf eine vertraglich vereinbarte Deckungssumme ist im Einzelfall denkbar. Eine solche Beschränkung ist allerdings nur für einfache Fahrlässigkeit möglich, wobei davon auszugehen ist, dass eine Klärung, ob es sich im konkreten Fall um grobe oder einfache Fahrlässigkeit handelt, in der Regel erst durch die Gerichte erfolgen wird bzw. kann.

766 Die Maximierung der Deckungssummen spielt eine maßgebende Rolle bei der Prämienermittlung. In der Regel werden die Deckungssummen auf das Zwei- oder Dreifache pro Jahr (bei durchlaufenden Verträgen) oder für die Haftungszeit (bei Objektversicherungen) maximiert. Eine höhere Maximierung ist gegen Zuschlag möglich.

767 Eine weitere wichtige Komponente für die Prämienermittlung ist die Selbstbeteiligung im Schadensfall. Sie ist nicht nur als Disziplinierungsmaßnahme anzusehen, sondern in erster Linie will es der Versicherer aus Kostengründen vermeiden, sich mit Bagatellschäden befassen zu müssen.

768 Der Schadenfreiheitsrabatt, der bei Altverträgen (bis 2002) von den meisten Gesellschaften gewährt wurde, wurde von allen deutschen Versicherungsgesellschaften in den neuen Tarifen (ab 2003) gestrichen.

769 **Die Prämienberechnung kann in unterschiedlicher Form erfolgen:**

- **Die Berechnung nach tätigen Inhabern** (des Büros), **Vergütung an Angestellte und freie Mitarbeiter sowie Vergabe** (von Leistungen) **an selbständig versicherte Büros** (Subunternehmer).

  Berechnet wird auf der Grundlage der Büroinhaber (fester Betrag), der Angestellten und freier Mitarbeiter (Prozentsatz aus deren Gehalt/Honorar) sowie Vergabe an selbständig versicherte Büros (Prozentsatz aus dem Vergabehonorar).

- **Die umsatzbezogene Berechnung**
  Grundlage der Berechnung ist ein fester oder variabler Prozentsatz aus dem Netto-Honorarumsatz (entsprechend der Umsatzsteuererklärung) des Büros.
- **Die Objektversicherung**
  Berechnet wird ein Prozentsatz aus der Bausumme der zu planenden Baumaßnahme. Einige Gesellschaften bieten unterschiedliche Nachlässe, wenn lediglich Teilleistungen erbracht werden. Eine Berechnung auf Grundlage des Honorarumfanges (aus der zu planenden Baumaßnahme) ist ebenfalls denkbar.

Sofern keine besonderen Gründe für den Abschluss einer Objektversicherung sprechen, ist die umsatzbezogene Berechnung in der Regel vorzuziehen, bei der sowohl der betriebswirtschaftlichen Komponente als auch der Auftragslage eher Rechnung getragen wird, als bei einer relativ starren Berechnungsgrundlage auf Personenbasis. 770

Die Objektversicherung ist vor allem bei Arbeitsgemeinschaften und Generalplaneraufträgen zu empfehlen, also in den Fällen, in denen mehrere Planer gemeinsam aus einem Vertrag zur Haftung herangezogen werden können. So wird für alle Beteiligten ein einheitlicher Versicherungsschutz mit einer einheitlichen Deckungssumme und einheitlichem Bedingungswerk erreicht. Nachdem sich der Versicherer mit etwaigen Schadenersatzansprüchen in jedem Fall zu befassen hat, sind Auseinandersetzungen zur Verursacherfrage, sowohl zwischen den Planenden als auch mit mehreren Versicherern, weitgehend auszuschließen. 771

Weitere Vorteile der Objektversicherung ergeben sich daraus, dass die Selbstbeteiligung im Schadensfall nur einmal fällig wird und die Schadenfreiheitsrabattregelung (sofern vereinbart) keine Anwendung findet, so dass die Gefahr einer Rückstufung im Schadensfall entfällt. Wird eine gesonderte Objektversicherung abgeschlossen, sind die Versicherer aller mitversicherten Büros vom Bestehen einer Objektversicherung in Kenntnis zu setzen. 772

Einer Vereinbarung bezüglich der Reduzierung der Prämie des laufenden Vertrages kann sich der besitzende Versicherer nicht widersetzen. Nachdem er für das gesondert versicherte Objekt kein Risiko zu tragen hat, hat er auch keinen Anspruch auf Prämie. 773

Tipp Bei Abschluss der Objektversicherung ist unbedingt eine Klausel in den Vertrag aufzunehmen, die den Versicherungsschutz ab Planungsbeginn bis Ende der längst möglichen bzw. denkbaren gesetzlichen Verjährungsfrist von 30 Jahren bzw. (sofern keine Körperschäden vorliegen) nach 10 Jahren ab Schadenseintritt (§ 199 Abs. 3 BGB) gewährleistet.

Ferner ist in den Vertrag (sofern es sich um mehrere Mitversicherte handelt) eine klare Vereinbarung bezüglich der Prämienverteilung, z. B. entsprechend den Honoraranteilen sowie eine Regelung zur Selbstbeteiligung im Schadensfall, als Vorrausetzung für den reibungslosen Ablauf dieses Konzeptes aufzunehmen.

3. Versicherung des Bauherrn (Bauherrenhaftpflichtversicherung)

Der Besteller haftet grundsätzlich in seiner Eigenschaft als Veranlasser der Baumaßnahme für Schäden, die während der Bauzeit Dritten zugefügt werden. Zwar hat er in aller Regel einen Regressanspruch gegenüber seinem Auftragnehmer, den er allerdings selbst durchsetzen muss, sofern keine Haftpflichtversicherung abgeschlossen wurde. Es ist daher jedem Bauherrn dringend zu empfehlen, eine Bauherrenhaftpflichtversicherung für die Dauer der Bauzeit abzuschließen. 774

Mit Abschluss der Bauherrenhaftpflichtversicherung besteht die Sicherheit, dass eventuelle Forderungen, die an den Bauherrn gerichtet werden, durch den Versicherer abgewickelt werden. Versichert sind sowohl Personen- als auch Sach- und Vermögensschäden bis zur vereinbarten Deckungssumme. 775

776 Vom Versicherungsschutz ausgeschlossen sind Schäden an Nachbargebäuden, wie z. B. Risse, Einsturz, Abrutschen usw. Diese Risiken können zum Teil über die Zusatzklauseln in der Bauleistungsversicherung abgedeckt werden (siehe IV.4.).

4. Versicherung der Baumaßnahme (Bauleistungsversicherung)

a) Der Versicherungsumfang

777 Die Bauleistungsversicherung deckt Schäden, die während der Bauzeit an der im Versicherungsschein angegebenen Baumaßnahme durch Dritte/Unbekannte oder durch höhere Gewalt verursacht werden. Ist der Sachverhalt strittig, hat der Versicherer, um eine Verzögerung des Bauablaufes zu vermeiden, einen versicherten Schaden zu ersetzen und kann, soweit möglich, den Verursacher ermitteln und von diesem Ersatz verlangen.

778 Nachdem es sich hier um eine reine Sachversicherung handelt, werden auch nur Schäden an der »versicherten Sache« erstattet, also an der Baumaßnahme selbst, nicht aber Folgeschäden, wie z. B. Nutzungsausfall, Vertragsstrafen, Maßnahmen zur Baubeschleunigung, usw. Teilweise sind diese Risiken über einzelne Klauseln einschließbar.

779 Bei Um- oder Erweiterungsbauten ist der Versicherungsschutz ausschließlich auf die neu zu erstellenden Teile beschränkt. Schäden, die an der Altbausubstanz auftreten, sind von dem Bauherrn zu tragen, sofern er nicht in der Lage ist, einem Dritten ein Verschulden nachzuweisen.

b) Versicherungsbeginn und -ende

780 Sofern der Versicherungsschutz rechtzeitig beantragt wurde, ist dieser von Baubeginn bis Bauende gegeben. In den meisten Bedingungswerken wird das Bauende mit der Abnahme oder Inbetriebnahme definiert, wobei das frühere Datum gilt. Werden nach Bezug Restarbeiten durchgeführt, sind nur diese vom Versicherungsschutz erfasst. Treten z. B. bei der Gestaltung der Außenanlagen Schäden am bereits abgenommenen oder in Betrieb genommenen Gebäude auf, werden diese vom Versicherungsschutz nicht mehr erfasst.

781 Eine Nachhaftung von 12 bzw. 24 Monaten für Schäden, die während der Bauzeit verursacht wurden und erst nach der Abnahme auftreten, ist möglich. Ebenfalls ist eine Nachhaftung für Schäden, die bei der nachträglichen Ausführung bauvertraglich vereinbarter, aber zurückgestellter Leistungen entstehen, auf Antrag versicherbar.

782 In den meisten Bedingungswerken ist der Versicherungsschutz auf zwei Jahre beschränkt. Eine längere Bauzeit wird in der Prämienberechnung ihren Niederschlag finden und sollte dem Versicherer – soweit voraussehbar – bereits bei Vertragsabschluss bekanntgegeben werden. Verlängert sich die Bauzeit oder tritt eine längere Bauunterbrechung ein, ist der Versicherer von den Umständen unverzüglich in Kenntnis zu setzen und eine entsprechende Verlängerungsprämie auszuhandeln.

c) Die Bedingungswerke

783 Nachdem es dem Bauunternehmer obliegt, ein mangelfreies Gewerk zu erstellen, gehören Schäden, die während der Bauzeit entstehen, in seinen Verantwortungsbereich. Unabwendbare Ereignisse oder höhere Gewalt verbleiben nach wie vor im Verantwortungsbereich des Bestellers (§ 7 VOB/B). Daher wurden von der Versicherungswirtschaft zwei unterschiedliche Bedingungswerke entwickelt:

- **Die ABN** (Allgemeine Bauleistungsbedingungen für die Versicherung von Gebäudeneubauten durch den Auftraggeber), wonach die Belange des Bauherren und der Ausführenden, wie höhere Gewalt und unabwendbare Ereignisse, mitversichert werden.
- **Die ABU** (Allgemeine Bauleistungsbedingungen für die Versicherung der Unternehmerleistungen), wonach lediglich die Belange des Unternehmers Berücksichtigung finden.

Da die Bauleistungsversicherung im Rahmen der ABU nur von dem Rohbauunternehmer oder vom Generalunternehmer abgeschlossen werden kann, ist besonders bei Einzelvergaben dem Besteller zu empfehlen, selbst für den Versicherungsschutz gem. ABN zu sorgen. 784

Tipp Schließt der Besteller eine Bauleistungsversicherung ab, sollte dies auch in den Vorbemerkungen zur Vergabe zum Ausdruck gebracht werden. Ebenfalls ist die Prämienaufteilung vorab bekannt zu geben: In der Regel werden 80% der Prämie von den Unternehmen und 20% vom Besteller getragen.

Der Einwand, dass bei einer derartigen Vorgehensweise die Unternehmer die Umlage in deren Angebote einfließen lassen und daher die Kosten nach wie vor vom Besteller zu tragen sind, ist unzutreffend. Nachdem für die Ausbaugewerke kein Versicherungsschutz geboten wird, wird von diesen das Ausbleiben des Versicherungsschutzes risikoerhöhend bewertet und führt in der Regel zu Risikozuschlägen. Wird der Abschluss der Bauleistungsversicherung von dem Besteller veranlasst, haben die Unternehmen, die über einen Jahresvertrag bauleistungsversichert sind, die Möglichkeit, die anteilige Bausumme bei der jährlichen Abrechnung in Abzug zu bringen und können somit eine doppelte Prämienzahlung vermeiden. 785

! Tritt ein Schaden an einem bereits abgenommenen Bauteil ein (z. B. Rohbau), wird der Besteller für die Behebung selbst aufzukommen haben, sofern er auf den Abschluss einer eigenen Bauleistungsversicherung nach ABN verzichtet hat.

d) Die Prämienberechnung

Die Prämienberechnung für Verträge, die vom Besteller nach ABN abgeschlossen werden, erfolgt auf der Grundlage der angenommenen Bausumme nach DIN 276 (Kostengruppen 2–6), Art und Umfang der Baumaßnahme, der Selbstbeteiligung im Schadensfall sowie der notwendigen Klauseln. Eine Unterversicherung ist ausgeschlossen, da es dem Versicherungsnehmer obliegt, bei Bauende die effektive Bausumme dem Versicherer zwecks endgültiger Abrechnung bekannt zu geben. 786

Die meisten Gesellschaften benötigen zur Prämienermittlung für die Versicherung von Großbauten ausführliche Unterlagen, wie Bodengutachten, Pläne, Ausschreibungen sowie sämtliche sonstige risikorelevanten Daten. 787

Tipp Um Auseinandersetzungen mit dem Versicherer im Schadensfall zu vermeiden, sollen diese Unterlagen so ausführlich wie möglich sein und als Bestandteil des Versicherungsumfangs im Versicherungsschein dokumentiert werden.

Bei nach ABU abgeschlossenen Verträgen erfolgt die Prämienberechnung in der Regel auf der Grundlage eines Rahmenvertrages entweder mit Objekteinzelanmeldung oder auf Grundlage der Jahresbausumme mit nachträglicher Abrechnung. Hier sind ebenfalls die Jahres- oder Einzelbausummen sowie die mitversicherten Risiken und Klauseln die weitere Grundlage für die Prämienkalkulation. 788

e) Die Klauseln

Da die Gegebenheiten bei den einzelnen Baumaßnahmen von Fall zu Fall erheblich variieren können, wurde ein umfangreiches Klauselwerk entwickelt. 789

Tipp Die in allen Bedingungswerken ausgeschlossenen Risiken wie Diebstahl von eingebauten Teilen, Glasbruch nach Einbau sowie Feuer, Blitzschlag und Explosion sind bei Vertragsabschluss gesondert (gegen Prämienzuschlag) zu beantragen und dürfen, soweit es sich um einen Hochbau handelt, in keinem Versicherungsvertrag fehlen.

790 Ebenfalls gegen Zuschlag sind folgende Risiken bei Bedarf versicherbar:

- Unvorhergesehenes (Klausel 50 ABN/ABU)
- Gefahr des Aufschwemmens (Klausel 59 ABN/ABU)
- Baustellen im Bereich von Gewässern oder in Bereichen, in denen das Grundwasser durch Gewässer beeinflusst wird (Klausel 60 ABN/ABU)
- Mitversicherung des Auftraggeberrisikos (Klausel 64 ABU)
- Schäden an fertiggestellten Teilen von Bauwerken durch Sturm und Leitungswasser (Klausel 70 ABN)
- Verjährungsverlängerung (Klausel 90 ABN)

791 Sich abzeichnende, baustellenspezifische Gefahren können zusätzlich auf »Erstes Risiko« mitversichert werden. Bei der Versicherung auf »Erstes Risiko« ist die Versicherungssumme frei wählbar und sollte den höchst möglichen Schaden abdecken.

Einige der wesentlichen Klauseln sind:

- Einsturz, Teileinsturz, Spund- oder Rammarbeiten sowie das Unterfangen und Unterfahren von Altbauten (Klausel 55 ABN/ABU)
- Baugrund und Bodenmassen, sofern Bodenaustausch notwendig werden kann (Klausel 63 ABU)
- Wasserhaltung (Klausel 66 ABU)
- Schadensuchkosten (Klausel 80 ABN)
- Mitversicherung von Altbauten gegen Sachschäden (Klausel 80+81 ABN)

5. Versicherung der Bauausführenden (Betriebshaftpflichtversicherung)

a) Der Versicherungsumfang

792 In den Versicherungsbedingungen der Haftpflichtversicherung für das Baugewerbe, Baunebengewerbe und der Handwerksbetriebe ist seit 1994 ein rasanter Wandel eingetreten. Die einzelnen Gesellschaften haben eine Vielzahl von Bedingungswerken und Klauseln hervorgebracht, so dass es auch den Fachleuten oft schwer fällt, den Überblick zu behalten. Daher sollen hier nur die wesentlichen Merkmale der Haftpflichtversicherung behandelt werden.

793 Versichert wird im Rahmen der Betriebshaftpflichtversicherung die gesetzliche Haftpflicht des Versicherungsnehmers (Betriebs) aus den Eigenschaften, Rechtsverhältnissen und Tätigkeiten, die sich aus dem im Versicherungsschein beschriebenen Betriebscharakter ergeben. Werden nach Vertragsabschluss Tätigkeiten übernommen, die nicht dokumentiert wurden, so ist der Versicherer hiervon unverzüglich in Kenntnis zu setzen. Wurde eine »Versehensklausel« vereinbart, ist der Versicherungsschutz auch für diese Risiken gegeben, sofern der Versicherungsnehmer das Versäumnis dem Versicherer nach Bewusstwerden unverzüglich gemeldet hat und die entsprechende Prämie nachentrichtet.

Tipp Insbesondere bei »Altverträgen« ist eine fachmännische Überprüfung auf Umfang, Deckungssummen, Bedingungen, Klauseln und Prämie dringend zu empfehlen. Die meisten Versicherungsbedingungen beinhalten zwar eine »Versehensklausel«, die allerdings ausschließlich für das laufende Versicherungsjahr Gültigkeit hat. Risikoänderungen und neu hinzukommende Risiken sind dem Versicherer unverzüglich – spätestens am Versicherungsjahresende – bekannt zu geben.

794 Versichert sind Personenschäden sowie Sach- und Vermögensschäden bis zur vereinbarten Deckungssumme und Maximierung. Vom Versicherungsschutz ausgeschlossen sind eigene mangelhafte Leistungen (Erfüllungsschäden). Folgeschäden, die auf Grund mangelhafter Leistung eingetreten sind, wie z. B. Nutzungsausfall, Mietverlust oder die Beschädigung von Leistungen Dritter, sind aber vom Versicherungsschutz erfasst.

Für Bauvorhaben, die vom Versicherungsnehmer selbst ausgeführt werden, ist die Planung, Konstruktion und Bauleitung (im Sinne der HOAI) vom Versicherungsschutz ausgeschlossen. 795

b) Die Prämienberechnung

Für die Höhe der Versicherungsprämie sind in erster Linie die Deckungssummen für Personenschäden und sonstige Schäden (Sach- und Vermögensschäden) sowie die Selbstbeteiligung im Schadensfall maßgebend. 796

Als Berechnungsgrundlage werden von der Versicherungswirtschaft zwei unterschiedliche Modelle angeboten: 797

- Die Berechnung auf Grundlage des jährlichen Bauvolumens
- Die Berechnung auf Grundlage der Jahreslohn- und Gehaltssummen

Bei beiden Berechnungsarten sind die entsprechenden Zahlen mittels eines Erhebungsbogens zur endgültigen Prämienberechnung am Versicherungsjahresende bekannt zu geben. 798

c) Mitversicherbare Risiken

Sowohl in den AHB's als auch in den Haftpflichtbedingungen für das Baugewerbe, Baunebengewerbe und der Handwerksbetriebe bestehen eine Reihe von Ausschlüssen (§ 4 AHB), die für den Unternehmer zu erheblichen Nachteilen führen können. Einige dieser Ausschlüsse können gegen Prämienzuschlag abbedungen werden. Dabei handelt es sich im Wesentlichen (ohne Anspruch auf Vollständigkeit) um Risiken, wie: 799

- Be- und Entladeschäden (Ausschluss gem. § 4 Ziff. I 6 b) AHB)
- Allmählichkeits-, Abwasser- und Überschwemmungsschäden sowie Senkungen, Erschütterungen und Erdrutschungen (Ausschluss gem. § 4 Ziff. I 5 und Ziff. I 8 AHB)
- Unterfahren und Unterfangen (Ausschluss gem. § 4 Ziff. I 6 b) Ziff. I 8 AHB)
- Tätigkeitsschäden (Ausschluss gem. § 4 Ziff. I 6 b) AHB)
- Abdeckschäden (Ausschluss gem. § 4 Ziff. I 6 b) AHB)
- Leitungs- und Leitungsfolgeschäden (Ausschluss gem. § 4 Ziff. I 6 b) AHB)
- Medienverluste – Wasser, Strom, usw. (Ausschluss gem. § 1 Ziff. 3 AHB)

Die einzelnen Versicherungsgesellschaften decken diese Risiken zu ganz unterschiedlichen Bedingungen. Die am häufigsten anzutreffenden Bedingungen sehen für die Mitversicherung jeder einzelnen Klausel eine eigene Deckungssumme, eine eigene Selbstbeteiligung sowie einen eigenen Prämienzuschlag vor. Vor allem bei Altverträgen, die seit längerer Zeit nicht angepasst wurden, können hier erhebliche Deckungslücken bestehen. 800

Einige wenige Versicherer haben diese Ausschlüsse in deren Bedingungswerk pauschal abbedungen. Die Deckungssumme steht für den Gesamtvertrag, also auch für die ansonsten abbedungenen Ausschlüsse, zwei- bzw. dreimal pro Jahr zur Verfügung. Die Selbstbeteiligung wird bei jeder Schadenersatzleistung in der vereinbarten Höhe in Abzug gebracht. 801

6. Die Multiriskversicherung

Nachdem der Besteller am meisten von Schäden am Bau betroffen ist, sollte er nicht nur den Umfang des Versicherungsschutzes bestimmen, sondern selbst für einen einheitlichen und umfassenden Versicherungsschutz sorgen. Von der Möglichkeit, dass der Besteller auf eigenen Namen und auf eigene Rechnung alle versicherbaren Risiken (Planende, Ausführende und Bauleistung) in einem Vertrag bündelt und somit die Deckungssummen, die Bedingungen, die Selbstbeteiligung und nicht zuletzt die Prämie selbst bestimmt, wird nur selten Gebrauch gemacht. 802

Der Bauherr ist Versicherungsnehmer, Prämienzahler und im Schadensfall auch Anspruchsteller in einer Person. Er hat nicht nur den Umfang des Versicherungsschutzes selbst bestimmt, 803 sondern kann vor allem auch sicherstellen, dass die Prämien rechtzeitig bezahlt und die Schadenersatzforderungen nicht verspätet gestellt werden.

804 Bei entsprechender Vertragsgestaltung werden die Prämien auf die Planer einerseits und auf die ausführenden Firmen andererseits umgelegt, so dass diese Vorgehensweise für den Besteller mit keinen Kosten verbunden ist (siehe auch Kap. IV. 2. d.).

805 Eine Kostenersparnis für den Bauherrn liegt darin, dass der Versicherer ohnehin für alle gedeckten Risiken zu haften hat und in der Regel auf die Erhebung einer Prämie für die Bauherrenhaftpflichtversicherung verzichtet.

806 Um Auseinandersetzungen zwischen den Beteiligten im Schadensfall zu vermeiden, sollte auch eine klare vertragliche Regelung bezüglich der Selbstbeteiligung erfolgen. Ein pragmatischer Lösungsvorschlag könnte sein, die Selbstbeteiligung auf die Mitversicherten entsprechend ihrer Beteiligung an der Baumaßnahme unabhängig vom Schadensverursacher aufzuteilen.

807 Nachdem sämtliche versicherbaren Risiken bei einem Versicherer eingedeckt werden, entfällt im Schadensfall häufig die mühsame Suche nach dem Schuldigen und eine kostspielige Beweissicherung, die oftmals in einer zeitaufwändigen gerichtlichen Auseinandersetzung mündet.

808 Wird diese »Umbrelladeckung« vom Besteller abgeschlossen, werden Auseinandersetzungen während der Planungs-, Bau- oder Nachhaftungsphase weitestgehend vermieden. Es gibt nur einen Versicherer, der, sofern es sich um ein versichertes Risiko handelt, unabhängig vom Verschulden und unabhängig davon, ob es sich nun um einen Planungs- oder Überwachungsfehler, um einen Ausführungsfehler oder aber um einen Schaden durch Unbekannt handelt, zu leisten hat.

Tipp Bei Abschluss einer Multiriskdeckung durch den Besteller ist auf eine Vertragsklausel zu achten, die den Versicherungsschutz ab Planungsbeginn bis Ende der längst möglichen bzw. denkbaren gesetzlichen Verjährungsfrist von 30 Jahren bzw. (sofern keine Körperschäden vorliegen) nach 10 Jahren ab Schadenseintritt (§ 199 Abs. 3 BGB) gewährleistet.

Ferner ist eine klare vertragliche Vereinbarung aufzunehmen, die die Prämienaufteilung unter den Beteiligten regelt. Bei den Planenden kann sie z. B. entsprechend den Honoraranteilen und bei den Ausführenden entsprechend der Bausumme nach DIN 276 aufgeteilt werden. Ebenfalls ist eine vertragliche Regelung zu treffen, die die Frage der Selbstbeteiligung im Schadensfall klärt.

Tipp

1. Nachdem der Bauherr von den Baumängeln am meisten betroffen ist, sollte er sich um einen umfassenden Versicherungsschutz bemühen.
2. Unklare oder unvollständige Formulierungen der Verträge beinhalten erhebliche Streitpotenziale sowohl zwischen Besteller und Auftragnehmer als auch zwischen Versicherungsnehmer und Versicherer.
3. Der Versicherungsschutz muss den jeweiligen Gegebenheiten, unter Inanspruchnahme einer professionellen rechtlichen Beratung und Berücksichtigung des Preis-/Leistungsverhältnisses, angepasst werden.
4. Zu beachten ist, dass eine klare und umfassende Definition und Beschreibung des zu versichernden Risikos im Versicherungsschein dokumentiert wird.
5. Für Aufträge im Ausland ist in jedem Fall der Versicherer zu befragen, ob und in welchem Umfang Versicherungsschutz besteht oder angeboten werden kann.

6. Deckungssummen und Klauseln sind auf den Umfang der jeweiligen Bedürfnisse, d. h. dem höchst möglichen Schaden auszurichten.
7. Der Haftpflichtversicherer, der auch die Funktion des passiven Rechtsschutzes zu übernehmen hat, ist von jeder/m Forderung/Schaden umgehend zu benachrichtigen. Dies gilt auch bei der Involvierung in selbständige Beweisverfahren, selbst wenn der Versicherungsnehmer nur als Streitverkündeter in das Verfahren einbezogen worden ist.
8. Der Bauleistungsversicherer hat einen versicherten Schaden am Objekt unverzüglich zu begleichen. Eine oftmals in der Praxis geübte Verzögerungstaktik der Schuldzuweisung an Dritte ist unzulässig.
9. Der Versicherungsschutz in der Bauleistungsversicherung muss in jedem Fall den Diebstahl von eingebauten Teilen, Glasbruch sowie » Feuer-Rohbau« erfassen.
10. In der Betriebshaftpflichtversicherung sollen die Zusatzklauseln in der Deckungssumme mit einem einheitlichen Selbstbehalt mitversichert werden.

V. Die Planung

1. Architektenplanung

a) Planung durch Architekt oder Generalunternehmer?

Die Planung eines Bürogebäudes ist Sache des Architekten. Sie ist unabdingbare Voraussetzung 809 für die Herbeiführung einer Baugenehmigung, ohne die größere bauliche Anlagen (Büro- und Verwaltungsgebäude, Versammlungsstätten, Verkaufsstätten, Krankenhäuser, aber auch Hochhäuser und sonstige Sonderbauten) nicht realisiert werden dürfen.

Grundlage für die Erteilung einer Baugenehmigung ist der vom Architekten erarbeitete Bauantrag, 810 der die notwendigen Planungsunterlagen (Bauvorlagen) enthält, anhand derer die Bauaufsichtsbehörde entscheidet, ob das Bauvorhaben genehmigungsfähig ist oder nicht. Diese Unterlagen müssen von einem bauvorlageberechtigten Entwurfsverfasser gefertigt werden. Bauvorlageberechtigt sind Architekten und Ingenieure. Einzelheiten dazu ergeben sich aus den jeweiligen Ländergesetzen. Dem Bauantrag des Bauherrn liegt die Entwurfsplanung, d. h. die zeichnerische Darstellung des Entwurfs (Entwurfszeichnungen, Detailpläne mehrfach wiederkehrender Raumgruppen und sonstige Entwurfsunterlagen) zugrunde.

Demgegenüber gehört die nach Erteilung der Baugenehmigung für das Bürogebäude durchzu- 811 führende weitere Planung (Ausführungsplanung), insbesondere die Erstellung endgültiger und vollständiger Ausführungs-, Detail- und Konstruktionszeichnungen nicht mehr zu den zwingenden (originären) Aufgaben des Architekten. Sie kann auch von anderen Beteiligten, insbesondere Generalunternehmern erbracht werden. So übernimmt beim Schlüsselfertigbau der Generalunternehmer, der über eigene Planungsabteilungen verfügt, häufig auf der Basis einer Pauschalvergütung neben der Bauausführung auch die dafür notwendige Ausführungsplanung und die Vergabe der Einzelgewerke an Nachunternehmer.

Generalunternehmer, die selbst keine eigenen Planer beschäftigen, schalten für die erforderli- 812 chen Architekten- und Fachplanungsleistungen Architekten und Fachplaner als Subunternehmer ein. Auch die weiteren, über die Planung der ausführungsreifen Lösung hinausgehenden und darauf aufbauenden Architektenleistungen (Vorbereitung und Mitwirkung bei der Vergabe sowie Objektüberwachung) sind Leistungen, die der Bauherr einer Büroimmobilie dem Architekten beauftragen kann, aber nicht übertragen muss. Auch dies hängt von der jeweiligen, vom Investor gewünschten und seiner Interessenlage entsprechenden »Projektstruktur« und der darauf beruhenden Vertragskonstellation ab. Bei der Beantwortung der Frage, ob diese Planungsleistungen vom Architekten oder Generalunternehmer auszuführen sind, müssen die jeweiligen Vor- und Nachteile vom Bauherrn abgewogen werden

aa) Entscheidungskriterien

813 **Vorteile** des Bauherrn beim Einsatz eines **Architekten** für das gesamte Planungs- und Ausführungsstadium:

- Sicherung und Optimierung des gestalterischen und künstlerischen Ausdrucks des Gebäudes
- bessere Kontrolle der Ausführung nach den Ausführungsplänen
- Besonderes Vertrauensverhältnis und daraus resultierender Vertrauensstellung (Architekt ist »Sachwalter des Bauherrn«)
- Weisungs- und Direktionsbefugnis ohne Gefahr von Vertragseingriffen und/oder Nachträgen/Honorarerhöhungen (»dynamischer Planungsprozess«)

Vorteile des Bauherrn beim Einsatz eines **(General-)Unternehmers** für die Ausführungsplanung:

- weniger Koordinationsaufwand (Planung und Ausführung aus einer Hand)
- weniger finanzieller Aufwand (kein Preisrecht nach HOAI)
- konfliktfreie Optimierungspotenziale
- keine Behinderung der Bauausführung durch die Planung

bb) Organisationsstrukturen

814 Regelfall: Trennung der Planung und Ausführung

- Planung (Architekt und Fachplaner)
- Ausführung (Einzelunternehmer oder Generalunternehmer)
- Kontrolle/Überwachung (Architekt und Fachplaner oder Bauüberwachungsbüro bzw. Projektsteuerer)

Alternative A:

- Entwurfs- und Genehmigungsplanung (Architekt und Fachplaner)
- Ausführungsplanung und Bauausführung (Generalunternehmer)
- Kontrolle/Überwachung (Generalunternehmer)

Alternative B:

- Entwurfs-, Genehmigungs- und Ausführungsplanung (Architekt und Fachplaner)
- Ausführung und Kontrolle/Überwachung (Generalunternehmer)
- Künstlerische Oberleitung (Architekt)

! **Neben der Kontrolle und Überwachung der Bauausführung sollte auch die Planung durch einen unabhängigen Projektbeteiligten auf Fehlerfreiheit und Ausführbarkeit geprüft werden (durch Bauüberwacher oder Projektsteuerer bzw. Projektcontroller). Die Trennung der Planung und Ausführung von der Überwachung hat den Vorteil, dass der Bauherr eine nochmalige Kontrolle der Planung durch einen unabhängigen Projektbeteiligten erhält.**

815 Architekt prüft eigene Planung

Unternehmer prüft fremde und/oder eigene Planung (Bedenkenhinweispflicht)

Bauüberwacher überprüft Planung des Architekten und Ausführung des Unternehmers

816 Der objektüberwachende Architekt ist verpflichtet, die Planung des Generalunternehmers, aber auch die (Entwurfs-, Genehmigungs- und Ausführungs-) Planung des Architekten zu überprüfen.[228]

817 Darüber hinaus wird für die Steuerung und Überwachung der Planung sowie für die Kontrolle des objektüberwachenden Architekten häufig zusätzlich noch ein Projektsteuerer oder Projektcontroller eingesetzt. Damit kann der Investor ein weitgehend lückenloses Kontrollsystem ein-

---

228 BGH BauR 2000, 1513; OLG Düsseldorf BauR 1998, 582; OLG Köln BauR 1997, 505.

richten, in das alle Planungs- und Baubeteiligten in Form eines Verantwortungs- und Haftungsverbund eingebunden sind. Er bietet dem Investor ein hohes Maß an Qualitätssicherung.

b) Aufgaben des Architekten

aa) Besonderheiten der Vertragsbeziehung

Den Architektenleistungen liegt ein dynamischer Planungsprozess und damit eine dynamische Leistungsbeziehung[229] zugrunde. Der Architektenvertrag ist ein Typenmischvertrag, dessen konkreter Inhalt und Umfang zu Beginn des Vertrages noch nicht (detailliert) beschreibbar ist – im Gegensatz zum Bauvertrag, dem ein Leistungsverzeichnis mit Leistungs- und Baubeschreibung zugrunde gelegt werden kann, das die geschuldeten Bauleistungen im Einzelnen definiert und den Bauinhalt (das Bausoll) festlegt. 818

Eine weitere Besonderheit des Architektenvertrages liegt darin, dass der Auftraggeber vom Architekten die Erfüllung von im Vorfeld der Planung noch gar nicht bekannten oder erkennbaren Leistungsinhalten honorarneutral verlangen kann, sofern sie zur Herbeiführung des geschuldeten Werkerfolges erforderlich sind. Das vom Architekten geschuldete Planungs-Soll ist zu Beginn der Vertragsbeziehung, d. h. bei Auftragserteilung noch weitgehend unbekannt. Der Architekt unterliegt deshalb einer permanenten und zielorientierten Optimierungs- und Änderungsverpflichtung zur Herbeiführung der genehmigungsfähigen Entwurfsplanung und der zur Ausführung geeigneten und vom Investor gewünschten Detaillösung. 819

Entscheidungen des Bauherrn, Planungsänderungen vorzunehmen, sind nur ausnahmsweise nachtragsrelevant. Der Architekt erhält eine zusätzliche Vergütung, wenn er eine planerische Detaillösung erarbeitet und der Bauherr nach deren Freigabe eine Umplanung verlangt, die zu einer nochmaligen Bearbeitung (Wiederholung) einer bereits abgeschlossenen Planungsleistung führt. 820

Der Auftraggeber ist (Bau-)Herr; im wahrsten Sinne des Wortes. Wo der eine ein Herr ist, da hat der andere, nämlich sein Vertragspartner – der Architekt – zu folgen. Die Direktiven des Bauherrn muss der Architekt beachten. Der Bauherr – und nur er – entscheidet über vorhandene und vom Architekten zu klärende Zielkonflikte, und zwar jederzeit.[230] 821

Die Aufgaben des Architekten sind vielfältig, komplex und unfassend. Eine Beschreibung der planerischen Leistungen zu Beginn der Projektierung eines Bürogebäudes kann nie vollständig und umfassend, sondern allenfalls zielorientiert sein. Eine Konkretisierung der Aufgaben und Planungsinhalte ist wegen der zunächst noch zu entwickelnden Planungsaufgabe erst während der schrittweisen Erarbeitung der Planungslösung und der Ausführung des Architektenauftrags möglich. 822

bb) Aufgabenbeschreibung auf Grundlage der Honorarordnung?

Auch wenn die in § 15 HOAI genannten Leistungsphasen keine normativen Leitbilder und zwingenden Vorgaben für den Inhalt von Architektenverträgen enthalten[231], sind die in ihr beschriebenen Leistungsphasen und zeitlich gegliederten Arbeitsschritte auch bei der Fixierung und Beschreibung der Aufgaben des Architekten heranzuziehen. Deshalb enthalten Architektenverträge die in § 15 Abs. 1 HOAI erwähnten tätigkeitsbezogenen Stufen (Leistungsphasen), die der Architekt bei der Erfüllung ihrer Planungsaufgabe zu durchlaufen und zu erfüllen hat: 823

- Ermittlung der Grundlagen und Voraussetzungen für die Lösung der Bauaufgabe
- Erarbeiten der wesentlichen Teile einer Lösung der Planungsaufgabe
- Erarbeiten der endgültigen Lösung der Planungsaufgabe
- Erarbeitung und Einreichung der Bauvorlagen zur Herbeiführung der Baugenehmigung

229 BGH BauR 1998, 354; BGH BauR 1999, 1319.
230 BGH BauR 1998, 354, BGH BauR 1998, 356.
231 BGH BauR 1997, 154.

- Erarbeiten und Darstellen der ausführungsreifen und detaillierten Planungslösung
- Ermitteln der Mengen und Aufstellen der Leistungsverzeichnisse für das Bauvorhaben
- Ermitteln der Kosten und Mitwirkung bei der Auftragsvergabe
- Überwachung der Ausführung des Objekts

824 Die den vorgenannten Aufgaben entsprechenden Leistungsphasen (Grundlagenermittlung, Vorplanung, Entwurfsplanung, Genehmigungsplanung, Ausführungsplanung, Vorbereitung der Vergabe, Mitwirkung bei der Vergabe und Objektüberwachung) beinhalten Tätigkeiten (Grundleistungen und Besondere Leistungen), die ausschließlich für die Ermittlung und Berechnung des Architektenhonorars entwickelt Bedeutung haben. Sie können gleichwohl zur Beschreibung der Architektenleistungen und des werkvertraglich geschuldeten Leistungsinhalts herangezogen werden.[232] Die Vertragsfreiheit wird durch die HOAI nicht eingeschränkt. Eine allgemeingültige Aufgabenbeschreibung ist im Übrigen sinnvoll[233] und zur Beschreibung des Inhalts der Architektenleistung unumgänglich. Der zur preisrechtlichen Bestimmung des Honorars entwickelte Aufgabenkatalog der HOAI beschreibt den Ablauf des Planungs- und Baugeschehens aus der Sicht des Architekten. Er beinhaltet im Regelfall alle Leistungen, die zur Erfüllung eines Architektenauftrags und zur Herbeiführung der Planungs- und Ausführungsziele erforderlich sind bzw. werden können (§ 2 Abs. 2 HOAI).

825 Unabhängig davon lassen sich die Aufgaben des Architekten in Arbeitsstufen und (Teil-) Erfolge untergliedern:

- **Arbeitsstufen:**
  - Planung (Entwurfsplanung, Genehmigungsplanung und Ausführungsplanung)
  - Ausschreibung (Vorbereitung der Vergabe und Mitwirkung bei der Vergabe)
  - Objektüberwachung (Überwachung der Ausführung und Koordinierung der Unternehmer)
- **Erfolge:**
  - Zeichnerischer Entwurf
  - Genehmigungsfähige Planung
  - Ausführungsreife Planung
  - Auftragsvergabe
  - Herstellung eines mangelfreien und vertragskonformen Bauwerk

826 Zusammengefaßt schuldet der Architekt durch zahlreiche ihm obliegende Einzelleistungen, deren Inhalt, Umfang und Notwendigkeit bei Abschluss des Architektenvertrages noch nicht feststeht oder ersichtlich ist, einen (Gesamt-) Werkerfolg, der sich darin manifestiert, dass das Bauwerk plangerecht und frei von Mängeln entsteht und zur Vollendung kommt.

827 Zu den über die eigentliche Planungsleistung hinausgehenden und für die Herbeiführung des geschuldeten Werkerfolges erforderlichen Architektenaufgaben gehören insbesondere:

- Verhandlungen mit Behörden führen,
- Massen- und Kostenermittlungen aufstellen,
- Angebote einholen,
- Aufträge im Namen des Bauherrn vergeben,
- den planmäßigen und reibungslosen Einsatz der an dem Bauwerk beteiligten Unternehmer und Handwerker koordinieren und überwachen,
- die Tätigkeit der Unternehmer auf Einhaltung der technischen Regeln, behördlichen Vorschriften und vertraglichen Vereinbarungen kontrollieren und überwachen,

232 BGH BauR 1994, 392; *Portz/Rath,* Architektenrecht, 3. Aufl. 2000, Rdnr. 44.
233 *Portz/Rath* a. a. O.

- die technische Abnahme der Arbeiten vorbereiten und durchführen,
- Aufmaße feststellen,
- Rechnungen prüfen.

> **!** Die in der HOAI enthaltenen Tätigkeiten begrenzen die Leistungsverpflichtung des Architekten nicht. Der Architekt darf sich nicht auf das Abarbeiten der Leistungsbilder bzw. Leistungsphasen oder der in der HOAI genannten Grundleistungen beschränken.[234]

cc) Sachwalterpflichten des Architekten

Der Architekt hat daneben auch Sachwalterpflichten zu erfüllen, die aus seiner Stellung als Sachwalter des Auftraggebers resultieren. Die Sachwalterstellung ist Anknüpfungspunkt für einen besonderen Pflichtenkreis, der vor allem folgende Tätigkeiten umfasst: 828

- Objektbezogene und auftraggeberorientierte Aufklärung und Beratung.[235]
- Vorvertragliche, vertragliche und nachvertragliche Aufklärung und Beratung
- Erfüllung von Pflichten, die der Architekt in Durchführung des Vertrages freiwillig übernommen hat

> **z.B.** Beschaffung von Fördermitteln[236]
> Erzielung von Steuervergünstigungen

Die Sachwalteraufgaben lassen sich in bauwerksorientierte und bauwerksneutrale Tätigkeiten untergliedern. Sie beinhalten insbesondere folgende, von der Rechtsprechung herausgearbeitete Pflichten: 829

- **Sachwalterpflichten**
  - Beratungs- und Hinweispflichten
  - Verhandlungspflichten
  - Prüfungspflichten
  - Aufklärungspflichten
  - Wahrnehmung von Vertragsinteressen
  - Wahrnehmung von Vermögensinteressen (stv.)
- Zu den Beratungs- und Hinweispflichten gehören: 830
  - Sorgfältige Auswahl der Sonderfachleute und Bauhandwerker
  - Belehrung über das Risiko bei der Verwendung neuartiger Baustoffe oder Baukonstruktionen
  - Hinweis auf verteuernde Sonderwünsche (drohende Kostensteigerungen[237])
  - Pflicht zur wahrheitsgemäßen Auskunft auf Rückfrage
- Zu den Verhandlungspflichten gehören insbesondere: 831
  - Vorverhandlungen mit Behörden
  - Verhandlungen mit Nachbarn (z. B. wegen Nichteinhaltung von Abstandsflächen)
- Zu den Prüfungspflichten zählen: 832
  - baubegleitende Kostenkontrolle. [238]
  - Berücksichtigung steuerlicher Fragen bei der Planung.[239]

---

234 BGH BauR 1997, 154.
235 BGH BauR 1998, 356.
236 BGH BauR 1996, 570.
237 BGH BauR 1997, 1067.
238 BGH BauR 1997, 494; BGH BauR 1997, 1067; BGH BauR 1999, 1319.
239 BGH NJW 1973, 237.

- Berücksichtigung der vom Bauherrn vorgesehenen Nutzung.[240]
- Berücksichtigung von Eigentums-, Grenz- und Nachbarrechtsverhältnissen
- Rechnungsprüfung.[241]

Die Sachwalterpflichten konkretisieren und ergänzen insgesamt die originären Hauptpflichten, insbesondere die Planungs- und Überwachungstätigkeit des Architekten.[242]

dd) Genehmigungsfähigkeit der Planung

833 Der Architekt schuldet die Erstellung einer genehmigungsfähigen Planung, die in eine Baugenehmigung mündet. Bei Bauvorhaben, deren Genehmigungsfähigkeit aus bauplanungs- und/oder bauordnungsrechtlichen zweifelhaft ist, muss der Architekt rechtliche Vorsorgemaßnahmen treffen. Er sollte deshalb auf die bestehenden Genehmigungsrisiken hinweisen und den Bauherrn die Einreichung einer Bauvoranfrage empfehlen. Unabhängig davon sollten (aus Sicht des Architekten) die Risiken der Genehmigungsfähigkeit der Planung auf den Bauherrn soweit wie möglich übertragen werden. Die vereinbarte Risikoverlagerung auf den Bauherrn muss aber schon aus Beweisgründen schriftlich vereinbart werden. Aus der Vereinbarung muss ersichtlich werden, in welchem Umfang der Bauherr das Risiko der Nicht-Genehmigungsfähigkeit der Planung des Architekten übernimmt.

! Allein die Kenntnis des Genehmigungsrisikos bietet keine hinreichende Grundlage für die Annahme, dass die Parteien die Übertragung des Genehmigungsrisikos auf den Bauherrn vorgesehen haben. So kann allein aus der verbindlichen Vorgabe des Maßes der baulichen Nutzung eine ausdrückliche Freistellung des Architekten von der Herbeiführung der Genehmigungsfähigkeit seiner Planung nicht hergeleitet werden.[243]

834 Etwas anderes gilt nur dann, wenn der Architekt vom Bauherrn beauftragt wurde, eine genehmigungsriskante Entwurfsplanung zu erstellen und einzureichen. Der Architekt muss den Bauherrn auch in diesem Fall auf die Risiken der Genehmigungsfähigkeit hinweisen und die Risikoübernahme deutlich ablehnen. Nur in diesem Fall kann der Architekt bei etwaiger spätere Versagung der Baugenehmigung nicht verantwortlich gemacht werden.[244]

835

! Der Architekt hat grundsätzlich für die Erteilung einer bestandskräftigen Baugenehmigung zu sorgen. Wird eine Baugenehmigung nicht erteilt oder von einem Dritten erfolgreich angefochten, ist der geschuldete Werkerfolg nicht eingetreten. Dabei kommt es auf ein Verschulden des Architekten nicht an. Das Erfüllungs- und Haftungsrisiko ist im Hinblick auf die teilweise komplexe und unübersichtliche Rechtslage des Genehmigungsrechtes, etwa im nicht beplanten Innenbereich, und die möglichen Folgen sehr hoch. Fehler der Baugenehmigungsbehörde entlasten den Architekten im Regelfall nicht. Auch eine rechtliche Unsicherheit rechtfertigt es im Grundsatz nicht, den Architekten insoweit von der Pflicht zur Erstellung einer genehmigungsfähigen Planung freizustellen.[245]

---

240 BGH BauR 1998, 356.
241 BGH BauR 1998, 869.
242 Vgl. dazu insgesamt *Sangenstedt/Knipp,* Rechtshandbuch für Ingenieure und Architekten, A XI Rdnr. 10 und 34 ff.
243 KG BauR 2002, 111.
244 OLG Düsseldorf BauR 2000, 1515; OLG Stuttgart IBR 2004, 28.
245 BGH BauR 1999, 1195; *Sangenstedt/Knipp,* a. a. O., Rdnr. 61; BGH BauR 1998, 579; BGH BauR 2001, 667.

Tipp Dem Architekten ist anzuraten, den Bauherrn über die Genehmigungsfähigkeit und über etwaige Hürden, insbesondere über das Vorliegen schwieriger Rechtsfragen oder Rechtsverhältnisse, aufzuklären. Er muss darauf hinweisen, dass er selbst schwierige Rechtsfragen oder Rechtsverhältnisse nicht klären und die Beantwortung dieser Fragen von ihm auch nicht erwartet oder verlangt werden kann. Nur so kann er u. U. die werkvertragliche Erfolgshaftung eingrenzen. Er hat mithin in diesen Fällen dem Auftraggeber die Einschaltung eines fachkundigen Rechtsanwalts zu empfehlen.

! Ob der Architekt auch aus werkvertraglicher Erfolgshaftung in Anspruch genommen werden kann, wenn der Bauherr gegen eine von der Bauaufsichtsbehörde abgelehnte Baugenehmigung rechtlich nicht vorgeht, insbesondere keinen Widerspruch einlegt, ist immer wieder Streitpunkt. Im Regelfall scheiden Amtshaftungsansprüche gegen die Behörde selbst bei unberechtigter Verweigerung der Baugenehmigung aus, da der Architekt primär in Anspruch zu nehmen ist und der Bauherr nachweisen müsste, dass er vom Planer keinen anderweitigen Ersatz erlangen konnte.[246]

Mängelhaftungsansprüche des Bauherrn gegen den Architekten scheiden aber ebenfalls aus, wenn 836 die Baugenehmigung von der Bauaufsichtsbehörde offensichtlich zu Unrecht versagt wurde.[247] Diese Fälle sind aber eher selten. In der Regel ist es völlig offen, ob die von der Bauaufsichtsbehörde vertretene Auffassung, die zur Versagung der Baugenehmigung geführt hatte, zutreffend ist. Hier ist dem Bauherrn im Regelfall eine langwierige und riskante Auseinandersetzung im Widerspruchs- und etwaigem Klageverfahren gegen die Bauaufsichtsbehörde nicht zuzumuten. Der Architekt hat dann wiederum für die Versagung der Baugenehmigung in die Verantwortung genommen werden, da der Bauherr von ihm erwarten darf, dass er eine Genehmigungsplanung erstellt, die nicht ungelöste Rechtsfragen aufwirft, deren Beantwortung von Gerichten vorgenommen werden muss. Er kann insbesondere sich nicht mit dem Argument entlasten, die Verweigerung der Baugenehmigung sei rechtswidrig und ihm damit nicht vorwerfbar.

ee) Objektüberwachung

Der Umfang und die Intensität der notwendigen Überwachung während der Bauausführung 837 bestimmen sich nach den jeweiligen Gegebenheiten des konkreten Bauvorhabens und den Anforderungen der auszuführenden Bauarbeiten. Zwar gibt es keine feststehenden Grundsätze, wann und wie oft der objektüberwachende Architekt die Baumaßnahmen zu überwachen bzw. die Baustelle aufzusuchen hat Der objektüberwachende Architekt darf sich aber nicht darauf beschränken, zweimal pro Woche auf der Baustelle »vorbeizuschauen«. Er muss andererseits aber auch nicht permanent auf der Baustelle anwesend sein. Insbesondere bei einfachen, gängigen Arbeiten ist der Architekt nicht verpflichtet, ständig auf der Baustelle zu sein und die Arbeiten zu beaufsichtigen.

838

z.B.

- Malerarbeiten
- Innenputzarbeiten
- Plattenverlegearbeiten
- Anstricharbeiten
- Beschichtungsarbeiten (Wärmeverbundsystem und Putzoberfläche[248])
- Aufbringen von Dachpappe.

---

246 BGH NVwZ 1993, 602.

247 OLG Düsseldorf BauR 1996, 287; vgl. auch *Jacob*, Was schuldet der Architekt: die dauerhaft genehmigungsfähige Planung? BauR 2003, 1623.

248 KG NJW-RR 2001, 1167.

839 Zu beachten ist allerdings, dass der Architekt auch diese nicht besonders schadensanfälligen Arbeiten durch Stichproben zu kontrollieren und zumindest nach der Ausführung auf ihre Mangelfreiheit zu überprüfen hat.[249]

! Auch einfache Arbeiten bedürfen einer besonderen Kontrolle, wenn der Bauherr erkennbar ungeeignete oder mangelhaft arbeitende Unternehmer mit der Bauausführung beauftragt hat. Das Gleiche gilt, wenn der Architekt Anlass hat oder haben muss, an der Zuverlässigkeit des Unternehmers zu zweifeln, insbesondere wenn sich während der Bauausführung Anhaltspunkte für eine mangelhafte Ausführung ergeben oder wenn der Bauherr gegen den Rat des Architekten bestimmte, von ihm nicht empfohlene Handwerker beauftragt hat.[250]

840

z.B. **Beispiele** für schadensträchtige Arbeiten, die einer besonderen und intensiveren Bauüberwachung bedürfen:

- Abdichtungsarbeiten (Balkone, Keller)[251]
- Isolierungsarbeiten verschiedenster Art[252]
- Dachkonstruktionen[253]
- Dämmungsarbeiten
- Schallschutz[254]
- Wärmeschutz/Wärmedämmung[255]
- Brandschutz
- Feuchtigkeitsisolierung/Außenisolierung (Weiße Wanne, Außenmauerwerk[256])
- Bitumendickbeschichtung[257]
- Drainagearbeiten (Lage einer Ringdrainage)
- Austrocknung des Estrichs[258]
- Wintergarten (Traufe des Glasdachs[259])

841

z.B. **Beispiele** für besonders wichtige Bauabschnitte, die ebenfalls einer besonderen sorgfältigen Bauüberwachung bedürfen:

- Ausschachtungsarbeiten[260]
- Gründungsarbeiten
- Fundamentarbeiten[261]
- Beton- und Stahlbetonarbeiten (Betonqualität/Bewehrung[262])
- Rohrverlegearbeiten[263]

249 *Locher/Koeble/Frik,* HOAI, 8. Aufl. 2002, § 15 Rdnr. 206.
250 OLG Düsseldorf BauR 1996, 731; OLG Köln NJW-RR 1995, 156; BGH BauR 1991, 111.
251 BGH BauR 2000, 1330.
252 BGH NJW 1991, 562; OLG Hamm IBR 1999, 543.
253 BGH BauR 1970, 62; OLG Köln, BauR 1994, 649; OLG Düsseldorf BauR 1998, 810.
254 *Locher/Koeble/Frik,* a. a. O., § 15 Rdnr. 208.
255 KG IBR 2000, 510.
256 OLG Düsseldorf BauR 2002, 336; OLG Frankfurt IBR 2000, 556.
257 OLG Hamm ZfBR 2002, 257.
258 OLG Stuttgart BauR 2001, 671.
259 BGH BauR 2000, 1513.
260 BGH BauR 2001, 273.
261 OLG Düsseldorf NJW-RR 1995, 532.
262 OLG München NJW-RR 1988, 336.
263 OLG Schleswig IBR 2002, 86.

ff) Rechnungsprüfung

Die Verpflichtung zur Rechnungsprüfung erstreckt sich auf jede Art von Rechnungen (Schlussrechnungen, Abschlagsrechnungen, Teilrechnungen und Zwischenrechnungen). Der objektüberwachende Architekt hat insbesondere die von den bauausführenden Unternehmern gestellten Abschlagsrechnungen dahingehend zu prüfen, ob die in Rechnung gestellten Leistungen bzw. Teilleistungen tatsächlich und in dem geltend gemachten Umfang erbracht und nachgewiesen worden sind, d. h. ob die Voraussetzungen der Abschlagszahlung gem. § 16 Nr. 1 VOB/B beim VOB/B-Vertrag bzw. gem. § 632 a BGB beim BGB-Vertrag vorliegen. Daneben hat er bei der Schlussrechnungsprüfung der vom Unternehmer in Rechnung gestellten Leistungen zu prüfen, ob die Rechnungspositionen Vertragsleistungen oder zusätzliche Leistungen sind. 842

Unabhängig davon ist insbesondere darauf zu achten, ob die in Nachtragsangeboten geltend gemachten Leistungen sich bereits aus dem vertraglichen Leistungsumfang ergeben und somit bereits bei den Vertragsleistungen einzukalkulieren waren oder ob es sich hierbei um außervertragliche Leistungen handelt. Es gehört zu den vertraglichen Hauptpflichten des Architekten, die Unternehmerangebote auf Übereinstimmung mit dem Leistungsverzeichnis und spätere zusätzliche Vergütungsforderungen des Unternehmers daraufhin zu überprüfen, ob sie nicht Leistungen betreffen, die bereits durch den Hauptauftrag abgegolten sind.[264] 843

Oftmals entscheidet der Umfang der Nachtragsleistungen und der daraus resultierenden berechtigten und durchsetzbaren Nachtragsforderungen über den wirtschaftlichen Erfolg oder Misserfolg eines Bauvorhabens. Bei der Nachtragsprüfung darf sich der Architekt nicht darauf beschränken zu überprüfen, ob der Unternehmer richtig gerechnet hat. Er muss vielmehr die Nachtragsangebote auch fachtechnisch, d. h. auf seine Vereinbarkeit mit dem Hauptvertrag und den Bestimmungen der VOB/B – im Zusammenwirken mit einem vom Bauherrn einzuschaltenden Rechtsanwalt – zu prüfen. Insbesondere hat er zu überprüfen, ob es sich bei den vermeintlichen Nachtragsforderungen tatsächlich um geänderte oder zusätzliche Leistungen handelt und ob die geforderte Vergütung die Mehr- oder Minderkosten angemessen berücksichtigt bzw. den Preisermittlungsgrundlagen für die vertragliche Leistungen und den besonderen Kosten für die geänderte oder zusätzliche Leistung entspricht.[265] 844

Im Rahmen dieser Nachtragsprüfung können sich für den Architekten auch Rechtsfragen stellen, die er nicht beantworten kann und muss (u.U. sogar wegen eines Verstoßes gegen das Rechtsberatungsgesetz nicht beantworten darf), hinsichtlich derer er aber dem Bauherrn dringend die Einholung von Rechtsrat empfehlen muss. 845

> ! Diese rein nach fachtechnischen Gesichtspunkten vorzunehmende Prüfung der Rechnungen und Nachtragsangebote ist eine zum Kernbereich der Architektenpflichten gehörenden zentrale Leistung, zu der daneben und parallel die Leistung der Baubegleitenden Rechtsberatung gehört, die die jeweiligen Nachtragsforderungen dem Grunde nach auf etwaige rechtliche Anspruchsgrundlagen auf der Basis der ihr vom Architekten gegebenen Sachverhalte und Tatbestände zu prüfen und »abzuklopfen« hat.

Soweit für einzelne Gewerke (z. B. technische Gebäudeausrüstung) Fachplaner beteiligt sind, hat die Prüfung der Rechnungen dieser Gewerke durch die Fachplaner bzw. die objektüberwachenden Fachingenieure zu erfolgen.[266] 846

---

264 BGH BauR 1982, 185; BGH BauR 1988, 869.
265 BGH NJW 1981, 2182; BGH BauR 1982, 185.
266 *Löffelmann/Fleischmann*, Architektenrecht, 4. Aufl. 2000, Rdnr. 462.

847 Die Prüfung der Honorarabrechnungen der Fachplaner obliegt wiederum dem Architekten. Die Überprüfung muss in rechnerischer, aber auch in fachtechnischer Hinsicht erfolgen. Der Architekt darf sich nicht darauf beschränken, die Vordersätze mit den Einheitspreisen zu multiplizieren, die Einzelpreise zu addieren oder den sonstigen Rechengang nachzuvollziehen.

848 z.B. Der mit der Objektüberwachung beauftragte Architekt muss prüfen, ob die abgerechneten Leistungen die nach § 14 Nr. 1 VOB/B beizufügenden Unterlagen, Zeichnungen und sonstigen Belege enthält.[267] Sind zugunsten des Auftraggebers Sicherheitseinbehalte oder sonstige Regelungen im Bauvertrag vorgesehen worden (z. B. Skonti, Rabatte oder sonstige Preisnachlässe), ist dies bei der Rechnungsprüfung zu berücksichtigen.

Dabei muss der Architekt in rechtlicher Hinsicht jedoch nicht prüfen, ob Nachlässe auch in Nachtragsforderungen übernommen werden müssen. Dies ist wiederum Aufgabe der Baubegleitenden Rechtsberatung. So gilt im Regelfall, dass ein vereinbarter Preisnachlass auch für Nachtragsaufträge anzuwenden ist.[268]

Die Prüfung umfasst nicht die Korrektur der Rechnungen zugunsten der Unternehmer. Bleibt die Zahlungsempfehlung hinter dem Rechnungsbetrag zurück, muss der Architekt dies näher begründen. Allein die Angabe »Minderleistung« oder »Mängel« reicht nicht aus. Er muss auch auf Zurückbehaltungsrechte wegen konkreter Mängel hinweisen. Ein falscher Prüfvermerk des Architekten (z. B. auf Abschlagsrechnungen der Vermerk »fachtechnisch und rechnerisch geprüft«) kann zur Überzahlung des Bauunternehmers, die nicht mehr mit zukünftigen Werklohnforderungen verrechnet werden kann, führen.

849 ! Ob der auf Erstattung des Überzahlungsbetrages gerichtete Schadensersatzanspruch des Auftraggebers gegen den Architekten wegen fehlerhafter Rechnungsprüfung voraussetzt, dass der Rückzahlungsanspruch gegenüber dem überzahlten Unternehmer nicht mehr realisiert werden kann (z. B. bei eingetretener Insolvenz, aber auch bei fehlender Verrechnungsmöglichkeit), ist noch nicht abschließend geklärt.[269] § 255 BGB spricht dafür, dass es auf die Uneinbringlichkeit der Rückforderung gegenüber dem Bauunternehmer nicht ankommt und der Schaden des Bauherrn unabhängig davon gegenüber dem Architekten geltend gemacht werden kann. Wenn allerdings der Bauherr ohnehin keinen Werklohn an den Unternehmer zahlen muss, da eine Aufrechnung mit dem ihm zustehenden Schadensersatzanspruch rechtskräftig festgestellt worden ist, hat der Bauherr auch keinen Schaden mehr, den er gegenüber dem Architekten geltend machen könnte.[270]

gg) Leistungsbeschreibung für die Planung eines Bürogebäudes

850 **Leistungsphase 1 – Grundlagenermittlung**

Zu erbringen sind die Leistungen nach § 15 Abs. 2 Nr. 1 HOAI wie folgt: ...

851 **Leistungsphase 2 – Vorplanung**

Zu erbringen sind die Leistungen gem. § 15 Abs. 2 Nr. 2 HOAI wie folgt: ...

Hinzu kommen folgende weitere Leistungen:

- Schriftlicher Erläuterungsbericht mit Angabe der wichtigsten Planungsgrundlagen

267 BGH BauR 1998, 869; OLG Köln BauR 1997, 343; OLG Celle BauR 2000, 1897.
268 BGH IBR 2003, 591; OLG Köln IBR 2003, 119; Ingenstau/Korbion/Keldungs, § 2 Rdnr. 275 m. w. N; *Heiermann/Riedl/Rusam*, Handkommentar zur VOB, 10. Aufl. 2003, Rdnr. 129 zu B § 2.
269 BGH BauR 1998, 869; dafür *Kniffka/Koeble*, Kompendium des Baurechts, 9. Teil, Rdnr. 142.
270 BGH NJW 1996, 2370; OLG Hamm ZfBR 2002, 257.

- Erarbeitung alternativer Konzepte zur Gebäudeplanung unter Berücksichtigung des städtebaulichen Kontextes und der Verkehrsplanung
- Darstellung und Präsentation aller Vorplanungsergebnisse
- Überprüfung der Möglichkeiten des Einsatzes innovativer Techniken im Bereich der Baukonstruktion und der Haustechnik, ggf. in Abstimmung mit den Fachplanern
- Zeichnerische Darstellung wie folgt:
  - Lageplanmaßstab 1:100, 1:500
  - Grundrisse, Schnitte, Ansichten, Maßstab: 1:200, 1:500
  - Arbeitsmodell Maßstab 1:200, 1:500,

Leistungsphase 3 – Entwurfsplanung 852

Zu erbringen sind alle Leistungen gem. § 15 Abs. 2 Nr. 3 HOAI wie folgt: ...

Hinzu kommen folgende weitere Leistungen:

- der Entwurf muss auf dem vom Auftraggeber genehmigten Vorentwurf und den Ergebnissen der Vorplanung aufbauen. Veränderungen gegenüber dem Vorentwurf sind jeweils kenntlich zu machen und bedürfen der Genehmigung durch den Auftraggeber
- die Pläne müssen alle Maße, die zur Ermittlung der Flächenarten sowie des Bruttorauminhaltes nach DIN 277 erforderlich sind, enthalten
- entsprechend den Nutzungsvorgaben des Auftraggebers werden Aufteilungs- und Einrichtungsvorschläge eingetragen
- der Gesamtentwurf bedarf des schriftlichen Einverständnisses durch den Auftraggeber. Mit dem Entwurf werden eingereicht:
  - Berechnung der Flächenarten nach DIN 277, getrennt nach Funktionsbereichen, Bauteilen und Nutzern mit Zusammenstellung in übersichtlicher Form
  - Berechnung des Bruttorauminhaltes nach DIN 277, getrennt nach Funktionsbereichen, Bauteilen und Nutzern
  - Berechnung der Geschossflächen, getrennt nach Bauteilen und Nutzern
  - Berechnung der Stellplatzflächen, getrennt nach Nutzern
  - Im Lageplan sind die vorgesehenen Wege-, Feuerwehrzufahrts- und Grünflächen als Grundlage für die Freianlagenplanung einzutragen.
  - Schriftlicher Erläuterungsbericht mit Angabe differenzierter Planungsfestlegungen zur Baukonstruktion, Baumaterialien sowie baulichen Ausbau
  - Darstellung und Präsentation des Entwurfsergebnisses
  - Grundrisse, Schnitte, Ansichten Maßstab 1:100
  - Details in Skizzenform, ggf. auch ausgearbeitet auf Wunsch des AG:
    - Fassadenschnitte horizontal/vertikal inkl. Dach- und Dachaufbauten
    - Eingangshalle/Passagen mit Detaillierung der Eingangssituation und sonstiger wichtiger, den Gesamteindruck beeinflussender Details
    - Standardtreppenhauskern
    - Treppen- und Geländerdetails
    - Standardbüro mit Fassadenansicht – innen
    - Flurzone Büro
    - Aufzugsportal
    - Aufzugskabinengestaltung
    - WC-Anlagen
    - Sonderbereiche wie Terrassen, Balkone, Loggien, Innenhöfe etc.
    - Eine Abstimmung muss auch mit den Fachplanern für deren Leitdetails stattfinden
    - Entwicklung von Trassenkonzepten innerhalb des Gebäudes in Abstimmung mit den Fachplanern
    - Darstellung der Anschlussmöglichkeiten an öffentliche Ver- und Entsorgungsleitungen in Abstimmung mit den Fachplanern

- Entwicklung von alternativen Fassadenausbildungen zur Minimierung von Wärme- bzw. Kältebedarf in Abstimmung mit den Fachplanern
- In der Entwurfsplanung müssen die aus der Tragwerkskonzeption wesentlichen ableitbaren Bauteildimensionen Eingang gefunden haben
- Erstellen einer Planliste sowie eines Planablaufterminplans in Abstimmung mit dem AG einschließlich Fortschreibung derselben
- Organisation aller erforderlichen Bemusterungen einschließlich der dazugehörigen Maßnahmen für alle gestaltungsrelevanten Elemente
- Integrierung der Beiträge der Fachplaner

853 **Leistungsphase 4 – Genehmigungsplanung**

Zu erbringen sind alle Leistungen gem. § 15 Abs. 2 Nr. 4 HOAI wie folgt: ...

Zusätzlich sind zu erbringen:

- aktive Verfolgung des Baugenehmigungsverfahrens
- Mitwirkung bzw. Unterstützung bei Verfahren im Zusammenhang mit der Baugenehmigung
- Erstellung aller für die Genehmigung erforderlichen Unterlagen im Einvernehmen mit dem AG einschließlich rechtzeitiger Beschaffung von Unterlagen, die von beteiligten Dritten zu erstellen sind

854 **Leistungsphase 5 – Ausführungsplanung**

Zu erbringen sind alle Leistungen gem. § 15 Abs. 2 Nr. 5 HOAI wie folgt: ...

Zusätzlich sind zu erbringen:

- Prüfung von Werkstatt- und Montageplänen, die in den Bereich der Gebäudeplanung fallen
- Fortschreibung der Kostenberechnung
- Vermaßung der Angaben der Tragwerksplanung
- Übernahme sämtlich konstruktiv erforderlicher Einbaudetails in die Werk- und Detailpläne
- Kenntlichmachung der Abweichungen der Ausführungspläne von den genehmigten Entwurfsplänen und/oder der Baugenehmigung
- Freigabe aller Ausführungszeichnungen mit der Maßgabe, dass die Werkpläne vom Auftraggeber zur Ausführung freigebeben werden
- Eintragung aller wesentlichen Aussparungen in die Ausführungspläne
- Prüfung der Detailpläne der beauftragten Firmen auf Übereinstimmung mit den Ausführungsplänen
- Nachträgliche Beschreibung der Änderungen der Ausführungsplanung nach Fertigstellung der Ausschreibungsunterlagen
- Erstellen der erforderlichen Planunterlagen zur Durchführung von Bemusterungen und Überwachen der zugehörigen baulichen Aktivitäten
- Liste der erforderlichen Planunterlagen
- Alle Planunterlagen sind mit textlichen Angaben über Ausführungsart und Materialien zu ergänzen:
  - Grundrisse Maßstab 1:50
  - Gesamtgebäudeschnitte quer und längs 1:50
  - Schnitte durch sämtliche Treppenhäuser 1:50
  - Ansichten Fassadenschnitte 1:50
  - **Kellergeschoss**
    - Anschluss aufgehendes Mauerwerk
    - Bodenbelag
    - Anschluss Bodenplatten – aufgehendes Mauerwerk/Fassade
    - Lichtschächte
    - Aufzug inkl. Aufzugsvorraum

- **Erdgeschoss und Obergeschoss**
  - Eingang – Straßenbelag
  - Eingangssituation
  - Vordächer
  - Brüstung mit Heizkörper – Fensteranschluss mit Sonneschutz
  - Brüstung – Fensterbankanschluss innen und außen
  - Fußbodenaufbau innen und bei jedem Belagswechsel
  - Anschluss Fenster – Sturz – Decke
  - Befestigung von Außenleuchten
  - Wand- und Deckenleuchten
- **Dachgeschoss**
  - Dachaufbau
  - Anschluss Fassade – Dach
  - Trauf-, Frist- und Ortgangdetail
  - Detailgaube
  - Detaildachflächenfenster
  - Begehbare Dacheinschnitte inkl. Bodenaufbau und Brüstung
  - Anschluss Dachhaut – Schornstein
  - Anschluss Dachhaut – sonstige Haustechnikaufbauten
- **Eingangshalle**
  - Empfangstheke
  - Eingangssituation
  - Garderobe
  - Briefkastenanlage
  - Treppen
  - Aufzug/Aufzugsportal
  - Büro
    - Wandabwicklung 1:20
    - Wand-, Fußboden-Deckenanschlüsse 1:10
    - Deckenspiegel 1:50, 1:20
    - Einbaumöbel
  - Flure
    - Wandansichten WC-Kern/Lift-Landing 1:20
    - Wand-, Fußboden-Deckenanschlüsse 1:20
    - Deckenspiegel 1:50, 1:20
    - Türansichten (Türlisten) 1:20
  - Aufzüge
    - Grundrisse, Schnitte, Ansichten 1:20
    - Wand-, Fußboden-Deckenanschlüsse 1:10
    - Fußboden-Verlegepläne 1:20
    - Bedienungstableau 1:10, 1:1
    - Perspektive Aufzugskabine innen
  - Teeküchen
    - Fliesenspiegel
    - Anschlussdetails (Möbel-Wand, Möbel-Decke, Möbel-Fußboden) 1:10
  - WC-Anlagen
    - Grundrisse, Schnitte 1:20
    - Wandabwicklungen, Fliesenspiegel 1:20
    - Waschtisch: Grundrisse, Schnitte, Ansichten 1:20
    - Details 1:10, 1:1
  - Putzraum

  - Grundrisse, Schnitte, Ansicht mit Ausgussbecken 1:20
  - Fliesenspiegel 1:20
- **Sonderbereiche, z. B. Terrassen und Balkone:**
  - Grundrisse, Schnitte 1:50, 1:20
  - Fassadenanschlüsse 1:20, 1:10
  - Wand-, Fußboden- und Deckenanschlüsse 1:20, 1:10
  - Brüstungsdetails 1:10
  - Geländerdetails 1:5
  - Fliesenspiegel 1:20
  - Deckenspiegel 1:50, 1:20

855 **Leistungsphase 6 – Vorbereitung der Vergabe**

Zu erbringen sind alle Grundleistungen gem. § 15, Abs. 2, Nr. 6 HOAI wie folgt: ...

Zusätzliche Erläuterungen zu den beauftragten Grundleistungen:

- Die Leistungsbereiche der Leistungsverzeichnisse und Positionen sind unter Beachtung der Kostengliederung der Gewerkeliste nach Standardleistungsbuch festzulegen. Das Ausschreibungsprogramm muss bei jeder Position Kostengruppe, Leistungsbereich und Leistungspaket verarbeiten können. Die Preise der einzelnen Positionen sind auf Wunsch des AG in Lohn- und Materialkosten unterteilt auszuschreiben.
- Bei der Erstellung der Leistungsverzeichnisse (LV) sind Abstimmungsgespräche mit den anderen Fachplanern zu führen.
- Die »Zusätzlichen Vertragsbedingungen zum Auftragnehmervertrag, ZVB«, Angebotsbedingungen sowie Deckblatt zum LV des AG werden Bestandteil der Ausschreibungsunterlagen. Der AN hat die von ihm erstellten Ausschreibungsunterlagen mit den vom AG bereitgestellten Vertragsunterlagen soweit vorhanden, abzustimmen.
- Je Gewerk sollen mindestens zwischen 5 und 10 vollständige Angebote dem AG vorgelegt werden können.

856 **Leistungsphase 7 – Mitwirkung bei der Vergabe**

Zu erbringen sind alle Grundleistungen gem. § 15 Abs. 2, Nr. 7 HOAI wie folgt: ...

Zusätzliche Erläuterungen zu den beauftragten Grundleistungen:

- Gleichstellung der Angebote in Bezug auf die Ausschreibungsunterlagen in technischer und wirtschaftlicher Hinsicht.
- Prüfen und Werten eventueller Nebenangebote.
- Schriftliche Bewertung der in den Angebotsschreiben genannten Bedingungen.
- Schriftlicher Abschlussbericht der Angebotsbearbeitung für die einzelnen Leistungspakete.
- Lieferung der Auftragsleistungsverzeichnisse innerhalb von 10 Arbeitstagen nach Auftragserteilung mit Berücksichtigung aller vergaberelevanten Randbedingungen.

857 **Leistungsphase 8 – Objektüberwachung**

Zu erbringen sind alle Grundleistungen gem. § 15, Abs. 2 Nr. 8 HOAI wie folgt: ...

Zusätzliche Erläuterungen zu den beauftragten Grundleistungen:

- Erstellen eines Berichtswesens in Abstimmung mit dem AG zur Kontrolle und Steuerung der Ausführungsqualität, Kosten und Termine.
- Zusammenstellung sämtlicher Gewährleistungsfristen
- Bei pauschalen Aufträgen sind in Abstimmung mit dem Auftraggeber und der bauausführenden Firma Zahlungspläne zu erstellen.
- Fachtechnische und rechnerische Prüfung der Rechnungen
- Aufträge und Nachträge beauftragt der Auftraggeber. Die Anordnung umfangreicher Stundenlohnarbeiten bleibt ebenfalls dem Auftraggeber vorbehalten.

- Werden geänderte Bauleistungen angeordnet oder zusätzliche Leistungen gefordert, sind von den Firmen vor der Ausführung der Leistungen Nachtragsangebote und die zur Beurteilung der Nachtragspreise erforderlichen Unterlagen zu verlangen.
- Der Auftragnehmer hat die Notwendigkeit der Nachträge zu begründen und zu bestätigen, dass diese Leistungen nicht bereits im Auftrags-LV enthalten sind und auch keine Nebenleistungen im Sinn der VOB/C darstellen.
- Der Auftragnehmer führt täglich ein Bautagebuch. Dieses wird durch Fotoaufnahmen ergänzt.

Leistungsphase 9 – Objektbetreuung und Dokumentation 858

Zu erbringen sind alle Grundleistungen gem. § 15, Abs. 2 Nr. 9 HOAI wie folgt: ...

Zusätzliche Erläuterungen zu den beauftragten Grundleistungen:

- Systematische Zusammenstellung sämtlicher Planunterlagen und rechnerischer Ergebnisse des Objektes auch der anderen an der Planung fachlich Beteiligten. Die Systematik dieser Dokumentation ist mit dem AG abzustimmen.
- Erstellen von Bestandsplänen bzw. einer Projektdokumentation auf Grundlage der fortgeschriebenen Ausführungspläne nach LPH 5.

hh) Zusätzliche phasenübergreifende Leistungen/Digitaler Datenaustausch

Das Ergebnis jeder Planungsphase wird dem Auftraggeber 2-fach zur Genehmigung bzw. zur Information/Verteilung vorgelegt, soweit nicht einvernehmlich anderes schriftlich vereinbart wird. 859

Die Pläne werden mit einer sinnvollen Typenbezeichnung und Numerierung in Abstimmung mit dem Auftraggeber und den anderen Planungsbeteiligten codiert. 860

Planformate, Plancodierungen und Planlisten werden mit allen Beteiligten abgestimmt. 861

Für die CAD-Planerstellung/-bearbeitung ist mit allen Planungsbeteiligten eine CAD-Abstimmung zu koordinieren. Die Ergebnisse werden in einem Protokoll festgehalten und sind für die gesamte Planungs- und Bauzeit einzuhalten. 862

Im Fall der Einrichtung eines Projekt-Servers verpflichten sich die Architekten zur tatkräftigen und konstruktiven Nutzung dieses Instruments. Die Architekten sagen zu, die Modalitäten der Server-Nutzung mit den anderen Planungs-/Projektbeteiligten einvernehmlich festzulegen. 863

ii) Leitsätze zur Architektenplanung

- Den klassischen Architekten, der alles macht, was nicht der Bauherr macht, gibt es nicht (mehr). 864
- Das Selbstverständnis vieler Architekten stimmt mit der Wirklichkeit des Planungs- und Baugeschehens nicht (mehr) überein.
- Generalunternehmer und andere Beteiligte »wildern« auf dem Feld der Architektenleistungen. Dies ist eine Folge der veränderten Bauherrenrolle (anonymer Bauherr/Investor von Immobilienprojekten).
- Baubegleitende Dienstleistungen sind erforderlich, um die Projektziele erreichen zu können. Architekten allein sind nicht dazu in der Lage, für den modernen Bauherrn ein Projekt zu realisieren. Der Einfluss der Architekten ist auch dadurch zurückgegangen. Der Einfluss der rechtlichen Begleitung eines Bauvorhabens hat demgegenüber zugenommen.

z.B.

- Projektbegleitende Rechtsberatung als dauerhaftes Instrumentarium
- Projektmanagement (Vertragsmanagement/Nachtragsmanagement)
- Projektsteuerung
- Projektcontrolling

865 Spezialisierte Teilleistungen von Rechtsberatern zeigen die Grenzen der Architektenaufgaben, die die rechtliche Beratung und Begleitung des Bauvorhabens nicht umfassen.

c) Honorar des Architekten

aa) Rechtsgrundlagen des Honoraranspruchs

866

> ! Die HOAI ist keine Anspruchsgrundlage für den Honoraranspruch! Sie regelt aber die Höhe des Honorars, wenn ein Honoraranspruch besteht und die Vertragsparteien das Honorar nicht oder nicht wirksam der Höhe nach vereinbart haben

- Auftragserteilung/Vertragsabschluss (ohne Vertrag kein Honorar! Mündlicher oder konkludenter Auftrag/Vertrag reicht aus)

Begründung des Honoraranspruchs durch vertragliche Vereinbarung (insoweit besteht Vertragsfreiheit, d.h. der Anspruch kann z.B. von Bedingungen des Auftraggebers wie Grundstückserwerb oder Finanzierungszusage abhängig gemacht werden)

- Vereinbarung der Vergütung (im Rahmen der HOAI), d.h. Beschränkung der Vertragsfreiheit durch das zwingende Preisrecht der HOAI)

> Tipp Honorarpflicht folgt aus dem Gesetz § 632 Abs. 2 BGB, Honorarhöhe folgt aus dem Preisrecht § 4 Abs. 4 HOAI

Auch ohne ausdrückliche Vergütungsvereinbarung gilt eine Vergütung als stillschweigend vereinbart, wenn die Herstellung des Werkes nach den Umständen nur gegen eine Vergütung zu erwarten ist (§ 632 Abs. 1 BGB). Diese Vermutungsregelung erstreckt sich nicht auf den Abschluss des Vertrages.[271]

bb) Wann findet die HOAI Anwendung?

867 Die Mindest- und Höchstsätze der HOAI sind aufgrund der für ihren Geltungsbereich maßgeblichen Ermächtigungsgrundlage des MRVG Art. 10 §§ 1 und 2 auf natürliche und juristische Personen unter der Voraussetzung anwendbar, dass sie Architekten- und Ingenieuraufgaben erbringen, die in der HOAI beschrieben sind.

> ! Die preisrechtlichen Vorschriften sind nicht anwendbar auf Anbieter, die neben oder zusammen mit Bauleistungen auch Architekten- oder Ingenieurleistungen erbringen (z. B. Generalunternehmer oder Bauträger).[272]

Wenn Architekten Mischleistungen erbringen, etwa im Rahmen einer Projektentwicklung neben planerischen Architektenleistungen auch typische Marketing-, Makler- und/oder sonstige Vermittlungs- und Managementaufgaben wahrnehmen, sind die Preisvorschriften der HOAI nicht anwendbar, weil die vereinbarte Leistung im Schwerpunkt erheblich von dem einen Architektenvertrag prägenden Werkerfolg abweicht.[273]

> z.B. Wahrnehmung von Aufgaben zur Umwandlung eines Mietobjekts in Wohnungseigentum und zur Veräußerung des Wohnungseigentums (Schaffung der tatsächlichen, wirtschaftlichen und rechtlichen Voraussetzungen).

Dabei kommt es darauf an, dass diese Leistungen im Vordergrund stehen und den Gesamtcharakter des Vertrages bilden.

---

271 BGH BauR 1999, 1319.
272 BGH BauR 1997, 677.
273 BGH BauR 1998, 193.

cc) Vorgaben des Preisrechts

Das Honorar ist erfolgsbezogen, aufwandsneutral und damit für jede einzelne Leistungsphase pauschaliert. Die HOAI enthält zwei wesentliche Grundsätze für die Honorierung der Architektenleistungen. Zum einen legt sie einen **Gebührenrahmen** fest. Zum anderen definiert sie einen Mindestsatz, der unter bestimmten Voraussetzungen eingreift und den Architekten vor einem ruinösen Preiswettbewerb schützen soll. Einzelheiten ergeben sich aus § 4 HOAI. § 4 Abs. 1 normiert für die Regelfälle einen Gebührenrahmen (Mindest- und Höchstsätze). § 4 Abs. 2 und Abs. 3 stellt klar, dass Vereinbarungen unter den Mindestsätzen oder über den Höchstsätzen nur in Ausnahmefällen zulässig sind. 868

Eine nach § 4 Abs. 1 HOAI von den **Mindestsätzen** abweichende Vereinbarung innerhalb des Gebührenrahmens setzt stets voraus:

- die Einhaltung der gesetzlichen Schriftform (schriftliche Honorarvereinbarung)
- ein Vereinbarung zum richtigen Zeitpunkt (bei Auftragserteilung bzw. bei Abschluss des Vertrages)
- eine Gebührenvereinbarung im Rahmen der Mindest- und Höchstsätze (Einhaltung des Gebührenrahmens).

Demgegenüber gilt die Mindestsatzfiktion immer dann, wenn eine der nachfolgend genannten Voraussetzungen vorliegen:

- Fehlen einer Honorarvereinbarung
- Unwirksamkeit der Honorarvereinbarung
- Verstoß gegen das Schriftformerfordernis
- Verstoß gegen den maßgeblichen Zeitpunkt der Vereinbarung
- Unwirksame Unterschreitung der Mindestsätze (kein Ausnahmefall).

dd) Voraussetzungen einer wirksamen Honorarvereinbarung:

– **Schriftform:** 869

Das Formerfordernis gilt für alle die Honorierung betreffenden Fragen, also nicht nur für die Vereinbarung eines Pauschalhonorars, oberhalb der Mindestsätze, sondern auch für eine Abrede über die anrechenbaren Kosten.[274]

Die Schriftform setzt zunächst eine eigenhändige Namensunterschrift voraus. Nach § 126 Abs. 2 S. 1 BGB muss die Vereinbarung auf einer beiderseits unterschriebenen einheitlichen Urkunde erfolgen. Dazu reicht eine beiderseits unterschriebene mehrseitige, äußerlich verbundene Urkunde aus oder alternativ beiderseitige Unterschriften auf allen Seiten der mehrseitigen Urkunde. Bei äußerlich nicht verbundenen Urkunden, die beiderseits unterschrieben worden sind, muss allerdings deren Einheit aus einer einheitlichen graphischen Darstellung und einem inhaltlichen Zusammenhang des Textes (z. B. fortlaufende Nummerierung) zweifelsfrei ersichtlich sein, um deren Einheit zu dokumentieren.[275]

Schließlich reicht auch der Austausch derartiger Urkunden mit jeweils beiden Unterschriften aus. Eine wirksame schriftliche Vereinbarung per Telefax setzt voraus, dass die Partei das ihr übermittelte Telefaxschreiben gegenzeichnet und dieses Telefaxschreiben zurücksendet.[276]

Nicht ausreichend sind:

- schriftliche Auftragsbestätigung[277]
- wechselseitige Bestätigungsschreiben[278]

---

274 BGH BauR 1990, 97; OLG Düsseldorf, BauR 1987, 590; OLG Hamm, NJW-RR 1994, 984.
275 BGH NJW 1998, 58; BGH ZfBR 1999, 1104; BGH NJW 1999, 2591.
276 KG BauR 1994, 791, 792.
277 BGH BauR 1989, 222.
278 OLG Düsseldorf, BauR 1995, 419.

- Briefwechsel
- Austausch von wechselseitigen Faxschreiben

870 – **Zeitpunkt**

Ein Honorar oberhalb des Mindestsatzes muss der Architekt zum Zeitpunkt der Auftragserteilung, d. h. schon beim eigentlichen Vertragsabschluss schriftlich vereinbaren. Spätere Vereinbarungen sind im Regelfall insoweit unwirksam. Es gilt dann entgegen des in der Vereinbarung enthaltenen Honorarsatzes automatisch der Mindestsatz.[279]

Deshalb genügt allein die Einhaltung der gesetzlichen Schriftform nicht für eine wirksame Vereinbarung eines Honorar über den Mindestsatz innerhalb des Gebührenrahmens der HOAI. Der Zeitpunkt der Vereinbarung ist genauso wichtig.

! Die Vereinbarung muss absolut zeitgleich mit dem eigentlichen Architektenvertrag abgeschlossen werden.[280] Wenn der Architektenvertrag mündlich oder konkludent zustande gekommen ist, scheidet ein Honorar oberhalb des Mindestsatzes von vornherein aus. Auftraggeber nutzen diese Formalien für die Wirksamkeit einer entsprechenden Honorarvereinbarung oft aus und berufen sich auf die Unwirksamkeit, wenn es später Streit über die Qualität der Architektenleistung gibt. Deshalb ist Architekten dringend zu raten, den Architektenvertrag einschließlich Honorarvereinbarung schriftlich unmittelbar zu Beginn der Vertragsbeziehung abzufassen und durch den Auftrafggeber unterzeichnen zu lassen. Architektenvertrag und Honorarvereinbarung bilden in honorarrechtlicher Hinsicht eine untrennbare Einheit.

871 Auf eine mündliche Auftragserteilung und einen späteren Abschluss einer Honorarvereinbarung sollte sich der Architekt nicht einlassen. Wenn er trotzdem mit den Arbeiten beginnt und auf einen noch nicht erfolgten schriftlichen Abschluss des Architektenvertrages einschließlich Honorarvereinbarung verweist, plant der Architekt unter Umständen auf eigenes Risiko. Der Auftraggeber könnte später im Streitfalle bei Fehlen eines schriftlichen Vertrages einwenden, dass der Abschluss eines schriftlichen Architektenvertrages Wirksamkeitsvoraussetzung für einen verbindlichen Architektenvertrag gewesen sei (§ 154 Abs. 1 S. 1 BGB). Danach ist im Zweifel ein Vertrag nicht geschlossen, bevor nicht die Parteien sich über alle Punkte geeinigt haben. Die Einigung und damit der Vertragsschluss käme erst dann zustande, wenn die Parteien die schriftliche Honorarvereinbarung nachgeholt hätten.[281]

! Wird die Vereinbarung in engem zeitlichem Zusammenhang mit der Auftragserteilung abgeschlossen, ist sie unwirksam. Dies gilt schon bei einer Honorarvereinbarung, die zwei Wochen nach Abschluss des Architektenvertrages bzw. nach mündlicher Auftragserteilung getroffen worden ist. Allerdings ist in der Praxis der Zeitpunkt der Auftragserteilung vom Ende der Akquisitionsphase abzugrenzen. Fast jedem Architektenvertrag geht eine mehr oder weniger lange Akquisitionsphase voraus, in der erst die Art und die Rahmenbedingungen des ins Auge gefassten Objektes besprochen und festgelegt werden müssen. Um so wichtiger ist es, den Zeitpunkt der Auftragserteilung und der dann erforderlich werdenden schriftlichen Honorarvereinbarung schriftlich zu dokumentieren. Dies ist grundsätzlich der Zeitpunkt, in dem Art und Umfang des Objektes und die von dem Architekten zu erbringenden Leistungen feststehen.[282] Insbesondere ist zu beachten, dass Architekten bei größeren

279 BGH BauR 1985, 582; BGH BauR 1996, 414.
280 *Locher/Koeble/Frik,* HOAI, § 4 Rdnr. 37; *Pott/Dahlhoff/Kniffka,* HOAI, 7. Auflage 1996, § 4 Rdnr. 7.
281 *Locher/Koeble/Frik,* HOAI, § 4 Rdnr. 42.
282 *Locher/Koeble/Frik,* HOAI, § 4 Rdnr. 38.

Projekten wegen der Hoffnung auf einen lukrativen Auftrag in höherem Umfang zu Werbemaßnahmen und damit auch zu Vorplanungsleistungen bereit sind.[283]

Ein Vorbehalt, später noch eine schriftliche Honorarvereinbarung zu treffen, ist rechtlich bedeutungslos. Damit kann dem Erfordernis der Vereinbarung »bei Auftragserteilung« nicht Rechnung getragen werden. Dies gilt selbst dann, wenn der Vorbehalt schriftlich fixiert worden ist. 872

Ob eine Vereinbarung der Parteien, dass später im Zusammenhang mit einem beabsichtigten schriftlichen Architektenvertrag eine schriftliche Honorarvereinbarung getroffen werden soll, für die Wirksamkeit ausreicht, ist höchst zweifelhaft. Die Anwendung von § 154 Abs. 2 BGB auf die Honorarvereinbarung ist im Fall der Verbindung mit dem Architektenauftrag zumindest problematisch. 873

Wenn sich die Parteien den Vertrag schriftlich rein zu Beweiszwecken abschließen wollen, ist eine schriftliche Honorarvereinbarung, die zum Zeitpunkt der schriftlichen Fixierung des Vertrages abgeschlossen wird, ebenfalls nicht ausreichend für eine wirksame Honorarvereinbarung oberhalb der Mindestsätze. 874

ee) Ausnahmefälle für die Wirksamkeit einer späteren Honorarvereinbarung

- bei Änderung des Leistungszieles nach Auftragserteilung[284] (die Honorarvereinbarung kann dann allerdings nur für diese geänderten Leistungen geschlossen werden) 875
- bei einer Auftragserweiterung (ursprünglich nur Teilleistung, später Vollarchitektur)[285]
- nach Beendigung der Architektentätigkeit[286]
- beim Honorarverzicht (ein Verzicht unterliegt nicht dem Preisrecht der HOAI)[287]
- bei einem Vergleich nach Beendigung der Architektentätigkeit.[288]

ff) Reichweite der Mindestsatzregelung

Fraglich ist, ob auch die in der HOAI enthaltenen Bewertungsgrundlagen und Berechnungsregeln eingehalten werden müssen oder ob nur die darauf beruhende Endsumme des Honorars innerhalb des Gebührenrahmens liegen muss. 876

Die Honorarvereinbarung darf nur innerhalb des nach der HOAI zu ermittelnden Höchstsatzes liegen. Ebenso wenig darf der richtig berechnete Mindestsatz unterschritten werden, sofern nicht ein Ausnahmefall im Sinne der Bestimmung des § 4 Abs. 2 HOAI vorliegt. Nach diesseitiger und in der Rechtsprechung noch nicht problematisierter Auffassung kommt es im Ergebnis nur auf die Summe des Honorars an. Ob die von der HOAI zur Einhaltung des preisrechtlich vorgegebenen Honorarrahmens vorgesehenen Bewertungsgrundlagen und Berechnungsregeln dabei beachtet werden, ist unschädlich, sofern der Preisrahmen als solcher und damit das Ziel des Preisrechts eingehalten wird. Innerhalb des von der HOAI zur Verfügung gestellten Gebührenrahmens sind die Parteien in der Honorargestaltung völlig frei.[289]

§ 4 Abs. 1 HOAI befasst sich nur mit dem Gebührenrahmen. Deshalb kann auch ein Zeithonorar vereinbart werden, wenn es sich im Ergebnis im Gebührenrahmen der HOAI bewegt und damit innerhalb der Mindest- und Höchstsätze der HOAI gem. § 4 Abs. 1 HOAI liegt (»im Rahmen der durch diese Verordnung festgesetzten Mindest- und Höchstsätze«).

283 OLG Düsseldorf IBR 1999, 539; OLG Hamm IBR 2003, 138.
284 BGH BauR 1988, 364.
285 *Locher/Koeble/Frik*, HOAI, § 4 Rdnr. 14.
286 BGH BauR 1987, 112.
287 BGH BauR 1996, 414.
288 BGH BauR 1987, 112.
289 *Korbion/Mantscheff/Vygen*, HOAI, 6. Auflage 2004, § 4 Rdnr. 41, 48; *Löffelmann/Fleischmann*, Architektenrecht, Rdnr. 826.

Systematik der HOAI

Folge des Verstoßes gegen die Preisregelung

↓

Unwirksamkeit der Honorarvereinbarung

↓

Mindestsatzgeltung (Fiktion)

Abb. 11: Gebührensystematik der HOAI

gg) Bindung des Architekten an eine unzulässige Vereinbarung

877 Vereinbaren die Parteien eines Architektenvertrages ein Honorar, das die Mindestsätze in unzulässiger Weise unterschreitet, so verhält sich der Architekt, der später nach den Mindestsätzen abrechnen will, widersprüchlich. Dieses widersprüchliche Verhalten steht nach Treu und Glauben einem Geltendmachen der Mindestsätze entgegen, sofern der Auftraggeber auf die Wirksamkeit der Vereinbarung vertraut hat und vertrauen durfte und er sich darauf in einer Weise eingerichtet hat, dass ihm die Zahlung des Differenzbetrages zwischen dem vereinbarten Honorar und den Mindestsätzen nach Treu und Glauben nicht zugemutet werden kann.[290]

hh) Bestandsaufnahme und Schlussfolgerungen

878 In der Praxis erhalten die Architekten zunächst den Auftrag, die Honorarvereinbarung erfolgt im Regelfall später. **Folge** daraus ist, dass eine große Zahl der Honorarvereinbarungen unwirksam ist.

- Der Architekt kann im Regelfall nur die Mindestsätze verlangen.
- Überzahlungen muss er zurückzahlen.

Deshalb sind die vorgenannten Honorargrundsätze dringend im Interesse einer streitfreien Vertragsbeziehung mit klaren und durchsetzbaren Honorarregeln zu beachten, da sie sonst zu erheblichen Vermögensnachteilen des Architekten führen (können).

ii) Unterschreitung der Mindestsätze

879
- Bei Vorliegen eines Ausnahmefalles ist die Mindessatzunterschreitung wirksam.

Tipp Ein Ausnahmefall, in dem die Unterschreitung der Mindestsätze zulässig ist, liegt vor, wenn aufgrund der besonderen Umstände des Einzelfalles unter Berücksichtigung des Zwecks der Mindestsatzregelung ein unter den Mindestsätzen liegendes Honorar angemessen ist.«[291] Enge Beziehungen rechtlicher, wirtschaftlicher, sozialer oder persönlicher Art sowie besondere Umstände wie beispielsweise die mehrfache Verwendung einer Planung.

Tipp Die Teilnahme an einer beschränkten Ausschreibung in einem Gutachterverfahren, das die Leistungsphase 2 umfasst, stellt keinen Ausnahmefall dar.[292]

Nicht ausreichend sind als freundschaftlich bezeichnete Geschäftsbeziehungen sowie Duz-Freundschaften zwischen Mitgliedern eines Tennisvereins.[293]

Die Vereinbarung nach § 4 a HOAI stellt eine direkte, aber zulässige Unterschreitung der Mindestsätze dar. Eine Festlegung der anrechenbaren Kosten bzw. der voraussichtlichen Herstel-

---

290 BGH BauR 1997, 677.
291 BGH BauR 1997, 677.
292 BVerwG NJW-RR 1999, 1542.
293 BGH BauR 1997, 1062; BGH ZfBR 1999, 272.

lungskosten nach Kostenberechnung oder Kostenanschlag wird durch diese Preisregelung ausdrücklich zugelassen, auch wenn die tatsächlichen Kosten später höher oder niedriger liegen.

Eine verdeckte Unterschreitung der Mindestsätze liegt vor 880

bei Veränderung der Bemessungsgrundlagen und einer daraus resultierenden Honorarminderung

z. B.

- Vereinbarung einer zu niedrigen Honorarzone
- Herausnahme von angeblichen Eigenleistungen
- Überbewertung von Eigenleistungen
- Unterbewertung der anrechenbaren Kosten (Ausnahme: § 4 a HOAI).

Zulässige Vereinbarungen:

- Vereinbarung einer Honorarzoneim Rahmen des Ermessens der HOAI
- Herausnahme zutreffend bewerteter Eigenleistungen
- Beschränkung des Auftrags auf die für das Architektenwerk konkret erforderlichen Leistungsphasen (§ 5 Abs. 1 HOAI)
- Reduzierung der einzelnen Leistungsphasen um die nicht benötigten Grundleistungen bzw. mit einem in Prozentsätzen ausgedrückten Anteil von Eigenleistungen des Auftraggebers (§ 5 Abs. 2 HOAI).

jj) Überschreitung des Höchstsatzes

Eine Überschreitung des Höchstsatzes ist nur bei Besonderen Leistungen oder bei außergewöhnlichen und ungewöhnlich lange dauernden Leistungen möglich. Höchstsätze im Sinne der HOAI sind auch die Sätze für Zeithonorare, die Sätze aus den Honorartafeln, die Erhöhungshonorare, die Regeln der Erhöhungsstufen. 881

Bei einer unwirksamen Honorarvereinbarung gelten die Höchstsätze, nicht die Mindestsätze. Etwas anderes gilt nur dann, wenn die Vereinbarung nicht schriftlich und auch nicht bei Auftragserteilung getroffen wurde. In diesem Fall ist die Honorarvereinbarung unwirksam. Es gilt wiederum die Mindestsatzfiktion – nicht der Höchstsatz!

kk) Die Honorarvereinbarung gem. § 4 a HOAI

Ausgangspunkt jeder zur Angebotsabgabe und späteren Abrechnung der vereinbarten Leistungen erforderlichen Honorarberechnung nach HOAI ist die Ermittlung der anrechenbaren Kosten auf der Grundlage der für die jeweils einschlägigen Leistungsphasen in § 10 Abs. 2 HOAI vorgegebenen Kostenermittlungsarten. Diese Grundsatzregelung erfährt durch § 4 a HOAI eine zulässige Ausnahme. Danach haben die Vertragspartner die Möglichkeit, das Honorar für alle beauftragten Leistungsphasen auf der Grundlage einer nachprüfbaren Ermittlung der voraussichtlichen Herstellungskosten nach der Kostenberechnung oder nach dem Kostenanschlag zu berechnen. Ziel dieser am 1. 1. 1996 in die HOAI aufgenommenen Preisregelung war es, das Honorar von den tatsächlichen (Bau-)Kosten bzw. den ihr zugrunde liegenden anrechenbaren Kosten abzukoppeln, insbesondere den Architekten nicht an etwaigen Preissteigerungen und Baukostenerhöhungen zu »beteiligen«. Eine Vereinbarung nach § 4 a Satz 1 HOAI ist nur unter folgenden Voraussetzungen wirksam: 882

- die Vereinbarung muss schriftlich erfolgen
- die Vereinbarung muss bei Auftragserteilung erfolgen
- Basis der Honorarberechnung muss eine nachprüfbare Ermittlung der voraussichtlichen Herstellungskosten nach Kostenberechnung oder nach Kostenanschlag sein

! Die Vertragsparteien können weder eine (vorläufige) Kostenschätzung noch die Kostenfeststellung mit den endgültigen Baukosten zur Grundlage ihrer Honorarvereinbarung gem. § 4 a HOAI, machen. Dies wird in der Praxis immer wieder bei der Vereinbarung von Honorarpauschalen verkannt. In solchen Fällen steht das vereinbarte Pauschalhonorar auf dem jeweiligen preisrechtlichen Prüfstand. Die vom Auftraggebers, durch ein Pauschalhonorar beabsichtigte Kostensicherheit wird mit solchen Vereinbarungen konterkariert.

! Fraglich ist, ob bei einer Honorarermittlungsvereinbarung gem. § 4 a HOAI die auf Basis des Dreiteilungsprinzips des § 10 Abs. 2 HOAI zu ermittelnden Mindest- und Höchstsätze ausnahmsweise nicht gelten. § 4 a Satz 1 HOAI ändert das Dreiteilungsprinzip des § 10 Abs. 2 HOAI bewusst ab und erlaubt eine Berechnung des Honorars auf der Grundlage einer nachprüfbaren Ermittlung der voraussichtlichen Herstellungskosten entweder nach Kostenberechnung oder nach Kostenanschlag. Hierbei können sich die Parteien auf eine bestimmte Kostenermittlungsgrundlage als endgültige Abrechnungsbasis einigen, ohne dass spätere Veränderungen der Kosten in den anderen Kostenermittlungsarten das vereinbarte Pauschalhonorar berühren.

z.B. Sofern die nach der Kostenberechnung ermittelten Herstellungskosten von den Kosten der Kostenfeststellung und/oder dem Kostenanschlag gravierend abweichen, kann deshalb der Architekt für die Leistungsphasen 5 bis 7 bzw. 8 bis 9 keinen Honorarnachschlag fordern. Es bleibt bei dem Honorar, das sich aus der Kostenberechnung als vereinbarter Kostenermittlungsart ergibt.

! Die Vertragspartner müssen eine Berechungsbasis für Abschlagszahlungen, die vor der Erstellung der maßgeblichen Kostenermittlung (Kostenberechung oder Kostenanschlag) verlangt werden, vertraglich regeln. Die Regelung des § 10 Abs. 2 HOAI, mit der auf die jeweils vorhergehende Kostenermittlungsart zurückgegriffen werden kann, ist bei einer Honorarermittlungsvereinbarung (mit nur einer geltenden Kostenermittlung) nicht einschlägig. Allerdings kann, vertraglich eine bestimmte gemeinsam geschätzte Kostenermittlung (Kostenschätzung) oder eine bestimmte geschätzte Bausumme als vorläufige Abrechnungsgrundlage für Abschlagszahlungen herangezogen werden. Darüber hinaus ist auch eine Regelung für den Fall erforderlich, dass der Architekt die maßgebliche Kostenberechnung oder den maßgeblichen Kostenanschlag nicht (mehr) erstellt, z. B. wenn der Vertrag vor der Erstellung der maßgeblichen Kostenermittlung wegen Projektaufgabe oder wegen Kündigung (einseitig) beendet wird.

II) Pauschalhonorar

883 Auch Pauschalhonorarvereinbarungen sind im Rahmen der Mindest- und Höchstsätze zulässig. Ein Pauschalhonorar kann innerhalb dieses Rahmens wirksam vereinbart werden, wenn es bei Auftragserteilung schriftlich vereinbart worden ist.[294] Zu beachten ist aber, dass bei einem Pauschalvertrag nicht nur die Vergütung pauschaliert wird, sondern auch die Leistung.[295]

Zu beachten ist, dass eine ursprünglich wirksam vereinbarte Pauschalierung unwirksam werden kann, wenn die angenommenen und der Pauschalierung zugrunde liegenden Baukosten sich deutlich verändern. Bei einer wesentlichen Baukostensteigerung kann dies zu einem veränderten bzw. erhöhten Honoraranspruch des Architekten wegen Wegfalls der Geschäftsgrundlage führen.

294 BGH BauR 1988, 364.
295 *Korbion/Mantscheff/Vygen,* HOAI, § 4 Rdnr. 49.

Unabhängig davon bleiben bei einem Pauschalhonorar etwaige Mehr- oder Minderleistungen des Architekten oder längere als geplante Ausführungs- und Leistungszeiten in honorarrechtlicher Hinsicht grundsätzlich unberücksichtigt.

Gravierende Äquivalenzstörungen können aber neben erheblichen Veränderungen der anrechenbaren Kosten (z. B. bei Nutzungsänderungen) auch bei einer außergewöhnlich langen Planungs- und Bauphase oder bei einem vom Architekten nicht zu vertretenden Planungs- oder Baustopp (z. B. wegen Finanzierungsschwierigkeiten des Bauherrn) auftreten. Diese Umstände wirken sich insbesondere in den Leistungsphasen der Ausführungsplanung und der Objektüberwachung aus, die besonders zeitaufwendig und mit erheblichem Personalaufwand verbunden sind. In diesen Fällen kommt ebenfalls eine Honoraranpassung über die Grundsätze des Wegfalls der Geschäftsgrundlage in Betracht.

mm) Zusatzhonorar bei Planungs- oder Bauverzögerungen

Mit Blick darauf, dass die auf den Eintritt von Bauzeitverlängerungen ausgerichteten Vorschriften der HOAI (§§ 4 Abs. 3, 4 a S. 3 HOAI) eine frühzeitige und nur selten vorliegende Honorarregelung voraussetzen, ist der Architekt später auf die Anwendung der gesetzlichen Vorschriften angewiesen, um zusätzliche Honoraransprüche begründen und geltend machen zu können, sofern nicht der Anwendungsberreich des § 21 HOAI – zeitliche Trennung der Ausführung – eröffnet ist. 884

Neben der den Annahmeverzug des Bauherrn (wegen fehlender Mitwirkungshandlungen) regelnden Entschädigungsregelung des § 642 BGB kommt hier das gesetzliche Recht auf Honoraranpassung nach die Regeln der Geschäftsgrundlage zur Anwendung, die durch das Gesetz zur Modernisierung des Schuldrechts sogar im BGB ausdrücklich Eingang gefunden haben (§ 313 BGB). Allerdings ist die Schwelle zur Honoraranpassung erst bei extremen Verzögerungen erreicht.[296] Ein Anspruch auf Honorarerhöhung ist entgegen der Auffassung des LG Heidelberg[297] dann gegeben, wenn sich die Bauzeit aus Gründen, die nicht vom Architekten zu vertreten sind, von angenommenen 8 Monaten auf 25 Monate verlängert.

Tipp Wegen der mit der Lösung über die Grundsätze des Wegfalls der Geschäftsgrundlage verbundenen Probleme empfiehlt es sich aus Sicht des Architekten, bereits im Vertrag eine Regelbauzeit festzulegen und die honorarrechtlichen Folgen einer Überschreitung zu regeln[298], so wie dies auch in der preisrechtlichen Erhöhungsvorschrift des § 4 Abs. 3 HOAI vorgesehen ist.[299] Zum Abschluss einer späteren Vereinbarung, wonach dem Architekten ohne eine im Vertrag bereits vorgesehene Honorarregelung zusätzliches Honorar wegen eingetretener und vom Architekten nicht zu vertretender Störungen zu zahlen wäre, ist der Auftraggeber nur selten bereit.

z. B. Eine Verhandlungsklausel gibt grundsätzlich noch keinen Anspruch auf Zusatzhonorierung. »Verzögert sich die Bauzeit wesentlich durch Umstände, die der Architekt nicht zu vertreten hat, verpflichten sich die Vertragsparteien, wegen der entstehenden Mehraufwendungen über eine zusätzliche Vergütung zu verhandeln.«

Zwar wird hier eine Verpflichtung zum Verhandeln statuiert. Aus ihr lassen sich jedoch keine Verpflichtungen zum Abschluss einer Vereinbarung über ein bestimmtes zusätzliches Verlängerungshonorar ableiten. Etwas anderes gilt bei einer Klausel mit folgendem Wortlaut: »... so ist für die Mehraufwendungen eine zusätzliche Vergütung zu vereinbaren.«

296 OLG Frankfurt BauR 1985, 585; OLG Düsseldorf BauR 1986, 719.
297 LG Heidelberg BauR 1994, 802.
298 *Locher/Koeble/Frik*, HOAI, § 4 Rndr. 101.
299 OLG Köln, BauR 1990, 764.

Aus einer solchen Vertragsklausel ergibt sich eine Verpflichtung des Auftraggebers, bei Vorliegen der vereinbarten Voraussetzungen eine Vereinbarung über ein Zusatzhonorar abzuschließen und nicht nur darüber zu verhandeln. Der Auftraggeber muss in diesem Fall auf ein entsprechendes »Honoraranliegen« des Architekten eingehen. Vereitelt er dies, kann der Architekt seinen Honoraranspruch nach § 315 BGB bestimmen.[300]

! Der Architekt muss während der Bauzeit, in jedem Fall vor Abschluss des Bauvorhabens den Anspruch auf Abschluss einer Zusatzvereinbarung geltend machen und seinen Honoraranspruch schlüssig begründen.[301]

Im Falle verlängerter Bauzeit kann der Architekt noch keine Entschädigung gem. § 642 BGB verlangen. Diese gesetzliche Anspruchsgrundlage setzt voraus, dass der Auftraggeber durch das Unterlassen einer von ihm geforderten Mitwirkungshandlung in Verzug der Annahme ist. Die bloße Verlängerung der Bauzeit wegen bauausführungsbedingter Schwierigkeiten begründet typischerweise gerade nicht den für die Heranziehung des § 642 BGB erforderlichen Annahmeverzug auf Auftraggeberseite.[302]

nn) Freie Honorarvereinbarung

885 Sofern es sich bei dem Objekt um ein Bauvorhaben mit anrechenbaren Kosten über 25.564.594,00 EUR handelt, gelten die unabdingbaren preisrechtlichen Vorgaben, die die Vertragsfreiheit der Parteien bezüglich der Höhe des Honorars einschränken, nicht. Die Vertragsparteien sind bei der Vereinbarung der Honorare frei und können ein Honorar außerhalb der Regularien der HOAI vereinbaren. Dies gilt selbst dann, wenn die anrechenbaren Kosten die Höchstgrenzen der Honorartafel der HOAI im Nachhinein überschreiten. Ein zuvor vereinbartes Pauschalhonorar, das unterhalb der Mindestsätze der Honorartafel bei den Höchstsätzen der anrechenbaren Kosten liegt, ist wirksam. Das Preisrecht der HOAI findet keine Anwendung.[303] Architekten und Auftraggeber sind nicht an Mindestsätze oder sonstige Berechnungsgrundlagen gebunden (§ 16 Abs. 3 HOAI). Oberhalb der Tafelwerte gilt der Begriff der Mindestsatzunterschreitung nicht. Die Vereinbarung unterliegt auch keinen Formvorschriften. Sie muss also weder schriftlich noch bei Vertragsabschluss abgeschlossen werden. Insbesondere ist auch das Mindesthonorar der Honorarzonen aus der in der HOAI enthaltenen Honorartafel keineswegs einschlägig und bindend.

! Bei Bauvorhaben dieser Größenordnung sollte vereinbart werden, dass jedenfalls die Höchstsätze der Honorartafel bei den höchsten, dort genannten anrechenbaren Kosten von 25.564.594,00 EUR gelten. Aus Sicht der Architekten sollte sogar die Honorartafel der HOAI durch Extrapolation fortgeschrieben werden.

z.B. Ausgehend von anrechenbaren Kosten in Höhe von 9 Mio. EUR vereinbaren die Parteien ein Pauschalhonorar von 425.000 EUR für Tragwerksplanung. Nachdem die Pauschale später einvernehmlich um weitere 100.000 EUR angehoben wurde, verlangte der Tragwerksplaner nach Fertigstellung des Bauvorhabens Auskunft über die anrechenbaren Kosten. Die Parteien einigten sich schließlich auf die Zugrundelegung von anrechenbaren Kosten in Höhe von 15 Mio. EUR. Der Ingenieur verlangt daraufhin ein Honorar in Höhe der Mindestsätze einer erweiterten Honorartafel. Damit kommt er nicht durch. Das ursprünglich vereinbar-

300 *Locher/Koeble/Frik,* HOAI, § 4 Rdnr. 93.
301 OLG Brandenburg BauR 2001, 1772.
302 OLG Brandenburg BauR 2001, 1772.
303 KG BauR 2001, *Pott/Dahlhoff/Kniffka,* HOAI, § 16 Rdnr. 4; *Locher/Koeble/Frik,* HOAI, § 16 Rdnr. 11; a. A. *Löffelmann/Fleischmann,* Architektenrecht, Rdnr. 1258.

te Honorar war wirksam vereinbart. Die freie Honorarvereinbarung bei anrechenbaren Kosten oberhalb der Tafelwerte schließt die Anwendung des Mindestsatzes aus.

Deshalb ist aus Sicht der Architekten und Ingenieure Vorsicht geboten, wenn er sich mit seinem Auftraggeber nachträglich auf anrechenbare Kosten oberhalb der Tafelwerte einigt. In diesem Fall ist das Preisrecht der HOAI nicht mehr anwendbar.

oo) Erfolgshonorare

Die Vereinbarung eine Erfolgsprämie mit einem Architekten fällt unter die Bestimmungen der HOAI. Daher ist die mündliche Vereinbarung eines Erfolgshonorars für den Fall der Herbeiführung einer Baugenehmigung bei einer risikoreichen Genehmigungsplanung gem. § 4 Abs. 1 HOAI unwirksam. 886

! Die Wirksamkeit der Vereinbarung eines Erfolgshonorars setzt voraus, dass sie schriftlich und bei Auftragserteilung getroffen wird und sich im Rahmen der Mindest- und Höchstsätze bewegt.[304]

Innerhalb des Honorarrahmens kann ein Honorar vereinbart werden, dass über den Mindestsätzen, aber auch unter den Höchstsätzen liegt und sich – bis zur Grenze der Höchstsätze – erhöht, z. B. wenn eine risikobehaftete Baugenehmigungsplanung zum Erfolg führt[305] oder wenn die vorgesehen Bauzeit abgekürzt worden ist.[306]

Keine Bedenken bestehen auch gegen die Vereinbarung eines Erfolgshonorars für den Fall der Senkung der veranschlagten Kosten.[307] Allerdings muss sich das Honorar insgesamt im Rahmen der Mindest- und Höchstsätze der HOAI bewegen.

Tipp Für die Frage der Bestimmbarkeit der Vereinbarung über ein Erfolgshonorar ist es wichtig, die Kriterien für den Erfolgseintritt klar anzugeben.

§ 5 Abs. 4 a HOAI sollte ein Anreiz für eine besonders kostengünstige Planung geschaffen werden. Die Vorschrift ist in der Praxis kaum von Bedeutung. Deren Anwendung hängt vom Vorliegen folgender Voraussetzungen ab, die die Vertragspartner überfordern:

- schriftliche Vereinbarung
- vor Beginn der Leistung
- für Leistungen, die nicht Grundleistungen sind
- unter Ausschöpfung der technisch-wirtschftlichen Lösungsmöglichkeiten zu
- einer wesentlichen Kostensenkung
- ohne Verminderung des Standards führen
- Bestimmung des Prozentsatzes

Notwendig oder zumindest zweckmäßig ist eine vertragliche Regelung der besonderen Leistungen, der Baukosten, die als Maßstab für die Kostensenkung dienen sollen und des prozentualen Wertes der Kostensenkung. Dabei ist insbesondere auch von Bedeutung, dass der Architekt ohnehin eine Leistung schuldet, die den vereinbarten oder üblichen Standard wirtschaftlich möglichst optimal herbeiführt. Der Architekt ist nämlich auch ohne Vereinbarung eines Erfolgshonorars zu einer wirtschaftlichen Planung nach dem Stand der Technik verpflichtet.

Tipp Ohne die Angabe eines bestimmten Prozentsatzes scheidet ein Anspruch auf ein Erfolgshonorar aus. § 5 Abs. 4 a HOAI stellt lediglich eine Obergrenze dar. Die Vereinbarung eines festen Betrages reicht aus.

304 OLG München IBR 1995, 344.
305 OLG München a. a. O.
306 *Korbion/Mantscheff/Vygen* HOAI, § 4 Rdnr. 55.
307 *Korbion/Mantscheff/Vygen,* HOAI, § 4 Rdnr. 56.

Um überhaupt klären zu können, welche Besonderen Leistungen kostenoptimierend erbracht werden können, muss zunächst eine Art »Standardausführung« aufgrund der erbrachten Grundleistungen vorliegen.[308] Das Erfolgshonorar kann bis zu 20% der vom Architekten durch seine Leistungen ersparten Kosten betragen.

pp) Zeithonorare

887 § 6 HOAI bestimmt, wie Zeithonorare zu berechnen sind. Nicht geregelt ist damit, ob und wann überhaupt ein Zeithonorar berechnet werden darf. Auch wenn ein Zeithonorar nur dann vereinbart werden kann, wenn die HOAI dies für bestimmte Leistungen auch ausdrücklich zulässt, steht es bei einer wirksam getroffenen Honorarvereinbarung (d. h. einer schriftlichen Honorarvereinbarung bei Auftragserteilung) im Belieben der Vertragspartner, für Grundleistungen und Besondere Leistungen aus den einzelnen Leistungsbildern auch Zeithonorare zu vereinbaren, sofern sie im Ergebnis innerhalb des Mindest- und Höchstsatzes, d. h. des Gebührenrahmens der HOAI liegen.[309] Der preisrechtliche Rahmen der HOAI kann auf verschiedene Weise durch unterschiedliche Berechnungsmodi und Honorarermittlungskriterien ausgeschöpft werden. Es kommt preisrechtlich nur auf das Honorarergebnis an, das nach den Vorgaben des Verordnungsgebers innerhalb des Gebührenrahmens bleiben muss. Nur insoweit ist die HOAI zwingendes Preisrecht. Allerdings ist den Vertragsparteien anzuraten, das System der HOAI auch einzuhalten, da ansonsten immer die Gefahr einer späteren Honoraranpassung nach HOAI besteht, die immer zu Lasten einer Vertragspartei geht.

> **Tipp** Die Vereinbarung eines Höchstbetrages ist nicht zu empfehlen, da damit lediglich die obere Grenze festgelegt wird, die nicht überschritten werden darf. Liegt der tatsächliche Zeitbedarf niedriger, erfolgt eine Anpassung nach unten. Damit ist der Architekt gezwungen, seine Leistungen zunächst nach dem tatsächlichen Zeitbedarf abzurechnen. Erst dann wird festgestellt werden können, ob der Höchstbetrag erreicht oder unterschritten wird.

Unabhängig davon ist eine Berechnung des Zeithonorars nur für drei Fallgruppen in der HOAI vorgesehen:

- freie Honorarvereinbarung bei anrechenbaren Kosten über 25.564.594,00 EUR (§ 16 Abs. 3 HOAI)
- freie Honorarvereinbarung bei Projektsteuerungsleistungen (§ 31 Abs. 2 HOAI)
- Vereinbarung eines Zeithonorars ist ausdrücklich vorgesehen, sofern keine andere Vereinbarung getroffen worden ist, z. B. bei Besonderen Leistungen nach § 5 Abs. 4 HOAI
- die HOAI die Abrechnung eines Zeithonorars zulässt (§ 16 Abs. 2 HOAI).

Das Zeithonorar wird wie folgt berechnet:

- geschätzter Zeitbedarf: nur als Fest- oder Höchstbetrag
- Nachgewiesener Zeitbedarf:

Kann der Zeitbedarf für eine Leistung nicht vorausgeschätzt werden, ist nach § 6 Abs. 1 S. 2 HOAI der nachgewiesene Zeitbedarf maßgeblich. Die Abrechnung nach dem nachgewiesenen Zeitbedarf ist also nachrangig gegenüber der Abrechnung nach dem vorausgeschätzten Zeitbedarf. Dies wird in der Praxis immer wieder verkannt. Etwas anderes gilt nur für die freie Honorarvereinbarung, die die HOAI ausdrücklich zulässt und damit auch ein Zeithonorar auf der Basis des nachgewiesenen Zeitbedarfs erlaubt.

Die Höhe des Zeithonorars ergibt sich aus § 6 Abs. 2 HOAI, der bestimmt, welche Stundensätze in Rechnung gestellt werden dürfen. Dabei handelt es sich um Pauschalbeträge im vorgegebenen Rahmen. Die Sätze sind echte Mindest- und Höchstsätze. Ein Abweichen von den Mindestsätzen ist nur dann möglich, wenn dies schriftlich bei Auftragserteilung vereinbart wird. Fehlt

308 *Pott/Dahlhoff/Kniffka,* HOAI-Kommentar, § 5 Rdnr. 24.

309 Offengelassen für eine wirksame Honorarvereinbarung OLG Düsseldorf NJW 1982, 1541; *Pott/Dahlhoff/Kniffka,* HOAI, § 6 Rdnr. 2.

es an einer derartigen Vereinbarung, kann der Architekt nur den Mindeststundensatz verlangen.

qq) Nebenkosten

Die Erstattung von Nebenkosten regelt § 7 HOAI. Nach § 7 Abs. 1 HOAI können Nebenkosten neben den Honoraren berechnet werden. Die Erstattung von Nebenkosten kann ausnahmsweise nach § 7 Abs. 1 S. 2 HOAI ausgeschlossen werden. Ansonsten kann der Architekt die Nebenkosten auch ohne besondere Vereinbarung zusätzlich zum Honorar verlangen. Sie sind nur erstattungsfähig, wenn sie bei der Ausführung des Auftrags entstanden und erforderlich sind. 888

Grundsätzlich sind nach § 7 Abs. 3 S. 2 HOAI die Nebenkosten nach Einzelnachweis abzurechnen. Eine freie Wahl zwischen einer Pauschale oder dem Einzelnachweis besteht nicht. Die Abrechnung nach Einzelnachweis gilt automatisch, wenn keine pauschale Abrechnung schriftlich vereinbart wurde. Eine Pauschalberechnung ist gemäß § 7 Abs. 3 S. 2 nur zulässig, wenn sie bei Auftragserteilung schriftlich vereinbart wurde.[310]

> ! Haben die Parteien keine schriftliche Vereinbarung oder keine Vereinbarung bei Auftragserteilung getroffen, so ist nach § 7 Abs. 3 S. 2 HOAI auf der Basis von Einzelnachweisen abzurechnen. Architekten erfassen häufig die Einzelkosten nicht und verlassen sich darauf, dass eine pauschale Abrechnung zulässig und möglich sei. Wenn sich dann später herausstellt, dass eine Pauschale nicht wirksam vereinbart worden ist, kann der Architekt seine Nebenkosten nicht nachweisen und geht leer aus.

Die Höhe der Pauschale ist durch Vorausschätzung des zu erwartenden Gesamtaufwandes der von der Pauschalierung erfassten Kostengruppen zu ermitteln. Zwar legt § 7 HOAI weder eine Höchstgrenze fest noch gibt die Bestimmung Kriterien für eine der Höhe nach wirksame Pauschalvereinbarung vor. Allerdings kann auch bei der Vereinbarung einer Nebenkostenpauschale der Höchstpreischarakter der HOAI nicht außer Acht gelassen werden.[311] Ist die vereinbarte Nebenkostenpauschale übersetzt, kann eine niedrigere Pauschale nicht zugesprochen werden. Eine Nebenkostenpauschale von 10% des Honorars ist unwirksam. Sie ist im Regelfall deutlich übersetzt, insbesondere dann, wenn der Architekt kein Baustellenbüro einzurichten hat und Fahrtkosten nur in geringem Umfange bzw. mit der entsprechenden Entfernung gem. § 7 Abs. 2 Nr. 4 HOAI zu erwarten sind.

rr) Vergütung für Besondere Leistungen

Grundsätzlich kann der Architekt nach § 5 Abs. 4 S. 1 HOAI ein Honorar für Besondere Leistungen nur verlangen, wenn es 889

- bestimmt oder zumindest bestimmbar
- schriftlich vereinbart wurde und
- die Leistungen im Verhältnis zu den Grundleistungen einen nicht unwesentlichen Arbeits- und Zeitaufwand verursachen.

Fehlt es an einer dieser Voraussetzungen, steht dem Architekten ein Honorar nicht zu. § 5 Abs. 4 S. 1 HOAI enthält echte Anspruchsvoraussetzungen.[312]

Die schriftliche Vereinbarung muss aber nicht bei Vertragsschluss und/oder vor Ausführung der Besonderen Leistungen abgeschlossen werden. Sie kann zu einem beliebigen Zeitpunkt nachgeholt werden, auch noch nach Abschluss der Arbeiten. Allerdings ist sie in der Praxis häufig kaum mehr durchsetzbar.

310 BGH BauR 1990, 101; BGH BauR 1994, 131.
311 OLG Düsseldorf, BauR 1990, 640; BGH IBR 2004, 23.
312 BGH BauR 1989, 222.

Auch die Vereinbarung selbst muss die konkrete Besondere Leistung nach Art und Umfang enthalten. Eine generelle Regelung genügt nicht.[313]

> ! Die üblichen Klauseln, dass Besondere Leistungen nach Zeitaufwand abgerechnet werden, sofern die Parteien keine andere Vergütungsregelungen getroffen haben, ist nicht ausreichend. Insbesondere ist eine derartige Klausel viel zu unbestimmt. Aus ihr kann nicht der Abschluss einer Vereinbarung über konkret erbrachte Besondere Leistungen geltend gemacht werden.

§ 5 Abs. 4 HOAI stellt zwei Berechnungsmethoden für die Honorarvereinbarung zur Verfügung. Die Auswahl ist alternativ. Ist die betreffende Besondere Leistung mit einer Grundleistung vergleichbar, ist das Honorar nach S. 2 in angemessenem Verhältnis zu dem Honorar für die Grundleistung zu berechnen. Ansonsten besteht ein Anspruch auf ein Zeithonorar nach S. 3. Er enthält einen Auffangtatbestand für den Fall fehlender Vergleichbarkeit.

Nach § 5 Abs. 5 HOAI ist für Besondere Leistungen, die ganz oder teilweise an die Stelle von Grundleistungen treten, ein Honorar zu berechnen, das dem Honorar für die ersetzten Grundleistungen entspricht. Wie die Vergütung zu berechnen ist, lässt die HOAI offen, da bereits bei Teilleistungen aus einzelnen Leistungsphasen der Vergütungsanspruch nicht feststeht, da die Vom-Hundert-Sätze für die einzelnen Teilleistungen in der HOAI nicht festgelegt sind. Deshalb muss hier eine adäquate Bewertung der Teilleistungen aus den Leistungsphasen vorgenommen werden. Hier gibt es einen Beurteilungsspielraum bei der Bewertung der einzelnen Teilleistungen oder der Besonderen Leistung, die ganz oder teilweise an die Stelle von Grundleistungen getreten ist.

Von den Besonderen Leistungen, die zu den Grundleistungen hinzutreten oder an deren Stelle treten, sind die isolierten Besonderen Leistungen zu unterscheiden, die ohne Auftragsverbund zu den Grundleistungen isoliert beauftragt werden. Hierbei handelt es sich etwa um eine Bauvoranfrage[314], die Erstellung eines Finanzierungsplans oder einer Wirtschaftlichkeitsberechnung. In Betracht kommt auch die isolierte Planung und Überwachung eines Abbruchsantrags, wenn sie nicht mit einem Neubau verbunden ist. Die isolierten Besonderen Leistungen sind von der HOAI nicht erfasst, so dass hierfür ein Honorar frei vereinbart werden kann.[315]

ss) Planungsänderungen

890 Planungsprozesse sind dynamisch. Nur in einem ständigen Dialog zwischen Bauherrn und Architekten verbunden mit wiederholten Änderungen und Anpassungen lässt sich das vereinbarte Planungsziel erreichen. Für diesen Prozess selbst kann der Architekt kein zusätzliches Honorar verlangen. Diese Leistungen sind mit dem Honorar abgedeckt. Die Honorierung für weitergehende Änderungen der Planung ist in der HOAI nur unzureichend geregelt und in Rechtsprechung und Schrifttum auch noch weitgehend ungeklärt.

> ! Erhält der Architekt den Auftrag für die Planung eines anderen Gebäudes als in der vertraglichen Vereinbarung als Planungsziel vorgesehen, handelt es sich um einen neuen Auftrag, der eigenständig neben dem Ursprungsauftrag steht mit der Folge, dass beide unabhängig voneinander getrennt zu honorieren sind.

> z.B. Statt des ursprünglich vertraglich vorgesehenen Verwaltungsgebäudes soll nunmehr ein Hotelgebäude gebaut werden.[316]

313 OLG Hamm, BauR 1993, 633.
314 BGH BauR 1997, 1060.
315 OLG Hamm BauR 1994, 767; OLG Hamm BauR 1993, 761.
316 OLG Düsseldorf 1994, 534.

Handelt es sich hingegen um eine Planung für dasselbe Gebäude mit grundsätzlich verschiedenen Anforderungen, regelt sich die Höhe der Vergütung des Architekten nach § 20 HOAI.

z.B. **Änderungen für dasselbe Gebäude ohne grundsätzlich verschiedene Anforderungen sind in der HOAI nicht geregelt. Ob eine Änderungsplanung vorliegt, ergibt sich nicht aus den Preisvorschriften der HOAI, sondern nur unter Rückgriff auf die ursprüngliche vertragliche Vereinbarung, die den Leistungsumfang festlegt und das Planungs-Soll definiert.**

Dabei sind die tatsächlichen Planungsänderungen von Alternativlösungen (alternativen Lösungsmöglichkeiten gem. § 15 Nr. 2 HOAI) abzugrenzen. Letztere werden bei unverändertem Planungsziel häufig notwendig sein und gehören zur Verwirklichung des Planungsziels. Dabei kommt es entscheidend darauf an, ob eine gefertigte Planung, ggf. auch nach wiederholter Anpassung, von dem Bauherrn als Vertragserfüllung akzeptiert worden ist und die Pläne freigegeben worden sind. Beauftragt der Bauherr danach den Architekten – auch konkludent –, Änderungen von Gewicht vorzunehmen, also eine ganze oder teilweise Wiederholung bereits erbrachter Architektenleistungen durchzuführen, liegen vergütungspflichtige Zusatzleistungen vor, die als Mehrfachleistung (Wiederholungsplanung) neu vergütet werden müssen.

Fraglich ist, ob es sich dabei um wiederholte Grundleistungen handelt, die keiner gesonderten schriftlichen Honorarvereinbarung bedürfen[317] oder ob Besondere Leistungen vorliegen mit der Folge, dass eine schriftliche Honorarvereinbarung nach § 5 Abs. 4 HOAI abgeschlossen werden muss.[318]

tt) Der Architekt als Gesundheits- und Sicherheitskoordinator

Mit der Einführung der Verordnung über Sicherheit und Gesundheitsschutz auf Baustellen 891
(BaustellV) am 1. 7. 1998 sind die auf den Bauherrn übertragenen Pflichten erweitert worden. Danach ist der Bauherr zur Einleitung und Umsetzung der in der Baustellenverordnung verankerten baustellenspezifischen Arbeitsschutzmaßnahmen sowohl bei der Planung der Ausführung eines Bauvorhabens als auch bei der Koordinierung der Bauausführung verpflichtet. Diese Erweiterung des Pflichtenkreises betrifft auch den Architekten. Unabhängig davon, ob er entsprechende Aufgaben für den Bauherrn übernimmt, da der Bauherr die Verpflichtungen an einen Dritten übertragen kann, hat der Architekt den Bauherrn darüber zu informieren und zu beraten, ob die Baustellenverordnung Anwendung findet und ob die Vorankündigung des Bauvorhabens, der Einsatz eines Sicherheitskoordinators und die Aufstellung eines Sicherheits- und Gesundheitsschutzplanes erforderlich ist.[319]

Sofern Architekten eine Funktion nach der Baustellenverordnung übernehmen, müssen sie automatisch Aufgaben des Sicherheits- und Gesundheitsschutzes erfüllen. Die Baustellenverordnung konkretisiert und ergänzt das Arbeitsschutzgesetz. Was die Verpflichtung zum Aufstellen eines Sicherheits- und Gesundheitsschutzplanes sowie die Bestellung eines Koordinators unter den in §§ 2 und 3 BaustellV genannten Voraussetzungen angeht, handelt es sich um eine nicht abdingbare öffentlich-rechtliche Verpflichtung. Die Baustellenverordnung differenziert bei den Aufgaben des Bauherrn zwischen drei Stufen mit folgenden Pflichten:

- Vorankündigungspflicht (§ 2 Abs. 2 BaustellV)
- Pflicht zur Erstellung eines Sicherheits- und Gesundheitsschutzplanes (§ 2 Abs. 3 BaustellV)
- Pflicht zur Bestellung eines Koordinators (§ 3 Abs. 1 Satz 1 BaustellV)

---

317 OLG Hamm, BauR 1994, 535; OLG Hamm, BauR 1993, 633; *Locher/Koeble/Frik,* HOAI, § 20 Rdnr. 10 ff.

318 OLG Hamm, BauR 1994, 398; OLG Köln, BauR 1995, 576; *Korbion/Mantscheff/Vygen,* HOAI, § 15 Rdnr. 111.

319 *Locher/Koeble/Frik,* HOAI, § 15 Rdnr. 18, 177 m. w. N.; von *Wietersheim/Noebel,* Baustellenverordnung, 2002.

> **!** Voraussetzung ist, dass die Parteien eine entsprechende vertragliche Vereinbarung treffen. Andernfalls besteht kein gesonderter Honoraranspruch. Er kann insbesondere nicht aus dem zwingenden Preisrecht der HOAI abgeleitet werden.

Dabei orientiert sich diese Stufeneinteilung an folgenden Kriterien:

- Umfang der Arbeiten im Hinblick auf Dauer und Anzahl der Beschäftigten (§ 2 Abs. 2 BaustellV)
- Ausführung gefährlicher Arbeiten (Anhang II zur BaustellV), vgl. § 2 Abs. 3 BaustellV
- Vorhandensein mehrerer Arbeitsgeber (§ 3 BaustellV).

Die Tätigkeit als Gesundheits- und Sicherheitskoordinator ist weder von den Grundleistungen der HOAI erfasst, noch ist ein Bezug zu den Besonderen Leistungen erkennbar.[320] Damit unterliegt diese Tätigkeit grundsätzlich nicht den Beschränkungen der HOAI. Das Honorar kann frei vereinbart werden.

uu) Die Abrechnung des Honorars

892 Das Abrechnungssystem der HOAI besteht aus vier Komponenten:

- Anrechenbare Kosten
- Honorarzone
- Honorartafel
- Erbrachte Leistungen (Vom-Hundert-Satz)

Ausnahme:

- Abrechnung nach Zeithonorar
- Freie Honorarvereinbarung

Es gibt folgende Arten der Kostenermittlung:

Kostenschätzung nach DIN 276 (1981) in der Leistungsphase 2
Kostenberechnung nach DIN 276 (1981) in der Leistungsphase 3
Kostenanschlag nach DIN 276 (1981) in der Leistungsphase 7
Kostenfeststellung nach DIN 276 (1981) in der Leistungsphase 8

Bei Verträgen nach dem 1. 1. 1996 gilt eine Dreiteilung für die Abrechnung:

Kostenberechnung für die Leistungsphasen 1 bis 4
Kostenanschlag für die Leistungsphasen 5 bis 7
Kostenfeststellung für die Leistungsphasen 8 und 9

> **Tipp**
>
> 1. Es genügt nicht, nur rudimentäre Kostenermittlungen des einschlägigen Typs als Berechnungsgrundlagen zu liefern.[321]
> 2. Für den jeweiligen Umfang der Kostenermittlung, der sich aus der konkreten Situation ergibt, gilt das konkrete Informationsinteresse des Auftraggebers. Danach genügt es in aller Regel, wenn er feststellen kann, welche Kosten ganz, teilweise und gar nicht der Abrechnung zugrunde zu legen sind.[322]
> 3. Berechnet der Architekt sein Honorar auf der Grundlage der anrechenbaren Kosten für das Bauwerk (DIN 276 Kostengruppe 3), dann sind Angaben zu den übrigen Kostengruppen nicht erforderlich.[323]

---

320 *Quack,* Fällt der Sicherheits- und Gesundheitskoordinator nach der Baustellenverordnung unter die HOAI? BauR 2002, 541; *Löffelmann/Fleischmann,* Architektenrecht, Rdnr. 1104 m; a. A. Locher/Koeble/Frik, HOAI, § 15 Rdnr. 177.

321 BGH BB 1999, 2053; BGH ZfBR 2000, 46.

322 BGH ZfBR 2000, 46.

323 BGH BauR 2000, 591.

4. Nicht erforderlich sind Angaben, aus denen sich ergibt, dass der Architekt die Mehrwertsteuer gem. § 9 Abs. 2 HOAI herausgerechnet hat.[324]
5. Die Abschlagszahlungen sind in der Schlussrechung nur zu berücksichtigen, wenn die Berücksichtigung aufgrund des Informations- und Kontrollinteresses erforderlich ist.[325]
6. Das Fehlen einer vorschriftsmäßigen Kostenermittlung ist nicht über die Prüfbarkeit, sondern über die Honorarhöhe sanktioniert.
7. Ist der Leistungsumfang des Architektenvertrages beschränkt, ist der Architekt nur verpflichtet, die Kostenermittlungsarten seiner Berechnung zugrunde zu legen, die dem vereinbarten Leistungsumfang entsprechen.[326]
8. Dieser Grundsatz gilt entsprechend bei einer Kündigung des Architektenvertrages. Maßgeblich sind die Kostenermittlungsarten des vertraglichen Leistungsumfangs bis zum Zeitpunkt der Kündigung.[327]
9. Maßgeblich für die Kostenermittlung ist die DIN 276 in der Fassung 1981. Nur auf sie bezieht sich die – als statisch zu interpretierende – Verweisung der HOAI.[328] Die DIN 276 in der Fassung 1993 ist auch sachlich nicht geeignet, weil die HOAI die Neufassung der Kostengruppen der neuen DIN nicht übernommen hat.
10. Die Ermittlung der Kosten muss nicht dem Formular der DIN entsprechen. Es genügt eine Kostenermittlung, die sich an dem Formular orientiert und die die 7 Kostengruppen der DIN aufführt. Die Kostenermittlung muss jedenfalls in der Weise konzipiert sein, dass der Auftraggeber überprüfen kann, ob die Zusammenstellung der anrechenbaren Kosten den Vorschriften des § 10 Abs. 3 bis 5 HOAI entspricht.[329]

Honorarrechnungen, die den Anforderungen an die Prüffähigkeit nicht genügen, sind nicht fällig und damit auch nicht durchsetzbar. Dies gilt vor allem für Rechnungen, die sich für die Kostenermittlung der DIN 276 in der Fassung 1993 bedienen. 89

Sonderfall: Die Gesamtkosten des Gebäudes (Objektes) im Sinne der DIN 276 in der Fassung 1981 sind auch maßgebend, wenn der Architekt nur Teilleistungen erbringt oder nur mit Teilen des Objektes (z. B. der Fassadenplanung) befasst ist. Die Korrektur in diesen Fällen erfolgt nach den Prozentsätzen für die erbrachten Leistungen aus § 15 HOAI (§ 5 Abs. 2 HOAI).[330]

Der Honoraranspruch des Architekten setzt voraus: 894

- vertragsgemäße Erbringung der vereinbarten Werkleistung (Abnahmefähigkeit oder Abnahme)
- Erstellung eine prüffähigen Honorarschlussrechnung (bei durchgeführten und bei vorzeitig beendeten Verträgen)[331]
- Zugang der prüffähigen Honorarschlussrechnung beim Auftraggeber.[332]

324 BGH BauR 2000, 591.
325 BGH BauR 2000, 430.
326 BGH BauR 1998, 183.
327 BGH NJW 1999, 1107.
328 BGH BauR 1998, 354.
329 BGH BauR 1998, 1108; BHG BauR 2000, 1511.
330 *Knipp* in: Festschrift für Jagenburg, S. 351 ff; *Korbion/Mantscheff/Vygen*, HOAI, § 5 Rdnr 3, 29; § 10 Rdnr. 6a, 6c.
331 BGH BauR 2000, 569.
332 BGH BauR 1999, 98.

d) Notwendige Vertragsbedingungen und Formulierungsvorschläge für Vertragsklauseln

aa) Fälligkeitsregelung

895 Nach § 8 Abs. 1 HOAI ist das Honorar des Architekten fällig, wenn er seine Leistungen vertragsgemäß erbracht und eine prüffähige Honorarschlussrechnung übergeben hat. Die vertragsgemäße Leistungserbringung setzt voraus, dass die übertragenen Architektenleistungen vollständig und mangelfrei ausgeführt worden sind.[333] Fraglich ist, ob neben der vertragsgemäßen Leistungserbringung auch die Abnahme der im Architektenwerk verkörperten Architektenleistungen Fälligkeitsvoraussetzung ist, wie § 641 BGB vorgibt. Nach geltender Rechtsprechung des BGH ist die Abnahme des Architektenwerks nicht Voraussetzung für die Fälligkeit der Honorarschlussrechnung.[334]

896 Die mit Wirkung zum 1. 5. 2000 in das BGB aufgenommene Regelung des § 640 Abs. 1 S. 3 BGB[335] bestimmt einen klaren Anknüpfungspunkt für die Fälligkeit von werkvertraglichen Vergütungsansprüchen. Ist die Architektenleistung abnahmereif und erweist sich das Verhalten des Auftraggebers nach Aufforderung des Architekten zur Abnahme als unberechtigte Abnahmeverweigerung, wird die fehlende Abnahme ersetzt. Sie gilt als erfolgt (fiktive Abnahme), wenn der Auftraggeber unter Fristsetzung zur Abnahme aufgefordert würde und Abnahmefähigkeit gegeben war.

> ! In den Vertrag sollte der Regelungstext des § 8 Abs. 1 HOAI aufgenommen werden.

897 Unabhängig davon bestehen begründete Zweifel, ob die vom Gesetz abweichende Fälligkeitsregelung in § 8 HOAI von der Ermächtigungsgrundlage der HOAI und dem Zweck zur Schaffung von Preisrecht gedeckt ist.[336] Wenn § 8 HOAI unwirksam wäre, wäre ohne eine entsprechende vertragliche Vereinbarung des Inhalts des § 8 Abs. 1 HOAI die Abnahme Fälligkeitsvoraussetzung. Die vertragsgemäße Leistungserbringung würde nicht ausreichen, um eine Fälligkeit des Honoraranspruchs herbeizuführen.

898 Auch wenn das Risiko einer rechtlichen Schlechterstellung für den Architekten deshalb nicht besonders groß ist, da der Architekt nach der durch das Gesetz zur Beschleunigung fälliger Zahlungen eingeführten Neuregelung des § 640 Abs. 1 S. 3 BGB die Möglichkeit hat, die Abnahmewirkungen relativ einfach herbeizuführen, indem er dem Auftraggeber eine Frist zur Abnahme des abnahmereifen Werkes setzt und bei fruchtlosem Fristablauf das Werk als abgenommen gilt, empfiehlt sich folgende Regelung:

> Das Honorar des AN wird fällig, wenn die beauftragten Leistungen vertragsgemäß und im wesentlichen mangelfrei erbracht worden sind und eine prüffähige Honorarschlussrechnung überreicht worden ist.

899 Aus Sicht des Auftraggebers empfiehlt sich allerdings eine Regelung, wonach die förmliche Abnahme der Architektenleistungen, die in einer protokollierten Abschlussbesprechung dokumentiert werden muss, nach Erfüllung aller beauftragten Leistungen Fälligkeitsvoraussetzung für den Honoraranspruch aus der Honorarschlussrechnung ist. Dann muss der Architekt den Auftraggeber zur Durchführung der Abnahme auffordern.[337]

900 Für den Fall, dass vertraglich auch die Durchführung der Leistungsphase 9 geschuldet ist, sollte im Interesse des Architekten die Durchführung von Teilabnahmen vereinbart werden, so dass

---

333 *Hesse/Korbion/Mantscheff/Vygen,* HOAI, 5. Aufl. 1996, § 8 Rdnr. 24.

334 BGH BauR 1985, 596; a. A. *Thode,* Werkleistung und Erfüllung im Bau- und Architektenvertrag, ZfBR 1999, 116, der allerdings die Abnahmefähigkeit für erforderlich, aber auch für ausreichend hält.

335 Vgl. dazu *Kniffka/Koeble,* Kompendium des Baurechts, 9.Teil Rdnr. 104.

336 *Locher/Koeble/Frik,* HOAI, § 8 Rdnr. 4 m. w. N.

337 *Kniffka/Koeble,* Kompendium des Baurechts, S. 511.

das Honorar für die Leistungsphasen 1 bis 8 in jeweils separaten Honorarteilschlussrechnungen nach Vorliegen der entsprechenden Fälligkeitsvoraussetzungen abgerechnet werden kann:

> Das Honorar für die Leistungen des AN, die bis zur rechtsgeschäftlichen Abnahme des Bauwerks zu erbringen sind, wird mit vertragsgemäßer und im wesentlichen mangelfreier Erfüllung dieses Leistungsabschnitts und der Übersendung einer prüffähigen Honorarteilschlussrechnung an den AG fällig. Das Honorar für die Leistungen, die danach zu erfüllen sind, wird mit vertragsgemäßer und im wesentlichen mangelfreier Erfüllung dieses Leistungsabschnitts und der Übersendung einer prüffähigen Honorarteilschlussrechnung an den AG fällig. Die Parteien vereinbaren entsprechende Teilabnahmen, zu denen der AG nach Vorliegen der jeweiligen Abnahmereife bzw. Abnahmefähigkeit verpflichtet ist.

> Das Honorar für die Objektbetreuung und Dokumentation (Leistungsphase 9) wird fällig, wenn dieser Leistungsabschnitt vertragsgemäß erbracht und hierfür dem AG eine weitere prüffähige Honorarteilschlussrechnung überreicht worden ist. 901

! Die Vereinbarung einer Teilabnahme[338] der nach Vollendung der Leistungsphase 8 erbrachten Architektenleistungen genügt nicht, um einen Anspruch des Architekten auf Stellung einer Honorarteilschlussrechnung abzuleiten. Durch die Teilabnahme werden zwar die Abnahmewirkungen ausgelöst, z. B. die Fälligkeit der Vergütung nach § 641 Abs. 1 S. 2 BGB. Ob jedoch bei einer Fälligkeitsregelung nach § 8 Abs. 1 HOAI, die die vertragsgemäße Leistungserbringung aller übertragenen Leistungen für die Fälligkeit voraussetzt, allein aus einer vereinbarten Teilabnahme auch die Fälligkeit des Anspruchs auf Zahlung der Vergütung für diese Leistungen gegeben ist, muss insbesondere im Hinblick auf das Transparenzgebot nach § 307 Abs. 1 und Abs. 3 S. 2 BGB bezweifelt werden. Die Vereinbarung der Teilabnahme kann nämlich auch bedeuten, dass lediglich die sonstigen Wirkungen der Abnahme wie z. B. der Beginn der Gewährleistungsfrist zu Gunsten des Architekten (früher) eintreten sollen. Der Architekt muss deshalb eine entsprechende Fälligkeitsregelung treffen und Honorarteilschlussrechnungen vereinbaren, um sicher zu gehen.

Bei größeren und komplexen Planungsaufträgen sind Auftraggeber kaum in der Lage, die Honorarschlussrechnung innerhalb der gesetzlichen Zahlungsfrist von 30 Tagen zu prüfen und Schlusszahlung zu leisten. Nach der aktuellen Rechtsprechung des BGH kann sich der Auftraggeber nach Treu und Glauben nicht auf die fehlende Prüffähigkeit berufen, wenn die Rechnung auch ohne die objektiv unverzichtbaren Angaben seinen Kontroll- und Informationsinteressen genügt. Es ist nach Treu und Glauben sogar mit Einwendungen gegen die Prüffähigkeit ausgeschlossen, die er nicht spätestens innerhalb einer Frist von zwei Monaten nach Zugang der Rechnung vorgebracht hat.[338a] Deshalb hat der Auftraggeber ein berechtigtes Interesse an einem längeren Prüfungszeitraum, insbesondere bei komplizierten und umfangreichen Schlussrechnungen, deren Prüfung durch externen Sachverständige oder Projektsteuerer erfolgen muss. In solchen Fällen sollte der Auftraggeber darauf achten, die 30-tägige Zahlungsfrist um einen angemessenen Prüfungszeitraum im Vertrag zu verlängern: 902

> Die Parteien vereinbaren für die Prüfung der Honorarschlussrechnung einen Prüfungszeitraum von 30 Tagen ab Zugang der Rechnungen beim AG. Verzug mit der Zahlung des jeweiligen Honorarschlussrechnungsbetrages tritt nach Ablauf von weiteren 30 Tagen nach Ablauf der vereinbarten Prüfungsfrist, mithin 90 Tage nach Zugang der Rechnung ein.

---

338 BGH BauR 2001, 1928; BGH BauR 1994, 392.
338a Vgl. dazu BGH IBR 2004, 79.

bb) Regelungsbedarf für Abschlagszahlungen

903 Abschlagszahlungen sind Anzahlungen auf die Vergütung für das Gesamtwerk und stehen deshalb unter dem Vorbehalt der endgültigen Nachprüfung im Rahmen der zu erstellenden Schlussrechnung. Sie mindern die Nachteile der Vorleistungspflicht für den Architekten. Sie haben hinsichtlich der Honorarforderung keine Erfüllungswirkung.[339] Mit ihnen werden bereits erbrachte Leistungen vorläufig vergütet.[340] Nach § 8 Abs. 2 HOAI kann der Architekt Abschlagszahlungen in angemessenen zeitlichen Abständen für nachgewiesene Leistungen verlangen.

904 Mit der gesetzlichen Neuregelung des § 632 a BGB gehört nunmehr das Recht, Abschlagszahlungen zu fordern, zum gesetzlichen Leitbild des Werkvertragsrechts. Dies hat für Architektenverträge zu einer grundlegenden Veränderung der Rechtslage für solche, bisher aus der zwingenden Anwendung der HOAI abgeleitete Ansprüche geführt. Nach der gesetzlichen Regelung kann der Architekt (Auftragnehmer) vom Besteller (Auftraggeber) nur für in sich abgeschlossene Teile des Werks Abschlagszahlungen fordern. Zudem ist der Anspruch auf Abschlagszahlungen auch davon abhängig, dass dem Auftraggeber Eigentum an den Teilen des Werkes übertragen oder Sicherheit hierfür geleistet wird.

905 Damit unterscheiden sich die gesetzlichen Anforderungen des § 632 a BGB von der honorarrechtlichen Vorschrift des § 8 Abs. 2 HOAI gravierend. Während für die Geltendmachung von Abschlagsforderungen nach § 8 Abs. 2 HOAI der Abschluss von in sich abgeschlossenen Teilleistungen nicht erforderlich ist, sondern lediglich angemessene Zeitabstände abgewartet werden müssen, setzt § 632 a BGB abgeschlossene Teile des Werks voraus. Als solche können einzelne abgeschlossene Leistungsphasen, möglicherweise aber auch vertraglich abgegrenzte Planungs- oder Leistungsabschnitte angesehen werden. Um die Diskrepanzen zwischen der preisrechtlichen und der gesetzlichen Regelung auszuräumen, sollte deshalb im Vertrag ausdrücklich die Regelung des § 8 Abs. 2 HOAI vereinbart werden. Mit Blick darauf, dass es sich bei der Regelung aber um eine vorformulierte Klausel handelt, unterliegt sie der Inhaltskontrolle nach §§ 307 ff. BGB und ist am gesetzlichen Leitbild der Neuregelung des § 632 a BGB zu messen. Damit wird die Vereinbarung von Abschlagszahlungen erheblich erschwert.

906 Der wesentliche Grundgedanke des § 632 a BGB, den Auftraggeber durch die Verschaffung von Eigentum oder durch die Stellung einer Sicherheit im Gegenzug zur Gewährung von Abschlagszahlungen zu schützen, bleibt bei einer Vereinbarung des Wortlauts des § 8 Abs. 2 HOAI unberücksichtigt. Die Vermutung des § 307 Abs. 2 Nr. 1 BGB, wonach eine unangemessene Benachteiligung im Zweifel anzunehmen ist, wenn eine Bestimmung mit wesentlichen Grundgedanken einer gesetzlichen Regelung nicht zu vereinbaren ist, spricht für deren Unwirksamkeit im Falle der Verwendung durch den Architekten. Der Grundgedanke des Gesetzes sieht vor, dass ungesicherte Abschlagszahlungen nicht geleistet werden müssen. Ob es einen im Vergleich zu § 632 a BGB gleichwertigen Schutz darstellt, wenn der Auftraggeber in der Baugenehmigung, in der Ausführungsplanung, in Leistungsverzeichnissen oder im Bauwerk verkörperte Leistungen erhält, ist fraglich. Die Verwertung dieser Leistungen stehen der Stellung einer Sicherheit nicht gleich. Trotzdem hat der Gesetzgeber offensichtlich die preisrechtliche Regelung des § 8 Abs. 2 BGB in § 632 a BGB nicht eingeschränkt. Die Regelungen gelten deshalb nebeneinander.[341]

> **!** Unabhängig davon sollte der Architekt zur Sicherheit eine Abschlagszahlungsvereinbarung mit dem Wortlaut des § 8 Abs. 2 HOAI treffen und das AGB-Risiko bis zu einer Entscheidung des BGH in Kauf nehmen. Ohne eine entsprechende Vereinbarung besteht die Gefahr, dass § 8 Abs. 2 HOAI nicht gilt, da diese Regelung unter Umständen nicht von der Ermächtigungsgrundlage gedeckt ist.

---

339 *Thode,* Werkleistung und Erfüllung im Bau- und Architektenvertrag, ZfBR 1999, 116, 124.
340 *Kniffka/Koeble,* Kompendium des Baurechts, 6. Teil Rdnr. 86.
341 *Kniffka/Koeble,* Kompendium des Baurechts, 9. Teil Rdnr. 113.

§ 8 Abs. 2 HOAI enthält eine reine Fälligkeitsregelung und hat damit keinen rein preisrechtlichen Charakter. Deshalb findet § 632 a BGB im Falle des Fehlens einer anderweitigen vertraglichen Regelung direkt Anwendung. Der Architekt muss dann die Erbringung in sich abgeschlossener Leistungen nachweisen, bevor er eine Abschlagsforderung verlangen darf. Gleichzeitig muss er Sicherheit leisten. 907

! Aus Sicht des Auftraggebers sollte das Recht des Architekten, Abschlagszahlungen fordern zu können, von der Stellung einer Sicherheit abhängig gemacht werden, so wie dies durch § 632 a BGB auch dem gesetzlichen Leitbild entspricht.

Daneben könnte der Auftraggeber auch einen leistungsbezogenen Zahlungsplan vereinbaren, der an die Erfüllung bestimmter, vertraglich festgelegter Leistungsabschnitte gekoppelt wird.

Dabei bieten sich als entsprechende Leistungsschritte die einzelnen Leistungsphasen an, die ggfs. noch in abtrennbare und in sich abgeschlossene Leistungsteile aufgegliedert werden könnten (z. B. die Genehmigungsplanung in einen Leistungsteil bis zur Einreichung des Bauantrags und in einen zweiten Leistungsteil ab Bauantragsstellung bis zur Erteilung der Baugenehmigung). Eine solche Vereinbarung hat auch für den Architekten den Vorteil, dass er die Abschlagszahlungen nach Eintritt bestimmter, festgelegter Voraussetzungen erhält und damit dem Streit mit dem Auftraggeber aus dem Weg geht, ob überhaupt bei Geltendmachung einer Abschlagszahlung ein angemessener Zeitabstand vorliegt. Die Frage, was ein angemessener zeitlicher Abstand ist, lässt sich nämlich nicht beantworten und hängt von den Umständen des Einzelfalls ab. 908

Ratenzahlungsvereinbarungen, wonach Raten zu bestimmten vereinbarten (Fälligkeits-) Zeitpunkten zu zahlen sind, ohne dass sie vom Erreichen bestimmter Leistungsabschnitte bzw. vom Nachweis entsprechend erbrachter Leistungen abhängen, sind zwar für den Architekten vorteilhaft. Sie sind jedoch in vorformulierten und vom Architekten verwendeten Klauseln unwirksam, da sie eine vorläufige Zahlung in eine endgültige (Teil-) Zahlung verwandeln würde, was mit dem gesetzlichen Leitbild des Architektenvertrages als Werkvertrag nicht in Einklang zu bringen wäre und deshalb auch den Auftraggeber unangemessen benachteiligen würde. Teil- oder Ratenzahlungen haben im Gegensatz zu Abschlagszahlungen Erfüllungswirkung[342], die bei Werkverträgen aber erst durch Erreichen des Werkerfolges und durch Stellung einer Endabrechnung eintreten kann. 909

> Der AN kann die im Zahlungsplan (Anlage 4) vereinbarten Abschlagszahlungen für die dort aufgeführten Leistungsabschnitte schriftlich anfordern. Die Fälligkeit von Abschlagszahlungen tritt 18 Tage nach Eingang einer Zahlungsanforderung (Abschlagsrechnung) unter Einreichung von prüfbaren Nachweisen über den erreichten und nach Zahlungsplan geforderten Leistungsstand (z. B. durch Beifügung von Statusberichten) beim AG ein. 910
>
> **Alternative:**
>
> Der AN kann Abschlagszahlungen jeweils nach Abschluss der folgenden Leistungsabschnitte unter Beibringung von Nachweisen über den erreichten Leistungsstand (z. B. Beifügung von Statusberichten) schriftlich anfordern: ... Die Fälligkeit von Abschlagszahlungen tritt 18 Tage nach Eingang prüffähiger Abschlagsrechnungen beim AG ein.
>
> **Alternative:**
>
> Der AN darf Abschlagszahlungen für die vereinbarten Leistungsabschnitte nur schriftlich anfordern, wenn er dafür Sicherheit in gleicher Höhe durch Vorlage

342 *Von Rintelen,* Abschlagszahlung und Werklohn in: Vygen/Kapellmann, Jahrbuch Baurecht 2001, S. 31.

einer unbedingten, unbefristeten, unwiderruflichen und selbstschuldnerischen Bankbürgschaft leistet.

Alternative:

Der AN darf Abschlagszahlungen in Höhe von 90% für die vereinbarten Leistungsabschnitte schriftlich anfordern.

cc) Vertragstermine

911 Beide Vertragsparteien haben ein wirtschaftliches Interesse an einer möglichst zügigen Auftragsabwicklung. Der Auftraggeber muss das Projekt finanzieren, der Architekt profitiert von einer wenig zeitaufwendigen Planung und Bauausführung. Eine konfliktfreie und effektive Bauausführung, die der Architekt über die ihm obliegende Koordinierungs- und Überwachungspflicht steuern kann und muss, bringt im Ergebnis Zeitersparnisse und führt zu einer Aufwandsminderung. Allein der Wille und das Interesse beider Vertragspartner gibt jedoch noch keine Gewähr für eine termingerechte Ausführung der Bau- und Architektenleistungen, zumal dies auch noch von anderen, von den Vertragspartnern nicht beeinflussbaren Faktoren abhängig ist.

912 Die Vereinbarung von Terminen oder Rahmenterminen im Architektenvertrag ist deshalb zu empfehlen. Dabei reicht es nicht aus, dass dem Architektenvertrag Bauzeitenpläne zugrunde gelegt werden. Aus ihnen ergeben sich keine verbindlichen Festlegungen der Bauzeiten gegenüber dem Architekten, da seine Leistungen ohnehin teilweise erst nach Abschluss der Bauarbeiten erbracht werden können. Von daher können die in Bauzeitenplänen festgelegten Ausführungszeiten für die einzelnen Gewerke keine verbindliche Leistungszeit des Architekten darstellen. Es bedarf deshalb der Vereinbarung eigener Fristen im Vertrag, die für den Architekten gelten. Selbstverständlich orientieren sich diese Fristen an einem etwaigen späteren Bauzeitenplan, zumindest was die Architektenleistungen angeht, die im Zusammenhang mit der Bauausführung anfallen.

913 Für die ersten Planungsschritte, insbesondere für die Vor- und Entwurfsplanung sollten sich die Vertragspartner Zeit lassen, so dass für dieses Stadium allenfalls ein Terminrahmen in Form eines Grobterminplans, der für beide Seiten einige Eckdaten festlegt, vereinbart werden sollte.

914 Auf der Basis dieses Rahmenterminplans verpflichten sich die Vertragsparteien sodann, weitere Termine für die nächsten Planungsschritte verbindlich festzulegen, z. B. für die Vorlage einer Kostenberechnung, für die Einreichung des Bauantrags, für die Vorlage der Ausführungsplanung einschließlich Erstellung der Leistungsverzeichnisse für einzelne Gewerke wie Aushub, Rohbau etc. und für die Fertigstellung des Bauvorhabens. Ohne die Vereinbarung solcher Termine, auf deren Grundlage sodann später auch weitere verbindliche Einzelfristen festgelegt werden können, wird die Leistung des Architekten erst mit dem für die Ablieferung des Architektenwerks als Ganzes maßgeblichen, nur schwer feststellbaren oder einforderbaren Zeitpunkt fällig.[343]

! Die Vereinbarung von Terminen für die Erfüllung einzelner Planungsschritte und darin enthaltener Einzelleistungen ist für die Fälligkeit von Leistungen oder sinnvoll festgelegten Leistungsabschnitten, die in selbständigen Teilwerkerfolgen münden oder für deren Eintritt von Bedeutung sind, und damit auch zur Wahrung der Rechte des Auftraggebers dringend erforderlich. Erst mit der Vereinbarung solcher Termine oder Fristen hat der Auftraggeber in rechtlicher Hinsicht die Möglichkeit, Verzögerungen festzustellen, anzumelden bzw. zu rügen und die Voraussetzungen für einen Leistungsverzug (§ 286 BGB) zu schaffen. Ohnedies ist es dem Auftraggeber oftmals nicht möglich, dem Architekten Verzögerungen anzulasten oder Teilleistungen fällig zu stellen und den Architekten danach in Verzug zu setzen.

343 BGH, BauR 1997, 1067.

915 Unabhängig davon ist es ohnehin schwierig, die Überschreitung vereinbarter Termine dem Architekten vorzuwerfen, da dem dynamischen Planungsprozess insbesondere im Frühstadium terminliche Unwägbarkeiten, die der Architekt nicht zu vertreten hat, immanent sind. Fehlende oder zu späte Auftraggeberentscheidungen, Planungsfreigaben oder sonstige erforderliche Mitwirkungen wie Bemusterungen sind häufig auch die Hauptgründe für Planungsverzögerungen. Erst im Rahmen der Vorlage von Detailplänen für die Ausschreibung oder die Ausführung können dem Architekten Planlieferfristen aufgegeben werden, die auch nicht mehr von Auftraggeberentscheidungen oder sonstigen Mitwirkungspflichten abhängig sind. Trotzdem gelingt es auch hier den Architekten oft, die anderen Fachplaner oder sonstige Beteiligte wie den Prüfstatiker für eintretende Verzögerungen verantwortlich zu machen.

916 Bei Stufenaufträgen, bei denen eine Folgebeauftragung von dem Eintritt eines bestimmten Ereignisses, einer Bedingung oder von der Entscheidung des Auftraggebers abhängt, ist es ebenfalls schwierig, Terminfestlegungen für die weiteren Auftragsstufen zu treffen. Hier ist eine Bindung an Termine oder Fristen nur möglich, wenn die Folgebeauftragung zu einem bestimmten Zeitpunkt feststeht, was aber gerade bei der Vereinbarung solcher Auftragsstufen nicht möglich oder nicht gewollt ist. In diesen Fällen muss der Auftraggeber eine vertragliche Pflicht des Architekten zur Herbeiführung solcher Terminsvereinbarungen statuieren, bei deren Verletzung ihm die Möglichkeit bleibt, Termine selbst nach billigem Ermessen festzulegen.

917 Der AN hat die von ihm geschuldeten Leistungen auf der Grundlage des als Anlage zu diesem Vertrag vereinbarten Planungsterminplans, dessen Einzelfristen verbindliche Vertragsfristen sind, zu erbringen. Sofern die vertraglich vereinbarte Leistungserbringung behindert (gehemmt oder verzögert) oder unterbrochen ist oder Behinderungen, Verzögerungen oder Unterbrechungen auftreten können bzw. bevorstehen, muss der AN dies dem AG unverzüglich schriftlich anzeigen und die Gründe für die Behinderung oder Verzögerung darlegen. Dies gilt auch dann, wenn die Behinderung offenkundig ist oder dem AG hätte bekannt sein müssen.

Andernfalls scheidet ein Anspruch auf Fristverlängerung aus. Das gleiche gilt für Behinderungen, die aus dem dynamischen Planungsprozess oder aus noch fehlenden Auftraggeberentscheidungen resultieren. Der AN hat dem AG durch die Behinderungs- oder Verzögerungsanzeige Gelegenheit zu geben, die notwendigen Entscheidungen zu treffen und/oder die hindernden Umstände beseitigen zu können.

918 Soweit zum Zeitpunkt des Abschlusses dieses Vertrages für die vereinbarten Leistungen bzw. die vereinbarten Leistungsschritte/Leistungsphasen noch keine Festlegung von Vertragsterminen möglich oder erfolgt ist, sind die Vertragsparteien verpflichtet, dies auf Verlangen des Auftraggebers innerhalb von zwei Wochen nachzuholen. Erfüllt der AN diese Verpflichtung nicht, ist der AG nach vorheriger angemessener Fristsetzung berechtigt, die weiteren Termine für die vereinbarten Leistungsschritte bzw. für selbständige Teilleistungen nach billigem Ermessen gem. § 315 BGB, ggfs. in Anlehnung und Fortschreibung der bereits vorliegenden Terminpläne oder Rahmenterminpläne festzulegen.

Für die Zeit der Bauausführung hat der AN in Abstimmung mit dem AG und ggfs. den bauausführenden Unternehmern einen Bauzeitenplan aufzustellen und dessen Einhaltung zu beachten und einzufordern.

919 Der AN ist verpflichtet, alle für die Planung, Ausschreibung und Ausführung des Bauvorhabens erforderlichen Leistungen so rechtzeitig zu erbringen, dass die zwischen ihm und dem AG und zwischen dem AG und den anderen Planungs-

beteiligten sowie den bausführenden Unternehmern vereinbarten Termine eingehalten werden und nicht gefährdet sind. Bei vom AN verschuldeten oder mitverschuldeten Terminverzögerungen hat der AN dem AG sofortige Abhilfemaßnahmen vorzuschlagen und von sich aus jedwede Beschleunigungsmaßnahmen einzuleiten, insbesondere verstärkt Personal einzusetzen. Nach Eintritt eines Leistungsverzugs ist der AG berechtigt, nach vorheriger Ankündigung auf Kosten des AN eine Ersatzvornahme durchzuführen, Schadensersatz geltend zu machen und/oder nach vorheriger Kündigungsandrohung den Vertrag oder den vom Verzug betroffenen Vertragsteil aus wichtigem Grund zu kündigen.

dd) Mängelhaftung/Haftungsbeschränkungen/Haftpflichtversicherung

920 Die formularmäßige Verlängerung der gesetzlichen Verjährungsfristen für Mängelansprüche ist auch nach Inkrafttreten des Schuldrechtsmodernisierungsgesetzes problematisch. Während es bisher auch schon in Allgemeinen Geschäftsbedingungen möglich war, bei Werkverträgen entgegen der Grundsatzregel in § 225 BGB a. F. die Gewährleistungsfrist gem. § 638 Abs. 2 BGB a. F. im Vertrag zu verlängern, erlaubt das Gesetz grundsätzlich die Verlängerung der Verjährungsfrist bis zu einer Obergrenze von 30 Jahren.

921 Im Werkvertragsrecht ist eine formularmäßige Verlängerung der Gewährleistungsfrist allerdings nur in einem angemessenen Rahmen zulässig. Dabei kommt es vor allem auf die Interessenlage des Auftraggebers an, so dass jeweils im Einzelfall zu prüfen ist, ob eine Verlängerung durch ein besonderes Interesse oder ein erhöhtes Bedürfnis des Auftraggebers gerechtfertigt ist.[344]

z.B. So ist bei einer verlängerten Verjährungsfrist für Flachdacharbeiten der Auftraggeber daran interessiert, dass auch der planende und objektüberwachende Architekt, dem die Leistungsphase 9 nicht beauftragt worden ist, in gleich langer Frist für Mängel am Flachdach haftet.

Für die Freianlagenplanung gilt die zweijährige Verjährungsfrist, so dass bei einem Architektenvertrag, der neben der Gebäudeplanung auch die Freianlagenplanung umfasst, bei vertraglicher Vereinbarung einer (einheitlichen) Gewährleistungsfrist von fünf Jahren die Verjährungsfrist für die Leistungen der Freianlagenplanung auf fünf Jahre ausgedehnt würde.

! Damit aber riskiert der Architekt den Verlust des Versicherungsschutzes für Haftungsfälle, die nach Ablauf der gesetzlichen Verjährungsfrist auftreten.

922 Der Architekt ist nach den Länderarchitektengesetzen verpflichtet, eine Berufshaftpflichtversicherung abzuschließen und zu unterhalten. Dies hat zur Folge, dass zumindest für versicherbare Schäden und Risiken im Rahmen der vereinbarten Versicherungssummen kein berechtigtes oder schützenswertes Interesse des Architekten (allenfalls seines Versicherers) an einem Haftungsausschluss oder einer Haftungsbeschränkung zum Nachteil des Auftraggebers besteht. Ein zu Lasten des Auftraggebers gehender Haftungsausschluss oder eine Haftungsbeschränkung würde allein der Berufshaftpflichtversicherung, die gerade für etwaige vom Architekten verursachte Haftungsfälle aufgrund von Fehlern oder Pflichtverletzungen abgeschlossen worden ist, zu gute kommen. Eine solche Regelung widerspräche zudem auch der Sachwalterstellung des Architekten.

923 Der Abschluss und die Unterhaltung einer ausreichenden Berufshaftpflichtversicherung mit hohen Deckungssummen ist von großer Bedeutung.[345]

---

344 BGH, BauR 1996, 707.
345 Vgl. dazu insgesamt Kapitel IV.

> ! Der Auftraggeber sollte auch den Nachweis des Abschlusses einer entsprechenden Haftpflichtversicherung bei Vertragsabschluss verlangen und sich bei nicht fristgerechter Vorlage einer Versicherungsbestätigung vorbehalten, den Vertrag kündigen zu dürfen oder Zahlungen zu verweigern bzw. sonstige Auftraggeberleistungen zurückzuhalten.

Unabhängig davon stellt die Versicherung nach ihren Versicherungsbedingungen die Deckungssummen nicht unbegrenzt, sondern in der Regel zweifach maximiert pro Versicherungsjahr zur Verfügung. Dies bedeutet, dass unter Umständen die Versicherung dem Auftraggeber keinen umfassenden Schutz bieten kann, wenn der Architekt wegen mehrerer Verstöße und Schadensfälle in mehreren Projekten die Versicherungssummen aufgebraucht hat. Deshalb sollte der Architekt verpflichtet werden, die Grunddeckung oder die begrenzte Maximierung aufzustocken und eine Erhöhung der Deckungssummen oder der jährlichen Maximierung durch Abschluss einer Exzedentenversicherung bereits bei Vertragsabschluss vorzunehmen. Der Auftraggeber sollte sich unabhängig davon jährlich darüber informieren, ob die vereinbarten Deckungssummen noch zur Verfügung stehen. 924

> Zur Absicherung von Ersatzansprüchen des AG aus diesem Vertrag hat der AN eine Berufshaftpflichtversicherung mit den Mindestdeckungssummen
> für Personenschäden 1 Mio. EUR
> für Sach- und Vermögensschäden 1 Mio. EUR
> nachzuweisen und für die gesamte Dauer des Vertrags aufrecht zu erhalten. Die Deckungssummen müssen vierfach pro Versicherungsjahr zur Verfügung stehen.

Bei Großprojekten wird es sich im Interesse beider Vertragsparteien anbieten und empfehlen, projektspezifische bzw. objektbezogene Haftpflicht- bzw. Zusatzversicherungen abzuschließen, um dem gesteigerten Haftungspotenzial und Sicherungsbedürfnis der Vertragspartner Rechnung zu tragen. 925

> Zur Absicherung von Ersatzansprüchen des AG aus diesem Vertrag hat der AN eine projektbezogene Berufshaftpflichtversicherung mit den Deckungssummen
> für Personenschäden pro Verstoß 2,5 Mio. EUR
> für Sach- und Vermögensschäden pro Verstoß 2,5 Mio. EUR
> abgeschlossen, die für die gesamte Dauer des Vertrags aufrechtzuerhalten ist.
>
> Zum Nachweis des vereinbarten Versicherungsschutzes ist der AN verpflichtet, dem AG innerhalb von zwei Wochen nach Unterzeichnung des Vertrages eine entsprechende Bestätigung seines Haftpflichtversicherers (Versicherungspolice) zuzuleiten. Legt der AN dem AG den Versicherungsnachweis nicht fristgerecht vor, ist der AG nach Ablauf einer gesetzten Nachfrist von zwei Wochen mit Kündigungsandrohung zur Kündigung des Vertrages aus wichtigem Grund berechtigt. Im übrigen sind ohne Vorlage dieses Nachweises Honoraransprüche des AN nicht zur Zahlung fällig.

Schließlich sollte auch noch eine Anzeigepflicht des Architekten und eine Zusicherung über den Bestand der Deckungssummen geregelt werden, sofern der Versicherungsschutz nicht oder nicht mehr in der vereinbarten Höhe besteht. 926

> Der AN ist zur unverzüglichen Anzeige verpflichtet, wenn und soweit der Versicherungsschutz in der vereinbarten Höhe nicht mehr besteht oder in Frage gestellt ist. Dies gilt auch, sofern die pro Versicherungsjahr zur Verfügung stehenden Deckungssummen aufgebraucht sind oder werden. Der AN sichert beim Vertragsabschluss zu, dass die Mindestdeckungssummen noch zweifach pro Versicherungsjahr zur Verfügung stehen. Der AG kann nach Ablauf eines

jeden Kalenderjahres vom AN die Vorlage einer aktuellen Versicherungsbestätigung verlangen, aus der sich die versicherten Deckungssummen und der bestehende Versicherungsschutz ergeben muss.

927 Haftungsbeschränkungen erfolgen im Regelfall durch eine Begrenzung auf bestimmte Versicherungssummen und/oder auf Personen oder Sachschäden sowie durch eine Beschränkung auf den unmittelbaren Schaden am Architekten- und Bauwerk unter Ausschluss der Mangelfolgeschäden.

928 Der Architekt sollte eine Beschränkung der Haftung für nicht vorhersehbare und nicht versicherte/versicherbare Schäden und in engem Rahmen auch einen Ausschluss der Haftung für leicht fahrlässig verursachte Schäden in Betracht ziehen. Zu beachten ist aber, dass bei der Verletzung von wesentlichen Vertragspflichten und bei Eintritt vertragstypischer und vorhersehbarer Schäden ein Haftungsausschluss für einfache Fahrlässigkeit nicht zulässig ist.[346] Dies gilt im besonderen für den Architekten und seinem berufstypisch weitem Pflichtenkreis, resultierend aus der aus seiner Sachwaltertätigkeit abgeleiteten besonderen Vertrauensstellung.

929 Bei einfacher Fahrlässigkeit kann zudem die Haftung für Personenschäden (Verletzung von Leben, Körper und Gesundheit) nicht, z. B. summenmäßig in Form der Begrenzung auf die vereinbarte Versicherungssumme formularmäßig beschränkt werden (§ 309 Nr. 7 a BGB). Daraus ergibt sich aber im Umkehrschluss, dass die Haftung für Sach- und Vermögensschäden bei einfacher Fahrlässigkeit der Höhe nach auf eine bestimmte Summe beschränkt werden kann.

! Eine unzulässige Haftungsbeschränkung liegt auch vor, wenn die Verjährungsfrist abgekürzt oder die Haftung durch eine Subsidiaritätsklausel (Haftung nur bei nicht möglicher Inanspruchnahme anderer Beteiligter) eingeschränkt wird.

930 Mit Blick darauf, dass die Haftung für leichte Fahrlässigkeit in der Regel versicherbar ist und auch der Höhe nach ausreichend versichert sein sollte, ist eine Begrenzung der Haftung auf grobe Fahrlässigkeit und Vorsatz nicht zu empfehlen.

! Häufig werden in Musterverträgen Haftungsbeschränkungen für unterschiedliche Schadensarten geregelt, z. B. eine Haftungsbeschränkung auf Höchstsummen für nicht versicherbare Schäden, ohne sie im Einzelnen zu definieren. Eine solche Regelung ist aus sich heraus nicht verständlich und nicht transparent, da der Auftraggeber nicht erkennen kann, welche Schäden unter die Haftungsbeschränkung fallen bzw. welche Schäden nicht versicherbar sind. Solche Klauseln sind demnach wegen Verstoßes gegen das Transparenzgebot nach § 307 Abs. 1 S. 2 BGB unwirksam.[347]

931 Ähnliches gilt für Regelungen über die Beweislast, die dem Auftraggeber für jeden eingetretenen Schaden den Nachweis des Verschuldens des Architekten entgegen § 286 Abs. 4 BGB auferlegen[348] (§ 309 Nr. 12 a BGB). Haftungsbeschränkungen, die die werkvertragliche Haftung auf eine Verschuldenshaftung beschränken, halten einer Inhaltskontrolle nicht stand.[349]

ee) Kündigung

932 Jede Kündigung des Architektenvertrags durch den Auftraggeber ist nach dem gesetzlichen Werkvertragsrecht formfrei und ohne Angabe von Gründen möglich und zulässig. Zum Zwecke der Klarstellung und zur Vermeidung von Rechtsunsicherheiten sollte jedoch schon wegen der Bedeutung einer derart einschneidenden und vertragsbeendenden rechtsgeschäftlichen

346 BGH NJW 1993, 335.
347 *Löffelmann/Fleischmann,* Architektenrecht, 4. Aufl., Rdnr. 1680.
348 BGH BauR 1990, 488.
349 BGH BauR 1990, 488.

Willenserklärung die Schriftform als Wirksamkeitsvoraussetzung vereinbart werden. Ferner sollte für eine Kündigung aus wichtigem Grund auch die Angabe der Kündigungsgründe vereinbart werden, damit der Architekt sie nachvollziehen und auf Richtigkeit bzw. Begründetheit überprüfen und ihr ggfs. widersprechen kann. Weitere Voraussetzung einer Kündigung aus wichtigem Grund sollte in Anlehnung an § 626 Abs. 2 S. 1 BGB sein, dass sie unverzüglich, spätestens innerhalb von zwei Wochen nach Bekanntwerden des Kündigungsgrundes erklärt wird und vorher angedroht werden muss.

! Nach § 314 BGB ist eine Kündigung aus wichtigem Grund ohne Einhaltung einer Kündigungsfrist nur bei Dauerschuldverhältnissen vorgesehen. Architektenverträge gehören trotz ihres Langzeitcharakters nicht zu den Dauerschuldverhältnissen. Deshalb muss eine Kündigung aus wichtigem Grund, die das Vertragsverhältnis für die Zukunft aufhebt, vertraglich vereinbart werden.

Die Beantwortung der Frage, ob ein formularmäßiger Ausschluss des Rücktrittsrechts zulässig ist, bleibt der zukünftigen Rechtsprechung vorbehalten. Zu berücksichtigen ist dabei aber § 309 Nr. 8 b bb) BGB, wonach dem Vertragspartner des Verwenders bei einem Ausschluss des Rücktrittsrechts in Bauverträgen nur das Minderungsrecht verbleiben muss. Wenn der Auftraggeber daneben auch das Recht zur Kündigung hat, wird er durch einen Ausschluss des Rücktrittsrechts nicht benachteiligt, zumal auch bei berechtigten Kündigungsgründen dem Architekten ein Honoraranspruch nur für verwertbare Leistungen zuerkannt wird. 933

Ansonsten gilt nämlich ausschließlich das Rücktrittsrecht, das allerdings nur ausnahmsweise auf die bis zur Erklärung des Rücktritts noch nicht erbrachten Leistungen beschränkt ist (§ 323 Abs. 5 S. 1 BGB). Danach darf der Auftraggeber vom gesamten Architektenvertrag nur zurücktreten, wenn er an der bis zum Rücktritt erbrachten Teilleistung kein Interesse hat. 934

Grundsätzlich ist aber bei Architektenaufträgen davon auszugehen, dass der Auftraggeber, der das Vertragsverhältnis mit seinem Architekten vorzeitig beenden will, ein Interesse daran hat, die bis dahin erbrachten Leistungen zu behalten und zu verwerten und somit die Vertragsbeziehung für die Zukunft, nicht aber für die Vergangenheit aufzuheben. Der Auftraggeber will vertragliche Gewährleistungsrechte im Hinblick auf die erbrachten Leistungen für die Zukunft behalten, die bei einer Rückabwicklung nicht mehr bestehen.[350] 935

> Die Kündigung des Vertrages bedarf der Schriftform.
> Eine Kündigung aus wichtigem Grund ist zulässig. Sie muss unverzüglich, spätestens jedoch innerhalb von zwei Wochen nach Bekanntwerden des wichtigen Grundes erklärt und dem Vertragspartner unter konkreter und vollständiger Angabe der Kündigungsgründe begründet und zugestellt werden. Sofern der Kündigung eine Nachfristsetzung vorausging oder hätte vorausgehen können (z. B. bei Fristsetzung zur Leistung oder Nacherfüllung), ist sie nur wirksam, wenn gleichzeitig mit der Nachfristsetzung die Kündigung für den Fall des Fristablaufs angedroht worden ist. §§ 636, 281, 323 BGB finden analoge Anwendung. Sie bleiben im Übrigen unberührt mit der Maßgabe, dass an die Stelle des Rücktritts die Kündigung des Vertrages tritt.
>
> Eine Kündigung kann auch auf einzelne, selbständig bewertbare oder verwertbare Teilleistungen oder Leistungsteile beschränkt werden (Teilkündigung).

Dem Auftraggeber steht unabhängig davon nach § 649 BGB weiterhin ein freies Kündigungsrecht zu, so dass er jederzeit – auch ohne wichtigen Grund – das Vertragsverhältnis mit dem Architekten einseitig auflösen kann, allerdings mit der Folge der Vergütungspflicht für vom 936

---

350 *Locher/Koeble*, HOAI, Einl. Rdnr. 282.

Architekten nicht (mehr) erbrachte Leistungen (§ 649 S. 2 BGB). Danach steht dem Auftragnehmer das vereinbarte Honorar in voller Höhe zu. Er muss sich jedoch dasjenige anrechnen lassen, was er in Folge der Aufhebung des Vertrages an Aufwendungen erspart oder durch anderweitige Verwendung seiner Arbeitskraft erwirbt oder zu erwerben böswillig unterlässt.

> **!** Auftraggeber verwenden oft ungeprüft Vertragsmuster, in denen das freie Kündigungsrecht zu ihren Lasten ausgeschlossen wird. Wenn der Auftraggeber dann ohne wichtigem Grund kündigt und der Architekt der Kündigung widerspricht, ist die Kündigung unwirksam und das Vertragsverhältnis bleibt bestehen. Der Architekt kann dann den Auftraggeber auf Fortsetzung des Vertrages oder auf Schadensersatz in Anspruch nehmen.
>
> Sofern jedoch der Architekt Verwender einer solchen Klausel ist, ist sie unwirksam.[351]

937 Eine Regelung über die Vergütungsfolgen bei einer freien Kündigung ist eigentlich nicht erforderlich. Sie ergeben sich aus dem Gesetz. Bei den als erspart anzusetzenden Aufwendungen ist auf den konkreten Vertrag abzustellen.[352] Die Abrechnung eines bestimmten Prozentsatzes genügt nicht, selbst wenn dies vereinbart worden ist. In der Praxis besteht jedoch ein Bedürfnis, den Vergütungsanspruch der Höhe nach gemäß § 649 S. 2 BGB näher zu regeln. Der Auftraggeber hat ein Interesse daran, dass die Vergütung möglichst niedrig und die Kündigung für ihn finanziell noch einigermaßen erträglich ist. Dem Architekt liegt daran, die Abrechnung dieses Anspruchs möglichst zu vereinfachen, insbesondere zu pauschalieren. Deshalb legen die Parteien im beiderseitigen Interesse die ersparten Aufwendungen häufig pauschal auf einen bestimmten Prozentsatz des Honoraranteils für die übertragenden und infolge der Kündigung nicht mehr zu erbringenden Leistungen fest.

> Bei freier Kündigung des AG nach § 649 BGB steht dem AN das vereinbarte Honorar für die beauftragten Leistungen zu. Der AN ist verpflichtet, den Honoraranspruch für nicht erbrachte Leistungen zur Abgeltung der ersparten Aufwendungen um einen pauschalen Abzug von ... % zu kürzen. Sollte der AN einen Ersatzauftrag erhalten oder einen ihm angebotenen Ersatzauftrag zu Unrecht ablehnen, ist das dafür vereinbarte oder zu vereinbarende Honorar vom nach Satz 2 ermittelten Honoraranspruch zusätzlich in Abzug zu bringen.

938 Wenn diese Vertragsklausel vom Architekten vorformuliert und gestellt wird, muss noch ergänzend folgendes geregelt werden:

> ... sofern nicht der Auftraggeber den Nachweis erbringt, dass die ersparten Aufwendungen höher als der vereinbarte vorgenannte Pauschalabzug sind.

939 Durch diese unausweichliche »Hintertür« bleibt es dem Auftraggeber vorbehalten, die Pauschalierung anzugreifen, wobei es für ihn aber schwierig sein dürfte, eine vereinbarte pauschale Aufwandsersparnis zu widerlegen.

940 Sofern der Auftrageber Verwender einer Pauschalabzugsregelung für die Vergütung nicht erbrachter Leistungen ist, bestehen gegen eine entsprechende Klausel keine Wirksamkeitsbedenken, sofern der Abzug nicht über 40% liegt. § 309 Nr. 5 BGB geht von einer Unwirksamkeit nur dann aus, wenn eine unangemessen hohe Schadensersatzpauschale vereinbart wird. Auch eine unangemessene Benachteiligung des Architekten im Sinne von § 307 Abs. 2 BGB liegt nicht vor, da er durch eine solche Klausel seine Abrechnung vereinfachen kann und nicht verpflichtet ist, mühsam die ersparten Aufwendungen für den gekündigten Vertrag zu ermitteln.

941 Sofern eine entsprechende Pauschalabzugsregelung fehlt, ist der Architekt verpflichtet, die Einzelheiten seiner Kalkulation darzulegen. Die Anforderungen an die Berechnung der Ersparnis-

351 BGH BauR 1999, 1294; BGH BauR 1998, 866.
352 BGH BauR 1996, 382, 412; BGH BauR 2000, 430.

se sind deshalb für den Architekten hoch. Er muss sie zusammenfassend so beschreiben und bewerten, dass der Auftraggeber in der Lage ist, die Richtigkeit des dafür angesetzten Betrags zu beurteilen und substantiiert zu bestreiten.[353] Der Ansatz eines prozentual projektbezogenen Gemeinkostenzuschlags für Zeichen- und Büromaterial ist aber ausreichend.[354]

! Wenn der Architekt bewusst oder aus Unwissenheit eine unzulässige Pauschalvergütungsklausel (40%/60%-Klausel) verwendet, ist er trotz Unwirksamkeit dieser Klausel daran gehindert, mehr als 60% Honorar abzurechnen, selbst wenn die konkrete Vertragsabrechnung ergeben sollte, dass die ersparten Aufwendungen niedriger sind als die Pauschale von 40%.[355]

Im Vertrag zu regeln sind daneben die Vergütungsfolgen einer Kündigung des Auftraggebers und des Architekten aus wichtigem Grund, wobei auch noch danach zu unterscheiden ist, ob die Kündigung von einer Vertragspartei zu vertreten ist. Feststeht, dass dem Architekten keine Vergütung für nicht erbrachte Leistungen zusteht, wenn die Kündigung des Auftraggebers von ihm zu vertreten ist.[356] In diesem Fall besteht vielmehr eine Schadensersatzverpflichtung der die Kündigung zu vertretenden Partei, die im Vertrag geregelt werden sollte. Danach hat der Architekt dem Auftraggeber auch den Schaden aus einer solchen Kündigung (z. B. Mehrkosten einer Ersatzvornahme) zu ersetzen. 942

Wenn die Kündigung des Vertrages vom Architekten nicht zu vertreten ist, besteht zumindest aus Sicht des Architekten ein Regelungsbedarf. Fraglich ist nämlich insbesondere, ob dem Architekt auch bei einer von ihm nicht zu vertretenden Kündigung des Auftraggebers aus wichtigem Grund ein Anspruch auf das volle Honorar für die beauftragten Leistungen unter Abzug der ersparten Aufwendungen bzw. des anderweitigen Erwerbs zugesprochen werden kann. 943

! Das Gesetz regelt diesen Fall nicht, so dass dem Architekten ein Honoraranspruch nur bei entsprechender vertraglicher Vereinbarung zusteht. Das gleiche gilt bei einer Kündigung des Architekten aus wichtigem Grund, den weder er noch der Auftraggeber zu vertreten hat. Der Architekt hat deshalb ein Interesse an einer entsprechenden Vertragsregelung.

> Der AG ist zur Zahlung der dem AN infolge der Kündigung entgangenen Vergütung in Anlehnung an § 649 S. 2 BGB verpflichtet, sofern der Kündigung ein wichtiger Grund zugrunde liegt, den der AN nicht zu vertreten hat (Alternative: den der AG zu vertreten hat). Sofern der AG den wichtigen Grund zu vertreten hat, hat er dem AN auch den darüber hinaus entstandenen Schaden zu ersetzen. 944

Allerdings empfiehlt sich für eine ausgewogene Vertragsgestaltung eher eine Regelung, wonach ein solcher Honoraranspruch nur gegeben ist, wenn die Kündigung aus wichtigem Grund vom Auftraggeber zu vertreten ist. Dem Architekten steht nämlich ein Schadensersatzanspruch in gleicher Höhe wie der Vergütungsanspruch nach § 649 S. 2 BGB nur zu, wenn der zur Kündigung berechtigende Grund vom Auftraggeber zu vertreten ist, z. B. bei Nichtbegleichung fälliger Abschlagszahlungen.[357] Damit ist sichergestellt, dass der Architekt im Falle einer von ihm nicht zu vertretenden Kündigung nicht schlechter steht, als dies bei Durchführung des Vertrages der Fall gewesen wäre. 945

353 BGH BauR 2000, 430.
354 BGH BauR 2000, 126.
355 BGH BauR 1998, 357.
356 BGH BauR 1997, 1060; BGH BauR 1999, 1319.
357 BGH BauR 1989, 628.

946 Grundsätzlich ist eine Kündigung des Auftraggebers/des Architekten aus wichtigem Grund nur dann möglich, wenn der Auftraggeber/der Architekt das Vorliegen des wichtigen Grundes selbst nicht herbeigeführt oder sogar verschuldet hat. Fraglich ist allerdings, was im Hinblick auf die Vergütung gelten soll, wenn der wichtige Grund oder die Ursache seines Auftretens vom Auftraggeber nicht (im Sinne eines Verschuldens) zu vertreten ist, aber aus seiner Sphäre kommt, z. B. bei Scheitern der Finanzierung oder bei einem sonstigen unvermeidbaren Projektstopp. In diesen Fällen wird der Auftraggeber es kaum einsehen, eine Vergütung für die infolge der Kündigung nicht erbrachten Leistungen zu zahlen.

947 Daneben oder alternativ können wichtige Gründe im Vertrag vereinbart werden, bei deren Vorliegen der Auftraggeber berechtigt ist, aus wichtigem Grund zu kündigen, ohne Vergütungsansprüchen für nicht erbrachte Leistungen ausgesetzt zu sein.

948 **Bei einer Kündigung des Auftraggebers aus einem wichtigen Grund, den er nicht zu vertreten hat, steht dem Architekten ein Honoraranspruch hinsichtlich der bis dahin erbrachten und nachgewiesenen Leistungen zu. Als wichtige Gründe in diesem Sinn gelten folgende Ereignisse oder Umstände: Projektaufgabe wegen nachgewiesener Finanzierungs- oder Vermarktungsschwierigkeiten, Projektveräußerung an einen Generalübernehmer oder sonstigen Dritten etc.**

949 Der Restvergütungsanspruch nach § 649 S. 2 BGB steht dem Architekten jedenfalls dann nicht zu, wenn der Kündigungsgrund auf eigenes vertragswidriges Verhalten des Architekten zurückzuführen ist.[358] In diesem Fall ist der Vergütungsanspruch sogar auf die erbrachten, mangelfreien und verwertbaren Leistungen beschränkt. Gleichzeitig steht dem Auftraggeber ein Gegenanspruch zu, der auch zur Erstattung der Kosten für die infolge der Kündigung beauftragte Neuplanung führen oder den Ausschluss eines Teils der Vergütung beinhalten kann, sofern wegen der Neuplanung die Leistungen des gekündigten Architekten nicht mehr oder nur noch zum Teil brauchbar sind.

950 **Bei einer vom AN zu vertretenden Kündigung des AG aus wichtigem Grund oder bei einer Kündigung des AN aus einem Grund, den er zu vertreten hat, hat der AN nur Anspruch auf Vergütung der bis zur Vertragsbeendigung erbrachten und nachgewiesenen Leistungen, soweit sie trotz ihrer Unvollständigkeit mangelfrei und für den AG unter zumutbaren Bedingungen verwertbar sind. Gegenansprüche des AG, insbesondere aus entstandenen Mehrkosten aus Verzug, aus einer Neuplanung oder Ersatzvornahme bleiben unberührt.**

951 Bei (gleichzeitiger) Abrechnung der erbrachten und der nicht erbrachten Leistungen hat der Architekt beide Leistungsbereiche in seiner Schlussrechnung im Einzelnen aufzugliedern und voneinander abzugrenzen.[359] Schließlich sollte bei einer Kündigung der vom Architekten erreichte Leistungsstand im gemeinsamen Interesse unverzüglich und möglichst einvernehmlich dokumentiert werden. Notfalls sollte der Architekt seine Leistungen noch soweit abschließen dürfen, dass eine Übernahme durch den Auftraggeber und die Weiterführung des Projektes durch einen Dritten möglich ist. Dabei sollte der Architekt auch zur Vorlage und Herausgabe aller Pläne und sonstigen erarbeiteten Unterlagen verpflichtet werden. Unabhängig davon, dass nach einer Kündigung ohnehin der Architekt vor Stellung und Überreichung der Schlussrechnung keinen fälligen Honoraranspruch hat, der ihn zur Zurückbehaltung von vom Auftraggeber benötigten Unterlagen berechtigen könnte, scheidet ein solches Zurückbehaltungsrecht ohnehin aus. Der Architekt bleibt hinsichtlich der Pläne und sonstigen Unterlagen auch im Fal-

358 BGH BauR 1990, 634.
359 BGH BauR 1998, 357.

le der Kündigung[360] vorleistungspflichtig, so dass er gegen den Anspruch des Auftraggebers auf Herausgabe dieser Unterlagen kein Zurückbehaltungsrecht hat.[361]

Tipp

1. Architekten sollten vor Beginn der Planungstätigkeit eine schriftliche Honorarvereinbarung mit dem Auftraggeber abschließen, d. h. den Leistungsbeginn vom Abschluss einer schriftlichen Honorarvereinbarung abhängig machen. Dies dient zum einen der Honorarsicherheit, an der beide Parteien ein Interesse haben. Zum anderen kann nur auf diesem Wege ein Honoraranspruch oberhalb des Mindestsatzes in rechtlich abgesicherter Form wirksam und begründet sein.
2. Für den Abschluss einer schriftlichen Honorarvereinbarung reicht es nicht aus, wenn der Architekt das vereinbarte Honorar dem Auftraggeber schriftlich bestätigt oder der Auftraggeber einem Honorarangebot des Architekten schriftlich zustimmt. Vielmehr ist eine einheitliche schriftliche, d. h. von beiden Parteien unterzeichnete Urkunde für den wirksamen Abschluss einer Honorarvereinbarung erforderlich. Die Parteien sollten den Wortlaut des § 4 HOAI im Detail kennen, um vor Überraschungen geschützt zu sein.
3. Die Vertragspartner sollten bereits zu Beginn des Vertragsverhältnisses auch die rechtlichen Rahmenbedingungen klären und über den Abschluss einer schriftlichen Honorarvereinbarung hinaus einen schriftlichen Architektenvertrag formulieren, der die wesentlichen Regelungen der Vertragsbeziehung enthält. Zu empfehlen ist, vor Beginn der Vertragbeziehung auch den Architektenvertrag schriftlich abzuschließen und dort auch das vereinbarte Honorar klar und deutlich zu regeln.
4. Zu den wesentlichen Vertragsbedingungen und zu den regelungsbedürftigen Punkten gehören folgende Themenkomplexe:
   - Vertragsbestandteile
   - Leistungen des Architekten
   - Pflichten des Architekten und des Auftraggebers
   - Vertragstermine/Planablauf/Planlieferfristen
   - Honorar (sofern nicht in separater schriftlicher Honorarvereinbarung geregelt)
   - Abschlagszahlungen/Zahlungsplan/Fälligkeit
   - Haftung und Haftpflichtversicherung
   - Kündigung
   - Abnahme
5. Wenn die Vertragsparteien es versäumen, bei Leistungsbeginn eine schriftliche Honorarvereinbarung zu treffen, kann eine wirksame Honorarvereinbarung nicht mehr nachgeholt werden. Es gelten dann zwingend die Mindestsätze der HOAI, was im Einzelfall im Interesse des Auftraggebers sein kann.
6. Das vertragsrechtliche Korsett »sollte im Interesse beider Parteien nicht zu eng geschnürt werden«. Architekten werden dadurch gezwungen, den dynamischen Planungsprozess zu restriktiv wie möglich zu behandeln. Auftraggeber werden dadurch gehindert, den dynamischen Planungsprozess »zu leben«, da die inhaltlichen Vorgaben und Randbedingungen für den Auftraggeber bei Vertragsabschluss noch nicht von vornherein klar sind und permanenten Änderungen unterliegen, die zu einer nachträglichen Änderung der Vertragsgrundlagen führen, was wiederum mit Rechtsunsicherheit verbunden ist.
7. Der Auftraggeber sollte bei rechtlichen Berührungspunkten sich nicht auf Aussagen des Architekten verlassen und berufen. Architekten sind keine Juristen und können juristische Beratung und erforderlichen Handlungsbedarf nicht ersetzen, sondern allenfalls unterstützen.

360 *Werner/Pastor,* Der Bauprozess, 10. Aufl. 2002, Rdnr. 1947.
361 Vgl. dazu im Einzelnen unter Ziff. 11.

8. Architekten müssen bei der Erbringung und Erfüllung ihrer Leistungen an der kurzen Leine gehalten werden. Sie verwechseln den dynamischen Planungsprozess oftmals mit einem von wirtschaftlichen, technischen oder sonstigen Zwängen befreiten Erfüllungsprozess, bei dem sie allein entscheiden, wann was mit welchem Inhalt vorgelegt wird. Gerade die schwammige Phaseneinteilung der HOAI in Entwurfs- und Ausführungsplanung führt oftmals zu Streit darüber, ob der Architekt einen ausführungsreifen Entwurf bereits erstellt hat oder ob es dazu noch weiterer Leitdetails bedarf. Solche Planungsdetails sollten ohnehin im Vertrag als zur Entwurfsplanung gehörend vereinbart werden, um auch ohne vollständige und notfalls später erforderlich werdende baubegleitende Ausführungsplanung eine ausschreibungsfähige Planung zu erhalten, anhand derer eine detaillierte und umfassende Ausschreibung und Vergabe der Bauleistungen möglich ist.
9. Bevor der Auftraggeber sich dazu entschließt, einen Architektenvertrag zu kündigen, muss er kompetente juristische Beratung hinzuziehen. Dies gilt insbesondere vor dem Hintergrund, dass oftmals Kündigungen vorschnell ausgesprochen werden, die sich später als nicht gerechtfertigt herausstellen und in eine freie Kündigung umgedeutet werden. Dabei ist vor allem zu beachten, dass vor Ausspruch einer fristlosen Kündigung wegen Schlechtleistung des Architekten eine Androhung der Kündigung erfolgen muss. Dies leitet die Rechtsprechung aus dem Kooperationscharakter des Architektenvertrages ab. Dieser Kooperationsgedanke spielt insbesondere auch im Rahmen des besonderen Vertrauensverhältnisses zwischen Architekt und Auftraggeber eine Rolle.

2. Fachplanung durch Fachingenieure

a) Abgrenzung der Leistungsbilder

952 Die Honorarordnung für Architekten und Ingenieure enthält in den Teilen VIII, IX und X Honorarregelungen für die Leistungsbilder Tragwerksplanung (Statik), Technische Ausrüstung (Gas-, Wasser-, Abwasser- und Feuerlöschtechnik, Wärmeversorgungs-, Brauchwassererwärmungs- und Raumlufttechnik bzw. Heizungs-, Sanitär- und Lüftungstechnik, Elektrotechnik, Aufzug-, Förder- und Lagertechnik) und Thermische Bauphysik (Wärmeschutz).

953 Der Brandschutz ist demgegenüber nicht in einem eigenen Leistungsbild geregelt. Er gehört zu den Leistungen der Tragwerksplanung und damit in den Verantwortungsbereich des Statikers, soweit es um konstruktiven Brandschutz geht. Daneben hat aber auch der Architekt im Rahmen der Erarbeitung der Vorlagen für die Baugenehmigung bautechnische Nachweise zum Brandschutz vorzulegen.

Welche Unterlagen der Architekt dabei selbst zu erarbeiten hat und welche Beiträge in den Fachbereich des Tragwerksplaners fallen und deshalb nicht zu den Grundleistungspflichten des Objektplaners gehören, ist in der Praxis häufig unklar. Folgende Abgrenzung und Zuordnung erscheint jedoch sachgerecht:

- Sicherheitsnachweis → Tragwerksplanung (§ 64 Abs. 3 Nr. 4 HOAI)
- Entwässerungsplanung → Technische Ausrüstung (§ 73 Abs. 3 Nr. 4 i. V. m. § 68 Nr. 1 HOAI).[362]
- Nachweis des Wärmeschutzes → Teilleistung des Fachbereichs Thermische Bauphysik (§ 78 Abs. 1 Nr. 3 HOAI); wird meistens vom Tragwerksplaner mit übernommen
- Nachweis des Schallschutzes → Teilleistung im Rahmen des Fachbereichs Schallschutz und Raumakustik (§ 81 Abs. 1 Nr. 2 HOAI)

362 *Locher/Koeble/Frik,* HOAI, § 15 Rdnr. 17.

b) Brandschutz

Leistungen für den Brandschutz werden erbracht, um die Erfordernisse des Brandschutzes in die Objektplanung und Fachplanung einzubringen und optimale fachübergreifende Lösungen für den Brandschutz zu erarbeiten. 954

aa) Konstruktiver Brandschutz:

Die vom Tragwerksplaner zu erfüllenden Aufgaben lassen sich aus dem Grundleistungskatalog 955
des § 64 HOAI entnehmen und ableiten. Danach hat der Tragwerksplaner in der Leistungsphase 4 bauphysikalische Nachweise zum Brandschutz zu erbringen. Mit Blick darauf, dass diese Leistung in der HOAI als Besondere Leistung qualifiziert worden ist, sollte sie in den Vertrag mit aufgeführt werden. Andernfalls kann der Tragwerksplaner sie später vom Abschluss einer gesonderten Honorarvereinbarung abhängig machen. Der Umfang dieser Nachweise erhöht sich zunehmend, da das Thema Brandschutz von den Bauaufsichtsbehörden immer mehr aufgegriffen wird.

Unabhängig davon schuldet der Tragwerksplaner bei der Erstellung der statischen Berechnun- 956
gen auch Berechnungen zu den bauphysikalischen Anforderungen, zu denen in diesem Zusammenhang nur der Schallschutz, Wärmeschutz und der Feuchtigkeitsschutz gehört.[363]

Die Beachtung des Brandschutzes hat aber auch eine öffentlich-rechtliche Komponente. Die 957
Bauausführung muss auch im Hinblick auf den Brandschutz den bauordnungsrechtlichen Vorschriften entsprechen. Diese Bestimmungen sind im Einzelfall sogar nachbarschützend, insbesondere soweit es um die Anforderungen an die Ausgestaltung von Wänden und Decken geht. Aber auch die Vorschriften über Feuerungs-, Wärme- und Brennstoffversorgungsanlagen dienen den Schutz der Umgebung vor Rauch- und Rußbelästigung.[364]

Schließlich ist auch der objektüberwachende Architekt in der Verantwortung. Er hat insbeson- 958
dere beim Brandschutz zu kontrollieren, dass die eingebauten Baustoffe der entsprechenden Brandschutzklassifizierung entsprechen, dass der Einbau von feuerhemmenden Türen an den Zargen hohlraumfrei mit Zementmörtel und nicht etwa durch Ausschäumen mit Ortschaum erfolgt. Daneben hat er darauf zu achten, dass Aussparungen in Brandabschnitten voll ausbetoniert und/oder mit den entsprechend vorgesehenen Brandschutzabschlüssen versehen werden.

bb) Vorbeugender Brandschutz

Der vorbeugende Brandschutz ist in der DIN 4102 geregelt. Einige Länderbauordnungen ver- 959
langen für Anlagen und Räume besonderer Art oder Nutzung ein schutzzielorientiertes Brandschutzkonzept, das den abwehrenden Brandschutz systematisch in das Baugenehmigungsverfahren integriert. Hier hat die Landesbauordnung in Nordrhein-Westfalen eine Vorreiterrolle ausgeübt, da der Brand am Flughafen in Düsseldorf den Gesetzgeber in Zugzwang gebracht hatte.

Daraus hat sich inzwischen ein Leistungsbild Brandschutzplanung entwickelt, die eine ziel- 960
orientierte Gesamtbewertung des vorbeugenden Brandschutzes, aber auch des baulichen Brandschutzes bei Sonderbauten verfolgt.

Diese die Vorlage eines schlüssigen Brandschutzkonzepts enthaltenden Aufgaben müssen 961
brandschutztechnischen Sonderfachleuten, die über entsprechende Erfahrung bei der brandschutztechnischen Bearbeitung von Sonderbauten verfügen, übertragen werden.

Leistungen für den Brandschutz könne je nach Bauaufgabe und Qualifikation dem Objektplaner oder dem Tragwerksplaner übertragen werden.

---

363 *Locher/Koeble/Frik,* HOAI, § 64 Rdnr. 36, 40.
364 OVB Berlin BRS 15 Nr. 111; OVG Bremen BRS 39 Nr. 205; VGH Mannheim BRS 39 Nr. 121.

cc) Feuerwehrpläne

962

> **Tipp** Mit der Brandschutzdienststelle und der Baugenehmigungsbehörde ist vor Aufstellung des Brandschutzkonzeptes abzustimmen, ob die Anfertigung von Feuerwehrplänen oder Einsatzplänen erforderlich ist.

Gefordert sind Angaben darüber, ob Feuerwehrpläne anzufertigen sind. Nach DIN 14095 (Feuerwehrpläne für bauliche Anlagen) sollen die von der Feuerwehr für bestimmte bauliche und technische Anlagen benötigten Pläne vereinheitlicht werden. Die Feuerwehrpläne werden Einsatzpläne im Sinne der Begriffsbestimmung nach DIN 14011–2, wenn sie zusätzliche Angaben für das taktische Vorgehen der Feuerwehr enthalten. Nach DIN 14095 gehören Feuerwehrpläne nicht zu den Bauvorlagen, könnten jedoch von der Baugenehmigungsbehörde gefordert werden.

963 Die Anfertigung der Pläne selbst kann erst mit Fertigstellung des Bauvorhabens und Kenntnis der entsprechenden endgültigen Ausführungsdetails möglich. Diese Ausarbeitung kann daher noch nicht Bestandteil des Brandschutzkonzeptes in der Genehmigungsplanung sein. Vorbereitende Hinweise und Erläuterungen sind trotzdem im Brandschutzkonzept unabdingbar, damit sie bei der Erstellung der Feuerwehrpläne aufgegriffen und umgesetzt werden können.

dd) Sonstige Unterlagen für das Brandschutzkonzept

964

- Zu- und Durchfahrten sowie Aufstell- und Bewegungsflächen
- Nachweis der erforderlichen Löschwassermenge und -versorgung
- Planung der Löschwasser-Rückhalteanlagen
- Textliche Erläuterungen der Abschottungen in Brand- und Rauchabschnitte
- Rettungswege mit Angaben zur Sicherheitsbeleuchtung
- Brandverhalten der haustechnischen Anlagen
- Brandschutztechnische Ausbildung der Lüftungsanlagen
- Bemessung der Rauch- und Wärmeabzugsanlagen
- Alarmierungseinrichtungen
- Einrichtungen und Geräte zur Brandbekämpfung
- Sicherheitsstromversorgung
- Hydrantenpläne
- Brandmeldeanlagen
- Betriebliche Maßnahmen zur Brandverhütung und Brandbekämpfung

> **!** Architekten und Ingenieure müssen mit dem Bauherrn exakt klären, welche brandschutztechnischen Anforderungen im Einzelfall zu erfüllen sind. Der Bauherr muss über die Vor- und Nachteile verschiedener technischer Lösungen umfassend aufgeklärt werden.[365]

> **z.B.** So entsprechen Brandschutzklappen seit 1997 nicht mehr dem Stand der Technik. Statt Brandschutzklappen müssen Deckenschotts eingesetzt werden.
>
> Zu beachten ist dabei allerdings, dass Deckenschotts nicht über Rauchmeldeanlagen ausgelöst werden können. Deckenschotts sind nach einer einmaligen Auslösung, die bei Erreichen einer bestimmten Temperatur eintritt und zum Aufschäumen eines Materials, das die Öffnung verschließt, führt, nicht mehr funktionstüchtig und müssen komplett erneuert werden.

365 KG IBR 2002, 203.

! In jedem Einzelfall muss geprüft werden, ob die Beachtung des Brandschutzes materiell zu den Planungsanforderungen gehörten, die der Architekt einzuhalten hatte. Dabei spielen die Vorschriften des Bauordnungsrechtes ebenso wenig eine Rolle wie die in § 15 HOAI zur preisrechtlichen Berechnung des Honorars genannten Leistungen bzw. Leistungspflichten.[366]

b) Statik

aa) Begriffsbestimmung

Die Statik betrifft das Tragwerk des Gebäudes. Unter Tragwerk sind alle Teile der Baukonstruktion zu verstehen, die Eigenlasten der Bau- und Ausbaukonstruktion, die lot- und waagerechten Verkehrslasten, die Wind- und Schneelasten sowie alle sonstigen Belastungen ableiten. Die anfallenden Lasten sollen in den Baugrund abgeleitet werden. Mit Blick darauf, dass der Baugrund die Konstruktion des Bauwerks beeinflusst, gehört er auch zur Gesamtheit der Konstruktionsteile, die Eigenlasten abzuleiten haben, und damit zum Tragwerk. 965

Nach dem verwendeten Material werden üblicherweise Tragwerke des Stahlbaus, des Stahlbetonbaus und des Holzbaus unterschieden. 966

Tragwerksplanung ist die Summe der Leistungen, die zur statisch-konstruktiven Bearbeitung und Überprüfung der Angaben des Objektplaners sowie zur Erstellung eines prüffähigen Standsicherheitsnachweises (Statische Berechnung mit Positionsplänen) erforderlich sind. Hierbei handelt es sich um eine spezielle Fachingenieurleistung, die grundsätzlich den dafür besonders ausgebildeten Diplom-Ingenieuren vorbehalten ist. 967

Die Tragwerksplanung wird weniger durch eigene planerische Leistungen als vielmehr durch fachtechnische Beratung des Architekten geprägt, wobei die Prüfung, die Klärung, die Ermittlung, Berechnung und Bemessung sowie Festlegung der statisch-konstruktiven Erfordernisse und Daten einschließlich der Anfertigung der erforderlichen Spezialpläne im Vordergrund steht. 968

Der Vertrag über die Tragwerksplanung ist ebenfalls Werkvertrag. Der Statiker haftet erfolgsbezogen. Seine Leistungen sind genauso wie die Leistungen des Architekten ergebnisbezogen und erfolgsbestimmt. 969

Auch wenn sich die Leistungen des Statikers nicht unmittelbar aus der HOAI und den dort für die Honorarberechnung genannten Leistungen ergeben, findet in der Praxis das Leistungsbild der Tragwerksplanung auch für die inhaltliche Beschreibung der Leistungen des Tragwerksplaners Anwendung, da sich daraus das Aufgabenfeld des Statikers ableiten lässt. 970

Der Statiker schuldet neben den im Vertrag und in den Leistungsbildern der HOAI im Einzelnen dargestellten Planungsleistungen auch die Mitwirkung an der Erfüllung der Aufsichtsaufgaben. 971

! Gerade die fehlende Mitwirkung und Abstimmung ist oftmals Ursache für Störungen im Bauablauf, die finanziell erhebliche Nachteile für den Bauherrn nach sich ziehen können. Der Auftraggeber muss also auch vertraglich sicherstellen, dass der Tragwerksplaner seinen Mitwirkungspflichten zeitgerecht und vollständig nachkommt.

bb) Mitwirkungspflichten des Tragwerksplaners

- Regelungen über Form, Anzahl und Verteilung von Unterlagen und deren Laufzeit einschließlich Planlieferfristen und Herbeiführung von Abstimmungsergebnissen 972
- Regelmäßige Teilnahme an Besprechungen und Ortsterminen, Benennung der Teilnehmer, Verpflichtung zur Vorbereitung bzw. vorherigen Information der Teilnehmer über schwierige technische Fragen

366 BGH BauR 2002, 114.

- Verfahren bei Planänderungen, Festlegung des bestmöglichen Zeitpunkts einer Planänderung, Frist zur Überarbeitung von Plänen
- Dokumentation der Planung und des Planungsprozesses
- Verpflichtung, auf Verzögerungen und Kostensteigerungen hinzuweisen und Vorschläge zur Lösung des Problems zu unterbreiten.

cc) Einbindung des Architekten

973 Der Architekt hat dem Tragwerksplaner als Grundlage für dessen parallele Fachplanung die Ausführungspläne zur Verfügung zu stellen. Dabei steht das Erarbeiten am Anfang, das Integrieren am Ende der Zusammenarbeit mit dem Tragwerksplaner und den anderen Sonderfachleuten. Dem Statiker sind auf der Grundlage der Fachplanung für Haustechnik Angaben über Art, Zahl und Lage benötigter Durchbrüche und Schlitze zu machen, damit der Statiker diese in seinen Plänen vorsehen kann. Des Weiteren müssen in den dem Statiker zu übergebenden Ausführungsplänen die Wärmeisolierungsmaßnahmen enthalten sein, damit der Statiker diese in seine Arbeitspläne übernehmen und bei der Statik berücksichtigen kann.[367]

974 Das Anfertigen der Schalpläne setzt voraus, dass der Architekt vollständige und detaillierte Ausführungspläne einschließlich Detailpläne für Durchbrüche, Aussparungen, Schlitze und dergleichen betreffend den Ausbau und die vorherige Integration der Beiträge durch alle Fachplaner fertiggestellt hat. Die Anfertigung von vorläufigen Schalplänen oder anderen Ausführungsplänen auf der Grundlage noch nicht fertiger, sogenannter Vorabzüge und »Null-Serien« einzelner Ausführungszeichnungen gehört zum Leistungspaket des Tragwerksplaners, sofern sie lediglich der Koordination der beteiligten Fachplaner dienen.

dd) Änderungen der Planung

975 Die sich im Laufe der Koordinierungsbestrebungen immer wieder ergebenden Änderungen und Fortschreibungen einer vorläufigen Planung gehören ebenfalls zum geschuldeten Leistungsumfang auf der Grundlage des Leistungskatalogs der HOAI.[368] Etwas anderes gilt jedoch, wenn der Auftraggeber den Tragwerksplaner damit beauftragt, auf der Grundlage vorläufiger Objektplanungsleistungen eine endgültige Tragwerksplanung zu erstellen.

> **! Der Auftraggeber sollte vermeiden, einen solchen Auftrag zu erteilen, da er keinen Anlass hat, bei verspätet vorgelegten Objektplänen das Risiko einer verfrühten Tragwerksplanung zu übernehmen.**

976 Änderungen nach der berechtigten, nicht verfrühten Erstellung der Ausführungsplanung können hingegen als Besondere Leistung nach § 5 Abs. 4 HOAI zusätzlich honorarfähig sein. Gleiches gilt für solche Änderungen der vorläufigen Planung, die das Ausmaß einer normalerweise üblichen Änderung überschreiten. Das kann insbesondere dann der Fall sein, wenn sich die Ausgangsplanung grundlegend ändert.

977 Zur vollständigen Ausführungsplanung des Statikers gehört nicht die von den Unternehmern als Nebenleistung zu erstellende Verformungsberechnung mit Zeichnungen, soweit sie für Baubehelfe (Schalungen) erforderlich ist.

ee) Honorar des Tragwerksplaners

978 Zu beachten ist, dass das Honorar des Tragwerksplaners bei Überschreitung des Tafelsatzes von 15.338.756,44 EUR frei vereinbar ist. Oberhalb der Honorartafel gilt der Begriff »Mindestsatzunterschreitung« nicht. Außerhalb des Preisrechts ist das Honorar frei vereinbar.[369]

---

367 OLG Köln BauR 1987, 460.
368 OLG Hamm BauR 1994, 398.
369 KG BauR 2001, 126.

979 Damit liegt ein Verstoß gegen das Mindestsatzgebot des § 4 HOAI nicht vor, wenn bei Unterschreiten der Höchstgrenze der anrechenbaren Kosten gem. §§ 65 Abs. 2, 16 Abs. 3 HOAI das Honorar frei vereinbart wird. Die Vereinbarung des Honorars unterliegt nicht der HOAI, sondern folgt allein aus §§ 631, 632 BGB. Die Mindermeinung in der Literatur, dass die Untergrenze für das Honorar auch bei Überschreitung des Tafelwertes der Mindestsatz sei[370], ist mit dem Wortlaut der §§ 65 Abs. 2, 16 Abs. 3 HOAI nicht vereinbar.

c) Technische Gebäudeausrüstung

aa) Anlagengruppen

980 Auch hier ist auf die Begriffsbestimmungen und die honorarrechtlichen Leistungsphasen und Leistungen der HOAI zu verweisen. § 68 HOAI bestimmt den Anwendungsbereich der Honorarregelung des Teils IX der HOAI. erfasst werden im zwingenden Preisrecht nur solche Anlagen der Technischen Ausrüstung, die folgende Voraussetzungen erfüllen:

- Die Anlage muss zu einer der in § 68 abschließend aufgeführten sechs Anlagengruppen gehören.

> ! Die Bezeichnung der Anlagengruppen in § 68 S. 1 HOAI weicht zum Teil von den Begriffen der DIN 276 Fassung April 1981, in der die verschiedenen Kostengruppen zusammengefasst sind, ab. Eine klare und eindeutige Grenzziehung der Anlagengruppen ist deshalb nicht gegeben. Es muss davon ausgegangen werden, dass eine Anlage zu beiden Bezugssystemen gehören muss, damit die HOAI Anwendung findet. Diese Auslegung wird auch dem Wortlaut gerecht, wonach die Technische Ausrüstung die Anlagen umfasst, die in DIN 276 erfasst sind und die in der nachfolgenden Aufzählung des § 68 Nr. 1–6 HOAI enthalten sind.[371]

981 Nach der regierungsamtlichen Begründung[372] wird durch die Bezugnahme auf die DIN 276 der Anwendungsbereich des § 68 HOAI gegenüber Teil VII – Leistungen bei Ingenieurbauwerken und Verkehrsanlagen – abgegrenzt und zugleich eine Beschränkung auf solche Anlagen erreicht, die zum Betrieb eines Gebäudes im Regelfall erforderlich sind.

982 Die Verweisung auf die DIN 276 bewirkt sowohl eine begriffliche als auch eine räumliche Beschränkung der Anwendbarkeit des § 68 S. 1 HOAI.

983 Die Anlage muss sich nicht mehr innerhalb von Gebäuden befinden, um zur technischen Ausrüstung nach § 68 S. 1 HOAI zu gehören. Erforderlich ist aber, dass die Anlage der unmittelbaren Ver- und Entsorgung oder der Bedarfsdeckung des Nutzers betreffend Wärme, Kälte, Luft, Elektrizität, Wasser oder sonstige Medien dient.[373]

bb) Sonderregelungen

984 § 73 Abs. 2 Nr. 5 HOAI enthält eine Sonderregelung für die Bewertung der Leistungsphase 5. Sie schreibt vor, dass die Ausführungsplanung abweichend von Abs. 1 statt mit 18% nur mit einem Ansatz von 14% der Honorare des § 74 HOAI bewertet werden darf, sofern bei dieser Leistungsphase das Anfertigen von Schlitz- und Durchbruchsplänen nicht im Auftrag enthalten ist. Diese Honorarkürzung wird mit der eintretenden Minderung des Leistungsumfangs begründet.

985 Dies ist neben § 74 Abs. 2 HOAI die einzige Vorschrift, mit der sich aus einer Mehrzahl von Grundleistungen der Honoraranteil für eine bestimmte Grundleistung rechnerisch ermitteln

370 *Locher/Koeble/Frik,* HOAI, § 16 Rdnr. 4.
371 Vgl. dazu *Pott/Dahlhoff/Kniffka,* HOAI, § 68 Rdnr. 4, der eine Übersicht der Anlagengruppen unter Zugrundelegung einer Zuordnung nach den Kostengruppen der DIN 276 enthält.
372 BR-Drucksache 274/80, S. 206.
373 *Pott/Dahlhoff/Kniffka,* HOAI, § 68 Rdnr. 2.

lässt, nämlich mit einem Honoraranteil von 4% für das Anfertigen der Schlitz- und Durchbruchspläne.

d) Wärmeschutz

986 Leistungen für den Wärmeschutz, d. h. Entwurf, Bemessung und Nachweis des Wärmeschutzes nach der Wärmeschutzverordnung und nach den baurechtlichen Vorschriften, umfassen folgende Leistungen:

- Erarbeiten des Planungskonzepts für den Wärmeschutz
- Erarbeiten des Entwurfs einschließlich der überschlägigen Bemessung für den Wärmeschutz und Durcharbeiten konstruktiver Details der Wärmeschutzmaßnahmen
- Aufstellen des prüffähigen Nachweises des Wärmeschutzes
- Abstimmen des geplanten Wärmeschutzes mit der Ausführungsplanung und der Vergabe

Einzelheiten dazu ergeben sich aus § 78 HOAI.

987 **!** Die Aufgaben des Architekten müssen von denen des Sonderfachmanns Wärmeschutz und ggfs. von denen des Statikers deutlich abgegrenzt werden. In den dem Statiker zu übergebenen Ausführungsplänen müssen die Wärmeisolierungsmaßnahmen enthalten sein, damit der Statiker diese übernehmen und bei der Statik berücksichtigen kann.[374]

Sie stellen den eigentlichen Kernbereich der Thermischen Bauphysik dar. Mit dem Wärmeschutz werden thermodynamische Einflüsse und deren Wirkungen auf Gebäude und auf Menschen, Pflanzen und Raumhygiene erfasst und begrenzt. Die Leistungen für den Wärmeschutz sind in das System der Preisbindung der HOAI integriert und haben in § 78 HOAI folgerichtig eine eigenständige Honorarregelung erhalten. Werden dagegen besondere Anforderungen an den Nachweis gestellt, die über das hinausgehen, was von § 77 Abs. 2 Nr. 1 HOAI gefordert wird, richtet sich die Honorierung nach § 79 HOAI. Danach ist eine freie Honorarvereinbarung möglich. Wird ein Honorar nicht nach Auftragserteilung schriftlich vereinbart, ist das Honorar als Zeithonorar nach § 6 HOAI zu berechnen.

988 Obwohl die Wärmenachweise für den Wärmeschutz seit Einführung der §§ 77 ff. HOAI nicht mehr im Zuge der Objektplanung geschuldet, sondern eigenständig geregelte und honorierte Sonderfachmannleistungen sind, ergeben sich in der Praxis Abgrenzungsprobleme. Auch der Architekt hat gem. § 15 HOAI Leistungen für den Wärmeschutz zu erbringen.

z.B. Der Architekt hat die bauphysikalischen und energiewirtschaftlichen Zusammenhänge, Vorgänge und Bindungen zu klären, das gesamte Planungsobjekt unter Berücksichtigung der vorerwähnten Bezüge und Einbeziehung der Ergebnisse der Fachplaner sowie die Beachtung der DIN 4108 durchzuarbeiten. Im Rahmen dieser Aufgabenstellung obliegt ihm auch die Koordinierung und Abstimmung mit dem Fachplaner und insbesondere der Hinweis an den Auftraggeber, frühzeitig den Sonderfachmann für Thermische Bauphysik einzuschalten, soweit er diese Leistungen nicht selbst erbringen kann.

3. Generalplanung

a) Problem

989 Bei größeren Bauvorhaben wie Büro- und Verwaltungsgebäuden und sonstigen Sonderbauten besteht für den Auftraggeber ein Bedürfnis, Leistungen zu bündeln und Synergien zu erzielen. Deshalb vermeidet er den jeweils gesonderten Einsatz vieler Planungsbeteiligter wie Architekten, Fachplaner, Fachingenieure und sonstiger Sonderfachleute. Er kann statt dessen einen

374 OLG Köln BauR 1997, 460.

Architekten oder Fachingenieur oder eine hierzu gebildete Planungs-ARGE mit der Erbringung sämtlicher Planungsleistungen (Generalplanerleistungen) beauftragen.

Der Generalplaner erbringt sämtliche ihm vom Auftraggeber übertragene (Planungs-) Leistungen eigenverantwortlich aus einer Hand. Er hat die für die Planung und Realisierung erforderlichen Architekten – und Ingenieurleistungen auszuführen. Außerdem übernimmt der Generalplaner die gesamte Koordination mit den anderen, von ihm eingesetzten Fachplanern. Der Auftraggeber erhält eine einheitliche Gesamtplanung, die bereits in einem frühen Stadium der Planung abgestimmt und gebündelt wird. Die Zusammenfassung der Planungsleistungen gewährleistet, dass die Fachingenieure ihre fachlichen Überlegungen bereits bei der Entwicklung der Planungsaufgabe einbringen können.[375] 990

Noch eher als bei Architektenverträgen kommt es hier auf den Inhalt des abgeschlossenen Vertrages an, um das vereinbarte Planungs-Soll und den geschuldeten Leistungsumfang des Generalplaners ermitteln zu können. Ein »Rückgriff« auf die Leistungsbilder der HOAI zur Bestimmung des spezifischen Leistungsinhalts der Generalplanung scheidet dabei von vornherein aus, da die HOAI den Begriff des Generalplaners oder das Leistungsbild der Generalplanung nicht kennt. Unabhängig davon hat der Generalplaner über die in der HOAI für die Honorarermittlung und Honorarberechnung genannten Leistungen hinaus auch Projektsteuerungsleistungen, die im wesentlichen vielzählige Koordinations- und Steuerungsaufgaben sowie Überwachungsleistungen beinhalten[376], zu erfüllen. Er schuldet demnach weit mehr als eine Gesamtplanung, die sich aus einzelnen Leistungsbildern der HOAI zusammensetzt.[377] Auch die Projektsteuerungsaufgaben werden in der HOAI im Hinblick auf den konkreten Einsatz als Generalplaner nicht preisrechtlich definiert, aber auch sonst nur rudimentär erwähnt (§ 31 HOAI). 991

Der Generalplaner trägt die **Gesamtverantwortung** für die Mangelfreiheit und Vollständigkeit der beauftragten (Gesamt-) Planung eines Bauvorhabens, die im allgemeinen die wesentlichen Architekten- und Ingenieurleistungen der Architektenplanung, Tragwerksplanung, Technische Ausrüstung, Wärmeschutz (Thermische Bauphysik) und unter Umständen auch Schallschutz bzw. Raumakustik umfasst. Dies gilt unabhängig davon, ob er die Leistungen selbst ausführt oder durch Dritte, wie z. B. Subplaner, ausführen lässt. Zwischen Auftraggeber und Generalplaner besteht im Regelfall auch Einigkeit darüber, dass der beauftragte Planer einen Großteil der ihm übertragenen Leistungen im eigenen Namen an andere Planer weitervergeben kann. Dabei übernimmt der Generalplaner aber ein erhöhtes Risiko, da er dem Auftraggeber auch für die Leistungen seiner Fachplaner einstehen muss. Dies gilt selbst dann, wenn er die fachliche Tätigkeit der Subplaner im Einzelfall mangels eigener Fachkunde schlechter beurteilen kann als der Sonderfachmann selbst. Davon unberührt bleibt die Haftung des Subplaners gegenüber dem Generalplaner, die auch nicht durch das Nichterkennen eines nicht offenkundigen Planungsfehlers beschränkt werden kann.[378] [379] 992

Der Vorteil für den Auftraggeber liegt darin, dass er es nur noch mit einem verantwortlichen Vertragspartner zu tun hat. Dies bedeutet weniger Aufwand bei der Steuerung des Planungsprozesses, andererseits aber auch mehr Rechtssicherheit und vor allem erhöhte Termin- und Kostensicherheit. 993

---

375 *Locher* in: Wirth, Handbuch zur Vertragsgestaltung, Erstes Buch, X. Teil, Drittes Kapitel, Rdnr. 376.
376 Vgl. dazu unten: Ziff. d).
377 Vgl. dazu im Einzelnen *Knipp* in: Generalplanung, Ein Leitfaden für Architekten, S. 47 ff.
378 OLG Düsseldorf NZBau 2002, 43.
379 *(nicht besetzt)*

b) Leistungsmodelle für den Generalplaner

994 Der Auftraggeber kann im Vorfeld der eigentlichen Planungstätigkeit und zu Beginn des Planungsprozesses einzelne Ingenieurleistungen selbst im eigenen Namen und auf eigene Rechnung anderen Projektbeteiligten übertragen (z. B. Boden- und Gründungsgutachter, Vermesser etc.), ohne sich bereits auf einen umfassend tätigen Generalplaner einzulassen. Er kann aber auch von vornherein alle erforderlichen Planungsleistungen an einen Generalplaner vergeben und sich damit bereits sehr früh an ihn binden.

995 In beiden Varianten ist es ratsam, dass der Auftraggeber das gesamte Leistungspaket **stufenweise** – je nach Projekt- und Planungsfortschritt – beauftragt. Hierdurch schließt er eine eigene umfassende vertragliche Bindung so weit wie möglich aus, **bindet** jedoch vertraglich frühzeitig den Generalplaner. Bei späteren (Vertrags-)Störungen oder Änderungen der Projektrahmenbedingungen kann hierdurch eine kostengünstige Vertragsaufhebung und -beendigung (durch Kündigung, einvernehmliche Vertragsbeendigung oder durch Nicht-Weiterbeauftragung) herbeigeführt werden.

996 Dem Generalplaner steht es grundsätzlich frei, alle Planungsleistungen durch eigene Mitarbeiter und/oder durch den Einsatz von Nachunternehmern (**Subplanermodell** auf werkvertraglicher Ebene) oder auch im Zusammenwirken mit anderen Planern (**Kooperationsmodell** auf gesellschaftsrechtlicher Ebene) zu erbringen. Er kann auch nur nach innen eine gesellschaftsrechtliche Verbundenheit herbeiführen und im Außenverhältnis zum Auftraggeber als alleiniger Generalplaner agieren (**Innenkonsortium**)

997 **Subplanermodell:** Es ist sinnvoll, dem Auftraggeber vor Auftragserteilung die vom Generalplaner ausgewählten Subplaner und/oder die an sie zu beauftragenden Leistungen zu benennen. Hierdurch kann die Zustimmung des Auftraggebers zur Unterbeauftragung herbeigeführt werden. Ein Auswahlverschulden des Generalplaners scheidet dann im Regelfall aus. Umgekehrt sollte der Auftraggeber auch ein Interesse daran haben zu wissen, mit wem der Generalplaner zusammenarbeitet und wen er mit welchen Fachplanungsleistungen beauftragen will. Er sollte deshalb den Einsatz von Subplanern von seiner vorherigen Zustimmung abhängig machen, wie dies im Übrigen auch in § 4 Nr. 8 VOB/B für Bauverträge vorgesehen ist.

998 Zu beachten sind bei diesem Modell aber **steuerrechtliche Aspekte.** Zwar darf der Generalplaner fachlich vorgebildete Arbeitskräfte einsetzen, sofern er selbst aufgrund eigener Fachkenntnis leitend und verantwortlich tätig ist (§ 18 Abs. 1 Nr. 1 EStG). Bei einem überwiegenden Einsatz von Subplanern besteht jedoch die Gefahr, dass die Gewerbesteuerpflicht eintritt (§ 18 Abs. 1 Nr. 3 EStG). Das gleiche gilt bei einem Einsatz von GmbH's als Fachplanungsbüros im Rahmen des Kooperationsmodells. Der Generalplaner kann sich damit steuerrechtlich »infizieren« und wird für seine gesamten Einkünfte gewerbesteuerpflichtig.

> ! Um die Gewerbesteuerpflicht verhindern zu können, sollte der Generalplaner zumindest überwiegend selbst die von ihm zu erbringenden Leistungen eigenverantwortlich mit eigenem Personal ausführen und bei Einschaltung von Kooperationspartnern auf die gleiche Rechtsform achten (Zusammenschluss von als GmbH fungierenden Architekten- und Ingenieurbüros).

999 Diese gewerberechtlichen Überlegungen erübrigen sich, wenn der Generalplaner als GmbH fungiert und bereits selbst gewerbesteuerpflichtig ist bzw. war.

1000 Nachteil des Subplanermodells kann sein, dass im Fall der Insolvenz des Auftraggebers der Generalplaner seinen Subplanern trotzdem das Honorar zahlen muss. Da ein Vertragsverhältnis nur zwischen Subplaner und Generalplaner besteht, schuldet letzterer das Honorar unabhängig davon, ob er das Honorar selbst vom Bauherrn bekommt oder nicht.

Kooperationsmodell: Will der Generalplaner diese Risiken nicht alleine tragen, so sollte er sich mit den verschiedenen Fachplanern zusammenschließen. Hierdurch treten sie dann gegenüber dem Auftraggeber gemeinsam als Planungsgesellschaft (Planungs-ARGE, Generalplaner-GmbH, Partnerschaftsgesellschaft) auf, so dass der Generalplanungsvertrag zwischen allen Gesellschaftern und dem Bauherrn zustande kommt. Im Verhältnis der Partner untereinander kann entweder eine gemeinsame Auftragsbearbeitung ohne strenge interne Aufteilung durchgeführt werden (»Eintopf-ARGE). Die ARGE kann aber auch so ausgebildet werden, dass eine strenge Abgrenzung der Leistungs- und Verantwortungsbereiche erfolgt und diese einzelnen Leistungsbereiche an die Gesellschafter der Dach-ARGE in Form von Subverträgen vergeben werden. 1001

c) Vertragsgrundlagen

Welche Generalplanerleistungen der Generalplaner im jeweiligen Einzelfall zu erbringen hat, richtet sich nach dem vertraglich vereinbarten Leistungsinhalt und -umfang.[380] Im Rahmen bestehender Vertragsfreiheit ist es den Vertragsparteien jedoch erlaubt, die vertraglichen Leistungspflichten aus dem in der HOAI enthaltenen Leistungskatalog zu bestimmen oder zu konkretisieren, zumindest im Hinblick auf die dort genannten Leistungen, die auch Gegenstand der Generalplanertätigkeit sind.[381] Unabhängig davon ist es aber immer ratsam, die geforderten Planungsleistungen soweit wie möglich aufzulisten, damit eine Abgrenzung der Generalplanerleistungen von den Auftraggeberleistungen, insbesondere von der Projektsteuerung vorgenommen werden kann. Eine entsprechende Checkliste in Form eines Leistungskatalogs findet sich in der Generalplanerbroschüre der Architektenkammer Hessen und der Bayerischen Architektenkammer, die der Verfasser bearbeitet hat.[382] 1002

! Aus dem **Werkvertragsrecht** ergeben sich keine detailliert beschriebenen Pflichten, die zur Herbeiführung des geschuldeten Werkerfolges notwendig sind. Deshalb ist eine genaue **vertragliche Beschreibung** der geschuldeten Leistungen, insbesondere des Vertragsgegenstandes, der Leistungsziele sowie der geschuldeten Arbeitsphasen und -ergebnisse erforderlich.

Das Einstehen für den vertraglich geschuldeten Erfolg des Generalplaners hat sich durch den novellierten **Mangelbegriff** im Werkvertragsrecht konkretisiert. Danach hat der Generalplaner (Werkunternehmer) dem Besteller (Auftraggeber) sein Werk frei von Sach- und Rechtsmängeln zu verschaffen (§ 633 Abs. 1 BGB). Das Werk ist frei von Sachmängeln, wenn es die vereinbarte **Beschaffenheit** hat (§ 633 Abs. 2 S. 1 BGB). Somit ist eine ausdrückliche vertragliche Vereinbarung der Beschaffenheit des Generalplanerwerkes erforderlich, da die Herbeiführung des Werkerfolges über die Vereinbarung der Beschaffenheit konkretisiert wird. 1003

! Für beide Vertragsparteien ist es ratsam, die dem Generalplanereinsatz zugrunde liegenden Tätigkeiten im Rahmen eines vertraglich vereinbarten **Leistungskatalogs** näher zu beschreiben. Hierdurch können die Beschaffenheitsmerkmale möglichst klar und abschließend festgelegt werden, so dass das Risiko einer aus dem Vertrag »herauslesbaren« erweiterten Sachmängelhaftung minimiert wird. Gleichzeitig wird dadurch dem Transparenzgebot genüge getan (§ 307 Abs. 3, Abs. 1 S. 2 BGB).

Als **Beschaffenheitsmerkmale** des geschuldeten Werkes kommen u. a. folgende **Leistungsziele** in Betracht: Einhaltung eines bestimmten realistischen Kostenrahmens (keine Kostengaran- 1004

380 BGH BauR 1997, 154; 1997, 488.
381 Vgl. Ausführungen zu Ziff. 5 a bb).
382 Vgl. *Knipp* in: Generalplanung, Ein Leitfaden für Architekten.

tie), Einhaltung vereinbarter Qualitätsstandards, Einhaltung eines angestrebten Maßes an Wirtschaftlichkeit, Einhaltung von Terminabläufen (keine Termingarantie).

1005 Bei Garantieübernahmen oder garantieähnlichen Erklärungen des Generalplaners könnten sich für den Generalplaner – neben dem ohnehin nicht gegebenen Versicherungsschutz – eine gefährliche, weil verschuldensunabhängige Haftung für Fehlleistungen Dritter, insbesondere der ausführenden Firmen ergeben (§§ 639, 276 Abs. 1 BGB).

1006 Unzureichende Beschreibungen des geschuldeten Werkerfolges können dazu führen, dass der Generalplaner für Eigenschaften und eine Verwendungstauglichkeit seines Werkes einstehen muss, die er bei Vertragsabschluss nicht berücksichtigt, insbesondere nicht kalkuliert hat.

d) Honorar

1007 Auch wenn nicht alle Leistungen des Generalplaners in der HOAI bewertet werden oder preisrechtlich durch einen Gebührenrahmen vorgegeben sind, so sind dennoch die wesentlichen Architekten- und Ingenieurleistungen dem preisrechtlichen Rahmen der Mindest- und Höchstsätze der HOAI unterworfen. Etwas anderes gilt für die Projektsteuerungsleistungen[383] und für die Besonderen Leistungen, insbesondere die Besonderen Generalplanerleistungen. Für sie kann das Honorar frei vereinbart werden (§§ 31 Abs. 2, 5 Abs. 4 und 5 HOAI).

1008 Hierzu bietet sich in der Praxis die Vereinbarung einer (zusätzlichen) Pauschale (Honorarzuschlag) an. Dieser Zuschlag rechtfertigt sich insbesondere aus dem zeitlichen, organisatorischen und fachlichen Mehraufwand, den der Generalplaner zweifellos hat und der beim Auftraggeber zu einer spürbaren Entlastung führt. Gerade im Rahmen der Vertragsgestaltung und der Vertragsabwicklung hat der Generalplaner zusätzlichen Koordinierungs- und Prüfungsaufwand.

1009 Dies gilt insbesondere für die zeitliche und fachlich – inhaltliche Koordination und Überprüfung aller Planungsleistungen einschließlich Steuerung und Kontrolle, für die Leistungen bei der Sicherstellung der Vertragserfüllung durch Subplaner (z. B. Inverzugsetzung der Fachplaner bei Terminüberschreitungen, Prüfen und Freigeben von Rechnungen, Ausüben von Zurückbehaltungsrechten wegen mangelhafter Leistungen).[384]

1010 Darüber hinaus trägt der Generalplaner auch ein erhöhtes Risiko. Er hat erheblich höhere Haftungsrisiken, die unter Umständen auch nicht versicherbar bzw. versichert sind (z. B. bei reinem Terminverzug). Zudem trägt er das Risiko der Insolvenz der Fachplaner ebenso wie das Risiko der Insolvenz des Bauherrn und seines Auftraggebers.

1011 Der Honorarzuschlag[385] kann wie folgt vereinbart und berechnet werden:

- Prozentsatz auf das Generalplanerhonorar
- Prozentsatz auf das Architektenhonorar
- Prozentsatz auf das Fachplaner (Subplaner-)honorar
- Zeithonorar:
  - Festbetrag nach Vorausschätzung des Zeitaufwands
  - Höchstbetrag nach Vorausschätzung des Zeitaufwands
  - Abrechnung des nachgewiesenen Aufwands
- Vom-Hundert-Satz des Architektenhonorars

1012 Bei einem Pauschalhonorar ist es sinnvoll, eine Anpassungsklausel für den Fall aufzunehmen, dass sich die der Pauschale zugrunde liegenden Honorarparameter, insbesondere die anrechenbaren Kosten, verändern.

---

383 Vgl. dazu unten: Ziff. d).

384 *Knipp* in: Heiermann/Franke/Knipp, Baubegleitende Rechtsberatung, Seite 363.

385 Vgl. insgesamt *Knipp* in: Generalplanung, ein Leitfaden für Architekten.

Hierbei bedarf es der Klarstellung, ob für den gesamten Wert der Veränderung der anrechenbaren Kosten eine Anpassung des Pauschalhonorars in Betracht kommt oder ob sich die Anpassung nach Über- oder Unterschreiten einer vereinbarten Schwankungsbreite (**Bagatellklausel**) berechnet. 1013

e) Abnahme

Um den Nachweis der jeweils vollständigen Fertigstellung der Leistungen erbringen zu können, ist die Vereinbarung einer förmlichen **Abnahme** empfehlenswert. Diese förmliche Abnahme kann durch eine gemeinsame Besprechung durchgeführt werden, bei der der Auftraggeber etwaige fehlende oder noch mangelhafte Leistungen anzusprechen und zu rügen hat, bevor die Parteien darüber übereinzukommen haben, ob die Leistungen des Generalplaners abnahmereif und abnahmefähig sind oder nicht. 1014

Unabhängig davon steht dem Generalplaner ein Anspruch auf Abnahme zu, auch wenn sich der Auftraggeber nicht zu einer gemeinsamen Abnahmebesprechung bereit erklärt hat. Dabei steht es der Abnahme auch gleich, wenn der Auftraggeber das Generalplanerwerk nicht innerhalb einer ihm gesetzten Frist abnimmt, obwohl er dazu verpflichtet ist (§ 640 Abs. 1 S. 3 BGB). 1015

4. Projektsteuerung

a) Begriffsbestimmung

Die Übertragung von Projektsteuerungsleistungen an einen externen Spezialisten (**Projektsteuerer**) kommt bei der Steuerung von Projekten mit mehreren Fachbereichen, d. h. bei komplexen Bauvorhaben wie der Errichtung einer Büroimmobilie in Betracht (§ 31 HOAI). 1016

Der Projektsteuerer koordiniert, kontrolliert und steuert die Vorbereitung, Planung und Ausführung des Bauvorhabens. Die wichtigen projektbezogenen Leitungsaufgaben einschließlich Weisungs- und Anordnungsbefugnissen verbleiben dabei beim Bauherrn, damit dieser seinen bestimmenden Einfluss auf das Projekt behält.[386] 1017

b) Leistungsbild

Mangels abschließender gesetzlicher Definition des Projektsteuerungsbegriffs und wegen vorhandener Überschneidungen mit den Architektenleistungen ist eine konkrete und abgrenzbare **vertragliche** Leistungsbeschreibung der Projektsteuerung erforderlich.[387] Nur in diesem Fall ist eine spätere Prüfung, ob die Projektsteuerungsleistung mangelfrei und vollständig ist, durch einen Vergleich des vertraglich begründeten Steuerungssolls mit dem tatsächlich gegebenen Ist-Zustand möglich. 1018

> ! Mit der vertraglichen Festlegung der Leistungspflichten im **Projektsteuerungsvertrag** wird spiegelbildlich auch die Haftung des Projektsteuerers geregelt. Eine Haftung kann nur an die Verletzung von vertraglich verankerten Leistungspflichten geknüpft werden. Eine Bezugnahme auf den unvollständigen Leistungskatalog des § 31 Abs. 1 HOAI ist hierbei nicht ausreichend.

Die **Kontrollpflicht** des Projektsteuerers umfasst ohne vertragliche Festlegung nur die eigenen beherrschbaren Leistungsbereiche und betrifft nicht die Leistungen anderer fachlich Beteiligter, wie z. B. diejenigen der Objektplaner, Fachplaner und Juristen. 1019

386 Vgl. dazu unten: Ziff. e).
387 BGH BauR 1997, 154.

c) Rechtsnatur des Projektsteuerungsvertrages

1020 Die **Rechtsnatur** des Projektsteuerungsvertrages ist umstritten. Es ist bis heute nicht abschließend geklärt, ob er dem **Dienst**– oder dem **Werkvertragsrecht** zuzuordnen ist.[388] Die werkvertragliche Qualifizierung setzt sich jedoch zunehmend durch.[389]

1021 Eine Einordnung ist u. a. für Fragen der Haftung, der Kündigung und deren Folgen, der Fälligkeit der Vergütung und der Verjährung von maßgeblicher Bedeutung.

1022 Aus diesem Grund ist entsprechend der neueren Rechtsprechung des BGH[390] stets eine **Einzelfallprüfung** notwendig. Nach der **Schwerpunktstheorie** ist zu prüfen, ob aufgrund einer Gesamtbetrachtung der vertraglichen Vereinbarung die **tätigkeitsbezogenen** oder die **erfolgsorientierten** Vertragselemente überwiegen.[391]

1023 Bei reinen Beratungs-, Berichterstattungs- und Informationsleistungen liegt somit ein Dienstvertrag vor.[392] Beinhaltet der Vertrag hingegen **Kontroll– und Überprüfungstätigkeiten,** wie z. B. Terminplanung, Kostenkontrolle und Ablaufsteuerung, so ist aufgrund dieser technischen Bauüberwachungstätigkeiten das **Werkvertragsrecht** anzuwenden.[393] Dies gilt auch für das vom Deutschen Verband der Projektsteuerer e.V. (DVP) entwickelte Leistungsbild. In diesem Fall übernimmt der Projektsteuerer Aufgaben, die mit denen des Architekten vergleichbar sind. Sie sind als erfolgsbezogene und somit werkvertragliche Leistungen einzustufen.[394]

d) Leistungsbeschreibung

1024 Da im Zeitpunkt der Beauftragung eines Projektsteuerers regelmäßig noch keine Planung vorliegt, ist eine präzise **vertragliche Beschreibung** von Einzelleistungen kaum möglich. Deshalb muss zur Bestimmung des Vertragssolls auf die Beschreibung von Handlungsbereichen sowie Projekt- und Vertragszielen zurückgegriffen werden. Dies geschieht durch eine zeitlich-ablaufbezogene Strukturierung nach Stufen.

1025 Die Leistungsordnung des DVP, die inzwischen in ein Leistungsbild der AHO-Fachkommission von 1996 eingeflossen ist, kann als Beispiel für eine detaillierte, aber nicht auf das Einzelprojekt bezogene Leistungsbeschreibung herangezogen werden. Die kritiklose und nicht auf den Einzelfall abgestimmte Anwendung des Leistungsbildes der DVP/AHO kann sich aber für Auftraggeber nachteilig auswirken. Die Neigung vieler Auftraggeber, eine **Komplettleistung** für die Projektsteuerung zu beauftragen, kann negative vergütungsrechtliche Folgen haben. Erweist sich eine Komplettleistung später als nicht mehr notwendig, muss er trotzdem das volle Honorar (ggf. unter Abzug der ersparten Aufwendungen) an den Projektsteuerer zahlen.

1026 Eine detaillierte Leistungsbeschreibung hat andererseits für den Auftraggeber den Nachteil, dass die im Vertrag nicht aufgeführten Leistungen auch nicht geschuldet sind.

---

388 Für **Dienstvertragsrecht:** *Mantscheff* in: Hesse/Korbion/Mantscheff/Vygen, HOAI, 5. Aufl., 1996, § 31 Rdnr. 1; *Jochem,* HOAI-Gesamtkommentar, 4. Aufl., 1998, § 31 Rdnr. 2; Für **Werkvertragsrecht:** *Eschenbruch,* Recht der Projektsteuerung, 1999, Rdnr. 294; *Locher/Koeble/Frik,* HOAI, 8. Aufl., 2002, § 31 Rdnr. 13.

389 *Eschenbruch* in: IBR 2003, S. 90; *ders.* in: NZBau 2000, 409; *Schill* in: NZBau 2002, 201; *Schmeel* in: MDR 2000, 361.

390 BGH BauR 1999, 1317; BGH NJW 1999, 3118.

391 *Fischer* in: IBR 2000, 619; *Schmeel* in: MDR 2000, 361; *Eschenbruch* in: NZBau 2000, 409.

392 OLG Düsseldorf BauR 1999, 508; OLG Dresden NJW-RR 2000, 652 (zum dienstvertraglichen Consultingvertrag).

393 BGH BauR 1999, 1317.

394 *Knipp* in: IBR 1999, 332.

> **!** Durch eine **Komplettheitsklausel** kann der Auftraggeber diese Rechtsfolge verhindern. Die Klausel bewirkt, dass auch die nicht detailliert oder gar nicht beschriebenen Leistungen zum vertraglich vereinbarten Leistungsumfang gehören, sofern sie zur Erreichung der vereinbarten Vertragsziele erforderlich sind.

In honorarrechtlicher Hinsicht wird eine solche Komplettheitsklausel zu einem entsprechenden »Wagnis- und Risikozuschlag« führen, da der Projektsteuerer nicht alle Risiken im Honorar einkalkulieren kann. 1027

In Anlehnung an das Leistungsbild der DVP/AHO sowie an die in der HOAI enthalten Leistungsphasen[395] sind fünf Projektstufen vorzusehen: 1028

Phase 1: Projektvorbereitung (Projektentwicklung und Grundlagenermittlung)
Phase 2: Planung (Vor-, Entwurfs- und Genehmigungsplanung)
Phase 3: Ausführungsvorbereitung (Ausführungsplanung, Vorbereitung der Vergabe und Mitwirkung bei der Vergabe)
Phase 4: Ausführung (Projektüberwachung)
Phase 5: Projektabschluss (Projektbetreuung, Dokumentation)

Die vier Projektphasen 1–4 werden dabei jeweils nochmals in vier Handlungsbereiche bzw. Tätigkeitsfelder unterteilt, die eine inhaltlich-aufgabenbezogene Orientierung gewährleisten: 1029

- Organisation, Information, Koordination und Dokumentation
- Qualitäten
- Kosten und Finanzierung
- Termine

e) Honorar des Projektsteuerers

Die gesetzliche Regelung der Honorierung des Projektsteuerers in § 31 Abs. 2 HOAI ist vom BGH für nichtig erklärt worden.[396] Entgegen dieser Vorschrift ist deshalb eine schriftliche Vereinbarung des Honorars bei Auftragserteilung nicht erforderlich. Das **Honorar** kann somit **frei, formlos** und jederzeit bis kurz vor der Fertigstellung der Leistungen oder vor einer Vertragsbeendigung vereinbart werden. 1030

Ein **Honoraranspruch** des Projektsteuerers besteht, wenn ihm Projektleistungen übertragen wurden und er diese erbracht hat. Die Höhe des Honorars kann frei vereinbart werden. Aus der HOAI lassen sich hierfür keine Beschränkungen entnehmen. 1031

Das Honorar kann auf verschiedene Weise berechnet werden. Als Orientierungshilfe für die **Honorarhöhe** kann auf die **Honorartafel**[397] der AHO-Fachkommission zurückgegriffen werden. Ebenso ist eine **Koppelung** des Honorars an die **Baukosten** möglich. Hierbei ist ein durchschnittlicher Wert von 0,4 % bis 2,4 % der tatsächlichen Baukosten üblich.[398] Bei dieser Variante ist zu beachten, dass eine Steigerung der Baukosten die Erhöhung des Honorars zur Folge hätte. Der Projektsteuerer würde also an einer Baukostensteigerung verdienen, obwohl er eigentlich die Einhaltung der Baukosten gewährleisten soll. 1032

---

395 Vgl. dazu *Knipp* in: Heiermann/Franke/Knipp, Baubegleitende Rechtsberatung, 2002, S. 381 ff. mit einer detaillierten Darstellung einer Leistungsbeschreibung.

396 BGH BauR 1997, 497 = BGH NJW 1997, 1694.

397 *Diederichs/Dieblich,* Projektsteuerung, erarbeitet von der AHO-Fachkommission Projektsteuerung Nr. 9 Schriftenreihe der AHO, 1996, S. 10 ff.

398 *Knipp,* Projektmanagement auf gesicherter Rechtsgrundlage, 1996, S. 74.

> ! Durch die Vereinbarung einer **Bonus-/Malus-Regelung** kann diese für den Auftraggeber unerwünschte Folge vermieden werden. Bei einer Baukostensteigerung würde das Honorar entsprechend einer Malusregelung abgestuft. Ebenso könnte der Projektsteuerer einen abgestuften Bonus des vereinbarten Honorars erhalten, wenn die veranschlagten Baukosten unterschritten werden.

1033 Eine solche Regelung ist natürlich nur dann sinnvoll, wenn dem Projektsteuerer auch die Kostenermittlung, -steuerung und -kontrolle übertragen wurde.

1034 Eine weitere Möglichkeit ist die Vereinbarung eines **Pauschalhonorars.** Dies empfiehlt sich bei Großprojekten, da bei umfassenden Betreuungsmodellen die Leistungen im voraus kaum spezifiziert werden können. Eine aufwandsbezogene Honorarkalkulation, die zu einem Pauschalhonorar führt, entspricht auch der Regelung der HOAI für Zeithonorare (§ 6 HOAI).

f) Kündigung

1035 Die Kündigung eines Projektsteuerungsvertrages sowie deren Folgen sollten vertraglich geregelt werden, insbesondere die Vergütung bei einer Kündigung des Auftraggebers ohne wichtigem Grund (§ 649 BGB). Hierbei ist die Vereinbarung von Pauschalen für nicht erbrachte Leistungen zu empfehlen, da ansonsten Streit über die Abrechnung vorprogrammiert ist. Das gleiche gilt im Übrigen für die Abrechnung der bis zur Kündigung erbrachten Leistungen. Auch hier treten oftmals Schwierigkeiten auf, da eine anteilige Zeitabrechnung bei einem Pauschalhonorar ausscheidet, wenn der erbrachte Leistungsanteil bezogen auf den konkreten Leistungsstand zu ermitteln ist.[399]

5. Projektcontrolling und -management

1036 Controllingleistungen werden zum einen erforderlich, wenn der Auftraggeber trotz der Übertragung von Generalplanerleistungen oder Projektsteuerungsleistungen noch Koordinations- und Steuerungsaufgaben (Mitwirkungshandlungen des Aufraggebers) auszuführen hat, die über seine originäre und nicht delegierbare Projektleitung hinausgehen und für die er einen weiteren Projektbeteiligten einsetzen muss. Zum anderen können solche Leistungen vom Auftraggeber aber auch dann an einen Controller beauftragt werden, wenn er eine Überwachung der Generalplaner- und Projektsteuerungsleistungen erreichen will, wobei die Überwachung sich auf die Projektsteuerung beschränken, aber auch auf die Generalplanung beziehen kann mit der Folge, dass neben dem Projektsteuerer auch der Projektcontroller die Generalplanerleistungen überwacht. Die eigentlichen **Projektleitungsaufgaben** sollte der Auftraggeber stets selbst wahrnehmen, um den bestimmenden Einfluss auf das Projekt zu behalten. Hierzu zählen vor allem folgende Aufgaben und Tätigkeiten:

- Formulieren und Vorgeben der obersten Projektziele
- Treffen von Anordnungen und Entscheidungen
- Abschluss von Verträgen
- Oberste Kontrolle der Einhaltung und Verwirklichung der Projektziele
- Verantwortung für die zeitgerechte Mittelbereitstellung
- Durchsetzen der erforderlichen Maßnahmen
- Wahrnehmen der zentralen Projektanlauf- und Informationsstelle
- Ausübung der erforderlichen Mitwirkungshandlungen

1037 Die Veranlassung der Mitwirkungshandlungen des Auftraggebers und der Leistungen, die der Auftraggeber nicht an den Generalplaner oder den Projektsteuerer durch eine entsprechende

399 OLG Dresden IBR 2003, 90.

Auftragserteilung delegiert hat, gehört neben der Koordination der vom Auftraggeber selbst eingeschalteten Projektbeteiligten untereinander und des Generalplaners und/oder Projektsteuerers zum Kernbereich der Aufgaben des Projektcontrollers. Beim Einsatz eines Generalplaners und eines Projektcontrollers sind klare Abgrenzungskriterien hinsichtlich des Leistungsinhalts und -umfangs zu schaffen, um die Verantwortlichkeiten abzugrenzen. In vielen Fällen kommt aber ohnehin eine gesamtschuldnerische Haftung (bei nicht vermeidbaren Leistungsüberschneidungen) in Betracht, insbesondere dann, wenn der Auftraggeber selbst keine eigenständigen technische, organisatorische und sonstige Verantwortung übernehmen wollte und übernommen hat.

Der Projektcontroller wird vorrangig eingesetzt, wenn der Auftraggeber neben der Übertragung 1038
der Generalplanung an einen Auftragnehmer auch noch einen inhaltlich »abgespeckten« Projektsteuerer benötigt, der die Leistungen des Generalplaners und seine Koordination mit anderen Projektbeteiligten steuert und überwacht. Insoweit handelt es sich allenfalls um einen Ausschnitt des Leistungsspektrums der Projektsteuerung (vornehmlich einer Kosten – und Terminkontrolle), da die sonstigen Aufgaben der Projektsteuerung vom Generalplaner ausgeführt werden.

Zu den wesentlichen Aufgaben gehören: 1039

- Überprüfung der Planungsergebnisse auf Einhaltung der Projektziele in den Bereichen Qualität, Termine und Kosten
- Erarbeiten von Entscheidungsvorlagen zur Konkretisierung und/oder Fortschreibung der Projektziele
- Mitwirken bei der Vorbereitung des Generalplanervertrages und der vom Auftraggeber abzuschließenden sonstigen Verträge insbesondere im Hinblick auf Leistungsinhalte und Schnittstellenfestlegungen
- Prüfung der Honorarrechnungen des Generalplaners und der vom Auftraggeber eingesetzten sonstigen Projektbeteiligten
- Überprüfung der Planungsergebnisse auf Plausibilität im Sinne der Konformität mit den durch das Nutzerbedarfsprogramm vorgegebenen Projektzielen (Stichprobenkontrolle)
- Überprüfen der vom Generalplaner anzufertigenden und fortzuschreibenden Steuerungsablaufpläne als Grundlage der Planungsabwicklung unter Einbeziehung der Bereiche Erschließung, Ver- und Entsorgung
- Dokumentation der eingetretenen Leistungsstörungen und Verzögerungen mit Benennung der Störungs- und Verzögerungsumstände
- Überprüfen der Kostenermittlungen des Generalplaners durch eine Parallelermittlung nach der Leitpositionsmethode (gegliedert nach Bauteilen, Kostengruppen, Leistungsbereichen nach dem Standardleistungsbuch sowie Vergabeeinheiten)
- Überprüfen der Ausschreibungsunterlagen einschließlich evtl. Ausführungsalternativen im Hinblick auf die Einhaltung der genehmigten Kostenberechnung
- Überprüfen der Ausführungsergebnisse in Stichproben auf Konformität mit den Projektzielen durch Kontrolle der realisierten Qualitätsstandards einschließlich Empfehlungen zur rechtsgeschäftlichen Abnahme(-reife)
- Aufstellen und Fortschreiben durchgängiger Kostenkontrollisten und regelmäßige Kostenberichterstattung (Plan-, Vergabe- ›Nachtrags- und Abrechnungswerte)

Bei der Übertragung wesentlicher Teile dieser Projektleitungsaufgaben auf den Projektsteuerer 1040
erweitert sich die Projektsteuerung zum **Projektmanagement.** Dabei erhält der Projektsteuerer Entscheidungs-, Weisungs- und Durchsetzungsbefugnisse gegenüber allen anderen Projektbeteiligten und ist direkt für das Erreichen der Projektziele verantwortlich.

Beim sog. Treuhänder- oder **Stabsmodell** ist der Projektmanager als Stabsstelle entweder dem 1041
Bauherrn, seiner Bauabteilung oder dem Projektleiter als Vertreter des Bauherrn angegliedert. Er agiert im Bereich der Auftraggeberorganisation ohne direkte Einflussnahme auf die anderen Projektbeteiligten. Hierbei handelt es sich um das klassische Projektcontrolling.

1042 Neben dem Stabsmodell gibt es noch das Vertreter- oder Linienmodell, das Betreuungs- oder Projektmanagermodell, das Einbindungs- oder Beteiligtenmodell sowie das Auftragnehmermodell.[400] Alle Modelle finden auf den Projektsteuer, aber auch auf den Projektcontroller Anwendung.

Beim **Linienmodell** übt der Projektcontroller neben dem Auftraggeber direkten Einfluss auf das Projekt und die Projektbeteiligten als dessen Vertreter und Erfüllungsgehilfe aus. Er ist dann schon eher als Projektmanager tätig.

1043–1045 (nicht besetzt) Hingegen umfasst sein Aufgabenfeld beim **Projektmanagermodell** den gesamten oder überwiegenden Bereich des Projektmanagements, d. h. die Gesamtheit aller Führungsaufgaben. Den Auftraggeber zieht er selbst nur in wichtigen Entscheidungsfällen hinzu, ansonsten vertritt er ihn gegenüber allen anderen Baubeteiligten. Hierbei handelt es sich um den klassischen Projektmanager.

VI. Die Bauerrichtung

1. Ausschreibung der Bauleistung bei öffentlicher Beteiligung

a) Zielgruppe

1046 Warum ist das Vergaberecht im Immobilienrecht interessant; insbesondere inwiefern ist das Vergaberecht, welches als Einkaufsrecht der öffentlichen Hand verstanden wird, für das Immobilienrecht zu beachten? Grund hierfür ist, dass auch Private verpflichtet werden, die Vergaberegeln anzuwenden. Beispielsweise gelten als öffentliche Auftraggeber natürliche oder juristische Personen des privaten Rechts in den Fällen, in denen sie für Tiefbaumaßnahmen, für die Errichtung von Krankenhäusern, Sport-, Erholungs- oder Freizeiteinrichtungen, Schul-, Hochschul- oder Verwaltungsgebäuden beispielsweise vom Bund oder vom Land Mittel erhalten, mit denen diese Vorhaben zu mehr als 50% finanziert werden. Auch sind natürliche oder juristische Personen des privaten Rechts ausschreibungspflichtig, die auf dem Gebiet der Trinkwasser- oder Energieversorgung oder des Verkehrs oder der Telekommunikation tätig sind, wenn diese Tätigkeiten auf der Grundlage von Rechten ausgeübt werden, die von einer zuständigen Behörde gewährt wurden, bzw. wenn die öffentliche Hand auf diese private Person einen beherrschbaren Einfluss ausüben kann, § 98 Nr. 4 GWB.

1047 Daneben gehören zu den öffentlichen Auftraggebern die Gebietskörperschaften Bund, Land, Kreis, Gemeinde (§ 98 Nr. 1 GWB). Andere juristische Personen des öffentlichen und privaten Rechts zählen dann zu den öffentlichen Auftraggebern, wenn der Gründungszweck aus einer im Allgemeininteresse liegenden Aufgabe nicht-gewerblicher Art besteht und die öffentliche Hand kontrolliert.[401] Diese Kriterien werden beispielsweise von der Deutschen Post AG und der Bundesanstalt für vereinigungsbedingte Sonderaufgaben erfüllt; nicht hingegen von der Deutschen Telekom AG oder den öffentlichen Rundfunkanstalten. Weiter gehören die Verbände der Gebietskörperschaften und die sonstigen Einrichtungen des öffentlichen Rechts zu den öffentlichen Auftraggebern; hierunter fallen beispielsweise Zweckverbände, wie Wasser- und Abwasserverbände. Private werden neben den oben dargestellten Fällen nur unter besonderen Voraussetzungen zu einer Verwendung der Vergaberegeln verpflichtet. Hierzu gehören beispielsweise Baukonzessionäre, also private Personen, die vom öffentlichen Auftraggeber eine Baukonzession erhalten haben.[402]

---

400 *Knipp* in: Heiermann/Franke/Knipp, Baubegleitende Rechtsberatung, 2002, S. 394 ff.

401 EuGH Urt. v. 10. 11. 1998, Rs. C-306/96 Gemeente Arnhem und Gemeente Rheden/BSI-Holding BV, Slg. 1998 I, 6821; *Bayer/Franke/Opitz,* EU-Vergaberecht, Rdnr. 88 ff.

402 *Bayer/Franke/Opitz,* EU-Vergaberecht, Rdnr. 120 ff.

b) Rechtsgrundlagen

Die öffentliche Hand deckt ihren Bedarf an Bauleistungen überwiegend auf dem freien Markt; 1048
die Rechte und Pflichten aus den Verträgen ergeben sich daher aus dem Vertrag bzw. aus den diesem zugrundeliegenden privatrechtlichen Gesetzen. Insofern ist der öffentliche Auftraggeber mit Privaten gleichgestellt. Diese Gleichstellung bezieht sich aber nur auf den Abschluss und die Ausführung des Vertrages, hinsichtlich der Wahl der Vertragspartner und der Vertragsverhandlungen ist der öffentliche Auftraggeber an die Regeln des Vergabeverfahrens gebunden. Da die EG-Richtlinien nicht unmittelbar für die Beteiligten gelten, hat der deutsche Gesetzgeber sie in nationales Recht umgesetzt, u. a. im 4. Teil des GWB (Gesetz gegen Wettbewerbsbeschränkungen) (§§ 97–129 GWB).

Der vierte Teil des GWB über die Vergabe öffentlicher Aufträge regelt u. a. das Vergabeverfah- 1049
ren und das Nachprüfungsverfahren. In der VOB/A, der Verdingungsordnung für Bauleistungen, werden die Vorschriften aufgestellt, die der Auftraggeber beim Ablauf des Vergabeverfahrens zu beachten hat. Die Einbeziehung der Vergabevorschriften der VOB/A erfolgt durch die Vergabeverordnung, sogenanntes Kaskadenprinzip nach § 97 Abs. 6 GWB.

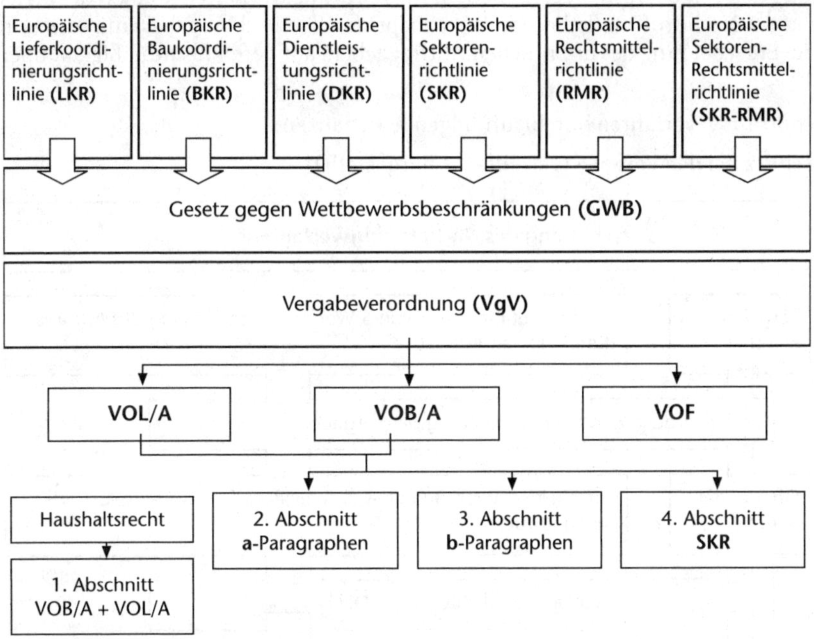

Abb. 12: Rechtsgrundlagen der Bauausschreibung

Im GWB wird die Vergabe der öffentlichen Aufträge, deren Auftragswert die sogenann- 1050
ten EG-Schwellenwerte erreichen oder übersteigen, geregelt. Zentrale Norm ist § 97 GWB, wonach die am Vergabeverfahren beteiligten Unternehmen einen Anspruch darauf haben, dass der öffentliche Auftraggeber die Bestimmungen über das Vergabeverfahren einhält.

c) Rechtsschutz

Beim Rechtsschutz im Vergabeverfahren wird zunächst zwischen Primärrechtsschutz – die- 1051
ser betrifft vor Zuschlagserteilung die Vergabeentscheidung – und Sekundärrechtsschutz – der Forderung nach Schadensersatz der unterlegenen Bieter – unterschieden. Weiter hängt

der Rechtsschutz davon ab, ob der Bauauftrag einen Auftragswert unterhalb des Schwellenwertes oder oberhalb des Schwellenwertes hat.

aa) Rechtsschutz unterhalb des Schwellenwertes

1052 Unterhalb des Schwellenwertes besteht nur in einem begrenzten Maße die Möglichkeit, Primärrechtsschutz geltend zu machen. Nach der Zuschlagserteilung ist grundsätzlich kein Primärrechtsschutz gegeben, da eine Rückgängigmachung des geschlossenen Vertrages nicht möglich ist. Vor Zuschlag kann der Bieter die Fach- bzw. Rechtsaufsichtsbehörden der Vergabestellen anrufen bzw. eine einstweilige Verfügung gerichtet auf Nichterteilung des Zuschlags beim Zivilgericht beantragen. Jedoch ist der Zuschlag meist schon erteilt, bis der unberücksichtigte Bieter Kenntnis erhält. Es verbleibt ihm dann nur die Geltendmachung von Schadensersatzansprüchen, beispielsweise aus vorvertraglichem Vertrauensverhältnis, (§§ 241 Abs. 2, 311 Abs. 2, Abs. 3 BGB). Es können jedoch nur die Bieter erfolgreich Schadensersatz geltend machen, die ohne Vergabeverstoß den Auftrag sonst erhalten hätten.[403]

bb) Rechtsschutz oberhalb der Schwellenwerte

1053 Oberhalb der EG-Schwellenwerte hat der einzelne Bieter gem. § 97 GWB einen Anspruch auf Einhaltung der Vergaberechtsregeln. In dem Nachprüfungsverfahren können die Bieter durch Anrufung der Nachprüfungsbehörden (Vergabeprüfstellen und Vergabekammern, §§ 103, 104 GWB) die Entscheidung des öffentlichen Auftraggebers auf deren Rechtmäßigkeit überprüfen lassen.[404]

1054 Das Nachprüfungsverfahren durchläuft folgende Instanzen:

Rechtsschutz bei der Vergabe (vereinfacht dargestellt)

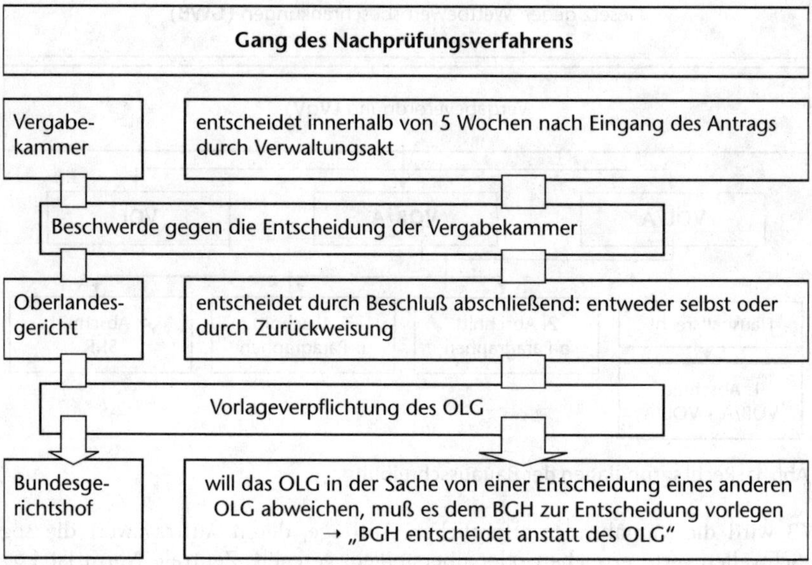

Abb. 13: Rechtsschutz bei der Vergabe

403 *Heiermann/Riedl/Rusam,* Handkommentar zur VOB, Einleitung Rdnr. 9.
404 *Franke/Kemper/Zanner/Grünhagen,* VOB-Kommentar, A § 31 a Rdnr. 1 ff.

Voraussetzungen für den Nachprüfungsantrag: 1055

- Verletzung eigener, bieterschützender Rechte
  Möglichkeit eines Schadensersatzeintrittes auf Seiten des Antragstellers[405]
- Vorherige Rüge[406]
  Rügepflichten
  Die Rügepflichten unterscheiden sich nach allgemeinen und speziellen. Mit der allgemeinen Rüge soll der Bieter jeden Verstoß gegen die Vergabeverordnung anzeigen und gleichzeitig die Vergabestelle auffordern, Abhilfe zu schaffen und die Rechtmäßigkeit herzustellen.[407] Die allgemeine Rüge setzt voraus, dass der Bieter positive Kenntnis über die den Verstoß begründenden Tatsachen hat. Diese Tatsachen müssen bei objektiver Wertung einen Mangel des Vergabeverfahrens darstellen.[408]
  Hinsichtlich der Frist ist zu beachten, dass der Bieter nach Kenntnis unverzüglich rügen muss. In der Rechtsprechung hat sich ein Zeitraum von 14 Tagen durchgesetzt.
  Für Verstöße gegen Vergabebestimmungen, die aufgrund der Bekanntmachung erkennbar waren, gilt die spezielle Rügepflicht, (§ 107 Abs. 3 S. 2 GWB).[409] Hierbei handelt es sich um Fehler, welche aus der in der Bekanntmachung selbst beinhalteten Information ersichtlich sind.

> **z.B.** Falsche Bestimmung des EG-Schwellenwertes; Nicht-Einhaltung der Angebots- und Bewerbungsfristen; Nichtbenennung der Nachprüfungsstelle
>
> Diese spezielle Rügepflicht besteht, wenn die Verstöße für den Bieter erkennbar waren. Spätester Zeitpunkt für die spezielle Rüge ist der Ablauf der in der Bekanntmachung benannten Frist zur Angebotsabgabe oder Bewerbung.

> **!** Sowohl für die Frist der allgemeinen wie auch für die spezielle Rügepflicht gilt: Die Einholung eines anwaltlichen Rats verlängert die Frist nicht.

cc) Informationspflicht nach § 13 VgV

Um den Rechtsschutz der Bieter zu verbessern, trat am 1. 1. 2001 im Rahmen der Neuregelung des Vergaberechts § 13 VgV in Kraft. Danach ist der öffentliche Auftraggeber verpflichtet, alle nicht berücksichtigten Bieter spätestens 14 Kalendertage vor dem beabsichtigten Vertragsschluss über den Bieter, dessen Angebot den Zuschlag erhalten hat, zu informieren und den Grund der vorgesehenen Nichtberücksichtigung anzugeben. Wird ein Vertrag vor dieser Frist abgeschlossen oder werden die Informationen nicht erteilt, ist der dennoch abgeschlossene Vertrag nichtig. Entgegen den allgemeinen zivilrechtlichen Grundsätzen wird die 14-Kalendertage-Frist nicht durch den Zugang der Information beim Bieter in Gang gesetzt; es kommt allein auf die Absendung durch den Auftraggeber an. Dies ist durch die Änderung des § 13 zum 15. 2. 2003 ausdrücklich klargestellt worden.[410] »Die Frist beginnt am Tag nach der Absendung der Information durch den Auftraggeber.«[411] 1056

---

405 *Heiermann/Riedl/Rusam,* Handkommentar zur VOB, Einleitung Rdnr. 17 b f.; *Franke/Kemper/Zanner/Grünhagen,* VOB-Kommentar, A § 31 a Rdnr. 15; *Niebuhr/Kulartz/Kus/Portz,* Kommentar zum Vergaberecht, § 107 GWB Rdnr. 21.
406 *Franke/Kemper/Zanner/Grünhagen,* VOB-Kommentar, A § 31 a Rdnr. 16.
407 *Franke/Kemper/Zanner/Grünhagen,* VOB-Kommentar, A § 31 a Rdnr. 17.
408 *Franke/Kemper/Zanner/Grünhagen,* VOB-Kommentar, A § 31 a Rdnr. 17, *Niebuhr/Kulartz/Kus/Portz,* Kommentar zum Vergaberecht, § 107 Rdnr. 29 ff.
409 *Franke/Kemper/Zanner/Grünhagen,* VOB-Kommentar, A § 17 Rdnr. 70; *Niebuhr/Kulartz/Kus/Portz,* Kommentar zum Vergaberecht, § 107 GWB Rdnr. 36.
410 Bundesgesetzblatt, Jahrgang 2003, Teil I, Nr. 6, ausgegeben zu Bonn am 14. 2. 2003.
411 § 13 Satz 3 VgV.

1057 Weiter sorgt der Suspensiveffekt für einen umfassenden Primärrechtsschutz des Bieters. Die Vergabekammern stellen den Antrag dem öffentlichen Auftraggeber zu. Mit dieser Zustellung gilt dann ein Zuschlagsverbot für den öffentlichen Auftraggeber (§ 115 Abs. 1 GWB).[412]

dd) Sekundärrechtsschutz oberhalb der EG-Schwellenwerte

1058 Neben den zivilrechtlichen Schadensersatzansprüchen, wie beispielsweise aus einem vorvertraglichen Vertrauensverhältnis kann der enttäuschte Bieter Schadensersatz nach § 126 S. 1 GWB geltend machen. Während die zivilrechtlichen Schadensersatzansprüche nur Bieter geltend machen können, die zumindest mit hoher Wahrscheinlichkeit den Auftrag auch erhalten hätten, führt § 126 S. 1 GWB bereits dann zum Schadensersatzanspruch, wenn der nicht berücksichtigte Bieter geltend machen kann, dass er eine »echte Chance« gehabt hätte, den Zuschlag zu erhalten.[413]

> **!** Beim Anspruch aus § 126 GWB ist im Einzelfall immer eine Minderung bzw. ein Ausschluss des Schadensersatzanspruchs aufgrund Mitverschulden des Bieters möglich. Ein Ausschluss des Schadensersatzanspruchs kann dann in Betracht kommen, wenn der Bieter es schuldhaft unterlassen hat, Primärrechtsschutzmöglichkeiten in Anspruch zu nehmen bzw. seinen Rügepflichten nicht nachgekommen ist.

d) PPP und Vergaberecht

1059 PPP hat sich zwar als Begrifflichkeit einen Platz gemacht, ist jedoch kein feststehender vergaberechtlicher Begriff, sondern beschreibt Gestaltungsmöglichkeiten der öffentlich-privaten Zusammenarbeit bzw. der Privatisierung von Infrastrukturen und öffentlichen Leistungen oder Beteiligung der Privaten an der Bereitstellung von Infrastruktur und öffentlicher Leistung.[414] Entscheidende Frage ist, inwieweit bei diesen Gestaltungsmöglichkeiten das Vergaberecht anzuwenden ist.

aa) Gemischt-wirtschaftliche Gesellschaft

1060 Bei einer gemischt-wirtschaftlichen Gesellschaft werden deren Anteile zum Teil von dem öffentlichen Träger und zum anderen Teil von einem Privaten getragen. Diese entsteht dadurch, dass entweder die öffentliche Hand mit einer privaten natürlichen oder juristischen Person die Gesellschaft gründet, oder die öffentliche Hand veräußert Anteile an einer von ihr zu 100% getragenen Gesellschaft. Diese Gesellschaft erfüllt öffentliche Aufgaben bzw. zwischen dem öffentlichen Träger und dieser Gesellschaft bestehen Leistungsbeziehungen oder welche werden begründet.

Beispiel: Eine Stadt besitzt 100% Anteile an einer GmbH, die die Wohnungsmieträume mit Rundfunkprogrammen per Kabelnetz versorgt. Hierüber besteht ein entgeltlicher Vertrag mit einer anderen 100%-igen Tochter der Stadt. Die Stadt wollte 51% der ersten GmbH an einen privaten Dritten veräußern.[415] Hier stellt sich die Frage, ob auf den Begründungsvorgang oder auf den Veräußerungsvorgang die Vergaberegeln anzuwenden sind. Das OLG Brandenburg hat entschieden, dass auf die Auswahl des zukünftigen Mitgesellschafters für eine erst noch neu zu gründende Gesellschaft dann Vergaberegeln anzuwenden sind, wenn ein »Beschaffungsbezug eingekapselt ist«. Liegt unmittelbar oder mittelbar ein Beschaffungsbezug vor, besteht Ausschreibungspflicht. Dieser Grundsatz ist in der vergaberechtlichen Rechtsprechung und Literatur mittlerweile anerkannt. Hieraus folgt:

- Soll eine gemischt-wirtschaftliche Gesellschaft neu gegründet werden und beabsichtigt der öffentliche Träger, mit dieser Gesellschaft ein ausschreibungspflichtiges Beschaffungsver-

---

412 *Franke/Kemper/Zanner/Grünhagen,* VOB-Kommentar, A § 31 a Rdnr. 120.
413 *Heiermann/Riedl/Rusam,* Handkommentar zur VOB, Einleitung, Rdnr. 17 b.
414 *Jaeger, Wolfgang,* Public-Private-Partnerships und Vergaberecht NZBau, 2001, 6 (7 f.).
415 Stark vereinfacht nach OLG Brandenburg, Beschl. v. 3. 8. 2001, NZBau 2001, 645 ff.

hältnis abzuschließen, besteht die Pflicht zur Ausschreibung. Denn die Gesellschaftsbeteiligung bildet mit dem Beschaffungsverhältnis eine untrennbare Einheit. Die Ausschreibungspflicht bezieht sich dann auf den gesamten Vorgang.[416]

- Ist dagegen die Gesellschaft bereits gegründet und mit einem Beschaffungsverhältnis beauftragt, wird die anschließende Veräußerung von Gesellschaftsanteilen an einen Privaten unterschiedlich beurteilt. Das OLG Brandenburg will danach entscheiden, ob »unter Zugrundelegung einer wirtschaftlichen Betrachtungsweise der Eintritt einer neuen Gesellschafterin einer Auftragserteilung gleichkommt«.[417] Kritisch wird dies dagegen bei Fällen beurteilt, wenn beispielsweise zwischen Beauftragung mit dem Beschaffungsverhältnis und der anschließenden Anteilsveräußerung sechs Jahre liegen und der öffentliche Träger vorrangig zur Mittelbeschaffung den Verkauf vorgenommen hat. Während das OLG Brandenburg die Ausschreibungspflicht bejaht, wenn ein Zusammenhang zeitlicher, wirtschaftlicher oder rechtlicher Art zwischen Anteilsveräußerung und Beschaffungsverhältnis besteht[418], will Dreher[419] Wertungen, wann eine Inhouse-Vergabe vorliegt, hypothetisch anwenden.

bb) Inhouse-Vergabe

Weil Inhouse-Vergabe nicht ausschreibungspflichtig ist, ist diese von den vorgenannten Gestaltungsmöglichkeiten abzugrenzen. Nach den Grundsätzen des EuGH[420] ist der Begriff des öffentlichen Auftraggebers wie folgt einzuschränken: 1061

- Vertragsschluss zwischen öffentlichem Auftraggeber und einer Gesellschaft, an der dieser beteiligt ist;
- über diese Gesellschaft muss der öffentliche AG »Kontrolle ausüben wie über die eigene Dienststelle«, die Gesellschaft hat also keine eigene Entscheidungsgewalt;
- die Tätigkeit wird im wesentlichen für den öffentlichen Auftraggeber verrichtet.

In diesen Fällen besteht keine Ausschreibungspflicht, da letztlich nur eine interne Verwaltungsabteilung beauftragt wird. 1062

cc) Konzessionen

Eine weitere Gestaltungsmöglichkeit im Rahmen von PPP sind die Konzessionen. Während in den anderen europäischen Ländern solche Modelle bereits mit großem Erfolg praktiziert werden (z. B. Großbritannien, Spanien), steht in Deutschland die Konzessionsvergabe erst am Anfang. Aktuell werden zwei Betreibermodelle für dringend notwendige Infrastrukturmaßnahmen vom Bundesministerium für Verkehr, Bau- und Wohnungswesen verfolgt.[421] 1063

Ein Betreibermodell beruht auf der für 2003 vorgesehenen Einführung der streckenbezogenen Lkw-Maut und soll den sechsstreifigen Ausbau der Autobahn beschleunigen. Die Finanzierung, der Ausbau, die Erhaltung und der Betrieb werden an einen privaten Betreiber übertragen, der zur Refinanzierung die Nettoeinnahmen aus der Lkw-Maut zu einem festgesetzten Zeitpunkt erhält. Zusätzlich kann aus dem Straßenbauhaushalt eine Anschubfinanzierung von ca. 50% gewährt werden. 1064

Das zweite Betreibermodell begründet sich aus dem 1994 in Kraft getretenen Fernstraßenbaufinanzierungsgesetz, wonach der Bau, die Erhaltung, der Betrieb und die Finanzierung bestimmter Projekte an Dritte übertragen werden, welche dann wiederum das Recht zur Erhebung von 1065

---

416 *Dreher, Meinrad,* Public-Private-Partnerships und Kartellvergaberecht, NZBau 2002, 249 f.
417 OLG Brandenburg, a. a. O., S. 46 bei II. 4.
418 OLG Brandenburg, a. a. O., S. 46 bei II.4.
419 *Dreher, Meinrad,* a. a. O., 249 (252 f.).
420 EuGH, NZBau 2000, 90; (Teckal); EuGH, NZBau 2001, 99 (ARGE Gewässerschutz); auch BGH NZBau 2001, 517 (519).
421 Internet-Seite des BMVBW.

Maut-Gebühren erhalten. Aufgrund europäischer Rahmenbedingungen gilt dies nur für bestimmte Infrastruktureinrichtungen, wie Brücken, Tunnel und Gebirgspässe. Aufgrund der hohen Kosten dieser aufwendigen Bauwerke soll bei vordringlichem Bedarf eine staatliche Anschubfinanzierung bis zu 20% der Baukosten bereitgestellt werden können.[422] Anders als beim Rahmenmodell besteht der Refinanzierungsbeitrag in einer projektbezogenen Mauthöhe, die Lkw- sowie Pkw-Nutzer zu entrichten haben.

Tipp

1. Bei jedem Zweifel hinsichtlich eines unklaren oder unvollständigen Leistungsverzeichnisses Fragen an die Vergabestelle stellen.
2. Ggf. diese Fragen mit einer Rüge verbinden.
3. Frist für die spezielle Rügepflicht einhalten (Frist zur Angebotsabgabe bzw. zur Bewerbung).
4. Frist für die allgemeine Rügepflicht einhalten (unverzüglich, nach Rechtsprechung, maximal 14 Tage).
5. Im Rügeschreiben den Verstoß konkret benennen und den zugrunde liegenden Sachverhalt klar und verständlich schildern.
6. Zur Vermeidung von Unstimmigkeiten mit der Vergabestelle bei Zweifeln vor der Rüge anwaltlichen Rat einholen; Achtung: Dies verlängert jedoch nicht die Frist!

2. Unternehmereinsatzformen

a) Einführung

1066 Die Wahl der Unternehmereinsatzformen erfolgt aufgrund unterschiedlicher Kriterien, die oft für den Investor schwer abzuschätzen sind. Nachfolgend werden anhand einzelner Beispiele die wesentlichen Entscheidungskriterien dargestellt.

1067 Unter Kostengesichtspunkten ist vom Grundsatz her festzustellen, dass eine Einzelgewerkvergabe in der Regel zu niedrigeren Kosten führt, da beim Generalunternehmervertrag alle an Nachunternehmer vergebenen Aufträge durch den GU-Zuschlag erhöht werden.

Die Einzelgewerkvergabe erfordert in der Regel jedoch einen erhöhten Einsatz des Investors bzw. der von ihm beauftragten Planer und Ingenieure im Hinblick auf die Vergabe der Leistungen und die Koordination der Unternehmer.

1068 Ein weiteres Entscheidungskriterium zugunsten der Einzelgewerkvergabe kann sein, dass der Auftraggeber selbst aufgrund eigenem Know-how massiv in die Planung einbezogen werden möchte. Dies ist beispielsweise bei komplexen gewerblich genutzten Anlagen, z. B. im Energiebereich, Chipfabriken etc. denkbar. Weitere Entscheidungskriterien für eine Einzelgewerkvergabe können sein, dass der schon zum Zeitpunkt der Errichtung der Baumaßnahme feststehende Mieter erhebliche Sonderwünsche im Bereich der Haustechnik und des Ausbaus im Rahmen der Baumaßnahme einbringen darf. Dies ist beispielsweise bei Errichtung von Hotelanlagen häufig der Fall.

1069 Für den Investor mit geringem technischen Know-how, der einen möglichst geringen Kontroll- und Planungsaufwand betreiben möchte, bietet sich hingegen eine Gereralunternehmerausschreibung an. Hierbei können auch wesentliche Planungsleistungen, wie z. B. die Ausführungsplanung an den Generalunternehmer übergeben werden. Eine Projektsteuerung und Kontrolle des Generalunternehmers ist selbstverständlich auch in diesem Bereich erforderlich.

422 Pilotprojekte: Lübecker Herrentunnel und Warnow-Querung.

b) Einzelgewerke

Unter Einzelgewerkvergabe ist die Beauftragung einzelner ausführender Unternehmen für die jeweiligen Gewerke, wie Rohbau, Haustechnik, Ausbau etc. gemeint. Selbstverständlich ist es auch im Rahmen der Einzelgewerkvergabe denkbar, Einzelgewerke zu einem »Hauptgewerk« zusammenzufassen, beispielsweise im Bereich der Haustechnik Heizung, Lüftung, Sanitär. 1070

Üblicherweise erfolgt die Einzelgewerkvergabe im Rahmen eines Einheitspreisvertrages, nachdem die Vergütung auf der Grundlage eines positionsbezogenen Leistungsverzeichnisses und zum Zeitpunkt des Vertragsschlusses angenommenen Mengenvordersätzen vorläufig bestimmt wird, in dem der Auftragnehmer im Rahmen seines Angebotes für eine Mengeneinheit der detailliert beschriebenen Leistung einen Preis (Einheitspreis) angibt. Die Auftragssumme ist vorläufig, da der Vergütungsanspruch des Auftraggebers nicht zwingend in Höhe des Auftragswertes entsteht, sondern durch Multiplikation der tatsächlich ausgeführten Mengen mit dem vertraglich vereinbarten Einheitspreis.[423] 1071

z.B.

Positions-Nr.	Menge	Positionstext	Einheitspreis €	Positionspreis €
1.1.	20	Vorhalten Baustellen-einrichtung pro Woche	3.000,00	60.000,00

Seltener werden bei einer Einzelgewerkvergabe für die einzelnen Gewerke jeweils Pauschalen vereinbart. Ist dies der Fall, werden in der Regel dann für die jeweiligen Gewerke sogenannte Detailpauschalpreisvereinbarungen getroffen, bei denen das Mengenrisiko auf den Einzelgewerkunternehmer übertragen wird. Dies bedeutet, dass, sofern die Mengenermittlungen im Rahmen der Angebotsphase unzutreffend sind, der Auftragnehmer das Risiko trägt, dass er mengenmäßig mehr ausführen muss, als ursprünglich von ihm kalkuliert, vgl. hierzu unten Rdn. 1081. Von besonderer Bedeutung im Rahmen der Einzelgewerkvergabe ist die Koordinationspflicht des Auftraggebers, die sich unter anderem aus § 4 Nr. 1 Abs. 1 Satz 1 VOB/B ergibt. Das heißt, er hat insbesondere dafür Sorge zu tragen, dass in zeitlicher Hinsicht die einzelnen Gewerke von ihm so eingetaktet werden, dass sich die Gewerknehmer nicht gegenseitig behindern. Dies führt bei umfangreicheren Baumaßnahmen erfahrungsgemäß häufig zu Problemen, insbesondere dann, wenn es aufgrund von Leistungsänderungen oder Behinderungen zur Verschiebung der einzelnen Ausführungsfristen kommt. 1072

Zusammenfassend ist festzustellen, dass im Hinblick auf die Kosten eine Einzelgewerkvergabe in der Regel trotz des intensiveren Einsatzes für den Auftraggeber zu einem geringeren finanziellen Engagement kommt, die Risiken im Hinblick auf Störungen in der Abwicklung jedoch höher sind. Zu empfehlen ist eine Einzelgewerkvergabe bei technisch unproblematischen Bauvorhaben oder sofern eine besonders intensive planerische Mitwirkung des Investors aufgrund technischer Erfordernisse notwendig ist. 1073

c) Generalunternehmer

Typische Generalunternehmereinsatzform ist, wenn der Auftraggeber ein Unternehmen mit sämtlichen Bauleistungen beauftragt. Der Generalunternehmer, in der Regel das Rohbauunternehmen oder das Haustechnikunternehmen, wird dann alle von ihm selbst nicht ausgeführten Leistungen an Nachunternehmer vergeben. Zu beachten ist an dieser Stelle, dass der Auftraggeber sich möglichst ein Mitspracherecht bei der Auswahl der Nachunternehmer im Hinblick auf Zuverlässigkeit und fachlicher Qualifikation einräumen lässt. Im übrigen muss er gemäß § 4 Nr. 8 VOB/B vorher die Nachunternehmerbeauftragung schriftlich genehmigen. Üblicherweise 1074

423 *Franke/Kemper/Zanner/Grünhagen,* B § 2 Rdnr. 28.

erhält der Generalunternehmer für seine Koordinationsverpflichtung, d. h. Ausschreibung der Nachunternehmerleistung, Koordination der Nachunternehmer an der Baustelle etc. einen sogenannten Generalunternehmerzuschlag, der sich üblicherweise im Bereich zwischen 6 bis 12 % der Auftragssumme bewegt.

1075 Im Unterschied zur Einzelgewerkvergabe führt der Generalunternehmer in der Regel auch Planungsleistungen, meist die Ausführungsplanung in eigener Verantwortung aus. Es ist jedoch auch möglich, ihm darüber hinausgehende Planungsleistungen, z. B. für die Genehmigungsplanung, zu übertragen. Im Hinblick auf die Vergütung wird bei dem Einsatz eines Generalunternehmers in der Regel ein Detailpauschalpreis- oder Globalpauschalpreisvertrag vereinbart. Bei einem Detailpauschalpreisvertrag übernimmt der Generalunternehmer im Rahmen des vertraglich vereinbarten Leistungssolls das Massenrisiko. Beim Globalpauschalvertrag schuldet der Generalunternehmer die funktionsfähige, schlüsselfertige Errichtung des Bauwerkes. Hier werden in der Regel umfangreiche Planungsleistungen an den Generalunternehmer mit beauftragt. Der Generalunternehmer hat damit Optimierungsmöglichkeiten im Rahmen der ausgeschriebenen Funktionalität. Sofern der Auftragnehmer das Leistungsziel nachträglich nicht kostenrelevant ändert oder erweitert bzw. nachträgliche, nicht vorhersehbare Auflagen der Genehmigungsbehörde zu einer Änderung des Leistungssolls führen, bleibt der Pauschalpreis unverändert. Bezüglich der näheren Einzelheiten beziehen wir uns auf die Ausführungen unter Rdn. 1082 und 1083.

1076 Vorteil der Generalunternehmereinsatzformen für den Investor ist, dass er die gesamten Bauleistungen aus einer Hand erhält. Reibungsverluste durch Koordinationsprobleme bleiben beim Generalunternehmer, die Gewährleistungsfrist für die Gesamtleistung beginnt und läuft für alle Gewerke einheitlich. In finanzieller Hinsicht ist die Generalunternehmereinsatzform in der Regel durch den GU-Zuschlag kostenintensiver. Sie eignet sich besonders in den Fällen, in denen das Leistungsziel bei Vertragsschluss klar feststeht, der Auftraggeber keine besonderen technischen Anforderungen stellt, die bestimmtes Fachwissen voraussetzen (z. B. bei Anlagen) und somit auch wesentliche Planungsleistungen an den Generalunternehmer übergeben werden können.

d) GMP-Vertrag

1077 Bei dem sog. GMP-Vertrag handelt es sich um einen aus dem anglo-amerikanischen Rechtskreis kommenden Vertragstyp, der verschiedene Elemente des Pauschalpreis- wie auch des Einheitspreisvertrages mit Höchstpreischarakter aufweist: Einerseits wird der Preis für die Bauleistungen auf einen Höchstbetrag begrenzt (»guaranteed maximum price«), andererseits hat der Generalunternehmer seine Nachunternehmerkosten nach dem Prinzip der »gläsernen Taschen« gegenüber dem Auftraggeber offenzulegen.[424] Liegen die tatsächlichen Nachunternehmerkosten unter denjenigen, die bei Vertragsschluss als variabler Faktor in den garantierten Maximalpreis eingestellt wurden, so wird diese Einsparung zwischen den Vertragsparteien nach einem im Bauvertrag geregelten Schlüssel aufgeteilt (wobei sich große Schwankungsbreiten zwischen 50:50 und 80:20 zugunsten des Auftraggebers eingestellt haben). Übersteigen die Nachunternehmerkosten den garantierten Maximalpreis, so soll der garantierte Maximalpreis maßgeblich bleiben, d. h. diese Kosten hat der Bauunternehmer zu tragen. Dies gilt selbstverständlich auch insoweit nur in dem Rahmen, wie nicht durch nachträgliche Änderungen des Bau-Solls die Leistungen des Bauunternehmers verändert wurden und dieser Mehrvergütungsforderungen aus Nachträgen geltend machen kann (siehe dazu unten 3.b). Die Eigenleistungen des Generalunternehmers werden zu einem festen Betrag in den garantierten Maximalpreis eingestellt und unterliegen nicht der Änderung oder Anpassung wie die variablen Faktoren der Nachtunternehmerkosten.

---

424 Vgl. im Einzelnen *Franke/Kemper/Zanner/Grünhagen*, B § 2 Rdnr. 268 ff.

Ein weiterer Ansatz des GMP-Vertrages ist, dass der Generalunternehmer bereits zu einem sehr frühen Projektstadium durch den Auftraggeber beauftragt wird. Damit soll sichergestellt werden, dass das spezifische Know-how des Bauunternehmers bereits zu einem frühen Zeitpunkt der Planung Berücksichtigung findet und dadurch im Zusammenspiel mit den gebäudeplanenden Architekten und Sonderfachleuten ein technisch und wirtschaftlich optimiertes Bauwerk entsteht. Da in der Regel weder Auftraggeber noch Bauunternehmer zu einem solchen frühen Zeitpunkt, in dem die Planung noch nicht annähernd abgeschlossen ist, einen garantierten Maximalpreis bilden wollen oder können, wird in dieser frühen Projektphase in der Regel ein Beratungsvertrag mit dem Bauunternehmen geschlossen, d. h. dieser begleitet die Planung im Hinblick auf mögliche bautechnische Optimierungen (1. Phase). Nach Abschluss der Vor- und Entwurfsplanung, ggf. auch der Genehmigungsplanung, ist die Bauaufgabe dann inhaltlich so bestimmt, dass auf dieser Grundlage durch den Bauunternehmer ein Angebotspreis für den garantierten Maximalpreis abgegeben werden kann und die Parteien die Bauleistungen ebenfalls dem Bauunternehmer übertragen können (2. Phase). Der Vorteil für den Auftraggeber ist, dass er ohne zeitliche Verzögerungen unter Umständen sogleich ein verbindliches Preisangebot erhält und ohne weitere Ausschreibung sogleich die Bauerrichtung beauftragen kann. Über das Prinzip der »gläsernen Taschen« soll hinsichtlich der Nachunternehmerkosten ein Ausgleich stattfinden, sollte der Generalunternehmer bei Abgabe seines Angebotspreises zu hoch gegriffen haben. 1078

Trotz des auf den ersten Blick plausibel erscheinenden Konzeptes insbesondere des 2-phasigen GMP-Modells konnte sich diese Vertragsform bisher nicht wirklich durchsetzen, da die Nachteile, insbesondere für den öffentlichen Auftraggeber[425], in Form des Verzichts auf einen Wettbewerb nach Abschluss der Planung und die außerordentliche Kompliziertheit der zu berücksichtigenden vertraglichen Faktoren diese Vertragsform als unpraktikabel erscheinen lassen. Insbesondere die Reduzierung der Nachunternehmerkosten nicht durch technische Optimierungen, sondern durch Verminderungen des qualitativen Anspruchs an die Baumaßnahme oder bloßes »Runterhandeln« der Nachunternehmer bietet Anlass für vielfältigen Streit auch bei dieser an sich auf Kooperation angelegten Vertragsform. 1079

3. Bauvertragliche Standards

a) Einheitspreis-, Detailpauschal- und Globalpauschalvertrag

Je nachdem, wie detailliert die Leistungen des Auftragnehmers in der Leistungsbeschreibung des Auftraggebers beschrieben werden und auf welcher Grundlage die Preisvereinbarung zustande kommt, unterscheidet man folgende Vertragsarten[426]: 1080

Beim Einheitspreisvertrag wird die zu erbringende Bauleistung in ihre konkreten Teilleistungen aufgefächert und in einzelnen Positionen mit einem detaillierten Positionstext versehen (siehe das Beispiel oben unter 2.b). Der Einheitspreisvertrag enthält weiterhin eine Angabe über die voraussichtlich zu erbringende Menge der Teilleistung mit der Angabe der Mengeneinheit, also m², m³, Stück etc. Mit diesen Angaben im Leistungsverzeichnis kalkuliert der Auftragnehmer den Einzelpreis für die detailliert beschriebenen Teilleistungen und bildet so den in das Leistungsverzeichnis einzutragenden Einheitspreis. Aus der Multiplikation des im Leistungsverzeichnis genannten Mengenvordersatzes mit den vom Auftragnehmer angebotenen Einheitspreisen ergibt sich der vorläufige Gesamtpreis jeder einzelnen Position. Die Addition aller Positionsgesamtpreise ergibt dann den Angebots-, ggf. auch den Vertragspreis. Die Vergütung des Auftragnehmers bestimmt sich dann aber nicht allein nach dem Vertrag, sondern nach der tatsächlich erbrachten Menge: Maßgeblich für die Vergütung ist also nicht, welche Menge im 1081

425 *Franke/Kemper/Zanner/Grünhagen,* A § 9 Rdnr. 25.
426 Siehe auch die Übersicht bei *Franke/Zanner/Kemper,* VOB/B kompakt, Köln 2001, S. 22 ff.

Leistungsverzeichnis genannt, sondern welche Menge tatsächlich erbracht wurde. Der Feststellung dieser tatsächlich erbrachten Menge dient das Aufmaß (§ 14 Nr. 2 VOB/B). Bei Mengenabweichungen der tatsächlich ausgeführten Leistung gegenüber der im Leistungsverzeichnis angegebenen voraussichtlichen Menge um mehr als 10% gilt beim Einheitspreisvertrag die Regelung des § 2 Nr. 3 VOB/B[427], wonach für die übersteigenden Mehr- oder Mindermengen ein neuer Einheitspreis zu bilden ist.

1082 Beim Detailpauschalvertrag wird die vom Bauunternehmer zu erbringende Leistung ebenfalls detailliert beschrieben. Die detaillierteste Leistungsbeschreibung beim Detailpauschalvertrag ist die gleiche wie beim Einheitspreisvertrag, d. h. ein Leistungsverzeichnis mit konkreten Mengenvorgaben. Auf der Basis der so ermittelten Gesamtpreise wird dann aber nicht nur ein vorläufiger Vertragspreis ermittelt, sondern dieser Preis wird pauschaliert in der Weise, dass nicht mehr die tatsächlich erbrachten Mengen maßgeblich sein sollen und daher auch auf ein Aufmaß verzichtet wird. Unabhängig von den tatsächlich erbrachten Leistungen soll für die Vergütung des Auftragnehmers also der Pauschalpreis maßgeblich bleiben (§ 2 Nr. 7 Abs. 1 Satz 1 VOB/B). Das Risiko, dass die tatsächlich erbrachten Mengen gegenüber den in der Leistungsbeschreibung angenommenen Mengen höher sind, trägt also der Auftragnehmer. Dieses Mengenrisiko trägt er jedoch nicht unbegrenzt, sondern nur soweit wie ein Festhalten am Pauschalpreis zumutbar ist (§ 2 Nr. 7 Abs. 1 Satz 2 VOB/B). Wann diese Unzumutbarkeit zu bejahen ist, lässt der Bundesgerichtshof offen und will dies im jeweiligen Einzelfall geprüft wissen.[428] Demgegenüber nimmt die ständige oberinstanzliche Rechtsprechung bei einer Mengenabweichung von 20% des Pauschalpreises eine Unzumutbarkeit in diesem Sinne an und lässt dann eine Preisänderung zu.[429] Die Frage der Erheblichkeit bzw. Zumutbarkeit ist nur für Mengenabweichungen beim Pauschalpreisvertrag maßgeblich, nicht jedoch auch bei Leistungsänderungen oder zusätzlichen Leistungen (§§ 2 Nr. 7 Abs. 1 Satz 4 i. V. m. 2 Nr. 5, 2 Nr. 6 VOB/B).[430]

1083 Beim sog. Globalpauschalvertrag wird die zu erbringende Bauleistung nicht mehr detailliert beschrieben, sondern lediglich hinsichtlich der zu erzielenden Eigenschaften und Beschaffenheiten. Grundlage des Globalpauschalvertrages ist daher eine funktionale Leistungsbeschreibung, die dem Auftragnehmer lediglich den durch die Bauleistung zu erzielenden Erfolg vorgibt, die konkrete Art der Ausführung und die konkreten Schritte zur Erzielung dieses werkvertraglichen Erfolges aber der eigenständigen Planung des Auftragnehmers überlässt.[431] Auf der Grundlage dieser funktionalen Leistungsvorgaben gibt der Auftragnehmer einen Pauschalpreis ab, der nicht nur unabhängig von der zu erbringenden Menge, sondern auch unabhängig von der zur Erstellung des Bauwerks und damit der Erzielung des durch die Leistungsbeschreibung vorgegebenen Erfolgs notwendigen tatsächlichen Leistungen ist. Beim Globalpauschalvertrag trägt der Auftragnehmer also nicht nur das Mengenrisiko, sondern auch das Risiko, dass die von ihm kalkulierten Leistungen nicht zu dem werkvertraglich geschuldeten Erfolg führen und er daher weitere Leistungen ohne besondere Vergütung ausführen muss.

! In der Baupraxis nicht selten sind sog. gemischte Verträge. Unabhängig von der generellen Einteilung der verschiedenen Vertragsformen werden also bezogen auf die Einzelleistungen teils detaillierte Leistungsbeschreibungen erstellt und die Abrechnung soll teilweise nach Einheitspreisen und Aufmaß erfolgen, teilweise werden lediglich funktionale Vorgaben bezüglich einzelner Teilleistungen gemacht und insoweit sind Pauschalpreisposi-

427 Vgl. dazu *Franke/Kemper/Zanner/Grünhagen,* B § 2 Rdnr. 50 ff.
428 BGH BauR 1996, 250.
429 OLG Stuttgart BauR 1992, 639; OLG Düsseldorf BauR 1995, 286; OLG Hamm BauR 1998, 132.
430 BGH BauR 2002, 1847.
431 Vgl. *Kapellmann/Schiffers* Vergütung, Nachträge und Behinderungsfolgen beim Bauvertrag, Band 2, 3. Auflage, Rdnr. 11 ff., 400 ff.; *Franke/Kemper/Zanner/Grünhagen,* B § 2 Rdnr. 40 ff.

tionen in den Gesamtvertragspreis einzustellen. Daher lässt sich aus der generellen Beurteilung nach dem Vertragstyp noch kein allgemeiner Rückschluss darauf treffen, welchen Vergütungsanspruch der Auftragnehmer im Einzelfall hat.

b) Nachträge

Da selten zum Zeitpunkt des Vertragsschlusses zwischen Bauherrn und Bauunternehmer sämtliche zu erbringenden Leistungen exakt feststehen und sich oftmals im Zuge der Bauarbeiten noch Änderungen der Planung ergeben oder es sich zeigt, dass zusätzliche Leistungen neben den vertraglich bereits geschuldeten notwendig sind, um das Bauwerk herzustellen, sieht insbesondere die VOB/B eine Vielzahl von Regelungen vor, in denen die ursprüngliche Preisvereinbarung geändert wird. Diese nachträglichen Preisänderungen werden unter dem Begriff Nachträge zusammengefasst. Im Laufe der vergangenen Jahre hat sich sowohl auf Auftragnehmer- wie auch auf Auftraggeberseite hierzu ein sog. claim-/anticlaim- bzw. Nachtragsmanagement etabliert.[432] 1084

Da der Auftraggeber das jederzeitige Recht hat, die Bauleistungen durch Änderungen des Bauentwurfs oder andere Anordnungen zu ändern (§ 1 Nr. 3 VOB/B), muss dieser auf die Leistung bezogenen Regelung auch eine Regelung zu der Änderung des Preises entsprechen: Für die geänderte Leistung ist auf der Basis der Preisermittlungsgrundlagen, also der Urkalkulation für den Hauptvertrag, ein neuer Preis zu bilden, der die Mehr- oder Minderkosten gegenüber der ursprünglich vorgesehenen Leistung berücksichtigt (§ 2 Nr. 5 VOB/B).[433] 1085

Entsprechendes gilt bei zusätzlichen Leistungen: Werden solche erforderlich, um die hauptvertraglich geschuldeten Leistungen zu erbringen, so kann der Auftraggeber auch diese vom Auftragnehmer noch nachträglich verlangen, obwohl sie ursprünglich im Vertrag nicht vorgesehen waren (§ 1 Nr. 4 Satz 1 VOB/B). Auch hier trifft den Auftragnehmer die Pflicht, diese Leistungen mit auszuführen, es sei denn sein Betrieb ist zu solchen Leistungen nicht eingerichtet oder die Leistungen sind nicht erforderlich, um die hauptvertraglichen Leistungen zu erbringen, es sich also um echte Zusatzleistungen ohne innere Beziehung zu den hauptvertraglichen Leistungen handelt (§ 1 Nr. 4 Satz 2 VOB/B). Bei den erforderlichen zusätzlichen Leistungen im Sinne des § 1 Nr. 4 Satz 1 VOB/B findet die Vergütungsregelung des § 2 Nr. 6 VOB/B Anwendung: Der Auftragnehmer erhält für die zusätzlichen Leistungen auch eine zusätzliche Vergütung, wobei diese allerdings ebenfalls auf der Basis der Preisermittlungsgrundlagen, also der Urkalkulation, zu berechnen ist.[434] 1086

Den Mehrvergütungsanspruch muss der Auftragnehmer in diesem Fall aber vor Ausführung dem Auftraggeber ankündigen (§ 2 Nr. 6 Abs. 1 Satz 2 VOB/B).[435] Unterbleibt diese Ankündigung, erhält der Auftragnehmer nur ausnahmsweise eine Mehrvergütung.[436] 1087

Selbst bei den zusätzlichen Leistungen bleibt also die Urkalkulation maßgeblich, auch wenn ein eigentlicher Preis für eine solche zusätzliche Leistung in der Regel unmittelbar aus der Urkalkulation nicht zu entnehmen ist, da es sich ja gerade um eine im Vertrag nicht vorgesehene zusätzliche Leistung handelt. Gleichwohl sind die anderen Kalkulationsansätze wie Lohnkosten etc. entsprechend in Ansatz zu bringen. 1088

---

432 *Winzen* in: Heiermann/Franke/Knipp, Baubegleitende Rechtsberatung, München 2002, Seiten 603 ff.
433 Vgl. im Einzelnen *Franke/Kemper/Zanner/Grünhagen*, B § 2 Rdnr. 92 ff.
434 *Franke/Kemper/Zanner/Grünhagen*, B § 2 Rdnr. 159.
435 BGH BauR 1991, 210, 212.
436 BGH BauR 1996, 542.

> ! In letzter Zeit ist zunehmend streitig geworden, ob ein bei Vertragsschluss gewährter Preisnachlass auf den Angebotspreis auch bei den Nachträgen ohne weiteres zu berücksichtigen ist.[437] Daher sollte in den Bauvertrag ergänzend zur VOB/B auch eine Regelung aufgenommen werden, dass ein solcher Nachlass bei der Ermittlung der Nachtragspreise entsprechend in Ansatz gebracht wird. Eine solche Regelung ist auch im Rahmen von Allgemeinen Geschäftsbedingungen wirksam.[438]

c) Bauzeit und Vertragsstrafe

1089 Ein neuralgischer Punkt jeder Projektentwicklung in der Ausführungsphase ist die Einhaltung der vertraglich vereinbarten Fertigstellungstermine durch die Bauunternehmen: Da der Bauherr schon im Hinblick auf seinerseits eingegangene Verpflichtungen (Veräußerung, Vermietung, Finanzierung) ein großes Interesse an der rechtzeitigen Fertigstellung des Bauwerks hat, kommt der entsprechenden vertraglichen Vereinbarung eine besondere Bedeutung zu. Das Druckmittel, dass durch den Auftragnehmer die vereinbarte Fertigstellungsfrist auch eingehalten wird, ist die Vertragsstrafe, also ein pauschalierter Verzugsschadensersatz.[439] Diese muss vertraglich gesondert vereinbart werden, d. h. die bloße Einbeziehung der VOB/B in das Vertragsverhältnis genügt nicht.[440]

1090 Bei der vertraglichen Gestaltung der Ausführungszeiten ist zu unterscheiden zwischen den verbindlichen Fristen (Vertragsfristen, § 5 Nr. 1 Satz 1 VOB/B) und den nur der Terminkontrolle dienenden anderen Ausführungsfristen. Zu letzteren gehören auch die in einem Bauzeiten-/Balkenplan enthaltenen Einzelfristen, wenn im Vertrag nichts anderes ausdrücklich vereinbart ist (§ 5 Nr. 1 Satz 2 VOB/B). Daraus folgt, dass im Bauvertrag die verbindlichen Vertragsfristen, an deren Überschreitung der Auftraggeber Rechtsfolgen wie Verzug und Vertragsstrafe knüpfen will, zweifelsfrei bestimmt werden müssen.

1091 Dies sollte möglichst durch Angabe eines Kalenderdatums oder einer sonstigen nach dem Kalender bestimmten Terminangabe (Kalenderwoche, Monat etc.) erfolgen, da bei solchen nach dem Kalender bestimmten Fristen der Verzug bereits durch bloße schuldhafte Überschreitung dieser kalendermäßig bestimmten Frist eintritt und eine Mahnung nicht mehr erforderlich ist (§ 286 Abs. 2 Nr. 1 BGB). Ist die Frist nur kalendermäßig bestimmbar, d. h. durch Berechnung anhand des Kalenders erst später zu ermitteln, so gilt der Grundsatz, dass Verzug nur durch Mahnung eintreten kann (§ 286 Abs. 1 BGB). Voraussetzung jeder Mahnung wiederum ist die Fälligkeit, da eine vor Fälligkeit ausgesprochene Mahnung ohne Rechtswirkung ist.[441]

> ! Im Hinblick auf die ansonsten sich einstellenden rechtlichen Probleme sollte der Auftraggeber besonderen Wert auf eine kalendermäßige Bestimmung des Fertigstellungstermins und möglicher Zwischenfristen, die er zu verbindlichen Vertragsfristen machen will, legen. Insbesondere sollte ein bloßer Verweis auf später noch zu erstellende Terminpläne vermieden werden, da in der Praxis nach Vertragsschluss oftmals keine Einigung mehr über die Vertragsfristen zustande kommt und die daraus folgenden rechtlichen Auswirkungen besonders problematisch sind.[442]

---

437 Bejahend: OLG Düsseldorf BauR 1993, 479; OLG Hamm BauR 1995, 564; *Franke/Kemper/Zanner/Grünhagen*, B § 2 Rdnr. 154; jetzt auch: BGH IBR 2003, 591 *(Schwenker)*; verneinend: OLG Düsseldorf IBR 2003, 119 *(Keldungs)*; *Kleine-Möller/Merl/Oelmaier*, § 2 Rdnr. 507; *Kapellmann*, NZBau 2000, 57; *Keldungs* in: Ingenstau/Korbion, VOB-Kommentar, 15. Auflage, § 2 Nr. 6 VOB/B Rdnr. 23.

438 *Ganten/Jagenburg/Motzke*, Beck'scher VOB Kommentar, B § 2 Nr. 5 Rdnr. 107; *Franke/Kemper/Zanner/Grünhagen*, B § 2 Rdnr. 248; a. A. *Kapellmann*, NZBau 2000, 57, 60.

439 BGH BauR 2000, 1049.

440 *Franke/Kemper/Zanner/Grünhagen*, B § 11 Rdnr. 5.

441 BGH NJW-RR 1997, 622, 623.

442 Vgl. *Franke/Kemper/Zanner/Grünhagen*, B § 6 Rdnr. 63 ff.

Auch die Vertragsstrafe setzt voraus, dass Vertragsfristen verbindlich vereinbart wurden und der Auftragnehmer diese verbindlichen Vertragsfristen schuldhaft überschritten hat, also Verzug eingetreten ist. Weitere Voraussetzung ist der Vorbehalt der Vertragsstrafe bei der Abnahme (§§ 341 Abs. 3 BGB, 11 Nr. 4 VOB/B), wobei allerdings eine Regelung auch in Allgemeinen Geschäftsbedingungen möglich ist, dass der Vorbehalt erst im Zusammenhang mit der Schlussrechnungsprüfung erklärt werden kann.[443] Darüber hinaus sind bei der Gestaltung von Vertragsstrafenklauseln insbesondere in Allgemeinen Geschäftsbedingungen eine Vielzahl von gerichtlichen Entscheidungen zur Unwirksamkeit solcher Vertragsklauseln zu berücksichtigen.[444] 1092

! Damit die Vertragsstrafe die Druckfunktion auf den Auftragnehmer ausüben kann, sollte der Auftraggeber ein großes Interesse daran haben, dass er die Vertragsstrafenklausel für den Fall der Fristüberschreitung wirksam gestaltet. Es ist daher kein Nachteil, wenn der Auftraggeber am unteren Rand der zulässigen Tages- und Höchstbeträge bleibt und so die Klausel in jedem Fall wirksam ist: Dies ist der Fall bei einem Tagessatz von 0,2% pro Tag der verschuldeten Fristüberschreitung[445] und bei einem Maximalbetrag von 5%.[446]

d) Behinderungen/Bauablaufstörungen

aa) Einführung

Eine störungsfreie Abwicklung von Baumaßnahmen ist in der Praxis die Ausnahme. Häufig kommt es zu unvorhersehbaren, bei Vertragsschluss nicht erkennbaren Ereignissen, die zu einem Anspruch des Auftragnehmers auf Bauzeitverlängerung (§ 6 Nr. 4 VOB/B) oder zu Schadensersatzansprüchen der Vertragspartner (§ 6 Nr. 6 VOB/B) führen können. 1093

z.B.

- Baugenehmigung wird verspätet oder nur mit Auflagen erteilt
- Streik/Aussperrungen
- Ungewöhnliche unvorhersehbare Witterungsbedingungen (Jahrhundertwinter)

Für diesen Bereich der Bauablaufstörungen bietet § 6 VOB/B eine Sonderreglung gegenüber den gesetzlichen Regelungen des Werkvertragsrechts des BGBs, sofern die VOB/B als Vertragsgrundlage zwischen den Parteien vereinbart wurde. Liegen die jeweiligen Voraussetzungen der einzelnen Regelungen in § 6 VOB/B vor, ergeben sich folgende Ansprüche: 1094

- Anspruch auf Bauzeitverlängerung, § 6 Nr. 4 VOB/B
- Anspruch auf vorzeitige Abrechnung, § 6 Nr. 5 VOB/B
- Anspruch auf Schadensersatz, § 6 Nr. 6 VOB/B
- Anspruch auf Kündigung, § 6 Nr. 7 VOB/B

bb) Begriffe

Behinderung/Hindernde Umstände 1095

Als Behinderung sind alle Ereignisse, die sich auf den vorgesehenen Leistungsablauf hemmend oder verzögernd auswirken, die Leistung selbst aber nicht, auch nicht für kürzere Zeit, unmöglich machen.[447]

---

443 BGH BauR 2000, 1758; *Kemper*, BauR 2001, 1015, 1020.

444 Vgl. im Einzelnen *Bschorr/Zanner*, Die Vertragsstrafe im Bauwesen, München 2003; *Kemper*, BauR 2001, 1015 ff.

445 BGH, BauR 1979, 56.

446 BGH, BauR 2000, 1049, 1050.

447 *Heiermann/Riedl/Rusam*, 10. Auflage, B § 6 Rdnr. 2.

1096 **Unterbrechung**

Eine Unterbrechung liegt vor, wenn auf der Baustelle ein nur vorübergehender Stillstand in der Arbeit entsteht.[448]

cc) Der Anspruch auf Bauzeitverlängerung

(1) Behinderungstatbestände

1097 Erste Anspruchsvoraussetzung für den Anspruch auf Bauzeitverlängerung ist das Vorliegen von einem der in § 6 Nr. 2 Abs. 1 a – c VOB/B genannten Behinderungsumstände.

Vom Auftraggeber zu vertretende Umstände

1098 Erste Gruppe der Behinderungstatbestände sind die sog. vom Auftraggeber zu vertretenden Umstände. Gemeint sind damit alle Störungen, die aus dem Bereich des Auftraggebers stammen, insbesondere die Nichterfüllung von Mitwirkungsverpflichtungen. Diese Mitwirkungsverpflichtungen ergeben sich in der Regel aus den vertraglichen Vereinbarungen sowie aus § 4 VOB/B.

z.B.
- Verspätete Herbeiführung der öffentlich-rechtlichen Genehmigungen
- Unzureichende Koordination der Unternehmerleistungen
- Verspätete Übergabe von Plänen, Ausführungszeichnungen Statik etc.

1099 Dem Auftraggeber werden auch das Verhalten seiner Erfüllungsgehilfen, wie beispielweise der mit Planungs- und Überwachungsaufgaben betraute Architekt oder rechtsgeschäftliche Vertreter zugerechnet.[449]

1100 **Streik/Aussperrungen**

Arbeitskampfmaßnahmen, wie Streik oder Aussperrungen gelten ebenfalls als Behinderung. Auch ein Streik oder eine Aussperrung bei einem Subunternehmer des Auftragnehmers führt zu einer Behinderung. Zu beachten ist dabei, dass dies jedoch nur gilt, sofern der Auftraggeber die Einschreitung von Subunternehmern gemäß § 4 Nr. 8 VOB/B genehmigt hat.

1101 Ob auch ein Streik oder einer Aussperrung bei einem Zulieferbetrieb als Behinderung anzusehen ist, ist in der Rechtsprechung noch nicht abschließend geklärt. In der Literatur wird jedoch überwiegend die Meinung vertreten, dass in diesen Fällen auch eine Behinderung anzunehmen ist.[450]

1102 **Höhere Gewalt/Unabwendbare Umstände**

Unter höhere Gewalt sind betriebsfremde, von außen kommende, nach menschlicher Einsicht und Erfahrung nicht vorhersehbare Ereignisse zu verstehen.

1103 Ein unabwendbarer Umstand liegt dagegen auch vor, wenn die Einwirkungen nicht von außen stammen, also nicht betriebfremd ist.[451] Zu beachten ist, dass für die Frage, ob die unabwendbaren Umstände für den Betroffenen unvorhersehbar waren, es nicht auf die subjektive Kenntnis des Auftragnehmers ankommt, sondern ob der Eintritt des Ereignisses objektiv unabhängig von der konkreten Situation des Auftragnehmers unvorhersehbar und unvermeidbar war.[452]

z.B.
- Schwere Naturkatastrophen, wie Überschwemmungen, Erdbeben etc.
- Sabotageakte Dritter etc.
- Hindernde Materialknappheit

---

448 *Franke/Kemper/Zanner/Grünhagen,* B § 6 Rdnr. 10.
449 *Franke/Kemper/Zanner/Grünhagen,* B § 6 Rdnr. 33.
450 *Franke/Kemper/Zanner/Grünhagen,* B § 6 Rdnr. 38; *Düring* in Ingenstau/Korbion, B § 6 Rdnr. 35.
451 *Franke/Kemper/Zanner/Grünhagen,* B § 6 Rdnr. 43.
452 BGH, BauR 1997, 1019.

(2) Witterungsverhältnisse

Behinderungen durch Witterungseinflüsse, mit denen bei Abgabe des Angebots normalerweise gerechnet werden musste, gelten nicht als Behinderung, § 6 Nr. 2 Abs. 2 VOB/B. Begründet wird dies damit, dass die jahreszeitlich üblichen vorhersehbaren Witterungseinflüsse in das Angebot des Auftragnehmers miteinkalkuliert werden müssen. Dies betrifft sowohl die Kosten als auch die Bauzeit.[453] 1104

z.B. Frost, Schneefall, starker Wind, Wärme gemäß den üblichen jahreszeitlichen Unterschieden

Außergewöhnliche Witterungsverhältnisse, mit denen bei Abgabe des Angebotes nicht zu rechnen ist, führen hingegen zu einer Verlängerung der Bauzeiten, fallen somit nicht unter § 6 Nr. 2 Abs. 2 VOB/B. Es handelt sich hierbei um Einzelfälle, die unter engen Voraussetzungen zu einer Verlängerung der Ausführungszeit wegen höherer Gewalt und unabwendbarer Umstände (§ 6 Nr. 2 1 c VOB/B) führen.[454] 1105

z.B.

- Jahrhundertwinter, z. B. 1978/79 und 1996/97
- Hochwasser mit seit 20 Jahren nicht gehabten Ausmaß
- Ungewöhnlich starke Stürme

Im Falle von Meinungsverschiedenheiten empfiehlt es sich ein Gutachten der zuständigen Wetterdienste einzuholen. 1106

(3) Anzeigepflicht des Auftragnehmers

Behinderungsanzeige

Glaubt sich der Auftragnehmer in der ordnungsgemäßen Ausführung seiner Leistung behindert, hat er dem Auftraggeber dies unverzüglich schriftlich anzuzeigen, § 6 Nr. 1 Satz 1 VOB/B. Dabei hat der Auftragnehmer die Pflicht, alle Tatsachen, aus denen sich die Gründe für die Behinderung bzw. Unterbrechung ergeben, im Detail darzulegen.[455] Sinnvollerweise ist möglichst genau anzugeben, welche Leistungen infolge der Behinderung nicht ausgeführt werden können und welche Auswirkungen dies voraussichtlich auf die vereinbarten Termine hat. 1107

Des Weiteren ist die Behinderung sofort, d. h. ohne schuldhaftes Zögern an den Auftraggeber zu senden. 1108

Es empfiehlt sich weiterhin stets die Behinderungsanzeige direkt an den Auftraggeber zu senden, da eine Behinderungsanzeige an den bauaufsichtsführenden Architekten dann nicht statthaft ist, wenn die Behinderung durch diesen z. B. aufgrund von verspäteten Planunterlagen verursacht wurde. 1109

Wichtig im Hinblick auf eine lückenlose Dokumentation ist auch, die Verpflichtung das Ende der Behinderung anzuzeigen, zu beachten, § 6 Nr. 3 Satz 2 VOB/B. 1110

Offenkundigkeit: Sofern dem Auftraggeber die Tatsachen und deren hindernde Wirkung die zu einem Bauzeitenanspruch führen könnten offenkundig gewesen sind, ist ausnahmsweise eine Behinderungsanzeige entbehrlich, § 6 Nr. 1 Satz 2 VOB/B. Es handelt sich hierbei um einen Ausnahmetatbestand, der an sehr enge Voraussetzungen anknüpft. Insbesondere ist zu beachten, dass dem Auftraggeber auch die Auswirkungen auf die geplante Ausführungsweise in 1111

453 *Franke/Kemper/Zanner/Grünhagen*, B § 6 Rdnr. 47.
454 *Franke/Kemper/Zanner/Grünhagen*, B § 6 Rdnr. 48.
455 BGH, BauR 2000, 722.

zeitlicher Hinsicht offenkundig sein muss. An diesem Kriterium wird das Vorliegen einer Offenkundigkeit meist scheitern.

1112 Aus diesem Grund sollte stets eine Behinderungsanzeige an den Auftraggeber gesendet werden, auch dann, wenn der Auftragnehmer der Ansicht ist, dass die Behinderung für den Auftraggeber offenkundig sein könnte.

dd) Berechnung der Bauzeitverlängerung

1113 Liegen die Voraussetzungen des § 6 Nr. 1 und Nr. 2 VOB/B vor und ergibt sich daraus ein Anspruch auf Bauzeitverlängerung des Auftragnehmers, berechnet sich diese nach § 6 Nr. 4 VOB/B.

(1) Dauer der Behinderung

1114 Eine Fristverlängerung erfolgt zunächst im Rahmen der Dauer der Behinderung, d. h. für den Zeitraum, in dem die Leistungen vom Auftragnehmer nicht ordnungsgemäß, wie vorgesehen, ausgeführt werden konnten. In der Regel führt der Nachweis der Auswirkungen von Behinderungen in der Praxis zu erheblichen Schwierigkeiten. Aus diesem Grund ist diesbezüglich eine besonders genaue Dokumentation der Auswirkungen auf der Baustelle zu empfehlen.

(2) Zuschlag für Wiederaufnahme der Arbeiten

1115 Daneben kann ein Zuschlag für die Wiederaufnahme der Arbeiten zur Kompensation von Einarbeitungsverlusten, die sich aus dem Einsatz von Geräten, Materialien bzw. Arbeitskräfte ergeben, gegeben sein.

(3) Verschiebung in die ungünstige Jahreszeit

1116 Verschiebt sich infolge der Behinderung die Ausführung für bestimmte Leistungen, und gerät diese dadurch in eine für diese Arbeiten ungünstigere Jahreszeit, kann dies zu einem weiteren Anspruch auf Verlängerung der Bauzeit führen, so z. B., wenn Betonierarbeiten statt im Sommer nunmehr im Winter durchgeführt werden müssen und nach dem ursprünglich vorgesehenen Bauablauf zu diesem Zeitpunkt das Gebäude bereits geschlossen gewesen wäre.

ee) Unterbrechung

(1) Begriff

1117 Eine Unterbrechung liegt vor, wenn auf der Baustelle ein nur vorübergehender Stillstand in der Regel auf Anordnung des Bauherrn eintritt. Es darf sich dabei jedoch nur um einen vorübergehenden Baustopp handeln. Die Leistung muss weiterhin möglich sein.

1118 Liegt eine Unterbrechung vor, ergeben sich zwei verschieden Rechtsfolgen, die im § 6 Nr. 5 und Nr. 7 VOB/B geregelt sind.

(2) Vorzeitige Abrechnung der erbrachten Leistungen

1119 Kommt es zu einer längeren, nicht vorhersehbaren Unterbrechung kann der Auftragnehmer die bis zum Zeitpunkt der Unterbrechung erbrachten Leistungen sowie Leistungen, die in den abzurechnenden LV-Positionen nicht enthalten sind, z. B. Lieferung, jedoch noch kein Einbau, vorzeitig abrechnen. Hierzu muss er dem Auftraggeber eine prüffähige Schlussrechnung im Sinne von § 16 Nr. 3 VOB/B erstellen. Eine Abnahme der erbrachten Leistungen nach § 12 VOB/B ist hingegen nicht erforderlich.

(3) Vertragskündigung

1120 Dauert die Unterbrechung mehr als drei Monate an, kann jeder Vertragsteil den Vertrag nach § 6 Nr. 7 VOB/B kündigen.

1121 Ohne dass dies in § 6 Nr. 7 VOB/B wörtlich geregelt ist, ist jedoch anerkannt, dass ein Kündigungsrecht auch bereits vor Ablauf der Dreimonatsfrist besteht, wenn mit Sicherheit feststeht, dass die Unterbrechung länger als drei Monate dauern wird. Des Weiteren gilt dies auch, wenn sich der Beginn der Arbeiten um mehr als drei Monate verschiebt bzw. wenn mit Sicherheit feststeht, dass er sich um mehr als drei Monate verschieben wird.

Rechtsfolge ist neben dem Anspruch auf Kündigung die Abrechnung der Leistung nach § 6 Nr. 5 und Nr. 6 VOB/B. 1122

ff) Anspruch auf Schadensersatz

(1) Anspruchsvoraussetzungen

Nach den Regelungen in § 6 Nr. 6 VOB/B steht beiden Vertragsparteien ein Schadenersatzanspruch gegen die andere Vertragspartei zu, wenn diese die hindernden Umstände (§ 6 Nr. 2 Abs. 1 a – c VOB/B) zu vertreten hat. 1123

Mit Vertreten ist Verschulden gemeint, d. h. ein fahrlässiges oder vorsätzliches Verhalten der verursachenden Vertragspartei. 1124

z.B. Auftraggeber kann dem Auftragnehmer die geschuldeten Ausführungspläne nicht übergeben, weil er unberechtigterweise den Architekten nicht bezahlt hat und dieser berechtigterweise von seinem Zurückbehaltungsrecht Gebrauch macht, für die Übergabe der Pläne aber bestimmte Termine vereinbart waren.

Ein Schadensersatzanspruch des Auftragnehmers ergibt sich demzufolge in der Regel, wenn eine schuldhafte Verletzung der Mitwirkungspflichten des Auftraggebers nach dem Vertrag und insbesondere nach § 4 VOB/B vorliegt. Weitere Anspruchsvoraussetzungen für den Schadensersatzanspruch des Auftragnehmers ist es, dass er unverzüglich eine Behinderungsanzeige abgegeben hat. 1125

Der Anspruch des Auftraggebers ergibt sich in der Regel, wenn der Auftragnehmer mit seinen Leistungen in Verzug gerät, § 5 Nr. 4 VOB/B. Dies ist der Fall, wenn er vereinbarte Vertragsfristen nicht einhält oder einer Anordnung des Auftraggebers zur Erhöhung der Leistung nach § 5 Nr. 3 VOB/B nicht nachkommt. Weiterhin setzt der Anspruch auch, wie oben bereits gesagt ein Verschulden des Auftragnehmers für den Verzug voraus. 1126

(2) Höhe des Schadensersatzanspruchs

Als Schaden ist jeder dem geschädigten zugefügte Nachteil, der adäquat-kausal auf vom Vertragspartner zu vertretende hindernde Umstände zurückzuführen ist.[456] 1127

Zur Ermittlung des Schadens erfolgt eine Gegenüberstellung der Vermögenslage bei ordnungsgemäßen Ablauf zu der durch die Behinderung konkret geschaffenen Situation. Die Differenz ist der Schaden. 1128

Die Schadensberechnung hat konkret zu erfolgen,[457] d. h. der Anspruchsinhaber hat detailliert seine Mehrforderungen im Einzelnen darzulegen, die durch die Behinderung oder Unterbrechung tatsächlich entstanden sind. 1129

Im Rahmen der Schadensermittlung ist zu beachten, dass entgangener Gewinn nur vom Schadensersatzanspruch mitumfasst wird, wenn die Pflichtwidrigkeit vorsätzlich oder grob fahrlässig verursacht wurde. 1130

Tipp

- Behinderungsanzeigen sollten stets schriftlich an den Auftraggeber erfolgen.
- Der bauleitende Architekt ist dann nicht der richtige Adressat einer Behinderungsanzeige, wenn die Behinderung von ihm beispielsweise durch verspätete Übergabe von Planunterlagen mitverursacht wurde.

---

456 BGH, BauR 1976, 128.
457 BGH, ZfBR 1986, 130.

- Die Beendigung der Behinderung muss dem Auftraggeber angezeigt werden, § 6 Nr. 3 VOB/B.
- Im Hinblick auf die Auswirkung von Behinderungen sollte schon während der Ausführung eine genauere Dokumentation erfolgen, die die Nachweisführung für entstandenen Schaden nach § 6 Nr. 6 VOB/B zur Folge hat.

e) Abnahme

aa) Einführung

1131 Unter Abnahme ist die Hinnahme der Leistung des Auftragnehmers durch den Auftraggeber als vertragsgerecht und frei von wesentlichen Mängeln anzusehen. Im Hinblick auf die Rechtsfolgen der Abnahme stellt sie eine wesentliche Zäsur in der Abwicklung von Bauverträgen dar.

1132 Die Abnahmepflicht des Auftraggebers ist dabei eine Hauptpflicht, § 640 Abs. 1 BGB. Dabei ist hervorzuheben, dass die Abnahme nicht ausnahmslos, sondern so zu verstehen ist, dass das Werk »im wesentlichen« vertragsgemäß erfüllt wurde. Eine Anerkennung der Mangelfreiheit ist in der Abnahme nicht zu sehen. Der Auftraggeber ist jedoch gehalten, bei Abnahme erkennbare Mängel anzuzeigen.

1133 Sofern der Auftraggeber unberechtigterweise eine Abnahme verweigert, gerät er in Gläubigerverzug, § 293 BGB.

bb) Abnahmearten bei Vereinbarung der VOB/B

(1) Förmliche Abnahme

1134 Häufigste Abnahmeform ist die förmliche Abnahme nach § 12 Nr. 4 VOB/B. Sie erfolgt auf Verlangen einer Vertragspartei oder sofern sie vertraglich vereinbart wurde.

1135 Vorteil der förmlichen Abnahme ist, dass das Ergebnis der Abnahmebegehung in einem Protokoll schriftlich niedergelegt wird. Dabei muss beachtet werden, dass auch sämtliche Vorbehalte des Auftraggebers im Hinblick auf Mängel und der Vertragsstrafe im Abnahmeprotokoll festgehalten sind. Im übrigen sind die in § 12 Nr. 4 VOB/B geregelten Formalien einzuhalten.

(2) Fiktive Abnahme

1136 In § 12 Nr. 5 VOB/B sind zwei Varianten der fiktiven Abnahme geregelt. Hervorzuheben ist, dass die fiktive Abnahme im Gegensatz zu den übrigen Abnahmeformen kein Abnahmewillen des Auftraggebers voraussetzt. D.h. die Abnahme knüpft an ein bestimmtes Ereignis sowie an einen bestimmten Fristablauf an.

> **Tipp** Der Auftraggeber hat zu beachten, dass die Vorbehalte wegen Mängeln und Vertragsstrafe innerhalb der jeweiligen Frist erklärt werden müssen.

1137 1. Variante ist die fiktive Abnahme nach schriftlicher Fertigstellungsmitteilung des Auftraggebers der Leistung nach einem Ablauf von zwölf Werktagen, § 12 Nr. 5 Abs. 1 VOB/B. Sofern nicht zuvor eine förmliche Abnahme verlangt wurde oder die Abnahme berechtigterweise verweigert worden ist, gilt mit Ablauf der Zwölftagesfrist die Abnahme als erfolgt.

Die Übermittlung der Schlussrechnung gilt als schriftliche Fertigstellungsmeldung im o. g. Sinne.[458]

1138 2. Variante ist die Fiktion der Abnahme mit Ablauf von sechs Werktagen ab Inbenutzungnahme durch den Auftraggeber.

Eine Inbenutzungnahme in diesem Sinne liegt nur dann vor, wenn der Auftraggeber die Leistung zum vertraglich vorgesehenen Zweck nutzt.[459] Keine Inbenutzungnahme liegt deshalb

458 OLG Frankfurt, BauR 1979, 326.
459 *Franke/Kemper/Zanner/Grünhagen*, B § 12 Rdnr. 138.

vor, wenn im Rahmen der Fortführung der Baumaßnahmen das Nachfolgegewerk auf die Leistungen des Vorunternehmers aufbaut.

(3) Teilabnahme

In sich abgeschlossene Teile der Leistung können daneben gesondert teilabgenommen werden, § 12 Nr. 2 VOB/B. In sich abgeschlossene Teile der Leistung liegen vor, wenn diese selbständig und für sich allein funktionsfähig sind. 1139

z.B. Vollständige Erbringung der Sanitärarbeiten neben Heizungsarbeiten.[460]

Keine Teilabnahme stellt die Feststellung des Leistungsstandes nach § 4 Nr. 10 VOB/B dar. Diese Form der Leistungsfeststellung dient der Überprüfung von Leistungsteilen, die durch die Fortführung der Arbeit nicht mehr nachträglich überprüft werden können. Die Feststellung dient jedoch lediglich der Beweisführung. 1140

cc) Abnahmearten beim BGB-Vertrag

(1) Ausdrückliche Abnahme

Eine ausdrückliche Abnahme liegt vor, wenn der Auftaggeber klar und unmissverständlich zum Ausdruck bringt, dass er die vom Auftragnehmer erbrachte Leistung als im wesentlichen vertragsgemäß und mangelfrei ansieht und diese Leistung abnehmen möchte, § 640 Abs. 1 Satz 1 BGB. 1141

! Auch beim reinen BGB-Vertrag empfiehlt es sich eine Abnahmeniederschrift zu Beweiszwecken zu erstellen.

(2) Fiktive Abnahme

Setzt der Auftragnehmer dem Auftraggeber eine bestimmte angemessene Frist zur Abnahme und liegen die Abnahmevoraussetzungen vor, d. h. vertragsgemäße und im wesentlichen mangelfreie Leistungserbringung, so gilt die Abnahme mit Ablauf der Frist als durchgeführt, § 640 Abs. 1 Satz 2 und Satz 3 BGB. 1142

(3) Abnahme durch Fertigstellungsbescheinigung

Danach steht der Abnahme der Leistung gleich, wenn dem Auftragnehmer von einem Gutachter eine Bescheinigung darüber erteilt wird, dass die erbrachten Leistungen vertragsgemäß und frei Mängeln hergestellt wurden (Fertigstellungsbescheinigung). 1143

In der Praxis kommt dieser Regelung wenig Bedeutung zu, da aus Haftungsgründen eine derartige Bescheinigung schwer zu erlangen sein dürfte. 1144

dd) Vorbehalte bei der Abnahme

Bei der Abnahme bzw. im Falle der fiktiven Abnahme innerhalb der vom Auftragnehmer gesetzten Frist oder innerhalb der Frist nach § 12 Nr. 5 Abs. 1 und Abs. 2 VOB/B muss der Auftragnehmer seine Vorbehalte bezüglich der erkennbaren Mängel und bezüglich der Vertragsstrafe geltend machen. 1145

(1) Vorbehalte wegen bekannter Mängel

Der Auftraggeber ist verpflichtet, zum Zeitpunkt der Abnahme für alle ihm bekannten Mängel einen Vorbehalt zu erklären, § 640 Abs. 2 BGB. Dabei ist darauf zu achten, dass der Mangel, dessen Folge und dessen Ursache möglichst präzise beschrieben werden. Es reicht jedoch auch aus, lediglich die Mängelerscheinung selbst ausreichend zu beschreiben.[461] 1146

! Aus Beweisgründen empfiehlt sich den Vorbehalt stets schriftlich bzw. im Abnahmeprotokoll festzuhalten.

460 BGH, BauR 1975, 423.
461 *Franke/Kemper/Zanner/Grünhagen*, VOB-Kommentar, B § 12 Rnd. 17.

1147 Wurde der Vorbehalt bei der Abnahme vergessen, stehen dem Auftraggeber jedoch zumindest Schadensersatzansprüche nach § 634 Abs. 4 BGB oder nach § 13 Nr. 7 VOB/B zu.

> ! **Bei der fiktiven Abnahme nach § 12 Nr. 5 VOB/B und § 640 Abs. 1 Satz 3 BGB ist der Vorbehalt innerhalb der jeweiligen Frist zu erklären.**

(2) Vorbehalt der Vertragsstrafe

1148 Der Auftraggeber muss sich ebenfalls die Geltendmachung der Vertragsstrafe zum Zeitpunkt der Abnahme vorbehalten, da er ihm sonst, sofern nicht anderes vereinbart ist, verliert, § 641 Abs. 3 BGB, § 11 Nr. 4 VOB/B.

> ! **Es empfiehlt sich, vertraglich zu vereinbaren, dass die Geltendmachung der Vertragsstrafe noch bis zur Schlusszahlung möglich ist. Eine derartige Vereinbarung ist auch im Rahmen von Allgemeinen Geschäftsbedingungen möglich.[462]**

ee) Rechtsfolgen der Abnahme

(1) Vertragserfüllung

1149 Mit der Abnahme endet die Vorleistungsverpflichtung des Auftragnehmers. Nach dem BGB ist mit Vorleistungsverpflichtung gemeint, dass der Auftragnehmer in der Regel zunächst seine Leistung erbringen muss und erst dann eine Vergütung erhält.

(2) Ausschlusswirkung

1150 Mit Abnahme sind Mängelbeteiligungsansprüche und Ansprüche auf Vertragsstrafe ausgeschlossen, sofern nicht bei Abnahme ausdrücklich ein Vorbehalt erklärt wurde.

(3) Verjährung

1151 Die Verjährungsfrist für Mängel (5 Jahre nach BGB/4 Jahre nach VOB/B) beginnt mit dem Zeitpunkt der Abnahme zu laufen. Ausführungsmängel die bei der Abnahme gerügt werden, verjähren in der Regel erst zu einem späteren Zeitpunkt.

(4) Gefahrübergang

1152 Mit der Abnahme der Leistung geht die Gefahr der Zerstörung der Leistung auf den Auftraggeber über, d. h. werden die erbrachten Leistungen nach dem Zeitpunkt ganz oder teilweise zerstört, gestohlen oder beschädigt ohne dass eine Vertragpartei dies zu vertreten hat, hat der Auftraggeber die vereinbarte Vergütung zu bezahlen, § 644 BGB bzw. § 12 Nr. 6 VOB/B.

(5) Beweislastumkehr

1153 Mit der Abnahme trägt der Auftraggeber für alle bei der Abnahme nicht gerügten Mängel die Beweislast dafür, dass ein Mangel in der Leistung des Auftragnehmers vorliegt. Vor der Abnahme liegt diese Beweislast beim Auftragnehmer.

(6) Fälligkeit der Schlussrechnungsforderung

1154 Fälligkeitsvoraussetzung für die Forderung aus der Schlussrechnung ist die Abnahme der Leistung. Eine Ausnahme gilt nur sofern der Vertrag außerordentlich gem. §§ 8 oder 9 VOB/B gekündigt wurde.

1155 Fälligkeitsvoraussetzung für die Teilschlussrechnung ist die Teilabnahme nach § 12 Nr. 2 VOB/B.

---

462 BGH NJW 1979, 212.

Tipp

1. Es sollte stets eine förmliche Abnahme nach § 12 Nr. 4 VOB/B vereinbart werden, da dann auch die fiktive Abnahme ausgeschlossen ist.
2. Vorbehalt der Mängel.
3. Vorbehalt der Vertragsstrafe.

f) Abrechnung und Zahlung

aa) Einführung

Die Abrechnung und Zahlung der Leistungen führt häufig zu Streitigkeiten zwischen den Vertragsparteien. Einmal kommt es häufig zu Meinungsverschiedenheiten zu der Frage, inwieweit der Auftragnehmer tatsächlich seine Leistungen prüffähig im Sinne von § 14 VOB/B abgerechnet hat, und zum anderen, inwieweit Kürzungen des Auftraggebers der Rechnung des Auftragnehmers berechtigt sind bzw. ob Zahlungen rechtzeitig geleistet wurden. Die wesentlichen Regelungen hierzu finden sich im §§ 14 und 16 VOB/B sowie §§ 632, 2, 632 a und 641 BGB. 1156

bb) Abrechnung beim VOB-Vertrag

(1) Abschlagsrechnung

Bei Vereinbarung der VOB ist der Auftragnehmer berechtigt nach Baufortschritt Abschlagsrechnungen für die bis dahin erbrachten Leistungen zu stellen, § 16 Nr. 1 VOB/B. Die Regelung stellt eine Besserstellung des Auftragnehmers gegenüber einem reinen BGB-Vertrag dar, da dort nur für in sich abgeschlossene Teile des Werkes Abschlagsrechnungen gestellt werden dürfen. 1157

Zu beachten ist, dass die Abschlagsrechnung nur vorläufigen Charakter hat, d. h. die Zahlung auf eine Abschlagsrechnung stellt insbesondere kein Anerkenntnis der abgerechneten Leistungen dar.[463] Die prüfbare Abschlagsrechnung ist innerhalb von 18 Werktagen nach Zugang beim Auftraggeber fällig, § 16 Nr. 1 Abs. 3 VOB/B, sofern die Parteien nichts anderes vereinbart haben. 1158

Sofern der Auftraggeber eine fällige Abschlagsrechnung nicht bezahlt, kann der Auftragnehmer ihm gem. § 16 Nr. 5 Abs. 5 VOB/B eine Nachfrist zur Zahlung setzen und erklären, dass er nach Ablauf der Nachfrist die Arbeiten berechtigt einstellen wird. 1159

! Sofern der Auftraggeber wegen Mängeln oder sonstigen Gegenforderungen ein Zurückbehaltungsrecht am Werklohn des Auftragnehmers hat, darf der Auftragnehmer die Leistungen nicht einstellen, auch wenn die Abschlagszahlungen nicht vollständig erfolgt ist.

Des Weiteren kann der Auftragnehmer bei Zahlungsverzug gem. § 9 Nr. 1 VOB/B, sofern er dem Auftragnehmer eine angemessene Nachfrist gesetzt und die Kündigung angedroht hat, den Vertrag kündigen. Auch hier gilt die Einschränkung wie bei der Leistungseinstellung. 1160

Daneben kann der Auftragnehmer gem. § 16 Nr. 5 Abs. 3 S. 2 VOB/B Zinsen verlangen, wenn der Auftraggeber nicht innerhalb der Nachfrist auf eine fällige Abschlagsrechnung Zahlung leistet. Die Höhe des Zinssatzes bemisst sich nach § 16 Nr. 5 Abs. 3 S. 2 VOB/B in Höhe von 8% über dem Basiszinssatz, § 288 Abs. 2 BGB. Der Basiszinssatz beläuft sich zur Zeit auf ca. 2,6%. 1161

463 OLG Hamburg, IBR 1996 m 366.

(2) Vorauszahlung

1162 Erhält der Auftragnehmer vor Leistungserbringung bereits eine Zahlung vom Auftraggeber als Vorauszahlung, regelt sich dies nach § 16 Nr. 2 VOB/B. Dabei werden insbesondere die Verzinsung der Vorauszahlung als auch die Sicherung geregelt.

(3) Schlussrechnung

1163 Hat der Auftragnehmer die Leistungen fertiggestellt und wurden diese vom Auftraggeber abgenommen, ist er verpflichtet, innerhalb bestimmter Fristen seine Schlussrechnung zu erstellen, § 14 Nr. 3 VOB/B. In der Schlussrechnung sind sämtliche erbrachten Leistungen abzurechnen.

1164 Ist die Schlussrechnung prüfbar, wird sie spätestens 2 Monate nach Zugang beim Auftraggeber fällig. Erfolgt die Prüfung innerhalb eines kürzeren Zeitraums, wird sie mit Feststellung des Prüfungsergebnisses fällig.

1165 Sofern sich die Prüfung aus Gründen die der Auftraggeber nicht zu vertreten hat, verzögert, hat er das unbestrittene Guthaben als Abschlagszahlung sofort auszuzahlen. Zahlt der Auftraggeber das fällige unbestrittene Guthaben nicht mind. innerhalb der Zweimonatsfrist des § 16 Nr. 3 Abs. 1 VOB/B aus, schuldet er dem Auftraggeber Zinsen in Höhe von 8% über dem Basiszinssatz, § 288 BGB, ohne das der Auftragnehmer nochmals eine Nachfrist setzen muss.[464] Sofern der Auftraggeber bei Fälligkeit der Schlussrechnung nicht zahlt, kann der Auftragnehmer eine Nachfrist zur Zahlung setzen, § 16 Nr. 5 Abs. 3 VOB/B.

1166 Sofern der Auftraggeber nicht innerhalb der Nachfrist zahlt, schuldet er dem Auftragnehmer Zinsen in Höhe von 8% über dem Basiszinssatz, § 288 Abs. 2 BGB.

cc) Abrechnungsart beim BGB-Vertrag

(1) Abschlagsrechnung

1167 Ein fälliger Anspruch auf Abschlagszahlung kann für in sich abgeschlossene Teile der Leistungen des Werkes bestehen sofern diese vertragsgemäß erbracht wurden. In sich abgeschlossene Teile sind solche, die für sich allein gesehen für den vertraglich vorgesehenen Zweck eigenständig funktionsfähig sind. Vertragsgemäß bedeutet insbesondere frei von wesentlichen Mängeln, § 632 a S. 1 BGB.

1168 Des Weiteren können ebenfalls Abschlagsrechnungen für erforderliche Stoffe oder Bauteile, die eigens angefertigt oder angeliefert wurden, gestellt werden, § 632 a S. 2 BGB. Weitere Fälligkeitsvoraussetzung ist, dass dem Auftraggeber Eigentum an den Teilen des Werkes, an den Stoffen oder Bauteilen übertragen wurde oder Sicherheit hierfür vom Auftraggeber geleistet wird, § 632 a S. 3 BGB.[465] Zahlt der Auftraggeber auf eine fällige Abschlagsrechnung nicht, kann ihm der Auftragnehmer eine Nachfrist mit der Androhung der Arbeitseinstellung setzen und nach fruchtlosem Fristablauf die Arbeiten einstellen.

(2) Schlussrechnung

1169 Beim BGB-Vertrag wird der Vergütungsanspruch des Auftragnehmers mit Abnahme fällig, § 641 Abs. 1 S. 1 BGB.

Sofern nichts anderes vereinbart ist, ist nicht erforderlich, dass der Auftragnehmer eine prüffähige Schlussrechnung stellt.

1170 Etwas anderes kann sich ergeben, wenn bspw. bei Gewerbetreibenden stillschweigend von der Einigung auszugehen ist, dass die Forderung erst nach gemeinsamen Aufmaß und darauf beruhender Rechnungsstellung fällig sein soll.[466]

---

464 *Franke/Kemper/Zanner/Grünhagen,* VOB-Kommentar, Beilage zur Neuregelung der VOB/B 2002, S. 32 ff.

465 *Franke/Kemper/Zanner/Grünhagen,* VOB-Kommentar, B § 16 Rdnr. 39.

466 BGH DB 1989, 720.

Zahlt der Auftraggeber nicht auf die fällige Forderung des Auftragnehmers, kann ihn der Auftragnehmer eine angemessene Frist zur Zahlung setzen, nach deren Ablauf der Auftraggeber mit der Zahlung in Verzug gerät, § 284 Abs. 1 BGB. 1171

Ansonsten gerät der Auftraggeber nach Fälligkeit und Zugang der Rechnung innerhalb von 30 Tagen in Verzug, § 284 Abs. 3 BGB.

Er schuldet dann ab Verzugseintritt Zinsen in Höhe von 8% über dem Basiszinssatz, § 288 Abs. 2 BGB.

Tipp

- Die Mahnung nach Fälligkeit sollte für die Zahlungsfrist stets ein nach dem Kalender bestimmten Termin enthalten (z. B. 31. 5. 2003).
- Die Einstellung der Arbeit nach § 16 Nr. 5 VOB/B wegen Zahlungsverzug des Auftraggebers kann dann gefährlich sein, wenn dem Auftraggeber Zurückbehaltungsrechte wegen Mängeln zustehen und ggf. kein fälliger Anspruch besteht.
- Sofern die VOB nicht als Ganzes vereinbart ist, sind die Regelungen in § 16 Nr. 3 Abs. 2 bis 5 (Schlusszahlungserklärung des Auftraggebers) unwirksam.
- Sofern die VOB nicht als Ganzes vereinbart ist, ist die Regelung in § 16 Nr. 6 VOB/B, Zahlung an Dritte, unwirksam. Das heißt, der Auftraggeber sollte Zahlungen an den Nachunternehmer des Generalunternehmers nach Möglichkeit stets vermeiden, außer hierüber wurde mit allen Beteiligten eine Vereinbarung getroffen.
- Die Prüffähigkeit der Abrechnung des Auftragnehmers nach § 14 VOB bemisst sich stets auch nach der Sachkunde des Auftraggebers. Je sachkundiger der Auftraggeber ist, je geringer sind die Anforderungen an die vom Auftragnehmer vorzulegenden Unterlagen.

g) Mängelansprüche

Infolge der zum 1. 1. 2002 in Kraft getretenen Schuldrechtsmodernisierung sind die gesetzlichen Regelungen zu den Mängelansprüchen des Auftraggebers (früher: Gewährleistung) grundlegend neu gefasst worden. Dieser gesetzlichen Regelung folgt die Neuregelung des § 13 VOB/B 2002.[467] Danach liegt ein Sachmangel vor, wenn die ausgeführte Leistung von der vertraglich vereinbarten Beschaffenheit abweicht (1. Stufe). Ist die Beschaffenheit nicht vereinbart, so ist das Werk mangelhaft, wenn es nicht zur vertraglich vorausgesetzten Verwendung geeignet ist (2. Stufe). Ist auch die Verwendung vertraglich noch nicht näher definiert, so ist das Werk mangelhaft, wenn es zur gewöhnlichen Verwendung geeignet ist und eine Beschaffenheit aufweist, die bei Werken der gleichen Art üblich ist und die der Auftraggeber nach Art der Leistung auch erwarten konnte (3. Stufe). 1172

! Da die Voraussetzungen der Sachmangelhaftung auf der zweiten und dritten Stufe in der Literatur umstritten sind und bis zu einer höchstrichterlichen Entscheidung einige Zeit gewisse Rechtsunsicherheit herrschen wird, sollte der Auftraggeber zur Vermeidung von Nachteilen insbesondere qualitativer Art die Leistung so genau beschreiben, dass ihre Beschaffenheit vertraglich vereinbart ist.[468]

Liegt ein Sachmangel vor, so hat der Auftraggeber dem Auftragnehmer die Möglichkeit der Mangelbeseitigung einzuräumen (Nacherfüllung im Sinne der §§ 635 BGB, 13 Nr. 5 VOB/B). Er kann auch nach erfolglosem Ablauf einer von ihm zur Nacherfüllung gesetzten Frist die Selbstvornahme bzw. die Ersatzvornahme durch ein Drittunternehmen einleiten (§§ 637 BGB, 13 Nr. 5 1173

467 Siehe hierzu *Kemper*, BauR 2002, 1613.
468 *Thode*, NZBau 2002, 297, 305.

Abs. 2 VOB/B). Darüber hinaus stehen ihm Ansprüche auf Minderung, d. h. Herabsetzung des Preises aufgrund der Mangelhaftigkeit nach § 638 BGB, auf Schadensersatz oder Rücktritt zu (§§ 634, 636 BGB, 13 Nr. 7 VOB/B). Dabei ist zu beachten, dass allein durch die Einbeziehung der VOB/B das Rücktrittsrecht des Auftraggebers nicht ausgeschlossen wird.[469]

h) Sicherheiten

1174 Gerade in Ansehung der hohen Insolvenzquote im Immobilienbereich gewinnen vertraglich eingeräumte Sicherheiten der Vertragsparteien wie auch gesetzlich bestehende Sicherungsrechte zunehmende Bedeutung.

1175 Die Vereinbarung von Sicherheiten im Vertrag gehört zu den notwendigen vertraglichen Abreden, da allein die Einbeziehung der VOB/B in das Vertragsverhältnis nicht ausreichend ist. Ohne eine solche vertragliche Abrede ist also der Auftraggeber nicht berechtigt, einen Sicherheitseinbehalt von den Abschlagsrechnungen in Abzug zu bringen. Üblicherweise wird für die Vertragserfüllung eine Sicherheitsleistung in Höhe von 10 % und für die Mängelansprüche von 5 % vereinbart. Höhere Vereinbarungen in Allgemeinen Geschäftsbedingungen sind problematisch.[470] Diese Sicherheit kann entweder durch Einbehalt von den Rechnungen oder durch Bürgschaft geleistet werden.

1176 Ist vereinbart, dass der Auftragnehmer eine Vertragserfüllungsbürgschaft zu stellen hat, erbringt er sie nach Vertragsschluss aber nicht, so ist der Auftraggeber berechtigt, einen entsprechenden Einbehalt von den fälligen Abschlagsrechnungen und gegebenenfalls auch von der Schlussrechung geltend zu machen (§ 17 Nr. 7 VOB/B). Im Baurecht wird zwischen Vertragserfüllungs- und Gewährleistungs- bzw. Mängelanspruchsicherheiten unterschieden, je nach dem was Sicherungszweck der Bürgschaft ist.[471] Ist nicht Bürgschaft, sondern Sicherheitseinbehalt vereinbart, so ist zu beachten, dass der Auftraggeber an sich den Einbehalt nicht in eigenem Vermögen behalten darf, sondern auf ein gemeinsames Sperrkonto binnen 18 Werktagen einzuzahlen hat (§ 17 Nr. 6 Abs. 1 VOB/B). Verstößt der Auftraggeber hiergegen – wie in der Praxis die Regel – so kann der Auftragnehmer ihm eine Nachfrist setzen und nach fruchtlosem Ablauf dieser Nachfrist Auszahlung des einbehaltenen Betrages verlangen und muss keine weitere Sicherheit mehr leisten (§ 17 Nr. 6 Abs. 3 VOB/B).

1177 Neben diesen vertraglichen Sicherheiten gelten – auch beim VOB Bauvertrag[472] – die gesetzlichen Sicherheiten nach §§ 648, 648 a BGB: Für die bereits erbrachten, aber noch nicht bezahlten Bauleistungen hat der Bauunternehmer wie auch der Architekt Anspruch auf Eintragung einer Sicherungshypothek im Grundbuch desjenigen Grundstücks, auf welches sich die Bau- bzw. Planungsleistungen beziehen, sofern der Auftraggeber auch Grundstückseigentümer ist.[473] Dieser Anspruch ist mittels einer durch Einstweilige Verfügung zur Eintragung kommenden Vormerkung auch sehr zügig durchsetzbar.[474]

1178 Für die zukünftig zu erbringenden Vorleistungen einschließlich der schon erbrachten, aber nicht bezahlten Leistungen kann der Auftragnehmer auch eine Sicherheitsleistung nach § 648 a BGB verlangen. Als eine solche Sicherheitsleistung kommt insbesondere die Bürgschaft in Betracht (§ 648 a Abs. 2 BGB). Auch bei Verträgen mit sehr hohen Vertragspreisen kann der Auf-

---

469 Vgl. *Kemper,* BauR 2002, 1613; *Wirth* in: Ingenstau/Korbion, 14. Auflage, Beilage zur VOB/B 2002, Seite 55.

470 *Franke/Zanner/Kemper,* Der sichere Bauvertrag, 2. Auflage, Seite 211.

471 OLG Karlsruhe NJW-RR 1998, 533; OLG Brandenburg BauR 1998, 1267.

472 *Franke/Kemper/Zanner/Grünhagen,* B § 17 Rdnr. 2.

473 Vgl. im Einzelnen *Franke/Kemper/Zanner/Grünhagen,* B § 17 Rdnr. 97 ff.

474 Vgl. zu den Einzelheiten *Werner/Pastor,* Der Bauprozess, 10. Auflage, Rdnr. 268 ff.

tragnehmer die volle Vergütung abzüglich etwaiger bereits erhaltener Abschlagszahlungen oder anderweitiger Sicherheiten in Form einer Bürgschaft verlangen.[475] Setzt der Auftragnehmer dem Auftraggeber eine angemessene Frist zur Ausreichung einer solchen Bürgschaft – wobei zwei bis drei Wochen als angemessen gelten[476] – und ist der Auftraggeber nicht in der Lage eine solche Bürgschaft zu erbringen, so hat der Auftragnehmer ein Einstellungsrecht. Mit einer weiteren Nachfristsetzung kann er sich sogar vom Vertrag endgültig lösen. Die Regelungen des § 648 a BGB sind nicht wirksam auszuschließen, und zwar auch nicht im Rahmen individueller Vereinbarungen (§ 648 a Abs. 7 BGB).

! Im Hinblick auf die Unwirksamkeit von abweichenden Vereinbarungen ist dem Auftraggeber zu raten, sich von vornherein darauf einzustellen, dass der Auftragnehmer möglicherweise ein Verlangen nach Sicherheitsleistung gem. § 648 a BGB erklären wird. Er sollte dies bei der Finanzierung des Bauvorhabens mit seiner Bank bereits abstimmen und entsprechende vertragliche Regelungen mit dem Auftragnehmer treffen, etwa indem sichergestellt wird, dass sich eine Bürgschaft nach § 648 a BGB jeweils Zug-um-Zug gegen die erhaltenen Zahlungen reduziert und damit eine Doppelbelastung der Kreditlinie vermieden wird.

i) Streitbeilegung

Bereits vor Vertragsschluss sollten gewisse Schlichtungsmechanismen in den Vertrag eingebaut werden, um im Falle von Konflikten automatisch Lösungsmechanismen, die sinnvoller Weise zu einem für beide Vertragsparteien verbindlichen Ergebnis führen, einzubauen. 1179

aa) Schiedsgutachten

Gerade für Streitigkeiten, die ihren Schwerpunkt im technischen Bereich haben, wie z. B. über die Änderung der Baugrundverhältnisse ITC, bietet sich ein Schiedsgutachtenverfahren an. 1180

Hierbei ist zwischen rechtsabänderndem Schiedsgutachten, bei denen dem Gutachter ein Gestaltungsrecht eingeräumt wird und einem feststellendem Schiedsgutachten, bei dem der Gutachter lediglich Inhalt einer Leistung eines Sachverhaltes oder eines Vertrages fest- bzw. klarstellt, zu unterscheiden. 1181

Inhaltlich sollten folgende Regelungen in die Schiedsgutachtervereinbarung aufgenommen werden: 1182

- Vereinbarung eines Schiedsgutachtens für bestimmte Streitfragen
- Bestimmung des Schiedsgutachters
- Verfahren zur Bestellung des Schiedsgutachters sofern noch keiner benannt ist
- Kosten des Verfahrens
- Rechtsfolgen Verbindlichkeit

Wirkung des Schiedsgutachtens 1183

- **Prozess:**
  – schließt in seiner Reichweite Prozess aus
  – Klage vor Durchführung des Schiedsgutachtens unbegründet
  – Tatsachenfeststellung bindet Gericht
- **Selbständiges Beweisverfahren:**
  – Durchführung eines selbständigen Beweisverfahren ist unzulässig
- **Verjährung:**
  – Hemmung

475 BGH BauR 2001, 386.
476 *Franke/Kemper/Zanner/Grünhagen*, B § 17 Rdnr. 190.

bb) Schiedsgericht

1184 Des Weiteren bietet sich an, unter Ausschluss des ordentlichen Rechtsweges, die Durchführung eines Schiedsgerichtes zu vereinbaren. Vorteil des Schiedsgerichtes ist zum einen die Verfahrensdauer, die in der Regel wesentlich kürzer ist, als auch die Fachkompetenz der Schiedsrichter, da diese von den Parteien ausgewählt werden.

Zu den Einzelheiten des Verfahrens.[477]

cc) Mediation

1185 Die Mediation stellt ein im deutschen Rechtskreis noch neues Konfliktbeilegungsinstrumentarium dar. Dabei werden alle Konfliktparteien am Verfahren beteiligt. Der Mediator hilft beim Erkennen des Konfliktes und bei Überlegungen zur adäquaten Vorgehensweise im Hinblick auf die Lösung des Konfliktes.[478]

4. Bauordnungsrecht

1186 Wie einleitend betreffend der Prüfung der öffentlich-rechtlichen Rahmenbedingungen bereits ausgeführt, enthalten die Landesbauordnungen jeweils dahingehende Regelung, dass ein Vorhaben nicht den öffentlich-rechtlichen Vorschriften widersprechen darf (**siehe B. II. 2.**). Dies betrifft nicht nur die Phase der Planung, sondern auch die Phase der Bauerrichtung. Hier sei insbesondere der Baulärmschutz herausgegriffen.

1187 Mit der Durchführung von Bauvorhaben gehen naturgemäß Lärmimmissionen einher, die ab einer gewissen Intensität als schädliche Umwelteinwirkungen durch Geräusche einzustufen sind. Dies ist nach der Definition des hier maßgeblichen Bundesimmissionsschutzgesetzes, als einer der öffentlich-rechtlichen Vorschriften, denen das Vorhaben nicht widersprechen darf, dann der Fall, wenn die Immissionen »nach Art, Ausmaß oder Dauer geeignet sind, Gefahren, erhebliche Nachteile oder erhebliche Belästigungen für die Allgemeinheit oder Nachbarschaft herbeizuführen« (§ 3 Abs. I BImSchG). Um solchen Immissionen zu begegnen, gibt es eine Vielzahl von rechtlichen Instrumentarien, die ein Investor bei der Entwicklung eines Grundstücks berücksichtigen muss. Die bei der Durchführung von Bauvorhaben zur Minderung des Lärms durch Baustellen zu beachtenden wesentlichen Vorschriften sind dabei auf Bundesebene dem Bundesimmissionsschutzgesetz nebst seinen untergesetzlichen Konkretisierungen und auf Landesebene dem Bauordnungsrecht, sowie den Landesimmissionsschutzgesetzen und -Verordnungen zu entnehmen.

a) Baulärmschutzanforderungen nach dem Bundesimmissionsschutzgesetz

1188 Die Baustelle als solche und das Baugrundstück selbst stellen – soweit darauf Arbeiten durchgeführt werden – eine Anlage im Sinne des Gesetzes dar, für deren Betrieb die Vorschriften über nichtgenehmigungsbedürftige Anlagen gelten (§§ 3 Abs. V, 22 ff. BImSchG). Nach den gesetzlichen Anforderungen sind Baustellen so zu errichten und zu betreiben, dass schädliche Umwelteinwirkungen in Form von Lärm, die nach dem Stand der Technik vermeidbar sind, verhindert bzw. auf ein Mindestmaß beschränkt werden (§ 12 Abs. I 1 Nr. 1, Nr. 2 BImSchG).

1189 Aufgrund dieses gestaffelten Pflichtenkataloges der Vermeidung und Beschränkung von schädlichen Umwelteinwirkungen in Form von Lärm gehört es zu den unabdingbaren Pflichten von Bauherrn, Architekten, Planern und Bauunternehmern, unvermeidbare Belästigungen durch Baulärm auf ein Mindestmaß zu reduzieren. Daher ist bei der Durchführung von Baumaßnahmen schon frühzeitig zu klären, ob die Umgebung der Baustelle erwarten lässt, dass es zu erheb-

---

477 Vgl. *Heiermann/Kullack/Baier,* Kommentar zur Schiedsgerichtsordnung für das Bauwesen, 2. Aufl. 2002.

478 Vgl. umfangreich hierzu *Flucher, Kochendörfer, v. Minckwitz, Viering,* Mediation im Bauwesen, 2003.

lichen Belästigungen durch Baulärm kommt und ob Möglichkeiten bestehen, die Belastungen für die Nachbarschaft zu begrenzen, zum Beispiel durch den Einsatz lärmarmer Baumaschinen. Diesbezügliche Überlegungen zur Lärmminderung sollten daher schon im Zeitpunkt der Planung des Vorhabens einbezogen werden; so sollten schon Ausschreibung und Angebot konkrete Maßnahmen zur Gewährleistung eines lärmarmen Baubetriebs enthalten.

Ein Interessent hat bei der Investition in die Bebauung von Grundstücken zu beachten, dass 1190 Baulärm erhebliche Belästigungen und sonstige Nachteile zur Folge haben kann, vor denen das Bundesimmissionsschutzgesetz schützt. So unterfällt neben dem körperlichen auch das seelische Wohlbefinden der betroffenen Personen dem Schutzbereich des Gesetzes. Sogar zeitweilige Umsatzeinbußen für benachbarte Gewerbebetriebe, wie etwa Hotels, Restaurants und Ladenlokale können unter den Schutzbereich des Gesetzes zu fassen sein. Jedoch müssen nach dem Gesetzeswortlaut derartige Nachteile bzw. Belästigungen eine Erheblichkeitsschwelle überschreiten, um rechtlich relevant zu sein. Dies wiederum hängt von dem Ausmaß, der Dauer, der rechtlichen Verteilung der Baulärmimmissionen, sowie der Gebietsart und der Vorbelastung ab.[479]

Der Schutz des Bundesimmissionsschutzgesetzes ist jedoch disponibel, so dass lärmbetroffene 1191 Nachbarn auf diesen Schutz grundsätzlich wirksam verzichten können.[480] Stimmen sie nämlich im Vorfeld der Baumaßnahme dem Baulärm zu, ist er für sie zumutbar und stellt keine schädliche Umwelteinwirkung mehr dar.

! **Dem Investor ist zu raten, im Sinne einer schnellen Verwirklichung des Bauvorhabens im Vorfeld einer Baumaßnahme eine Einwilligung der lärmbetroffenen Nachbarn zu erwirken.**

Dies gilt um so mehr, als die betreffenden Normen des Bundesimmissionsschutzgesetzes dritt- 1192 schützenden Charakter haben und den Nachbarn also ein bestimmter Rechtsschutz zustehen kann (**siehe B. II. 2. f.**).

Ob bei dem Betrieb einer Baustelle schädliche Umwelteinwirkungen durch Lärm entstehen 1193 wird nach der Allgemeinen Verwaltungsvorschrift zum Schutz gegen Baulärm – Geräuschimmissionen – vom 19. 8. 1970 beurteilt. Diese bundeseinheitliche Verwaltungsvorschrift enthält insbesondere die zulässigen Immissionsrichtwerte, die die unterschiedliche baugebietsspezifische Schutzbedürftigkeit berücksichtigen. Daneben enthält diese Verordnung Vorgaben für die Ermittlung des Beurteilungspegels, Rahmenbedingungen für behördliche Maßnahmen zur Minderung des Baulärms sowie Beispiele für technische Schutzmaßnahmen. Dabei ist der Stand der Technik – bezogen auf die Geräuschimmissionen – für verschiedene Baumaschinentypen in der Europäischen Union mittlerweile einheitlich festgelegt. Die entsprechenden europäischen Richtlinien sind durch die Geräte – und Maschinenschutzlärmverordnung in deutsches Recht überführt worden (32. BImSchVO).

Die Einhaltung der vorgenannten Vorschriften wird von den für die Baulärmbekämpfung nach 1194 Landesrecht zuständigen Behörden überprüft (§ 52 Abs. I BImSchG). Bei Verstößen kann die Behörde erforderliche Anordnungen treffen (§ 24 BImSchG). So zum Beispiel kann sie Lärmschutzauflagen erlassen, die den Baustellenbetrieb zeitlich beschränken. Kommt der Bauunternehmer bzw. der Bauherr als Adressat einer solchen Anordnung dieser nicht nach, kann der Betrieb der Baustelle ganz oder teilweise bis zur Erfüllung der vollziehbaren behördlichen Anordnung untersagt werden (§ 25 Abs. I BImSchG). Sofern der Baulärm über erhebliche Beeinträchtigungen hinausgeht und sogar das Leben und die Gesundheit von Menschen gefähr-

479 BVerwG NJW 1984, 989.
480 *Jan Bodanowitz* in: Rechtliche Grundlagen des Baulärmschutzes, NJW 1997, 2351 ff.

det, muss die Behörde den Baustellenbetrieb ganz oder teilweise einstellen (§ 25 Abs. II BImSchG).

1195 Solche behördlichen Anordnungen bis hin zu Betriebsbeschränkungen und Verzögerungen beim Bauablauf stellen ein erhebliches Kostenrisiko dar, das ein Investor unbedingt in seine Überlegungen mit einbeziehen muss. So haben immissionsrechtliche Verordnungen regelmäßig unerwartete und unkalkulierte Kostensteigerungen zur Folge, da die Einhaltung der öffentlich-rechtlichen Gebote in den meisten Fällen eine Investition in neues Maschinenmaterial sowie eine für die Lohnkosten beachtliche Verlängerung der Gesamtbauzeit nach sich zieht.[481] Außerdem sind diese Investitionen kaum aufzuschieben, da die immissionsschutzrechtlichen Anordnungen im überwiegenden Interesse der betroffenen Nachbarn regelmäßig mit einer Anordnung sofortiger Vollziehbarkeit verknüpft sind (§ 80 Abs. 2 1 Nr. 4 VwGO). Darüber hinaus ist die Nichtbeachtung solcher Anordnen bußgeldbewehrt in Höhe von bis zu 50.000,00 € (§ 62 Abs. I Nr. 5, 6 iVm Abs. III BImSchG).

b) Baulärmschutzanforderungen nach dem Bauordnungsrecht

1196 Die Bauordnungen der Länder enthalten zumeist wortgleiche Bestimmungen über die Ausgestaltung der Baustellen. Danach sind Baustellen so einzurichten, »dass vermeidbare Belästigungen nicht entstehen«.[482]

1197 Als Maßstab für die Bestimmung der »vermeidbaren Belästigung« dient wiederum die oben genannte Allgemeine Verwaltungsvorschrift zum Schutz gegen Baulärm – Geräuschimmissionen – vom 19. 8. 1970. Daneben wird die Vermeidbarkeit der Belästigung auch durch die durchzuführende Maßnahme selbst bestimmt. Sofern das Vorhaben öffentlich-rechtlich zulässig ist, muss die Durchführung grundsätzlich auch möglich sein. Insofern können zwingende technische Erfordernisse dazu führen, dass Lärmbelästigungen durch die Baumaßnahme entstehen, die die zulässigen Grenzwerte übersteigen. Unter Umständen sind diese dann von den Anwohnern auch zu dulden, wie zum Beispiel Arbeiten in der Nacht.[483]

1198 Soweit vermeidbare Belästigungen in Form von Baulärm vorliegen, kann die Bauaufsichtsbehörde nach den allgemeinen bauordnungsrechtlichen Eingriffsermächtigungen notwendige Anordnungen treffen und zum Beispiel Lärmschutzauflagen erlassen. Im Ergebnis ermächtigt aber das Bauordnungsrecht nicht zu weitergehenden Anordnungen gegen Baulärmeinwirkungen als das Immissionsschutzrecht.

c) Baulärmschutzanforderungen nach dem Landesimmissionsschutzrecht

1199 Als Baulärm-relevante landesrechtliche Bestimmungen kommen die Regelungen über den Schutz der Nachtruhe nach den Landesimmissionsschutzgesetzen und –Lärmverordnungen in Betracht. An dieser Stelle sei beispielhaft die Verordnung zur Bekämpfung des Lärms in der Fassung vom 6. 7. 1994 des Landes Berlin einschließlich der Ausführungsvorschriften zur Verordnung zur Bekämpfung des Lärms (AVLärmVO) auf ihre inhaltlichen Regelungen hin beleuchtet.

1200 Danach werden insbesondere die Nachtruhe und die schutzwürdigen Ruhezeiten geregelt (§§ 1, 2 Berliner LärmVO). Der Schutz der Nachtruhe erstreckt sich dabei auf die Zeit von 22.00 Uhr bis 6.00 Uhr; in dieser Zeit ist es verboten, »Lärm zu verursachen, durch den andere Personen in ihrer Nachtruhe gestört werden können«. Die schutzwürdigen Ruhezeiten sind an Werktagen 6.00 Uhr bis 7.00 Uhr morgens und von 20.00 Uhr bis 22.00 Uhr abends, sowie an Sonn- und

481 *Thomas Klindt* in: Die behördliche Anordnung lärmmindernder Baumaßnahmen und ihre Behandlung als Preisfaktor nach VOB/B, BauR 1998, 1185 ff.

482 Vgl. dazu beispielhaft § 12 Abs. 1 Berliner Bauordnung.

483 OVG Berlin, NVwZ 1996, 926.

gesetzlichen Feiertagen die Zeit von 6.00 Uhr bis 22.00 Uhr. In dieser Zeit wird die Verursachung »objektiv unzumutbaren« störenden Lärms untersagt.

Zur Feststellung, ob eine Ruhestörung im Sinne der Verordnung vorliegt, ist in der Regel eine 1201
Schallpegelmessung durchzuführen, die wiederum auf der Grundlage der Allgemeinen Verwaltungsvorschrift zum Schutz gegen Baulärm – Geräuschimmissionen – vom 19. 8. 1970 durchzuführen ist.

Die zuständige Behörde kann von den genannten Verboten zum Schutz der Nachtruhe bzw. 1202
zum Schutz während der Ruhezeiten auf Antrag widerrufliche Ausnahmen zulassen, wenn die Störung unbedeutend ist oder das beantragte Vorhaben im Einzelfall Vorrang vor den schutzwürdigen Belangen Dritter haben muss. Die Behörde wägt dabei in jedem Einzelfall die schutzwürdigen Belange der Anwohner mit den Interessen und Notwendigkeiten für den Betrieb der Baustelle während der Ruhezeiten oder der Nacht ab.

Eine Ausnahmezulassung wird dabei nur gewährt, wenn die Bauarbeiten aus zwingenden 1203
Gründen während der geschützten Zeiten erforderlich sind. So müssen grundsätzlich zunächst die werktäglichen Arbeitszeiten ausgeschöpft werden (montags bis samstags von 7.00 Uhr bis 20.00 Uhr). Besteht die unabweisbare Notwendigkeit, darüber hinaus zu arbeiten, kann vorrangig eine Ausnahmezulassung für die Ruhezeiten erteilt werden. Allein wirtschaftliche Interessen der Bauherrn oder Baufirmen sind aber kein ausreichender Grund für ruhestörende Arbeiten während der geschützten Zeiten. Ausnahmezulassungen werden deshalb in der Regel nur erteilt, wenn technische Notwendigkeiten im Baugeschehen bzw. im Umfeld der Baustelle dies erfordern. Wer störende Bauarbeiten während der geschützten Zeiten ohne Ausnahmezulassung durchführt oder Auflagen und Bedingungen zum Lärmschutz missachtet, muss mit einem Bußgeldverfahren rechnen (§ 9 LärmVO). Werden Auflagen und Bedingungen nicht beachtet, kann die Ausnahmezulassung darüber hinaus jederzeit widerrufen werden.

Tipp

- Eine Berücksichtigung der Lärmschutzvorschriften ist bei der Realisierung eines Vorhabens dringend geboten.
- Schädliche Umwelteinwirkungen sollten vermieden bzw. auf ein Mindestmaß beschränkt werden.
- Überlegungen zur Lärmminderung sollten bereits in die Planung einbezogen werden.
- Gegebenenfalls ist eine Nachbareinwilligung einzuholen.
- Gegebenenfalls kann eine Ausnahmezulassung bei der zuständigen Behörde eingeholt werden.

VII. Die Verwertung

Eine Verwertung des Objektes kann durch Verkauf oder Vermietung erfolgen. 1204

1. Verkauf

a) Allgemeines

Wenn der Bauträger/Projektentwickler des Ausgangsfalles sich dazu entschließt, die Büroim- 1205
mobilie zu verkaufen, muss er hierfür einen Bauträgervertrag abschließen. Mit einem Bauträgervertrag verpflichtet sich der Bauträger gegenüber dem Erwerber, diesem das Grundstück zu übereignen und auf dem Grundstück das im Vertrag bzw. der Baubeschreibung näher bezeichnete Gebäude herzustellen. Wesentliche Merkmale des Bauträgervertrages sind sonach die

Übereignungsverpflichtung bezüglich des Grundstückes und die Herstellungsverpflichtung bezüglich des Gebäudes.[484]

1206 Bei der Abwicklung des Bauträgervertrages unterliegen dessen beiden Komponenten – Grundstücksteil einerseits, Bauverpflichtung andererseits – einer gesonderten rechtlichen Beurteilung. Der Grundstücksteil wird im Prinzip abgewickelt wie ein normaler Grundstückskaufvertrag, die Bauverpflichtung wie ein Bauvertrag. Aus der Zusammenfassung des Grundstücksteils und der Bauverpflichtung in einem Vertrag ergeben sich allerdings einige Besonderheiten, die den speziellen Inhalt des Bauträgerrechtes ausmachen. Nach Bauträgerrecht beurteilt sich der Vorgang grundsätzlich auch dann, wenn das Gebäude bei Abschluss des Vertrages bereits (teilweise) hergestellt ist. Auch fertiggestellte Gebäude unterfallen in bestimmter Hinsicht dem Bauträgerrecht, sofern die Fertigstellung nicht schon lange zurückliegt.[485]

1207 Schon der erste Blick auf den Ausgangsfall zeigt, dass es sich dort nicht um die für einen Bauträgervertrag typische Situation handelt. Im »Normalfall« des Bauträgervertrages ist Vertragspartner des Bauträgers ein (End-)Verbraucher, der von dem Bauträger ein Reihenhaus oder eine Eigentumswohnung erwirbt. Demgegenüber ist Vertragspartner des Bauträgers im Ausgangsfall ein Unternehmer, Gegenstand des Erwerbes eine Büroimmobilie. Die Abweichung gegenüber dem »Normalfall« des Bauträgervertrages hat Auswirkungen auf die Vertragsgestaltung. Auswirkungen ergeben sich auch für die Anwendung von gesetzlichen Vorschriften. So sind insbesondere die Makler- und Bauträgerverordnung und das Recht der Allgemeinen Geschäftsbedingungen (§§ 305 ff. BGB) nur eingeschränkt anwendbar.

b) Makler- und Bauträgerverordnung

1208 Die Makler- und Bauträgerverordnung (MaBV) enthält öffentlich-rechtliche Sicherungsvorschriften zu Gunsten des Erwerbers.[486] Die Vorschriften der MaBV sind grundsätzlich auch auf den mit einem Unternehmer abgeschlossenen Bauträgervertrag anwendbar. Gleiches gilt selbstverständlich für die Erlaubnispflicht des § 34 c Abs. 1 Satz 1 Nr. 2 a Gewerbeordnung. Nicht anwendbar auf den mit einem Unternehmer abgeschlossenen Bauträgervertrag sind aber die Sicherungsvorschriften der §§ 3, 7 MaBV, wonach der Bauträger die Vermögenswerte des Erwerbes nur unter bestimmten Voraussetzungen entgegennehmen darf (§ 7 Abs. 2 MaBV).[487] Die Folge hiervon ist, dass die Vertragsparteien hinsichtlich der vertraglichen Ausgestaltung der Fälligkeit der Vergütung freier sind, als dies bei dem mit einem Verbraucher abgeschlossenen Vertrag der Fall ist.

c) Recht der Allgemeinen Geschäftsbedingungen

1209 Auch das Recht der Allgemeinen Geschäftsbedingungen ist auf den mit dem Unternehmer abgeschlossenen Bauträgervertrag nicht uneingeschränkt anwendbar. Gegenüber einem Unternehmer keine Anwendung findet insbesondere die Inhaltskontrolle nach den §§ 308, 309 BGB (§§ 310, 314 BGB). Unberührt ist allerdings die Anwendbarkeit der Inhaltskontrolle nach § 307 BGB – Stichwort: »unangemessene Benachteiligung« –, so dass die in den §§ 308, 309 BGB geregelten Sachverhalte letztlich auch mit einem Unternehmer als Vertragspartner einer Inhaltskontrolle standhalten müssen (vgl. § 310 Abs. 1 BGB).

d) Bauleistung

1210 Welche Bauleistungen der Bauträger auszuführen hat, ergibt sich regelmäßig aus einer dem Vertrag beigefügten Baubeschreibung. Diese Baubeschreibung bedarf – ebenso wie der Vertrag

484 *Poetzsch-Heffter* in: Handbuch Baubegleitende Rechtsberatung, S. 48 ff.
485 Vgl. etwa unten Rdnr. 1212, 1231.
486 BGH BauR 2001, 391.
487 Vgl. etwa unten Rdnr. 1218.

selbst – der notariellen Beurkundung (§ 311 b Abs. 1 BGB).[488] Beurkundet werden muss die Baubeschreibung in der bei Vertragsabschluss gültigen Fassung, also einschließlich aller vom Erwerber vorgenommenen Änderungen. Werden solche Änderungen nicht berücksichtigt, ist der Bauträgervertrag insgesamt nichtig.[489] In der Praxis wird über die Baubeschreibung üblicherweise eine gesonderte Bezugsurkunde erstellt, auf die in der Vertragsurkunde verwiesen wird (vgl. § 13 a Beurkundungsgesetz).

Wird der Bauträgervertrag mit einem Verbraucher abgeschlossen, so liegt dem Vertrag eine 1211
Standard-Baubeschreibung zugrunde, die für den Verkauf mehrerer Eigentumswohnungen oder Reihenhäuser herangezogen werden kann. Für den Verkauf einer komplexen Büroimmobilie wäre eine solche Standard-Baubeschreibung nicht geeignet. Hier bedarf es der Erstellung einer auf das konkrete Projekt bezogenen Baubeschreibung. Sinnvollerweise handelt es sich hierbei um eine funktionale Baubeschreibung, wie sie beim Abschluss von Generalunternehmerverträgen Verwendung findet.[490]

Auf die Erstellung der (funktionalen) Baubeschreibung ist besondere Sorgfalt zu verwenden. 1212
Falls die Baumaßnahme bei Abschluss des Vertrages bereits (teilweise) realisiert ist, ist darauf zu achten, dass die Baubeschreibung lediglich für die noch ausstehenden Maßnahmen Geltung hat. Hinsichtlich des schon realisierten Bauteils richtet sich das vertragliche Bau-Soll allein nach den schon hergestellten Bauteilen.

!

1. Erfolgt der Vertragsabschluss zu einem Zeitpunkt, zu dem das Bauvorhaben schon (teilweise) realisiert ist, sind in der Baubeschreibung lediglich noch die ausstehenden Arbeiten aufzuführen. Das Bausoll für die bereits hergestellten Bauteile ergibt sich aufgrund der tatsächlichen Ausführung.
2. Die sich aus der Baubeschreibung gegenüber dem Erwerber eingegangenen Verpflichtungen sollten ohne Abstriche an die ausführenden Unternehmen weitergegeben werden. Andernfalls besteht das Risiko, dass ein ausführendes Unternehmen einen zusätzlichen Vergütungsanspruch hat, ohne dass der Bauträger einen entsprechenden Anspruch gegenüber dem Erwerber geltend machen kann.

Bei der Erstellung der Baubeschreibung ist auch darauf zu achten, dass diese den Anforderungen des Transparenzgebotes (§ 307 Abs. 1 Satz 2 BGB) standhält. Bei den in einer Baubeschreibung enthaltenen leistungsbeschreibenden Klauseln handelt es sich, da diese zumeist bei einer Mehrzahl von Projekten Verwendung finden, um Allgemeine Geschäftsbedingungen. Das – durch die Schuldrechtsmodernisierung in das BGB aufgenommene – Transparenzgebot erstreckt sich ausdrücklich auch auf solche Bestimmungen, die keine Abweichung von Rechtsvorschriften darstellen. Insofern müssen auch leistungsbeschreibende Klauseln »klar und verständlich« (§ 307 Abs. 1 Satz 2 BGB) formuliert sein.[491] Hierfür haben auch die Notare zu sorgen.[492] Nicht abschließend geklärt ist allerdings bisher, welche Auswirkungen sich aus einem Verstoß gegen das Trans- 1213

! Leistungsbeschreibende Klauseln in Bauträgerverträgen unterliegen dem Transparenzgebot und müssen deshalb klar und verständlich sein. Beim Verstoß gegen das Transparenzgebot besteht das Risiko, dass sich das Bausoll zu Lasten des Bauträgers funktional bestimmt, auch wenn dies in der Baubeschreibung anders vorgesehen war.

488 BGH NJW 1978, 102.
489 BGH IBR 2002, 612; AG Dortmund IBR 2002, 487.
490 Vgl. oben Ziffer I.6.b.
491 Thode, NZBau 2002, 360, 364.
492 Thode, NZBau 2002, 360, 366.

parenzgebot ergeben, wenn eine leistungsbeschreibende Klausel unklar formuliert ist.[493] Es spricht viel dafür, dass sich das Leistungssoll in einem solchen Falle funktional bestimmt.[494]

1214 Während der Durchführung der Baumaßnahme entsteht zumeist das Bedürfnis, die vereinbarte Baubeschreibung zu ergänzen oder zu ändern. Die üblichen – mit dem Verbraucher abgeschlossenen – Bauträgerverträge – tragen diesem Änderungsbedürfnis dadurch Rechnung, dass der Erwerber unmittelbar mit den ausführenden Unternehmen Vereinbarungen über seine Sonderwünsche abschließt.[495] Für den mit einem Verbraucher abgeschlossenen Bauträgervertrag mag ein solches Vorgehen sinnvoll und praktikabel sein. Der Komplexität des Vorhabens im Ausgangsfall wird dies jedoch nicht gerecht. Hier empfiehlt es sich, Ergänzungs- bzw. Änderungsoptionen wie folgt zu vereinbaren:

- Hinsichtlich einzelner – in der Baubeschreibung genau bezeichneter – Leistungsmerkmale erhält der Erwerber ein Leistungsbestimmungsrecht nach § 315 BGB. Ein solches Leistungsbestimmungsrecht ist sinnvoll etwa für die regelmäßig nach Vertragsabschluss noch durchzuführenden Bemusterungen (z. B. Sanitäreinrichtung). Ein Leistungsbestimmungsrecht kann aber auch sinnvoll sein, wenn ein Mieterausbau erfolgen soll, die Einzelheiten hierzu (z. B. Trennwände, Böden, Malerarbeiten, Lampen) aber noch nicht feststehen.[496] Dem Erwerber kann auch das Recht eingeräumt werden, den Mieterausbau ganz oder teilweise aus dem Leistungsumfang herauszunehmen oder zeitlich zurückzustellen.[497]
- Der Erwerber erhält Änderungsbefugnisse entsprechend § 1 Nr. 3, 4 VOB/B. Je nachdem, wie der Erwerber das Gebäude zu nutzen beabsichtigt, kann es sinnvoll sein, ihm über die – vergütungsneutralen – Leistungsbestimmungsrechte hinaus »echte« Änderungsbefugnisse einzuräumen. Die Ausübung der Änderungsbefugnisse ist – ebenso wie der Bauträgervertrag selbst – grundsätzlich beurkundungsbedürftig (§ 311 b Abs. 1 BGB).[498] Es gibt hierzu jedoch Ausnahmen, insbesondere die in der Praxis wichtige Regel, dass Änderungen nach Erklärung der Auflassung formfrei möglich sind.[499] Etwaige Auswirkungen von Änderungsanordnungen auf die Vergütung sind im Vertrag gesondert zu regeln.
- Zu Gunsten des Bauträgers wird ein Änderungsvorbehalt vereinbart. Ein solcher Änderungsvorbehalt ist aber, um nicht einen Verstoß gegen § 308 Nr. 4 BGB auszulösen, auf geringfügige, für den Erwerber zumutbare Änderungen zu beschränken.[500]

e) Vergütung

aa) Pauschalfestpreis

1215 Als Vergütung für sämtliche vom Bauträger zu erbringenden Leistungen wird üblicherweise ein Pauschalpreis vereinbart.[501] Der Pauschalpreis umfasst, soweit nicht etwas anderes geregelt ist, die schlüsselfertige Herstellung des Objektes, d. h. das Grundstück sowie sämtliche Planungs- und Bauleistungen. Nicht umfasst sind die Kosten der Beurkundung und die Grunderwerbssteuer. Soweit zweifelhaft sein könnte, ob bestimmte Kosten unter dem Gesichtspunkt der »Schlüsselfertigkeit«[502] vom Pauschalpreis mitumfasst sind, sollte bei diesen Leistungen eine klare vertragliche Regelung getroffen werden. Dies betrifft etwa die Kosten für die Bau-

493 *Pause,* NZBau 2002, 648, 650; *Basty,* Der Bauträgervertrag, Aktuelle Ergänzungen zur 4. Auflage, Rdnr. 25.
494 *Pause,* NZBau 2002, 648, 651.
495 *Brych/Pause,* Bauträgerkauf und Baumodelle, 3. Aufl., Rdnr. 225 ff.
496 *Poetzsch-Heffter* in: Handbuch Baubegleitende Rechtsberatung, Seite 57; *Brych/Pause,* Bauträgerkauf und Baumodelle, 3. Aufl., Rdnr. 337.
497 *Poetzsch-Heffter* in: Handbuch Baubegleitende Rechtsberatung, Seite 57.
498 Brych/Pause, Bauträgerkauf und Baumodelle, 3. Aufl., Rdnr. 73 ff.
499 BGH NJW 1985, 266.
500 *Poetzsch-Heffter* in: Handbuch Baubegleitende Rechtsberatung, Seite 57.
501 *Brych/Pause,* Bauträgerkauf und Baumodelle, 3. Aufl., Rdnr. 305.
502 Vgl. *Brych/Pause,* Bauträgerkauf und Baumodelle, 3. Aufl., Rdnr. 32.

genehmigung und die außerhalb des Grundstücks zu erbringenden Erschließungsleistungen (z. B. Anschlussgebühren).

bb) Verjährung

Der Vergütungsanspruch des Bauträgers verjährt – seit der Schuldrechtsmodernisierung – in 10 Jahren (§ 196 BGB). Streitig ist hier allerdings, ob sich die 10jährige Verjährungsfrist lediglich auf den dem Grundstück entsprechenden Vergütungsteil bezieht oder ob hiervon die Gesamtvergütung umfasst ist.[503] Die 10jährige Verjährungsfrist kann bis zu 30 Jahren verlängert werden (§ 202 Abs. 2 BGB). 1216

cc) Fälligkeit

In jedem Bauträgervertrag regelungsbedürftig ist die Frage, wann der Erwerber die Vergütung zu zahlen hat. Dieser Frage kommt auf Seiten des Bauträgers entscheidende Bedeutung für die Finanzierung des Vorhabens zu. Je eher der Bauträger die Vergütung erhält, desto weniger ist er auf weitere Finanzierungsquellen angewiesen. Der Bauträger ist deshalb daran interessiert, im Vertrag einen möglichst frühen Fälligkeitszeitpunkt zu vereinbaren. Für den Erwerber birgt ein früher Fälligkeitszeitpunkt hingegen das Risiko, dass er die gezahlte Vergütung verliert, wenn der Bau endgültig stecken bleibt (Insolvenz des Bauträgers!). Um den Erwerber vor einer solchen Situation zu bewahren, wird die Zulässigkeit vertraglicher Fälligkeitsregelungen durch die Makler- und Bauträgerverordnung und das Recht der Allgemeinen Geschäftsbedingungen begrenzt. 1217

Nach den §§ 3, 7 MaBV darf der Bauträger Vermögenswerte des Erwerbers nur unter dort im Einzelnen näher bestimmten Voraussetzungen entgegennehmen. Eine abweichende Vereinbarung ist unzulässig und damit unwirksam (§ 12 MaBV, § 125 BGB). Die Regelungen in den §§ 3, 7 MaBV sind auf den Ausgangsfall allerdings nicht unmittelbar anwendbar. Nach § 7 Abs. 2 MaBV ist der Bauträger von den Verpflichtungen des § 3 Abs. 1 und 2 MaBV freigestellt, wenn es sich bei dem Erwerber um einen in das Handelsregister oder das Genossenschaftsregister eingetragenen Kaufmann handelt und der Erwerber in gesonderter Urkunde auf die Anwendung des § 3 Abs. 1 und 2 MaBV verzichtet (§ 7 Abs. 2 Satz 1 Nr. 2 MaBV). Eine Befreiung von den Verpflichtungen des § 3 Abs. 1 und 2 MaBV erlangt der Bauträger sonach nur dann, wenn der Erwerber ein eingetragener Kaufmann ist und eine entsprechende Verzichtserklärung abgibt. Eine notarielle Beurkundung dieser Erklärung ist nicht erforderlich.[504] Es erscheint jedoch sinnvoll, die (einfach) schriftliche Erklärung dem Bauträgervertrag in Anlage beizufügen. 1218

Ist die vertragliche Fälligkeitsregelung in Allgemeinen Geschäftsbedingungen enthalten, was bei Bauträgerverträgen regelmäßig der Fall sein dürfte, darf sich aus der Fälligkeitsregelung für den Erwerber keine unangemessene Benachteiligung ergeben (§ 307 BGB). Was in diesem Sinne bei Fälligkeitsregelungen als unangemessene Benachteiligung anzusehen ist, ist im Einzelnen äußerst umstritten.[505] Für die Praxis kann man von folgenden vereinfachten Annahmen ausgehen: 1219

- Zulässig ist eine Zahlung gegen (Vorauszahlungs-)Bürgschaft. Die Zulässigkeit einer solchen Regelung ergibt sich aus der Verordnung über Abschlagszahlungen bei Bauträgerverträgen vom 23. 5. 2001.[506] Für den Bauträger hat eine Zahlung gegen Bürgschaft den Vorteil eines frühen Liquiditätszuflusses. Für den Erwerber ist eine solche Regelung je nach Ausgestaltung der Bürgschaft allerdings nicht gänzlich ohne Risiko.[507] Der Erwerber hat in diesem

503 *Pause* in: NZBau 2002, 650; *Wagner* in: ZfIR 2002, 257, 260, 262.
504 *Basty,* Der Bauträgervertrag, 4. Aufl. Rdnr. 72.
505 Vgl. den Überblick bei *Sprau* in: Palandt, 62. Aufl. § 632 a Rdnr. 3.
506 Gegen die Wirksamkeit der Verordnung werden allerdings Bedenken geltend gemacht vgl. *Wagner,* ZfIR 2001, 422; *Thode,* ZfIR 2001, 345.
507 Vgl. hierzu die neueste Rechtsprechung zur MaBV-Bürgschaft: BGH ZfIR 1999, 518; BGH 2001, 725; BGH ZfIR 2002, 626; OLG Koblenz, ZfIR 2002, 897; BGH NJW 2003, 285.

Fall insbesondere das Risiko, dass die Mehrkosten für eine Restfertigstellung und Verzugsschadensersatzansprüche nicht abgedeckt sind. Für solche Ansprüche kann gegebenenfalls eine gesonderte (Vertragserfüllungs-)Bürgschaft vereinbart werden.

- Zulässig ist auch eine Regelung, die sich an den Fälligkeitsvoraussetzungen der MaBV orientiert. Auch dies ergibt sich aus der Verordnung über Abschlagszahlungen bei Bauträgerverträgen vom 23. 5. 2001. Zu zahlen wäre die Vergütung hiernach, sobald der Bauträgervertrag rechtswirksam ist, die Auflassungsvormerkung, die Baugenehmigung und die Lastenfreistellung vorliegen (§ 3 Abs. 1 MaBV) und im Übrigen die in § 3 Abs. 2 MaBV bezeichneten Bautenstände erreicht sind. Möglich ist es hierbei auch, die starren Bautenstände des § 3 Abs. 2 MaBV durch einen auf das Projekt bezogenen Zahlungsplan zu ersetzen.
- Unzulässig ist es hingegen, eine nicht abgesicherte Vorleistung des Erwerbers zu vereinbaren. Unwirksam ist daher die Verpflichtung zu übermäßig hohen Abschlagszahlungen über den jeweiligen Leistungsstand hinaus.[508]
- Zulässig sind grundsätzlich auch Zahlungen über Notaranderkonto. Hier muss aber ein besonderes Sicherungsinteresse gegeben sein (§ 54 Abs. 2 Nr. 1 Beurkundungsgesetz). Ein solches besonderes Sicherungsinteresse ist im Regelfall nicht gegeben, da eine Abwicklung auch ohne Notaranderkonto möglich ist.[509]

dd) Leistungsänderung

1220 Kommt es im Rahmen der Vertragsabwicklung dazu, dass der Erwerber eine Änderung der Baubeschreibung verlangt, so hat dies Folgen auch für die vom Erwerber zu zahlende Vergütung. Die Vergütung ist unter Berücksichtigung der durch die Leistungsänderung entstehenden Mehr- und Minderkosten anzupassen. Wie eine solche Anpassung zu erfolgen hat, ist, um spätere Streitigkeiten zu vermeiden, im Vertrag zu regeln. Hierbei ist es wenig sinnvoll, auf die der Vergütung zugrunde liegenden Preisermittlungsgrundlagen (vgl. § 2 Nr. 5, 6 VOB/B) Bezug zu nehmen, da der Bauträger nur im Ausnahmefall über eine detaillierte Baukalkulation verfügt. Die Anpassung sollte vielmehr auf der Grundlage von Nachunternehmerpreisen erfolgen, wobei der »GU-Zuschlag« im Bauträgervertrag festzulegen ist. Üblich sind die Zuschläge zwischen 10% und 18%.

gg) Absicherung der Vergütung

1221 Die Verpflichtung des Bauträgers zur Herstellung des Gebäudes unterliegt dem Werkvertragsrecht des BGB. Insoweit könnte daran gedacht werden, dass dem Bauträger ein Anspruch auf Absicherung seiner Vergütung nach § 648 a BGB zusteht. Es ist jedoch allgemeine Meinung, dass die Vorschrift des § 648 a BGB auf den Bauträgervertrag nicht anzuwenden ist.[510]

f) Haftung für Sachmängel

aa) Kauf-/Werkvertragsrecht

1222 Bei der Durchführung eines Bauträgervertrages wird es sich nie ganz vermeiden lassen, dass das Grundstück oder das hergestellte Gebäude nicht in jeder Hinsicht so sind, wie sie nach dem Vertrag sein sollen. Dem Erwerber stehen in diesem Falle Mängelansprüche zu. Welche Mängelrechte dies sind, ergibt sich, soweit vertraglich nicht etwas geregelt ist, aus dem BGB. Bei der Anwendung dieser gesetzlichen Sachmängelvorschriften gibt es für den Bauträgervertrag eine Besonderheit. Anders als bei anderen Verträgen ist eine eindeutige Zuordnung zu einem gesetzlichen Vertragstyp nicht möglich. Für die Verpflichtung zur Übereignung des Grundstückes gilt Kaufrecht, für die Verpflichtung zur Herstellung des Gebäudes Werkvertragsrecht. Dementsprechend ist auch bei der Anwendung der Sachmängelvorschriften zu unterscheiden. Das

---

508 OLG Hamm, NJW-RR 1998, 275; OLG Schleswig, BauR 1994, 513.
509 *Thönnies* in: Beck'sches Notarhandbuch, 3. Aufl., A I, Rdnr. 351.
510 *Pause* in: NZBau 2002, 648, 650.

Grundstück unterliegt der kaufrechtlichen Mängelhaftung (§§ 434 ff. BGB), das Gebäude der werkvertraglichen Mängelhaftung (§§ 633 ff. BGB).[511]

Die Abgrenzung zwischen Kauf- und Werkvertragsrecht hat durch die Schuldrechtsmodernisierung erheblich an Bedeutung verloren. Nach altem Recht ergab sich die Bedeutung insbesondere aus den unterschiedlichen Gewährleistungsfristen, 5 Jahre für das Werkvertragsrecht, 1 Jahr für das Kaufvertragsrecht. Nachdem die Gewährleistungsfristen sich nun einheitlich auf 5 Jahre belaufen, geht es im wesentlichen um das Selbstvornahmerecht, welches nach Werkvertragsrecht besteht, nach Kaufvertragsrecht hingegen nicht. 1223

bb) Gesetzliche Mängelrechte

Die für das Gebäude geltenden Mängelrechte des Werkvertragsrechts sind: 1224

- Recht auf Nacherfüllung (§§ 634 Nr. 1, 635 BGB; früher: Nachbesserung),
- Recht auf Selbstvornahme (§§ 634 Nr. 2, 637 BGB),
- Rücktritt (§§ 634 Nr. 3, 636 BGB),
- Minderung (§§ 634 Nr. 3, 638 BGB);
- Schadensersatz (§§ 634 Nr. 4, 636 BGB)

Die Verjährungsfrist beträgt einheitlich 5 Jahre ab der Abnahme (§ 634 a Abs. 1 Nr. 2, Abs. 2 BGB). 1225

cc) Sachmangel

Alle Mängelrechte greifen nur dann ein, wenn ein Sachmangel vorliegt. Das Risiko, dass es zu Sachmängeln oder zu Streitigkeiten über das Vorliegen von Sachmängeln kommt, lässt sich durch kluge Vertragsgestaltung erheblich eingrenzen. Entscheidend für das Vorliegen eines Sachmangels ist die »vereinbarte Beschaffenheit« (§ 633 Abs. 2 Satz 1 BGB). Es ist sonach Sache der Parteien zu bestimmen, welche Eigenschaften ein Gebäude haben soll und welche nicht. Es ist hierbei auch durchaus möglich, eine Beschaffenheit zu vereinbaren, die über die geltenden technischen Anforderungen oder die typischerweise zu erwartende Qualität hinaus geht oder dahinter zurückbleibt.[512] Die Beschaffenheit kann auch durch Beschreibung der vom Erwerber beabsichtigten Nutzung festgelegt werden.[513] 1226

!

1. **Auf die Festlegung der vertraglichen Beschaffenheit sollte besondere Sorgfalt angewandt werden.**
2. **Es sollte insbesondere eindeutig festgelegt werden, welche Eigenschaften zur vertraglichen Beschaffenheit gehören und welche eine bloße Beschreibung darstellen.**
3. **In Plänen sind vielfach Informationen enthalten, die nicht verbindlich sein sollen. Insofern ist eine ausdrückliche Klarstellung erforderlich.**

dd) Insbesondere: Abweichende Nutzfläche

Besonders fehlerträchtig ist erfahrungsgemäß die in Bauträgerverträgen regelmäßig enthaltene Angabe der Nutzfläche.[514] Die Parteien können sich hier nicht darauf beschränken, die bloße Flächenangabe im Vertrag festzulegen. Über die Flächenangabe hinaus muss geregelt werden, 1227

- wie die Flächenangabe ermittelt ist (z. B. zweite Berechnungsverorderung, DIN 277, DIN 283),

511 *Basty,* Der Bauträgervertrag, 4. Aufl., Rdnr. 663 ff.; *Brych/Pause,* Bauträgerkauf und Baumodelle, 3. Aufl., Rdnr. 459 ff.

512 *Basty,* Der Bauträgervertrag, Aktuelle Ergänzungen zur 4. Auflage, Rdnr. 44.

513 *Basty,* Der Bauträgervertrag, Aktuelle Ergänzungen zur 4. Auflage, Rdnr. 44.

514 *Brych/Pause,* Bauträgerkauf und Baumodelle, 3. Aufl., Rdnr. 502 ff.

- ein Toleranzbereich, innerhalb dessen keine Mängel geltend gemacht werden können (z. B. 3%),
- ein weiterer Toleranzbereich, innerhalb dessen nur Minderung, nicht dagegen Schadensersatz oder Rücktritt geltend gemacht werden können (z. B. 10%).

1228 Unabhängig hiervon besteht die Möglichkeit, die Höhe der dem Bauträger geschuldeten Vergütung anhand der tatsächlich hergestellten Nutzfläche zu ermitteln.

ee) Haftungseinschränkungen

1229 Da sich das Auftreten von Mängeln nie ganz vermeiden lässt, hat der Bauträger ein Interesse daran, die gesetzlichen Mängelrechte einzuschränken. Solche vertraglichen Haftungseinschränkungen sind allerdings nicht uneingeschränkt zulässig. Gesetzgebung und Rechtsprechung haben hier zum Schutze des Erwerbers enge Grenzen gesetzt. Die Grenzen ergeben sich in erster Linie aus dem Recht der Allgemeinen Geschäftsbedingungen (§ 305 ff. BGB). Grenzen für vertragliche Haftungseinschränkungen bestehen aber auch dann, wenn diese keine Allgemeinen Geschäftsbedingungen darstellen, sondern individualvertraglich vereinbart sind. Für individualvertraglich vereinbarte Haftungsausschlüsse hat der BGH wiederholt entschieden, dass diese bei neuen Objekten nach Treu und Glauben (§ 242 BGB) nur dann wirksam sind, wenn die einschneidenden Rechtsfolgen solcher Klauseln zwischen den Parteien eingehend erörtert wurden und der Erwerber über die Bedeutung nachhaltig belehrt wurde.[515]

1230 Ist die gesetzliche Sachmängelhaftung im Bauträgervertrag eingeschränkt, werden regelmäßig Allgemeine Geschäftsbedingungen vorliegen. Dass die Klausel in einem vom Notar entworfenen Vertrag enthalten ist, steht dem grundsätzlich nicht entgegen.[516] Soweit Allgemeine Geschäftsbedingungen vorliegen, müssen sie der Inhaltskontrolle nach § 307 BGB standhalten. Die Klauselverbote der §§ 308, 309 BGB sind hier hingegen unmittelbar nicht anwendbar, weil es sich bei dem Erwerber im Ausgangsfall regelmäßig um einen Unternehmer handeln dürfte (§§ 14, 310 BGB). Da jedoch den Klauselverboten der §§ 308, 309 bei der Auslegung des § 307 BGB eine maßgebliche Bedeutung zukommt[517], sind auch diese Vorschriften bei Abschluss jedes Bauträgervertrages zu beachten. Insofern gilt im Ausgangsfall auch die für das Sachmängelrecht zentrale Vorschrift des § 309 Nr. 8 b BGB.

1231 Die Reichweite der Inhaltskontrolle nach § 307 BGB wird maßgeblich dadurch bestimmt, ob es sich bei dem Bauträgervertrag um einen »Vertrag über Lieferungen neu hergestellter Sachen« oder einen »Vertrag über Werkleistungen« (§ 309 Nr. 8 b BGB) handelt. Insofern ist eine Abgrenzung zu Verträgen vorzunehmen, die die Übereignung eines schon seit längerem fertiggestellten Gebäudes zum Gegenstand haben.[518] Ein Gebäude, das nach der Fertigstellung längere Zeit leer stand oder anderweitig genutzt wurde, kann nicht mehr als »neu hergestellt« angesehen werden. Zu der Abgrenzung im Einzelnen hat sich in die Rechtsprechung eine umfangreiche Kasuistik herausgebildet.[519] Als Anhaltspunkt lässt sich der Rechtsprechung entnehmen, dass der kritische Bereich immer dann erreicht wird, wenn das Gebäude bereits genutzt wurde oder mehr als 2 Jahre leer steht. Im übrigen kann es im Zweifels-

> **Tipp** Bei Gebäuden, die im Zeitpunkt des Vertragsabschlusses bereits fertiggestellt sind, sollte darauf geachtet werden, dass der Bauträger keine Verpflichtung zur Herstellung des Gebäudes eingeht.

515 Vgl. etwa BGH NJW 1989, 2748; 1988, 1972; 1988, 135.
516 *Basty,* Der Bauträgervertrag, 4. Auflage, Rdnr. 14.
517 *Heinrichs* in: Palandt, BGB, 62. Aufl., § 307 Rdnr. 2, 39 ff.
518 Eine ähnliche Abgrenzungsproblematik ergibt sich für Altbauten, vgl. hierzu *Pause,* NZBau 2000, 234.
519 Es geht hier um dieselbe Abgrenzung wie bei der Abgrenzung von Kauf- bzw. Werkvertragsrecht. Einen guten Überblick hierzu gibt *Koeble* in: Rechtshandbuch Immobilien, Band I, Kap. 15 Rdnr. 59 ff.; die Kasuistik hat auch nach der Schuldrechtsmodernisierung noch Gültigkeit, vgl. hierzu *Brych/Pause,* Bauträgerkauf und Baumodelle, Rdnr. 459 ff.

fall darauf ankommen, ob im Vertrag – trotz Fertigstellung des Gebäudes – eine Herstellungsverpflichtung vereinbart ist. Aus Sicht des Bauträgers sollte deshalb auf die Vereinbarung einer Herstellungsverpflichtung verzichtet werden.

§ Einen Überblick darüber, welche Klauseln zulässig und welche unzulässig sind, gibt die nachfolgende Tabelle: 1232

Klausel	Zulässig? (Ja/Nein)
Ausschluss der Haftung bezüglich des Grundstücks	Ja[520], sofern die gesetzlichen Grenzen für Beschaffenheitsgarantie (§ 444 BGB), für Arglist (§ 444 BGB) und grobes Verschulden (§ 309 Nr. 7 b BGB) sowie für die Verletzung von Leben, Körper und Gesundheit (§ 309 Nr. 7 a BGB) beachtet werden.[521]
Ausschluss der Haftung bezüglich der Bauleistung (§ 309 Nr. 8 b) aa) BGB)	Nein[522], die VOB/B als Ganzes kann für Bauträgerverträge nicht vereinbart werden.[523]
Ausschluss der Wandelung	Nein[524]
Subsidiäre Haftung nach vorheriger gerichtlicher Inanspruchnahme der Nachunternehmer (§ 309 Nr. 8 b) aa) BGB)	Nein[525]
Subsidiäre Haftung nach vorheriger außergerichtlicher Inanspruchnahme der Nachunternehmer	Nein[526]
Beschränkung der Haftung für Mängelfolgeschäden auf Vorsatz und grobe Fahrlässigkeit	Ja[527], sofern die gesetzliche Grenze für die Verletzung von Leben, Körper und Gesundheit (§ 309 Nr. 7 a BGB) beachtet wird.
Erleichterung der Verjährung (§ 309 Nr. 8 b) ff) BGB)	Nein[528]

520 *Basty,* Der Bauträgervertrag, 4. Aufl. Rdnr. 694.
521 *Basty,* Der Bauträgervertrag, Aktuelle Ergänzungen zur 4. Auflage, Rdnr. 56.
522 BGH NJW-RR 1993, 561.
523 *Basty,* Der Bauträgervertrag, 4. Aufl. Rdnr. 731.
524 BGH NJW 2002, 511.
525 Zur Anwendung gegenüber einem Unternehmer *Heinrichs* in: Palandt, 62. Aufl., § 309 Rdnr. 60.
526 BGH NJW 2002, 2470.
527 *Schmidt* in: Münchener Vertragshandbuch, Band 4, 1. Halbband, 4. Aufl., Seiten 301, 360 ff.
528 Zur Anwendung gegenüber einem Unternehmer BGHZ 122, 245.

2. Vermietung von Gewerbeimmobilien

a) Allgemeines

1233 Die Vermietung einer Büroimmobilie erfolgt auf der Grundlage eines Geschäftsraummietvertrages. Musterverträge für Geschäftsraummiete sind leicht zugänglich. Sie können aus dem Internet heruntergeladen werden oder im Zeitschriftenhandel bezogen werden. Die folgenden Erläuterungen für die Praxis gehen davon aus, dass ein üblicher Mustervertrag für die Geschäftsraummiete vorhanden ist. Sie sollen Antwort geben auf folgende Fragen:

- Was muss bei Abschluss eines jeden Geschäftsraummietvertrages beachtet werden?
- Welche Besonderheiten ergeben sich daraus, dass das Gebäude bei Abschluss des Mietvertrages noch nicht fertiggestellt ist?

1234 Zu beachten ist, dass das gesetzliche Mietrecht zum 1.9. 2001 grundlegend reformiert wurde. Bei der Verwendung älterer Literatur oder Vertragsmuster muss deshalb immer geprüft werden, inwieweit diese Unterlagen noch Gültigkeit haben.

b) Mietgegenstand

1235 Der Mietgegenstand ist im Mietvertrag so genau zu bezeichnen, dass im nachhinein keine Zweifel darüber entstehen können, welche Flächen vermietet sind und welche nicht. Zur Erläuterung empfiehlt es sich als Anlage zum Mietvertrag einen Plan des Mietobjektes zu nehmen und auf diesem Plan zu markieren, was vermietet ist und welche Gemeinschaftsräume mitbenutzt werden können.

1236 Erhöhter Regelungsbedarf besteht dann, wenn die Mietflächen bei Abschluss des Mietvertrages noch nicht hergestellt sind. Die Beschreibung des Mietgegenstandes muss hier durch eine Bau- und Ausstattungsbeschreibung erfolgen, die dem Vertrag in Anlage beigefügt wird. Für den Vermieter wichtig ist, dass die Bau- und Ausstattungsbeschreibung offen ist für Änderungen, die sich nach Vertragsabschluss im Rahmen eines üblichen Planungs- und Bauablaufs ergeben können. Ansonsten hätte der Vermieter nicht die Möglichkeit, Planungsänderungen vorzunehmen, die technisch notwendig, durch die Behörde angeordnet oder wirtschaftlich sinnvoll sind.

1237 Denkbar ist auch, dass in den Vertragstext des Mietvertrages eine allgemeine Öffnungsklausel für Änderungen der Bau- und Ausstattungsbeschreibung aufgenommen wird. Eine solche Öffnungsklausel darf nicht einseitig zu Gunsten des Vermieters formuliert sein. Berücksichtigt sein muss auch das Interesse des Mieters, dass er den Mietgegenstand im wesentlichen so erhält, wie es in der Bau- und Ausstattungsbeschreibung vereinbart ist. Änderungen sind danach beispielsweise nur dann zulässig, wenn hierdurch die Funktionalität des Mietgegenstandes nicht wesentlich beeinträchtigt wird, die Mietfläche nicht unzumutbar verkleinert wird und das verwendete Material die gleiche Qualität und Güte aufweist, wie es in der Bau- und Ausstattungsbeschreibung festgelegt ist.

c) Beginn, Dauer, Ende

aa) Beginn des Mietverhältnisses

1238 Das Mietverhältnis beginnt mit Abschluss des Mietvertrages. Für eine abweichende Regelung gibt es selten Veranlassung. Regelungsbedürftig kann hingegen sein, wann die Mietzeit und damit in der Regel auch die Verpflichtung zur Mietzahlung beginnt. Wenn nämlich die Mieträume bei Vertragsabschluss noch nicht fertiggestellt sind, haben Vermieter und Mieter insoweit gegenläufige Interessen. Der Vermieter will den Beginn der Mietzeit möglichst offen halten. Der Mieter ist an einem festen Übergabetermin interessiert. In einer solchen Situation könnte beispielsweise vereinbart werden, dass die Mietzeit »zum Zeitpunkt der Bezugsfertigstellung« beginnt, wenn zugleich vereinbart wird, bis wann das Mietobjekt spätestens übergeben werden muss. Denkbar wäre auch eine Frist zur Übergabe von 6 Wochen, gerechnet ab einem bestimmten Termin.[529]

bb) Endes des Mietverhältnisses

Für das Ende des Mietverhältnisses gibt es vom Grundsatz her zwei Möglichkeiten: Im Mietvertrag wird eine bestimmte Mietzeit oder ein bestimmtes Ende des Mietverhältnisses festgelegt oder das Ende des Mietverhältnisses bleibt offen. Bleibt das Ende des Mietverhältnisses offen, handelt es sich um einen auf unbestimmte Dauer eingegangenes Vertragsverhältnis, das jederzeit gekündigt werden kann. Die Kündigung ist zulässig, sofern vertraglich nichts anderes vereinbart ist[530], am 3. Werktag eines Quartals zum Ablauf des nächsten Quartals (§ 580 a Abs. 2 BGB). Gerechnet werden muss sonach mit einer Kündigungsfrist von 6 Monaten. 1239

cc) Insbesondere: Befristung

Erhöhter Regelungsbedarf besteht, wenn – wie im Regelfall – eine feste Mietzeit vereinbart werden soll. Klärungsbedürftig ist hier, 1240

- wie eine wirksame Befristung des Mietverhältnisses herbeigeführt werden kann und
- was hinsichtlich einer Verlängerung der Befristung geregelt werden kann.

Dass die Befristung eines Mietvertrages Probleme aufwirft, hat seinen Grund in der Vorschrift des § 550 Satz 1 BGB. Nach dieser Bestimmung muss ein Mietvertrag, der eine Laufzeit von mehr als 1 Jahr aufweist, schriftlich abgeschlossen werden. Wird die Schriftform nicht beachtet, so gilt der Mietvertrag als für unbestimmte Zeit abgeschlossen. Der Vertrag wird dann so behandelt, als sei er unbefristet und kann jederzeit gekündigt werden. Kommt es in einer solchen Situation zu einer Kündigung, kann sich hieraus für die Partei, die auf die Befristung vertraut hat, eine extreme wirtschaftliche Belastung ergeben. Für den Regelfall wird dies vom Gesetz in Kauf genommen.[531] 1241

Bei jedem befristeten Mietvertrag stellt sich sonach die Frage, was getan werden muss, um das gesetzliche Schriftformerfordernis zu erfüllen. Hier ist folgendes zu beachten: 1242

- Jede Vertragspartei hat den Vertrag eigenhändig durch Namensunterschrift zu unterzeichnen (§ 196 Abs. 1 BGB).
- Die Unterschriften müssen auf dieselbe Vertragsurkunde gesetzt werden, wobei es auch noch als zulässig angesehen wird, wenn jede Partei bei mehreren gleichlautenden Vertragsurkunden lediglich die für die andere Partei bestimmte Urkunde unterzeichnet (§ 126 Abs. 2 BGB). Nicht ausreichend wäre es deshalb, wenn eine Vertragspartei ein schriftliches Angebot unterbreitet, das von der anderen Vertragspartei schriftlich angenommen wird.[532]
- Besteht der Vertrag – wie im Regelfall – aus mehreren Blättern, so müssen diese Blätter eine einheitliche Vertragsurkunde bilden. Was unter einer einheitlichen Vertragsurkunde zu verstehen ist, war in der Vergangenheit bis zur Änderung der Rechtsprechung des BGH im Jahre 1997 (»Loseblatt-Rechtsprechung«) streitig. Die frühere Rechtsprechung hatte eine feste Verbindung dergestalt gefordert, dass die Lösung von Blättern nur durch Substanzzerstörung möglich ist.[533] Nun steht fest, dass sich die Einheit des Vertrages auch aus der fortlaufenden Paginierung, der fortlaufenden Nummerierung der einzelnen Bestimmungen, einer einheitlichen grafischen Gestaltung, dem inhaltlichen Zusammenhang des Textes oder sons-

529 *Bub/Treier,* Handbuch der Geschäfts- und Wohnraummiete, 3. Aufl. II., Rdnr. 420.

530 Bei Geschäftsraummietverhältnissen ist eine abweichende Vereinbarung möglich *Weidenkaff* in: Palandt, BGB, 62. Aufl., § 580 a Rdnr. 15.

531 Vgl. zu Ausnahmen *Fritz,* Gewerberaummietrecht, 3. Aufl., Rdnr. 123, 125.

532 BGH NJW-RR 1994, 280; KG NJW-RR 1994, 1298.

533 OLG Düsseldorf, ZMR 1994, 213 = WUM 1994, 271.

tiger Merkmale ergeben kann.[534] Trotz dieser Rechtsprechung hat die Empfehlung, die einzelnen Seiten des Vertrages fest miteinander zu verbinden, nach wie vor Gültigkeit.[535] Beibehalten werden sollte auch die weithin verbreitete Praxis, jede Seite mit eine Paraphe zu versehen.

1243 Werden dem Vertrag Anlagen beigefügt, so ist für die Einhaltung der Schriftform wie folgt zu unterscheiden:[536]

- Enthalten die Anlagen Bestimmungen, die wesentlicher Inhalt des Mietvertrages sein sollen (z. B. Wertsicherungsklausel), so dass sich der Vertragsinhalt nur aus dem Zusammenspiel der verstreuten Bestimmungen ergibt, müssen die Parteien zur Wahrung der Urkundeneinheit die Zusammengehörigkeit dieser Schriftstücke in geeigneter Weise zweifelsfrei kenntlich machen. Im Mietvertrag muss auf die Anlagen verwiesen werden, in den Anlagen auf den Mietvertrag, jedes Anlageblatt muss von den Parteien unterschrieben werden.[537]
- Haben die in Anlagen enthaltenen Bestimmungen für den Vertrag hingegen nur nebensächliche Bedeutung (z. B. Hausordnung) oder erläutern oder veranschaulichen sie nur den Vertragsinhalt (z. B. Anlage 3 zu § 27 2. BV), ist der Mietvertrag ohne Unterschrift der Parteien auf den lose beigefügten Anlagen formwirksam.[538]

1244 Die Frage, wie die gesetzliche Schriftform einzuhalten ist, stellt sich auch, wenn Nachträge zum Mietvertrag vereinbart werden sollen. Auch hier hat sich die Rechtsprechung in den letzten Jahren geändert, so dass bei der Heranziehung älterer Literatur Vorsicht geboten ist. Die gesetzliche Schriftform ist hiernach eingehalten, wenn

- die Nachtragsvereinbarung, ohne mit dem Hauptvertrag verbunden zu sein, selbst die wesentlichen Bestandteile eines Mietvertrages enthält und auf den formgerecht abgeschlossenen Hauptvertrag Bezug nimmt.[539]
- bei einem Verlängerungsvertrag die Bezeichnung des Mietobjektes und die sonstigen wesentlichen Bestandteile des Mietvertrages aufgeführt sind.[540]
- die Nachtragsvereinbarung auf den Hauptvertrag Bezug nimmt und zum Ausdruck bringt, dass der ursprüngliche Vertrag im Übrigen bestehen bleiben soll.[541]

> ! Bei befristeten Verträgen muss die gesetzliche Schriftform eingehalten werden. Die einzelnen Seiten des Vertrages einschließlich der Anlagen sind fest miteinander zu verbinden. Jede Seite ist mit einer Paraphe zu versehen. Bei Nachträgen ist ein Bezug zur Haupturkunde herzustellen.

dd) Verlängerung

1245 Bei befristeten Verträgen ergibt sich regelmäßig die Situation, dass bereits zum Zeitpunkt des Abschlusses des Mietvertrages Regelungen für eine Verlängerung der Mietzeit getroffen werden sollen. Gestaltet werden kann die Verlängerung des Mietvertrages mit der sogenannten Verlängerungsklausel. Danach verlängert sich der Mietvertrag um eine bestimmte Zeit, wenn er nicht mit einer bestimmten Frist vor Ablauf gekündigt wird. Solche Verlängerungsklauseln sind üblich

534 BGH NJW 1998, 59.
535 Ebenso *Fritz,* Gewerberaummietrecht, 3. Aufl., Rdnr. 123, 125.
536 Im Einzelnen ist die Frage sehr streitig: vgl. OLG Dresden ZMR 1998, 420; OLG Thüringen ZMR 1997, 291; OLG Jena ZMR 1997, 291; OLG Brandenburg ZMR 1997, 410; OLG Dresden ZMR 1998, 420; KG NZM 1998, 369; OLG Hamm NJW-RR 1998, 943; OLG Köln NJW-RR 1999, 1313; OLG Naumburg ZMR 1997, 636.
537 BGH NJW 1999, 1104; OLG Köln NJW-RR 1999, 1313.
538 BGH NJW 1999, 2591.
539 BGH BGHZ 42, 333.
540 BGH BGHZ 52, 25.
541 BGH NJW 1992, 2283.

und zulässig, es sei denn in einem kurzfristigen Mietvertrag wird eine langfristige Verlängerungsklausel versteckt.[542]

Üblich ist auch, dass einer der Mietvertragsparteien, zumeist dem Mieter, ein Optionsrecht auf Verlängerung des Mietvertrages eingeräumt wird. Mit einem solchen Optionsrecht erhält der Mieter die Möglichkeit, die Mietzeit um einen bestimmten Zeitraum zu verlängern. Wichtig für die Vertragsgestaltung ist, dass im Vertrag neben dem Verlängerungszeitraum auch festgelegt wird, bis wann der Mieter das Optionsrecht spätestens ausüben muss. Fehlt eine Regelung hierzu, kann der Mieter das Optionsrecht noch am letzte Tage der Vertragszeit ausüben.[543] 1246

d) Miete

aa) Vermietung vor Fertigstellung

Welche Miete der Mieter für die Überlassung des Mietgegenstandes an den Vermieter zu zahlen hat, kann im Geschäftsraummietvertrag – anders als im Wohnraummietvertrag – im wesentlichen frei vereinbart werden. Grenzen bei der Vereinbarung der Miethöhe ergeben sich aus dem Verbot sittenwidriger Rechtsgeschäfte (§ 138 Abs. 1 BGB) und aus dem Verbot des Wuchers (§ 138 Abs. 2 BGB). In der derzeitigen Marktsituation (»Mietermarkt«) kommt diesen Vorschriften in der Praxis allerdings keine große Bedeutung zu. 1247

Besonderer Regelungsbedarf besteht für die Miete, wenn das Mietobjekt bei Abschluss des Vertrages noch nicht fertiggestellt ist. Vor Fertigstellung des Mietobjektes kann nicht ermittelt werden, welche Mietfläche dem Mieter zur Verfügung gestellt werden kann. Insofern ist in diesem Falle die Vereinbarung einer Pauschalmiete[544] in der Regel nicht sachgerecht. Besser ist es, eine Miete zu vereinbaren, deren Höhe abhängig ist von der Größe der – bei Mietvertragsabschluss noch herzustellenden – Mietfläche. Im Mietvertrag wird hierfür festgelegt, welchen Quadratmeterpreis der Mieter zu zahlen hat und wie die Größe der Mietfläche zu ermitteln ist. 1248

Für die Ermittlung der Größe der Mietfläche bei noch nicht fertiggestellten Objekten gibt es mehrere Varianten. Welche Variante gewählt wird, hat in der Regel große wirtschaftliche Bedeutung, weshalb dieser Regelung besondere Aufmerksamkeit gewidmet werden sollte. Als Varianten für die Ermittlung der Größe der Mietflächen kommen beispielsweise in Betracht: 1249

- Mietfläche ist die Nutzfläche gemäß DIN 277, Ziffer 2.4.
- Mietfläche ist das »Lichte Maß« zwischen den Außenwänden in Fußbodenhöhe ohne Berücksichtigung von Fuß-, Sockelleistungen oder Schrammborden. Innen- oder Trennwände innerhalb des Mietobjektes werden übermessen, Grundflächen von Räumen unter Schränken in einer Lichten Höhe von unter 1,5 m werden nur zu 50% berücksichtigt.

Was hierzu vereinbart wird, liegt letztlich im Ermessen der Vertragsparteien. 1250

e) Wertsicherung

Regelungsbedürftig bei nahezu allen längerfristigen Mietverträgen ist die Frage, wie die Miete an die allgemeine Preissteigerung angepasst wird. Eine solche Anpassung kann durch Vereinbarung einer Staffelmiete erfolgen. Durch die Staffelmietvereinbarung werden spätere Mietsteigerungen bereits bei Vertragsabschluss im voraus festgelegt. Im vereinbarten Zeitpunkt tritt die erhöhte Miete an die Stelle der bisherigen Miete, ohne dass es einer besonderen Aufforderung durch den Vermieter bedarf. 1251

542 BGH NJW 1997, 739.
543 Ebenso *Fritz,* Gewerbemietrecht, 3. Aufl., Rdnr. 90.
544 *Fritz,* Gewerberaummietrecht, 3. Aufl., Rdnr. 61.

> **z.B.** Die Miete gemäß ... dieses Vertrages erhöht sich
> ab......
> um ...... € auf insgesamt ...... € zzgl. Nebenkostenvorauszahlung
> ab ......
> um ...... € auf insgesamt ...... € zzgl. Nebenkostenvorauszahlung

1252 Verbreiteter als die Staffelmiete ist bei Geschäftsraummietverträgen die Anpassung an die Preissteigerung mittels Wertsicherungsklausel oder Leistungsvorbehalt.

1253 Die Wertsicherungsklausel ist eine Gleitklausel, die die Höhe des Mietzinses an einen bestimmten Wertmaßstab, wie z. B. den Lebenshaltungskostenindex, anbindet. Erhöht sich der Lebenshaltungskostenindex um eine bestimmte Punktzahl, so erhöht sich der Mietzins zwangsläufig und ohne Zutun der Partein um das entsprechende Prozentverhältnis.

> **z.B.** Sollte sich der Preisindex für die Lebenshaltung aller privaten Haushalte für Gesamtdeutschland, Basisjahr ..., um mehr als 10 Punkte nach den Feststellungen des Statischen Bundesamtes gegenüber dem Zeitpunkt des Vertragsabschlusses oder der letzten Mietzinsänderung aufgrund dieser Wertsicherungsklausel ändern, so erhöht oder ermäßigt sich die Grundmiete gemäß ... dieses Vertrages in Höhe des Prozentsatzes, der sich aus der Punkteänderung ergibt.

1254 Beim Leistungsvorbehalt behält sich der Vermieter demgegenüber vor, den Mietzins neu festzulegen, sei es durch einseitiges Leistungsbestimmungsrecht, sei es durch Vereinbarung zwischen den Parteien oder die Festsetzung eines Dritten.

> **z.B.** Sobald sich der Preisindex für die Lebenshaltung aller privaten Haushalte für Gesamtdeutschland ... ändert, können die Parteien eine Neufestsetzung der Grundmiete gemäß ... dieses Vertrages verlangen.

1255 Der Unterschied zwischen Wertsicherungsklausel und Leistungsvorbehalt besteht darin, dass bei einer Wertsicherungsklausel die Mietzinsanpassung automatisch erfolgt, während bei einem Leistungsvorbehalt eine Feststellung der Mietzinsanpassung erforderlich ist. Dieser Unterschied führt dazu, dass die Wertsicherungsklausel und der Leistungsvorbehalt unterschiedlich behandelt werden bei der Anwendung des § 2 des Preisangaben- und Preisklauselgesetzes. Wertsicherungsklauseln unterfallen dem in § 2 des Preisangaben- und Preisklauselgesetzes geregelten grundsätzlichen Indexierungsverbot, Leistungsvorbehalte nicht. Während Leistungsvorbehalte frei vereinbart werden können, muss bei Wertsicherungsklauseln jeweils im Einzelfall geprüft werden, ob diese nach § 2 Preisklauselverordnung genehmigt werden können.

1256 Wertsicherungsklauseln können sonach nur dann grundsätzlich wirksam vereinbart werden, wenn sie vom Bundesamt für Wirtschaft in Eschborn (Anschrift: Frankfurter Straße 29, 65670 Eschborn, Tel. 0 61 96/4 04-0) genehmigt werden. Eine gewisse Vereinfachung für die Genehmigung solcher Klauseln ergibt sich aus § 4 Preisklauselverordnung. Danach können Wertsicherungsklauseln nämlich dann als genehmigt gelten, wenn

- der Vermieter mindestens 10 Jahre an den Mietvertrag gebunden ist und
- sich die Preisklausel auf einen von einem Statistischen Bundesamt oder einem Statistischen Landesamt ermittelten Preisindex für die Gesamtlebenshaltung bezieht, oder auf einen vom Statistischen Amt der Europäischen Gemeinschaft ermittelten Verbraucherpreisindex.

In der Praxis sollte deshalb, wenn die Vereinbarung oder Preisanpassungsregelung beabsichtigt ist, zunächst geprüft werden, ob die Voraussetzungen des § 4 Preisklauselverordnung erfüllt sind. Falls diese Voraussetzungen nicht vorliegen, sollte ein Leistungsvorbehalt vereinbart werden, es sei denn, bestimmte Umstände des Einzelfalles machen die Vereinbarung einer Wertsicherungsklausel erforderlich. 1257

f) Nebenkosten

Neben der Miete erhält der Vermieter vom Mieter eine Zahlung für die auf die Mieträume entfallenden Nebenkosten. Erstattet werden insbesondere die durch den laufenden Betrieb entstehenden Betriebskosten. Die Erstattung der Nebenkosten geschieht üblicherweise in folgenden Schritten: 1258

- Der Mieter leistet monatliche Vorauszahlungen in Höhe der voraussichtlichen Kosten.
- Nach Ablauf des Abrechnungszeitraums erstellt der Vermieter eine Abrechnung.
- Auf der Grundlage der Abrechnung leistet der Mieter eine Nachzahlung bzw. erhält eine Rückzahlung.

Vereinbart werden kann auch, dass die Nebenkosten mit einem Pauschalbetrag abgegolten werden. Eine solche pauschale Abgeltung kommt heute allerdings nur noch bei kleineren Objekten in Betracht, für die die Einsetzung einer Hausverwaltung nicht wirtschaftlich wäre. Zu beachten ist hier im Übrigen, dass die Vereinbarung von Pauschalbeträgen im Anwendungsbereich der Heizkostenverordnung vom 20. 1. 1989 nicht zulässig ist. Insofern müsste in jedem Fall im Vertrag unterschieden werden zwischen den Heizkosten einerseits und den von der Pauschale umfassten Betriebskosten andererseits. 1259

Soll der Mieter dem Vermieter die auf den Mietgegenstand entfallenden Nebenkosten – ohne Pauschalierung – erstatten, so sind zumindest folgende Punkte regelungsbedürftig: 1260

- Benennung der zu erstattenden Nebenkosten, Abgrenzung von anderen nicht zu erstattenden Kosten;
- Festlegung des Abrechnungsschlüssels;
- Festlegung der Vorauszahlung.

Für den Vermieter von besonderem Interesse ist die Frage, welche Nebenkosten auf den Mieter umgelegt werden können. Anders als bei Wohnraummietverträgen (vgl. § 556 BGB) setzt das Recht der Geschäftsraummiete insoweit kaum Grenzen. Auf den Mieter abgewälzt werden können alle Kosten, die im Zusammenhang mit den durch den Mieter genutzten Räumen stehen. Vorsicht ist lediglich dort geboten, wo der Mieter einer Kostentragung nicht zu rechnen braucht (§ 305 c BGB). Für unzulässig gehalten wird beispielsweise die Überbürdung der Kosten einer Rechtsschutzversicherung.[545] 1261

Eine andere Frage ist, wie die vom Mieter zu tragenden Nebenkosten so im Vertrag bezeichnet werden können, dass es nach Vertragsabschluss keinen Streit darüber gibt, welche Nebenkosten vom Mieter zu tragen sind und welche nicht. Insoweit gilt die klare Empfehlung: Alle vom Mieter zu tragenden Nebenkosten sind im Mietvertrag detailliert aufzulisten.[546] Eine solche Auflistung kann auch in einer Anlage zum Mietvertrag enthalten sein. Eine Verweisung auf die Anlage 3 zur II. Berechnungsverordnung bzw. – nach ihrem Erlass – auf die Verordnung nach § 19 Abs. 2 Satz 2 des Wohnraumförderungsgesetzes ist demgegenüber nicht ausreichend. Die Anlage 3 zur II. Berechnungsverordnung enthält eine Reihe von Kostenpositionen nicht, die übli- 1262

> ! Alle vom Mieter zu tragenden Nebenkosten sind im Mietvertrag detailliert aufzulisten.

545 OLG Düsseldorf WuM 1995, 433 = ZMR 1995, 203.
546 Ebenso *Fritz*, Gewerbemietrecht, 3. Aufl., Rdnr. 123, 125.

cherweise bei Geschäftsraummietverträgen vom Mieter getragen werden sollen (z. B. die Kosten der Hausverwaltung).

1263 Im Rahmen der Durchführung langfristiger Mietverträge kann die Situation auftreten, dass es nach Vertragsabschluss zu (neuen) Nebenkosten kommt, mit denen bei Vertragsabschluss nicht gerechnet werden konnte. So ist es etwa im Bereich der Telekommunikation kaum möglich, die technische Entwicklung der nächsten 10 Jahre im Detail zu berücksichtigen. Der Vermieter hat hier ein Interesse daran, Vorsorge zu treffen. In einem näher bestimmten Umfang sollten deshalb im Vertrag auf die Miete auch solche Nebenkosten umgelegt werden, die erst nach Vertragsabschluss entstehen. Nicht zulässig sind allerdings Klauseln, wonach der Mieter neue Betriebskosten ab Entstehung zu tragen hat, ohne dass näher bestimmt oder eingegrenzt werden kann, welche Kosten darunterfallen können.[547] Angegeben werden sollten zumindest in einer Einzelauflistung die Bereiche in denen neue Kosten entstehen könnten, wie z. B. Klima- und Wärmerückgewinnungsanlagen, Telekommunikation oder nach einer zu erwartenden Modernisierung: neuer Aufzug, Müllsortierung und Kompression.[548]

1264 Weiter regelungsbedürftig im Vertrag ist der Abrechnungsschlüssel. Es muss festgelegt werden, wie der Anteil der vom Mieter zu tragenden Nebenkosten an den gesamten Nebenkosten des Gebäudes ermittelt wird. Eine gesetzliche Vorgabe besteht hier für die Verteilung der Heizkosten. Die Heizkostenverordnung schreibt vor, dass die Kosten des Betriebs der zentralen Heizungsanlagen und der zentralen Warmwasserversorgungsanlage mit mindestens 50% und höchstens 70% nach dem erfassten Wärme- bzw. Warmwasserverbrauch abzurechnen sind (§ 7 Heizkostenverordnung). Hinsichtlich der übrigen Nebenkosten ist der Vermieter bei der Wahl des Abrechnungsschlüssels weitgehend frei. Dringend angeraten ist es aber,

- wenn im gleichen Gebäude Wohnungen und Gewerberäume vorhanden sind, eine getrennte Erfassung für den Wohn- und den Gewerbebereich vorzunehmen.
- dem Vermieter eine Änderung des Abrechnungsschlüssels für den Fall zu ermöglichen, dass eine Abrechnung nach dem vereinbarten Abrechnungsschlüssel zu einem späteren Zeitpunkt aus irgendeinem Grunde als unbillig erscheint.[549]

1265 Die Höhe der Nebenkostenvorauszahlung sollte sich an der Höhe der voraussichtlichen Kosten orientieren. Dem Vermieter sollte das Recht eingeräumt werden, eine Erhöhung der Vorauszahlung zu verlangen, wenn sich herausstellt, dass die ursprünglich veranschlagte Vorauszahlung zu niedrig angesetzt ist.

z.B.

1. Bei einer Verwertung des Objektes vor der Fertigstellung ist, was die Ausstattung/Bauleistung betrifft, darauf zu achten, dass gegenüber dem Kunden keine weitergehenden Verpflichtungen eingegangen werden, als bei den Lieferanten/Werkunternehmern gebunden sind. Falls es hier zu einer Abweichung kommt, müssen die geänderten Leistungen zu überhöhten Preisen nachträglich eingekauft werden.
2. Die Veräußerung unterliegt nicht der MaBV (§ 7 Abs. 2 MaBV). Bei der Gestaltung der Fälligkeit der Vergütung darf der Erwerber aber nicht unangemessen benachteiligt werden. Zu empfehlen ist eine Zahlung gegen Bürgschaft.
3. Besonders streitträchtig ist, und zwar sowohl bei Veräußerung als auch bei Vermietung, die Frage der Nutzfläche. Hier ist auf klare Vereinbarungen zu achten.
4. Bei befristeten Mietverträgen ist – auch nach Lockerung der Rechtsprechung – besondere Aufmerksamkeit auf die Einhaltung der gesetzlichen Schriftform zu verwenden.

547 BGH NJW 1993, 1061, 1062 = WuM 1993, 109, 110.
548 *Fritz*, Gewerberaummietrecht, 3. Aufl., Rdnr. 135.
549 *Fritz*, Gewerberaummietrecht, 3. Aufl., Rdnr. 136 a.

C Die Bebauung von Grundstücken mit Wohnimmobilien

Fall 2: Investor B will ein Wohngebäude in bester Innenstadtlage (einschließlich 4 Gewerbeeinheiten im Erdgeschoss) errichten und durch Weiterveräußerung der gesamten Immobilie oder einzelner Wohnungen an Privatleute verwerten.

I. Betriebswirtschaftliche Vorüberlegungen

1. Konzept und Markt

1266 Der Bakuträger begibt sich mit einem Wohnungsneubaukonzept in bester Innenstadtlage in ein risikobehaftetes und hochprofessionelles Marktsegment. Solche Maßnahmen sind nur erfolgreich zu realisieren, wenn er über Erfahrungen in der Immobilienwirtschaft, detaillierte Marktkenntnisse, qualifizierte Mitarbeiter, ein professionelles Umfeld und erstklassige Kundenkontakte verfügt.

1267 Die Bevölkerungsdichte in Deutschland und die nahezu lückenlose Bebauung in deutschen Innenstädten führt zu einem Angebotsengpass an zentralen Neubaugrundstücken. Da freie Grundstücke kaum verfügbar sind, ist es häufig erforderlich, komplexe Lückenbebauungen durchzuführen, wobei zunächst baufällige Bestandsgebäude abzureißen und dann neue Objekte zu erstellen sind.

1268 Da in der Immobilienwirtschaft der Lage eines Objektes hoher Wert beigemessen wird, werden vor allem erstklassige Innenstadtlagen mit hohen Preisen, vor allem aber mit hohen Wertsteigerungspotenzialen gehandelt. Ein Investor begibt sich deshalb bereits mit Erwerb des Grundstücks in ein überdurchschnittlich hohes wirtschaftliches und unternehmerisches Risiko, bedingt durch hohe Anschaffungskosten, einen bei Innenstadtprojekten typisch hohen Qualitäts- und Kostenanspruch, verbunden mit einem aufwendigen Produktvertrieb bei einer zudem begrenzten Anzahl von Nachfragern.

1269 Optisch, ästhetisch, planerisch und technisch muss dieser Neubau in jeder Hinsicht den Kundenwünschen angepasst sein, damit im Hochpreissegment ein Verkauf möglich wird. Ein solches Projekt bindet bereits in der Herstellphase hohe Finanzierungsmittel, die erheblich über den Kosten durchschnittlicher Bauträgermaßnahmen liegen. Der kalkulierte unternehmerische Gewinn lässt sich nur realisieren, wenn das fertiggestellte Produkt in einer wirtschaftlich stabilen Marktlage angeboten wird. Die Realisierung des Projektes setzt eine hohe personelle, zeitliche und wirtschaftliche Flexibilität voraus.

2. Investitionsentscheidung und Kundensegment

1270 Die Verwertung und Vermarktung der geplanten Innenstadtimmobilie kann sich auf zwei verschiedene Kundensegmente ausrichten:

- zum Einen auf den Privatanleger, der an dem Erwerb einer Wohneinheit zur eigenen Nutzung interessiert ist,
- zum Anderen auf den Kapitalanleger, der damit eine Vermögensanlage und Renditestrategie verfolgt.

a) Privatanleger

1271 Unter Verwertungs- und Vermarktungsgesichtspunkten ist der Verkauf von Wohneigentum an den Eigennutzer durch Einzelplatzierung gesetzlich im Wohnungseigentums-Gesetz (WEG, vgl. Kap C IV.) geregelt.

1272 Das Neubauobjekt wird nach Abschluss der Entwurfsplanung und Erteilung der Baugenehmigung aufgeteilt und in Form hochpreisiger Eigentumswohnungen an Privatinvestoren und/

oder Eigennutzer veräußert. Entsprechend den hohen Verkaufspreisen eines Qualitätsproduktes in der Innenstadt, handelt es sich um überwiegend individuell ausgeprägte und anspruchsvolle Kunden. Dabei ist insbesondere darauf zu achten, dass sehr gut gelegene und grundrissmäßig optimal gestaltete Wohneinheiten solange aus dem Verkauf herausgenommen werden, bis vergleichsweise benachteiligte Wohnungen verkauft sind. Andernfalls kann der Unternehmer in die ungünstige Situation geraten, dass bei Abschluss einer Baumaßnahme weniger gelungene Einheiten in den Bestand übernommen werden müssen.

1273 Der Anteil der Bestandswohnungen beeinflusst entscheidend die Gewinn- und Liquiditätsrechnung des Objektes. Günstigerweise kann die Übernahme von ein oder zwei Einheiten in den Bestand bedeuten, dass der liquide Überschuss aus einer Baumaßnahme reduziert wird. Verbleiben Wohneinheiten im Bestand, kann der Gewinn soweit reduziert werden, dass es sich bei der Baumaßnahme schließlich für den Unternehmer um ein Nullsummenspiel handelt. Ist die Anzahl der beim Investor verbleibenden Wohneinheiten so hoch, dass der wirtschaftliche Break-Even-Punkt unterschritten wird, ist die ungünstigste Situation eines nicht erfolgreich abgeschlossenen Projektes eingetreten, bei dem unter Umständen Eigenmittelnachforderungen von Seiten der Bank geltend gemacht werden.

1274 Der Bauträger ist mit einem hohen Zeit-, Marketing- und Serviceaufwand durch die zahlreichen Einzelverhandlungen mit Endkunden belastet und kann den wirtschaftlichen Erfolg seiner Bemühungen erst dann liquiditätsmäßig verbuchen, wenn die letzte Wohneinheit verkauft ist. Der Unternehmer trägt das wirtschaftliche Risiko sprichwörtlich »bis zur letzten Minute«.

1275 Hinzu kommt, dass bei dem vorliegenden Fallbeispiel der Bauträger mit einem zusätzlichen kalkulatorischen Risiko behaftet ist, da Gewerbeeinheiten üblicherweise nicht verkauft, sondern vermietet bzw. verpachtet werden. Er muss eine Mischkalkulation erstellen, die sich aus den Überschüssen der Wohnungsverkäufe und den kalkulierten Nettomieterträgen der Gewerbeeinheiten ergibt. Im Rahmen dieser Mischkalkulation muss berücksichtigt werden, dass der Bauträgerkredit nur zu dem Teil an die Bank zurückgeführt werden kann, der zur Finanzierung des Wohneigentums vorgesehen war. Der Teil des Bauträgerkredites, der sich auf die Gewerbeeinheiten bezieht, muss nach Gebäudefertigstellung in eine mittel- bis langfristige Anschlussfinanzierung überführt werden, wobei der Nettomietertrag Zins und Tilgung bedienen sowie einen Überschuss gewährleisten soll.

1276 Der Bauträger verfolgt eine zweigleisige Vermarktungsstrategie (Verkauf/Vermietung) die dazu führt, dass er nach Verkauf und Vermietung, Bauträger und Teileigentümer und damit Mitglied der Eigentümergemeinschaft ist. Hier empfiehlt sich für ihn, auch die Hausverwaltung des Gesamtobjektes zu übernehmen. Zur juristischen Regelung dieses Anliegens werden üblicherweise bereits den Teilungserklärungen des zu verkaufenden Wohneigentums Verwalterverträge mit konkreten Verwalterhonoraren beigefügt, die eine (Haus-)Verwaltung durch den Bauträger vorsehen.

b) Kapitalanleger

1277 Eine Alternative besteht darin, das gesamte Neubauobjekt zunächst als Mietobjekt zu entwickeln, bevor es nach Fertigstellung und Vermietung an einen Kapitalanleger veräußert wird. In diesem Fall basiert die Gewinnkalkulation auf der nach Fertigstellung erzielbaren Jahresnettomiete sowie der Bonität der Mieter. Die Höhe der Jahresnettomiete sowie die Mieterbonität beeinflussen die Höhe des Marktmultiplikators, der wiederum den Verkaufspreis des Gesamtpaketes an den Erwerber bestimmt. Dieser Multiplikator ist bei der 20-fachen bis 22-fachen Jahresnettomiete anzusetzen und liegt damit an der Obergrenze. Der Gewinn für den Bauträger ergibt sich bei dieser Kalkulation wie folgt:

Kalkulatorischer Gewinn = Jahresnettomiete × Marktfaktor ./· Gestehungskosten

1278 Sowohl aus Bankensicht, als auch aus Sicht des Erwerbers bzw. Endinvestors ist ein solcher Vermarktungsansatz nur tragfähig, wenn die kalkulierte Jahresnettomiete einen Überschuss nach Zins und Tilgung, je nach aktuellen Markzinssatz, zulässt und sicherstellt. Abweichungen können sich in diesem speziellen Segment erstklassiger Innenstadtlagen ergeben, da zumeist überhöhte Verkaufspreise die Rendite für den Endinvestor schmälern. Im Gegenzug erhält der Endinvestor eine werthaltige Immobilie mit Wertsteigerungspotenzial, sofern Mietniveau und wirtschaftliche Entwicklung dies ermöglichen.

1279 Endinvestoren können bei solchen Produkten sowohl institutionelle Erwerber, wie Pensionsfonds, Versicherungen oder Anlagefonds sein, deren Anlagestruktur zur Ergänzung eines bestehenden Portfolios auf wirtschaftliche, aber niedrig verzinsliche, Wohnimmobilien in guter Lage ausgerichtet ist, oder aber vermögende Privatinvestoren, die eine langfristige Anlage zur Vermögensbildung suchen. Die Platzierung des Gesamtobjektes an einen Endinvestor stellt vergleichsweise die wirtschaftlich effizientere Lösung dar.

1280 Die grundsätzliche Bedeutung der Entscheidung zwischen den beiden Investitionsalternativen wird dann deutlich, wenn sich Investor beispielsweise für die Einzelplatzierung der Wohnungen entschieden hat, Teilverkäufe getätigt hat und wirtschaftliche oder marktliche Engpässe keine weiteren Verkäufe zulassen. Mit dem Verkauf der ersten Einheit an einen Eigennutzer ist ein Umschwenken auf einen Globalverkauf nicht mehr möglich.

1281 Der umgekehrte Ansatz funktioniert dann, wenn die Baumaßnahme nicht fertiggestellt ist und technisch die Flexibilität besteht, sich in der Gestaltung von Innenausbau und Grundrissen den Sonderwünschen der Eigennutzer anzupassen.

3. Planung und Genehmigung

1282 Innerstädtisch angesiedelte Neubaumaßnahmen unterliegen häufig dem besonderen Augenmerk der Genehmigungsbehörden. Tiefgaragenplätze, Stellplatzablösen und städteplanerische Auflagen können sowohl das Baugenehmigungsverfahren als auch die Herstellkosten empfindlich beeinflussen.

1283 Erwirbt der Bauträger ein Grundstück in zentraler Innenstadtlage, empfiehlt es sich daher, im Vorfeld die behördliche Genehmigungssituation zu prüfen. Zentrale Lagen sind häufig mit unterschiedlichen politischen Befindlichkeiten belegt, wodurch die künftige Nutzung und Entwicklung des Grundstücks zeitweise erheblich behindert werden kann. Da der Zeitraum zwischen Erwerb und Fertigstellung wesentlich durch den Zeitpunkt der Erteilung der Baugenehmigung beeinflusst wird, ist diese Problematik bei innenstädtischen Imageprodukten besonders zu beachten.

1284 Ein innerstädtischer Grundstückserwerb sollte günstigerweise mit einem Bauvorbescheid oder mit einer Bauvoranfrage unterlegt sein. Sofern ein solcher Vorbescheid Bestandteil des Kaufvertrages ist, muss vor Erwerb des Grundstücks die behördlich vorgelegte Planung überprüft werden.

Tipp Der Kaufvertrag sollte eine Klausel enthalten, die ein Kaufpreisminderungs- oder auch Rücktrittsrecht, bei Flächenabweichungen von +/- 3% zwischen Bauvorbescheid und Baugenehmigung, vorsieht.

1285 Die Planungsphase selbst unterliegt der besonderen Schwierigkeit der marktgerechten Grundrissgestaltung. Entscheidet sich der Bauträger für den Verkauf an Eigennutzer, sind deren Ansprüche an Wohnungsgröße und Grundrisse nur schwer vorhersehbar. Zur Vorbereitung der Verkaufsunterlagen und der Teilungserklärung müssen jedoch die Wohnungsgrößen festgelegt sein. Im Falle der zentralen Innenstadtwohnung kann es sich für den Erwerber um einen Zweitwohnsitz mit 50 m² – 100 m² oder auch um den Erstwohnsitz mit großzügiger Flächengestaltung von 150 m² – 250 m² handeln. Demgegenüber stehen die hohen Verkaufspreise, die für die Gestaltung kleinerer Wohneinheiten sprechen.

1286 Zur Risikominimierung bei der Vermarktung empfiehlt es sich, einen Wohnungsmix anzubieten mit kleineren Wohneinheiten in den unteren Etagen und großzügigeren Wohneinheiten in den oberen Etagen. Die Gestaltung der Grundrisse kann bei einem solchen Projekt nur Vorschlagscharakter haben, da es kaum gelingt, den individuellen Vorstellungen einzelner Eigentümer gerecht zu werden.

1287 Der Bauträger muss deshalb ohnehin mit zusätzlichen Kosten und zusätzlichem Zeitaufwand für Sonderausstattungen und Umplanungen rechnen. Im Rahmen der Baubeschreibung bietet es sich an, für wesentliche Merkmale der Innenausstattung, wie Sanitär- und Elektroobjekte sowie Bodenbeläge, Preisgrenzen vorzugeben. Der Architekt muss für die erfolgreiche Vermarktung einer solchen Maßnahme, neben seinen planerischen Fähigkeiten, flexibel und kundenfreundlich agieren, denn er ist der zentrale Ansprechpartner für den Kunden bei der Fertigstellung der Wohneinheit.

1288 Anders verhält es sich bei der Verfolgung der Vermietungsstrategie und dem Paketverkauf an einen Kapitalanleger. Selbst bei einem hochwertigen Projekt hat der Bauträger bei dieser Variante einen größeren planerischen und gestalterischen Freiraum und eine höhere Kosten- und Terminsicherheit bei der Baufertigstellung.

4. Budget und Kosten

1289 Budget- und Kostenkontrollen sind bei jeder Baumaßnahme eines der zentralen Themen. Im vorliegenden Fallbeispiel hat sich der Investor entschieden, ein Imageprodukt zu schaffen, das in jeder Stufe der Wertschöpfung höchste Ansprüche an Qualität, Ausstattung und Mitarbeiter stellt. Der Höhenflug bei der Realisierung einer solchen Baumaßnahme birgt die Gefahr, die wirtschaftlichen Realitäten, wie Preisentwicklung und Käuferverhalten, im Zeitablauf falsch einzuschätzen.

1290 Inwieweit vermögende Eigennutzer krisenresistent sind, ist schwer abzuschätzen. Die vergleichsweise hohen Gesamtgestehungskosten einer exklusiven Neubaumaßnahme in zentraler Innenstadtlage machen jedoch eine noch präzisere Überprüfung von Budget und Kosten erforderlich, als dies bei durchschnittlichen Baumaßnahmen der Fall ist. In prosperierenden Märkten ist diese Kontrolle sicherlich weniger entscheidend, als in Phasen eines sich abzeichnenden Abschwungs. Der Investor muss in der Lage sein, Marktveränderungen rechtzeitig zu erkennen und Qualität und Ausstattung der geplanten Maßnahme kostenmäßig anzupassen. Wird eine Neubaumaßnahme initial auf einem architektonisch hohen Standard angesiedelt, entstehen automatisch Folgekosten bei der Materialauswahl des Innenausbaus sowie bei den Anforderungen an Elektro-, Heizung- und Sanitärausstattung.

1291 Verwendet man bei der Budgeterstellung Herstell- und Baukosten, die auf dem Niveau eines hochwertigen Neubaus angesiedelt sind, ergeben sich im Verlauf der Baumaßnahme, bedingt durch Sonderwünsche und Spezialanfertigungen, Zusatzkosten, die den unternehmerischen Gewinn dann gefährden, wenn keine strikte Budgetkontrolle erfolgt. Die Optimierung aus ansprechendem Design und wirtschaftlicher Bauausführung bildet in diesem Hochpreissegment die Herausforderung für jeden Bauträger.

1292 Da es sich in unserem Fallbeispiel um ein sehr individuelles Objekt handelt, muss der Investor darauf eingerichtet sein, die Baumaßnahme durch Einzelunternehmer sowie ihm bekannte Projektanten und Fachingenieure zu realisieren. Die Auslagerung der Bauträgermaßnahme an einen Generalunternehmer ist in der Regel in diesem Fall nicht sinnvoll, da sowohl die Kostenkontrolle, als auch die Einzelentscheidung bei der Bemusterung in den Händen des Bauträgers verbleiben sollte, um eine individuelle und marktgerechte Erstellung der Baumaßnahme sicherzustellen.

Tipp

1. Kein innerstädtisches Neubau Projekt ohne stabile Eigenmittelbasis.
2. Es ist zu prüfen, ob der ideelle Kaufpreisaufschlag bei Erwerb innerstädtischer Projekte im Verkauf realisierbar ist.
3. Der Kaufvertrag sollte eine Flächengarantie und/oder ein Rücktrittsrecht bei Abweichungen von +/– 3% enthalten.
4. Der Bauvorbescheid sichert vor allem bei innerstädtischen Projekten Zeit und Kosten und sollte bei Erwerb vorliegen.
5. Das behördlich geforderte Verhältnis von Wohn- und Gewerbeflächen muss vor Erwerb geprüft werden.
6. Die Einbindung von Architekten und Projektanten mit Behördenerfahrung fördert die erfolgreiche Projektrealisierung und spart Zeit.
7. Wird mit dem Kauf eine Planung erworben, muss diese auf technische Realisierbarkeit und Marktakzeptanz geprüft werden.
8. Es muss Klarheit über die Verkaufsstrategie (Vermietung/Verkauf) bestehen. Sie beeinflusst Design, Bauqualität, Grundrissgestaltung und Vermarktungsaufwand und damit Budget und Kosten.
9. Zur erfolgreichen Vermarktung und zur Risikominimierung beim Wohnungsverkauf empfiehlt sich ein Grundrissmix.
10. Bei Verkauf von Wohnungseigentum müssen Ausstattung und Qualitätsstandards so konkret wie möglich, das heißt mit Preis und Mengenangaben unterlegt werden. Nur dann können Sonderwünsche in Rechnung gestellt werden.

II. Öffentlich-rechtliche Besonderheiten

Die Errichtung und anschließende Verwertung einer Wohnimmobilie mit 4 Gewerbeeinheiten durch Weiterveräußerung kann öffentlich-rechtlichen Besonderheiten unterliegen, die an dieser Stelle zu beleuchten sind. 1293

1. Erfordernis der Baugenehmigung

So hat ein Investor darauf zu achten, dass die Errichtung und Weiterveräußerung der Immobilie nur in Entsprechung der erteilten Baugenehmigung erfolgen kann. Die für die Erteilung der Baugenehmigung wesentlichen öffentlich-rechtlichen Vorschriften sind in den Ausführungen zu Fall 1 dargestellt, auf deren Inhalt hier verwiesen wird (**siehe B. II. 2.**). Soweit eine Nutzungsänderung der Wohn- zu einer Gewerbeimmobilie erfolgen soll, kann hierfür die Erteilung einer weiteren Baugenehmigung erforderlich sein. 1294

Jede Baugenehmigung legt eine bestimmte Nutzungsart fest oder geht von einer bestimmten Nutzungsart aus. Eine genehmigungspflichtige Nutzungsänderung liegt vor, wenn für die neue Nutzung andere oder weitergehende öffentlich-rechtliche Vorschriften gelten, als für die bisherige Nutzung. Von einer Nutzungsänderung einer baulichen Anlage wird dann ausgegangen, wenn die Benutzung der baulichen Anlage geändert wird, ohne die Bausubstanz selbst zu ändern, so zum Beispiel bei einer Änderung von Wohnungen in Gewerberäume oder von Wohnräumen in Büroräume.[1] 1295

Nach dem Regelungszweck, eine vorgängige Kontrolle durch die Bauaufsichtsbehörde zu gewährleisten, besteht das Genehmigungserfordernis schon dann, wenn durch die Nutzungsänderung die Genehmigungsfrage – insbesondere unter bauplanungs- oder bauordnungsrecht- 1296

1 BVerwG BauR 2001, 1556.

lichen Gesichtspunkten – neu aufgeworfen wird.[2] Zur Beantwortung der Frage, ob eine Nutzungsänderung vorliegt, ist die bisherige Nutzung mit der geplanten Nutzung zu vergleichen, wobei maßgeblich die bisher bauaufsichtlich genehmigte Nutzung ist. Entspricht die beabsichtigte Nutzung einer anderen typisierten Nutzungsart im Sinne der BauNVO, ist in der Regel von einer Nutzungsänderung auszugehen, für deren Umsetzung eine Baugenehmigung erforderlich sein kann. Diesem Gesichtspunkt der Nutzungsänderung ist insofern eine besondere Beachtung beizumessen, als die Nutzung der baulichen Anlage ohne Genehmigung bzw. die von der erteilten Genehmigung abweichende Nutzung der baulichen Anlage gemäß den Regelungen der Landesbauordnungen als Ordnungswidrigkeit mit einem Bußgeld von bis zu 50.000 € geahndet werden kann.[3]

2. Öffentlich-rechtliche Verfügungsbeschränkungen

1297 Darüber hinaus hat der Investor bei der Verwertung durch Weiterveräußerung der gesamten Immobilie weitere öffentlich-rechtliche Besonderheiten zu beachten. So können öffentlich-rechtliche Verfügungsbeschränkungen einer Veräußerung der Immobilie entgegenstehen.

a) Gemeindliche Vorkaufsrechte

1298 Im Geltungsbereich eines Bebauungsplans muss beim Kauf von unbebauten Grundstücken, die mit Wohngebäuden bebaut werden können, mit gesetzlichen Vorkaufsrechten der Gemeinde gerechnet werden, wenn auch tatsächlich das Vorkaufsrecht nur in wenigen Fällen besteht (§ 24 Abs. 1 S. 1 Nr. 6 BauGB). Dieses allgemeine Vorkaufsrecht der Gemeinde ruht als öffentlich – rechtliche Belastung auf den von ihm erfassten Grundstücken und wird durch die rein verfahrensrechtliche Grundbuchsperre gesichert. Das gemeindliche Vorkaufsrecht entfaltet dabei zwar keine dingliche Wirkung, d. h., es wirkt nur gegenüber dem Vorkaufspflichtigen, jedoch muss der Käufer/Verkäufer in jedem Fall dem Grundbuchamt ein sogenanntes Negativattest vorlegen, aus dem sich der Nachweis der Nichtausübung oder des Nichtbestehens des Vorkaufsrechts ergibt.[4] Insofern erfordert der Grundbuchvollzug zwingend einer entsprechenden gemeindlichen Vorlage. Das Grundbuchamt darf den Käufer nur dann als Eigentümer in das Grundbuch eintragen, wenn ihm dieser Nachweis gelungen ist (§ 28 Abs. 1 S. 2 BauGB).

1299 Darüber hinaus kann die Gemeinde nach der pflichtigen Mitteilung des Kaufvertrages und vor der Entscheidung über die Vorkaufsrechtsausübung das Grundbuchamt ersuchen, zur Sicherung ihres – künftigen – Anspruchs auf Übereignung des Grundstückes eine Vormerkung einzutragen, § 28 Abs. 2 S. 3 BauGB. Verfügungen des Eigentümers nach Eintragung der Vormerkung sind dann gegenüber der Gemeinde unwirksam, §§ 883, 885 BGB.

b) Genehmigungserfordernis bei Begründung oder Teilung von Wohnungseigentum

1300 Des Weiteren kann die Begründung oder Teilung von Wohnungseigentum in Gebieten mit Fremdenverkehrsfunktionen auf Grund von Bebauungsplänen oder sonstigen Satzungen dem Erfordernis der Erteilung einer Genehmigung der Baugenehmigungsbehörde im Einvernehmen mit der Gemeinde unterliegen (§ 22 Abs. 1, Abs. 5 BauGB). Die Vorschrift dient dem Schutz der Sicherung von Gebieten mit Fremdenverkehrsfunktionen; der diesbezügliche Genehmigungsvorbehalt stellt eine zulässige Inhalts- und Schrankenbestimmung des Eigentums im Rahmen der Sozialbindung des Eigentums dar (Art. 14 Abs. 1 S. 2 GG).[5]

---

2 *Willisch* in: Wirth, Handbuch zur Vertragsgestaltung, Vertragsabwicklung und Prozessführung im privaten und öffentlichen Baurecht, 2. Buch, Seite 2337.

3 Vgl. dazu beispielhaft § 75 Abs. 1 Nr. 3, Abs. 2 Berliner Bauordnung.

4 *Reithmann* in: Rechtshandbuch Immobilien, Band II, Teil 4 , 250.33.

5 BVerwG, ZfBR 1994, 246.

Danach tritt mit der Rechtsverbindlichkeit der Satzung eine Grundbuchsperre ein: Bei den im Geltungsbereich der Satzung befindlichen Grundstücken darf das Grundbuchamt die Eintragung der sich aus der Begründung und Teilung von Wohnungseigentum ergebenden Rechte nur vornehmen, wenn der Genehmigungsbescheid bzw. ein entsprechendes Negativattest vorgelegt wird, § 22 Abs. 6 i. V. m. § 20 Abs. 2 bis 4 BauGB.[6] Nimmt das Grundbuchamt eine entsprechende Eintragung vor, obwohl die Genehmigung bzw. das Negativattest nicht erteilt wurde, ist das Grundbuch unrichtig und löst einen Anspruch auf Grundbuchberichtigung aus, § 892 BGB. Die Baugenehmigungsbehörde kann das Grundbuchamt in den Fällen einer Eintragung ohne Genehmigung zudem um die Erteilung eines Widerspruches ersuchen, wodurch ein eventueller Rechtsverlust bei unrichtigem Grundbuch durch gutgläubigen Dritterwerb verhindert wird, §§ 892, 899 BGB. 1301

c) Öffentlich-rechtliche Verfügungsbeschränkungen in Sanierungsgebieten

Eine weitere öffentlich-rechtliche Verfügungsbeschränkung kann sich für die Übertragung und Belastung von Grundstücken im förmlich festgelegten Sanierungsgebiet ergeben, § 144 Abs. 2 BauGB (**siehe D. II. 3.**). Danach kann in solchermaßen festgelegten Gebieten ein Grundstück nur mit schriftlicher Genehmigung der Gemeinde rechtsgeschäftlich übertragen werden; insofern gilt die Beschränkung auch für die schuldrechtlichen Verträge, die zu jenen Verfügungen verpflichten. 1302

Auch in diesem Bereich der Sanierungssatzungen ist von einer formellen Grundbuchsperre seitens des Gesetzgebers Gebrauch gemacht worden, so dass auch hier das Grundbuchamt eine Eintragung in das Grundbuch erst bei Vorlage eines Genehmigungsbescheides oder eines Negativattests vornehmen kann (§ 145 Abs. 6 i. V. m. § 20 Abs. 2 bis 4 BauGB); eine Eintragung ohne die erforderliche Genehmigung bzw. dem Negativattest führt ebenfalls zur Unrichtigkeit des Grundbuches. Der interessierte Investor kann aus dem in Abteilung II des Grundbuches eingetragenen entsprechenden Sanierungsvermerk Informationen hierüber erhalten. Dem Sanierungsvermerk selbst kommt dabei keine unmittelbare Rechtswirkung zu; als sogenannter Achtungsvermerk informiert er jedoch Grundstückinteressenten über die Konsequenzen einer Sanierungsmaßnahme. 1303

d) Öffentlich-rechtliche Beschränkungen im Bereich städtebaulicher Entwicklung

Im Bereich der städtebaulichen Entwicklungen, in dem Ortsteile oder andere Gemeindegebiete erstmalig entwickelt oder als vorhandene Gebiete einer neuen Entwicklung zugeführt werden sollen, sind ebenfalls für einen Investor relevante Beschränkungen vorgesehen. Die städtebauliche Entwicklungsmaßnahme verfolgt unmittelbar städtebauliche Ziele, so zum Beispiel die Deckung eines erhöhten Bedarfs an Wohn- und Arbeitsstätten, § 165 Abs. 1, Abs. 3 Nr. 2 BauGB. Ihre Anwendung setzt einen qualifizierten städtebaulichen Handlungsbedarf voraus, der aus Gründen des öffentlichen Interesses planmäßiges und aufeinander abgestimmtes Vorgehen im Sinne einer Gesamtmaßnahme erfordert. Auch hier gelten in Bezug auf die dargestellten Verfügungs- und Verpflichtungsbeschränkungen des Grundstückverkehrs sowie die gebietsbezogene formelle Grundbuchsperre die gleichen Grundsätze wie oben im Hinblick auf die Sanierungsgebiete dargestellt, § 169 Abs. 1 Nr. 3 i. V. m. § 144 BauGB. 1304

Zentrales Instrument zur Sicherung der Durchführung der städtebaulichen Entwicklungsmaßnahme ist die Genehmigungspflichtigkeit für die Übertragung und Belastung der im Entwicklungsbereich gelegenen Grundstücke. Die Gemeinde teilt auch hier – wie im Bereich der Sanierungssatzungen – dem Grundbuchamt die rechtsverbindliche Satzung unter Aufführung der betroffenen Grundstücke mit. Hiernach trägt das Grundbuchamt in die Grundbücher der entsprechenden Grundstücke einen Entwicklungsvermerk ein, § 165 Abs. 9 BauGB. Dieser Ver- 1305

6 *Krautzberger* in: Battis/Krautzberger/Löhr, BauGB, § 22, Rdnr. 18.

merk entspricht in seiner Rechtsqualität dem oben genannten Sanierungsvermerk; als sog. Achtungsvermerk erfüllt er ebenfalls eine Informationsfunktion für die Grundstücksinteressenten.

Tipp

- Die Errichtung und Weiterveräußerung der Immobilien darf nur in Entsprechung der erteilten Baugenehmigung erfolgen.
- Auch Nutzungsänderungen unterliegen grundsätzlich der Baugenehmigungspflicht.
- Es sollte im Vorfeld überprüft werden, ob sonstige öffentlich-rechtliche Nutzungsbeschränkungen existieren, wie z. B. gemeindliche Vorkaufsrechte, Genehmigungsvorbehalte bei Begründung oder Teilung von Wohnungseigentum oder sanierungsrechtliche Verfügungsbeschränkungen.

III. Besonderheiten des Grundstückserwerbs und der Weiterveräußerung nach der Makler- und Bauträgerverordnung (MaBV)

1306 Die Makler- und Bauträgerverordnung ist eine der grundlegenden Normen des Bauträgergeschäfts. Der Verordnungsgeber hat die MaBV erlassen, um damit schwerwiegenden Missständen im Bauträgergeschäft begegnen, insbesondere der einseitigen Formulierung von Vertragsbedingungen zu lasten der Erwerber, die häufig den Totalverlust ihrer Zahlungen ohne Erhalt eines Gegenwerts erlebten, zumal die das Gesamtbauvorhaben finanzierenden Banken für ihre Grundschulden stets die erste Rangstelle im Grundbuch verlangten und die Käufer bei Insolvenzen der Bauträger fast schutzlos waren.[7]

1307 Anstatt nun aber zivilrechtlich die Frage zu regeln, wann und unter welchen Voraussetzungen ein Bauträger den Kaufpreis des Haus- oder Wohnungskäufers entgegen nehmen kann, wurde eine andere gesetzestechnische Form der Umsetzung gefunden. Der Gesetzgeber hat die Makler- und Bauträgerverordnung aufgrund einer gewerberechtlichen Verordnungsermächtigung in § 34 a Gewerbeordnung im Jahre 1974 erlassen. Diese Verordnung hat aufgrund ihrer öffentlich-rechtlichen Regelungen nur indirekte Auswirkungen für das die Vertragsgestaltung des Bauträgervertrages prägende Zivilrecht, in dem sie dem Bauträger verbietet, Geld aufgrund privatrechtlicher Bauträgerverträge entgegenzunehmen, wenn nicht bestimmte Mindestschutzvoraussetzungen zu Gunsten des Käufers gegeben sind.

1308 **!** Bei der Vertragsgestaltung reicht es nicht aus, die MaBV zu beachten, es sind außerdem die Regelungen über Allg. Geschäftsbedingungen und das Werkvertragsrecht zu berücksichtigen.

Über ein Jahrzehnt war die Auffassung verbreitet, dass Bauträgerverträge sich nur an den Mindestvoraussetzungen aus der Makler- und Bauträgerverordnung zu orientieren haben und ansonsten Vertragsklauseln zu Lasten der Käufer im Wesentlichen frei formuliert werden können. Tatsächlich ergeben sich aber aus den Regelungen über die Einbeziehung Allgemeiner Geschäftsbedingungen in Verträge sowie dem gesetzlichen Leitbild des Werkvertrages weitere Anforderungen an die Vertragsgestaltung, die bei einem bloßen Einhalten der Mindestvoraussetzungen der MaBV noch nicht gewährleistet sind und daher im Rahmen einer entsprechenden Vertragsgestaltung zusätzlich berücksichtigt werden müssen.

7 Sehr eindringlich *Wolfsteiner* in: Kersten/Bühling, Formularbuch Praxis der freiwilligen Gerichtsbarkeit, 21. Aufl., § 37 Rdnr. 3 ff.

1. Anwendungsbereich der MaBV

Die Makler- und Bauträgerverordnung findet auf Bauträger und die Bauträgerverträge Anwendung. Ein Bauträger ist ein gewerblicher Unternehmer, der Grundstücke erwirbt, sie häufig durch Einschaltung von Generalunternehmern schlüsselfertig bebauen lässt, Erwerb und Bebauung überwiegend mit Fremdkapital finanziert und die dann so hergestellten Häuser oder Wohnungen weiterverkauft, wobei die Käufer häufig Verbraucher im Sinne des BGB sind.[8] Die Tätigkeit als Bauträger ist gem. § 34 c Nr. 3 GewO genehmigungsbedürftig. Es dürfte im Bereich des Bauträgervertrages kaum möglich sein, den zwingenden Regelungen der Makler und Bauträgerverordnung zu entgehen, also z. B. unter Hinweis auf mangelnde und fehlende Gewerblichkeit des den Bau erstellenden Unternehmens. Häufig ist schon aufgrund der Rechtsform (OHG oder Kommanditgesellschaft beziehungsweise GmbH oder AG) ein Privatbereich des Bauträgers nicht vorstellbar. Sollte tatsächlich einmal der das Bauvorhaben Durchführende nicht schon Formkaufmann sein, ergibt sich häufig dennoch die Gewerblichkeit aus der Tatsache, dass innerhalb von fünf Jahren mehr als drei Objekte veräußert werden sollen.[9] 1309

> ! Das Abweichen von der MaBV ist bei Bauträgerverträgen regelmäßig unzulässig.

Die Anwendbarkeit der Makler- und Bauträgerverordnung knüpft an die Durchführung eines Bauvorhabens an. Da es diesbezüglich keine Einschränkungen gibt, sind hierbei neben dem Neubau von Einfamilien- und Reihenhäusern, Eigentumswohnanlagen auch Altbausanierungen umfasst.[10] Keine Anwendung findet die MaBV, wenn der Bauträger auf dem Grundstück des Auftraggebers baut[11], da dann die eingebauten Materialien in das Eigentum des Käufers übergeben und die besondere Schutzbedürftigkeit nicht gegeben ist. Ausgenommen von dem Schutz der MaBV sind auch juristische Personen des öffentlichen Rechts, also z. B. Gemeinden, Anstalten, und öffentlich-rechtliche Sondervermögen, z. B. Bundeseisenbahnvermögen, sowie eingetragene Kaufleute, § 7 Abs. 2 MaBV. 1310

2. Kaufpreisfälligkeit gem. § 3 MaBV

Kernstück der Makler- und Bauträgerverordnung sind die Regelungen zur Fälligkeit des Kaufpreises gemäß § 3 MaBV. Danach darf ein Bauträger Vermögenswerte der Erwerber erst entgegennehmen, also den Kaufpreis fällig stellen, wenn die nachfolgend dargestellte Grundvoraussetzungen gegeben sind: 1311

a) Wirksamkeit des Vertrages

Der Vertrag muss wirksam notariell beurkundet sein, und es müssen die privatrechtlichen und öffentlich-rechtlichen Genehmigungen für die Wirksamkeit des Vertrages erteilt sein[12], also z. B. die Genehmigung des Handelns vollmachtloser Vertreter, vormundschaftliche Genehmigung, Genehmigung der Sanierungsverwaltungsstelle, die Vorkaufsrechtserklärung der Gemeinde (§ 24 ff. BauGB), die Verwalterzustimmung gem. § 12 WEG (auch bei Erstveräußerung), die Genehmigung nach der Grundstücksverkehrsordnung, die Teilungsgenehmigung bei Trennstückverkauf, der Vorkaufsrechtsverzicht privater Berechtigter. 1312

---

8 Vgl. *Wolfsteiner* in: Kersten/Bühling, Formularbuch Praxis der freiwilligen Gerichtsbarkeit, 21. Aufl., § 37 Rdnr. 1 und *Kutter* in: Beck'sches Notarhandbuch, 3. Aufl. A II, Rdnr. 5.

9 An die steuerrechtliche Drei-Objekte-Grenze knüpft z. B. *Basty,* Der Bauträgervertrag, 4. Aufl. Rdnr. 58 an.

10 *Basty,* Der Bauträgervertrag, 4. Aufl., Rdnr. 60; nicht bei geringfügigen Renovierungsarbeiten, vgl. *Kutter* in: Beck'sches Notarhandbuch, 3. Aufl. A II Rdnr. 133.

11 *Wolfsteiner* in: Kersten/Bühling, Formularbuch Praxis der freiwilligen Gerichtsbarkeit, 21. Aufl., § 37 Rdnr. 26.

12 Siehe oben, Kapitel II 2 d) Grundstückskauf.

b) Kein Rücktrittsrecht

1313 Es darf dem Verkäufer kein vertragliches Rücktrittsrecht eingeräumt sein, der Bauträger darf sich also zum Beispiel nicht ein Recht einräumen, dass er bei Scheitern seiner Verkaufsbemühungen bezüglich anderer Häuser oder Wohnungen auch von den schon geschlossenen Verträgen zurücktreten darf.

Tipp Es ist nicht zulässig, ein Rücktrittsrecht zugunsten des Bauträgers zu vereinbaren, aber man kann eine Aufspaltung zwischen dem Angebot des Käufers und der zeitlich nachfolgenden Annahmeerklärung des Bauträgers vereinbaren.

c) Eigentumsverschaffungsvormerkung

1314 Die Eigentumsverschaffungsvormerkung muss an der vereinbarten Rangstelle im Grundbuch eingetragen sein. Die bloße Notarbestätigung, dass der Eintragung keine Hindernisse entgegenstehen, ist nicht ausreichend.[13] Der Rang der Vormerkung ist in der Makler- und Bauträgerverordnung nicht festgelegt. Der Notar hat aber darauf zu achten, dass in Abteilung 2 des Grundbuchs nur vertraglich vereinbarte Rechte vorgehen, also Wegerechte, Leitungsrechte, Abstandsflächendienstbarkeiten usw. und dass in Abteilung 3 des Grundbuchs nur die der Makler- und Bauträgerverordnung entsprechende Globalfinanzierungsgrundschuld und eigene Finanzierungsgrundpfandrechte der Käufer vorgehen. Insofern sind zur Festlegung der Rangstelle der Vormerkung im Bauträgervertrag die gleichen Überlegungen wie bei dem Entwurf eines Grundstückskaufvertrags anzustellen. Bei einem Teilflächenverkauf ist es ausreichend, dass die Vormerkung noch am ungetrennten Gesamtgrundstück eingetragen wird.[14] Sofern zukünftiges Wohnungs- oder Teileigentum oder Wohnungs- bzw. Teilerbbaurechte verkauft werden, müssen diese Rechte im Grundbuch vollzogen sein. Es muss also schon ein Wohnungs- oder Teileigentumsgrundbuch angelegt sein. Sofern sich die Wohnungseigentumsbildung noch in einem Vorstadium befindet, also zum Beispiel die Teilungserklärung zwar beurkundet, aber noch nicht vollzogen ist, die Abgeschlossenheitsbescheinigung noch nicht erteilt ist oder noch keine Anträge auf Bildung von Wohnungs- oder Teileigentum im Grundbuch gestellt sind, kann diese Fälligkeitsvoraussetzung noch nicht entstehen.

! Die Fälligkeit des Kaufpreises bei Verkauf zukünftigen Wohnungseigentums darf nicht vor der Anlegung von Wohnungsgrundbuchblättern und Eintragung der Vormerkung eintreten.

d) Lastenfreistellung

1315 Da die Bauträger regelmäßig Grundstückserwerb und Bau durch eine Bank finanzieren, wird zur Absicherung über den gesamten Ankaufs- und Herstellungspreis eine Globalgrundschuld an erster Rangstelle im Grundbuch eingetragen, die den Eigentumsverschaffungsvormerkungen und den eigenen Finanzierungsgrundpfandrechten der Käufer vorgeht. Dies ist nach der Makler- und Bauträgerverordnung nur dann hinnehmbar, wenn die Freistellung des Vertragsobjektes von diesen Globalgrundpfandrechten gesichert ist, und zwar auch für den Fall, dass das Bauvorhaben nicht vollendet wird. Die Voraussetzungen an diese Sicherung der Freistellung sind in der Makler- und Bauträgerverordnung genau dargestellt. Es muss gewährleistet sein, dass diese Grundpfandrechte nach Bauvollendung unverzüglich nach Zahlung der geschuldeten Vertragssumme, bei Steckenbleiben des Baus unverzüglich nach Zahlung des dem erreichten Baustandes erreichten entsprechenden Teils der Vertragssumme gelöscht werden. Der Kreditgeber, der durch die Globalgrundschuld abgesichert ist, kann sich auch vorbe-

---

13 Ob die Abtretung einer Auflassungsvormerkung ausreichend ist, ist zweifelhaft, vgl. hierzu *Kutter* in: Beck'sches Notarhandbuch, 3. Aufl. A II Rdnr. 57 u. 63.

14 *Kutter* in: Beck'sches Notarhandbuch, 3. Aufl. A II Rdnr. 63.

halten, anstelle der Freistellung die bereits geleisteten Zahlungen bis zum anteiligen Wert des Vertragsobjektes zurückzuzahlen (Rückzahlungsvorbehalt). Die entsprechenden Erklärungen müssen dem Auftraggeber ausgehändigt sein, wobei regelmäßig der Notar mit der Verwahrung vom Käufer beauftragt wird, damit die Gesamtabwicklung des Bauvorhabens des Kaufvertrages gesichert ist. Die Freigabeversprechen werden üblicherweise unter Wiederholung des Wortlautes der MaBV formuliert, da es ansonsten fast unzumutbar wäre, die Übereinstimmung des Pfandfreigabeversprechens mit den Anforderungen der MaBV zu überprüfen.

> ! Die geschuldete Vertragssumme entspricht bei Mängeln nicht der Summe aus dem Ratenplan.

Verschiedene Fragen knüpfen an den Begriff der geschuldeten Vertragssumme an. Zu Recht hat 1316
sich die Auffassung durchgesetzt, dass als geschuldete Vertragssumme nicht zwingend der Nominalkaufpreis aus dem Kaufvertrag anzusehen ist, sondern bei Mängeln auch der geminderte oder durch Aufrechnung mit Ersatzvornahme- oder Schadensersatzansprüchen wegen mangelhafter Herstellung des Werkes gekürzte Kaufpreis.[15] Bei Steckenbleiben des Baus ist nur der dem erreichten Bautenstand entsprechende Teil der ursprünglich geschuldeten Vertragssumme zur Erlangung der Freigabeerklärung der Bank zu zahlen. Die Berechnung dieses Teils der Vertragssumme ist zweifelhaft.[16] Zutreffend dürfte es sein, von der Kalkulation des Verkäufers hinsichtlich des verdienten Werklohnes bezüglich der Teilleistung auszugehen, hiervon aber zu Lasten dieser Zwischensumme Erwerbspreisminderungen wegen festgestellter Mängel oder Aufrechnungen mit Gegenforderungen abzuziehen, und zwar dann nicht mehr aufgrund einer Vertragspreiskalkulation, sondern aufgrund der ortsüblichen Kosten der Fertigstellung der mangelhaften Teilleistung durch ein anderes Unternehmen. Ggfls. wird die globalfinanzierende Bank ihren Rückzahlungsvorbehalt geltend machen. Nach h.M. sind dann nur die geleisteten Zahlungen ohne Verzinsung, nach oben hin begrenzt durch den objektiven Wert des Vertragsobjekts, der weit unter dem Kaufpreis liegen kann, zu erstatten.[17] Nach herrschender Meinung erfolgt die Rückzahlung Zug um Zug gegen Löschung der Eigentumsverschaffungsvormerkung des Erwerbers.[18]

e) Baugenehmigung

Zum Schutz des Erwerbers muss die Baugenehmigung erteilt sein. Zumindest muss die Geneh- 1317
migungsbehörde bestätigt haben, dass die Baugenehmigung als erteilt gilt oder nach den baurechtlichen Vorschriften mit dem Vorhaben begonnen werden darf oder, wenn derartige Bestätigungen nicht zu erlangen sind, muss vom Verkäufer bestätigt worden sein, dass diese vorgenannten Voraussetzungen gegeben sind und der Auftraggeber muss nach Eingang der Bestätigung noch einen Monat lang Zeit haben, deren Richtigkeit zu überprüfen. Ob diese Voraussetzungen tatsächlich gegeben sind, kann der Erwerber häufig nur unter Einschaltung fachlichen Rates oder Nachfrage bei der Baubehörde prüfen. Auch der Verordnungsgeber hat die Missbrauchsgefahr durch leichtfertige Bestätigung des Verkäufers gesehen und dem Käufer das einmonatige Prüfungsrecht eingeräumt.[19]

> ! Eine Teilbaugenehmigung ist als Fälligkeitsvoraussetzung nicht ausreichend[20], daher Genehmigungsbescheid überprüfen.

---

15 *Kutter* in: Beck'sches Notarhandbuch, 3. Aufl. A II Rdnr. 64; *Basty,* Der Bauträgervertrag, 4. Aufl. Rdnr. 294.

16 *Basty,* Der Bauträgervertrag, 4. Aufl. Rdnr. 296; *Kutter* in: Beck'sches Notarhandbuch, 3. Aufl. A II Rdnr. 65.

17 *Basty,* Der Bauträgervertrag, 4. Aufl. Rdnr. 305 ff.

18 *Kutter* in: Beck'sches Notarhandbuch, 3. Aufl. A II Rdnr. 68.

19 Vgl. hierzu und zu den Gegenstimmen *Kutter* in: Beck'sches Notarhandbuch, 3. Aufl. A II Rdnr. 75.

20 Vgl. hierzu *Kutter* in: Beck'sches Notarhandbuch, 3. Aufl. A II Rdnr. 78.

1318 Der Notar übernimmt regelmäßig die Mitteilung der Fälligkeitsvoraussetzungen zu a) – d) Das Vorliegen der Baugenehmigung sollte direkt vom Verkäufer mitgeteilt werden, da der Notar grundsätzlich nicht die Fachkunde hat, die Vertragsgemäßheit der Baugenehmigung und ihrem Umfang zu überprüfen.

3. Besondere Fälligkeitsvoraussetzungen

1319 Neben den zuvor genannten allgemeinen Vorraussetzungen formuliert die MaBV in § 3 Abs. 2, dass der Bauträger Raten nur nach Baufortschritt entgegennehmen darf. Es darf sich um bis zu sieben Teilbeträge handeln. Diese sieben Teilbeträge dürfen sich nur aus den in der Verordnung festgelegten 13 möglichen Teilraten zusammensetzen. Die Raten dürfen nicht vom Bauablauf abweichen. Entsprechend dem Bauablauf knüpft die erste Rate von 30 vom 100 der Vertragssumme an den Beginn der Erdarbeiten, was gleichzusetzen ist mit dem ersten Spatenstich auf dem Vertragsgrundstück, also Beginn der Aushubarbeiten für die Baugrube. Wird das Grundstück nicht verkauft, sondern ein Erbbaurecht bestellt, ist die Rate auf 20 vom 100 der Vertragssumme reduziert, weil nach der Logik des Verordnungsgebers der Grundstückswert geringer ist, da nur das zeitlich begrenzte Erbbaurecht übertragen wird. Handelt es sich um ein größeres Bauvorhaben, zum Beispiel mehrere Einfamilien- oder Reihenhäuser, dann ist die Spatenstichrate erfüllt, wenn die Erdarbeiten betreffend das vertragsgegenständliche Einfamilienhaus oder die Reihenhausreihe begonnen haben.

1320 Die möglichen weiteren Teilbeträge ergeben sich wie folgt, jeweils als Prozentsatz der restlichen Vertragssumme:

- 28,00% nach Rohbaufertigstellung, einschließlich Zimmererarbeiten
- 5,60% für die Herstellung der Dachflächen und Dachrinnen
- 2,10% für die Rohinstallation der Heizungsanlagen
- 2,10% für die Rohinstallation der Sanitäranlagen
- 2,10% für die Rohinstallation der Elektroanlagen
- 7,00% für den Fenstereinbau, einschließlich der Verglasung
- 4,20% für den Innenputz ausgenommen Beiputzarbeiten
- 2,10% für den Estrich
- 2,80% für die Fliesenarbeiten im Sanitärbereich
- 8,40% nach Bezugsfertigkeit und Zug um Zug gegen Besitzübergabe
- 2,10% für die Fassadenarbeiten
- 3,50% nach vollständiger Fertigstellung

1321 Üblicherweise werden die bis zu sieben Raten schon im Kaufvertrag festgelegt.[21]

> **!** **Die Berechnung der Raten genauestens überprüfen. Bei Abweichungen zulasten des Käufers droht die Unwirksamkeit des Ratenplans.[22]**

1322 Die möglichen Raten sind inzwischen schon so ausdifferenziert, dass sich bezüglich der Feststellbarkeit der Fälligkeit kaum noch Zweifelsfragen ergeben. Problematisch aus Sicht der Beteiligten ist die drittletzte Rate von 8,4% nach Bezugsfertigkeit und Zug um Zug gegen Besitzübergabe. Bezugsfertigkeit ist ein Begriff, der so nur in der Makler- und Bauträgerverordnung vorkommt und meint, dass es nach der Verkehrsanschauung dem Erwerber zumutbar sein muss, in das Objekt einzuziehen. Es muss zur Befriedigung normaler Wohnbedürfnisse ohne Gefahr für die Sicherheit und Gesundheit der Bewohner auf Dauer bewohnbar

---

21 Es soll aber auch zulässig sein, die Raten nach Vertragsabschluss im Rahmen der MaBV nach Ermessen des Bauträgers festlegen zu lassen, vgl hierzu *Kutter* in: Beck'sches Notarhandbuch, 3. Aufl. A II Rdnr. 77 a.

22 BGH BauR 2001, 391 ff.

sein.[23] Die Bezugsfertigkeit ist somit scharf zu trennen von der Fertigstellung und damit verbundenen Abnahmefähigkeit des Bauvorhabens. Bestimmte Mängel hindern nicht am Bezug, berechtigen den Erwerber aber zur Verweigerung der Abnahme, weil das Werk noch nicht vertragsgemäß hergestellt ist, es sei denn, dass die Mängel unwesentlich sind, vgl. § 640 BGB. Bauträger scheuen sich regelmäßig, das Objekt vor Zahlung oder Sicherstellung der Zahlung der gesamten Restsumme zu übergeben, versuchen also durch vielgestaltige Vertragsformulierungen Fälligkeit oder Zahlungsmodalitäten bezüglich der letzten drei Raten zu modifizieren. Die Erfahrung der Bauträger geht dahin, dass nach Bezug des Objektes von den Erwerbern manchmal jede Chance genutzt wird, Mängel zu konstruieren und Zahlung der Restraten zu verweigern, in der Hoffnung, eine Preisreduzierung zu erleichtern. Die zur Lösung diese Problems vorgeschlagenen Abwicklungsstrategien erscheinen allesamt schwerfällig und unpraktikabel, so dass nur dazu geraten werden kann, das Objekt abnahmereif herzustellen und dann nach Abnahme die Besitzübergabe durchzuführen.[24]

> ! Die vollständige Fertigstellung liegt erst vor, wenn auch die Gemeinschaftsanlagen mangelfrei errichtet sind.

Gerade bei größeren oder abschnittsweisen Bauvorhaben liegt der Zeitpunkt der Fertigstellung der Gemeinschaftsanlagen weit nach der Bezugsfertigkeit.

Um nach Besitzübergabe die Zahlung der letzten Rate zu sichern, wird teilweise die Einzahlung 1323
auf Notaranderkonto vereinbart, wofür aber das nach Beurkundungsgesetz notwendige Sicherungsinteresse fehlen dürfte. Darüberhinaus liegt eine Einschränkung des Leistungsverweigerungsrechts vor, sodass die Klausel als Allgemeine Geschäftsbedingung gem. § 309 Nr. 2 a BGB unwirksam sein könnte.[25] Vorzuziehen ist eine Abstimmung des Bauablaufs auf die Notwendigkeiten der MaBV.

4. Bankbürgschaft[26]

§ 7 der MaBV eröffnet dem Verkäufer die Möglichkeit, eine Sicherheit durch eine selbstschuld- 1324
nerische Bankbürgschaft zu leisten. Tut er dies, entfallen seine vorstehend dargestellten Bindungen an die einengenden Vorschriften der §§ 2 bis 6 MaBV, insbesondere entfallen auch die besonderen Sicherungspflichten (allgemeine Fälligkeitsvoraussetzungen) nach § 3 Abs. 1 MaBV sowie die Verpflichtung zur Einhaltung des Ratenplanes nach § 3 Abs. 2 MaBV. Die Bürgschaftsurkunde ist dem Käufer auszuhändigen, wobei auch wieder aus Gründen der Praktikabilität häufig vereinbart wird, dass der Notar diese Urkunden für die Käufer verwahrt. Die Sicherungen des § 3 MaBV und die Bürgschaftssicherung gem. § 7 MaBV können untereinander vollständig ausgetauscht werden. Allerdings darf keine Vermischung der Sicherungssysteme stattfinden, dass z. B. Raten teilweise nach dem Sicherungssystem des § 3 MaBV und andere Raten teilweise durch Bankbürgschaft abgesichert werden.[27] Die Bürgschaft muss so hoch sein, dass sämtliche geleisteten Raten abgedeckt sind. Es ist daher auch trotz vielfach anders lautender Meinung unzulässig, nur die letzte Rate (Besitzübergangsrate) durch Bankbürgschaft in Höhe des Zahlbetrages abzusichern. Vielmehr müsste in diesem Fall die Gesamtsumme der Zahlungen verbürgt sein.[28]

> ! Eine Reduzierung der Bankbürgschaft nach Baufortschritt ist unzulässig, da die volle Sicherheit bis zur Fertigstellung aufrecht zu erhalten ist.

23 *Basty,* Der Bauträgervertrag, 4. Aufl. Rdnr. 422.
24 Vgl. zu den Lösungsmöglichkeiten *Basty,* Der Bauträgervertrag, 4. Aufl., Rdnr. 427 ff.
25 Vgl. BGH NJW 1985, 852 f.; BGH NJW 2002, 140 f.; stv. *Kutter* in: Beck'sches Notarhandbuch, 3. Aufl., A II, Rdnr. 89; Brambring, DNotZ 1990, 615.
26 Ausführlich: Kap III Besonderheiten der Finanzierung, insbesondere Bürgschaften nach §§ 3, 7 MaBV.
27 BGH NJW-RR 2003; *Kutter* in: Beck'sches Notarhandbuch, 3. Aufl. A II Rdnr. 80.
28 *Kutter* in: Beck'sches Notarhandbuch, 3. Aufl. A II Rdnr. 80.

1325 Die Bürgschaft muss aufrecht erhalten werden, bis sämtliche allgemeine Fälligkeitsvoraussetzungen gem. § 3 Abs. 1 der MaBV eingetreten sind und das Vertragsobjekt vollständig fertiggestellt ist. Die Bürgschaft ist also nicht vor Abnahmereife zurückzugeben.[29] Nach § 7 Abs. 1 MaBV muss die Bürgschaft sämtliche Ansprüche des Auftraggebers auf Rückgewähr oder Auszahlung seiner Vermögenswerte umfassen. Solche Ansprüche können aus Wandlung, Minderung, Rücktritt, Schadensersatz, Bereicherungsrecht oder aus Deliktsrecht entstehen.[30] Inzwischen hat der Bundesgerichtshof in mehreren stark beachteten Entscheidungen den Umfang der Bürgschaftssicherung zu Gunsten der Erwerber dahingehend festgestellt, dass auch Schadensersatzansprüche wegen Nichterfüllung des Vertrages und alle auf Zahlung von Geld gerichteten Gewährleistungsansprüche (Vorschuss auf Mangelbeseitigungskosten, Erstattung der Aufwendung für Mangelbeseitigung, Schadensersatz und Minderung) von der Bürgschaft gesichert werden.[31] Nicht gesichert sind Gewährleistungsansprüche nach Abnahme.[32] Da den Banken vielfach der weitere Sicherungsumfang ihrer Bürgschaft gar nicht bewusst war und erst jetzt durch die Urteile des Bundesgerichtshofes festgestellt wurde, gibt es erste Abwehrversuche. Zwar lässt sich an der Formulierung der Bürgschaften und dem weiteren Sicherungsumfang nichts ändern, jedoch wird teilweise eine 100%ige Bürgschaftsabsicherung von den Banken verweigert, indem man gerade wegen der kritischen Besitzübergangsrate nur noch 96,5% des Kaufpreises absichern will.

5. Allgemeine Geschäftsbedingungen

1326 Regelmäßig stellen die vom Bauträger verwendeten Verträge und deren Klauseln Allgemeine Geschäftsbedingungen i. S. d. §§ 305 ff. BGB dar, weil sie für eine Vielzahl von Verträgen (wenigstens drei bis fünf[33]) vorformuliert und vom Bauträger einseitig gestellt werden. Da die Käufer überwiegend Verbraucher sind, gibt es in diesem Fall sogar eine Vermutung, dass die Bedingungen einseitig gestellt wurden, § 310 Abs. 3 BGB.

! Das Abweichen von den Regelungen im BGB über Allgemeinen Geschäftsbedingungen und von der hierzu ergangenen Rechtsprechung ist grundsätzlich unzulässig und wegen der weitreichenden Folgen (Unwirksamkeit der entsprechenden Klausel) unbedingt zu vermeiden.

1327 Zahlreiche Geschäftsbedingungen können wegen ihrer einseitigen Benachteiligung der Erwerber nicht mehr wirksam vereinbart werden. Der Ratenzahlungsplan der MaBV verstößt allerdings nicht das gesetzliche Leitbild in § 632 a BGB, wonach Abschlagszahlungen (nur) für in sich abgeschlossene Leistungen entgegengenommen werden dürfen. Dies hat der Gesetzgeber durch die Verordnung über Abschlagszahlungen bei Bauträgerverträgen klargestellt. Nicht mehr zu verwenden sind allerdings die nachfolgend dargestellten Klauseln:

1328 Die Unterwerfung der Käufer wegen des Kaufpreises unter die sofortige Zwangsvollstreckung gem. § 794 Abs. 1 Nr. 5 ZPO unter gleichzeitiger Ermächtigung des Notars zur Erteilung der vollstreckbaren Ausfertigung ohne Nachweis der Fälligkeit der Zahlung, ist unwirksam.[34] Eine Vollstreckungsunterwerfung gegen Nachweis der Fälligkeit ist unpraktikabel, da der die Fälligkeit auslösende Nachweis des Bautenstandes durch öffentliche Urkunde geführt werden müsste, so dass die Zwangsvollstreckungsunterwerfung kaum noch vereinbart wird. Der neben der

---

29 Andere Ansicht *Basty,* Der Bauträgervertrag, 4. Aufl., Rdnr. 517.
30 *Basty,* Der Bauträgervertrag, 4. Aufl., Rdnr. 504, *Kutter* in: Beck'sches Notarhandbuch, 3. Aufl., A II, Rdnr. 81.
31 BGH DNotZ 2002, 652, 654; kritisch hierzu *Basty,* DNotZ 2002, 567 ff.
32 BGH BauR 2003, 243 ff.
33 BGH NJW 2002, 138.
34 BGH DNotZ 1998, 53 ff.

erleichterten Durchsetzbarkeit von Zahlungsansprüchen weitere Zweck der Vollstreckungsunterwerfung besteht in der Verlängerung der Verjährungsfrist der Zahlungsansprüche des Bauträgers. Dieser Effekt kann und sollte aber durch eine Verjährungsvereinbarung gem. § 202 Abs. 2 BGB ersetzt werden. Unzulässig sind Schiedsgutachterklauseln, wonach das Bestehen von Mängeln bindend durch einen Sachverständigen festgestellt werden soll.[35] Entsprechendes soll auch für Schiedsgerichtsvereinbarungen gelten.[36] Die Gewährleistung im Bauträgervertrag für die Bauleistungen richtet sich zwingend nach Werkvertragsrecht des BGB. Eine Vereinbarung der Verdingungsordung für Bauleistungen (VOB) ist unzulässig, da deren Klauseln für Bauträgerverträge nicht passen.[37] Unzulässig ist der vollständige Ausschluss der Wandelung und des Rücktritts bei Mängeln sein, vgl. § 309 Nr. 8 b) bb) BGB[38], der Ausschluss von Leistungsverweigerungs- und Zurückbehaltungsrechten bei streitigen Mängeln, § 309 Nr. 2 a) und b) BGB, der formelhafte komplette Ausschluss der Haftung für Sachmängel, wobei ein Ausschluss der Haftung für Sachmängel des Grundstücks bzw. für die Altbausubstanz nach entsprechender Belehrung als zulässig angesehen wird.[39] Im jedem Fall ist aber ausdrücklich im Vertrag zu formulieren, dass die Haftung für Schadensersatzansprüche wegen der fahrlässigen Verletzung von Leben, Körper, Gesundheit nicht ausgenommen ist, § 309 Nr. 7 a) BGB.

Eine Klausel, wonach sich der Käufer bei Mängeln zunächst an die Subunternehmer des Bauträgers wenden muss, ist unwirksam, da sie den Käufer unbillig benachteiligt.[40]

Der Bauträger kann die Erwerber nicht zwingen, die Abnahme des Gemeinschaftseigentums 1329 durch einen von ihm vorgeschlagenen Sachverständigen zu dulden.[41] Unzulässig sind Preiserhöhungsklauseln, z. B. bei Umsatzsteuererhöhungen, nach Maßgabe von § 309 Nr. BGB.[42] Immer wieder problematisch ist der Nachweis des die Fälligkeit auslösenden Baufortschritts. Trotz mancher Bedenken wird man eine Mitteilung des Architekten oder Bauleiters als ausreichend erachten müssen, sofern nicht der Gegenbeweis ausgeschlossen ist.

6. Grundstück und Bauleistung

Der Bauträgervertrag hat hinsichtlich des Grundstücks kaufvertragliche – und hinsichtlich der 1330 Bauleistung werkvertragliche Elemente.[43] Auf die Gewährleistung wegen Sachmängeln ist Werkvertragsrecht anzuwenden.[44] Auf mitverkaufte bewegliche Sachen kann das Recht des Verbrauchsgüterkaufs Anwendung finden.[45] Die Baubeschreibung, die häufig in eine Bezugsurkunde ausgelagert ist, legt die vereinbarte Beschaffenheit i. S. v. § 633 Abs. 2 S. 1 BGB fest. Da Baubeschreibungen häufig von Architekten verfasst werden, kommt es immer wieder zu Unklarheiten oder Widersprüchen zu Regelungen im Vertrag. Der Formulierung der Baubeschreibung ist daher bei der Vertragsgestaltung der gleiche Wert wie den sonstigen Regelungen beizumessen. Regelungen zum Flächenmaß von Wohnungen sollten etwaig hinzunehmende Abweichungen enthalten.[46] Sofern man die Baubeschreibung als Allgemeine Geschäftsbedin-

35 BGHZ 115, 329.
36 *Basty,* Der Bauträgervertrag, 4. Aufl., Rdnr. 742.
37 *Kutter* in: Beck'sches Notarhandbuch, 3. Aufl. A II Rdnr. 98; BGH NJW 1985, 315.
38 BGH. BauR 2002, 310 ff.
39 *Hertel* in: Amann/Brambring/Hertel, Vertragspraxis nach neuem Schuldrecht, 2. Aufl., S. 253.
40 BGH BauR 2002, 1385 ff.
41 OLG Koblenz, BauR 2003, 546 ff.
42 Differenzierend *Basty,* Der Bauträgervertrag, 4. Aufl., Rdnr. 179 ff.; OLG Celle BauR 2001, 1113 f.
43 HM, z. B. *Basty,* Der Bauträgervertrag, 4. Aufl., Rdnr. 3; daran hat die Schuldrechtsreform nichts geändert, *Basty,* Der Bauträgervertrag, Aktuelle Ergänzungen zur 4. Auflage, Rdnr. 8 ff.
44 HM, vgl. *Hertel* in: Amann/Brambring/Hertel, Die Schuldrechtsreform in der Vertragspraxis, S. 185.
45 *Hertel* in: Amann/Brambring/Hertel, Vertragspraxis nach neuem Schuldrecht, 2. Aufl., S. 229.
46 *Basty,* Der Bauträgervertrag, 4. Aufl., Rdnr. 63.

gung ansieht, muss sie klar und verständlich sein, Transparenzgebot aus § 307 Abs. 1 S. 1 BGB. Widersprüche, z. B. zur Frage der Ausstattung und der Materialien würden sich zu lasten des Bauträgers auswirken. Die Vielgestaltigkeit der möglichen Probleme bei Abwicklung des Bauvorhabens machen ein einseitiges Leistungsbestimmungsrecht des Bauträgers i. S. v. § 315 BGB notwendig.

Solche wesentlichen Regelungen dürfen nicht irgendwo versteckt in der Baubeschreibung auftauchen, sondern sollten möglichst im Bauträgervertrag selbst angesprochen werden. Gerade auch in Bezug auf die Belastung des Grundbuchs des Kaufgegenstandes mit Rechten in Abteilung 2 (z. B. Leitungs- und Wegerechten) muss der Bauträger auf notwendige Änderungen der Bauausführung reagieren können, so dass auch insofern Leistungsbestimmungsrechte notwendig sind. Üblicherweise trägt der Bauträger die notwendigen Kosten der Ersterschließung, da er ein schlüsselfertiges Bauwerk schuldet.

Die Abnahme von Sonder- und Gemeinschaftseigentum kann getrennt erfolgen, wobei bezüglich des Gemeinschaftseigentums ein Sachverständiger damit beauftragt werden kann. Nachzügler können gezwungen werden, dessen Abnahme gegen sich gelten zu lassen.[47]

Im Übrigen ist der Kaufpreis regelmäßig ein Festpreis. Verteuerungen im Rahmen der Bauausführung gehen zu lasten des Bauträgers.[48]

1331 Um Zweifelsfragen zu vermeiden, sollte für den Kaufpreisanspruch des Bauträgers eine zehnjährige Verjährung gem. § 196 BGB ausdrücklich vereinbart werden. Bei der Vereinbarung einer Abnahmefiktion ist § 308 Nr. 5 BGB zu beachten.

7. Finanzierung

1332 Die übliche Absicherung der Finanzierung des Erwerbspreises durch Grundpfandrechte kann bei einem Bauträgervertrag auf Schwierigkeiten stoßen, wenn die Kaufpreiszahlung zu einem frühen Zeitpunkt gegen Bankbürgschaft gem. § 7 MaBV erfolgen soll, und die Grundpfandrechte am Kaufgrundstück noch nicht eingetragen werden können, weil die Realteilung noch nicht erfolgt ist oder die Wohnungseigentumsgrundbücher noch nicht angelegt sind. Eine Eintragung sämtlicher Finanzierungsgrundpfandrechte am noch ungeteilten Ursprungsgrundstück ist umständlich und mit erheblichem Aufwand und Kosten verbunden. Viele Banken akzeptieren in diesen Fällen als Übergangssicherheit die Abtretung der durch die MaBV-Bürgschaft gesicherten Ansprüche aus dem Kaufvertrag.[49]

8. Beurkundungsfragen

1333 Alle Vereinbarungen im Zusammenhang mit dem Bauträgervertrag müssen gem. § 311 b BGB beurkundet werden. Dazu gehören die Baubeschreibung, Lagepläne bei Trennstücksverkauf, bei zukünftigem Wohnungs- und Teileigentum die Teilungserklärung mitsamt der Gemeinschaftsordnung und der Verwalterbestellung. Häufig werden diese Teile des Vertrages in eine Bezugsurkunde ausgelagert, § 13 a BeurkG. Diese Urkunde mitsamt dem Vertragsentwurf ist den Käufer rechtzeitig vor dem Beurkundungstermin zuzuleiten, damit die erleichterte Bezugnahme gem. § 13 a BeurkG gewählt werden kann. Sofern, was überwiegend der Fall sein dürfte, der Käufer ein Verbraucher ist, soll der der Vertrag zwei Wochen vor Beurkundung dem Käufer zur Prüfung zugeleitet werden soll, § 17 Abs. 2 a BeurkG. Sonderwünsche und Eigenleistungen sind mit zu beurkunden.[50] Bei Aufspaltung des Vertrages in Angebot und separate Annahme, was gelegentlich vom Bauträger gewünscht wird, um den Ausstieg aus dem Gesamtbauvorha-

47 *Hertel* in: Amann/Brambring/Hertel, Vertragspraxis nach neuem Schuldrecht, 2. Aufl., S. 244.
48 Vgl. *Basty*, Der Bauträgerkauf, 4. Aufl., Rdnr. 169.
49 Vgl. *Kutter* in: Beck'sches Notarhandbuch, 3. Aufl., A II, Rdnr. 113.
50 Vgl. *Basty*, Der Bauträgerkauf, 4. Aufl., Rdnr. 601.

ben bei geringer Nachfrage zu ermöglichen, muss das Angebot vom Käufer erfolgen, um die Belehrung über das Geschäft durch den Notar nicht leer laufen zu lassen.[51]

Tipp

1. Regelungen und Rechtsprechung betr. Allgemeine Geschäftsbedingungen beachten.
2. Ratenplan der MaBV einhalten.
3. Baubeschreibung auf Widersprüche und Unklarheiten überprüfen.
4. Leistungsvorbehalte für den Bauträger vereinbaren.
5. Sonderwünsche mit beurkunden.
6. Käufersicherungen nicht vermischen.
7. Finanzierungsprobleme bei Teilflächenverkauf berücksichtigen.
8. Bauablauf mit dem Ratenplan der MaBV koordinieren.
9. Vertrag den Käufern zwei Wochen vor Beurkundung zuleiten.
10. Verjährung des Kaufpreisanspruchs zur Klarstellung regeln.

IV. Aufteilung in Wohneigentum nach dem WEG

1. Bedeutung des WEG

Das Gesetz über das Wohnungseigentum und das Dauerwohnrecht aus dem Jahre 1951 (WEG)[52] 1334
eröffnet Möglichkeiten der Verwertung einer Immobilie von erheblicher praktischer Relevanz. Alleine im Zeitraum von 1968 bis 1987 hat sich die Anzahl der Eigentumswohnungen in Deutschland verfünffacht.[53] Im Jahr 1995 belief sich die Zahl der Eigentumswohnungen in Deutschland bereits auf insgesamt 2,8 Millionen.[54]

Das WEG stellt eine Durchbrechung des in §§ 93, 94 BGB geregelten Grundsatzes dar, wonach 1335
Gebäuden bzw. Gebäudeteilen keine Sonderrechtsfähigkeit zukommen kann. Nach dem WEG ist es möglich, eine Immobilie zwischen einer Mehrzahl von Eigentümern dergestalt aufzuteilen, dass jedem Einzelnen beispielsweise eine Wohnung als Sondereigentum gehört, wohingegen gemeinschaftlich genutzte Bereiche als gemeinsam verwaltetes Gemeinschaftseigentum gelten.[55] Das Wohnungseigentum stellt also als Mischform zwischen Alleineigentum und Miteigentum (vgl. §§ 1008 ff. BGB) eine Eigentumsart sui generis dar.[56] Dabei handelt es sich beim Wohnungseigentum um »echtes« Eigentum im Rechtssinne.[57]

2. Gegenstand des WEG

a) Wohnungseigentum und Teileigentum

Das WEG hat in erster Linie das Wohnungseigentum zum Gegenstand. Unter Wohnungseigentum 1336
versteht das Gesetz das Sondereigentum an einer Wohnung in Verbindung mit dem Miteigentumsanteil an dem gemeinschaftlichen Eigentum, zu dem es gehört (§ 1 Abs. 2 WEG). Als Wohnung bezeichnet man die Summe der Räume, welche die Führung eines Haushaltes ermöglicht.[58] Auch

51 Vgl. *Kutter* in: Beck'sches Notarhandbuch, 3. Aufl., A II, Rdnr. 49 ff.
52 Gesetz über das Wohnungseigentum und das Dauerwohnrecht vom 15. 3. 1951 (BGBl. 1951, 175, 209), zuletzt geändert durch Art. 25 Abs. 10 des Gesetzes vom 23. 7. 2002.
53 Vgl. *Bärmann/Pick,* Wohnungseigentumsgesetz, 15. Aufl., Einl., Rdnr. 4 m. w. N.
54 Vgl. *Bielefeld,* Ratgeber Wohnungseigentum, 5. Aufl., S. II m. w. N.
55 *Jung* in: Heiermann/Franke/Knipp, Baubegleitende Rechtsberatung, München 2002, S. 861 ff.
56 *Müller,* Praktische Fragen des Wohnungseigentums, 3. Aufl., S. 1.
57 *Bielefeld,* Ratgeber Wohnungseigentum, 5. Aufl., S. 3.
58 *Sauren,* Wohnungseigentumsgesetz, 4. Aufl., § 1 WEG, Rdnr. 3.

ein Einzelzimmer kann eine Wohnung darstellen, nicht jedoch ein Flur[59] oder eine Toilette.[60] Der Begriff der Wohnung ist in Ziff. 4 der »Allgemeinen Verwaltungsvorschrift für die Ausstellung von Bescheinigungen gemäß § 7 Abs. 4 Nr. 2 und § 32 Abs. 2 Nr. 2 des Wohnungseigentumsgesetzes« vom 19. März 1974 genauer beschrieben.[61] Das Sondereigentum an nicht zu Wohnzwecken dienenden Räumen eines Gebäudes in Verbindung mit dem Miteigentumsanteil an dem gemeinschaftlichen Eigentum, zu dem es gehört, bezeichnet man als Teileigentum (§ 1 Abs. 3 WEG). Für das Teileigentum gelten wiederum die Vorschriften über das Wohnungseigentum entsprechend (§ 1 Abs. 6 WEG).

b) Sondereigentum und Gemeinschaftseigentum

1337 Die Abgrenzung von Sondereigentum und Gemeinschaftseigentum ist in mehrfacher Hinsicht von Bedeutung. So gelten beispielsweise für den Gebrauch, die Instandhaltung, die Veränderungsmöglichkeiten, die Kostenverteilung und die Verkehrssicherungspflichten je nach betroffener Eigentumssphäre unterschiedliche Anforderungen. Rechtsprechung und Literatur haben zu den Einzelfragen der Abgrenzung von Sonder- und Gemeinschaftseigentum eine umfangreiche Kasuistik entwickelt.[62]

1338 Sondereigentum setzt zunächst voraus, dass die Wohnungen oder die sonstigen Räume in sich abgeschlossen sind (§ 3 Abs. 2 WEG). Abgeschlossen sind Wohnungen, wenn sie baulich von fremden Wohnungen und Räumen abgetrennt sind.[63] Erforderlich ist dazu beispielweise ein eigener abschließbarer Zugang vom Gesamteigentum.[64] Außerdem müssen die Sondereigentumseinheiten untereinander abgegrenzt sein.[65] Das Kriterium der Abgeschlossenheit wird in Ziff. 5 der »Allgemeinen Verwaltungsvorschrift für die Ausstellung von Bescheinigungen gemäß § 7 Abs. 4 Nr. 2 und § 32 Abs. 2 Nr. 2 des Wohnungseigentumsgesetzes« vom 19. März 1974 konkretisiert.[66] Garagenstellplätze gelten bereits dann als abgeschlossene Räume, wenn ihre Flächen durch dauerhafte Markierungen ersichtlich sind (§ 3 Abs. 2 S. 2 WEG). Gegenstand des Sondereigentums sind weiterhin die zu den Räumen i. S. d. § 3 Abs. 1 WEG gehörenden Bestandteile des Gebäudes, die verändert, beseitigt oder eingefügt werden können, ohne dass dadurch das gemeinschaftliche Eigentum oder ein auf Sondereigentum beruhendes Recht eines anderen Wohnungseigentümers über das nach § 14 WEG zulässige Maß hinaus beeinträchtigt oder die äußere Gestaltung des Gebäudes verändert wird (§ 5 Abs. 1 WEG).[67]

1339 Das Gemeinschaftseigentum besteht zunächst aus dem Grundstück sowie den Teilen, Anlagen und Einrichtungen des Gebäudes, die nicht im Sondereigentum eines Dritten stehen (§ 1 Abs. 5 WEG). Weiterhin gehören zum gemeinschaftlichen Eigentum die Teile des Gebäudes, die für dessen Bestand oder Sicherheit erforderlich sind und die Anlagen und Einrichtungen, die dem gemeinschaftlichen Gebrauch der Wohnungseigentümer dienen (§ 5 Abs. 2 WEG). Die Wohnungseigentümer können ferner vereinbaren, dass zum Gemeinschaftseigentum die Bestand-

59 OLG Hamm, Rpfleger 1986, S. 374.
60 OLG Düsseldorf, Rpfleger 1976, S. 215.
61 Allgemeinen Verwaltungsvorschrift für die Ausstellung von Bescheinigungen gemäß § 7 Abs. 4 Nr. 2 und § 32 Abs. 2 Nr. 2 des Wohnungseigentumsgesetzes« vom 19. März 1974, Bundesanzeiger Nr. 58 vom 23. März 1974.
62 Vgl. die Übersicht bei *Bielefeld,* Ratgeber Wohnungseigentum, 5. Aufl., S. 27 ff.; *Sauren,* Wohnungseigentumsgesetz, 4. Aufl., § 1 WEG, Rdnr. 9 ff.
63 *Bärmann/Pick,* Wohnungseigentumsgesetz, 15. Aufl., § 3 WEG, Rdnr. 18.
64 OLG Düsseldorf, NJW-RR 1987, S. 333.
65 BayObLG, Rpfleger 1984, S. 407.
66 Allgemeinen Verwaltungsvorschrift für die Ausstellung von Bescheinigungen gemäß § 7 Abs. 4 Nr. 2 und § 32 Abs. 2 Nr. 2 des Wohnungseigentumsgesetzes« vom 19. März 1974, Bundesanzeiger Nr. 58 vom 23. März 1974.
67 Im Einzelnen vgl. *Bärmann/Pick,* Wohnungseigentumsgesetz, 15. Aufl., § 5 WEG, Rdnr. 11 ff.

teil des Gebäudes gehören können, welche Gegenstand des Sondereigentums sein können (§ 5 Abs. 3 WEG). Aus dieser Regelung wird im Umkehrschluss gefolgert, dass gemeinschaftliches Eigentum auch durch Vereinbarung nicht zum Gegenstand des Sondereigentums gemacht werden kann.[68]

3. Aufteilungsplan und Abgeschlossenheitsbescheinigung

Im konkreten Einzelfall ergibt sich aus der jeweiligen Grundbucheintragung, was Gegenstand 1340
des Sondereigentums ist bzw. wie das Sondereigentum vom Gemeinschaftseigentum abgegrenzt wird. Der Eintragungsbewilligung aller Miteigentümer (§§ 19, 29 GBO) sind als Anlagen der Aufteilungsplan und die Abgeschlossenheitsbescheinigung beizufügen (§ 7 Abs. 4 WEG). Unter dem Aufteilungsplan versteht man eine von der Baubehörde mit Unterschrift und Siegel versehene Bauzeichnung, aus der die Aufteilung des Gebäudes, sowie die Lage und Größe der im gemeinschaftlichen Eigentum stehenden Gebäudeteile ersichtlich ist (§ 7 Abs. 4 Nr. 1 WEG). Die Abgeschlossenheitsbescheinigung ist die Bescheinigung der Baubehörde, dass die Voraussetzungen des § 3 Abs. 2 WEG vorliegen (§ 7 Abs. 4 Nr. 2 WEG).

Die Frage, wie Abweichungen des Baukörpers gegenüber dem Aufteilungsplan zu beurteilen 1341
sind, bedarf einer differenzierten Betrachtung: Zunächst ist festzuhalten, dass unwesentliche Abweichungen zu keiner nachträglichen Änderung führen.[69] Nach einer in der Rechtsprechung teilweise vertretenen Ansicht soll in diesem Fall allerdings ein Ausgleichsanspruch gegeben sein.[70] Sofern die Abweichungen lediglich die innere Gestaltung und Aufteilung im Sondereigentumsbereich betreffen, entsteht das geplante Sondereigentum.[71] Sofern im Falle der Grundrissabweichung die Abgrenzung von Sondereigentum zum Gemeinschaftseigentum problemlos möglich ist, entsteht tatsächlich gebautes Sondereigentum.[72] Das Grundbuch ist dann durch Plananpassung zu berichtigen.[73] Andernfalls entsteht Gemeinschaftseigentum und das Anwartschaftsrecht besteht fort, so dass das Grundbuch als nicht unrichtig anzusehen ist.[74] Bei Aufteilung einer geplanten Sondereigentumseinheit in mehrere Sondereigentumseinheiten entsteht ein Wohnungseigentum mit der geplanter Raumeinheit als Sondereigentum. Bei Zusammenlegung mehrerer geplanter Sondereigentumseinheiten zu einer Sondereigentumseinheit entstehen die ursprünglich geplanten Wohnungseigentume.[75] Bei zusätzlich gebauten Räumen entsteht Gemeinschaftseigentum.[76] Werden geplante Räume dagegen nicht gebaut, bleibt das Anwartschaftsrecht bestehen.[77] Wird im Teilungsplan als Gemeinschaftseigentum vorgesehene Fläche baulich in den Sondereigentums-Bereich einbezogen, so bleibt diese Fläche Gemeinschaftseigentum.[78] Eine abweichende Gebäudelage auf dem Grundstück ist für die Entstehung des Wohnungseigentums unschädlich, sofern Gemeinschaftseigentum und Sondereigentum zweifelsfrei abgrenzbar sind.[79]

---

68 *Bielefeld*, Ratgeber Wohnungseigentum, 5. Aufl., S. 13 m. w. N.
69 OLG Celle, OLGZ 1981, S. 106, 108 (2,5m²); KG, ZMR 2001, S. 849 (4m²); BayObLG, NZM 1998, S. 975 (11m²).
70 KG, ZMR 2001, S. 849.
71 *Bassenge* in: Palandt, Bürgerliches Gesetzbuch, 62. Aufl., § 2 WEG, Rdnr. 4.
72 OLG Karlsruhe, NJW-RR 1993, S. 1294.
73 OLG Celle, OLGZ 1981, S. 106; BayObLG, BWNotZ 1989, S 64.
74 *Bassenge* in: Palandt, Bürgerliches Gesetzbuch, 62. Aufl., § 2 WEG, Rdnr. 7.
75 BayObLG, 1981, S. 332.
76 OLG Stuttgart, OLGZ 1979, S. 21.
77 *Sauren*, Wohnungseigentumsgesetz, 4. Aufl., § 2 WEG, Rdnr. 6.
78 OLG Hamm, DWE 1995, S. 127.
79 BayObLG, NJW-RR 1990, S. 332.

4. Zeitpunkt der Errichtung des Gebäudes

1342 Es ist möglich, bereits vor Errichtung des Gebäudes Wohnungseigentum zu begründen. Dies geht aus dem Wortlaut der §§ 3 Abs. 1, 8 Abs. 1 WEG hervor, welche von »errichteten oder zu errichtenden Gebäuden« sprechen. Auch an zu errichtenden, geplanten oder projektierten Gebäuden kann folglich die Begründung von Wohnungseigentum erfolgen.[80] Solange der Bau des Gebäudes noch nicht abgeschlossen ist, besteht das Wohnungseigentum dann aus dem Miteigentumsanteil am Grundstück und dem damit verbundenen Anwartschaftsrecht auf den Miteigentumsanteil an den künftig im Gemeinschaftseigentum stehenden Gebäudeteilen sowie dem Anwartschaftsrecht auf künftiges Sondereigentum gemäß Aufteilungsplan.[81] Dieses Wohnungseigentum ist übertragbar und belastbar.[82] Das Bestehen des Wohnungseigentums wird vermutet, selbst wenn ein öffentlich-rechtliches Bauverbot besteht.[83] Das Sondereigentum entsteht dabei schrittweise mit der Errichtung der einzelnen Raumeinheiten im Rohbau und nicht erst mit der Herstellung des gesamten Gebäudes.[84]

5. Vertragliche Einräumung von Sondereigentum, § 3 WEG

1343 Wohnungseigentum kann ausschließlich durch die vertragliche Einräumung von Sondereigentum gemäß § 3 WEG oder durch Teilung gemäß § 8 WEG begründet werden (§ 2 WEG). Weitere rechtliche Formen zur Begründung von Wohnungseigentum existieren nicht.[85]

1344 Die vertragliche Einräumung von Sondereigentum nach § 3 WEG stellt eine in der Praxis wenig gebräuchliche Form der Begründung von Wohnungseigentum dar. Das Miteigentum an einem Grundstück kann durch Vertrag der Miteigentümer in der Weise beschränkt werden, dass jedem der Miteigentümer abweichend von § 93 BGB das Sondereigentum an einer bestimmten Wohnung oder an nicht zu Wohnzwecken dienenden bestimmten Räumen in einem auf dem Grundstück errichteten oder zu errichtenden Gebäude eingeräumt wird (§ 3 WEG).

1345 Die vertragliche Einräumung von Sondereigentum nach § 3 WEG ist an folgende Voraussetzungen geknüpft:

1346 Zunächst muss bereits vorhandenes oder zugleich zu begründendes Miteigentum nach Bruchteilen der Beteiligten am Grundstück im Sinne von § 1008 BGB bestehen.[86] Dabei sind bereits zwei Miteigentumsanteile i. S. d. § 1008 BGB ausreichend; nach oben ist die Zahl der Miteigentümer unbegrenzt.[87] Die Größe der Miteigentumsanteile ist zwischen den Wohnungseigentümern frei festlegbar.[88] Sämtliche Miteigentumsanteile i. S. d. § 1008 BGB müssen sich auf ein Grundstück beziehen, dürfen also nicht an mehreren Grundstücken bestehen (§ 1 Abs. 4 WEG).

1347 Erforderlich ist weiterhin, dass sich die Miteigentümer vertraglich einigen, jeden Miteigentumsanteil dadurch zu beschränken, dass mit ihm künftig das Sondereigentum an einer bestimmten Wohnung verbunden ist.[89] Das bedeutet, dass jedem Miteigentümer Sondereigentum einzuräumen ist.[90] Dabei können mit einem Miteigentumsanteil können auch mehrere

80 *Bärmann/Pick,* Wohnungseigentumsgesetz, 15. Aufl., § 3 WEG, Rdnr. 11.
81 *Bassenge* in: Palandt, Bürgerliches Gesetzbuch, 62. Aufl., § 2 WEG, Rdnr. 10.
82 LG Aachen, MittRhNot 1983, S. 136.
83 BGH, NJW 1990, S. 1100.
84 BGH, NJW 1986, S. 2759; a. A. OLG Düsseldorf, Rpfleger 1986, S. 131.
85 *Sauren,* Wohnungseigentumsgesetz, 4. Aufl., § 2 WEG, Rdnr. 1.
86 *Sauren,* Wohnungseigentumsgesetz, 4. Aufl., § 3 WEG, Rdnr. 3.
87 *Belz,* Handbuch des Wohnungseigentums, 3. Aufl., S. 32.
88 BGH, NJW 1976, S. 1976.
89 *Belz,* Handbuch des Wohnungseigentums, 3. Aufl., S. 37.
90 OLG Frankfurt, ZMR 1970, S. 273.

abgeschlossene Wohnungen verbunden werden.[91] Mehrere Miteigentumsanteile können jedoch nicht mit einem Sondereigentum an einer bestimmten Wohnungseinheit verbunden werden.[92] Da jedes Miteigentum mit Sondereigentum verbunden werden muss, entsteht ohne Miteigentum kein Wohnungseigentum, sondern Gesamteigentum.[93] Es ist nicht erforderlich, alle Räume eines Gebäudes in Sondereigentum zu überführen. Vielmehr können bestimmte Gemeinschaftsräume (z. B. Wäscheraum, Waschküche etc.) von vornherein als gemeinschaftliches Eigentum ausgewiesen werden.

In formeller Hinsicht ist folgendes zu berücksichtigen: Der zwischen den Beteiligten zu schlie- 1348
ßende Vertrag zum Erwerb oder zur Aufhebung von Wohnungseigentum bedarf der notariellen Beurkundung gemäß § 313 BGB (§ 4 Abs. 3 WEG). Dabei handelt es sich um einen schuldrechtlichen Vertrag[94], der die Abgrenzung des Sondereigentums vom Gemeinschaftseigentum bestimmt und jedem Miteigentümer Alleineigentum an gewissen Räumen gemäß §§ 1 Abs. 2, 5 WEG einräumt. Bei der zwischen den Beteiligten zu treffenden dinglichen Einigung über die Einräumung und Aufhebung des Sondereigentums ist die Eintragung in des Grundbuch erforderlich (§ 4 Abs. 1 WEG). Die dingliche Einigung der Miteigentümer ist bei gleichzeitiger Anwesenheit aller Beteiligten vor einem Notar nach § 925 BGB abzugeben (§ 4 Abs. 2 WEG). Sondereigentum kann außerdem nicht unter einer Bedingung oder Zeitbestimmung eingeräumt oder aufgehoben werden (§ 4 Abs. 1 WEG).

Sondereigentum soll nur eingeräumt werden, wenn die Wohnungen oder sonstigen Räume in 1349
sich abgeschlossen sind (§ 3 Abs. 2 WEG). Bei dem sogenannten Abgeschlossenheitserfordernis handelt es sich um eine Sollvorschrift. Wird Sondereigentum unter Verstoß gegen § 3 Abs. 2 WEG eingeräumt, so ist dies grundsätzlich unerheblich.[95] Dennoch kann es zur Entstehung von Wohnungseigentum ohne Abgeschlossenheit der Wohnungen nicht kommen, weil das Grundbuchamt die Eintragung im Grundbuch nur vornimmt, wenn ihm eine Bescheinigung der Baubehörde vorgelegt wird, in der ausdrücklich bescheinigt wird, dass die das Sondereigentum bildende Wohnung in sich abgeschossen ist.[96]

Voraussetzung ist weiterhin, dass dem Grundbuchamt eine öffentlich beglaubigte Eintragungs- 1350
bewilligung sämtlicher Miteigentümer (§§ 19, 29 GBO) und ein formloser Eintragungseintrag (§ 13 GBO) vorgelegt wird. Als Anlage sind der Aufteilungsplan sowie die behördliche Abgeschlossenheitsbestätigung beizulegen (§ 7 Abs. 4 WEG).

Für jeden Miteigentumsanteil wird von Amts wegen ein besonderes Grundbuchblatt (Wohnungs- 1351
grundbuch, Teilungsgrundbuch) angelegt, auf dem das zu dem jeweiligen Miteigentumsanteil gehörende Sondereigentum und als Beschränkung des Miteigentums die Einräumung der zu den anderen Miteigentumsanteilen gehörenden Sondereigentumsrechte eingetragen werden (§ 7 Abs. 1 WEG). Zur näheren Bezeichnung des Gegenstandes und des Inhalts des Sondereigentums kann auf die Eintragungsbewilligung Bezug genommen werden (§ 7 Abs. 3 WEG).

Die Beschränkung des Miteigentums ist nicht als Belastung anzusehen.[97] Die §§ 892 ff. BGB sind 1352
anwendbar auf Einräumung des Sondereigentums nach § 3 WEG. Sofern eine Bestellung im Sinne des § 873 Abs. 2 BGB erfolgt ist, besteht bereits eine Bindung und damit antizipierte Wirkungen des Vollrechts, insbesondere Entstehung der Gemeinschaft im Sinne des WEG, Unauflösbarkeit (§ 11 WEG) und Untrennbarkeit (§ 6 WEG).

---

91 BayObLG, DNotZ 1971, S. 473; KG, NJW-RR 1989, S. 1360; einschränkend: OLG Hamburg, NJW 1965, S. 1765.
92 OLG Frankfurt, OLGZ 1969, S. 387.
93 OLG Stuttgart, OLGZ 1979, S. 21.
94 *Bärmann/Pick,* Wohnungseigentumsgesetz, 15. Aufl., § 4 WEG, Rdnr. 21.
95 BGH, NJW 1990, S. 1111.
96 *Belz,* Handbuch des Wohnungseigentums, 3. Aufl., S. 37.
97 *Bärmann/Pick,* Wohnungseigentumsgesetz, 15. Aufl., § 3 WEG, Rdnr. 31.

6. Teilung durch den Eigentümer, § 8 WEG

1353 Die Teilung durch den Eigentümer nach § 8 WEG stellt die in der Praxis am häufigsten vorkommende Art und Weise der Bildung von Wohnungseigentum dar. Danach kann der Eigentümer eines Grundstücks durch Erklärung gegenüber dem Grundbuchamt das Eigentum an dem Grundstück in Miteigentumsanteile in der Weise teilen, dass mit jedem Anteil das Sondereigentum an einer bestimmten Wohnung oder an nicht zu Wohnzwecken dienenden bestimmten Räumen in einem auf dem Grundstück errichteten oder zu errichtenden Gebäude verbunden ist (§ 8 Abs. 1 WEG).

1354 Im Gegensatz zur Begründung von Wohnungseigentum nach § 3 WEG nimmt hier ein Alleineigentümer, also in der Regel eine natürliche oder juristische Person, die Aufteilung vor. Das Grundstück kann aber auch im Eigentum einer Erbengemeinschaft, einer BGB-Gesellschaft, eines nichtrechtsfähigen Vereins, einer OHG oder KG stehen oder zum Gesamtgut der in Gütergemeinschaft lebenden Ehegatten zählen.[98]

1355 Das Entstehen von Wohnungseigentum nach § 8 WEG ist an folgende Voraussetzungen geknüpft:

1356 Zunächst muss der Eigentümer eine Erklärung gegenüber dem Grundbuchamt abgeben, in welcher er das Gebäude in Wohnungseigentum teilt. Die Teilungserklärung enthält zunächst die Bildung von Bruchteilsmiteigentum am Grundstück, die Bestimmung des Gegenstandes des Sondereigentums durch wörtliche Beschreibung oder Bezugnahme auf den Aufteilungsplan, die Verbindung von Sondereigentum mit Miteigentum sowie in der Regel auch gleichzeitig eine Gemeinschaftsordnung, welche das Verhältnis der Miteigentümer regelt. Beizufügen sind der Teilungserklärung weiterhin der Aufteilungsplan sowie die Abgeschlossenheitsbescheinigung der Baubehörde. Für Gegenstand und Inhalt des Sondereigentums ist die Bezugnahme auf die Eintragungsbewilligung und damit auf den Aufteilungsplan entscheidend.[99]

1357 Diese Teilungserklärung ist nicht an die Formvorschrift des § 4 WEG gebunden – eine Auflassung ist also nicht notwendig.[100] Damit das Grundbuchamt tätig wird und die zur Entstehung des Wohnungseigentums notwendige Eintragung vornimmt ist allerdings eine Eintragungsbewilligung notwendig (§ 19 GBO). Diese ist in öffentlich beglaubigter Form oder in öffentlicher Urkunde abzugeben (§ 29 GBO).

1358 Voraussetzung ist weiterhin die Eintragung ins Grundbuch auf einem besonderen Wohnungsgrundbuchblatt, wobei die §§ 5, 6, 7 Abs. 1 WEG entsprechend anwendbar sind. Für jedes Wohnungseigentum ist von Amts wegen ein besonderes Grundbuchblatt anzulegen.[101]

1359 Die Teilung nach § 8 WEG erlangt mit der Anlegung aller Wohnungsgrundbücher Wirksamkeit (§ 8 Abs. 2 WEG). In diesem Zusammenhang ist zu berücksichtigen, dass es dem Eigentümer möglich ist, schon vor Eintragung eine Wohnung zu verkaufen und den Anspruch des Käufers durch Vormerkung zu sichern, selbst wenn noch kein genehmigter Aufteilungsplan und keine Abgeschlossenheit vorliegen.[102] In Bezug auf die Klage auf Bewilligung der Eintragung des Eigentümers hat der BGH festgestellt, dass das Rechtsschutzinteresse bereits vor Anlegung des Wohnungsgrundbuchs zu bejahen sei, wenn dem Grundbuchamt die Teilungserklärung mit Aufteilungsplan und Abgeschlossenheitsbescheinigung vorliegt.[103]

---

98 *Belz,* Handbuch des Wohnungseigentums, 3. Aufl., S. 53 f., OLG Düsseldorf, DNotZ 1976, S. 128; BayObLG, NJW 1969, S. 883.
99 OLG Köln, NJW-RR 1993, S. 204.
100 *Bärmann/Pick,* Wohnungseigentumsgesetz, 15. Aufl., § 8 WEG, Rdnr. 9.
101 *Bärmann/Pick,* Wohnungseigentumsgesetz, 15. Aufl., § 8 WEG, Rdnr. 11.
102 OLG Frankfurt, DNotZ 1972, S. 180.
103 BGH, NJW 1986, S. 1867.

Eine Zustimmung der dinglich Berechtigten ist in der Regel nicht erforderlich. Ebenso nicht erforderlich ist die sogenannte Unbedenklichkeitsbescheinigung des Finanzamtes gemäß § 22 Grunderwerbssteuergesetz. 1360

Zu berücksichtigen ist, dass Rechte, die mit dem Grundstück verbunden waren (z. B. Grunddienstbarkeiten), sich an allen Wohnungseigentumen fortsetzen.[104] 1361

Der Geschäftswert einer Teilungserklärung richtet sich nach dem Wert des Grundstücks nach der beabsichtigten Bebauung.[105] Erfolgt die Bebauung durch den Veräußerer, aber für Rechnung und im Auftrage des Erwerbers ist § 20 Abs. 2 S. 2 Hs. 2. KO anzuwenden.[106] 1362

V. Erbbaurecht

1. Begriff

Das Erbbaurecht ist seit 1919 außerhalb des BGB in der Verordnung über das Erbbaurecht (ErbbauVO) geregelt. Ein Erbbaurecht ist das veräußerliche und vererbliche Recht, auf oder unter einem fremden Grundstück ein Bauwerk zu haben (§ 1 ErbbauVO). Die Rechtsqualität des Erbbaurechts ist doppelter Natur: Einerseits ist es als Belastung des Grundstücks ein beschränktes dingliches Recht, andererseits ist es ein dem Eigentum angenähertes unbeschränktes dingliches Recht. Als beschränktes dingliches Recht wird es in Abteilung II des Grundbuchs des belasteten Grundstücks eingetragen, als eigentumsgleiches Recht erhält es ein eigenes Grundbuchblatt (Erbbaugrundbuch).[107] Zudem durchbricht das Erbbaurecht die Grundordnung bezüglich der Zuordnung des Eigentums von Gebäuden. Grundsätzlich sind Gebäude wesentliche Bestandteile des Grundstücks und können nicht Gegenstand besonderer Rechte sein (§ 94 BGB). Der Eigentümer eines Grundstücks ist von Gesetzes wegen zugleich Eigentümer der darauf befindlichen Gebäude. Umgekehrt kann nicht vom Eigentum an dem Grundstück losgelöstes Eigentum an einem Gebäude begründet werden. Diese Zuordnung wird durch die ErbbauVO durchbrochen. Im Rahmen eines Erbbaurechts ist Eigentümer des Bauwerks mithin nicht der Grundstückseigentümer, sondern der Erbbaurechtsberechtigte. Das Gebäude gilt als wesentlicher Bestandteil des Erbbaurechts (§ 12 ErbbauVO). 1363

Durch die Aufspaltung des Eigentums von Grundstück und Gebäude schafft das Erbbaurecht für den Erbbauberechtigten die Möglichkeit, in das Gebäude zu investieren, ohne ein Grundstück erwerben zu müssen. Er spart somit den Kaufpreis und entrichtet regelmäßig nur einen Erbbauzins an den Eigentümer des Grundstücks.[108] Für den Grundstückseigentümer bietet es andererseits die Möglichkeit, sein Grundstück wirtschaftlich zu nutzen, ohne es bebauen oder veräußern zu müssen. Ihm verbleibt somit der Wertzuwachs des Grundstücks und er erzielt regelmäßige Einkünfte aufgrund des Erbbauzinses.[109] In der Praxis kann ein Erbbaurecht z. B. Basis eines »sale and lease back«-Geschäfts sein, indem dem Investor ein Erbaurecht eingeräumt wird und er das fertige Gebäude dann an den Grundstückseigentümer zurückvermietet. 1364

Auf Bauträgerverträge, denen ein Erbbaurecht zugrunde liegt, ist bezüglich der Bauleistungen Werkvertragsrecht anzuwenden. Dem steht auch nicht die Regelung des § 651 BGB entgegen, nach der auf Verträge über die Herstellung beweglicher Sachen Kaufrecht Anwendung findet.[110] 1365

---

104 *Sauren,* Wohnungseigentumsgesetz, 4. Aufl., § 8 WEG, Rdnr. 10.
105 OLG Hamm, DNotZ 1972, S. 115.
106 OLG Hamm, DNotZ 1972, S. 115.
107 *Grundmann* in: Schreiber (Hrsg.), Immobilienrecht, Kap. 10, Rdnr. 1.
108 Im Siedlungsbau regelmäßig in einer Höhe von 3–5% des Grundstückswertes.
109 *Nitschke* in: Heiermann/Franke/Knipp, Baubegleitende Rechtsberatung, München 2002, Teil 1, S. 105.
110 So auch *Basty* in: Der Bauträgervertrag, 4. Aufl., Rdnr. 16 a. Dies verkennen *Thode,* ZfBR 2000, 363, 367; *Kraus,* BauR 2002, 524, 526; *Sienz* BauR 2002, 180, 190.

2. Begründung des Erbbaurechts

1366 Da es sich um ein grundstücksgleiches Recht handelt, sind die Vorschriften über Grundstücke und über Eigentum entsprechend anzuwenden (§ 11 ErbbauVO).

a) Dingliche Einigung

1367 Zur Belastung eines Grundstücks mit einem Recht ist die Einigung zwischen dem Berechtigten (Grundstückseigentümer) und dem anderen Teil (Erbbauberechtigten) über die Verschaffung des Rechts erforderlich (§ 873 Abs. 1 BGB). Die Einigung bedarf keiner besonderen Form, da § 925 Abs. 1 BGB für den Bereich des Erbbaurechts nicht anwendbar ist (§ 11 ErbbauVO).

1368 Das formelle Grundbuchrecht sieht jedoch vor, dass eine Eintragung nur dann vorgenommen werden soll, wenn die zur Eintragung erforderlichen Erklärungen durch öffentliche oder öffentlich beglaubigte Urkunden nachgewiesen werden (§ 29 GBO). Infolgedessen ist die eigentlich formfreie Einigung gegenüber dem Grundbuchamt durch öffentliche oder öffentlich beglaubigte Urkunden nachzuweisen. Um diesem Erfordernis zu genügen, müssen mindestens die Unterschriften unter der Einigung notariell beglaubigt sein (§ 129 BGB).

b) Eintragung ins Grundbuch

1369 Neben der Einigung der Beteiligten ist zur Entstehung des Erbbaurechts die Eintragung in das Grundbuch erforderlich (§ 11 Abs. 1 ErbbauVO, § 873 Abs. 1 BGB). Der Doppelnatur des Erbbaurechts entsprechend erfolgt auch die Eintragung ins Grundbuch zweifach: Zunächst als Belastung eines Grundstücks in Abteilung II des Grundbuchs des betroffenen Grundstücks. Zudem wird zur Dokumentation des Erbbaurechts als eigentumsgleiches Recht ein Erbbaugrundbuch angelegt.

1370 Ein Erbbaurecht kann nur an einem oder mehreren Grundstücken im ganzen begründet werden. Die Bestellung zu Lasten von Miteigentumsanteilen oder realer Teile eines Grundstücks ist nicht möglich. Demgegenüber kann die tatsächliche räumliche Ausübung für die Errichtung des Bauwerks und die Nutzung zugehöriger Grundstücksflächen auf reale Teile beschränkt werden (§ 1 Abs. 2 ErbbauVO).[111] In diesem Fall wird das auf der beschränkten Fläche befindliche Bauwerk Eigentum des Erbbauberechtigten. Sollte sich auf der Restfläche ein weiteres Bauwerk befinden, verbleibt dies im Eigentum des Grundstückseigentümers.[112]

1371 Im Grundstücksgrundbuch kann das Erbbaurecht ausschließlich an erster Rangstelle eingetragen werden (§ 10 ErbbauVO). Dies hat zur Folge, dass ein Ausfall im Falle einer Zwangsversteigerung des Grundstücks nicht möglich ist. Wird ein Erbbaurecht nicht an erster Stelle eingetragen, ist die Eintragung inhaltlich unzulässig (§ 53 Abs. 1 GBO), was die Löschung und den rangrichtigen Eintrag des Erbaurechts erfordert. Das Kausalgeschäft bleibt aber wirksam, wenn die erste Rangstelle für das Erbbaurecht gewollt war.

3. Der Erbbaurechtsvertrag

1372 Von der dinglichen Begründung des Erbbaurechts ist der der Begründung zugrundeliegende Erbbaurechtsvertrag zu trennen. In diesem schuldrechtlichen Geschäft werden die Einzelheiten zwischen dem Grundstückseigentümer und dem Erbbaurechtsberechtigten geregelt. Im Sachenrecht herrscht aber der sogenannte Typenzwang vor. Das heißt, die Gesetze bestimmen die möglichen dinglichen Rechte erschöpfend und schreiben deren Rechtsinhalt zwingend vor.[113] Werden über diesen Rahmen hinaus zwischen den Parteien Reglungen getroffen,

111 *Bassenge* in: Palandt, BGB, 62. Aufl., ErbbauVO § 11 Rdnr. 4.
112 *Eichel* in: Beck'sches Notarhandbuch, 3. Aufl., A IV, Rdnr. 36, 36 a.
113 *Bassenge* in: Palandt, BGB, 62. Aufl., Einführung vor § 854, Rdnr. 3.

kommt diesen keine dingliche sondern nur schuldrechtliche Wirkung zu. Die ErbbauVO schafft für die dingliche Ausgestaltung des Erbbaurechts einen relativ weiten Rahmen. Neben dem zwingenden konstitutiven Inhalt eines jeden Erbbaurechts (§ 1 ErbbauVO) können weitere fakultative Regelungen Inhalt eines Erbbaurechts werden, denen dann dingliche Wirkung zukommt (§§ 2, 5, 27 Abs. 1 S. 2, 32 Abs. 1 S. 2 ErbbauVO).

a) Gesetzlicher Mindestinhalt

Für das Entstehen eines Erbbaurechts ist erforderlich, dass der gesetzliche Mindestinhalt des § 1 ErbbauVO gewahrt ist. Das Erbbaurecht muss an einem Bauwerk, also an Gebäuden aller Art auch Gleisanlagen, Straßen, Brücken oder Sportanlagen, bestellt werden. Ferner gehören Veräußerlichkeit und Vererblichkeit zu den wesentlichen Merkmalen des Erbbaurechts. Diese können nicht ausgeschlossen werden. Unzulässig ist daher jede Abrede, die die Veräußerlichkeit für eine bestimmte Zeit ausschließt oder das Erbbaurecht zu einem unveräußerlichen Recht macht.[114] 1373

b) Vertragsmäßiger dinglicher Inhalt

Die Regelungsbereiche, die durch Eintragung im Grundbuch des belasteten Grundstücks zum dinglichen Inhalt des Erbbaurechts gemacht werden können, sind abschließend aufgezählt (§§ 2, 5, 27 Abs. 1, 32 Abs. 1 ErbbauVO). Die dingliche Wirkung besteht darin, dass die Regelungsinhalte während der gesamten Dauer des Erbbaurechts nicht nur zwischen dem jeweiligen Grundstückseigentümer und Erbbauberechtigten gelten. Sie wirken auch für und gegen jeden Rechtsnachfolger. Insbesondere wirken sie auch bei der Zwangsversteigerung, ohne dass es einer besonderen Übernahme bedürfte.[115] Zulässig sind insoweit folgende Regelungsbereiche: 1374

- Regelungen über die Errichtung, Instandhaltung und Verwendung des Bauwerks (§ 2 Nr. 1 ErbbauVO)
- Regelungen über die Versicherung des Bauwerks und den Wiederaufbau (§ 2 Nr. 2 ErbbauVO)
- Regelungen über die Frage, wer die öffentlichen und privaten Lasten und Abgaben zu tragen hat (§ 2 Nr. 3 ErbbauVO)
- Regelungen über den Heimfall des Erbbaurechts (§§ 2 Nr. 4, 32 ErbbauVO).[116]
- Vertragsstrafenregelungen als Sanktion für Verletzungen dinglicher oder schuldrechtlicher Vereinbarungen durch den Erbbauberechtigten (§ 2 Nr. 5 ErbbauVO)
- Regelungen über das Vorrecht, dass das wirtschaftliche Interesse des Erbbauberechtigten an seinem Recht auch nach dessen Beendigung schützen soll (§ 2 Nr. 6 ErbbauVO).[117]
- Regelung zur Verkaufsverpflichtung des Grundstücks an dem jeweiligen Erbbauberechtigten (§ 2 Nr. 7 ErbbauVO)
- Zustimmungsvorbehalte bezüglich der Veräußerung des Erbbaurechts, der Belastung mit Grundpfandrechten, Reallasten oder auch Dauerwohnrechten (§ 5 ErbbauVO). Sollten solche Zustimmungsvorbehalte vereinbart werden, ist die Zustimmung desjenigen erforder-

---

114 Zur umstrittenen Frage, ob und inwieweit hier Beschränkungen zulässig sind, vgl. *v. Oefele* in Münchener Kommentar, BGB, 3. Aufl., § 1 ErbbauVO, Rdnr. 68.

115 Vgl. BGH NJW 1954, 1453; BGH NJW 1960, 2093.

116 Trotz der einschneidenden Folgen eines Heimfalls für den Erbbauberechtigten stellt die ErbbauVO keine Mindestanforderungen entsprechend eines »wichtigen Grundes« auf. Das einzige Verbot ist die sittenwidrige oder rechtsmissbräuchliche Ausübung, vgl. *Grundmann* in: Schreiber (Hrsg.), Immobilienrecht, Berlin 2001, Kapitel 10 Rdnr. 34.

117 Praktisch ist das Vorrecht jedoch wertlos, da es durch Abwarten der Frist nach § 31 Abs. 2 ErbbauVO oder Vergabe zu einem anderen Zweck umgegangen werden kann. Es ist somit kein echtes Verlängerungsrecht.

lich, der zum Zeitpunkt des Entstehens der vorgenannten Rechte Eigentümer des Grundstücks ist.[118]

- Regelungen zur Laufzeit des Erbbaurechts (§ 27 ErbbauVO).[119]

c) Sonstiger schuldrechtlicher Inhalt (insbesondere Erbbauzins)

1375 Alle weiteren, gegebenenfalls regelungsbedürftigen Fragen im Verhältnis zwischen Eigentümer und Erbbaurechtsberechtigten können nur mit schuldrechtlicher Wirkung vereinbart werden. Eine dingliche Wirkung kann hier nur mittels einer zusätzlichen Sicherung (z. B. Vormerkung) erreicht werden.[120]

1376 Dies gilt auch für die Frage des Erbbauzinses. Obwohl der Erbbauzins in der ErbbauVO ausdrücklich geregelt ist, bedarf er daher einer Regelung im schuldrechtlichen Teil des Erbbauvertrages. Dieser Regelung kommt daher ohne weitere Sicherung keine dingliche Wirkung zu.[121] Vereinbaren die Parteien im Erbbaurechtsvertrag aber einen Erbbauzins, ist – sofern keine ausdrückliche gegenteilige Regelung getroffen wurde – davon auszugehen, dass die Parteien rechtsgeschäftlich eine reallastartige Verpflichtung begründen wollten.[122] Nur für diesen Fall gilt auch § 9 ErbbauVO.[123] Obwohl regelmäßig von einer entsprechenden Verpflichtung und damit der Geltung des § 9 ErbbauVO auszugehen sein wird, wird die Regelung über den Erbbauzins nicht Inhalt, sondern nur zur dinglichen Belastung des Erbbaurechts selbst im Sinne einer Erbbauzinsreallast. Die Eintragung über den Erbbauzins erfolgt dann auch nicht in Abteilung II des Grundbuchs des Grundstücks, sondern nur in Abteilung II des Erbbaurechtsgrundbuches.

1377 In aller Regel besteht der Erbbauzins in wiederkehrenden Leistungen. Auf ihn finden die Vorschriften über die Reallasten entsprechende Anwendung (§ 9 Abs. 1 ErbbauVO). Die Reallast begründet ein Verwertungsrecht (also das Recht, die Zwangsversteigerung oder Verwertung des haftenden Grundstücks zu betreiben), in den Fällen, in denen die wiederkehrende Leistung (also die Zahlung des Erbauzinses) nicht erbracht wird. Der Erbbauzins braucht aber nicht zwingend in Geld zu bestehen. Auch wiederkehrende Leistungen von vertretbaren Sachen können »aus dem Grundstück« erbracht werden.[124] Der Leistungsumfang muss jedenfalls in der Weise bestimmbar sein, dass die höchstmögliche Belastung aufgrund der Eintragung erkennbar und der Haftungsumfang aus der Eintragung heraus bestimmt werden kann.[125] Berechtigter und somit Gläubiger des Erbbaurechtszinses kann nur der jeweilige Eigentümer des mit dem Erbbaurecht belasteten Grundstücks sein. Ein Grundstückserwerber erwirbt grundsätzlich nur einen Anspruch auf die nach Eigentumsübergang fällig werdenden Leistungen.

1378 Aufgrund der üblicherweise langen Laufzeit von Erbbaurechten ist es zweckmäßig, für die Anpassung des Erbbauzinses eine Regelung zu treffen.[126] Bis zur Umsetzung des Sachenrechts-

118 Dessen Zustimmung kann unter den Voraussetzungen des § 7 Abs. 2 ErbbauVO ersetzt werden.

119 Auch die Bestellung auf »unbestimmte Zeit« ist zulässig, sofern das Eigentum nicht gänzlich ausgehöhlt wird, vgl. *Bassenge* in: Palandt, BGB, 62. Aufl., ErbbauVO § 27 Rdnr. 1.

120 Neben dem Erbbauzins können Vorkaufs- oder Ankaufsrechte sowie ein Anspruch auf Verlängerung vereinbart werden, vgl. ausführlich *Eichel* in: Beck'sches Notarhandbuch, 3. Aufl., A IV, Rdnr. 70–76.

121 Möglich ist daher auch die Unentgeltlichkeit oder die Vereinbarung einer einmaligen Gegenleistung entsprechend eines Kaufpreises. Sofern das Entgelt aus einer einmaligen Leistung besteht, ist dies kein Erbbauzins im Sinne der ErbbaurechtsVO und kann nicht nach den Grundsätzen der Reallast gesichert werden (§ 9 Abs. 1 S. 1 ErbbauVO).

122 Es handelt sich somit um eine Einigung im Sinne des § 873 BGB.

123 *Bassenge* in: Palandt, BGB, 62. Aufl., ErbbauVO, § 9, Rdnr. 1.

124 Vgl. BGH NJW 1962, 1568.

125 BGH NJW 1995, 2780.

126 Zur Frage der Erhöhung des Erbbauzinses bei fehlender Anpassungsklausel vgl. *v. Baudissin*, ZfIR 2000, 505.

änderungsgesetz (SachenRÄndG)[127] sowie des EuroEG[128] behalf sich die Praxis mit rein schuldrechtlich wirkenden Wertsicherungsklauseln. Diese wurden zwar regelmäßig durch eine Vormerkung im Erbbaurechtsgrundbuch abgesichert; durch diese schuldrechtlichen Anpassungsklauseln kam es aber zum Teil zu hohen Erbbauzinssteigerungen, die wiederum gesetzlich beschränkt werden mussten.[129] Die vorgenannten Gesetzesänderungen stellen nunmehr zwar ausdrücklich klar, dass Wertsicherungsklauseln zulässig sind. Sie lassen allerdings die Erbbauzinsregelungen für Altverträge unverändert. Zudem ist auch für neue Erbbaurechte weiterhin eine schuldrechtliche Vereinbarung bezüglich der Wertsicherung möglich (§ 9 a Abs. 3 ErbbauVO).

Im Zuge des EuroEG wurde in § 1105 Abs. 1 S. 2 BGB nunmehr ausdrücklich klargestellt, dass 1379
als Inhalt einer jeden Reallast (also auch einer Erbbauzinsreallast) eine Wertsicherung vereinbart werden kann.[130] Es müssen aber anhand der in der Vereinbarung festgelegten Voraussetzungen Art und Umfang der Belastung des Grundstücks bestimmbar sein. Rechtsinhalt kann auch ein gleitender Leistungsumfang sein, bei dem die Änderung automatisch ohne Grundbucheintragung mit Vorliegen ihrer Voraussetzungen eintritt. Voraussetzung dieser Form der Wertsicherung ist aber immer, dass die Wertsicherung ausdrücklich als Inhalt der Erbbauzinsreallast vereinbart wird. Sie muss von der Eintragungsbewilligung umfasst und als solche im Erbbaugrundbuch eingetragen werden.[131] Etwaige gleich- und nachrangig Realberechtigte am Grundstück müssen nicht zur Anpassung des Erbbauzinses zustimmen und die Reallast mit ihrem neuen Inhalt behält ihren Rang.[132] Um den grundbuchrechtlichen Bestimmtheitsgrundsatz zu genügen, sollte die Wertsicherung des Erbbauzinses an den vom statistischen Bundesamt ermittelten Lebenshaltungskostenindex erfolgen. Für eine Wertsicherungsklausel in Erbbaurechtsverträgen mit einer Laufzeit von mindestens 30 Jahren besteht eine Genehmigungspflicht durch das Bundesamt für Wirtschaft nicht mehr.[133]

Betrifft das Erbbaurecht ein Wohngebäude, ist sowohl im Falle der dinglich wirkenden Wertsi- 1380
cherungsklausel als auch im Falle der nur schuldrechtlich wirkenden Wertsicherungsklausel der Anpassung eine zeitliche und betragsmäßige Begrenzung gesetzt (§ 9 a ErbbauVO): Eine Erhöhung ist nur in Abständen von jeweils 3 Jahren möglich und darf unter Berücksichtigung aller Umstände des Einzelfalls nicht unbillig sein. Bei der Billigkeitsprüfung sind die Wertverhältnisse des Grundstücks grundsätzlich nicht zu berücksichtigen. Im übrigen sind aber alle Umstände des Einzelfalls heranzuziehen.[134] Um Auslegungsschwierigkeiten bei der Bestimmung des unbestimmten Rechtsbegriffs der Billigkeit zu vermeiden, sollte bei der Vertragsgestaltung die gesetzliche Regelung des § 9 a Abs. 1 ErbbauVO wiedergegeben werden. Demgegenüber empfiehlt es sich nicht, eine konkrete Berechnungsvorgabe nach Maßgabe der Rechtsprechung des BGH aufzustellen, da nicht abgesehen werden kann, ob und wie lange diese

127 Gesetz vom 21. 9. 1994, BGBl. I 2457.

128 Gesetz vom 9. 6. 1998, BGBl. I 2457.

129 Zur alten Rechtlage und hier zur grundsätzlichen Frage der Zulässigkeit von Wertsicherungsklauseln bzw. deren Begrenzung vgl. *von Oefele* in: Münchener Kommentar, BGB, 3. Aufl., § 9 Rdnr. 4, § 9 a Rdnr. 2 ff. ErbbauVO.

130 Auch eine nur schuldrechtlich wirkende Vereinbarung, den Erbbauzins in bestimmten Zeitabständen oder bestimmten Voraussetzungen neu festzusetzen, ist weiterhin möglich. Eine entsprechende Regelung wirkt aber gegenüber einem Sonderrechtsnachfolger nur dann, wenn dieser in die Regelung eingetreten ist.

131 Vgl. *Eichel,* Beck'sches Notarhandbuch, 3. Aufl., A IV, Rdnr. 89.

132 Vgl. *Bassenge* in: Palandt, BGB, 62. Aufl., § 1105 Rdnr. 6.

133 Für den Bereich der Erbbaurechte enthält § 1 Nr. 4 PrKV nunmehr die Sonderregelung, dass auch echte Preisklauseln von dem Indexierungsverbot befreit sind, wenn die Laufzeit der Zahlungsverpflichtung mindestens 30 Jahre beträgt.

134 Zur Billigkeitsprüfung im Einzelnen vgl. *Bassenge* in: Palandt, BGB, 62. Aufl., ErbbauVO, § 9 a Rdnr. 5–8.

Rechtsprechung im Laufe des Erbbaurechts Bestand haben wird.[135] Sollte die Wertsicherungsklausel gegen § 9 a ErbbauVO verstoßen, ist die Wertsicherungsklausel nicht gänzlich unwirksam, sondern wird auf die zulässige Höhe begrenzt.

4. Bestehende Erbbaurechte

a) Veräußerung

1381 Ein Erbbaurecht kann grundsätzlich wie ein Grundstück veräußert werden. Auch hier sind das schuldrechtliche Verpflichtungsgeschäft und das dingliche Erfüllungsgeschäft zu unterscheiden. Der Vertrag, durch den sich der Erbbauberechtigte verpflichtet, das Erbbaurecht zu übertragen, bedarf der notariellen Beurkundung (§ 11 Abs. 1 ErbbauVO, § 313 S. 1 BGB). Die Übertragung des Erbbaurechts erfolgt dann durch Einigung über den Rechtsübergang und Eintragung des neuen Erbbaurechtsinhabers im Erbbaugrundbuch (§ 873 BGB).

b) Belastungen mit Rechten in Abteilung II des Grundbuchs

1382 Ein Erbbaurecht kann wie jedes andere Grundstück auch mit Belastungen und Beschränkungen versehen werden. Denkbar ist hier vor allem die Eintragung einer Auflassungsvormerkung zur Sicherung des Übertragungsanspruchs. Dienstbarkeiten können nur in dem Rahmen bestellt werden, in dem der Erbbauberechtigte selbst zur Nutzung berechtigt ist. Auch eine völlig vom Bauwerk losgelöste Nutzung kann nicht zum Inhalt einer Dienstbarkeit gemacht werden.

c) Belastungen mit Rechten in Abteilung III des Grundbuchs

1383 Die Bestellung von Grundpfandrechten zu Lasten des Erbbaurechts ist grundsätzlich möglich. Gegebenenfalls muss aber die nach dem Erbbaurechtsvertrag erforderliche Zustimmung des Grundstückseigentümers erteilt werden.

d) Teilung des Erbbaurechts

1384 Auch eine Teilung des Erbbaurechts ist zulässig. Dies aber nur, wenn der Rechtsinhalt teilbar ist. Dies bedeutet, dass die entstehenden Teilerbbaurechte jedes für sich einen nach § 1 ErbbauVO zulässigen Rechtsinhalt haben müssen. Daher ist keine Teilung möglich, wenn nur ein Gebäude vorhanden ist.[136]

1385 Eine Teilung erfordert zunächst eine Grundstücksteilung durch den Eigentümer, da ein realer Grundstücksteil nicht mit einem Baurecht belastet werden kann. Zudem ist die Teilung des Erbbaurechts durch Erklärung des Erbbauberechtigten gegenüber dem Grundbuchamt und die Eintragung im Erbbaurechtsgrundbuch erforderlich.[137]

e) Inhaltsänderung

1386 Auch der Inhalt des Erbbaurechts kann durch formfreie Einigung und Eintragung im Grundbuch geändert werden (§ 877 BGB).

5. Beendigung des Erbbaurechts

1387 Regelmäßig endet das Erbbaurecht mit Ablauf der Zeit, für die es bestellt ist (§ 27 ErbbauVO). Soll das Erbbaurecht zuvor enden, kann es nur mit Zustimmung des Grundstückseigentümers aufgehoben werden (§ 26 ErbbauVO). Als Sonderfall der Beendigung kommt zudem noch der

135 Vgl. *Eichel* in: Beck'sches Notarhandbuch, 3. Aufl., A IV, Rdnr. 92.
136 Vgl. *Bassenge* in: Palandt, BGB, 62. Aufl. ErbbauVO § 11 Rdnr. 4.
137 Vgl. *Bassenge* in: Palandt, BGB, 62. Aufl. ErbbauVO § 11 Rdnr. 4.

sogenannte Heimfall in Betracht, also der Eintritt bestimmter Voraussetzungen, die den Erbbauberechtigten verpflichten, das Erbbaurecht an den Grundstückseigentümer zu übertragen (§ 2 Nr. 4, 32, 33 ErbbauVO).

a) Aufhebung des Erbbaurechts

Ein einseitiger Verzicht des Erbbauberechtigten auf das Erbbaurecht ist nicht zulässig (§ 11 1388
Abs. 1 S. 1 ErbbauVO). Eine Aufhebung des Erbbaurechts ist daher nur durch Abgabe einer Aufgabeerklärung möglich, die der notariellen Beurkundung bedarf (§ 311 b) BGB).[138] Die Aufgabe des Erbbaurechts bedarf der Zustimmung des Grundstückseigentümers (§ 26 ErbbauVO). Diese Zustimmung ist sachenrechtlich formfrei möglich; aus verfahrensrechtlichen Gründen ist aber mindestens die notarielle Beglaubigung erforderlich (§ 29 GBO, § 129 BGB). Neben der Zustimmung des Eigentümers des Grundstücks ist zur Aufgabe des Erbbaurechts aber auch noch die Zustimmung der am Erbbaurecht dinglich Berechtigten erforderlich (§ 876 BGB).

Bei einer einvernehmlichen Aufhebung des Erbbaurechts ist zu beachten, dass eine Entschädigung 1389
für das Bauwerk gesetzlich nicht vorgesehen ist. Sofern eine entsprechende Entschädigung angestrebt wird, muss sie ausdrücklich vereinbart werden.[139]

b) Erlöschen des Erbbaurechts durch Zeitablauf

Ist das Erbbaurecht auf bestimmte Zeit bestellt, erlischt es durch Zeitablauf. Eine Aufhebung ist 1390
dann nicht erforderlich. Der ehemals Erbbauberechtigte erhält von Gesetzes wegen eine Entschädigungsforderung für das Bauwerk. Für die Entschädigungsforderung haftet das Grundstück anstelle des Erbbaurechts mit dessen Range (§ 28 ErbbauVO). Dies ist so zu verstehen, dass Kraft Gesetzes ein dingliches Recht am Grundstück entsteht, dessen inhaltliche Verpflichtung die Leistung der Entschädigung ist. Diese Entschädigungsforderung ist auch eintragungsfähig.[140]

Die Höhe der Entschädigung richtet sich grundsätzlich nach dem Verkehrswert des Gebäudes. 1391
Insoweit sind andere Vereinbarungen möglich, wobei bei Erbbaurechten zur Befriedigung des Wohnbedürfnisses minderbemittelter Bevölkerungskreise die Entschädigung mindestens zwei Drittel des gemeinen Wertes betragen muss (§ 27 Abs. 2 ErbbauVO).

Erlischt das Erbbaurecht durch Zeitablauf, erlöschen grundsätzlich auch die am Erbbaurecht 1392
bestehenden dinglichen Rechte. Da an die Stelle des Erbbaurechts der Entschädigungsanspruch tritt, haben die Realgläubiger an diesem Recht dieselben Rechte, die sie zuvor an dem Erbbaurecht hielten.

c) Heimfall

Als vertragsmäßiger dinglicher Inhalt des Erbbaurechts kann vereinbart werden, dass der Erb- 1393
baurechtsberechtigte beim Eintritt bestimmter Voraussetzungen verpflichtet ist, das Erbbaurecht dem Grundstückseigentümer zu übertragen, sog. Heimfall (§ 2 Nr. 4 ErbbauVO). Ein etwaiger Heimfallanspruch ist als wesentlicher Grundstücksbestandteil nicht übertragbar, verpfändbar oder pfändbar. Der Eigentümer kann zwar verlangen, dass das Erbbaurecht an einen Dritten übertragen wird; diese Übertragung erfüllt aber nur den Heimfallanspruch des Eigentümers (§ 3 ErbbauVO).[141]

---

138 Vgl. *Bassenge* in Palandt, BGB, 62. Aufl. ErbbauVO § 11 Rdnr. 10.

139 Vgl. *Grundmann* in: Schreiber (Hrsg.), Immobilienrecht, Berlin 2001, Kapitel 10 Rdnr. 55.

140 Vgl. zu der strittigen Frage, ob die Entschädigungsforderung eintragungsfähig ist, *v. Oefele* in: Münchner Kommentar, BGB, 3. Aufl., § 28 ErbBauVO Rdnr. 1.

141 BGH NJW 1966, 730.

1394 Macht der Grundstückseigentümer von diesem Recht Gebrauch, so hat er dem Inhaber des Erbbaurechts eine angemessene Vergütung für den Verlust zu gewähren. Sofern bezüglich der Höhe der Vergütung keine abweichenden Vereinbarungen getroffen sind, erfasst die Vergütung den realen Wert des Bauwerks, den Ertragswert des Erbbaurechts und den Wert für den Rückerhalt der Bodennutzung.[142] Da das Entstehen eines Heimfallanspruches regelmäßig ein vertragswidriges Verhalten des Erbbauberechtigten voraussetzen dürfte, ist dessen Position nicht in gleichem Maße wie bei normalem Zeitablauf schützenswert. Die Entschädigung dürfte daher regelmäßig niedriger anzusetzen sein.

VI. Steuerrechtliche Aspekte

1. Einkommensteuer/Körperschaftsteuer

1395 Die ertragsteuerliche Behandlung richtet sich danach, ob Investor B sein Vorhaben im steuerlichen Privat- oder Betriebsvermögen verwirklicht. Soweit steuerliches Betriebsvermögen gegeben ist, ist zudem zu differenzieren, ob er als Einzelunternehmen, in der Rechtsform einer Personengesellschaft oder als Kapitalgesellschaft tätig wird.

1396 In Anbetracht der Objektgröße und der Weiterveräußerungsabsicht wird das Vorhaben nicht im steuerlichen Privatvermögen durchgeführt werden können. Wird das Objekt unaufgeteilt weiterveräußert, ist auch bei Unterschreitung der Drei-Objekt-Grenze von einem gewerblichen Grundstückshändler auszugehen (vgl. B.I.4.a.bb). Sofern vor Veräußerung eine Aufteilung der Einheiten erfolgt, ist damit bereits die Drei-Objekt-Grenze überschritten. B ist somit jedenfalls als gewerblicher Grundstückshändler anzusehen. Die Einkünfte werden im steuerlichen Betriebsvermögen erzielt.

Wenn B eine Objektgesellschaft zwischenschaltet, werden ebenfalls Einkünfte aus Gewerbebetrieb erzielt.

1397 Da das Objekt mit konkreter Weiterveräußerungsabsicht errichtet wird, befindet es sich im Umlaufvermögen.

1398 Als gewerblicher Grundstückshändler ist B grundsätzlich nicht bilanzierungspflichtig. Er hat das Wahlrecht, sein Ergebnis im Wege einer Einnahmen-Überschuss-Rechnung (§ 4 Abs. 3 EStG) oder durch Betriebsvermögensvergleich (§ 4 Abs. 1 EStG) zu ermitteln (vgl. A.II.1.a). Bei Einschaltung einer Objektgesellschaft besteht Bilanzierungspflicht.

Die Art der Ergebnisermittlung hat Einfluss auf die Höhe der Ergebnisse der Projektphasen.

1399 Bei der Einnahmen-Überschuss-Rechnung stellen Anschaffungs-/Herstellungskosten für das Wohngebäude mit Errichtung Betriebsausgaben dar. Demgegenüber führt der spätere Verkauf zu Betriebseinnahmen in Höhe des Kaufpreises.

1400 Bei der Bilanzierung hat die Wohngebäudeerrichtung keine Ergebnisauswirkung. Das Wohngebäude ist mit den Herstellungskosten zu aktivieren. Planmäßige Abschreibungen auf die Herstellungskosten erfolgen nicht. Der spätere Verkauf führt zu einer Ergebnisauswirkung in Höhe der Differenz zwischen den Anschaffungs- /Herstellungskosten und dem Kaufpreis.

1401 Sofern das Projekt über mehrere Veranlagungszeiträume hinweg durchgeführt wird, ergeben sich durch diese unterschiedliche Behandlung Auswirkungen auf das steuerpflichtige Einkommen des Investors in den jeweiligen Veranlagungszeiträumen.

1402 B hat damit Gestaltungsspielraum. Er hat die Wahl zwischen hohen steuerlichen Verlusten bei der Errichtung mit entsprechend hohen späteren Veräußerungsgewinnen oder einer Ergebnis-

142 BGH DB 1975, 685.

auswirkung erst beim Verkauf. Bei der Entscheidung ist die erwartete Höhe anderer Einkünfte des B in den einzelnen Projektzeiträumen zu berücksichtigen.

2. Gewerbesteuer

Erträge aus Investitionen im steuerlichen Betriebsvermögen sind gewerbesteuerpflichtig. 1403

Nach § 9 Nr. 1 Satz 1 GewStG erfolgt für Grundstücke im Betriebsvermögen eine Gewerbesteuerkürzung in Höhe von 1,2 % des Einheitswertes dieser Grundstücke. Voraussetzung ist, dass das Grundstück zum 1. 1. des Jahres zum Betriebsvermögen gehört. Wird ein Grundstück während eines Wirtschaftsjahres erworben, greift die Kürzung für dieses Jahr nicht. Die Kürzungsvorschrift dient als Ausgleich für die Grundsteuerpflicht des Grundstücks. Die Grundsteuer entsteht, sobald das Grundstück zum 1. 1. des Jahres im Betriebsvermögen ist. Unterjährige Erwerbe führen erst ab dem Folgejahr zur Grundsteuerpflicht. 1404

Die erweiterte Kürzungsnorm des § 9 Nr. 1 Satz 2 GewStG wird gewerblichen Grundstückshändlern versagt (Abschn. 60 Abs. 1 Nr. 3 Satz 6 GewStR). Damit kommt vorwiegend eine erweiterte Kürzung nicht in Betracht (vgl. A.II.3.). 1405

Da ein Weiterverkauf des Objektes geplant ist, wird die Immobilie im Umlaufvermögen gehalten. Sollte statt des Objektes die Objektpersonengesellschaft verkauft werden, so ist der Verkaufserlös gewerbesteuerpflichtig. 1406

3. Grunderwerbsteuer

Der Erwerb des Grundstücks ist grunderwerbsteuerpflichtig. 1407

Wegen der geplanten Bebauung ist die Vertragsbündel-Rechtsprechung zu beachten (vgl. A.II.5.). Soweit zusammen mit dem Grundstückserwerb auch Verträge zur Errichtung von Gebäuden abgeschlossen werden, kann dies dazu führen, dass Bemessungsgrundlage für die Grunderwerbsteuer neben dem Grundstückswert auch der Wert der zu errichtenden Gebäude ist.

4. Umsatzsteuer

B unterliegt als Unternehmer den allgemeinen umsatzsteuerlichen Regelungen (vgl. A.II.4.). 1408

Der Verkauf der Immobilie ist umsatzsteuerfrei (§ 4 Nr. 9 a UStG).

Die Optionsmöglichkeit (§ 9 UStG) besteht nur soweit, als an Unternehmer für deren Unternehmen verkauft wird. Damit kann für die Wohnungen, die an Privatleute verkauft werden sollen, nicht zur Umsatzsteuer optiert werden. Die im Rahmen der Herstellung anfallenden Umsatzsteuerbeträge sind Teil der Anschaffungskosten. Der Verkauf dieser Wohnungen hat netto ohne Umsatzsteuerausweis zu erfolgen.

Für die Gewerbeeinheiten ist die Umsatzsteueroption möglich. Beim Verkauf ist die Option auch möglich, soweit der Erwerber nicht vorsteuerabzugsberechtigt ist. Die Voraussetzungen des § 9 Abs. 2 UStG brauchen nicht erfüllt werden. Damit kann etwa auch umsatzsteuerpflichtig an Versicherungen und Banken verkauft werden.

Soweit die Umsatzsteueroption ausgeübt wird, besteht für anfallende Umsatzsteuerbeträge bei Herstellung ein Vorsteuerabzug. Damit verringern sich die Herstellungskosten für diese Einheiten um die Umsatzsteuer. Der Verkauf hat mit Umsatzsteuerausweis zu erfolgen.

Für die Erwerber ist die ausgewiesene Umsatzsteuer ein durchlaufender Posten, soweit sie ihrerseits vorsteuerabzugsberechtigt sind. Ansonsten ist die ausgewiesene Umsatzsteuer Teil ihrer Anschaffungskosten für das Objekt. 1409

1410 Bei der Errichtung eines einheitlichen Objektes, welches nur zur teilweisen Umsatzsteueroption berechtigt, sind Umsatzsteuerbeträge zunächst unmittelbar auf die jeweiligen Einheiten zuzuordnen. Nicht unmittelbar zuordenbare Beträge sind aufzuteilen (vgl. B.I.4.b.bb.).

1411 Investor B hat die abzugsfähigen Vorsteuerbeträge in seinen Umsatzsteuervoranmeldungen anzugeben und beim Finanzamt einzureichen. Neu gegründete Unternehmen haben im ersten Jahr ihres Bestehens Umsatzsteuervoranmeldungen monatlich abzugeben. Für übrige Unternehmen ist der Voranmeldungszeitraum ein Kalenderquartal, es sei denn, die Steuer betrug im Vorjahr mehr als € 6.136,00. Dann ist wiederum der Kalendermonat Voranmeldungszeitraum.

1412 Die Voranmeldung sollte unter Beifügung der Rechnungsbelege und des Aufteilungsmaßstabs erfolgen. Bei höheren Vorsteuerguthaben werden hierzu regelmäßig Rückfragen durch das Finanzamt erfolgen. Die Beifügung dieser Unterlagen bereits bei Einreichung der Umsatzsteuervoranmeldung dient einer schnelleren Bearbeitung im Finanzamt und damit der Liquidität des Unternehmens. Das Finanzamt hat die Möglichkeit, die Auszahlung des Vorsteuerguthabens von der Stellung von Sicherheiten abhängig zu machen (vgl. B.II.5.b.).

5. Bauabzugssteuer

1413 Die Bauabzugssteuer soll das Steueraufkommen im Baugewerbe sichern und Schwarzarbeit bekämpfen.

1414 Unternehmerisch tätige Empfänger von Bauleistungen im Inland haben einen Steuerabzug von 15% der Gegenleistung für Rechnung des Leistenden, das ist derjenige, der die Bauleistung erbringt, vorzunehmen und an das zuständige Finanzamt abzuführen, es sei denn, es liegen Befreiungstatbestände vor.

1415 Leistender ist jeder, der im Inland eine Bauleistung erbringt, unabhängig davon, ob es sich um einen Inländer oder um einen Ausländer handelt. Der Leistende muss nicht Unternehmer sein. Auch ein Generalunternehmer, der in eigener Person keine unmittelbaren Bauleistungen erbringt, ist Leistender im Sinne der Bauabzugssteuer (§ 48 Abs. 1 Satz 4 EStG).

1416 Die Bauabzugsbesteuerung gilt für im Inland erbrachte Bauleistungen. Nicht erfasst werden reine Bodenarbeiten, etwa für Gartenanlagen, Reinigungsarbeiten oder Wartungsarbeiten. Reine Materiallieferungen fallen ebenfalls nicht hierunter. Auch planerische Leistungen unterliegen nicht der Bauabzugsbesteuerung.

Der Steuerabzug beträgt 15% der Gegenleistung. Auf die Gegenleistung entfallende Umsatzsteuer ist in den Steuerabzug mit einzubeziehen.

Die Bauabzugssteuer ist nicht einzubehalten, wenn eine Befreiung vorliegt. Bauleistungen erbringende Unternehmer können sich von ihrem zuständigen Finanzamt eine Freistellungsbescheinigung ausstellen lassen. Die Bescheinigung wird insbesondere dann erteilt, wenn seitens des Finanzamts keine zu sichernden Steueransprüche bestehen.

1417 Daneben besteht eine Freigrenze von € 15.000,00, falls der Leistungsempfänger selbst nur steuerfreie Leistungen durchführt, ansonsten beträgt die Freigrenze € 5.000,00.

Soweit Bauabzugssteuer erhoben wird, ist diese beim Finanzamt mit amtlichen Formularen anzumelden und bis zum 10. des Folgemonats abzuführen (§ 48 a EStG).

Die einbehaltene Bauabzugssteuer wird auf die Steuerpflicht des Ausführenden angerechnet (§ 48 c EStG).

1418 Einzelheiten sind in zwei Erlassen geregelt.[143] Da der Empfänger von Bauleistungen für die Einbehaltung der Bauabzugssteuer haftet, empfiehlt es sich, im Vorfeld von Auftragserteilungen entsprechende Freistellungsbescheinigungen von beauftragten Unternehmen zu erlangen.

143 BMF v. 30. 8. 2001, BStBl I 2001, 602; BMF v. 27. 12. 2002, Der Betrieb Beilage 1, 2003.

6. Exkurs Erbbaurecht

a) Ertragssteuerrecht

Steuerlich ist strittig, ob es sich bei dem Erbbaurecht um ein Wirtschaftsgut oder um ein Nutzungsverhältnis handelt. Einigkeit besteht darin, dass der Kapitalwert der Erbbauzinsverpflichtung nicht als Teil der Anschaffungskosten des Erbbaurechts zu aktivieren ist. Im Voraus gezahlte Erbbauzinsen sind nach Verwaltungsauffassung[144] als Rechnungsabgrenzungsposten zu aktivieren und zeitanteilig aufzulösen. Gleiches gilt, wenn der Erbbauberechtigte Erschließungskosten als zusätzliches Nutzungsentgelt übernimmt. Diese Beträge sind ebenfalls abzugrenzen und linear auf die Laufzeit des Erbbaurechts aufzulösen. Der Erbbauberechtigte wird regelmäßig nicht Eigentümer des Grund und Bodens. Die Begründung eines entgeltlichen Erbbaurechts an einem Betriebsgrundstück führt in der Regel nicht zu einer Entnahme.[145] Die Belastung eines Grundstücks mit einem Erbbaurecht ist keine Veräußerung, sondern eine Überlassung zur Nutzung auf Zeit. 1419

Anschaffungskosten des Erbbaurechts sind sonst zu den Nebenkosten gehörende Aufwendungen wie etwa Maklerprovision, Notariatskosten, Umschreibkosten und Grunderwerbsteuer. Bei Erwerb eines bereits bestehenden Erbbaurechts entspricht der hierfür entrichtete Kaufpreis den Anschaffungskosten, soweit gleichzeitig die Verpflichtung zur Zahlung der Erbbauzinsen übernommen wird. 1420

Der Erbbauberechtigte schreibt Gebäude entsprechend § 7 EStG ab. Bei einer Nutzungsdauer, die kürzer ist als diejenige des § 7 EStG verkürzt sich der Abschreibungszeitraum auf die Vertragsdauer. 1421

Die Aufteilung der Anschaffungskosten für ein Erbbaurecht mit Gebäude hat anhand objektiver Maßstäbe zu erfolgen. Hilfsweise erfolgt eine Aufteilung im Verhältnis der Teilwerte von Erbbaurecht und Gebäude. 1422

Für den Erbbaurechtsverpflichteten führen die Zahlungen laufender Erbbauzinsen und auch die Übernahme von Erschließungskosten und Straßenanliegerbeiträgen durch den Erbbauberechtigten zu laufenden Einkünften aus Vermietung und Verpachtung. 1423

Befindet sich das Grundstück im Betriebsvermögen, werden diese Einkünfte in solche aus Gewerbebetrieb umqualifiziert. Der Erbbaurechtsverpflichtete ist bezüglich der Gebäude nicht berechtigt, Abschreibungen vorzunehmen. 1424

Für den Erbbauberechtigten sind laufend gezahlte Erbbauzinsen Werbungskosten. Einmalzahlungen sind nach Auffassung der Finanzverwaltung als Anschaffungskosten zu aktivieren und auf die Laufzeit zu verteilen. Gleiches gilt für die Übernahme von Erschließungskosten. Der Erbbauberechtigte hat ein Entgelt für die Überlassung des wirtschaftlichen Eigentums an Gebäuden zu aktivieren und auf die Nutzungsdauer abzuschreiben. 1425

b) Gewerbesteuer

Das Erbbaurecht gehört zum eigenen Grundbesitz (Abschn. 60 Abs. 2 Satz 1 GewStR.) 1426

Die Kürzungsnormen des § 9 Nr. 1 Satz 1 GewStG und § 9 Nr. 1 Satz 2 GewStG gelten entsprechend.

c) Grunderwerbsteuer

Erbbaurechte stehen grunderwerbsteuerlich Grundstücken gleich (§ 2 Abs. 2 Nr. 1, GrEStG). 1427

144 Anderes BFH Az IX R 65/02.
145 BFH, BStBl. II 1998, 665.

Die Bestellung und Übertragung von Erbbaurechten ist grunderwerbsteuerpflichtig. Das Erlöschen eines Erbbaurechts ist nicht grunderwerbsteuerpflichtig. Anders ist dies in Fällen der vorzeitigen Aufhebung. Diese sind grunderwerbsteuerpflichtig.[146] Einzelheiten zur Besteuerung sind in einem koordinierten Ländererlass geregelt.[147]

d) Umsatzsteuer

1428 Umsätze mit Erbbaurechten sind steuerfrei (§ 4 Nr. 9 Buchstabe a UStG). Es besteht die Möglichkeit, zur Umsatzsteuerpflicht zu optieren (§ 9 Abs. 1 UStG). Beim Verkauf von Erbbaurechten besteht die Optionsmöglichkeit allerdings nur, soweit der Erwerber als Unternehmer seinerseits vorsteuerabzugsberechtigt ist (§ 9 Abs. 2 Satz 1 UStG). Die Optionsausübung beim Verkauf von Erbbaurechten unterliegt damit strengeren Regeln als die Optionsausübung beim Verkauf von Grundstücken. Für diese kann eine Option ausgeübt werden, auch wenn der leistungsempfangende Unternehmer nicht vorsteuerabzugsberechtigt ist.

Tipp

1. Bei Durchführung des Projekts als gewerblicher Grundstückshändler Wahlrecht bei der Ergebnisermittlung zwischen Bilanzierung und Einnahmen-Überschuss Rechnung.
2. Kein einheitliches Vertragswerk zum Erwerb des Grundstücks und Gebäudeerrichtung, da ansonsten Grunderwerbsteuer auch für Gebäude anfällt.
3. Umsatzsteueroption ist bei Verkaufsabsicht auch an nicht vorsteuerabzugsberechtigte Unternehmer möglich.
4. Bei Umsatzsteuervoranmeldungen mit Vorsteuerguthaben Nachweise beifügen.
5. Bauausführende Unternehmer erst nach Vorlage der Freistellungsbescheinigung von der Bauabzugssteuer tätig werden lassen.

VII. Besonderheiten der Finanzierung, insbesondere Bürgschaften nach §§ 3, 7 MaBV

1. Alternative zu Teilraten

1429 Die Makler- und Bauträgerverordnung (MaBV) verpflichtet den Bauträger nicht zwingend, eine ratierliche Zahlung nach § 3 Abs. 2 MaBV zu vereinbaren. Statt dessen kann auch vereinbart werden, dass die volle Vertragssumme vom Erwerber gegen Übergabe einer Bürgschaft durch den Bauträger zu zahlen ist. Ein Vermischung ist unzulässig.[148]

2. Anforderung an die Bürgschaft

a) Inhalt der Bürgschaft

1430 Die Sicherheit kann nur durch selbstschuldnerische Bürgschaft geleistet werden (§§ 7 Abs. 1 Satz 2 i. V. m. 2 Abs. 2 MaBV). Als tauglicher Bürge kommt dabei nicht jedes kaufmännische Unternehmen in Betracht, sondern ausschließlich deutsche Körperschaften des öffentlichen Rechts sowie nach dem Kreditwesengesetz (KWG) zugelassene Kreditinstitute und entsprechend befugte Versicherungsunternehmen (§§ 7 Abs. 1 Satz 2 i. V. m. 2 Abs. 2 Satz 2 MaBV). Die Bürgschaft muss der Höhe nach dem Kaufpreis bzw. der Zahlung entsprechen.

146 *Boruttau,* Grunderwerbsteuergesetz, 15. Auflage, § 2 Rdnr. 151.
147 DStR 1994, S. 1665.
148 BGH BauR 2003, 1383

b) Rechtsfolgen bei Abweichungen

In der Praxis kommt es häufig vor, dass die Bürgschaftserklärung nicht den zuvor dargestellten Voraussetzungen entspricht, etwa weil sie befristet ist, den Sicherungsumfang einschränkt, nicht dem vollen Zahlungsbetrag entspricht oder dergleichen. Dann stellt sich die Frage, welche Rechtsfolgen hieraus resultieren. Dabei ist zu beachten, dass zwischen dem Hauptschuldverhältnis zwischen Bauträger und Erwerber (Bauträgervertrag) einerseits und dem Bürgschaftsverhältnis zwischen Erwerber und Bürgen (Bürgschaftsvertrag) andererseits zu unterscheiden ist. Die Vorschrift des § 12 MaBV, die die Unwirksamkeit von gegenüber der MaBV abweichenden Vereinbarungen regelt, ist nur auf das Hauptschuldverhältnis, nicht auch auf das Bürgschaftsverhältnis anwendbar. Eine nicht den Vorschriften des § 7 MaBV entsprechende Bürgschaft ist daher nicht unwirksam, sondern begründet für den Erwerber lediglich ein Leistungsverweigerungsrecht bezüglich der Zahlung an den Bauträger.[149] 1431

Hat der Erwerber bereits gezahlt und stellt er dann erst die Abweichung des Bürgschaftstextes von den gesetzlichen Anforderungen fest, hat er einen – in der Praxis allerdings schwer durchsetzbaren – Anspruch auf Rückzahlung, falls der Austausch der unzutreffenden Bürgschaft gegen eine § 7 MaBV entsprechende Bürgschaft durch den Bauträger verweigert wird. 1432

! Sowohl Erwerber als auch Bauträger sollten unmittelbar nach Erhalt der Bürgschaftsurkunde den Inhalt auf Übereinstimmung mit den Regelungen der MaBV überprüfen, um sich Gewissheit über die Voraussetzungen eines Zurückbehaltungsrechts zu verschaffen.

3. Sicherungszweck

a) Ansprüche auf Rückgewähr

Da im der Bürgschaft Unterschied zur ratierlichen Zahlung nach Baufortschritt bei diesem Weg die Zahlung des vollständigen Kaufpreises gegen Übergabe einer Bürgschaft erfolgt, stellt § 7 Abs. 1 Satz 1 MaBV klar, dass die Sicherheit »für alle etwaigen Ansprüche des Auftraggebers auf Rückgewähr« dienen soll. 1433

Was unter Rückgewähr zu verstehen ist, insbesondere ob hier auch die Rückabwicklung des Vertrages wegen Mangelhaftigkeit der Leistung im Rahmen des sogenannten großen Schadensersatzes umfasst ist, war lange Zeit umstritten, ist zwischenzeitlich aber geklärt: Die Sicherheit nach § 7 MaBV sichert nicht nur Rückgewähransprüche bei Scheitern des Bauträgerkaufvertrages infolge Unwirksamkeit, Anfechtung oder Rücktritt, sondern auch infolge der Rückabwicklung des Vertrages wegen Mangelhaftigkeit der Leistungen im Rahmen des großen Schadensersatzes.[150] Gesichert sind des Weiteren Rückgewähransprüche, die aus einer auf Mängel gestützten Wandelung oder Minderung resultieren.[151] Der Bundesgerichtshof hat in den zitierten Urteilen diese weite Auslegung mit dem Schutzzweck der Bürgschaft zugunsten des Erwerbers begründet. 1434

Allerdings müssen diese Mängelansprüche vor oder bei der Abnahme entstanden und geltend gemacht worden sein. Die Bürgschaft nach § 7 MaBV sichert nämlich nicht Mängelansprüche, die auf Rückgewähr gerichtet sind, soweit sie auf Mängeln beruhen, die erst nach der Abnahme entstanden oder geltend gemacht worden sind.[152] Dabei ist auch zwischen der Abnahme des 1435

149 *Brych/Pause*, Bauträgerkauf- und Baumodelle, 3. Auflage Rdnr. 163; vgl. auch BGH BauR 2003, 1383.
150 BGH BauR 1999, 659; *Basty*, Bauträgervertrag, 4. Auflage, Rdnr. 504; Pause, BauR 1999, 1270, 1272 f.
151 BGH NJW 2002, 2563.
152 BGH NZBau 2003, 98.

Gemeinschaftseigentums und der Abnahme des Sondereigentums zu unterscheiden, so dass bei fehlender Abnahme des Gemeinschaftseigentums hierauf bezogene Rückgewähransprüche noch umfasst sind, wohingegen bei bereits abgenommenem Sondereigentum solche Ansprüche ausscheiden.[153]

1436 Auch wenn die MaBV selbst die Abnahme nicht nennt und die Sicherheit aufrecht zu erhalten ist, bis das Vertragsobjekt »vollständig fertiggestellt« ist (§ 7 Abs. 1 Satz 3 MaBV), so gilt jedoch auch beim Bauträgervertrag der Begriff der Abnahmefähigkeit im Sinne des § 640 BGB.[154] Ist also eine förmliche Abnahme der Bauleistungen in Form eines gemeinsamen Abnahmeprotokolls nicht erfolgt, so ist maßgeblich, ob die Leistung ohne wesentliche Mängel fertiggestellt war und der Mangel vor oder nach diesem Zeitpunkt entstanden ist, auf den die Rückgewähransprüche gestützt werden. Die Beweislast trägt der Bauträger.[155]

b) Weitere nicht gesicherte Ansprüche

1437 Von der MaBV-Bürgschaft nicht gesichert sind des Weiteren Schadensersatzansprüche wegen Mietausfalls, entgangenen Nutzungen oder vom Erwerber zu erbringenden öffentliche Sanierungsabgaben.[156] Ebenso wenig sichert sie erwartete Steuervorteile.[157]

4. Wirksamkeit des § 7 MaBV

1438 Ob die vollständige Zahlung des Kaufpreises gegen Übergabe einer Bürgschaft nach § 7 MaBV mit den europarechtlichen Vorgaben aus der Verbrauchsgüterrichtlinie[158] zu vereinbaren ist, ist derzeit allerdings offen: Der Bundesgerichtshof hat einen entsprechenden Vorlagebeschluss zum Europäischen Gerichtshof erlassen.[159] Hintergrund ist, dass der Erwerber mit der Vorauszahlung ein wesentliches Druckmittel bei mangelhafter Herstellung des Vertragsobjekts verliert, da er kein Zurückbehaltungsrecht in Höhe des dreifachen Betrags der zu erwartenden Mangelbeseitigungskosten mehr ausüben kann (vgl. § 641 Abs. 3 BGB). Es bestehen daher aus Sicht des Bundesgerichtshofs Zweifel an der Vereinbarkeit der Regelung mit Gemeinschaftsrecht. Bis zu einer Entscheidung durch den Europäischen Gerichtshof besteht also insoweit nicht unerhebliche Rechtsunsicherheit.

Tipp

1. Der Bauträger sollte vor Beginn der Verwertung des Objekts prüfen, ob er Zahlung in Raten nach Baufortschritt oder Zahlung gegen Bürgschaft bevorzugt.
2. In letzterem Fall sind mit der finanzierenden Bank die Konditionen vorab zu klären.
3. Bei Übergabe ist die Bürgschaft insbesondere durch den Erwerber eingehend zu prüfen (s. o. Hinweis zur Fehlervermeidung, Rdnr. 1432).
4. Der Erwerber sollte bei Abweichungen der Bürgschaft von den rechtlichen Anforderungen sein Zurückbehaltungsrecht geltend machen und bis zur Stellung einer ordnungsgemäßen Bürgschaft keine Zahlung leisten!
5. Die Bewertung der Bürgschaftsverpflichtung der Bank in der Bürgschaftserklärung ist von den vertraglichen Vereinbarungen im Bauträgervertrag rechtlich zu unterscheiden.
6. Die Bürgschaft sichert alle Ansprüche auf Rückgewähr, auch im Zusammenhang mit vor oder bei der Abnahme geltend gemachten Mängelansprüchen.

153 BGH NZBau 2003, 100.
154 BGH BauR 1999, 659, 662; teilweise a. A. *Basty,* Der Bauträgervertrag, 4. Auflage, Rdnr. 862.
155 Vgl. BGH BauR 1993, 469.
156 BGH NZBau 2003, 98; BGH NZBau 2003, 100.
157 BGH NZBau 2002, 497; BGH BauR 2003, 1220.
158 Richtlinie 93/13/EWG vom 5. 4. 1993.
159 BGH BauR 2002, 1390.

7. Da es maßgeblich auf den Zeitpunkt der Abnahme ankommt, ist zu raten, eine förmliche Abnahme (gemeinsames Abnahmeprotokoll) durchzuführen.
8. Abnahmefähigkeit und »vollständige Fertigstellung« sind nicht synonym.
9. Die Bürgschaft sichert nicht Mietausfall und andere Schadensersatzansprüche, soweit sie nicht auf Rückgewähr gerichtet sind.
10. Die finanzierende Bank muss angesichts der weiten Auslegung des Sicherungszwecks durch die BGH-Rechtsprechung zu MaBV-Bürgschaften die Risiken einer Bürgschaftsverpflichtung genau prüfen.

D Die Entwicklung bebauter Grundstücke

Fall 3: Das Pharmazieunternehmen C hat eine Bestandsimmobilie, in der zu Beginn des 20. Jahrhunderts ein Chemiebetrieb untergebracht war. Teilweise sollen die Fabrikgebäude erhalten und in Lofts umgebaut werden, teilweise abgerissen und neue Büro- und Wohngebäude errichtet werden.

I. Betriebswirtschaftliche Vorüberlegungen

1. Konzept und Markt

Das Immobilienvermögen der DAX-30-Werte wird auf rund 200 Milliarden Euro geschätzt. Insbesondere Versicherungen verfügen über umfangreiche Immobilienportfolios. Chemieunternehmen befassen sich mit der Entwicklung von Chemieparkkonzepten auf werkseigenem Produktionsgelände. Hierdurch sollen branchennahe Unternehmen und potentielle Lieferanten eingebunden und die vorhandene Infrastruktur besser genutzt werden.[1] 1439

Typischerweise gehört die Projektentwicklung nicht zum Kerngeschäft eines Pharmazieunternehmens. Entscheidet sich ein Unternehmen, eine Bestandsimmobilie zu entwickeln, ist im Vorfeld zu klären, inwieweit es unter wirtschaftlichen und steuerlichen Kriterien sinnvoll ist, die Projektentwicklung im eigenen Haus vorzunehmen oder aber den Verkauf der Fabrikgebäude zu betreiben. 1440

Für das Konzept der Immobilienentwicklung ist die Lage der Fabrikgebäude von entscheidender Bedeutung. Üblicherweise befinden sich Pharmazieunternehmen nicht in Wohngebieten, sondern in Gewerbegebieten oder Mischgebietlagen, die für die Entwicklung von Wohnimmobilien nicht geeignet sind. Die Besonderheit von Fabrikgebäuden, die mit der Herstellung von pharmazeutischen oder chemischen Stoffen befasst sind, liegt vor allem in der Altlastenproblematik, die aus betriebswirtschaftlicher Sicht zu einem erheblichen Kostenfaktor werden kann und daher vor Beginn einer Baumaßnahme durch Fachingenieure wie Bodengutachter eingehend geprüft werden muss. 1441

Im Rahmen der Konzeptentwicklung ist zunächst die Nachfrageseite durch eine Marktanalyse zu überprüfen, da Fabrikgebäude in einem Gewerbegebiet auf die Entwicklung von Lofts, Büroflächen ausgerichtet sind. Die Einbindung von Wohnlofts oder eines Wohnneubaus ist nur dann sinnvoll, wenn sich das Pharmazieunternehmen in einem Mischgebiet oder aber in einem Wohngebiet befindet. 1442

Bei der Entwicklung von Fabrikgebäuden aus der Jahrhundertwende zu modernen Büroloftflächen[2] oder auch Wohnloftflächen handelt es sich, unter konzeptionellen Vermarktungsgesichtspunkten, primär um die Schaffung eines Produktimage, wie beispielsweise bei den Hackeschen Höfen, den Viktoria Quartieren, der Backfabrik oder den Paul-Lincke-Höfen in Berlin. Der Trend zur Umwandlung von Fabrikgebäuden zu Bürolofts oder Wohnlofts wurde aus den Großstädten der USA wie New York oder San Francisco und aus weiter zu entwickelnden Hafen- und Lagergebäuden in Großbritannien, vor allem London, nach Deutschland getragen. 1443

Insbesondere Loftflächen unterliegen im Markt einem schwankenden zeitlichen Zyklus, da die Nachfrage nach diesen Flächen in besonderer Weise von Trendentwicklungen abhängig ist. In engem Zusammenhang mit dieser Trendentwicklung steht auch die Lage des Objektes. Eine 1444

---

1 FAZ, In der Not entdecken Konzerne ihre Immobilien, 28. 2. 03, Nr. 50, S. V/5.

2 *Holtz/S. Simonides* in: Schulte/Bone-Winkel, Handbuch Immobilien-Projektentwicklung, Köln, 2002, S. 827 ff.

Projektentwicklung ist nur dann wirtschaftlich ratsam, wenn sich diese Fabrikgebäude in einem Gebiet befinden, in dem der Trend Loftwohnungen oder Loftbüros Einzug gehalten hat. Dies gilt für verschiedene Stadtteilen in Berlin wie z. B. Kreuzberg oder Prenzlauer Berg, wobei nicht alle, wenn auch hervorragend entwickelte Fabriklofts, erfolgreich waren.

1445 Die Nachfrager nach modernen Loftflächen sind in der Regel mittelständische oder auch kleinere, kreative Betriebe, d. h. das Vermarktungskonzept darf nicht auf einem spezifischen Thema aufbauen, sondern muss sehr breitflächig ausgerichtet sein. Loftflächen werden dabei häufig mit dem Begriff der Innovation in Verbindung gebracht. Die bauliche Grundstruktur bei bestehenden Fabrikgebäuden sowie die Entwicklungsgeschichte eines Unternehmens können zum Vermarktungskonzept beitragen.

1446 Die Verbindung zwischen vorhandener Altbausubstanz in Form der Fabrikgebäude und geplanter Neubauflächen stellt eine besondere Herausforderung an den Projektentwickler dar, da unter Berücksichtigung des Vermarktungskonzeptes ein homogenes und in sich einheitliches Produkt aus Neu- und Altbauflächen geschaffen werden muss.

2. Investitionsentscheidung und Kundensegment

1447 Ein Produktionsunternehmen hat unter betriebswirtschaftlichen Gesichtspunkten bei der Entwicklung einer firmeneigenen Bestandsimmobilie grundsätzlich drei Entscheidungsmöglichkeiten:

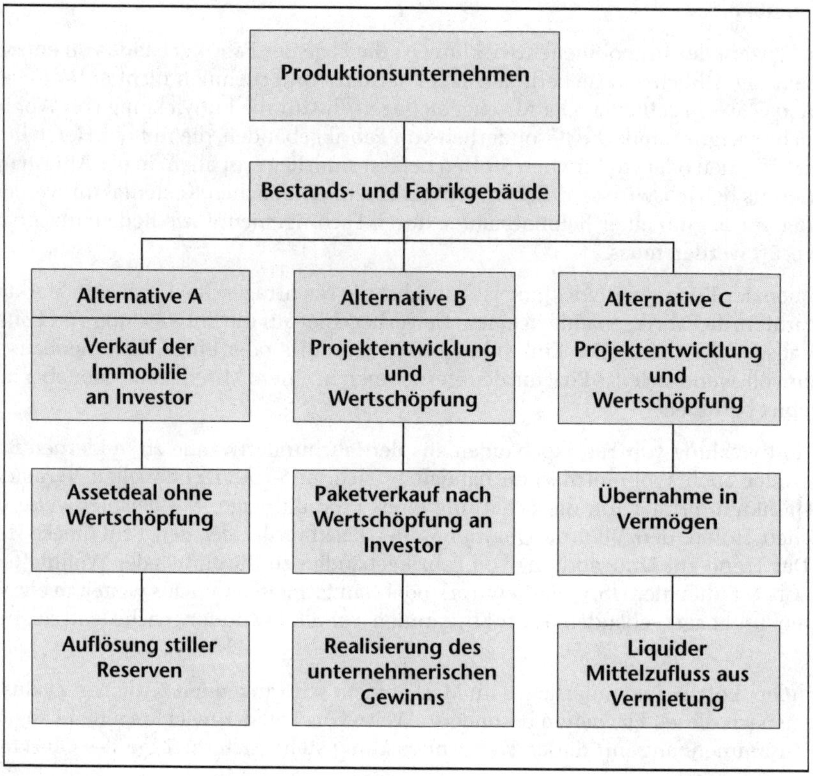

Abb. 14: Entscheidungsalternativen bei der Entwicklung von Bestandsimmobilien

Die einfachste Möglichkeit zur Realisierung liquider Zuflüsse aus dem Immobilienbereich, ohne dabei als Bauherr die Verantwortung für den gesamten Prozess der Immobilienentwicklung zu übernehmen, ist Alternative A, der Verkauf der Fabrikgebäude, die für den Kernbetrieb nicht benötigt werden, an externe Investoren. Voraussetzung hierfür ist, dass sich die Fabrikgebäude auf separaten und teilbaren Grundstücken befinden, die losgelöst vom Hauptbetrieb vermarktet werden können. Der Verkauf dieser Fabrikgebäude wird dadurch erleichtert, dass bereits vor Verkauf eine Planung zur Weiterentwicklung der Fabrikgebäude erstellt wird. Da der Chemiebetrieb um die Jahrhundertwende entstanden ist, ist davon auszugehen, dass die dazugehörigen Gebäude vollständig abgeschrieben und lastenfrei sind. Demzufolge fließt der erzielte Verkaufspreis nach Steuer dem Unternehmen in voller Höhe in liquiden Mitteln zu. Die aktuelle Steuersituation begünstigt einen solchen Verkauf nicht. Die Differenz aus Buchwert und Verkaufspreis ist voll zu versteuern. Wenn es sich bei dem Pharmazieunternehmen um eine Kapitalgesellschaft handelt, fällt zunächst Körperschaftssteuer in Höhe von 25 % an. Hinzukommt der Gewerbesteuersatz, der je nach Standort unterschiedlich ist. Die Gesamtbesteuerung des Gewinns liegt bei rd. 38 % – 45 %. Eine Vermeidung dieser Steuerzahlung ergibt sich aus § 6 b EStG, der eine Reinvestition des Gewinns innerhalb von 4 Jahren ermöglicht. Findet diese Reinvestition nicht statt, muss nachversteuert werden.[3] 1448

Alternative B ist die hausinterne Weiterentwicklung der vorhandenen Fabrikgebäude, als Bauherr und Projektentwickler, mit dem Ziel der Veräußerung der fertiggestellten Bürolofts und Wohnungsneubauten an dritte Investoren. Ziel dieser Variante ist, durch kurzfristige Wertsteigerung wiederum einen Mehrwert zu schaffen, der dann durch Veräußerung zu einem liquiden Zufluss für das Unternehmen wird. Kalkulatorisch ist darauf zu achten, dass der angestrebte Verkaufspreis deutlich über den kalkulierten Gestehungskosten liegt, da gerade bei der hier vorliegenden Planung von Altbausanierung und Neubau erhebliche Risiko- und Kostenfaktoren wie chemische Altlasten, Anforderungen des Denkmalschutzes oder nicht vorhersehbare Probleme mit der Bausubstanz auftreten können. Häufig wird diese Verwertungsform in wirtschaftlich schlechten Zeiten gewählt, wenn nicht-betriebsnotwendige Immobilien durch unprofessionelles Management nicht rentierlich sind. Diese Alternative ermöglicht dann den Abbau von Schulden oder die Erwirtschaftung liquider Zuflüsse. 1449

Alternative C ist es, die Immobilie bzw. das Fabrikgebäude im Bestand und somit im Anlagevermögen des Unternehmens weiterzuführen und durch das Unternehmen weiterzuentwickeln. Bauherr ist das Unternehmen, das hierdurch die gesamte Verantwortung für die Durchführung und Realisierung des geplanten Loft- und Neubauprojektes übernimmt. Das Ziel dieser Vorgehensweise ist, durch die Umgestaltung und Umnutzung der vorhanden Fabrikgebäude in neuwertige Loft- und Wohnflächen, einen Mehrwert zu schaffen und sowohl den Substanzwert des Anlagevermögens, als auch die sich daraus ergebenden liquiden Zuflüsse, zu erhöhen. In diesem Fall muss das Produktionsunternehmen auf der Grundlage von Standort- Markt- und Substanzanalysen der Gebäude eine Vorstellung darüber entwickeln, mit welchen Kosten bei Sanierung und Neubau auf der einen Seite zu rechnen ist und welche Akzeptanz das geplante Büro-, Loft- und Wohngebäude bei der vorhandenen Lage im Markt finden würde. Die Klärung dieser Fragen ist für die grundsätzliche Investitionsentscheidung von grundlegender Bedeutung. Es ist davon auszugehen, dass die Kombination aus Altbausanierung und Neubau mit erheblichen Planungs-, Projektanten- und Herstellkosten versehen ist. Hinzu kommt, dass das Projekt in einem gewerblichen Umfeld entwickelt werden muss, das den Trendanforderungen von Büroloft- und Wohnungsloftlagen entspricht. 1450

3. Planung und Genehmigung

Das vom Produktionsunternehmen geplante Bauvorhaben stellt durch die Kombination von denkmalgeschütztem Altbau und geplantem Büro- und Wohnneubau, sowohl an die Planung 1451

3 Vgl. Einzelregeln des § 6 b EStG, Haufe Buchführung Office, EStG, Freiburg, 2002 und Kapitel D. V.

des Architekten und Projektanten, als auch an das Verfahren der Baugenehmigung, erhebliche Anforderungen.

1452 Die Fabrikgebäude bestimmen durch Materialien, Design, Größe und Gestalt das Grundkonzept der geplanten Baumaßnahme. Der geplante Neubau muss sich sinnvoll in die vorhandenen denkmalgeschützten Gebäude einfügen und das Nutzungskonzept muss an den Marktbedürfnissen ausgerichtet sein. Unter diesen Voraussetzungen kann es gelingen, für ein durchdachtes Architektenkonzept die Zustimmung der für eine solche Baumaßnahme zahlreichen Behörden zu erhalten. Hierzu zählen vor allem das Bauordnungsamt, das Landesamt für Denkmalschutz, die untere Denkmalschutzbehörde, sowie der Denkmalpfleger, das Umweltamt, die untere Naturschutzbehörde und das Brandschutzamt.

1453 Die Koordination der verschiedenen Vorstellungen und Ansprüche einzelner Ämter kann durch die möglichen Überschneidungen zwischen Denkmalschutz und Bauordnungsrecht zu erheblichen zeitlichen Verzögerungen führen. Diskrepanzen ergeben sich auch bei den Vorstellungen des Denkmalsschutzes gegenüber den Anforderungen des Bauordnungsrechts bei Schallschutz, Wärmeschutz und Brandschutz oder auch bei der Gestaltung von Fluchtwegen. Gleiches gilt für das Nutzungskonzept bei der Gestaltung von Grundrissen, Raumhöhen und Belichtungskonzepten sowie bei der Verwendung neuer bzw. der Erhaltung alter Baumaterialien. Die Planungs- und Genehmigungsverfahren bei einem kombinierten Alt- und Neubauprojekt sind nicht nur zeitaufwendig, sondern durch zahlreiche Auflagen der Behörden kostenintensiv.

4. Budget und Kosten

1454 Die besondere Herausforderung bei der Realisierung des durch ein Produktionsunternehmen geplanten Bauvorhabens liegt in den erheblichen Unsicherheiten der Kostenschätzung und Budgeterstellung. Die Kombination aus den Schwierigkeiten bei der Analyse und Bewertung der vorhandenen Altbausubstanz, den Denkmalschutzauflagen, die sich auf die Gestaltung von Originaltüren, Fassaden, Dach, Fenster, und auch Innenausbauten erstrecken können, sowie den Kosten einer möglichen Altlastenentsorgung, beinhalten gerade bei der Kostenermittlung zur Budgetierung des Projektes ein erhebliches Schätzrisiko.

1455 Zur Budgetabsicherung ist es hinsichtlich der Substanzbewertung des Bestandsgebäudes erforderlich, einen Diplom-Ingenieur als Gutachter heranzuziehen, der ein Aufmaß des Gebäudes durchführt sowie im Rahmen einer intensiven Begehung sämtlicher Etagen einschließlich der Kellerräume, Wände, Stahlträger und Treppenläufe überprüft. Ebenso müssen sämtliche Kellerräume auf Pilzbefall und Feuchtigkeit untersucht werden. In manchen Städten muss gerade bei Fabrikgebäuden, deren Dachgeschoss für Tauben zugänglich war, eine Überprüfung möglicherweise vorhandener Taubenzecken durchgeführt werden. Sofern es sich bei dem Bestandsgebäude nicht um Beton-, sondern Holzdecken handelt, müssen diese aufgenommen werden, damit eine Überprüfung der Balkenköpfe möglich wird. Günstigerweise sollte es sich bei dem beauftragten Ingenieur um einen Sachverständigen handeln, der nicht nur eine Substanzanalyse des Gebäudes, sondern auch eine wirtschaftliche Analyse durchführen kann. Ein solches Gutachten sollte in schriftlicher Form samt Fotodokumentation und Wertangaben vorliegen, bevor die Budgeterstellung auf solider Basis durchgeführt werden kann. Gleiches gilt bei der Ermittlung der Altlasten sowie der Überprüfung der Statik eines Bestandsgebäudes. In beiden Fällen müssen vor Baubeginn schriftliche Auswertungen einschließlich Kostenschätzung der verantwortlichen Ingenieure vorliegen.

1456 Im Bereich der Behörden ist es ausgesprochen schwierig, eine Kostensicherheit herbeizuführen. Es empfiehlt sich, Kontakt zu spezialisierten Ingenieuren und Architekten aufzunehmen, die im Bereich der Altbausanierung und der Herstellung von Büro- oder Wohnlofts Erfahrungen haben.[4] Die Erfahrungen dieser Spezialisten helfen dem Pharmazieunternehmen Herstell-

4 Da es nur wenige, auf Loftausbauten spezialisierte Architektenbüros gibt, sei an dieser Stelle auf folgende Adresse verwiesen: Architekten Gerhard P. Wirth, Loft-Areale, Diltheystr. 20, 90409 Nürnberg.

und Sanierungskosten in einer ersten Grobkalkulation festlegen zu können. Zur erfolgreichen Koordination der Abstimmungsprozesse mit der Behörde ist ein erfahrener Architekt mit Behördenkontakt ein wichtiger Kostenfaktor bei der Budgeterstellung. Durch die Erfahrung mit der Behörde und die Kontakte zur Behörde ist eine höhere Planungssicherheit gegeben, die insbesondere hinsichtlich der speziellen Anforderung des Denkmalschutzes auch eine entsprechende Kostensicherheit vermittelt.

Gerade im Bereich der Altbausanierung müssen Nachträge oder Kostenüberschreitungen in 1457
besonderer Weise verfolgt werden, da unterschiedlichste technische Probleme, begonnen bei der Gründung eines Gebäudes, über Mauerwerk und Decken, bis hin zum Dachstuhl, Zusatzkosten verursachen können, die nach Abschluss der Baumaßnahme einer Gewinnrealisierung möglicherweise entgegenstehen.

5. Finanzierung

Trend- und modeabhängige Produkte, wie Loft-Immobilien, sind hinsichtlich ihrer Markt- 1458
akzeptanz ähnlich schwer einzuschätzen wie ein Filmprodukt bei der Premiere. Dieses Problem überträgt sich auch auf das Finanzierungsverhalten der Bank. Die Bank muss vier verschiedene Immobilienprodukte:

- Büroloft
- Wohnloft
- Büroneubau
- Wohnneubau

in einem Konzept beurteilen. Entscheidend für eine Finanzierungszusage ist die grundbuchmä- 1459
ßige Belastung der Fabrikgebäude. Sind diese lastenfrei und voll abgeschrieben, bewegt sich das Produktionsunternehmen hinsichtlich der Gestaltung der Verkaufs- und Vermietungspreise in einem Wettbewerbsvorteil. Orientiert man sich an den drei Investitionsalternativen, ergeben sich drei Risikokategorien.

Alternative A, Verkauf der Fabrikgebäude und Auflösung stiller Reserven, bedeutet für die Bank den Zufluss von liquiden Mitteln ohne Risiko.

Alternative B bedeutet für die Bank die volle Übernahme von Bauträgerrisiken. Je nach Wirt- 1460
schafts- und Marktlage wird nach Prüfung von Kalkulation und Standort/Lage eine Finanzierung von 60% – 80% der Gesamtgestehungskosten zu erwarten sein. Im Vergleich zu traditionellen Bauträgermaßnahmen wird das Kreditinstitut bei Loftmaßnahmen einen zusätzlichen Risikoaufschlag in die Zinsmarge einkalkulieren. Bilanzen, Finanz-, Vermögens- und Liquiditätsstatus werden des Weiteren die Entscheidung beeinflussen.

Alternative C wird nur dann finanziert werden, wenn die vorgelegte Kalkulation in überzeu- 1461
gender Weise einen liquiden Überschuss nach Zins und Tilgung bei Abschluss des Projekts ausweist. Da die Anschaffungskosten in Höhe von 30% der Gesamtgestehungskosten entfallen, und die Projektkalkulation nur auf den Planungs-, Herstell- und Finanzierungskosten basiert, ist eine Finanzierung grundsätzlich unproblematisch.

Tipp

1. Eine erfolgreiche Projektentwicklung gehört in professionelle Hände.
2. Die Entwicklung nicht betriebsnotwendiger Fabrikflächen muss in das Steuerkonzept des Unternehmens passen.
3. Altlasten- und Substanzanalyse sind gerade im Produktionsbereich unabdingbar.
4. Die Akquisition von Fremdmitteln wird durch Lastenfreiheit der Fabrikgebäude im Grundbuch erhöht.

5. Loftgebäude sind Modeartikel und bedürfen einer sehr spezifischen Umfeld- und Marktanalyse.
6. Die erfolgreiche Entwicklung von Loftprojekten ist ohne Einbindung von erfahrenen Spezialisten nicht denkbar.
7. Die Teilbarkeit der Grundstücke ist ein wesentliches Verkaufskriterium.
8. Erfolgreiche Loftentwicklungen sind standortsensibel und imageabhängig. Dabei müssen die Entwicklungskonzepte der Gemeinden berücksichtigt werden.
9. Bei komplexen Altbau- oder Loftsanierungen ist im Budget immer eine Position für Unvorhergesehenes von mind. 20% der Bausumme zu berücksichtigen.
10. Die professionelle Immobilienentwicklung achtet besonders auf die Einbindung branchennaher Unternehmen im Rahmen des Gesamtkonzeptes.

II. Öffentlich-rechtliche Besonderheiten

1. Bauordnungsrecht

1462 Hinsichtlich der bauordnungsrechtlichen Rahmenbedingungen wird zunächst auf die Ausführungen zu Fall 1 verwiesen (**siehe B. II. 2. d)**). Im wesentlichen ist bei der Entwicklung bebauter Grundstücke aus bauordnungsrechtlicher Sicht zu beachten, dass grundsätzlich auch die Änderung, die Nutzungsänderung und der Abbruch baulicher Anlagen einer Baugenehmigung bedürfen.

2. Altlasten

1463 Insbesondere bei der Entwicklung bebauter Grundstücke sollte die bodenschutz- und altlastenrechtliche Situation geprüft werden. So können durch eine weit zurückliegende Nutzung eines Grundstücks verursachte Bodenverunreinigungen und Altlastenvorkommen zu Einschränkungen der Nutzbarkeit des Grundstücks führen sowie eine weitreichende Haftung mit sich bringen.

1464 Diesbezüglich statuiert das am 1. 3. 1999 in Kraft getretene Bundes-Bodenschutzgesetz (BBodSchG) umfangreiche Pflichten für einen vorsorgenden und nachsorgenden Bodenschutz. Eine Konkretisierung der Regelungen des BBodSchG findet sich in dem am 17. 7. 1999 in Kraft getretenen sogenannten untergesetzlichen Regelwerk des BBodSchG, der Bodenschutz- und Altlastenverordnung (BBodSchV). Zudem werden darin bundeseinheitlich verbindliche Bodenwerte, einschließlich der dazugehörigen Probenahme-, Analyse- und Bewertungsvorgaben aufgestellt.

a) Planungsrechtliche Bedeutung

1465 Planungsrechtlich sind Bodenschutz und Altlasten insofern von Belang, als sowohl im Flächennutzungsplan für bauliche Nutzung vorgesehene Flächen, deren Böden erheblich mit umweltgefährdenden Stoffen belastet sind, gekennzeichnet werden sollen (§ 5 Abs. III Nr. 3 BauGB). Zudem sollen im Bebauungsplan Flächen, deren Böden erheblich mit umweltgefährdenden Stoffen belastet sind, gekennzeichnet werden (§ 9 Abs. V Nr. 3 BauGB). Erheblich im vorgenannten Sinne ist jede Menge oder Konzentration, die auf die Umwelt negative Auswirkungen haben kann, wie zum Beispiel auf das Grundwasser. Erheblich sind auch die Belastungen, die bei einer Nutzung zu baulichen Zwecken beachtliche Mehrkosten, etwa durch Sanierung oder höhere Gründungskosten, verursachen können. Die Kennzeichnungspflicht beinhaltet nicht nur den Hinweis auf die Art der Altlasten, sondern auch auf eine etwaige Notwendigkeit der Entsorgung. Sofern entsprechende Erkenntnisse vorliegen, muss mitgeteilt werden, wo die Entsorgung zu erfolgen hat und ob es dafür besonderer Genehmigungen bedarf. Zudem ist auf Besonderheiten für die Bebauung hinzuweisen, wie zum Beispiel die Zulässigkeit nur bestimmter Gründungen. Aufgrund dieser planungsrechtlichen Regelungen kann sich der Investor in einem Gebiet, für das ein Flächennutzungsplan bzw. Bebauungsplan vorliegt, anhand vorgenannter Pläne über die Bodenschutz- und Altlastensituation informieren.

Mit der planungsrechtlichen Kennzeichnungspflicht geht eine vorlaufende Prüfungspflicht einher. 1466
Bei Altlastenverdacht obliegt es dem Träger der Planungshoheit eine entsprechende Prüfung vorzunehmen bzw. vornehmen zu lassen. Ein Altlastenverdacht besteht bei allen alten Ablagerungen und bei allen Altstandorten der gewerblichen Wirtschaft. Altablagerungen sind alle alten Deponien oder Kippen, wie sie zum Beispiel vor Jahrzehnten jeder Gewerbebetrieb selbst besaß. Altstandorte sind stillgelegte Abfallbeseitigungsanlagen sowie sonstige Grundstücke, auf denen Abfälle behandelt, gelagert oder abgelagert worden sind (§ 2 Abs. V Nr. 1 BBodSchG). Darunter fallen beispielsweise alle alten Deponien. Ein Altlastenverdacht kann sich u. a. zudem ergeben aus Altlastenkatastern, Verdachtsflächenverzeichnissen, alten Kartierungen sowie Bauakten. Altstandorte sind Grundstücke stillgelegter Anlagen und sonstige Grundstücke, auf denen mit umweltgefährdenden Stoffen umgegangen worden ist, ausgenommen Anlagen, deren Stilllegung einer Genehmigung nach dem Atomgesetz bedarf (§ 2 Abs. V Nr. 2 BBodSchG).

Die aus der Prüfpflicht resultierenden Kosten trägt in der Regel die Gemeinde. Sofern der Inves- 1467
tor allerdings auf Grundlage eines städtebaulichen Vertrages einen Bebauungsplan selbst aufstellt, wird davon auszugehen sein, dass er die Kosten für die vorlaufenden Prüfungen ebenfalls selbst zu tragen hat. Ebenso verhält es sich in der Regel bei Entwicklung eines Vorhabens über einen Vorhaben- und Erschließungsplan.

Ein sich bei bereits vorhandener Bauleitplanung nachträglich ergebender Altlastenverdacht 1468
bedarf ebenfalls einer entsprechenden Prüfung und gegebenenfalls eines förmlichen Änderungs- bzw. Aufhebungsverfahrens. Denn der Bebauungsplan kann allein mangels entsprechend erforderlicher Kennzeichnung nichtig sein. Dies begründet für die Gemeinde eine dahingehende Handlungspflicht, den Mangel entweder zu heilen oder aber den Bebauungsplan in einem förmlichen Verfahren aufzuheben.[5] Kommt die Gemeinde den vordargestellten Verpflichtungen nicht nach, so kann sich die Gemeinde gegebenenfalls gegenüber dem Investor im Wege der Amtshaftung schadenersatzpflichtig machen.[6]

b) Gesetzliche Grundpflichten

Neben genannter Kennzeichnungspflicht statuiert das BBodSchG in Zusammenhang mit dem 1469
bezweckten Bodenschutz stehende Grundsätze und Pflichten, regelt die zwecks Boden- und Altlastensanierung bzw. zwecks Vorsorge zu erfüllenden Anforderungen sowie die Durchsetzung der Grundpflichten. Zur Erhaltung bzw. Herstellung der Bodenfunktionen für Menschen, Tiere und Pflanzen sind schädliche Bodenveränderungen abzuwehren, der Boden und Altlasten sowie hierdurch verursachte Gewässerverunreinigungen zu sanieren und Vorsorge gegen nachhaltige Einwirkungen auf den Boden zu treffen (§ 1 S. 2 BBodSchG). Dies wiederum soll durch die Normierung von Grundpflichten erreicht werden. Dazu regelt das Gesetz Vorsorge-, Vermeidungs- und Abwehr- sowie Sanierungspflichten.

Als wesentliche Grundpflicht ist hier die Sanierungspflicht hervorzuheben. Der Verursacher 1470
einer schädlichen Bodenveränderung oder Altlast sowie dessen Gesamtrechtsnachfolger, der Grundstückseigentümer und der Inhaber der tatsächlichen Gewalt über ein Grundstück sind verpflichtet, den Boden und Altlasten sowie durch schädliche Bodenveränderungen oder Altlasten verursachte Verunreinigungen von Gewässern so zu sanieren, dass dauerhaft keine Gefahren, erheblichen Nachteile oder erheblichen Belästigungen für den einzelnen oder die Allgemeinheit entstehen (§ 4 Abs. III S. 1 BBodSchG).

5 BVerwG BauR 1987, 171.
6 BGH NJW 1990, 381; BGH NJW 1990, 1038.

1471 »Schädliche Bodenveränderungen« im Sinne dieses Gesetzes sind Beeinträchtigungen der Bodenfunktionen, die geeignet sind, Gefahren erhebliche Nachteile oder erhebliche Belästigungen für den einzelnen oder die Allgemeinheit herbeizuführen (§ 2 Abs. III BBodSchG). Eine »Gefahr« ist gegeben bei hinreichender Wahrscheinlichkeit eines Schadenseintritts.[7] Ein »Nachteil« ist bei einer Beeinträchtigung wirtschaftlicher Interessen zu bejahen, die noch keine Rechtsgutsverletzung darstellt (z. B. die Notwendigkeit erhöhter Aufwendungen).[8]

»Belästigungen« im vorgenannten Sinne sind Beeinträchtigungen menschlichen Wohlbefindens, ohne dass ein Gesundheitsschaden vorliegt (z. B. durch Gerüche).[9]

»Erheblich« ist ein Nachteil bzw. eine Beeinträchtigung, wenn sie unzumutbar ist. Die Frage, wann die Grenze der Zumutbarkeit überschritten ist, ist im Einzelfall durch eine Abwägung der betroffenen Belange unter Berücksichtigung von Art, Umfang und Dauer der Beeinträchtigung sowie der Schutzwürdigkeit des beeinträchtigten Schutzgutes.

c) Sanierungspflichten

1472 Sanierungspflichtig können sein der Verursacher und dessen Gesamtrechtsnachfolger, der Grundstückseigentümer und der Inhaber der tatsächlichen Gewalt über ein Grundstück (§ 4 Abs. III S. 1 BBodSchG).

1473 Relativ einfach ist die Haftung eines Verursachers zu ermitteln, wenn für das Überschreiten der Gefahrenschwelle lediglich eine Ursache Auslöser war. Kommen hingegen mehrere Beteiligte als Verursacher in Betracht, etwa bei gleichartiger Nutzung auf dem Grundstück über einen längeren Zeitraum hinweg durch verschiedene Nutzer, so gestaltet sich die Frage nach dem Verursacher schwierig. Eine Verursachenhaftung kann jeweils gegeben sein, wenn der Nutzer wesentlich zum Entstehen der Gefahr beigetragen hat. Es muss eine nachweisliche Mitverursachung vorliegen. Die Inanspruchnahme des jeweiligen Nutzers setzt nicht die exakte Ermittlung des jeweiligen Verursachungsbetrages voraus, muss sich jedoch als verhältnismäßig darstellen.

1474 Insbesondere die verschuldensunabhängige Zustandsstörerhaftung stellt für den Investor einen erheblichen Risikofaktor dar. Denn als Grundstückseigentümer und Inhaber der tatsächlichen Gewalt über ein Grundstück kann man zur Sanierung einer bereits vorhandenen und nicht selbst verursachten Bodenverunreinigung bzw. Altlast in Anspruch genommen werden.

1475 Grundstückseigentümer ist der dingliche, das heißt im Grundbuch als solcher eingetragene Eigentümer. Inhaber der tatsächlichen Gewalt über ein Grundstück ist derjenige, der auf ein Grundstück einwirken kann, ohne dass er sich der Hilfe anderer bedienen muss und ohne dass tatsächliche Hindernisse der Einwirkung entgegenstehen. Erforderlich ist ein unmittelbarer Zugriff auf das Grundstück.

1476 Neben Handlungs- und Zustandsstörer ist u. a. der Gesamtrechtsnachfolger des Verursachers sanierungspflichtig. Gesamtrechtsnachfolger ist derjenige, der kraft Gesetzes in die gesamten Rechte und Pflichten des Rechtsvorgängers eintritt. Eine Gesamtrechtsnachfolge liegt beispielsweise im Falle der Vermögensübernahme, der Erbfolge sowie der Unternehmensnachfolge nach Umwandlung oder Verschmelzung vor. Die Gesamtrechtsnachfolge führt dazu, dass der Rechtsnachfolger in die Haftungsstellung des Verursachers eintritt und somit grundsätzlich unbeschränkt für die durch seinen Rechtsvorgänger verursachten Bodenverunreinigungen und Altlasten haftet. Im Gegensatz zu dem Eigentümer kann sich der Gesamtrechtsnachfolger nicht auf die Unzumutbarkeit seiner Inanspruchnahme berufen.

---

7 *Oerder* in: Oerder/Numberger/Schönfeld, BBodSchG, § 2 Rdnr. 18.

8 *Jarass,* BImSchG, § 3 Rdnr. 14.

9 *Jarass,* a. a. O.

Einzelheiten zum Ausmaß der Haftung des Gesamtrechtsnachfolgers – etwa ob eine Haftung nur bei bereits bestehender durch eine Sanierungsanordnung konkretisierte Sanierungspflicht oder aber unabhängig davon, abstrakt begründet wird – sind noch heftig umstritten. Da höchstrichterliche Rechtsprechung noch nicht vorliegt, ist diesbezüglich jedenfalls ein Haftungsrisiko zu konstatieren. 1477

Schließlich ist zur Sanierung auch verpflichtet, wer aus handelsrechtlichem oder gesellschaftsrechtlichem Rechtsgrund für eine juristische Person einzustehen hat, der ein Grundstück, das mit einer schädlichen Bodenveränderung oder einer Altlast belastet ist, gehört, und wer das Eigentum an einem solchen Grundstück aufgibt (§ 4 Abs. III S. 4 BBodSchG). Durch diese Durchgriffshaftung soll verhindert werden, dass sich Unternehmen auf gesellschaftsrechtlichem Weg ihrer öffentlich-rechtlichen Sanierungspflicht entziehen. Ausdrücklich geregelt ist auch die Haftung des Derelinquenten (§ 4 Abs. III S. 4 2.HS BBodSchG). Sanierungsanordnungen können dementsprechend auch gegenüber demjenigen getroffen werden, der sein Eigentum an einem belasteten Grundstück durch entsprechende Erklärung gegenüber dem Grundbuchamt aufgibt. 1478

Eine wesentliche Haftungserweiterung schafft das BBodSchG durch die Ausdehnung der Haftung eines früheren Eigentümers eines Grundstücks. 1479

Der frühere Eigentümer eines Grundstücks ist zur Sanierung verpflichtet, wenn er sein Eigentum nach dem 1. 3. 1999 übertragen hat und die schädliche Bodenveränderung oder Altlast hierbei kannte oder kennen musste. Dies gilt für denjenigen nicht, der beim Erwerb des Grundstücks darauf vertraut hat, dass schädliche Bodenveränderungen oder Altlasten nicht vorhanden sind, und sein Vertrauen unter Berücksichtigung der Umstände des Einzelfalls schutzwürdig ist (§ 4 Abs. VI BBodSchG).

Damit bleibt ein Grundstückseigentümer auch nach Beendigung seiner Eigentümerstellung u. U. weiterhin verantwortlich. 1480

! Für den Erwerber eines Grundstücks sollte von wesentlicher Bedeutung sein, sich über die Boden- und Altlastensituation genauestens im Vorfeld zu erkundigen.

Die Haftungserweiterung auf ehemalige Eigentümer ist zwar im Hinblick auf deren Verfassungsmäßigkeit heftig umstritten. Solange jedoch keine höchstgerichtliche Entscheidung diesbezüglich vorliegt, hat der Erwerber eines Grundstücks erhebliche Haftungsrisiken in Betracht zu ziehen. 1481

Begrenzt kann die Zustandsstörerhaftung nach einem Beschluss des Bundesverfassungsgerichts vom 16. 2. 2000 durch den Verkehrswert des Grundstücks sein. Nach vorgenannter Entscheidung ist eine Sanierungsverpflichtung unverhältnismäßig, wenn die vorzunehmende Abwägung einerseits der Interessen der Allgemeinheit an der Gefahrenabwehr mit andererseits den Interessen des Eigentümers ergibt, dass dem Eigentümer die aus der Sanierungspflicht erwachsende Belastung nicht zuzumuten ist. Die Frage nach der Zumutbarkeit ist wiederum durch Inverhältnissetzung von einerseits finanziellem Aufwand der Sanierung und andererseits Verkehrswert des Grundstücks nach Sanierung zu ermitteln. 1482

Sofern allerdings dem Eigentümer bei Erwerb des Grundstücks dessen Bodenverunreinigungs- bzw. Altlastensituation bekannt war bzw. bekannt sein musste, dürfte davon auszugehen sein, dass die vordargestellte Haftungsbegrenzung nicht greift. Das Bundesverfassungsgericht hat sich bisher allerdings nicht dazu geäußert. 1483

Sofern mehrere Sanierungspflichtige in Betracht kommen, hat die zuständige Behörde im Wege der Ausübung des ihr zukommenden Auswahlermessens zu entscheiden, wen der Sanierungspflichtigen sie in Anspruch nimmt. Auch hierbei hat sie insbesondere den Grundsatz der Verhältnismäßigkeit zu berücksichtigen. Grundsätzlich dürfte sich die Behörde bei der Auswahl an der gesetzlich vorgegebenen Reihenfolge bei der Aufzählung der Pflichtigen zu orien- 1484 tieren haben. Wird ein Ordnungspflichtiger, der die schädliche Bodenveränderung oder Altlast nicht verursacht hat, zur Sanierung verpflichtet, so kann er von dem Verursacher der Bodenverunreinigung einen Ausgleich verlangen (§ 24 Abs. II BBodSchG). Hier besteht allerdings gegebenenfalls die Schwierigkeit, den erforderlichen Beweis für die Verursachung zu erbringen.

d) Untersuchungsmaßnahmen

1485 Sofern die Bodenverunreinigungs- bzw. Altlastensituation noch nicht bekannt ist, ist diese durch Untersuchungsmaßnahmen zu ergründen. Liegen der zuständigen Behörde Anhaltspunkte dafür vor, dass eine schädliche Bodenveränderung oder Altlast vorliegt, so soll sie zur Ermittlung des Sachverhalts die geeigneten Maßnahmen ergreifen. In der Bundesbodenschutzverordnung wird konkretisiert, wann Anhaltspunkte im Sinne der vorgenannten Vorschrift vorliegen (§ 3 Abs. I und II BBodSchV). So bestehen bei Altstandorten Anhaltspunkte für das Vorliegen einer Altlast insbesondere, wenn auf Grundstücken über einen längeren Zeitraum oder in erheblicher Menge mit Schadstoffen umgegangen wurde und die jeweilige Betriebs-, Bewirtschaftungs- oder Verfahrensweise oder Störungen des bestimmungsgemäßen Betriebes nicht unerhebliche Einträge solcher Stoffe in dem Boden vermuten lassen. Bei Altablagerungen sind diese Anhaltspunkte insbesondere dann gegeben, wenn die Art des Betriebs oder der Zeitpunkt der Stilllegung den Verdacht nahelegen, dass Abfälle nicht sachgerecht behandelt, gelagert oder abgelagert wurden. Die in der Bundesbodenschutzverordnung aufgezählten Tatbestände sind jedoch nicht abschließend, das heißt die Behörde kann Maßnahmen zur Gefahrenerforschung auch auf dort nicht aufgeführte Tatsachen stützen, soweit diese geeignet sind, die konkrete Möglichkeit des Vorliegens einer schädlichen Bodenveränderung oder Altlast zu begründen.[10]

1486 Bei Vorliegen entsprechender Anhaltspunkte soll die Behörde die Verdachtsfläche zunächst einer orientierenden Untersuchung unterziehen (§ 3 Abs. III BBodSchG).

1487 Nach Auswertung der Untersuchungsergebnisse – insbesondere anhand der Prüfwerte, die Anhang 2 BBodSchV vorgibt (§ 4 Abs. I BBodSchV) – hat die Behörde über die Erforderlichkeit weiterer Maßnahmen zu entscheiden.

1488 Sofern eine Überschreitung von Prüfwerten festgestellt wird, soll die zuständige Behörde die notwendigen Maßnahmen treffen, um festzustellen, ob eine schädliche Bodenveränderung oder Altlast vorliegt. Im Rahmen der Untersuchungen und Bewertung sind insbesondere Art und Konzentration der Schadstoffe, die Möglichkeit ihrer Ausbreitung in die Umwelt und ihre Aufnahme durch Menschen, Tiere und Pflanzen sowie die Nutzung des Grundstücks zu berücksichtigen (§ 9 Abs. I S. 2 und 3 BBodSchG).

1489 Besteht aufgrund konkreter Anhaltspunkte der hinreichende Verdacht einer schädlichen Bodenveränderung oder einer Altlast, kann die zuständige Behörde anordnen, dass die in § 4 Abs. III, V und VI BBodSchG genannten Personen die notwendigen Untersuchungen zur Gefährdungsabschätzung durchzuführen haben. Die zuständige Behörde kann verlangen, dass Untersuchungen von Sachverständigen oder Untersuchungsstellen durchgeführt werden (§ 9 Abs. Abs. II BBodSchG). Ein hinreichender Verdacht liegt vor, wenn aufgrund von Unsicherheiten über den Sachverhalt der für das Vorliegen einer Gefahr erforderliche Wahrscheinlichkeitsgrad nicht erreicht ist, man aber auch nicht davon ausgehen kann, dass eine Gefahrenlage auszuschließen ist.[11]

1490 Konkrete Anhaltspunkte liegen in der Regel vor, wenn Untersuchungen eine Überschreitung von Prüfwerten nach Anhang 2 der BBodSchV ergeben oder wenn aufgrund einer Sickerwasserprognose eine Überschreitung von Prüfwerten zu erwarten ist (§ 3 Abs. IV BBodSchV).

10 *Terfehr* in: Heiermann, Franke, Knipp, Baubegleitende Rechtsberatung 2002, S. 218.
11 *Sanden* in: Sanden/Schoeneck, BBodSchG, § 9 Rdnr. 15.

Die Kostentragung erfolgt nach dem Verursacherprinzip. So hat die Kosten einer angeordneten Untersuchung der zu der Durchführung der Untersuchung Verpflichtete zu tragen (§ 24 Abs. I BBodSchG). Bestätigt sich der die Untersuchungspflicht auslösende Verdacht allerdings nicht und ist keine schädliche Bodenveränderung oder Altlast festzustellen, so hat der zur Untersuchung Herangezogene einen Kostenerstattungsanspruch gegenüber der anordnenden Behörde, sofern er nicht die den Verdacht begründenden Umstände zu vertreten hat, etwa weil ihm die Schadstoffeinträge zuzurechnen sind, die zu den die Untersuchung auslösenden Prüfwertüberschreitungen geführt haben. 1491

e) Sonstige Maßnahmen – insbesondere Sanierung

Zur Erfüllung der sich aus den vorgenannten Vorschriften ergebenden Pflichten kann die zuständige Behörde die notwendigen Maßnahmen treffen (§ 10 Abs. I BBodSchG). So kann die Behörde die Durchführung von Sanierungsmaßnahmen anordnen. Der Behörde steht dabei sowohl ein Entschließungsermessen, ob sie überhaupt einschreitet und ein Auswahlermessen, welche Maßnahmen angeordnet werden, zu. Auch hier hat die Behörde wiederum den Grundsatz der Verhältnismäßigkeit zu beachten und darf lediglich solche Maßnahmen anordnen, die insofern das mildeste Mittel darstellen als sie einerseits noch geeignet sind, den gesetzlich geregelten Zweck zu erreichen und andererseits den Pflichtigen nicht unzumutbar belasten. Insbesondere muss die Behörde konkrete Maßnahmen anordnen und die Sanierungsziele bestimmen. 1492

Die Sanierung hat so zu geschehen, dass dauerhaft keine Gefahren, erhebliche Nachteile oder erhebliche Belästigungen für den einzelnen oder die Allgemeinheit entstehen (§ 4 Abs. III S. 1 BBodSchG). 1493

Bei der Erfüllung der boden- und altlastenbezogenen Pflichten ist die planungsrechtlich zulässige Nutzung des Grundstücks und das sich daraus ergebende Schutzbedürfnis zu beachten, soweit dies mit dem Schutz der unter dem Schutzzweck des Bundesbodenschutzgesetzes fallenden Bodenfunktionen zu vereinbaren ist. Fehlen planungsrechtliche Festsetzungen, bestimmt die Prägung des Gebiets unter Berücksichtigung der absehbaren Entwicklung das Schutzbedürfnis (§ 4 Abs. IV BBodSchG). Die planungsrechtlich zulässige Nutzung bzw. die Prägung des Gebietes bestimmt sich – sofern vorhanden – nach den Festsetzungen des Bebauungsplans bzw. unter Heranziehung der Grundsätze der §§ 34, 35 BauGB in Verbindung mit der BauNVO (**siehe B. II. 2. a)**). Zu berücksichtigen ist stets die konkrete Nutzung des Grundstücks, die das Maß der Schutzbedürftigkeit bestimmt. Nach dem Maß der Schutzbedürftigkeit bestimmt sich wiederum, welche konkreten Maßnahmen erforderlich sind. 1494

Bei Altlasten, bei denen wegen der Verschiedenartigkeit der nach dem Bundesbodenschutzgesetz erforderlichen Maßnahmen ein abgestimmtes Vorgehen notwendig ist oder von denen aufgrund von Art, Ausbreitung oder Menge der Schadstoffe in besonderem Maße schädliche Bodenveränderungen oder sonstige Gefahren für den einzelnen oder die Allgemeinheit ausgehen, soll die zuständige Behörde von einem der Sanierungspflichtigen die notwendigen Untersuchungen zur Entscheidung über Art und Umfang der erforderlichen Maßnahmen (Sanierungsuntersuchung) sowie die Vorlage eines Sanierungsplans verlangen. Der Sanierungsplan soll insbesondere eine Zusammenfassung der Gefährdungsabschätzung und der Sanierungsuntersuchungen, Angaben über die bisherige und künftige Nutzung der zu sanierenden Grundstücke sowie die Darstellung 1495

> ! Der Abschluss eines Sanierungsvertrages ist für den Investor insofern empfehlenswert, als dadurch Haftungsrisiken gesteuert und Investitionshemmnisse ausgeräumt werden können. Im Rahmen des Sanierungsvertrages lassen sich Art und Umfang der Sanierungspflichten individuell festlegen. Zudem können Regelungen darüber getroffen werden, wann die Sanierungspflicht erfüllt und der Pflichtige aus seiner Verantwortlichkeit entlassen ist. Optimalerweise sollte die Behörde eine dahingehende Erklärung abgeben, den Eigentümer nach Erfüllung der vertraglichen Verpflichtungen nicht weiter ordnungsrechtlich in Anspruch zu nehmen.

des Sanierungsziels sowie die hierzu erforderlichen Dekontaminations-, Sicherungs-, Schutz-, Beschränkungs- und Eigenkontrollmaßnahmen sowie die zeitliche Durchführung dieser Maßnahmen enthalten (§ 13 Abs. I BBodSchG). Mit dem Sanierungsplan kann der Entwurf eines Sanierungsvertrages über die Ausführung des Plans vorgelegt werden, der die Einbeziehung Dritter vorsehen kann (§ 13 Abs. IV BBodSchG).

1496 Sofern sich allerdings eine wesentliche Veränderung der bei Abschluss des öffentlich-rechtlichen Vertrages zugrundegelegten Verhältnisse ergibt bzw. sich herausstellt, dass die Parteien bei Abschluss des öffentlich-rechtlichen Vertrages von einem Sachverhalt ausgingen, der sich als unzutreffend herausstellt, kann eine Anpassung bzw. Kündigung des Vertrages in Betracht kommen. Insofern lässt sich ein Risiko weiterer Inanspruchnahme auch bei Abschluss eines Sanierungsvertrages nicht gänzlich ausschließen.

3. Sanierungssatzungen

1497 Im Rahmen der Entwicklung bebauter Grundstücke gilt es auch den Regelungen der städtebaulichen Sanierungsmaßnahmen des BauGB eine besondere Beachtung zu schenken (§§ 136 ff. BauGB). Die Durchführung einer städtebaulichen Sanierungsmaßnahme ist mit erheblichen Eigentumseingriffen und Eingriffen in Rechte der Bewohner (Mieter, Pächter etc.) verbunden, die für den Investor einen erheblichen Kostenfaktor bedeuten können.

1498 Städtebauliche Sanierungsmaßnahmen sind gebietsbezogene Gesamtmaßnahmen, durch die ein Gebiet zur Behebung städtebaulicher Missstände wesentlich verbessert oder umgestaltet wird und deren einheitliche Vorbereitung und zügige Durchführung im öffentlichen Interesse liegt (§ 136 Abs. II S. 1 BauGB). Städtebauliche Missstände im Sinne des BauGB sind dann zu bejahen, wenn das Gebiet nach seiner vorhandenen Bebauung oder nach seiner sonstigen Beschaffenheit den allgemeinen Anforderungen an gesunde Wohn- und Arbeitsverhältnisse oder an die Sicherheit der in ihm wohnenden oder arbeitenden Menschen nicht entspricht, beziehungsweise wenn das Gebiet in der Erfüllung der ihm nach Lage und Funktion obliegenden Aufgaben erheblich beeinträchtigt ist (§ 136 Abs. II S. 2 BauGB). Kriterien hierfür bilden zum Beispiel Belichtung, Besonnung und Belüftung der Wohnungen und Arbeitsstätten, die bauliche Beschaffenheit von Gebäuden, Wohnungen und Arbeitsstätten, die von Grundstücken, Betrieben, Einrichtungen und Verkehrsanlagen ausgehenden Einwirkungen insbesondere durch Lärm, Verunreinigungen oder Erschütterungen, aber auch die Funktionsfähigkeit in Bezug auf die infrastrukturelle Erschließung des Gebietes, einschließlich der Ausstattung mit Grünflächen, Spiel- und Sportstätten etc. (§ 136 Abs. III BauGB).

a) Festlegung eines Sanierungsgebietes

1499 Ergeben die von der Gemeinde durchzuführenden vorbereitenden Untersuchungen, dass eine städtebauliche Sanierungsmaßnahme durchgeführt werden soll, kann die Gemeinde das betreffende Gebiet durch Beschluss förmlich als Sanierungsgebiet festlegen (§ 142 Abs. I S. 1 BauGB). Die förmliche Festlegung des Sanierungsgebietes erfolgt durch gemeindliche Satzung (Sanierungssatzung), wobei die Stadtstaaten Berlin und Hamburg eine solche Festlegung mittels Gesetz oder Verordnung vornehmen können (§ 246 Abs. II BauGB). Die Sanierungssatzung (bzw. das entsprechende Gesetz/Verordnung) bildet dabei die rechtliche Grundlage für die Durchführung der Sanierung.

1500 In der Satzung ist das Gebiet zu bezeichnen, in dem die Sanierungsmaßnahme durchgeführt werden soll. Die Bezeichnung muss dabei hinreichend eindeutig sein, wobei die Beschreibung des Gebietes als Einheit und nicht nur als eine Summe von Grundstücken zu erfolgen hat.[12] Die Aufführung aller Grundstücke in der Sanierungssatzung ist mangels einer eindeutiger

12 BVerwG, NVwZ-RR 1993, 457.

Beschreibung des Sanierungsgebietes als Einheit zwar zulässig, aber als nicht ausreichend anzusehen.[13]

Im Rahmen der Sanierungssatzung kann die Gemeinde die Anwendung bestimmter Vorschriften ausschließen, um ein vereinfachtes Sanierungsverfahren durchzuführen (§ 142 Abs. IV BauGB). Dieses Verfahren ist gekennzeichnet durch einen – in der Sanierungsatzung erfolgenden – zwingenden Ausschluss der besonderen sanierungsrechtlichen Vorschriften, die der Finanzierung der Sanierung durch Abschöpfung sanierungsbedingter Bodenwertsteigerungen und der Verhinderung von bodenpreisbedingten Erschwerungen der Sanierung dienen (§§ 152 bis 156 a BauGB). Daneben ist ein fakultativer Ausschluss des Genehmigungsvorbehalts möglich (§ 144 Abs. I, II BauGB). Das vereinfachte Sanierungsverfahren kommt zur Anwendung, wenn die besonderen sanierungsrechtlichen Vorschriften für die Durchführung der Sanierung nicht erforderlich sind und ihr Ausschluss die Sanierungsdurchführung voraussichtlich nicht erschweren wird.[14] Trifft die Gemeinde jedoch keine diesbezüglichen Bestimmungen, findet das förmliche Verfahren als »herkömmliches Verfahren« Anwendung. 1501

b) Begründung von Genehmigungsvorbehalten

Während der Sanierung bestehen eine Vielzahl von Genehmigungsvorbehalten, die zum Ziel haben, dass tatsächliche und rechtliche Veränderungen im Sanierungsgebiet, die die Durchführung der Sanierung erschweren können, während der Dauer des Sanierungsverfahrens unterbleiben. Die förmliche Festlegung eines Sanierungsgebiets durch eine Sanierungssatzung erzeugt für die Grundstücke, die im Sanierungsgebiet liegen, verfahrensrechtliche und inhaltliche Beschränkungen (§§ 144, 145 BauGB). 1502

! Ein Investor muss bei der Entwicklung berücksichtigen, dass beispielsweise Vereinbarungen, durch die ein schuldrechtliches Vertragsverhältnis über den Gebrauch oder die Nutzung eines Grundstücks, Gebäudes oder Gebäudeteils auf bestimmte Zeit von mehr als einem Jahr eingegangen oder verlängert wird, der schriftlichen Genehmigung der Gemeinde bedürfen (§ 144 Abs. I Nr. 2 BauGB).

Zudem bedürfen der schriftlichen Genehmigung der Gemeinde die rechtsgeschäftliche Veräußerung eines Grundstück und die Bestellung und Veräußerung eines Erbbaurechts, die Bestellung eines das Grundstück belastenden Rechts wie zum Beispiel Vorkaufsrechte, Hypotheken und Grundschulden, sowie ein schuldrechtlicher Vertrag, durch den eine Verpflichtung zu einem der vorgenannten Rechtsgeschäfte begründet wird. Auch die Begründung, Änderung oder Aufhebung einer Baulast, sowie die Teilung eines Grundstücks stellen genehmigungspflichtige Tatbestände dar (§ 144 Abs. II BauGB). 1503

Der Genehmigungsvorbehalt der Gemeinde begründet ein präventives Verbot mit Erlaubnisvorbehalt. Vorhaben, die ohne Genehmigung durchgeführt werden, sind formell rechtswidrig. Sie können mit bauaufsichtlichen Maßnahmen wie zum Beispiel mittels einer Baueinstellung oder gar einer Baubeseitigung unterbunden werden, soweit die Voraussetzungen nach der Landesbauordnung hierfür vorliegen.[15] Verfügungen sind bis zur Erteilung oder Versagung der Genehmigung schwebend unwirksam. Wird die Genehmigung erteilt, ist die Verfügung von Anfang an wirksam › wird sie versagt, ist die Verfügung von Anfang an unwirksam. 1504

Durch die dargelegten Verfügungsbeschränkungen wird für einen Investor, der Eigentümer eines im Sanierungsgebiets sich befindlichen Grundstücks ist, die wirtschaftliche Nutzungsmöglichkeit seines Grundstücks in übermäßiger Weise eingeschränkt. Ein finanzieller Ausgleich findet seitens 1505

13 BVerwG, ZfBR 1993, 195.
14 Vgl. zu den Beurteilungskriterien *Krautzberger* in: Battis/Krautzberger/Löhr, BauGB, § 142 Rdnr. 36.
15 *Krautzberger* a. a. O., § 145 Rdnr. 16.

des Gesetzgebers dennoch nicht statt, da die gesetzlich angeordneten Verfügungsbeschränkungen Ausdruck der Sozialbindung des Eigentums sind (Art. 14 Abs. II GG). Der Grundstückseigentümer hat im Falle wirtschaftlich unzumutbarer Nachteile lediglich einen Anspruch gegenüber der Gemeinde auf Übernahme des Grundstücks (§ 145 Abs. V BauGB).

1506 Die Genehmigung von genehmigungspflichtigen Vorhaben und Rechtsvorgängen darf nur versagt werden, wenn Grund zu der Annahme besteht, dass das Vorhaben, der Rechtsvorgang einschließlich der Teilung eines Grundstückes oder die damit erkennbar bezweckte Nutzung die Durchführung oder Sanierung unmöglich machen, wesentlich erschweren oder den Zielen und Zwecken der Sanierung zuwider laufen würde (§ 145 Abs. II BauGB). Prüfungsmaßstab dieser der Gemeinde obliegenden Beurteilung sind dabei die Ziele und Zwecke der Sanierung, wobei die Versagung der Genehmigung eine gebundene, d. h. rechtlich voll überprüfbare Entscheidung der Gemeinde darstellt.

1507 Die sanierungsrechtliche Genehmigung tritt gegebenenfalls neben andere öffentlich-rechtliche Genehmigungen, wie etwa die Baugenehmigung.

> **!** **Der Investor hat bei der Entwicklung bebauter Grundstücke zu beachten, dass ein planungsrechtlich zulässiges Vorhaben nicht auch in sanierungsrechtlicher Sicht zulässig sein muss.**

1508 Die Gemeinde kann nämlich die sanierungsrechtliche Genehmigung auch dann verweigern, wenn das Vorhaben nach dem bisherigen Planungsrecht zulässig wäre; die sanierungsrechtlichen Zielvorstellungen der Gemeinde sollen gerade durch den Genehmigungsvorbehalt als ein gemeindliches Sicherungsinstrument gewährleistet werden.[16]

1509 Das Sanierungsrecht enthält keine Regelungen über die Höchstdauer der Sanierung und damit keine zeitliche Begrenzung der Verfügungs- und Veränderungssperre[17]; die Sanierungssatzung muss insofern keinen Zeitrahmen für die Durchführung der Sanierung enthalten. Sie ist dann aufzuheben, wenn die Sanierung durchgeführt ist, sie sich als undurchführbar erweist oder die Sanierungsabsicht aus anderen Gründen aufgegeben wird (§ 162 Abs. I BauGB). Ein Außerkrafttreten des Genehmigungsvorbehaltes »wegen Zeitablaufs« oder »wegen Verzögerung« wird seitens des Bundesverwaltungsgerichts abgelehnt.[18] Der Eigentümer kann in den Fällen, in denen die Sanierung nicht sachgemäß durchgeführt wird, aufgrund dessen, dass die Verfügungs- und Veränderungssperre dann die Grenzen der Enteignung überschreitet, einen Anspruch auf Genehmigung seines Vorhabens haben. Die insofern fehlende zeitliche Begrenzung der Verfügungs- und Veränderungssperre stellt für den Investor ein erhebliches Kostenrisiko dar, da er bei der Entwicklung bebauter Grundstücke nicht absehen kann, wie lange ein bestimmtes, sich im Sanierungsgebiet befindliches Grundstück nicht in seinem Interesse genutzt werden kann.

c) Sonstige Folgen der Festlegung eines Sanierungsgebietes

1510 Neben der sanierungsrechtlichen Veränderungs- und Verfügungssperre erhält die Gemeinde mit der förmlichen Festlegung als Sanierungsgebiet auch die Möglichkeit, Miet- und Pachtverhältnisse aufzuheben, wenn dies für die Durchführung der Sanierung erforderlich ist (§§ 182 bis 186 BauGB). Gleichzeitig entsteht mit der förmlichen Festlegung als Sanierungsgebiet bei Vorliegen zwingender städtebaulicher Gründe auch eine erleichterte Enteignungsmöglichkeit zugunsten der Gemeinde oder eines Sanierungsträgers, sowie ein gemeindliches Vorkaufsrecht, wobei letzteres der Gemeinde auch im vereinfachten Verfahren zusteht (§ 88 S. 2, § 24 Abs. I Nr. 3 BauGB).

---

16 BVerwG, NJW 1985, 278.
17 BVerwG, NJW 1996, 2807.
18 BVerwG, NJW 1979, 2577.

Nach Abschluss der Sanierung hat der Eigentümer eines im förmlich festgelegten Sanierungsgebietes gelegenen Grundstücks einen Ausgleichsbetrag in Geld an die Gemeinde zu entrichten (§ 154 Abs. I S. 1 BauGB). Dieser Ausgleichsbetrag hat die Funktion, die Grundstückseigentümer im Sanierungsgebiet an den Kosten der Sanierung zu beteiligen. Dabei stellt das Sanierungsrecht für die Bemessung des Ausgleichsbetrages jedoch nicht auf die tatsächlichen Kosten der Sanierung ab, sondern auf die durch die Sanierung bedingte Erhöhung des Bodenwertes der Grundstücke (§ 154 Abs. I, II BauGB). Die Beitragspflicht entsteht dabei für denjenigen, der im Zeitpunkt des Abschlusses der Sanierung Grundstückseigentümer ist; dass heißt der Eigentümer, der das Grundstück erst nach Abschluss der Sanierung erworben hat, ist nicht beitragspflichtig. 1511

4. Denkmalschutzrecht

Bei der Entwicklung einer Bestandsimmobilie – wie in Fall 3 vorgesehen – sollte auch der Denkmalschutz nicht außer Acht gelassen werden. Der Denkmalschutz kann sich für den Investor als erheblicher Kostenfaktor erweisen. Aus der Einstufung eines Objektes als Denkmal können sich für den Eigentümer erhebliche Beschränkungen bei der Ausnutzung der Immobilie oder bei der Verwertung des Grundstücks ergeben. 1512

a) Denkmalbegriff

Insbesondere die Ausweitung der Bewertungskriterien, was als Denkmal im öffentlichen Interesse schützenswert ist, hat dazu geführt, dass nicht nur Objekte aus weit zurückliegenden Zeiten unter den Denkmalschutz fallen können. So können auch Objekte aus der jüngeren und jüngsten Vergangenheit, die beispielsweise zwar durchschnittlich, aber besonders typisch für eine Epoche sein können, als schutzwürdig im Sinne des Denkmalschutzrechts anzusehen sein. 1513

Auch in räumlicher Hinsicht hat der Denkmalbegriff insofern eine Ausweitung erfahren als nicht ausschließlich das einzelne Objekt schutzwürdig sein muss, sondern auch seine Einbettung in die Umgebung als sogenannter Ensembleschutz denkmalschutzrechtlich von Belang sein kann. 1514

Denkmalschutzrecht unterliegt der Gesetzgebungskompetenz der Bundesländer, was dazu führte, dass in den Bundesländern zwar ähnliche, aber nicht einheitliche Denkmalschutzgesetze existieren. 1515

Eine einheitliche Definition dessen, was unter dem Begriff des Denkmal zu verstehen ist, gibt es nicht. Es handelt sich vielmehr um einen unbestimmten Rechtsbegriff, der einer ständigen Wandlung unterliegen kann. Die Mindestvoraussetzungen, die ein Objekt erfüllen muss, um von einem Denkmal zu sprechen sind, dass es sich um eine Sache oder Sachgesamtheiten von wissenschaftlicher, künstlerischer oder geschichtlicher Bedeutung handelt, an deren Erhaltung ein öffentliches Interesse besteht.[19] Maßstab für die Beurteilung, ob ein Erhaltungsinteresse besteht, soll der Wissenschafts- und Erkenntnisstand eines breiteren Kreises von Sachverständigen sein.[20] 1516

Kriterien für das öffentliche Erhaltungsinteresse können der Seltenheitswert, das Alter, der Dokumentationswert sowie der Erhaltungszustand des Objektes sein. 1517

b) Unterschutzstellung

Unterschiedliche Ausgestaltung wiederfährt dem Denkmalschutzrecht auch hinsichtlich der Unterschutzstellung. In einigen Bundesländern entsteht die Denkmaleigenschaft kraft Gesetz 1518

19 OVG Saarlouis BRS 52 Nr. 126.
20 OVG Bautzen BRS 59 Nr. 232.

bei Vorliegen der entsprechenden, gesetzlich näher definierten Voraussetzungen. Die Eintragung in Denkmallisten, die in aller Regel gesetzlich vorgesehen ist, hat in diesem Fall lediglich deklaratorische Wirkung. In anderen Bundesländern sehen die denkmalschutzrechtlichen Vorschriften vor, dass die Denkmaleigenschaft eines Objektes erst durch die Eintragung in die Denkmalliste begründet wird.

1519 Je nachdem, ob das Landesdenkmalgesetz das Eintragungsprinzip vorsieht oder die Denkmaleigenschaft kraft Gesetztes begründet, sehen die Rechtschutzmöglichkeiten des Betroffenen gegen eine Unterschutzstellung des Objektes unterschiedlich aus.

1520 Hat die Eintragung in die Denkmalliste konstitutiven Charakter, das heißt wird die Denkmaleigenschaft erst durch die Eintragung begründet, so kann der Betroffene innerhalb eines Monats nachdem ihm dieser belastende Verwaltungsakt bekanntgegeben wurde, dagegen Widerspruch bei der den Verwaltungsakt erlassenden Behörde einlegen. Sofern dem Widerspruch nicht abgeholfen wird, besteht die Möglichkeit ebenfalls innerhalb eines Monats nach Zustellung des ablehnenden Widerspruchsbescheides Klage vor dem Verwaltungsgericht zu erheben. Die vorgenannten Fristen sind dabei unbedingt zu beachten, da ansonsten die Eintragung bestandskräftig werden kann, ohne dass sich der Betroffene dagegen weiter zur Wehr setzen kann.

1521 In den Bundesländern, in denen die Unterschutzstellung kraft Gesetzes erfolgt, kann sich die Situation des Investors insofern als schwierig gestalten, als nicht in allen gesetzlichen Regelungen zwingend die Information des Eigentümers vorgesehen ist. Insofern empfiehlt es sich, bei geplanten Investitionen frühzeitig eine entsprechende Klärung herbeizuführen. Der Rechtsschutz des Betroffenen ist in diesem Fall umstritten. Einerseits kommt eine negative Feststellungsklage dahingehend in Betracht, dass die fehlende Denkmaleigenschaft festgestellt wird. Andererseits kann der Betroffene beispielsweise gegen die Versagung einer Baugenehmigung aus denkmalschutzrechtlichen Erwägungen heraus oder die Erteilung von entsprechenden Auflagen vorgehen und damit die Frage der Denkmaleigenschaft inzident klären lassen. Hier sollte die Rechtsprechung des Oberverwaltungsgerichtes bzw. Verwaltungsgerichtshofs in dem jeweiligen Bundesland ergründet und entsprechend berücksichtigt werden.

1522 Jedenfalls sollte abgewogen werden, ob und inwieweit sich eine zeit- und kostenintensive Auseinandersetzung über die Denkmaleigenschaft des Objekts lohnt oder ob nicht einer denkmalkonforme Nutzung in Abstimmung mit der Behörde der Vorrang gegeben werden sollte.

c) Denkmalschutzrechtliche Pflichten

1523 Sofern ein Objekt dem landesgesetzlichen Denkmalschutz unterliegt, ergeben sich daraus landesgesetzlich im Einzelnen unterschiedlich ausgestaltete Pflichten. Grundsätzlich unterliegen Denkmale einem Erhaltungsgebot, das Beeinträchtigungen der Denkmaleigenschaft verbietet und eine Instandhaltungsverpflichtung beinhaltet. Je nach landesgesetzlicher Ausgestaltung können auch sogenannte Nutzungsgebote bzw. -verbote ausgesprochen werden. Daneben sind die Auskunfts- und Hinweispflichten sowie Betretungsrechte zugunsten der Denkmalschutzbehörde normiert. Sofern Veränderungen an dem Denkmal beabsichtigt sind, unterliegt dies gegebenenfalls einer denkmalrechtlichen Genehmigung dieser Maßnahmen.

1524 Eine Grenze erfahren die durch das Denkmalschutzrecht ausgelösten Beschränkungen des Eigentums in der Zumutbarkeit für den Eigentümer. Entsprechend wurden in einigen Landesgesetzen Regelungen aufgenommen, wonach die Zumutbarkeitsschwelle für den Eigentümer überschritten ist, wenn die sich aus der Denkmalfestsetzung ergebenden wirtschaftlichen Belastungen für den Eigentümer aus den Kosten der Erhaltung und Bewirtschaftungen des Denkmals nicht durch Erträge oder den Gebrauchswert des Denkmals aufgewogen werden können. Für die Beurteilung sind die möglichen Erträge den voraussichtlichen Kosten gegenüberzustellen.[21]

21 OVG Lüneburg NJW 1986, 1893.

Tipp

- Zu beachten ist, dass auch die Änderung, Nutzungsänderung und der Abbruch baulicher Anlagen grundsätzlich einer Baugenehmigung bedürfen.
- Die bodenschutz- und altlastenrechtliche Situation sollte genauestens im Vorfeld geprüft werden.
- Des Weiteren sollte eine Prüfung erfolgen, inwieweit städtebauliche Sanierungsmaßnahmen beschlossen wurden (Festlegung eines Sanierungsgebietes).
- Die denkmalschutzrechtliche Situation sollte geprüft werden. Gegebenenfalls ist eine Abwägung geboten zwischen zeit- und kostenintensiver Auseinandersetzung über die Denkmaleigenschaft des Objekts oder einer denkmalkonformen Nutzung in Abstimmung mit Behörde.

III. Besonderheiten der Planung

1. Umbauzuschlag

Die Entwicklung bebauter Grundstücke beinhaltet zumeist Umbau- und Modernisierungsmaß- 1525
nahmen. Umbauten sind Umgestaltungen eines vorhandenen Objektes mit wesentlichen Eingriffen in Konstruktion oder Bestand (§ 3 Nr. 5 HOAI). Modernisierungen enthalten baulichen Maßnahmen mit einer nachhaltigen Erhöhung des Gebrauchswertes des Objektes (§ 3 Nr. 6 HOAI).

Beim Umbau oder bei der Modernisierung einer Bestandsimmobilie sind die in § 24 HOAI vor- 1526
gesehenen Gebührenzuschläge zu beachten. Diese Gebührenzuschläge sind in die HOAI aufgenommen worden, da Umbauten und Modernisierungen in der Regel mit Mehrbelastungen für Architekten und Ingenieure verbunden sind.[22] Gerade beim Bauen im Bestand kommt es zu vielfältigen Erschwernissen, die mit einem Gebührenzuschlag abgegolten werden sollen.

§ 24 Abs. 1 HOAI regelt die Möglichkeit, eine Erhöhung der Honorare um einen Vom-Hundert- 1527
Satz zu vereinbaren. Diese Erhöhung enthält einen Gebührenzuschlag auf das Gesamthonorar. § 24 Abs. 2 HOAI lässt alternativ – anstelle des Gebührenzuschlags nach Abs. 1 – eine Vereinbarung zu, wonach die Grundleistungen für die Leistungsphasen 1, 2 und 8 höher bewertet werden können.

Für den Umbauzuschlag nach § 24 Abs. 1 HOAI sind drei Stufen zu unterscheiden:

a) Bei Umbau- oder Modernisierungsmaßnahmen mit durchschnittlichem Schwierigkeitsgrad 1528
gibt § 24 Abs. 1 S. 3 HOAI für eine Zuschlagsvereinbarung einen zusätzlichen Gebührenrahmen von 20% bis 33% auf das Gesamthonorar vor. Wegen des vorgegebenen Rahmen ist es nicht zulässig, den Gebührenzuschlag bei mindestens durchschnittlichem Schwierigkeitsgrad auf Prozentsätze unter 20% vertraglich zu beschränken.[23]
b) Liegt der Schwierigkeitsgrad der Maßnahme über dem Durchschnitt, sieht die HOAI keinen Zuschlagsrahmen vor. Die Parteien können deshalb auch einen höheren Zuschlag als 33% vereinbaren. Dies folgt daraus, dass § 24 Abs. 1 S. 3 HOAI die 33%-ige Zuschlagshöhe auf durchschnittliche Leistungen beschränkt.
c) Bei unter dem Durchschnitt liegendem Schwierigkeitsgrad enthält § 24 Abs. 1 HOAI keine preisrechtliche Regelung. Streitig ist deshalb, ob die Parteien eine wirksame Zuschlagsvereinbarung treffen können, die über 20% hinausgeht und die Höchstgrenze von 33% beachtet oder ob aus einem Umkehrschluss zu § 24 Abs. 1 S. 3 HOAI zu schließen ist, dass der

22 *Pott/Dahlhoff/Kniffka,* HOAI, § 24 Rdnr. 1.
23 *Löffelmann/Fleischmann,* Architektenrecht, Rdnr. 971.

Zuschlagsrahmen hier nur bis 20% gilt, d. h. 20% in diesen Fällen die Höchstgrenze darstellt.

1529 Während bei Schwierigkeitsgraden über dem Durchschnitt keine Höchstgrenze in der HOAI festgelegt wird, gilt bei im Durchschnitt liegenden Schwierigkeitsgrad die Höchstgrenze von 33%, die nach dem Wortlaut der Vorschrift die Obergrenze bildet. § 24 Abs. 1 S. 3 HOAI gibt insoweit einen preisrechtlichen Rahmen vor, der zumindest im Rahmen von Vereinbarungen Mindest- und Höchstpreischarakter hat.

> ! Die Zuschlagsvereinbarung muss schriftlich vereinbart werden. Für die Schriftform gelten keine Besonderheiten. Zwar ist ein bestimmter Zeitpunkt für die schriftliche Vereinbarung nicht erforderlich. So muss die Vereinbarung nicht bei Auftragserteilung, sondern kann auch noch später getroffen werden. Eine schriftliche Vereinbarung ist auch notwendig, wenn die Parteien anstelle eines Zuschlags nach § 24 Abs. 1 HOAI höhere Ansätze für die Grundleistungen nach § 24 Abs. 2 HOAI vereinbaren wollen.
>
> Die höheren Ansätze nach Abs. 2 können nicht neben dem Zuschlag nach Abs. 1 verlangt werden. Die Vereinbarung ist nur anstelle der Zuschläge des Absatzes 1 möglich.

1530 d) Fraglich ist, ob die Parteien einen Umbau- oder Modernisierungszuschlag ausdrücklich ausschließen können. Sie sind zwar an die Preisvorgaben der Höhe nach gebunden, sofern sie einen Zuschlag vereinbaren. Bei Fehlen einer Vereinbarung gilt dann die Mindestsatzfiktion nach § 24 Abs. 1 S. 4 HOAI bei Maßnahmen ab durchschnittlichem Schwierigkeitsgrad, d. h. auch bei Leistungen mit überdurchschnittlichem Schwierigkeitsgrad.

1531 § 24 Abs. 1 S. 4 HOAI fingiert eine fehlende Vereinbarung, kann jedoch eine anderweitige Vereinbarung mit einem ausdrücklichen Ausschluss des Umbauzuschlags nicht über eine Mindestsatzfiktion heilen.

1532 Die Vorschrift ist deshalb so zu lesen, dass der Mindestzuschlag eingreift, wenn die Parteien nichts über den Umbauzuschlag geregelt haben oder wenn sie nur eine mündliche (und damit insoweit der Höhe nach nicht wirksame) Vereinbarung über einen bestimmten Zuschlag vereinbart haben.

1533 Für den Fall des ausdrücklich vereinbarten Ausschlusses des Umbauzuschlags gilt die Mindestsatzfiktion nicht. Dieses Ergebnis steht auch in Einklang mit der bisherigen BGH-Rechtsprechung, wonach der 20%-igen Untergrenze nicht die Bedeutung eines Mindestsatzes zukommt. Dem Zuschlagssatz misst der BGH bisher nur die eingeschränkte Bedeutung zu, dass der Architekt, der sich mit einem Umbauzuschlag von 20% begnügen will, mit seinem Auftraggeber nur zu vereinbaren braucht, dass ein Umbauzuschlag überhaupt gezahlt werden solle; das möglicherweise nicht erfreuliche Aushandeln dieses Satzes soll ihm erspart bleiben.[24]

1534 Bei einem vereinbartem Ausschluss des Zuschlags greift diese Interessenlage nicht. Die seit 1. 1. 1991 erfolgte Neuegelung des § 24 HOAI ändert an dieser nach wie vor geltenden Rechtsprechung des BGH insoweit nichts.

1535 Für die Praxis sollte deshalb auf folgendes Schema bei Vereinbarung von Umbauzuschlägen zurückgegriffen werden:

> !
>
> - Vertraglicher Ausschluss des Umbauzuschlags wirksam
> - Bei schriftlicher Vereinbarung eines Zuschlags gilt
>   bei durchschnittlichem Schwierigkeitsgrad der Rahmen von 20% bis 33%

24 BGH BauR 1983, 281 ff.; BGH BauR 1987, 706.

bei unterdurchschnittlichem Schwierigkeitsgrad der Rahmen von 1% bis 20%
bei überdurchschnittlichem Schwierigkeitsgrad der Rahmen von 20% bis über 33%

- Bei Fehlen einer Vereinbarung gilt
bei durchschnittlichem Schwierigkeitsgrad 20%
bei überdurchschnittlichem Schwierigkeitsgrad 20%
bei unterdurchschnittlichem Schwierigkeitsgrad 0%

2. Vorhandene Bausubstanz

Die Bausubstanz beinhaltet die Materialien, die bereits am vorgesehenen Ort der Bauerrichtung 1536
eingearbeitet oder verarbeitet worden und mit dem bisherigen Bauwerk sowie mit Grund und Boden fest verbunden sind (z. B. Wände, Stützen, Decken, Treppen, Dach, ggfs. aber auch nichttragende Elemente und Konstruktionen). In Abgrenzung zum Umbauzuschlag ist nach § 10 Abs. 3 a HOAI die vorhandene Bausubstanz, die technisch oder gestalterisch mitverarbeitet wird, bei den anrechenbaren Kosten angemessen zu berücksichtigen. Mitverarbeiten bedeutet planerische oder baukonstruktive Einbeziehung der vorhandenen Bausubstanz in das Planungskonzept. Dabei reicht allein die zeichnerische Darstellung der vorhandenen Bausubstanz bei den Ausführungszeichnungen nicht aus. Sie dient nur der Darstellung des Gesamtbauwerks, jedoch keinem Planungszweck. Eine derartige Darstellung ist keine technisch oder gestalterischen Mitverarbeitung vorhandener Bausubstanz.[25]

! Die Anrechnung vorhandener Bausubstanz setzt keine schriftliche Vereinbarung voraus. Zwar bedarf der Umfang der Anrechnung nach dem Wortlaut der Vorschrift der schriftlichen Vereinbarung. Damit will der Verordnungsgeber erreichen, dass eine Vereinbarung über den Umfang der Anrechenbarkeit der vorhandenen Bausubstanzwegen häufiger Unklarheiten sinnvoll ist und der Klarstellung dient.

Demgegenüber ist die Berücksichtigung der vorhandenen Bausubstanz selbst nicht von einer 1537
schriftlichen Vereinbarung abhängig. Kommt eine Vereinbarung nicht zustande, entfällt nicht die grundsätzliche und preisrechtlich bindende Anordnung, dass die vorhandene Bausubstanz zu berücksichtigen ist. Das Schriftformerfordernis in § 10 Abs. 3 a HOAI ist keine Anspruchsvoraussetzung.[26] Der Architekt oder Ingenieur kann unter den Voraussetzungen des § 10 Abs. 3 a HOAI auch dann, wenn eine schriftliche Vereinbarung scheitert oder gar nicht getroffen wird, sein Honorar nach anrechenbaren Kosten berechnen, bei denen die vorhandene Bausubstanz angemessen berücksichtigt ist. Der Planer hat auf die Berechnung und Berücksichtigung der mitverarbeiteten Bausubstanz einen durch die HOAI abgesicherten Anspruch. Im Streitfall muss das Gericht darüber entscheiden, in welchem Umfang die Berücksichtigung stattfindet.

Maßstab für die Anrechnung der vorhandenen Bausubstanz ist die Leistung des Planers für die 1538
Mitverarbeitung. Hat der Architekt oder Ingenieur bei den Grundleistungen einzelner Leistungsphasen die vorhandene Bausubstanz nicht technisch oder gestalterisch mitverarbeitet, ist es nicht angemessen, diese Bausubstanz insoweit bei den anrechenbaren Kosten zu berücksichtigen. Das Prinzip der aufwandsneutralen Anrechenbarkeit von Kosten wird insoweit von der HOAI aufgegeben.[27]

---

25 *Locher/Koeble/Frik,* HOAI, § 10 Rdnr. 93; *Seifert,* Anrechenbare Kosten aus vorhandener Bausubstanz zur Auslegung und Anwendung des § 10 Abs. 3a HOAI, BauR 1999, 305.

26 BGH ZfBR 2003, 364; OLG Düsseldorf BauR 1996, 289; OLG Hamm BauR 1996, 578.

27 BGH ZfBR 2003, 255.

! **Der Architekt oder Ingenieur muss darlegen, dass er die vorhandene Bausubstanz technisch oder gestalterisch mitverarbeitet hat. Darüber hinaus muss er im Einzelnen den Nachweis erbringen, dass dies auch und ggf. in welchem Umfang in allen Leistungsphasen erfolgt ist. Der Umfang der Anrechnung hängt damit insbesondere von der jeweiligen Leistung des Architekten oder Ingenieurs ab.**

1539 Zur Streitvermeidung sollten die Vertragsparteien in Zukunft nicht nur eine Abrede über die Anrechenbarkeit und die Anrechnung des vorhandenen Bestandes in die anrechenbaren Kosten dem Grunde und der Höhe nach treffen. Vielmehr sollte die Vereinbarung auch klarstellen, in welchen Leistungsphasen und in welchem Umfang eine technische oder gestalterische Mitverarbeitung durch den Architekten und Ingenieur erfolgt.[28]

1540 Zur Ermittlung der anrechenbaren Kosten aus vorhandener Bausubstanz haben sich die Elementmethode, die Kubikmetermethode und die Vergleichswertmethode bewährt.[29]

IV. Besonderheiten der Bauerrichtung

1541 Auch bei der Entwicklung bebauter Grundstücke (Fall 3) sind die üblichen Unternehmereinsatzformen (vgl. II. Ziff. 6. b) sowie die bauvertraglichen Standards (vgl. Ziff. II. 6. c) zu beachten. In jedem Fall empfiehlt sich bei derartigen Bauvorhaben die Vergabe der Bauleistung an einen Generalunternehmer im Rahmen eines Schlüsselfertigvertrages. Denn besondere Schwierigkeiten bereiten erfahrungsgemäß die Schnittstellen zwischen Altbau und Neubau, die bereits im Bereich der Gründung zu erheblichen Problemen führen können. Mit der GU-Vergabe können diese Schnittstellen vermieden werden.

1542 Im Hinblick auf den Altbau empfiehlt es sich des Weiteren vertraglich zu vereinbaren, dass die Prüfung und Verantwortlichkeit des Baubestandes durch den Generalunternehmer erfolgt. Auch hier ergeben sich häufig Unwegbarkeiten, sofern ein Prüfung vor Vertragsschluss beispielsweise des Deckenaufbaus nicht ordnungsgemäß erfolgt ist. Wird das Risiko hierfür nicht auf den Auftragnehmer übertragen, kann dies zu erheblichen Nachforderungen sowie zu negativen Auswirkungen auf die Bauzeit führen.

1543 Des Weiteren ist im Vertrag die Frage der Verantwortlichkeit für Kontamination zu klären. Hier empfiehlt es sich, für den Bauherrn entsprechende Gutachten einzuholen. Die Verantwortlichkeit für Kontamination wird allerdings normalerweise lediglich im Rahmen der Gutachten auf den Generalunternehmer übertragen werden können.

1544 Im Hinblick auf den zu errichtenden Neubau empfiehlt es sich, bezüglich des Altbaus eine umfangreiche Beweissicherung durchzuführen, um eventuelle Schäden infolge der Neubaumaßnahme an dem Altbestand dokumentieren zu können.

Tipp

1. **Umfangreiche Begutachtung des Baubestandes zur Vermeidung von bösen Überraschungen.**
2. **Prüfung von Kontamination.**
3. **Vermeidung von Schnittstellen durch Beauftragung eines Generalunternehmers im Rahmen des Schlüsselfertigbaus.**
4. **Übertragung besonderer Risiken auf den Generalunternehmer.**

---

28 BGH ZfBR 2003, 364.

29 Vgl. dazu im Einzelnen *Seifert,* Anrechenbare Kosten aus vorhandener Bausubstanz zur Auslegung und Anwendung des § 10 Abs. 3a HOAI, BauR 1999, 309.

V. Steuerrechtliche Aspekte

1. Einkommensteuer/Körperschaftsteuer

a) Bisherige Bilanzierung

Bislang erfolgte eine eigenbetriebliche Nutzung der Immobilie durch C. 1545

Soweit es sich bei C um eine Kapitalgesellschaft handelt, befindet sich das Grundstück im Betriebsvermögen. Ist C eine Personengesellschaft, war das Grundstück jedenfalls für die Dauer der eigenbetrieblichen Nutzung notwendiges Betriebsvermögen. Auch nach Beendigung der Eigennutzung besteht für eine bilanzierende Personengesellschaft die Möglichkeit, die Betriebsvermögenseigenschaft des Grundstücks aufrechtzuerhalten. Das Grundstück kann gewillkürtes Betriebsvermögen sein, sofern es in einem gewissen objektiven Zusammenhang mit dem Betrieb steht und ihn zu fördern bestimmt und geeignet ist (R 13 Abs. 9 EStR). Die beabsichtigte Einkunftserzielung durch entgeltliche Überlassung der Immobilie stellt diesen Zusammenhang mit dem Betrieb her. Die Beibehaltung des Grundstücks im Betriebsvermögen vermeidet die ansonsten zwingende Aufdeckung eventueller stiller Reserven des Grundstücks. Bei Wegfall der Betriebsvermögenseigenschaft greift eine Entnahmefiktion. Als Folge ist die Differenz zwischen dem Buchwert und dem Verkehrswert des Grundstücks steuerpflichtig.

Vor Durchführung der Umbaumaßnahmen ist der Grund und Boden mit den Anschaffungskosten, eventuell reduziert um erforderliche Teilwertabschreibungen, etwa wegen Altlasten, bilanziert. 1546

Die Gebäude sind mit ihren Restbuchwerten bilanziert. Die ursprünglichen Anschaffungskosten sind um zwischenzeitliche planmäßige Abschreibungen und eventuelle Teilwertabschreibungen reduziert. Der Bilanzwert kann bis auf Null absinken.

b) Fabrikgebäude erhalten und in Lofts umbauen

Reine Renovierungsaufwendungen zur Wiederherstellung eines zeitgemäßen Zustandes einer Immobilie sind Erhaltungsaufwand. Zum anschaffungsnahen Aufwand vgl. B.II.5.a.aa. 1547

Hiervon abzugrenzen sind echte Umbaumaßnahmen, die aktivierungspflichtig sind. Zu differenzieren ist, ob nachträgliche Herstellungskosten für ein bereits vorhandenes Wirtschaftsgut oder Herstellungskosten für ein neues Wirtschaftsgut anfallen.

Sind die nachträglichen Herstellungskosten so umfassend, dass hierdurch ein anderes Wirtschaftsgut entsteht, so ist die weitere Abschreibung nach der Summe aus dem Buchwert des bisherigen Wirtschaftsgutes und den nachträglichen Herstellungskosten zu bemessen. Ein anderes Wirtschaftsgut ist nach Auffassung der Finanzverwaltung gegeben, wenn der Bauaufwand zuzüglich Eigenleistung nach überschlägiger Berechnung den Verkehrswert des bisherigen Wirtschaftsgutes übertrifft (R 43 Abs. 5 EStR). Die Rechtsprechung stellt alleinig auf den handelrechtlichen Herstellungskostenbegriff (§ 255 Abs. 2 Satz 1 HGB) ab.[30] Es muss unabhängig von den angefallenen Beträgen eine über den ursprünglichen Zustand hinausgehende wesentliche Verbesserung entstehen. 1548

Soweit nachträgliche Herstellungskosten anfallen, ohne dass ein anderes Wirtschaftsgut entsteht, richtet sich die weitere Abschreibung bei bisheriger Abschreibung nach § 7 Abs. 4 Satz 1, Abs. 5 EStG nach der bisherigen Bemessungsgrundlage zuzüglich nachträglicher Anschaffungs-/Herstellungskosten. Bei bisheriger Abschreibung nach § 7 Abs. 4 Satz 2 EStG ist die weitere Abschreibung nach dem Buchwert zuzüglich nachträglicher Anschaffungs-/Herstellungskosten vorzunehmen. 1549

30 BFH v. 12.9.2001, DStR 2002, 1035, 1039.

1550 Zur Abgrenzung zwischen Erhaltungsaufwand und Anschaffungskosten hat die Finanzverwaltung einen Erlass herausgegeben.[31] Danach führen insbesondere folgende Maßnahmen zu Anschaffungs-/Herstellungskosten: Herstellung der Funktionstüchtigkeit, Hebung des Standards, Erweiterung, Aufstockung, Ausbau, Vergrößerung der nutzbaren Fläche, Substanzvermehrung, über den ursprünglichen Zustand hinausgehende wesentliche Verbesserungen.

1551 Sofern Herstellungskosten mit Erhaltungsaufwand zusammentreffen, hat grundsätzlich eine Aufteilung, ggf. im Wege der Schätzung zu erfolgen. Dies gilt auch, falls die Maßnahmen einheitlich in Rechnung gestellt worden sind. Anders ist dies, wenn die Maßnahmen in einem engen räumlichen, zeitlichen und sachlichen Zusammenhang zueinander stehen. Sachlicher Zusammenhang ist gegeben, wenn einzelne Maßnahmen bautechnisch ineinander greifen. Bautechnisches Ineinandergreifen besteht, wenn Maßnahmen Vorbedingung für Herstellungsarbeiten oder durch bestimmte Herstellungsarbeiten veranlasst sind.

1552 Die Herstellungskosten führen zu einem anderen Wirtschaftsgut, wenn das bisherige Wirtschaftsgut in seinem Wesen geändert und so tiefgreifend umgestaltet oder in einem solchen Ausmaß erweitert wird, dass die eingefügten neuen Teile der Gesamtsache das Gepräge geben und die verwendeten Anteile bedeutungs- und wertmäßig untergeordnet erscheinen.[32] Ist durch die nachträglichen Herstellungsarbeiten ein anderes Wirtschaftsgut entstanden, so ist die weitere Abschreibung nach § 7 Abs. 4 Satz 2 EStG bzw. § 7 Abs. 4 Satz 1 EStG unter Berücksichtigung der voraussichtlichen Nutzungsdauer zu bemessen (R 44 Abs. 11 EStR).

1553 Degressive Abschreibung ist nur zulässig, wenn es sich bei dem anderen Wirtschaftsgut um einen Neubau handelt (§ 7 Abs. 5 EStG).

Bei Umbau, Ausbau oder Modernisierung entsteht nicht bereits dadurch ein Neubau, dass die Zweckbestimmung des Gebäudes geändert wird. Nur wenn die Neubauteile dem Gesamtgebäude das Gepräge geben, so dass es in bautechnischer Hinsicht neu ist, ist von einem Neubau auszugehen. Ein Neubau liegt insbesondere vor, wenn verbrauchte Teile, die für die Nutzungsdauer bestimmend sind, ersetzt werden, z. B. Fundamente, tragende Wände, Geschossdecken, Dachkonstruktionen (H 44 EStR).

Soweit ein Neubau vorliegt, ist für die Lofts, die Wohnzwecken dienen, degressive Abschreibung nach § 7 Abs. 5 EStG möglich.

Zu erhöhten Absetzungen vgl. B.II.5.a.gg., hh.

c) Abriss vorhandener Bebauung

1554 Da es sich um eine Bestandsimmobilie handelt und kein Erwerb eines Objektes mit abrissreifer Bebauung vorliegt, sind Abrisskosten sofortiger Aufwand (H 33 a EStR). Mit dem Abriss ist ein eventueller Restbuchwert der Gebäude aufwandswirksam auszubuchen.

1555 Erfolgt der Erwerb eines bebauten Grundstücks mit Abrissabsicht, sind Abrisskosten Teil der Anschaffungskosten des Grund und Bodens. Anders ist dies, wenn die Gebäude nicht wertlos waren. Dann sind Abrisskosten Teil der Anschaffungskosten der Neubebauung. Es gilt eine widerlegbare Vermutung für Erwerb mit Abrissabsicht bei Abriss innerhalb von drei Jahren nach Erwerb des Grundstücks.

31 Abgrenzung von Anschaffungskosten, Herstellungskosten und Erhaltungsaufwendungen bei der Instandsetzung und Modernisierung von Gebäuden, BMF v. 18. 7. 2003; BFH v. 12. 9. 2001, DStR 2002, 1035, 1039.

32 Z. B. Umbau einer Mühle in ein Wohnhaus, BFH v. 31. 3. 1992 BStBl II 1992, 808.

d) Errichtung neue Büro-/Wohngebäude

Die neuen Gebäude sind mit ihren Herstellungskosten zu aktivieren. 1556

Als Bestandsimmobilien sind sie im Anlagevermögen des C zu erfassen. Nach Fertigstellung der Objekte sind planmäßige Abschreibungen vorzunehmen. Bürogebäude sind mit 3% jährlich abzuschreiben (§ 7 Abs. 4 Nr. 1 EStG).

Bei Wohngebäuden besteht ein Wahlrecht zwischen linearer Abschreibung (§ 7 Abs. 4 Nr. 2 EStG) mit 2% jährlich oder degressiver Abschreibung (§ 7 Abs. 5 EStG).

Zur Möglichkeit erhöhte Absetzungen in Anspruch zu nehmen vgl. B.II.5.a.gg., hh.

e) Spätere Vermietung

Da sich die Gebäude im Betriebsvermögen befinden, erfolgt eine Umqualifizierung der Einkünfte aus Vermietung und Verpachtung in gewerbliche Einkünfte. 1557

Die Einkünfte werden durch Gegenüberstellung der Mieteinnahmen mit den Aufwendungen und Gebäudeabschreibungen ermittelt.

2. Gewerbesteuer

Die Einkünfte aus der Vermietung der Gebäude unterliegen der Gewerbesteuer. Sie entstehen im steuerlichen Betriebsvermögen. 1558

Für die Immobilie greift die Kürzung des § 9 Abs. 1 Nr. 1 Satz 1 GewStG in Höhe von 1,2% des Einheitswertes der Immobilie.

Die erweiterte gewerbesteuerliche Kürzung nach § 9 Nr. 1 Satz 2 GewStG ist nicht gegeben. Voraussetzung ist, dass die Gesellschaft lediglich ihren Grundbesitz verwaltet und keine Nutzung für den Gewerbebetrieb eines Gesellschafters erfolgt.

Die erweiterte Kürzung wäre durch Auslagerung der fremd genutzten Immobilien in eine reine Verwaltungsgesellschaft für die fremd genutzten Immobilien erreichbar.

Der Gewerbesteuer hinzugerechnet werden 50% der Dauerschuldzinsen (§ 8 Nr. 1 GewStG). Hinzugerechnet werden Zinsen zur Finanzierung der Investitionskosten, welche eine Laufzeit von über zwölf Monaten haben oder für die Erweiterung des Betriebes.

3. Umsatzsteuer

C ist umsatzsteuerlicher Unternehmer. Die bisherige eigenbetriebliche Nutzung der Immobilie gewährte die Vorsteuerabzugsberechtigung für Umsatzsteuer auf die Herstellungskosten der Gebäude. 1559

Soweit nunmehr eine Nutzung zu Wohnzwecken beabsichtigt ist, sind diese Leistungen umsatzsteuerfrei (§ 4 Nr. 12 Buchstabe a UStG). Es besteht keine Möglichkeit, zur Umsatzsteuerpflicht zu optieren. Vorsteuer, die auf diese Gebäudeteile entfällt, ist nicht abzugsfähig. Sie ist Teil der Herstellungskosten dieser Gebäude. Eine spätere Vermietung hat netto ohne Umsatzsteuerausweis zu erfolgen.

Soweit Altgebäudebestandteile in die Nutzung zu Wohnzwecken eingebunden werden, ist der zehnjährige Korrekturzeitraum zu beachten (§ 15 a UStG, vgl. A.II.4.f.). 1560

Für errichtete Bürogebäude besteht die Möglichkeit, zur Umsatzsteuerpflicht zu optieren, wenn an Unternehmer vermietet wird, die vorsteuerabzugsberechtigt sind, (§ 9 Abs. 2 UStG). Gleiches gilt bei einer eigenbetrieblichen Nutzung der Bürogebäude. 1561

Soweit Altobjekte vermietet werden (vgl. A.II.4.e.), kann auch an Unternehmer umsatzsteuerpflichtig vermietet werden, die nicht vorsteuerabzugsberechtigt sind.

1562 Die Option zur Umsatzsteuerpflicht erlaubt den Vorsteuerabzug aus den Herstellungskosten. Dies verringert die Herstellungskosten dieser Gebäude und verbessert die Liquidität des C. Die Vermietung hat mit Umsatzsteuerausweis zu erfolgen.

1563 Bei Errichtung des Objektes kann eine Schätzung erfolgen, welche Gebäudeteile umsatzsteuerpflichtig vermietet werden sollen und dementsprechend Vorsteuer gezogen werden. Sofern die spätere Mieterstruktur tatsächlich hiervon abweicht, hat eine Korrektur nach § 15 a UStG zu erfolgen.

1564 Für Eingangsleistungen, die mit der steuerfreien Vermietung zusammenhängen, ist kein Vorsteuerabzug möglich. Können diese Leistungen nicht direkt der steuerfreien oder steuerpflichtigen Vermietung zugeordnet werden, hat eine Aufteilung zu erfolgen (vgl. B.I.4.b.bb.).

4. Grundsteuer

1565 Die Bebauung des Grundstücks wird zu einer grundsteuerlichen Neuveranlagung des Objektes führen (§ 17 GrStG). Hierbei werden die Verhältnisse im Neuveranlagungszeitpunkt zugrunde gelegt. Es erfolgt eine Wert- und Artfortschreibung.

Eine Weiterbelastung der Grundsteuer an die Mieter ist möglich.

Tipp

1. Bei Umbaumaßnahmen ist zwischen Erhaltungsaufwand und Herstellungskosten zu unterscheiden.
2. Grundsätzlich sind Herstellungskosten und Erhaltungsaufwand getrennt zu ermitteln. Greifen Maßnahmen bautechnisch ineinander, sind einheitlich Herstellungskosten gegeben.
3. Entstehen durch Umbaumaßnahmen Neubauten, weil die Neubauteile dem Gebäude das Gepräge geben, ist bei Nutzung zu Wohnzwecken degressive Abschreibung möglich.
4. Die erweiterte Gewerbesteuerkürzung kann durch Übertragung der fremd genutzten Immobilien auf eine eigene Verwaltungsgesellschaft erhalten werden.
5. Bei Umbaumaßnahmen bisher betrieblich genutzter Immobilien, die später umsatzsteuerfrei vermietet werden (insb. zu Wohnzwecken) ist der zehnjährige Umsatzsteuerkorrekturzeitraum zu beachten (§ 15 a UStG).
6. Bei Errichtung ist der Anteil der späteren umsatzsteuerpflichtigen Grundstücksverwertung zur Ermittlung des anteiligen Vorsteuerabzugs zunächst zu schätzen.

E Die Strukturierung und Verwertung von Bestandsimmobilien (CRE)

Fall 4: Das Unternehmen D betreibt mehrere Kaufhäuser in teils eigenen, teils gemieteten Immobilien. Es verfügt zudem über drei große Logistik-Center. Bei den eigenen Immobilien ist stets die Holding-AG als Eigentümer im Grundbuch eingetragen. Es besteht umfangreicher Investitionsbedarf in die vorhandenen Immobilien und in den Erwerb neuer Immobilien in Innenstadtlagen.

I. Betriebswirtschaftliche Vorüberlegungen

Strategische Expansionsüberlegungen eines Kaufhausbetreibers lassen sich in Zeiten der vertikalen und horizontalen Integration unterschiedlicher Einzelhandelskonzepte nicht mehr isoliert betrachten. Einzelhandelsunternehmen befinden sich mit zunehmender Differenzierung der Betriebsformen in einer Marktsituation der lateralen Konkurrenz, die im Gegensatz zu früheren Strategien die kritische Beobachtung jedes Konkurrenten vom Discounter bis zum Internet-Kaufhaus erforderlich macht. 1566

Die Festlegung einer Einzelhandelsstrategie setzt zunächst das Verständnis der Typologie von Einzelhandelsformen in Deutschland voraus, zumal für einen Kaufhausbetreiber mit Logistikzentren heute jede Form der Um- und Nachnutzung, von Flächen in Frage kommen kann. 1567

Differenzierung der Einzelhandelsformen nach Größenordnungen

Klassische Handelsformen 1568

- Nahversorgungseinzelhandel (»neighbourhoodstore«)
- Fachgeschäft
- Massenfilialbetrieb (Tschibo)
- Discountmarkt (Aldi/norma/Lidl/plus)
- Kleinpreisgeschäft (Woolworth)
- Supermarkt/Verbrauchermarkt (Tengelmann/Edeka)
- Flagshipstore (Gap/Nike)
- Warenhaus/Fachmarkt (Media Markt/Obi)
- SB Warenhaus (Wal Mart)
- Factory Outlet Center
- Kaufhaus (Karstadt/Quelle/Kaufhof)
- Shopping Center

Sonderbetriebsformen: 1569

- Versandhaus (Otto/manufactum)
- Online Handel (Amazon/Ebay)
- Tankstelle

1. Einzelhandelsentwicklungen

Die deutsche Einzelhandelslandschaft hat einerseits in den vergangenen zehn Jahren eine dynamische Entwicklung mit zahlreichen neuen Betriebsformen vollzogen, andererseits ist der Handel in deutschen Innenstädten nach wie vor durch teilweise verkrustete Strukturen geprägt, die sich aus der historischen Entwicklung von Städten ergeben. Noch heute finden sich in kleineren und mittleren Städten Gebäudestrukturen, die dem Einzelhandel des 19. Jahrhunderts entsprechen. Da es sich um kleinteilige Gebäude handelte, die in ihren Untergeschossen »ausgehöhlt« wurden, um sie mit Ladenlokalen auszustatten, die als **neighbourhood stores** oder **Fachgeschäfte** in teilweise ökonomisch unzweckmäßigen Lagen ihren Betrieb unterhal- 1570 ten, wurden parallel hierzu in den 70er Jahren architektonisch zumeist anspruchslose Kaufhausmonolithen geschaffen.[1]

1571 Ursprünglich setzte mit Gründung des »Au Bon Marche« in Paris gegen Ende des 19. Jahrhunderts der Siegeszug des **Warenhauses** ein, der ohne größere Innovationen in verschiedensten Gestaltungsformen bis heute Bestand hat. In der betriebswirtschaftlichen Typologisierung unterscheidet sich das Kauf- vom Warenhaus durch eine geringere Betriebsfläche und ein weniger tiefes Sortiment (Textil-, Möbel-, Elektrokaufhaus). In der Praxis wird hingegen selten zwischen Waren- und Kaufhäusern unterschieden, zumal je nach regionaler Versorgungsstruktur erhebliche Unterschiede in der Sortiments- bzw. Abteilungsgestaltung bestehen.

1572 Dominierend ist in Deutschland das Kaufhaus als Warenhausfilialunternehmen (Kaufhof, Karstadt), wobei auch Sonderbetriebsformen zunehmend an Bedeutung gewinnen. Waren- bzw. Kaufhäuser sind bestrebt, durch ihre qualitative und kontrahierungspolitische Sortimentsgestaltung das Käuferpotenzial des klassischen Fachgeschäfts zu absorbieren, was einen zunehmenden Flächenbedarf und einen stetigen trading-up-Prozess nach sich zieht.

1573 Hingegen verschwinden Kleinkaufhäuser (Woolworth, Kaufhalle) im Sinne von **Kleinpreisgeschäften** mit spezifisch, auf wenige Preisstufen fokussierten Sortimenten des kurz- und mittelfristigen Massenbedarfs, die ihre Verkaufsflächen meist nur auf einer Etage konzentrieren, zunehmend vom Markt.

1574 Nicht zuletzt liegt dieser Verdrängungsmechanismus in der konsequenten Marktdurchdringung der Handelslandschaft mit **Discountketten** (Schlecker, Aldi) begründet, die das Kleinkaufhaus in eine preis- und sortimentspolitische Zwitterposition gebracht haben. Während der Marktanteil der Discountläden am Handelsvolumen 1985 noch bei 16% lag, ist dieser im Jahr 2002 bereits auf 35% angestiegen. Da Discounter auch zunehmend die klassischen Sortimente wie Kleidung, PC's und Audio/TV von Kaufhäusern mit punktuellen, aber kontinuierlichen Verkaufsaktionen angreifen, sind von der dynamischen Entwicklung der Discount-Händler alle Betriebsformen betroffen. Insofern ist es nicht verwunderlich, dass Kaufhausbetreiber dazu übergehen, im Zuge einer Sortimentsstraffung Discounter in ihre Gebäudekonzepte aus Frequenzgründen aufzunehmen, anstatt sie zu bekämpfen.

1575 Bei der Entwicklung von **Shopping Centern** auf der grünen Wiese können wiederum alle Betriebsformen in einem Branchenmix aus Kleinläden und Magnetbetrieben beherbergt werden. Da Shopping Center zunehmend aus der Peripherie der Städte zurückgedrängt werden, entwickelt sich der Trend, Shopping Center in Innenstädten zu etablieren. Je besser ein Shopping Center konzipiert ist, um so autarker können die Bedürfnisse seiner Besucher befriedigt werden. Die Gefahr, die diese Entwicklungen bergen, liegen in der Verlagerung der Kaufkraftströme eines gewachsenen Innenstadthandels, in neu erstellte Shopping Center, was zu einer Verdrängung auch vorhandener Kauf- und Warenhäuser führen kann. Galerien, Passagen und Arkaden sind insofern für eine ausgewogene innerstädtische Handelslandschaft geeigneter, da sie sich im Gegensatz zu Shopping Centern aus ihrem Umfeld heraus definieren und in der Regel einen positiven Abstrahlungseffekt auf den vorhandenen Einzelhandel haben und somit der gesamten Innenstadt eines Standortes einen Impuls geben können.[2]

1576 In Zukunft werden auch **Fachmarktzentren** speziell auf Konversionsflächen in Innenstädten eine zunehmende Rolle spielen. Es ist jedoch auch hier darauf zu achten, dass es nicht zu empfindlichen Verlagerungen des Einzelhandelsgleichgewichtes einer Region oder Stadt kommt.[3]

---

1 Vgl. *Leitherer, E.*, Betriebliche Marktlehre, 2. Aufl., Stuttgart 1985.

2 Vgl. *Doerr, T.*, Shoppingcenter-Entwicklungen, in: Immobilien Zeitung, Nr. 6, 2002, S. 11.

3 Selbstverständlich leiden 1 a-Lagen wie die Zeil in Frankfurt oder die Kaufinger Straße in München nicht unter großen peripheren Einkaufszentren, hingegen bereits mittelgroße Städte von einer zu starken Expansion der shopping-center oder Fachmärkte langfristig Schaden nehmen können.

Fachmarktzentren treffen mit ihrer preisaggressiven Sortimentspolitik auch den klassischen Kaufhausbetreiber empfindlich. Zu erwähnen sind in diesem Zusammenhang auch **Factory Outlet Center,** die in Deutschland immer noch auf erhebliche genehmigungsrechtliche Widerstände stoßen, in den USA hingegen bereits als Selbstverständlichkeit zum Einzelhandelsgefüge gehören.

Das klassische Kaufhaus bewegt sich also in all seinen Facetten in einem Marktumfeld, das nur 1577 unter den jeweiligen standortspezifischen Bedingungen und unter Berücksichtigung einer rigorosen Konkurrenzanalyse bestehen kann.

2. Einflussfaktoren auf die Expansionsüberlegungen eines Kaufhauses

Die Investition in gemietete Einzelhandelsimmobilien und der Erwerb neuer Kaufhäuser stel- 1578 len eine Entscheidungssituation dar, die neben der Analyse von Standortfaktoren und der Gestaltung von Finanzierungsinstrumentarien, insbesondere auch von der Einschätzung **makroökonomischer Daten,** wie der konjunkturellen Perspektive und der regionalen Kaufkraft sowie dem jeweiligen **Handelskonzept** abhängt.

Ausgewählte Aspekte der Expansion für Kaufhauskonzepte der Zukunft sind[4]**:**

Makroökonomische Faktoren 1579

- Bevölkerungsdynamik und Arbeitsmarktentwicklung
- Kaufkraftentwicklung und regionale Kaufkraftflüsse
- Konkurrenzsituation und räumliche Konzentration vorhandener Einzelhandelsstrukturen (Filialisierungsgrad)
- Branchenvielfalt und -attraktivität

Mikrostandortfaktoren 1580

- Attraktivität des Standortes und kommunale Genehmigungspraxis
- Passantenfrequenz
- Anbindung an den öffentlichen Nahverkehr
- Logistik (Belieferbarkeit, Stellplatzverfügbarkeit, Lösungsmöglichkeiten für witterungsbedingte Frequenzschwankungen)
- Positionierungspotenzial des Gebäudes als Unikat im lokalen Markt
- Objektzustand und -image (repräsentative, identitätsstiftende Architektur)
- Flächenzuschnitt und Schaufensterfronten
- Zweitverwertungsmöglichkeiten des Gebäudes (Baubehördliche und planungsrechtliche Potenziale)
- Erzielbare Quadratmeterproduktivität
- Potenziale für einen life-style-orientierten Branchenmix (Shop-in-shop Systeme)

Konsumentenverhalten 1581

- Regionales Verbraucherverhalten
- Convenience Potentiale
- »Retailtainmentmöglichkeiten«

Im Zuge der **makroökonomischen Betrachtung** spielt für Handelsunternehmen das Gesamt- 1582 ausgabeverhalten der Verbraucher eine maßgebliche Stellgröße für Investitionen dar. Einhergehend mit einer Reduktion der Konsumausgaben um 6 Mrd. € bzw. um 2,5 % in 2002 gegenüber 2001, spielt der Anstieg der Sparquote um 13,9 % in 2002 eine erhebliche Rolle bei der strategischen Ausrichtung eines Kaufhausbetreibers. Die Konsumneigung in Deutschland ist in

4 Zu den zahlreichen Kriterienkatalogen bei der Expansion von Einzelhandelsunternehmen zählt beispielsweise der »Retailcheck« von Atis Real Müller. Mit einem 100-Punkte-Katalog in 16 Kriterienbereichen werden auf 3 Qualitätsstufen Einzelhandelsimmobilien auf ihre Brauchbarkeit hin überprüft.

2003 so niedrig wie seit 20 Jahren nicht mehr und auch eine nachhaltig negative **Arbeitsmarktentwicklung** lässt hier keine positiven Prognosen zu, zumal die Kaufkraft in Deutschland inflationsbereinigt seit 1992 mit 1,3% p.a. nur marginal gestiegen ist.

1583 Berücksichtigt man zudem, dass die **Kaufkraftentwicklung** bzw. die privaten Konsumausgaben am Handel vorbei strömen – der Anteil des Einzelhandelsumsatzes an den Gesamtkonsumausgaben ist von 40% im Jahr 1990 auf 30% im Jahr 2002 gesunken – so ist es nicht verwunderlich, dass die Flächenproduktivität p. a. zwischen 1992 und 2002 um rund 14% von 4.000- €/qm auf 3.400,– €/qm zurückgegangen ist.[5]

1584 Hinzu kommt, dass exogene Einflussfaktoren wie die nur gelockerte Handhabung der Ladenöffnungszeiten, die Ökosteuern und die ständig steigenden Lohnnebenkosten die Geschäftsentwicklung des Einzelhandels zusätzlich erschweren. Das Ergebnis ist eine zunehmende Anzahl von Ladenschließungen mit 8.700 Geschäftsaufgaben in 2002 und voraussichtlich 10.000 in 2003, was zu einer Verlagerung der **Einzelhandelsstruktur** hin zu den Großbetriebsformen führt.

1585 Diametral entgegengesetzt zum sogenannten Konsumstreik und ungeachtet eines im europäischen Vergleich hohen Versorgungsniveaus, wächst das Angebot an Einzelhandelsflächen in Deutschland dennoch jedes Jahr. Allein in den deutschen Innenstädten wird mit einem Verkaufsflächenzuwachs in den kommenden 10 Jahren von 20% gerechnet. Insgesamt haben die Verkaufsflächen in den letzten 10 Jahren um 16,5 Mio. qm auf insgesamt 107 Mio. qm Einzelhandelsfläche zugenommen.[6]

1586 Hinzu kommen die gestiegenen Anforderungen an Einzelhandels- und insbesondere an Kaufhauskonzepte, wobei die notwendigen Anpassungen – gerade bei den großen Konzernen – viel zu lange hinausgezögert wurden.

1587 Während früher das klassische Kaufhaus in der Innenstadt für eine großflächige Mononutzung entstanden ist, unterliegen Kaufhauskonzepte heute einem verschärften Wettbewerb und müssen sich zudem einem gestiegenen Konsumentenanspruch stellen. Die zeitgemäße Umstrukturierung bestehender Stahlbetonbauten teilweise aus den 70er Jahren stehen nicht nur im Mittelpunkt einer übergeordneten Stadtplanungspolitik, sondern führen auch dazu, dass mit geschickt konzipierten Häusern auch wieder höhere Renditen erwirtschaftet werden können.

1588 Insbesondere die Konversion bestehender Immobilien in Innenstädten bietet hier ausreichend Spielraum für innovative und frequenzsichere Kaufhauskonzepte. Auch besonders integrierte Standorte wie Bahnhöfe oder Gewerbezentren werden zunehmend einer kompletten Revitalisierung unter Berücksichtigung von Einzelhandelsflächen unterzogen und bieten Kaufhausanbietern die Möglichkeit zur Expansion auf hohem Niveau. Die Entwicklung von Standorten, die noch nicht etabliert sind, bedarf einer professionellen und zumeist übergeordneten Planung mit zahlreichen, sich komplementär ergänzenden Akteuren.

1589 Für bestehende Kaufhäuser und ihre Standorte ist zunächst eine Machbarkeitsstudie unter juristischen (baubehördliche Auflagen), technischen (Kosten/Nutzenanalyse) und wirtschaftlichen (Standort-/Bedarfsanalyse) Aspekten durchzuführen. Neben der Analyse der Einzelhandelstruktur und -zusammensetzung am Standort, ist eine **Frequenzstudie** erforderlich. Außerdem muss der Bedarf an Büro-, Gastronomie-, und Freizeitflächen evaluiert und zur Risikoabsicherung eine Studie über erzielbare Mieten bei Drittvermietung erstellt werden. Als kritische

---

5 Vgl. hierzu die Studien der GfK Prisma im Auftrag des Sachverständigenrates zur Begutachtung der gesamtwirtschaftlichen Entwicklung.

6 Vgl. *Bays, W. R.*, Shoppingcenter – Neumarkt Galerie in Köln: Revitalisierung eines Einzelhandelsquartiers in: Schulte K.-W./Bone-Winkel S., Handbuch Immobilien-Projektentwicklung, 2. Aufl., Köln, 2002, S. 773–794.

Stellgrößen der Umnutzung stellen sich die erforderliche Gesamtfläche und die Anzahl der Verkaufsgeschosse dar, denn die Rendite von Handelsnutzungen nimmt ab dem ersten Obergeschoss spürbar ab.[7] Die Größe eines Kaufhauses und die Qualität der baulichen Ausführung bzw. das Niveau des Konzeptes hängen maßgeblich von der regionalen Kaufkraft und der Konsumentenstruktur ab.

Bei Umnutzungsüberlegungen sollten auch nicht mehr benötigte Flächen für Anbieter der Einzelhandelsnahversorgung, Dienstleister, Büros oder als Parkhäuser geöffnet werden, um Wertsteigerungspotenziale freizusetzen. Kaufhauseigentümer müssen sich in jedem Fall vermehrt auf horizontale und vertikale Verwertungsoptionen ihrer Immobilien einstellen. 1590

3. Konsumentenverständnis als Grundlage für Expansionsüberlegungen

Grundsätzlich ist bei der Entwicklung neuer Kaufhäuser mehr noch als im Wohnungs- oder Bürobau auf die gesamte Erkenntniskette der betriebswirtschaftlichen Handels- und Konsumforschung zurückzugreifen, um kostspielige Fehlinvestitionen zu vermeiden. Ein Einzelhandelskonzept, insbesondere im anspruchsvollen Kaufhausbereich, bedarf der markt- und werbepsychologischen Analyse in Verbindung mit den Prognosemethoden der Trend- und Szenariotechniken, um Konsumentenentwicklungen auf einen Zeithorizont von mindestens fünf Jahre im voraus zu antizipieren. Wenn also das Handelsvolumen geringer ansteigt als der private Konsum im Allgemeinen, so bedarf es für zukünftige Kaufhauskonzepte einer validen Erkenntnisgrundlage, warum Kaufkraftströme am Handel vorbei in andere Bereiche des privaten Konsums oder andere Betriebsformen fließen. 1591

Nur durch erhebliche konzeptionelle Anstrengungen können die Kaufkraftströme wieder »umgelenkt« werden. Als Beispiel gelten hier multifunktionale Ansätze, die im Sinne eines ganzheitlichen Gestaltungsansatz kulturelle Aspekte eines Einzelhandelsstandortes mit touristischen Attraktionen und Entertainmentansätzen verbinden, um Kaufkraft außerhalb der klassischen Handelsbetriebslehre abzuschöpfen. Während noch in den 70'er und 80'er Jahren die Versorgungsfunktion von Waren- und Kaufhäuser im Mittelpunkt des Konsumenteninteresses stand, rücken heute **»convenience«-Aspekte** in den Vordergrund des Verbraucherverhaltens. 1592

Hierzu gehört als Grundvoraussetzung eine weitere Flexibilisierung der Ladenöffnungszeiten, die eine horizontale und vertikale Konkurrenz der einzelnen Anbieter und die Integration von Freizeit-, Kultur- und Handelsangeboten ermöglicht.

Die Entwicklung neuer Kaufhäuser hat zunächst die Polarisierung des Konsumentenverhaltens zu berücksichtigen. Einerseits wird dem Discountgedanken für den kurzfristigen, täglichen Bedarf zunehmend Vorschub geleistet, andererseits orientieren sich die Wünsche der Konsumenten an der Erfüllung von Service- und Erlebnisdimensionen, die ein Kaufhaus zu vermitteln hat. Der Bedarf an langfristigen Konsumgütern soll im Umfeld einer attraktiven Genusswelt stattfinden, die den Ansprüchen der Freizeitgesellschaft unter den Prämissen des Entertainmentgedankens gerecht werden soll. Die Deckung des eigentlichen Bedarfs wird sekundär, das Konsumerlebnis mit Life-style Komponenten und emotionaler Bedürfnisbefriedigung tritt in den Vordergrund der Kaufentscheidungen, bei denen der Konsumvorgang an sich bereits Befriedigung schaffen sollte und somit einen Konsumentennutzen stiftet. Beispiele hierfür sind »Käfer-Markthallen«, Kletterwände und Sportingzonen, sowie insulare Coffeeshops.[8] 1593

---

7 *Roos P.,* Revitalisierung von innerstädtischen Warenhäusern in: Immobilien Zeitung, Nr. 5, 2003, S. 14.

8 Die enormen Wachstumsraten der Discountanbieter stehen nur in indirektem Zusammenhang mit einer konjunkturellen und kaufkraftbedingten Schwächephase. Für den sogenannten »Smart-shopper« gilt es heute, unabhängig vom sozialen Status und vom Ausbildungsniveau als opportun, bei Aldi Güter des täglichen Bedarfs kostengünstig einzukaufen, um hingegen im Sinne eines »hybriden« Kunden zeitgleich unter den Voraussetzungen eines service-, beratungs- und erlebnisorientierten Ansatzes für bestimmte Konsumgüter »jeden Preis« zu zahlen.

1594 Die Zukunft liegt darin, immer kurzlebigere – aber zum Teil sehr ausgeprägte – Trends aufzugreifen und der vertikalen Integration von Trendsettern in einem Kaufhaus Vorschub zu leisten, ohne die eigene Sortimentsstruktur zu kannibalisieren. Beispielswiese ist es der Karstadt AG gelungen, die weltweit führende und unter Erlebniskaufkriterien mit positiven Imageaspekten besetzte »Starbucks Coffee International Group« bei ihrer Deutschlandexpansion zu betreuen. Diese Vorgehensweise bietet die Möglichkeit eines Imagetransfers, der, wie auch bei Shop-in-shop Systemen, unter Berücksichtigung des Merchandising-Gedankens im Rahmen von Lizenzverträgen hilft, bereits vorhandene, positiv besetzte Werbeeffekte und Trends auszunutzen.[9]

1595 Kleinere Kaufhausketten mit selektiven, hochwertigen Gestaltungskonzepten und bereinigten Sortimenten (Ludwig Beck/München, Stilwerk/Hamburg, Douglas House of Beauty/Frankfurt) können sich unter verschärften Wettbewerbsbedingungen verhältnismäßig gut in Nischenmärkten behaupten. Auch Themenhäuser (Nikestore) und Flagship-stores (Gap) gewinnen zunehmend an Bedeutung, ebenso wie sortimentsenge Spezialanbieter mit Lifestylekomponenten auf Discountniveau wie »Strauss Innovation« mit der Fokussierung auf Bekleidung, Heimtextilien, Möbel, Accesoires, Kosmetika, Wein und Süßigkeiten auf minimalen Flächen Im Gegenzug ist auch die Diversifikation vom Versand- zum stationären Handel durchaus erfolgreich.

1596 Voraussetzung für ein Kaufhauskonzept der Zukunft sind also Erlebniswelten in einer Erlebnisarchitektur. Das »Retailtainment« – aus den USA kommend – tritt immer mehr in den Vordergrund der Investitionsanalysen. Grundvoraussetzung sind in Verbindung mit Revitalisierungsmaßnahmen grundsätzlich flexible Flächenkonzepte und ein professionelles Betreiber-Know-How.

1597 Da Spezialimmobilien wie Kaufhäuser nur schwer einer anderen Verwertung zuzuführen sind, muss bei der Entscheidung für oder gegen eine Standorterweiterung das Primat der Quantität dem der Qualität untergeordnet werden. Wenige gut funktionierende Standorte sind zahlreichen durchschnittlichen Standorten vorzuziehen.[10] Insofern bietet es sich für kleinere Anbieter an, sich den Umwandlungsmaßnahmen der großen Konzerne anzuschließen und auf dem Weg des joint ventures Synergien zu nutzen.

> ! Beim Erwerb einer Kaufhausimmobilie in Innenstadtlagen ist das mögliche **Zweitverwertungspotenzial** als Büro- oder Wohngebäude bei einem Scheitern des Einzelhandelskonzeptes am betreffenden Standort von wesentlicher Bedeutung. Unter der Berücksichtigung zunehmend rigider Finanzierungskriterien ist es erforderlich alternativ zu prüfen, welche langfristige Nachnutzung sich auf Basis der vorhandenen GFZ im worst-case realisieren ließe.

1598 Selbst wenn man zunächst berücksichtigen muss, dass sich der Wert von Kaufhausimmobilien überwiegend nach dem Wert seines Nutzers definiert, sollten sich ertragsorientierte Zweitverwertungen, Umwidmungen in Büros oder refurbishments in besonders günstigen Innenstadtlagen realisieren lassen.

9 Vgl. *Laub, J.*, Produktvermarktung mit Lizenzen in: Absatzwirtschaft – Zeitschrift für Marketing, Nr. 2, 1995, S. 94–106.

10 Im Zuge einer zunehmend restriktiven Bankenpolitik bei gleichzeitig abnehmenden Einzelhandelsmargen bedarf die Investition in bestehende Kaufhäuser somit einer innovativen und marketingpolitisch abgesicherten Strategie. Hierzu gehört im Übrigen auch die kritische Prüfung von Alternativen wie der Entwicklung von Versandhausaktivitäten und die Implementierung von Internet-Kaufhäusern.

II. Gesellschafts- und steuerrechtliche Aspekte und Finanzierungsfragen

1. Bildung von Projektgesellschaften

Zur strafferen Verwaltung des Immobilienbestandes kommt die Gründung einer Projektgesellschaft in Betracht. Hier werden die Immobilien gebündelt verwaltet und entwickelt. Eine Projektgesellschaft kann für einzelne Immobilien oder auch für den gesamten Immobilienbestand gegründet werden Die Projektgesellschaft ist als Immobilieneigentümerin eine reine Besitzgesellschaft. Der operative Betrieb von Kaufhäusern erfolgt durch Betriebsgesellschaften. 1599

Projektgesellschaften ermöglichen eine gesellschaftsrechtliche Beteiligung Dritter an der Entwicklung von Immobilien des Konzerns. Eine derartige Beteiligung kann als Finanzierungsinstrument und zur Heranziehung erforderlichen externen Know-Hows genutzt werden.

Die Trennung von Besitzprojekt- und Betriebsgesellschaften kann auch im Vorfeld einer gesellschaftsrechtlichen Auseinandersetzung der bisherigen Eigentümer des Konzerns erfolgen.

Über die Vereinbarung langfristiger Nutzungsverhältnisse zwischen Konzern und Projektgesellschaft besteht die Möglichkeit, sich durch Veräußerung der Projektgesellschaft vom Immobilieneigentum zu trennen, ohne das dies Einfluss auf den Betrieb der Kaufhäuser hat.

Bei der Bildung von Projektgesellschaften stellen sich Fragen nach der Rechtsform, den Gründungsmodalitäten, der Art und Weise, wie Grundstücke übertragen werden können und der Beteiligungsmöglichkeit Dritter. 1600

a) Rechtsform einer Projektgesellschaft

Eine zentrale Frage bei der Bildung von Projektgesellschaften ist die nach ihrer Rechtsform. Des Weiteren ist zu klären, ob die Projektgesellschaft ein Tochterunternehmen der Holding AG oder ein Schwesterunternehmen sein soll. 1601

Aus Sicht einer klaren Konzernstruktur ist ein hierarchisches Verhältnis zwischen Projektgesellschaft und Holding AG einem Nebeneinander beider Gesellschaften vorzuziehen. 1602

Auch aus steuerlicher Sicht ist ein Mutter-Tochterverhältnis vorzuziehen. Ein Ergebnistransfer kann nur zwischen Unternehmen erfolgen, die zueinander in einem Überordnungs-Unterordnungsverhältnis stehen. 1603

Bei der Rechtsformfrage ist zunächst die Grobunterteilung in denkbare Kapitalgesellschaften und Personengesellschaften vorzunehmen. 1604

Bei den Kapitalgesellschaften kommen AG und GmbH in Betracht. Bei den Personengesellschaften bleibt bei einer Alleingesellschafterstellung der Holding AG nur die Rechtsform der GmbH & Co. KG. Die AG könnte hierbei alleinige Kommanditistin und Alleingesellschafterin der Komplementär-GmbH sein. Sofern Dritte als Gesellschafter beteiligt sind, könnte die Projektgesellschaft auch die Rechtsform der Gesellschaft bürgerlichen Rechts einnehmen.

Gesellschaftsrechtlich sprechen für GmbH und GmbH & Co. KG, dass der Geschäftsführer der GmbH Weisungen des Gesellschafters unterworfen ist (§ 46 Nr. 5, 6 GmbHG). Die Holding AG hat damit die Möglichkeit, unmittelbar Einfluss auf die Geschäftsführung der GmbH zu nehmen. 1605

Dies gilt auch für die GmbH & Co. KG. Die GmbH & Co. KG wird durch ihre Komplementärin, die GmbH, und diese wiederum durch ihren Geschäftsführer vertreten. 1606

Anders ist dies bei der ebenfalls in Betracht kommenden AG. Hier unterliegt der geschäftsführende Vorstand der Kontrolle des Aufsichtsrates. Unmittelbare Weisungen der Gesellschafter an den Vorstand erfolgen nicht. Die Gesellschafter bestimmen in der Hauptversammlung lediglich den Aufsichtsrat. Dieser wiederum bestellt und überwacht den Vorstand. 1607

1608 Die mangelnde Möglichkeit, auf die Geschäftsführung unmittelbar Einfluss nehmen zu können, spricht gegen die Rechtsform der AG.

1609 Steuerlich ist zu prüfen, wie es um die Möglichkeit bestellt ist, Ergebnisse einer Projektgesellschaft mit Ergebnissen der Holding AG zu verrechnen.

Die Projektgesellschaft dürfte in der bevorstehenden Investitionsphase steuerliche Verluste erzielen. Entstehen in der Holding AG gleichzeitig positive Einkünfte wird sie bestrebt sein, die anfallenden Verluste ihrer Projektgesellschaft unmittelbar steuermindernd verwenden zu können.

1610 Entscheidend für einen Vorteilhaftigkeitsvergleich ist also die Verrechenbarkeit des ertragsteuerlichen Ergebnisses der Projektgesellschaft mit dem Ergebnis der Holding AG.

aa) GmbH

(1) Körperschaftsteuer

1611 Die GmbH ist als Kapitalgesellschaft eine eigenständige juristische Person. Das ertragsteuerliche Ergebnis wird grundsätzlich isoliert auf Ebene der Gesellschaft ermittelt. Verluste der Gesellschaft können nicht mit positiven Ergebnissen anderer Konzernunternehmen verrechnet werden. Sie bleiben auf Ebene der GmbH stehen und verringern zukünftige Gewinne der Gesellschaft.

Entstehende Gewinne werden in Form von Ausschüttungen an die Gesellschafter weitergeleitet. Ausschüttungen von Tochterkapitalgesellschaften an Mutterkapitalgesellschaften sind steuerfrei (§ 8 b Abs. 1 KStG). Diese Freistellung ist bedingt durch die erfolgte Umstellung vom Anrechnungsverfahren auf die Definitivbesteuerung der Körperschaft und die Besteuerung nach dem Halbeinkünfteverfahren beim Gesellschafter. Die Steuerfreiheit der Ausschüttungen bei der Mutterkapitalgesellschaft vermeidet eine sonst erfolgende Mehrfachbesteuerung der Ausschüttungen auf jeder Durchreichungsebene. Ab 2004 erfolgt eine Einschränkung der Steuerfreiheit von Ausschüttungen durch Hinzurechnung von 5% des Ausschüttungsbetrages zum steuerlichen Ergebnis der Mutterkapitalgesellschaft (§ 8b Abs. 3 KStG)

1612 Die Steuerbefreiung gilt nicht für Ausschüttungen an Finanzdienstleistungsinstitute und Finanzinstitute (§ 8 b Abs. 7 KStG). Die Finanzverwaltung hat Holding-Gesellschaften als Finanzinstitute eingestuft und möchte die Freistellung der Ausschüttungen versagen.[11] Diese Meinung ist allerdings abzulehnen. Soweit Holdinggesellschaften Beteiligungen nicht zur kurzfristigen Weiterveräußerung erwerben, sind sie keine Finanzinstitute. Finanzinstitute kennzeichnet der Handel mit Beteiligungen. Dieses Kriterium wird dann nicht erfüllt, wenn Beteiligungen länger als ein Jahr gehalten werden.[12]

1613 Da Dividendenausschüttungen bei der Mutterkapitalgesellschaft bis 2003 steuerfrei sind, können auch Aufwendungen, die im Zusammenhang mit diesen Ausschüttungen stehen, nicht steuerwirksam abgezogen werden (§ 3 c Abs. 1 EStG). Ab 2004 sind diese Aufwendungen wegen der 5% Hinzurechnung (§ 8b Abs. 3 KStG) abzugsfähig.

1614 Die Holding AG muss also bis einschließlich 2003 vermeiden, dass bei ihr Aufwendungen entstehen, die mit Ausschüttungen in Verbindung stehen. Nicht abzugsfähig sind etwa Finanzierungsaufwendungen, die im Jahr einer Ausschüttung entstehen. Die Holding AG wird versuchen, diesen Aufwand in der Holdinggesellschaft selber entstehen zu lassen. Erforderliche Kreditaufnahmen sollten unmittelbar durch die Projektgesellschaft erfolgen, damit der Zinsaufwand dort entsteht und abzugsfähig ist. Soweit erforderlich sollte die Holding AG Kreditsicherheiten stellen anstatt selber Kreditnehmer zu sein.

---

11 BMF v. 25. 7. 2002.

12 Anwendbarkeit von § 8 Abs. 7 KStG auf Holding- und Beteiligungsgesellschaften, *Stoschek, Lauermann, Peter* in: NWB Fach 4, 4647.

Gelingt es nicht, sämtliche Aufwendungen auf die Projektgesellschaft zu verlagern, erlaubt es das sog. Balloning, zumindest einen Teil dieser Aufwendungen steuerwirksam werden zu lassen. Nicht abzugsfähig sind nur Aufwendungen, die mit den steuerfreien Dividendenausschüttungen zusammenhängen. Beim Balloning werden die Ergebnisse der Tochtergesellschaft über mehrere Jahre thesauriert und nicht ausgeschüttet. Aufwendungen, die in diesem Zeitraum anfallen, sind abzugsfähig, da sie keinen Einkünften gegenüberstehen. Die Nichtabzugsfähigkeit ist lediglich im Jahr der Ausschüttung gegeben.

Bei missglückten Gestaltungen ist zu überlegen, ob es vorteilhaft ist, die Ansicht der Finanzverwaltung zur Finanzinstitutseigenschaft einer Holdinggesellschaft zu übernehmen. 1615

(2) Körperschaftsteuerliche Organschaft

Die Beseitigung der Nichtabzugsfähigkeit von Aufwendungen der Mutterkapitalgesellschaft und die unmittelbare Verrechnung von Verlusten der Tochterkapitalgesellschaft mit Ergebnissen der Holding AG lässt sich durch die Begründung einer körperschaftsteuerlichen Organschaft erreichen. 1616

Das Ergebnis der Organgesellschaft, der Projektgesellschaft, wird dem Organträger, der Holding AG, bei einer körperschaftsteuerlichen Organschaft zugerechnet. Damit besteht die Möglichkeit, Verluste eines Unternehmens mit positiven Ergebnissen anderer Konzernunternehmen zu verrechnen. 1617

Voraussetzung für die körperschaftsteuerliche Organschaft ist die finanzielle Eingliederung der Organgesellschaft beim Organträger. Die Holding AG müsste die Mehrheit der Stimmrechte vom Beginn des Wirtschaftsjahres der Begründung der Organschaft an halten (§ 14 Abs. 1 Nr. 1 KStG). Die Begründung der körperschaftsteuerlichen Organschaft setzt damit strukturell ein Mutter-Tochter-Verhältnis voraus. 1618

Weitere Voraussetzung für die körperschaftsteuerliche Organschaft ist der Abschluss eines Gewinnabführungsvertrages bis zum Ende des Wirtschaftsjahres, zu dem die Organschaft erstmals bestehen soll (§ 291 AktG). Der Gewinnabführungsvertrag muss bis zum Ende des Folgejahres wirksam werden. Er bedarf der Zustimmung der Hauptversammlung des Organträgers (§ 293 AktG) und der Eintragung in das Handelsregister (§ 294 Abs. 2 AktG). 1619

Der Gewinnabführungsvertrag ist für die Dauer von fünf Jahren zu vereinbaren. Eine vorzeitige Kündigung ist nur aus wichtigem Grund zulässig.

Ab dem Veranlagungszeitraum 2003 ist die Voraussetzung für die körperschaftsteuerliche Organschaft verschärft worden. Der Gewinnabführungsvertrag muss zu Beginn des Wirtschaftsjahres, ab dem die Organschaft beginnen soll, im Handelsregister eingetragen sein. 1620

Nachteil der körperschaftsteuerlichen Organschaft ist die Aufhebung der Haftungsbegrenzung der Tochtergesellschaft durch die Vereinbarung des Gewinnabführungsvertrages. Die Holding AG haftet bei Abschluss dieses Vertrages für Verluste der Projektgesellschaft. 1621

(3) Gewerbesteuerliche Organschaft

Die gewerbesteuerliche Organschaft ist wie die körperschaftsteuerliche Organschaft an die Bedingung der finanziellen Eingliederung der Organgesellschaft und dem Bestehen eines Ergebnisabführungsvertrages gebunden. Bei Vorliegen einer körperschaftsteuerlichen Organschaft ist stets auch die gewerbesteuerliche Organschaft gegeben (§ 2 Abs. 2 Satz 2 GewStG). 1622

Mit Begründung der gewerbesteuerlichen Organschaft wird die Organgesellschaft gewerbesteuerlich als Betriebsstätte der Organträgerin geführt. Ergebnisse beider Gesellschaften können gewerbesteuerlich miteinander verrechnet werden. Verluste einer Gesellschaft mindern die Gewerbesteuerpflicht der anderen, gewinnerzielenden Gesellschaft.

bb) GmbH & Co. KG

(1) Einkommensteuer

1623 Alternativ bietet sich die GmbH & Co. KG als Personengesellschaft an. Die Holding AG könnte alleiniger Kommanditist und auch Alleingesellschafter der Komplementär-GmbH sein. Die Komplementär-GmbH wird nicht am Vermögen der KG beteiligt. Sie erhält lediglich eine Haftungsvergütung für die Wahrnehmung ihrer Rolle als Vollhafter. Das verbleibende Ergebnis der GmbH & Co. KG wird der Holding AG als Kommanditistin zugerechnet

1624 Entstehende Verluste können steuerlich verrechnet werden, soweit sie nicht höher als das Kommanditkapital sind. Darüber hinausgehende Verluste sind mit zukünftigen Gewinnen der GmbH und Co. KG zu verrechnen (§ 15 a EStG) (vgl. A.II.1.d.).

(2) Körperschaftsteuerliche Organschaft

1625 Die Begründung eines körperschaftsteuerlichen Organschaftsverhältnisses mit einer Personengesellschaft als Organgesellschaft ist nicht zulässig. Eine körperschaftsteuerliche Organschaft zwischen der Holding AG und einer Projektpersonengesellschaft als Tochtergesellschaft kann nicht begründet werden. Eine Ergebnisverrechnung kann nur in den Grenzen des § 15 a EStG erfolgen.

(3) Gewerbesteuerliche Organschaft

1626 Eine gewerbesteuerliche Organschaft kann ebenfalls nicht begründet werden.

cc) Fazit

1627 Bei Abschluss eines Ergebnisabführungsvertrages bietet die GmbH weitergehende Ergebnisverrechnungsmöglichkeiten als die GmbH & Co. KG. Die GmbH ist der GmbH & Co. KG diesbezüglich vorzuziehen.

Tipp

1. Sowohl die Rechtsform der GmbH als auch der GmbH und Co. KG erlauben eine unmittelbare Einflussnahme auf die Geschäftsführung der Projektgesellschaft.
2. Bei der GmbH und Co. KG können Verluste in den Grenzen des § 15 a EStG durch die Holding AG steuerlich geltend gemacht werden.
3. Verluste einer Projekt GmbH werden mit Begründung einer körperschaftsteuerlichen Organschaft bei der Holding AG in voller Höhe verrechnet.
4. Eine körperschaftsteuerliche Organschaft hebt die Haftungstrennung der Holding AG zur Projektgesellschaft auf und führt damit zu einem Haftungsrisiko.
5. Ohne Organschaftsverhältnis sind Aufwendungen der Mutterkapitalgesellschaft im Zusammenhang mit Ausschüttungen der GmbH für Zeiträume vor 2004 nicht abzugsfähig.
6. Aufwendungen sollten deshalb in die Tochter-GmbH verlagert werden.
7. Durch Balloning können dennoch entstehende Aufwendungen zumindest teilweise abzugsfähig gestaltet werden.
8. Ausschüttungen der GmbH sind auf Ebene der Holding AG bis auf eine 5%ige Hinzurechnung steuerfrei, wenn die Holding kein Finanzinstitut ist.

b) Gründung der Projektgesellschaft

aa) GmbH

1628 Die Gründung einer Projekt GmbH kann durch Bargründung, Sachgründung oder unter Anwendung der Vorschriften des Umwandlungsgesetzes erfolgen.

(1) Bargründung, Sachgründung

1629 Die Bargründung erfolgt durch Einzahlung des Stammkapitals von mindestens € 25.000,00.

Alternativ ist auch eine Sachgründung möglich (§ 5 Abs. 4 GmbHG). Die Sachgründung erfolgt durch Sacheinlagen. In Betracht kommt insbesondere die Übertragung der Grundstücke.

Bei der Sachgründung ist ein Sachgründungsbericht zu erstellen. Hierbei sind die wesentlichen Umstände für die Angemessenheit der Leistungen darzulegen. Das Handelsregister-Gericht überprüft den Sachgründungsbericht vor Eintragung.

Eine Variante zur Sachgründung ist eine Bargründung mit anschließender Sachkapitalerhöhung. Für die Sachkapitalerhöhung ist bei der GmbH – anders als bei der AG – kein Sachkapitalerhöhungsbericht erforderlich. 1630

Sofern eine Bargründung der Projektgesellschaft erfolgt ist und in zeitlichem Zusammenhang hiermit Immobilien des Gesellschafters an die Projektgesellschaft verkauft werden, liegt eine verschleierte Sachgründung der Projektgesellschaft vor. In der Folge gilt im Insolvenzfall der Projektgesellschaft das Stammkapital der Projektgesellschaft als noch nicht erbracht. Der Gesellschafter muss das Stammkapital noch einmal leisten. 1631

(2) Umwandlungsgesetz

a) Ausgliederung

Unter das Umwandlungsgesetz fallen folgende Umwandlungsarten: Verschmelzung, Formwechsel, Spaltung und Vermögensübertragung. Vorliegend wird eine eigenständige Gesellschaft als Projektgesellschaft benötigt. Diese Gesellschaft soll zusätzlich zu den bisherigen Konzernunternehmen entstehen. Damit kommt als Umwandlungsart lediglich die Spaltung in Betracht. 1632

Spaltungen erfolgen in drei Formen: Aufspaltung, Abspaltung und Ausgliederung. 1633

Bei der Aufspaltung teilt ein Rechtsträger sein Vermögen unter Auflösung ohne Abwicklung auf und überträgt die Teile jeweils als Gesamtheit im Wege der Sonderrechtsnachfolge (teilweise Gesamtrechtsnachfolge) auf mindestens zwei andere schon bestehende (Aufspaltung zur Aufnahme) oder neu gegründete (Aufspaltung zur Neugründung) Rechtsträger. Die Anteile an den übernehmenden oder neuen Rechtsträgern fallen den Anteilsinhabern des sich aufspaltenden Rechtsträgers zu. 1634

Bei der Abspaltung bleibt der übertragende, sich spaltende Rechtsträger als Rumpfunternehmen bestehen. Er überträgt ebenfalls im Wege der Sonderrechtsnachfolge einen Teil oder mehrere Teile seines Vermögens jeweils als Gesamtheit auf einen oder mehrere andere, bereits bestehende oder neu gegründete Rechtsträger. Die Anteilsinhaber des abspaltenden Rechtsträgers erhalten Anteile an dem übernehmenden oder neuen Rechtsträger. 1635

Die Ausgliederung entspricht weitestgehend der Abspaltung. Die Anteile an den übernehmenden oder neuen Rechtsträgern fallen jedoch in das Vermögen des ausgliedernden Rechtsträgers. 1636

Eine Aufspaltung kommt wegen der damit verbundenen Auflösung der Holding AG nicht in Betracht. Von den verbleibenden Möglichkeiten der Abspaltung und der Ausgliederung führt lediglich die Ausgliederung zu einem Mutter-Tochter-Verhältnis. Zu betrachten ist damit die Spaltung im Wege der Ausgliederung. 1637

Die Ausgliederung kann auf eine Personenhandelsgesellschaft (§§ 125, 133, 141–146 UmwG), auf eine AG (§§ 141–147 UmwG) und auch auf eine GmbH (§§ 137–140, 141–146 UmwG) erfolgen.

Eine Ausgliederung auf eine GmbH ist damit möglich. Mit der Ausgliederung hat die Holding AG eine 100%ige Tochter-GmbH.

Die Ausgliederung ist ein Fall der Gesamtrechtsnachfolge. Damit gehen bestehende vertragliche Vereinbarungen in Zusammenhang mit den ausgegliederten Grundstücken auf die ausgegliederte GmbH über. Eine Zustimmung der Vertragspartner ist – anders als im Fall der Einzelrechtsnachfolge – nicht nötig. Gerade bei bestehenden komplexen Vertragsverhältnissen ist damit die Umwandlung einer Einzelübertragung vorzuziehen. 1638

1639 Steuerlich ist die Ausgliederung ein Fall der §§ 20–23 UmwStG.

Einbringender ist hierbei die Holding AG, aus deren Vermögen die Ausgliederung erfolgt.

Stellt das ausgegliederte Vermögen einen Betrieb, Teilbetrieb oder Mitunternehmeranteil dar, besteht ein Wahlrecht für den Wertansatz der ausgegliederten Aktiva und Passiva zum Buchwert, Zwischenwert oder Teilwert. Die Buchwertfortführung ist möglich, sofern als Gegenleistung nur Gesellschaftsrechte übertragen werden und die Besteuerung vorhandener stiller Reserven sichergestellt ist. Vorliegend kommt die Übertragung eines Teilbetriebs in Betracht. In diesem Fall muss das zurückbleibende Vermögen ebenfalls einen Teilbetrieb darstellen.

1640 Ein Teilbetrieb ist ein mit einer gewissen Selbständigkeit ausgestatteter, organisch geschlossener Teil des Gesamtbetriebes, der für sich betrachtet alle Merkmale eines Betriebes im Sinne des EStG aufweist und für sich lebensfähig ist. Eine völlig selbständige Organisation mit eigener Buchführung ist nicht erforderlich. Die Möglichkeit einer technischen Aufteilung des Betriebes ist nicht ausreichend. Notwendig ist die Eigenständigkeit des Betriebsteils (R 139 Abs. 3 EStR).

1641 Der Teilbetriebsbegriff ist auch auf sog. Teilbetriebe im Aufbau anwendbar. Hierbei handelt es sich um Teilbetriebe, die ihre werbende Tätigkeit noch nicht aufgenommen haben. Ein im Aufbau befindlicher Teilbetrieb liegt vor, wenn die wesentlichen Betriebsgrundlagen bereits vorhanden sind und bei zielgerichteter Weiterverfolgung des Aufbauplans ein selbständiger lebensfähiger Organismus zu erwarten ist.

Bei Zweifeln zur Teilbetriebseigenschaft sollte vor Aufspaltung ein verbindliches Auskunftsersuchen an die Finanzverwaltung gestellt werden, um Gestaltungssicherheit zu schaffen.[13]

1642 Für die Holding AG könnten die eigenen Immobilien einen Teilbetrieb darstellen. U.U. lässt sich hilfsweise mit einem Teilbetrieb im Aufbau argumentieren. Wichtig ist, dass der Holding AG auch nach Übertragung der Immobilien ein Teilbetrieb zurückbleibt. Dieses Kriterium dürfte erfüllt sein, soweit die drei Logistik Center im Eigentum der Holding AG verbleiben.

1643 Stellen die zu übertragenden Immobilien einen Teilbetrieb dar, besteht die Möglichkeit, diese Immobilien zu Buchwerten auf die ausgegliederte Projektgesellschaft zu übertragen. Eine Besteuerung vorhandener stiller Reserven erfolgt nicht.

1644 Bei gegebener Teilbetriebseigenschaft kann auch eine Sachgründung der GmbH oder eine Bargründung mit Sachkapitalerhöhung unter Ansatz der Buchwerte der Immobilien erfolgen. Hierbei handelt es sich um Einbringungen gegen Gewährung von Gesellschaftsrechten (§ 20 UmwStG). Unschädlich ist, es wenn zusätzlich zur Gewährung von Gesellschaftsrechten Teilbeträge einer Kapitalrücklage zugeführt werden.

1645 Der Buchwertansatz ist nur möglich, wenn nicht innerhalb von fünf Jahren nach Spaltung Anteile an einer an der Spaltung beteiligten Gesellschaft veräußert werden, die wertmäßig mehr als 20% des Wertes der Altgesellschaft ausmachen (§ 15 Abs. 3 UmwStG). Die zu spaltende Gesellschaft darf zudem nicht innerhalb von drei Jahren vor Spaltung durch Übertragung von Wirtschaftsgütern, die keine Teilbetriebe sind, erworben oder aufgestockt worden sein.

b) Ablauf der Ausgliederung

1646 Die Holding AG hat als übertragender Rechtsträger zum Schluss des Tages, der dem Umwandlungsstichtag vorangeht, eine Schlussbilanz aufzustellen (§ 17 Abs. 2 UmwG). Der handelsrechtliche Umwandlungsstichtag ist der Zeitpunkt, von dem an die Handlungen des übertragenden Rechtsträgers als für Rechnung des übernehmenden Rechtsträgers gelten (§ 126 Abs. 1 Nr. 6 UmwG). Steuerlicher Übertragungsstichtag ist der Tag, auf den der übertragende Rechtsträger die Schlussbilanz aufzustellen hat. Bei einer Schlussbilanz zum 31. 12. ist Umwandlungsstichtag der 1. 1. und steuerlicher Übertragungsstichtag der 31. 12.

---

13 BMF v. 29. 12. 2003.

Für die Ausgliederung besteht eine achtmonatige Rückwirkung (§§ 17 Abs. 2, 125 UmwG). Das Registergericht darf die Ausgliederung eintragen, wenn die Umwandlungsbilanz auf einen höchstens acht Monate vor Anmeldung liegenden Stichtag aufgestellt worden ist.

Steuerlich sind die Einkommen der übertragenden und der übernehmenden Körperschaft so zu ermitteln, als ob das Vermögen mit Ablauf des steuerlichen Übertragungsstichtages ganz oder teilweise auf die Übernehmerin übergegangen ist (§ 2 Abs. 1 UmwStG). 1647

Ein Übertragungsgewinn und ein Übernahmegewinn entstehen stets im selben Veranlagungszeitraum (31.12.).

Die Rückwirkungsfiktion ist rein steuerlich, zivilrechtlich besteht der Rechtsträger zunächst fort. Die gesellschaftsrechtlichen Voraussetzungen für die Ausgliederung müssen am steuerlichen Übertragungsstichtag noch nicht vorliegen.

Bei einer Buchwertübertragung kann die Holding AG ihren regulären handelsrechtlichen Jahresabschluss auch als Schlussbilanz für die Umwandlung benutzen. Voraussetzung ist die Einhaltung des achtmonatigen Rückwirkungszeitraumes. Bei Überschreiten dieses Zeitraumes ist für die Umwandlung ein neuerlicher zeitnäherer Abschluss als Schlussbilanz aufzustellen. 1648

Grundlage der Ausgliederung ist ein Vertrag zwischen der übertragenden Gesellschaft, der Holding AG, und der ausgegliederten GmbH. Dieser Vertrag ist notariell zu beurkunden. Da die Ausgliederung auf eine neu zu gründende Gesellschaft erfolgen soll, handelt es sich nicht um einen Ausgliederungsvertrag, sondern um einen Ausgliederungsplan. 1649

Der Plan ist vor oder nach Zustimmungsbeschluss der Anteilseigner abschließbar. 1650

Der Plan muss anführen, welche Vermögensgegenstände ausgegliedert werden und dass dies gegen die Gewährung von Gesellschaftsrechten erfolgt. Aufzuführen ist, dass die Anteile durch die Ausgliederung entstehen. Erforderlich ist die Angabe eines Ausgliederungsstichtages.

Die Vertretungsorgane der an der Ausgliederung beteiligten Gesellschaften haben einen Spaltungsbericht abzugeben. Hierin ist die Vermögensaufteilung, der Vertrag bzw. Ausgliederungsplan und der Maßstab für die Ausgliederung zu erläutern. Der Spaltungsbericht ist verzichtbar, wenn dies einvernehmlich durch die Anteilseigner beschlossen wird. Der Verzicht ist notariell zu beurkunden. Die Beurkundung kann zusammen mit der notariellen Beurkundung des Zustimmungsbeschlusses der Gesellschafter erfolgen. 1651

Der Ausgliederungsplan ist nur dann prüfungspflichtig, wenn einer der Gesellschafter dies verlangt. 1652

Die Gesellschafter der beteiligten Gesellschaften haben dem Ausgliederungsplan zuzustimmen. Dieser Zustimmungsbeschluss muss in einer Gesellschafterversammlung gefasst werden. Die Einladung zur Gesellschafterversammlung hat den Ausgliederungsplan und – soweit nicht darauf verzichtet wird – den Spaltungsbericht zu enthalten.

In den Geschäftsräumen der Gesellschaft sind die Jahresabschlüsse und Lageberichte der letzten drei Jahre zur Einsichtnahme durch die Gesellschafter auszulegen. Die Geschäftsführung ist gegenüber den Gesellschaftern auskunftspflichtig. Dem Betriebsrat ist der Ausgliederungsplan einen Monat vor der Gesellschafterversammlung zuzuleiten.

Der Zustimmungsbeschluss muss mit einer Mehrheit von mindestens ¾ der abgegebenen Stimmen gefasst werden, es sei denn, die Satzung sieht eine andere Mehrheit vor. Die Zustimmungsbeschlüsse sind von den Gesellschaftern jeder Gesellschaft gesondert zu fassen. Der Zustimmungsbeschluss ist notariell zu beurkunden.

Die Anmeldung der Ausgliederung hat durch die Geschäftsführung zum Handelsregister am Sitz ihrer jeweiligen Gesellschaft zu erfolgen.

Die steuerliche Rückwirkung gilt für die Körperschaftsteuer und für die Gewerbesteuer. Sie gilt nicht für die Umsatzsteuer. Die neue GmbH ist erst mit ihrer Eintragung im Handelsregister 1653

Unternehmerin. Bis zu diesem Zeitpunkt erfolgt eine umsatzsteuerliche Zurechnung bei der Holding AG.

bb) GmbH & Co. KG

1654 Wie die GmbH kann auch die GmbH & Co. KG durch Bargründung, Sachgründung oder nach den Vorschriften des Umwandlungsgesetzes gegründet werden.

Bei der Sachgründung der KG sollte die Komplementär-GmbH aus Vereinfachungsgründen bar gegründet werden.

1655 Auch auf die GmbH & Co. KG ist eine Ausgliederung aus der Holding AG möglich. Stellen die Immobilien einen Teilbetrieb dar, kann zu Buchwerten ohne Aufdeckung stiller Reserven auf die Objektgesellschaft übertragen werden.

Bei Vorliegen eines Teilbetriebes kann die Einbringung gegen Einräumung einer Mitunternehmerstellung zu Buchwerten erfolgen (§ 24 UmwStG).

Tipp

1. Vermögensübertragungen nach dem Umwandlungsgesetz sind Fälle der Gesamtrechtsnachfolge. Bestehende Vertragsverhältnisse werden mit übertragen.
2. Stellen die Immobilien einen Teilbetrieb dar, kann zu Buchwerten ohne Aufdeckung stiller Reserven auf die Objektgesellschaft übertragen werden. Bei der Holding AG muss ebenfalls ein Teilbetrieb zurückbleiben.
3. Teilbetriebseigenschaft hat auch ein Teilbetrieb im Aufbau.
4. Buchwertübertragung ist nur zulässig, wenn innerhalb von fünf Jahren keine Anteilsveräußerungen stattfinden, die 20% des Wertes der Altgesellschaft übersteigen.
5. Die achtmonatige Rückwirkung erlaubt es, den regulären Jahresabschluss der AG bei der Ausgliederung zu Buchwerten zugrunde zu legen.
6. Die steuerliche Rückwirkung gilt für Gewerbesteuer und Körperschaftsteuer, nicht hingegen für die Umsatzsteuer.
7. Bei Bargründung einer Kapitalgesellschaft und anschließendem Erwerb von Vermögensgegenständen von den Gesellschaftern handelt es sich um eine verschleierte Sachgründung. Das Gründungskapital gilt im Insolvenzfall als noch nicht erbracht.
8. Ein Teilbetrieb kann auch zur Sachgründung einer Objektgesellschaft ohne Aufdeckung stiller Reserven verwendet werden.
9. Bei der Ausgliederung kann durch notariell zu beurkundenden Beschluss auf den Spaltungsbericht verzichtet werden.

c) Entgeltliche Übertragung der Bestandimmobilien auf eine Projektgesellschaft

aa) Ertragsbesteuerung

1656 Eine Übertragung der Immobilien auf eine Projektgesellschaft kann auch durch einen Verkauf erfolgen. Der Verkauf führt zu einem steuerpflichtigen Ergebnis in Höhe der Differenz zwischen Kaufpreis und Buchwert der Immobilien.

Ein eventueller Gewinn ist bei der Holding AG körperschafts- und gewerbesteuerpflichtig. Anders ist dies, wenn bei der verkaufenden AG entsprechende Verlustvorträge bestehen. In diesem Fall können stille Reserven der Immobilien bis zu einer Million Euro aufgedeckt werden, ohne eine Besteuerungsfolge auszulösen. Darüber hinausgehende Gewinne können zu 60% mit Verlustvorträgen verrechnet werden. Steuerpflichtig ist nur der verbleibende Gewinn. Bei Verkauf mit Gewinn verbessert sich das Bilanzbild im Einzeljahresabschluss der AG durch die Erhöhung des Eigenkapitals um diesen Gewinn. Die Projektgesellschaft hat Anschaffungskosten, welche sie, soweit sie auf Gebäude entfallen, die im Anlagevermögen bilanziert werden, über Abschreibungen aufwandswirksam werden lässt.

In der handelsrechtlichen Konzernbilanz erscheint dieser Verkaufsvorgang nicht. Als Vorgang innerhalb des Konzerns wird er bei der Ergebniskonsolidierung eliminiert.

Mit Verkauf weist die Holding AG eine Kaufpreisforderung aus. Soweit die Projektgesellschaft den Kaufpreis nicht sofort entrichten kann oder soll, ist eine Stundung möglich. Diese Stundung kann auch anfallende Zinsen beinhalten. 1657

Bei der Projektgesellschaft sind unverzinsliche Verbindlichkeiten, die länger als zwölf Monate laufen, steuerlich mit 5,5% jährlich abzuzinsen (§ 6 Abs. 1 Nr. 3 EStG).

Die Projektgesellschaft hat durch den Kauf der Immobilien Anschaffungskosten. Diese sind auf Grund und Boden und Gebäude aufzuteilen. Soweit sie das Gebäude betreffen, wird Abschreibungsvolumen geschaffen. Da es sich um gebrauchte Immobilien im Betriebsvermögen handelt, die nicht Wohnzwecken dienen, kommt eine jährliche Abschreibung von 3% zum Ansatz (§ 7 Abs. 4 Nr. 1 EStG). Ein höherer Abschreibungssatz gilt bei einer entsprechend kürzeren Nutzungsdauer der Gebäude. Diese verkürzte Nutzungsdauer ist durch Gutachten nachzuweisen.

bb) Gewerbesteuer

Der Immobilienverkauf ist gewerbesteuerpflichtig. 1658

Die erweiterte Kürzung des § 9 Nr. 1 Satz 2 GewStG greift für die Holding AG nicht, da Nutzung für den Gewerbebetrieb eines Gesellschafters erfolgt.

Bei der erwerbenden Projektgesellschaft liegen die Voraussetzungen für die erweiterte Kürzung ebenfalls nicht vor. Die Immobilien dienen weiter hin dem Gesellschafter. Zudem wird die erweiterte Kürzung Projektentwicklungsgesellschaften, die Objekte entwickeln und weiterveräußern nicht gewährt (vgl. A.II.3.)

Bei der Projektgesellschaft besteht die Kürzung nach § 9 Nr. 1 Satz 1 GewStG. Die Kürzung gilt für Veranlagungszeiträume, in denen das Grundstück seit dem 1.1. im Eigentum der Projektgesellschaft ist. Bei einem unterjährigen Erwerb gilt die Kürzung erst ab dem Folgejahr. 1659

Finanzierungsaufwendungen für den Grundstückserwerb sind zu 50% dem Gewerbeertrag hinzuzurechnen, sofern sie als Dauerschulden eine Laufzeit von mehr als zwölf Monaten haben (§ 8 Nr. 1 GewStG). 1660

cc) Grunderwerbsteuer

Der Verkauf der Immobilien an eine Personengesellschaft ist grunderwerbsteuerfrei, soweit die Holding AG als Gesellschafter an der Personengesellschaft beteiligt ist (vgl. A.II.5.a.). Bei einer GmbH & Co. KG mit der Holding AG als alleinigem Kommanditisten sowie einer GmbH, die nicht am Vermögen der KG beteiligt ist, würde keine Grunderwerbsteuer anfallen. 1661

Der Verkauf der Immobilien an eine Kapitalgesellschaft löst Grunderwerbsteuer aus. 1662

Auch die Grundstücksübertragung im Wege der Ausgliederung einer Projekt GmbH aus der Holding AG ist grunderwerbsteuerpflichtig. Die Steuer bemisst sich nach den Einheitswerten (§ 138 Abs. 2, 3 BewG, § 8 Abs. 2 Nr. 2 GrErwStG). 1663

dd) Umsatzsteuer

Der Immobilienverkauf ist grundsätzlich umsatzsteuerfrei (§ 4 Nr. 9 Buchstabe a UStG). Es besteht die Möglichkeit, zur Umsatzsteuerpflicht zu optieren (§ 9 Abs. 1 UStG). Wegen der erfolgten eigenbetrieblichen Nutzung ist davon auszugehen, dass beim Erwerb bzw. der Errichtung der Immobilien Vorsteuern gezogen wurden. 1664

Soweit eine Veräußerung ohne Umsatzsteuerausweis erfolgt, obwohl der Vorsteuerabzug in Anspruch genommen wurde, ist der zehnjährige Korrekturzeitraum des § 15 a UStG zu beachten (vgl. A.II.4.f.).

Die Umsatzsteuer ist bei Optionsausübung ein durchlaufender Posten für beide beteiligten Gesellschaften. Die Projektgesellschaft kann sich die an die Holding AG gezahlte Umsatzsteuer 1665 als Vorsteuer beim Finanzamt erstatten lassen. Die Holding AG muss die an sie entrichtete Umsatzsteuer an das Finanzamt abführen.

In der Gesamtbetrachtung ergibt sich lediglich eine Liquiditätsbelastung des Konzerns für den Zeitraum zwischen Abführung der Umsatzsteuer und Erstattung der Vorsteuer.

1666 Abhilfe kann durch die Abtretung des Vorsteuererstattungsanspruches der Projektgesellschaft an die Holding AG erfolgen. Die Abtretung muss auf einem amtlichen Formular der Finanzverwaltung erfolgen.

1667 Problematisch wird die Liquiditätsbelastung im Fall der Kaufpreisstundung.

Umsatzsteuerlich wird zwischen Ist- und Sollversteuerung differenziert.

Die AG ist ein umsatzsteuerlicher Sollversteuerer. Sie hat ihre Umsatzsteuerzahllast nach vereinbarten Entgelten zu berechnen (§ 16 Abs. 1 UStG). Damit muss sie Umsatzsteuer für erbrachte Leistungen unabhängig vom Geldfluss abführen.

Die Istversteuerung nach vereinnahmten Entgelten ist nur in engen Grenzen möglich. Der Gesamtumsatz des Vorjahres darf nicht mehr als € 125.000,00 betragen (in den neuen Bundesländern befristet bis Ende 2004 € 500.000,00). Ansonsten gilt Istversteuerung für Steuerpflichtige, die von der Verpflichtung, Bücher zu führen, befreit sind (§ 148 AO) oder Freiberufler sind (§ 18 Abs. 1 EStG).

Die Holding AG müsste also Umsatzsteuer auf den Kaufpreis abführen, obwohl kein Zahlungsfluss stattfindet.

1668 Es besteht die Möglichkeit, in diesen Fällen zunächst Nettorechnungen zu stellen und erst zu einem späteren Zeitpunkt nachträglich zur Umsatzsteuerpflicht zu optieren. Die bisherigen Nettorechnungen müssen in diesem Fall nachträglich berichtigt werden.

1669 Die Projektgesellschaft als Erwerber ist vorsteuerabzugsberechtigt, soweit die Grundstücke an sie übertragen wurden und Rechnung mit Umsatzsteuerausweis gelegt wurde (§ 15 Abs. 1 Nr. 1 UStG). Ein Vorsteuerabzug vor Leistungserbringung ist nur möglich, wenn die Rechnung bereits gezahlt wurde.

Umsatzsteuerliche Organschaft

1670 Eine umsatzsteuerliche Organschaft ist möglich, wenn eine Organgesellschaft finanziell, wirtschaftlich und organisatorisch in das Unternehmen eines Organträgers eingegliedert ist.

Die finanzielle Eingliederung setzt die Möglichkeit voraus, Beschlüsse in der Organgesellschaft durchzusetzen. Entscheidend sind die Stimmrechtsverhältnisse. Sofern Anteilsrechte mit Stimmrechten übereinstimmen, ist der Besitz einer entscheidenden Anteilsmehrheit erforderlich (Abschn. Abs. 4 UStR).

Für die wirtschaftliche Eingliederung muss die Organgesellschaft gemäß dem Willen des Unternehmers im Rahmen des Gesamtunternehmens, und zwar in engem wirtschaftlichem Zusammenhang mit diesem, wirtschaftlich tätig sein. Die Muttergesellschaft muss keinen nach außen in Erscheinung tretenden Gewerbebetrieb unterhalten (Abschn. 21 Abs. 5 UStR).

1671 Zur organisatorischen Eingliederung hat der Organträger durch organisatorische Maßnahmen sicherzustellen, dass in der Organgesellschaft sein Wille tatsächlich durchgeführt wird. Typischerweise geschieht dies durch Personalunion in der Geschäftsführung von Organträger und Organgesellschaft.

1672 Konsequenz der Organschaft ist, dass Organgesellschaft und Organträger umsatzsteuerlich als ein Unternehmen betrachtet werden. Umsätze zwischen Organträger und Organgesellschaft sind als Innenumsätze nicht steuerbar. Rechnungen für einen Leistungsaustausch zwischen Organträger und Organgesellschaft weisen keine Umsatzsteuer aus. Es entfällt das Abführen von Umsatzsteuer und das Geltendmachen von Vorsteuererstattungsansprüchen. Die umsatzsteuerliche Organschaft bedeutet damit einen erheblichen Liquiditätsvorteil bei ansonsten umsatzsteuerpflichtigen Leistungen zwischen Organträger und Organgesellschaft.

d) Übertragung von Einzelwirtschaftsgütern zu Buchwerten

Soweit die Vorraussetzung eines Teilbetriebes nicht gegeben ist, besteht keine Möglichkeit, die Immobilien als einzelne Wirtschaftsgüter zu Buchwerten, ohne Aufdeckung eventuell vorhandener stiller Reserven aus der Holding- AG in ein anderes Betriebsvermögen zu überführen. 1673

Anders wäre der Sachverhalt, wenn die Holdinggesellschaft in der Rechtsform einer Personengesellschaft betrieben würde. § 6 Abs. 5 EStG erlaubt hier unter gewissen Vorrausetzungen die steuerneutrale Überführung von Wirtschaftsgütern auf eine andere Personengesellschaft.

z.B.

1. Bei Verlustvorträgen der AG können stille Reserven durch Verkauf der Grundstücke steuerfrei aufgedeckt und Abschreibungsvolumen geschaffen werden.
2. Bei einem Verkauf können Kaufpreise zur Liquiditätsschonung gestundet werden.
3. Unverzinsliche langfristige Kaufpreisverbindlichkeiten sind bei der Projektgesellschaft steuerlich mit 5,5% abzuzinsen.
4. Die Begründung einer umsatzsteuerlichen Organschaft schafft bei ansonsten umsatzsteuerpflichtigen Leistungen zwischen Organträger und Organgesellschaft Liquiditätsvorteile.
5. Bei Kaufpreisstundung ohne umsatzsteuerliche Organschaft kann auch erst später zur Umsatzsteuerpflicht optiert werden.
6. Vorsteuererstattungsansprüche können abgetreten werden.
7. Einzelwirtschaftsgüter können von einer Kapitalgesellschaft nicht zu Buchwerten auf ein anderes Betriebsvermögen übertragen werden.
8. Eine Personengesellschaft kann Einzelwirtschaftsgüter im Rahmen des § 6 Abs. 5 EStG zu Buchwerten übertragen.
9. Ein Verkauf von Immobilien an eine Personengesellschaft ist insoweit nicht Grunderwerbsteuerpflichtig, als die Holding AG an dieser Gesellschaft beteiligt ist. Bei Verkauf an eine Kapitalgesellschaft fällt Grunderwerbsteuer in voller Höhe an.

e) Beteiligung Dritter an Projektgesellschaften

Dritte können zu den Gründungsgesellschaftern einer Projektgesellschaft gehören oder erst zu einem Zeitpunkt nach Gründung Gesellschafter werden. 1674

Werden Dritte an einer bestehenden Projektgesellschaft in der Rechtsform der GmbH beteiligt, so ist dieser Vorgang für die verkaufende Holding AG steuerfrei (§ 8 b Abs. 1 KStG). Sofern die Projektgesellschaft durch eine Spaltung zu Buchwerten innerhalb der letzten fünf Jahre entstanden ist darf der Verkauf die Buchwertübertragung nicht gefährden (vgl. E.II.1.b.aa.(2)(a)). 1675

Verkauft eine natürliche Person unmittelbar oder über eine Personengesellschaft Anteile an einer Projekt GmbH, so unterliegt ein Veräußerungsgewinn, sofern sie mit mindestens einem Prozent beteiligt ist, dem Halbeinkünfteverfahren. 1676

Diese Besteuerung lässt sich dadurch umgehen, dass anstelle eines Anteilsverkaufes eine Kapitalerhöhung bei der Projektkapitalgesellschaft durchgeführt wird. Die Übernahme des Kapitalerhöhungsbetrages erfolgt durch den neu aufzunehmenden Gesellschafter. 1677

Ein Wertausgleich kann durch eine entsprechende Zuzahlung des neuen Gesellschafters in die Kapitalrücklage erfolgen. Nachteilig hierbei ist, dass der Kaufpreis für die Beteiligung nicht beim Veräußernden landet, sondern sich gesamthänderisch gebunden in der Kapitalgesellschaft befindet. 1678

1679 Der erwerbende Dritte hat die Beteiligung mit seinen Anschaffungskosten zu aktivieren.

Die Holding AG verringert bei Veräußerung ihren Bilanzansatz um den Buchwert des veräußerten Anteils. Bei Aufnahme des Dritten über Kapitalerhöhung bleibt der bisherige Wertansatz unberührt.

1680 Besteht die Projektgesellschaft als Personengesellschaft, etwa als GmbH & Co. KG, so ist der Verkauf von Kommanditanteilen durch die Holding AG für diese steuerpflichtig. Die Besteuerung eines Veräußerungsgewinns erfolgt bei ihr mit dem Körperschaftsteuersatz von 25% (2003 26,5%) zuzüglich Solidaritätszuschlag, sowie Gewerbesteuer.

1681 Auch hier besteht die Möglichkeit, eine steuerpflichtige Veräußerung durch die Aufnahme des Dritten als neuem Kommanditisten unter Erhöhung des Kommanditkapitals zu vermeiden.

Tipp

1. **Der Verkauf eines GmbH-Anteils durch die Holding AG ist nicht körperschaftsteuerpflichtig.**
2. **Anstelle eines Anteilverkaufes kann zur Vermeidung eines steuerpflichtigen Gewinns bei Neuaufnahme eines Gesellschafters eine Kapitalerhöhung durchgeführt werden.**

2. Outsourcing

1682 Outsourcing führt dazu, dass einzelne Aufgaben nicht mehr selbst durchgeführt, sondern auf Dritte übertragen und verlagert werden. Häufig werden Nebentätigkeiten und Zuarbeiten übertragen.

1683 Vorteil des Outsourcing ist die Konzentration auf das eigene Kerngeschäft. Personalressourcen, die bislang im outgesourcten Bereich gebunden waren, können für das Kerngeschäft freigesetzt werden. Outsourcing kann zur Kostenoptimierung führen. Die Übertragung eines Bereiches auf jemanden, der diese Tätigkeit zu seinem Kerngeschäft macht, kann zu einer günstigeren Kostenstruktur führen. Das Unternehmen, auf welches outgesourct wird, kann speziell ausgebildetes Personal und Know-How haben, welches im eigenen Betrieb nicht vorliegt. Durch die Durchführung der Tätigkeit nicht nur für das eigene Unternehmen, sondern auch für Fremde, entstehen Mengenvorteile. Es kann eine bessere betriebstechnische Ausstattung vorgehalten werden, die zu einer höheren Produktivität führt. Gleichzeitig kann sich die Qualität der übertragenen Tätigkeiten verbessern.

1684 Möglicher Nachteil des Outsourcing ist die entstehende Abhängigkeit von einem externen Anbieter. Gleichzeitig geht im eigenen Unternehmen vorhandenes Know-How verloren. Kritisch zu hinterfragen ist, ob die Vergabe an Dritte tatsächlich zu einer Qualitätsverbesserung führt. Der Dritte wird seine Abläufe meistens nicht völlig nach den betrieblichen Anforderungen des Unternehmens ausrichten, da er verschiedene Kunden hat.

1685 Outsourcing erfolgt in verschiedenen Formen. Teilweise werden nur einzelne Teilleistungen fremd vergeben. Dies erfolgt auftragsbezogen an verschiedene Anbieter. Zum anderen erfolgt eine Fremdvergabe ganzer Leistungsbündel.

1686 Eine Variante des Outsourcing ist das Inhouse-Outsourcing. Hierbei werden Tätigkeiten über eine Ausgründung auf eine Tochtergesellschaft übertragen. Das Inhouse-Outsourcing ist eine Alternative zur Profit-Center-Struktur. Hierbei erhält die Tochtergesellschaft eine eigene Erfolgsverantwortung. Leistungen werden nicht mehr nur für das eigene Unternehmen, sondern auch für Dritte erbracht.

Vorteilhaft an dieser Gestaltung ist die Ausrichtung der Tochtergesellschaft auf die Muttergesellschaft. Dadurch, dass man auch für Dritte tätig wird, entsteht eine bessere Auslastung.

Alternativ kann auch die Kooperation mit einem externen Leistungsanbieter erfolgen. Hierbei wird eine gemeinsame Betriebsgesellschaft mit diesem gegründet. 1687

Bei dieser Konstruktion besteht die Möglichkeit, als Gesellschafter Einfluss auf den Leistungsinhalt zu nehmen. Über die Beteiligung des Dritten an dieser Gesellschaft kann zudem dessen Know-How auf dieses Unternehmen übertragen werden.

Für die Holding AG kommt Outsourcing für den Bereich der drei vorhandenen Logistik-Center in Betracht. 1688

a) Inhouse-Outsourcing

aa) Gesellschaftsrecht

Gesellschaftsrechtlich stellen sich die gleichen Fragen wie im vorherigen Abschnitt bei der Projektgesellschaft. Sollen die Logistik-Center in eine 100%ige Tochtergesellschaft überführt werden, bietet sich als Rechtsform die GmbH an. 1689

Die Gründung kann durch Bargründung und anschließender Sachkapitalerhöhung, Sachgründung oder Ausgliederung nach dem Umwandlungsgesetz erfolgen.

bb) Ertragssteuerrecht

Die Teilbetriebseigenschaft der Logistik-Center ist gegeben. Soweit ein weiterer Teilbetrieb bei der Holding AG zurückbleibt, besteht die Möglichkeit einer Einbringung zu Buchwerten (§ 20 UmwStG). 1690

Alternativ kann auch ein Verkauf der Logistik-Center an die GmbH erfolgen. Dies kann zur Ausnutzung bestehender Verlustvorträge der Holding AG erfolgen. Leistungsbeziehungen zwischen der Logistik GmbH und der Holding AG führen bei der Holding AG zu Aufwand und zu entsprechendem Ertrag bei der Logistik GmbH. Diese Ergebnisbeiträge sind körperschafts- und gewerbesteuerpflichtig.

Im handelsrechtlichen Konzernabschluss der Holding AG werden Leistungsbeziehungen zwischen den Konzerngesellschaften herauskonsolidiert.

cc) Umsatzsteuer

Die Leistungen der Logistik GmbH an die Holding AG sind umsatzsteuerpflichtig. Die Holding AG ist vorsteuerabzugsberechtigt. 1691

Bei Begründung einer umsatzsteuerlichen Organschaft erfolgen die Leistungsbeziehungen zwischen der Holding AG als Organträgerin und der Logistik GmbH als Organgesellschaft ohne Umsatzsteuerausweis. Entsprechend besteht für diese Leistungen kein Vorsteuerabzug.

Ein Verkauf der Logistik-Center durch die Holding AG an die GmbH als Teilbetrieb ist nicht steuerbar (§ 1 Abs. 1 a UStG). Trotz Verkaufs ohne Umsatzsteuerausweis greift die Korrekturvorschrift nicht (§ 15 a UStG). Der Erwerber des Teilbetriebes, die GmbH, hat den Teilbetrieb für einen verbleibenden Korrekturzeitraum umsatzsteuerpflichtig zu verwerten (vgl. A.II.4.f.). 1692

dd) Grunderwerbsteuer

Die Übertragung von Immobilien auf die Logistik GmbH ist grunderwerbsteuerpflichtig. 1693

b) Kooperation

aa) Gesellschaftsrecht

Zur Frage der Gesellschaftsform gilt auch hier, was zur Projektgesellschaft dargelegt wurde. 1694

In Betracht kommt insbesondere die Rechtsform der GmbH & Co. KG.

Die Gründung wurde vorstehend bereits bei der Projektgesellschaft beschrieben. Auch hier besteht die Möglichkeit einer Ausgliederung nach dem Umwandlungsgesetz.

Eine Beteiligung Dritter kann unmittelbar bei Gründung oder durch spätere Anteilsübertragung erfolgen. Durch eine Kapitalerhöhung kann die Entstehung eines Veräußerungsgewinns beim bisherigen Alleingesellschafter vermieden werden.

bb) Ertragsteuerrecht

1695 Bei der GmbH & Co. KG ist den Gesellschaftern das Gesellschaftsergebnis steuerlich unmittelbar zuzurechnen. Eine Grenze stellt § 15 a EStG dar. Verluste, die das Kommanditkapital übersteigen, sind nur mit zukünftigen Gewinnen der GmbH & Co. KG zu verrechnen.

Soweit die Rechtsform der Kapitalgesellschaft gewählt wird, erfolgen für den Dritten keine Verlustzuweisungen. Positive Ergebnisse sind bei ihm steuerpflichtig, soweit sie ausgeschüttet werden.

c) Verkauf

1696 Die Holding AG hat schließlich die Möglichkeit, sich völlig von den Logistik-Centern zu trennen und diese zu verkaufen. Unmittelbarer Vorteil dieser Lösung wäre, dass die Holding AG aus dem Verkauf Mittel erhielte, um die benötigten Standortinvestitionen für die Kaufhäuser voran zutreiben.

Dieser Vorteil wäre mit den zukünftig anfallenden Logistikkosten und der erwarteten Qualität der Logistikdienstleistungen zu vergleichen.

1697 Ertragsteuerlich führt der Verkauf für die Holding AG zu einem körperschafts- und gewerbesteuerpflichtigen Ergebnis in Höhe der Differenz zwischen Buchwert und Kaufpreis.

Umsatzsteuerlich ist der Verkauf von Teilbetrieben nicht steuerbar (§ 1 Abs. 1 a UStG).

Die Logistik-Center sollten einen derartigen in einem Unternehmen gesondert geführten Betrieb darstellen. Die Umsatzsteuerkorrekturvorschrift greift beim Verkauf nicht (§ 15 a UStG).

Der Verkauf der Grundstücke ist grunderwerbsteuerpflichtig.

Tipp

1. Outsourcing kann Qualität und Preis erforderlicher Dienstleistungen verbessern.
2. Inhouse-Outsourcing erlaubt es im Unternehmen, bereits vorhandene Dienstleistungen auch an Externe anzubieten. Hierdurch kann ein weiteres Unternehmensstandbein aufgebaut und Ressourcen besser genutzt werden.
3. Durch Eingehen von Kooperationen kann externes Know-How eingekauft werden.
4. Der Verkauf vorhandener Dienstleistungskapazitäten kann kurzfristig die Liquiditätssituation verbessern.

3. Sale-and-lease-back

1698 Zur Finanzierung des erforderlichen Investitionsbedarfes in die vorhandenen Objekte und für neue Standorte kommen Sale-and-lease-back Konstruktionen in Betracht.

1699 Beim Immobilienleasing handelt es sich um meistens langjährige Verträge, die sich wirtschaftlich zwischen Miete, Darlehen und Kauf bewegen. Angestrebt wird üblicherweise ein Finanzierungsleasing.

Für das Immobilienleasing wird meistens eine Objektgesellschaft eingeschaltet. Diese bietet den Vorteil einer einfacheren Handhabung, größerer Gestaltungsflexibilität, der rechtlichen Abgrenzung und der separaten Beleihungsfähigkeit.

Soweit die Objektgesellschaft eine 100%ige Tochter der Leasinggesellschaft ist, wird regelmäßig die Rechtsform der GmbH, ansonsten bei Beteiligung des Leasingnehmers eine Personengesellschaft gewählt.

Die Objektgesellschaft ohne Beteiligung des Leasingnehmers erhält die erweiterte Gewerbesteuerkürzung (§ 9 Nr. 1 Satz 2 GewStG). Bei Beteiligung des Leasingnehmers entfällt diese Kürzungsmöglichkeit.

Der Leasingnehmer hat die Möglichkeit, vorhandene § 6 b-Rücklagen auf seine Beteiligung an einer Objektpersonengesellschaft zu übertragen (§ 6 b EStG). 1700

Gewinne aus der Veräußerung von Grund und Boden und Gebäuden, die im betrieblichen Anlagevermögen entstehen, können unter gewissen Voraussetzungen durch Bildung einer entsprechenden Rücklage neutralisiert werden. Diese Rücklage kann sodann innerhalb von vier Jahren nach Verkauf und für einen Zeitraum von einem Jahr vor Verkauf von den Anschaffungs- oder Herstellungskosten einer erworbenen Immobilie abgezogen werden. Bei Neubauten gilt ein Zeitraum von sechs Jahren. Im Ergebnis wird damit der Veräußerungsgewinn nicht versteuert.

Die Immobilie muss vor Veräußerung sechs Jahre im Betriebsvermögen gewesen sein. Erfolgt keine fristgerechte Übertragung auf eine andere Immobilie, ist die Rücklage erfolgswirksam aufzulösen. Der Rücklagenbetrag ist dann für jedes volle Jahr seines Bestehens mit 6% zu verzinsen.

Die Rücklage kann nur gebildet werden, wenn der Veräußerer bilanziert. Es besteht die Möglichkeit, freiwillig von der Einnahmen Überschuss Rechnung zur Bilanzierung zu wechseln, um damit die Rücklagenbildung zu ermöglichen.

Wird die Immobilie zum Zweck der Vorbereitung oder Durchführung von städtebaulichen Sanierungs- und Entwicklungsmaßnahmen veräußert, verkürzt sich, bei entsprechender behördlicher Bescheinigung die erforderliche Mindesthaltedauer im Betriebsvermögen auf zwei Jahre. Die Reinvestitionsfrist verlängert sich um drei Jahre.

Die Rücklage kann von Einzelunternehmen, Personengesellschaften und Kapitalgesellschaften gebildet werden. Übertragen werden kann die Rücklage auf Investitionen im eigenen Betriebsvermögen oder auf Investitionen von Mitunternehmerschaften, an denen der Rücklagenbildende beteiligt ist. Die Übertragung auf eine Kapitalgesellschaft ist nicht möglich.

Die Finanzierung der Objektgesellschaft erfolgt entweder durch Bereitstellung von Eigenkapital durch die Leasinggesellschaft oder aber üblicherweise über Darlehen bzw. Forfaitierung zukünftiger Leasingraten. 1701

Die Leasinggesellschaft erwirbt regelmäßig das Grundstückseigentum oder ein Erbbaurecht. Die Zurechnung des wirtschaftlichen Eigentums erfolgt beim Leasinggeber, wenn die Grundmietzeit nicht länger ist als 90% der betriebsgewöhnlichen Nutzungsdauer. Die Nutzungsdauer von Betriebsgebäuden beträgt 33,3 Jahre (§ 7 Abs. 4 EStG). Die Laufzeit von Leasingverträgen beträgt damit üblicherweise bis zu 30 Jahren.

Für die Durchführung des Immobilienleasings haben sich verschiedene Modelle herausgebildet. 1702

a) Buy-and-lease-Modell

Hierbei wird ein bestehender Gebäudekomplex durch die Objektgesellschaft erworben und anschließend dem Leasingnehmer überlassen. Dieses Modell bietet sich für die neuen Kaufhausstandorte an, soweit die vorgesehenen Objekte bereits entsprechend bebaut sind. 1703

Die Zahlung der Leasingraten stellt für die Holding AG Aufwand dar. Soweit Sonderzahlungen oder Vorauszahlungen geleistet werden, sind diese auf die Laufzeit des Leasingvertrages abzugrenzen. 1704

Gewerbesteuerlich sind die Leasingraten zu 50% dem gewerbesteuerlichen Ergebnis hinzuzurechnen. Da die Raten eine Laufzeit von über zwölf Monaten haben, stellen sie Dauerschulden dar. 1705

Der Erwerb des Grundstücks durch die Objektgesellschaft löst Grunderwerbsteuer aus. 1706

Anfallende Grundsteuer ist von der Objektgesellschaft als Eigentümer zu tragen. 1707

Die Vermietung der Immobilie an die Holding AG ist umsatzsteuerfrei (§ 4 Nr. 12 Buchstabe a UStG). Die Objektgesellschaft wird jedoch zur Umsatzsteuer optieren, um anfallende Umsatzsteuer aus dem Erwerb des Grundstücks als Vorsteuer erstattet zu bekommen.

Der Grundstückserwerb ist grundsätzlich ebenfalls umsatzsteuerfrei. Der Verkäufer kann jedoch seinerseits zur Umsatzsteuerpflicht optiert haben, um Umsatzsteuerbeträge aus den Herstellungskosten als Vorsteuer erstattet zu bekommen.

b) Sale-and-lease-back-Modell

1708 Der Leasingnehmer verkauft ein ihm gehörendes Objekt an die Objektgesellschaft. Anschließend vermietet die Objektgesellschaft das Objekt an ihn zurück.

Hierfür kommen die Bestandsimmobilien der Holding AG in Frage.

1709 Bei der Betrachtung von Sale-and-lease-back bestehen qualitative und quantitative Aspekte. Durch den Verkauf des Grundstücks verändert sich die Bilanzstruktur der Holding AG, soweit kein wirtschaftliches Eigentum zurückbleibt. Der Verkauf ermöglicht die Verwertung stiller Reserven, die in der Immobilie stecken.

Aus dem Kaufpreis wird kurzfristige Liquidität geschaffen. Demgegenüber steht, dass mit Abschluss des Leasingvertrages ein langfristiges Nutzungsverhältnis mit entsprechend laufenden Belastungen entsteht.

1710 Der Verkauf der Immobilie ist bei der Holding AG körperschaft- und gewerbesteuerpflichtig. Bei bestehenden Verlustvorträgen kann eine Steuerbelastung vermieden werden.

1711 Der Grundstücksverkauf ist umsatzsteuerfrei. Es besteht die Möglichkeit, zur Umsatzsteuerpflicht zu optieren. Sofern ein umsatzsteuerpflichtiger Erwerb durch die Objektgesellschaft erfolgt, sind auch die Leasingraten umsatzsteuerpflichtig.

c) Bring-in-and-lease-back-Modell

1712 Der Leasingnehmer bringt ein ihm gehörendes Grundstück gegen Gewährung von Gesellschaftsrechten in die Objektgesellschaft ein. Die Objektgesellschaft vermietet dann das Objekt an ihn zurück. Dieses Modell ist ebenfalls für die Bestandsimmobilien der Holding AG denkbar.

1713 Die Einbringung des Grundstücks kann zu Buchwerten oder unter Aufdeckung der stillen Reserven erfolgen.

Die Holding AG kann als Kapitalgesellschaft eine Einbringung zu Buchwerten nur dann vornehmen, wenn es sich bei dem eingebrachten Grundstück um einen Teilbetrieb handelt. In diesem Fall besteht das Wahlrecht zur Buchwerteinbringung in eine Objektkapitalgesellschaft (§ 20 UmwStG) oder in eine Objektpersonengesellschaft (§ 24 UmwStG).

Die Einbringung unter Aufdeckung stiller Reserven löst für die Holding AG die Ertragsteuerpflicht eines Einbringungsgewinnes aus.

d) Neubauleasing

1714 Hierbei wird ein unbebautes Grundstück durch die Objektgesellschaft erworben. Der Erwerb kann vom Leasingnehmer oder einem Dritten erfolgen. Die Objektgesellschaft bebaut das Grundstück nach den Vorstellungen des Leasingnehmers. Anschließend erfolgt eine Vermietung an ihn. Dieses Modell ist für neue Standorte geeignet, die noch nach den Vorstellungen der Holding AG zu bebauen sind.

Tipp

1. Die erweiterte Gewerbesteuerkürzung setzt voraus, dass der Leasingnehmer nicht an der Objektgesellschaft beteiligt ist.
2. Soweit der Leasingnehmer an der Leasinggesellschaft in der Rechtsform einer Personengesellschaft beteiligt ist, fällt keine Grunderwerbsteuer an.
3. Die angestrebte Zurechnung der geleasten Immobilie beim Leasinggeber setzt eine Vertragslaufzeit voraus, die kürzer als 90% der betriebsgewöhnlichen Nutzungsdauer ist.
4. Leasingraten werden als Dauerschulden dem gewerbesteuerlichen Ergebnis zu 50% hinzugerechnet.
5. Sale-and-lease-back führt zu kurzfristiger Liquidität aus dem Verkauf und zu einer Verbesserung des Bilanzbildes, wenn stille Reserven aufgedeckt werden konnten. Im Gegenzug wird eine langfristige laufende Verpflichtung begründet.
6. Buy-and-lease und Neubauleasing sind liquiditätsschonende Maßnahmen die Nutzungsmöglichkeit betrieblich gewünschter Objekte zu erhalten.
7. Bei Sale-and-lease-back unter Einschaltung einer Projektgesellschaft, an der der Leasingnehmer beteiligt ist, kann ein Veräußerungsgewinn durch Übertragung einer Rücklage nach § 6 b EStG vermieden werden.

III. Notarielle Aspekte

Nachfolgend werden ausgewählte notarielle Aspekte dargestellt, die sich aus dem Kapitel E. II, Gesellschafts- und steuerrechtliche Aspekte und Finanzierungsfragen, ergeben. 1715

1. GmbH

Vor der Gründung einer Projektgesellschaft in Form einer Gesellschaft mit beschränkter Haftung ist zu überlegen, ob eine neue Gesellschaft gegründet oder eine schon bestehende Vorratsgesellschaft erworben werden soll. Wie der Name sagt, werden die letztgenannten GmbH's von gewerblichen Anbietern auf Vorrat gegründet und danach verkauft, wobei der Erwerb durch Abtretung des oder der Geschäftsanteile an den Käufer erfolgt. Der Hauptgrund für den Erwerb einer solchen Gesellschaft besteht darin, dass eine GmbH nach dem Abschluss des Gesellschaftsvertrags nicht sofort entsteht, sondern erst nach Eintragung im Handelsregister, § 11 Abs. 1 GmbHG. Wegen arbeitsmäßiger Überlastung vieler Handelsregister war dieser Zeitraum in den vergangenen Jahren oft recht lang. Wollen die Gesellschafter schon vor der Eintragung im Register mit der GmbH in Gründung am Geschäftsverkehr teilnehmen, riskieren sie die persönliche Haftung für Gesellschaftsschulden gem. § 11 Abs. 2 GmbHG, die erst mit der Eintragung in das Handelsregister erlischt. Obwohl diese Gefahr bei dem Erwerb einer Vorratsgesellschaft nicht besteht, sollte grundsätzlich eine Neugründung vorgezogen werden, weil die Bearbeitungszeiten bei den Handelsregistern inzwischen sehr viel kürzer sind und bei Erwerb einer Vorratsgesellschaft regelmäßig eine Umfirmierung und Sitzverlegung beschlossen und im Handelsregister eingetragen werden muss. Außerdem verlangt die Rechtsprechung nach dem Erwerb der Vorratsgesellschaft von dem Geschäftsführer erneut die Versicherung, dass das Stammkapital erbracht ist und sich in der endgültigen Verfügung der Geschäftsführung befindet.[14] Ab dem notariellen Gründungsprotokoll besteht die GmbH in Gründung (sog. Vor-GmbH), die mit der späteren GmbH nach Eintragung im Handelsregister identisch ist. Es können also schon Verträge über Grundstücksübertragungen abgeschlossen und Auflassungsvormerkungen zugunsten der noch nicht im Handelsregister eingetragenen GmbH im Grundbuch 1716

14 BGH NJW 2003, 892; kritisch dazu: *Schaub,* NJW 2003, 2125 ff.

eingetragen werden. Gesellschafter der GmbH kann jede natürliche und juristische Person sein, also auch die Holding-AG. Das Gesetz verlangt nur wenige Regelungen als Mindestinhalt des Gesellschaftsvertrages (Satzung). Er muss nur die Firma, also den Namen des Unternehmens, den Sitz, den Unternehmensgegenstand und den Betrag des Stammkapitals enthalten, § 3 GmbH. Alle weiteren Regelungen sind freiwillig. Hierbei kann es sich z. B. um Regelungen über die Dauer der Gesellschaft, das Geschäftsjahr, die (allerdings nur intern wirksame) Einschränkung der Geschäftsführungsbefugnisse, Gesellschafterversammlungen und Beschlüsse, Einsetzung eines Beirats, Ausschluss von Gesellschaftern und Abfindungen handeln. Es sollte bei der Gestaltung der Satzung darauf geachtet werden, dass gegenüber dem gesetzlichen Mindestinhalt nur solche Ergänzungen vorgenommen werden, die aufgrund des Gesellschaftszwecks und der Zusammensetzung des Kreises der Gesellschafter unentbehrlich sind. Ist die Holding-AG alleinige Gesellschafterin der Besitz-GmbH, und ist die Aufnahme weiterer Gesellschafter nicht geplant, sind Klauseln über die Vererbung, Einziehung von Geschäftsanteilen, Verfügungsbeschränkungen hinsichtlich der Abtretung solcher Anteile, Bewertungs- und Abfindungsregelungen sicherlich nicht notwendig. Da die Gesellschafter bei der Gestaltung der Satzung weitgehend frei sind, können auch ganz spezielle Einzelfallregelungen getroffen werden, z. B. eine höhere Stimmkraft eines Anteils, unentziehbare Sonderrechte zugunsten eines Gesellschafters, z. B. auf die Geschäftsführung. Die Firma der GmbH muss neben dem Hinweis »mit beschränkter Haftung« nur die Anforderungen nach § 18 HGB erfüllen, also zur Kennzeichnung geeignet sein und Unterscheidungskraft besitzen und darf nicht irreführend sein. Obwohl damit auch Phantasienamen zulässig sind, empfiehlt sich doch ein Hinweis auf die Tätigkeit als Gesellschaft zur Verwaltung des eigenen Grundbesitzes. Der Unternehmensgegenstand soll die interessierten Verkehrskreise auf den wesentlichen Zweck des Unternehmens hinweisen, sollte also auf die Verwaltung der Bestandsimmobilien verweisen. Eine Einschränkung des Betätigungsfeldes ist mit der Festlegung des Unternehmenszwecks allerdings nicht verbunden. Soll die GmbH die Funktion eines Komplementärs einer grundbesitzverwaltenden Kommanditgesellschaft haben, reicht als Unternehmenszweck die Übernahme der Vertretung und Geschäftsführung der Kommanditgesellschaft aus.[15] Das Stammkapital der GmbH beträgt wenigstens 25.000,00 €, jede Stammeinlage wenigstens 100 €, immer teilbar durch 50 €. Aus der Satzung der Gesellschaft folgt, in welcher Höhe die Stammeinlagen einzuzahlen sind. Bei der Ein-Mann-Gründung, die bei Übernahme des gesamten Stammkapitals durch die Holding-AG vorliegt, muss mindestens ein Viertel auf die übernommene Stammeinlage eingezahlt, wobei die Einzahlung wenigstens die Hälfte des gesetzlichen Mindeststammkapitals erreichen muss. Für den Rest ist Sicherheit zu leisten, § 7 Abs. 2 S. 3 GmbHG. Aus Praktikabilitätsgründen erfolgt daher bei der Ein-Mann-Gründung regelmäßig Volleinzahlung. Wird die Gesellschaft von wenigstens zwei Personen errichtet, muss auf jede Stammeinlage ein Viertel eingezahlt werden, insgesamt muss die Einzahlung ebenfalls die Hälfte des gesetzlichen Mindeststammkapitals erreichen. Eine Sicherheitsleistung für den fehlenden Rest entfällt allerdings. Soll nicht eine Bar-, sondern Sacheinlage erfolgen, z. B. durch Einbringung des Grundstücks, muss die Einlage immer voll erbracht werden. Die Sachgründung ist wesentlich umständlicher als die Bargründung. Die Sacheinlage, die jeder vermögensmäßige Gegenstand sein kann, muss vor Eintragung erbracht sein. Werden Grundstücke als Sacheinlage vereinbart, ist streitig, ob die Eigentumsumschreibung auf die Vorgesellschaft erfolgt sein muss[16] oder ob Auflassung, Eintragungsantrag und Eintragung der Auflassungsvormerkung reichen.[17] Außerdem müssen der Anmeldung der Grundstückskaufvertrag, ein Sachgründungsbericht und Unterlagen, die den Wert der Sacheinlagen dokumentieren, beigefügt werden, damit geprüft werden kann, ob überhaupt der Wert der Stammeinlagen erreicht wird. Regelmäßig wird daher ein (teures) Wertgutachten notwendig sein.

15 *Winter* in: Scholz, GmbHG, 9. Aufl., § 3 Rdnr. 16 m. w. N.
16 *Winter* in: Scholz, GmbHG, 9. Aufl., § 7 Rdnr. 40 m. w. N.
17 *Lutter/Hommelhoff*, GmbHG, 15. Aufl., § 7 Rdnr. 12 m. w. N.

Der Gesellschaftsvertrag bedarf der notariellen Beurkundung, § 2 Abs. 1 GmbH. Bevollmächtigte der Gründer bedürfen einer wenigstens beglaubigten Gründungsvollmacht. Die Gründungsurkunde besteht aus einem Gründungsprotokoll und der Satzung der Gesellschaft als Anlage. Im Gründungsprotokoll werden die ersten Geschäftsführer bestellt, die sämtlich in einer gesonderten Erklärung die Eintragung der Gesellschaft im Handelsregister beantragen. In der Anmeldung wird versichert, dass der Bestellung der Geschäftsführer keine Hinderungsgründe nach § 6 Abs. 2 S. 3 und 4 GmbHG entgegenstehen und dass die geschuldeten Leistungen auf die Stammeinlagen erbracht sind. Die Anmeldung mit den Versicherungen über die Einlageleistungen erfolgt regelmäßig in dem gleichen Notar-Termin wie die Gründung. Der Notar reicht die Versicherung aber erst dann an das Handelsregister ein, wenn die Bar- oder Sacheinlagen tatsächlich erbracht sind.[18] Die Einzahlungen auf die übernommenen Stammeinlagen müssen nur an diesem Stichtag vorhanden sein. Danach dienen sie der Gesellschaft zur Teilnahme am Geschäftsverkehr. Die Anmeldung enthält die Vertretungsbefugnis der Geschäftsführer und die Namenszeichnung. Ggf. sind öffentlich-rechtliche Genehmigungen beizufügen, wobei bei einer grundbesitzverwaltenden Gesellschaft allenfalls die Genehmigung nach § 34 c GewO bei gewerbsmäßigem Grundstückshandel oder Bauträgertätigkeit in Frage kommt. Ggfls. ist im Unternehmenszweck darauf hinzuweisen, dass solche genehmigungspflichtigen Tätigkeiten ausdrücklich nicht durchgeführt werden. 1717

Die Gesellschaft wird durch die Geschäftsführer vertreten, wobei die Geschäftsführungsbefugnis im Verhältnis zu Dritten nicht eingeschränkt werden kann. Intern kann die Vertretungsbefugnis der Geschäftsführer eingeschränkt werden, was bei Verstößen zu einer Schadensersatzpflicht der Geschäftsführer führen kann. Außerdem müssen die Geschäftsführer sich an die Beschlüsse der Gesellschafter halten, sind also weisungsabhängig. 1718

2. Kommanditgesellschaft

Alternativ zu der GmbH bietet sich für die Projektgesellschaft die Rechtsform der Kommanditgesellschaft an. Von der offenen Handelsgesellschaft unterscheidet sie sich darin, dass es neben einem oder mehreren persönlich und unbeschränkt haftenden Gesellschaftern, den Komplementären, auch solche gibt, deren Haftung auf den Betrag ihrer Vermögenseinlage beschränkt ist, den Kommanditisten. Sofern der Komplementär eine GmbH ist, handelt es sich um eine GmbH & Co. KG, und es gibt keine natürliche Person, die persönlich und unbeschränkt haftet. Die Geschäftsführung obliegt dem Komplementär, da die Kommanditisten hiervon ausgeschlossen sind, § 170 HGB. Hält die Holding-AG die Kommanditanteile und die Geschäftsanteile der Komplementär-GmbH, kann sie die Geschäftstätigkeit der GmbH & Co. KG unbeschränkt lenken. Der Abschluss des Gesellschaftsvertrages ist formfrei. Lediglich die Anmeldung der Gesellschaft zur Eintragung in das Handelsregister bedarf gem. § 12 HGB der öffentlichen Beglaubigung. Die Anmeldung enthält die Namen, das Geburtsdatum und den Wohnsitz der Gesellschafter, Firma und Sitz der Kommanditgesellschaft, deren Beginn sowie die Lage der Geschäftsräume. Der Gesellschaftsvertrag selbst wird nicht zur Hinterlegung bei dem Handelsregister eingereicht. Er enthält neben den zwingenden Regelungen über die Gesellschafter, den Zweck, die Firma und den Sitz üblicherweise auch Regelungen über die Kapitalanteile, die Dauer, die Willensbildung in Gesellschafterversammlungen, Gewinnverteilung, Wechsel von Gesellschaftern und evtl. Abfindungen. Die Haftungsbeschränkung der Kommanditisten tritt erst mit Eintragung in das Handelsregister ein. Beginnt die Kommanditgesellschaft ihre Geschäftstätigkeit schon vorher, haften die Kommanditisten für die vor Eintragung entstandenen Verbindlichkeiten unbeschränkt, und diese Haftung erlischt auch nicht durch Eintragung. Daher ist zum Schutz der Kommanditisten der Beginn der Gesellschaft auf deren Eintragung im Handelsregister zu legen.[19] 1719

18 Diese Handhabung ist zulässig, vgl. nur *Winter* in: Scholz, GmbHG, 9. Aufl., § 8 Rdnr. 21.
19 BGH NJW 1983, 2258.

3. Organschaft

1720 Organschaft ist die finanzielle, wirtschaftliche und organisatorische Eingliederung einer Kapitalgesellschaft (Organ) in ein anderes Unternehmen (Organträger).[20] Diese erfolgt durch Abschluss eines Beherrschungs- und Gewinnabführungsvertrags, durch den die beherrschte Gesellschaft ihre Leitung der herrschenden Gesellschaft überträgt und sich verpflichtet, ihren ganzen Gewinn abzuführen. Dieser Vertrag wird privatschriftlich abgeschlossen. Die Hauptversammlung bzw. Gesellschafterversammlung der beherrschten und der herrschenden Gesellschaft müssen dem Vertrag mit 3/4 Mehrheit zustimmen, wobei der Zustimmungsbeschluss der beherrschten Gesellschaft zu beurkunden ist. Zustimmungsbeschluss und Gewinnabführungsvertrag sind von Vorstand der beherrschten Gesellschaft zur Eintragung in das Handelsregister anzumelden, wobei die Unterschriften beglaubigt werden, § 12 Abs. 1 HGB. Ist die herrschende Gesellschaft eine AG oder KGaA, muss auch deren Hauptversammlungsbeschluss eingereicht werden, § 293 Abs. 2 AktG. Ob dies auch für den Beschluss der herrschenden GmbH gilt, ist unklar. Der Zustimmungsbeschluss einer herrschenden AG bedarf der Beurkundung, § 130 Abs. 1 AktG, derjenige der herrschenden GmbH nicht.[21]

4. Aufspaltung

1721 Kernstück bei der Aufspaltung sind der Spaltungsplan bzw. der Spaltungsvertrag. Sie enthalten die genaue Bezeichnung und Aufteilung der Gegenstände des Aktiv- und Passivvermögens, die übertragen werden. Grundstücke sind dabei in der bei sonstigen Übertragungsverträgen üblichen Form durch die Übernahme der grundbuchlichen Bezeichnungen in den Vertrag zu kennzeichnen, §§ 126 Abs. 3 S. 2 UmwG, 28 GBO. Im übrigen kann wegen der zu übertragenden Gegenstände auf Urkunden wie Bilanzen und Inventare Bezug genommen werden. Diese müssen dem Spaltungs- und Übernahmevertrag als Anlage beigefügt werden. Bei der Bezugnahme auf die vorgenannten Urkunden sind außerdem zusätzlich die Regelungen des Beurkundungsgesetzes zu beachten. Grundsätzlich muss die Verweisung auf die Anlagen beurkundet werden, und die Anlagen werden wie der Hauptvertrag verlesen. Zwei wichtige Erleichterungen für das Beurkundungsverfahren finden regelmäßig bei der Beurkundung des Spaltungsvertrages Anwendung: Bilanzen, Inventare, Nachlassverzeichnisse oder sonstige Bestandsverzeichnisse über Sachen, Rechte und Rechtsverhältnisse müssen gem. § 14 BeurkG nicht verlesen werden, wenn die Beteiligten hierauf verzichten, was regelmäßig der Fall sein dürfte. Die vorgenannten Schriftstücke sollen den Beteiligten lediglich zur Kenntnisnahme vorgelegt und von ihnen auf jeder Seite unterschrieben (keine Paraphe!) werden, und werden dann als Anlage zum Vertrag genommen. Nicht unter diese Erleichterung fallen Listen über noch zu beschaffende oder herzustellende Sachen.[22] Eine weitere Erleichterung bietet § 13 a BeurkG. Danach kann auf andere notarielle Niederschriften verwiesen werden, ohne dass diese zu verlesen sind, wenn die Beteiligten erklären, dass ihnen der Inhalt dieser anderen Niederschrift bekannt ist und sie auf das Vorlesen verzichten. Sie können auch auf ein Beifügen dieser Niederschrift zu der Urkunde verzichten. Häufig werden bei der Beurkundung von Unternehmensverträgen Bezugs- oder Mutterurkunden vor der eigentlichen Beurkundung des Hauptvertrages geschaffen, um ein stunden- oder tagelanges Verlesen zu ersparen. Die Bezugsurkunde muss keinerlei rechtsgeschäftliche Erklärungen enthalten[23], kann also aus bloßen Vertragsanlagen bestehen. Sie muss entsprechend den Regelungen des Beurkundungsgesetzes erstellt werden. Es ist nicht notwendig, dass die Erklärungen in der Bezugsurkunde von einer der Vertragsparteien abgegeben werden. Um eine Kostenübernahme durch eine der späteren Vertragsbeteiligten zu erreichen, kann es aber zweckmäßig sein, dass der Erschienene die Erklärungen in der Bezugsurkunde im Namen eines der späteren Vertragsbeteiligten abgibt.

---

20 *Spiegelberger* in: Beck'sches Notarhandbuch, 3. Aufl., E Rdnr. 52.
21 BGHZ 105, 337 ff.
22 *Bernhardt* in: Beck'sches Notarhandbuch, 3. Aufl. F III Rdnr. 200.
23 *Huhn/von Schuckmann*, BeurkG, 3. Aufl. § 13 a Rdnr. 8.

Einer Auflassung bedarf es nicht. Die für eine Einzelübertragung der Grundstücke notwendigen Genehmigungen müssen nach hM nicht nachgewiesen, allerdings bei der Grundbuchberichtigung vorgelegt werden.[24]

Die Vertretungsorgane der beteiligten Gesellschaften melden die Aufspaltung bei den jeweils für ihre Gesellschaften zuständigen Handelsregistern an, §§ 125, 16 UmwG. Zunächst erfolgt die Eintragung im Register der übernehmenden Gesellschaft, dann in dem für die übertragende Gesellschaft zuständigen Register. Erst dadurch erfolgt der Vermögensübergang. Zwar haben die an der Ausgliederung beteiligten Gesellschaften weitgehende Freiheit, wie sie die Übernahme von Aktiven und Passiven regeln, jedoch kann sich die übertragende Gesellschaft durch die Ausgliederung nicht kurzfristig von den grundstücksbezogenen Verbindlichkeiten befreien, weil sie noch 5 Jahre nach Eintragung der Ausgliederung im Handelsregister gesamtschuldnerisch für die zu diesem Zeitpunkt bestehenden Verbindlichkeiten haftet, § 133 UmwG. 1722

5. Leasing

Die Beteiligten eines sale-and-lease-back-Geschäftes schließen eine komplexes Vertragsbündel ab, bei dem sämtliche Verträge zueinander in Bezug stehen und nur im Zusammenspiel miteinander einen wirtschaftlichen Sinn ergeben. Da Teile des Vertragsbündels immer grundstücksbezogene Verträge sind, und es sich um ein einheitliches Vertragsbündel handelt, sind grundsätzlich alle Verträge beurkundungsbedürftig, wobei auch die jeweilige Bezugnahme auf andere Verträge des Vertragsbündels zu beurkunden ist. 1723

Zunächst schließen der Leasingnehmer und der Leasinggeber einen Immobilien-Leasing-Vertrag ab, in welchem der Leasinggeber sich zur Vermietung des Leasingobjekts an den Leasingnehmer verpflichtet. Um dieser Verpflichtung nachkommen zu können, erwirbt der Leasinggeber das Objekt durch Kaufvertrag oder durch Vereinbarung eines Erbbaurechts vom späteren Leasingnehmer. Bei der Erbbaurechtsbestellung wird das auf dem Grundstück errichtete Gebäude für die Zeit des Erbbaurechts Eigentum des Erbbauberechtigten, also des Leasinggebers. Die laufenden Erbbauzinsen, die der Leasinggeber an den Leasingnehmer zahlt, können als Nebenkosten des Mietzinses im Leasingvertrag deklariert werden, die im Endeffekt vom Leasingnehmer zu tragen sind. Leasing und Erbbaurechtsvertrag müssen in jedem Fall aufeinander abgestimmt werden, damit sie nicht auseinanderlaufen. Regelmäßig werden wechselseitige Vorkaufsrechte oder sogar einseitig durchsetzbare Ankaufsrechte vereinbart. Üblicherweise wird das Ankaufsrecht so ausgestaltet, dass ein vollständiger Grundstückskaufvertrag ausformuliert wird, den der Berechtigte durch einseitige Willenserklärung wirksam werden lassen kann. Zur Sicherung der Finanzierung des Erwerbs oder der Bebauung werden Grundpfandrechte im Grundstücks- oder Erbbaurechtsgrundbuch eingetragen. Häufig verlangen die Leasinggeber wegen der langen Laufzeit des Geschäfts weitere Sicherheiten, z. B. in Form von Patronatserklärungen der Muttergesellschaft des Leasingnehmers. Der Patron erklärt gegenüber der Leasinggesellschaft, dass er dafür Sorgen wird, dass der Protege, also hier der Leasingnehmer, immer seine Zahlungsverpflichtungen aus dem Leasingvertrag erfüllen wird und dass der Patron den Leasingnehmer immer mit den hierzu notwendigen finanziellen Mitteln ausstatten wird. Eine solche »harte« Patronatserklärung kommt einer Bürgschaft nahe. Die Komplexität des Immobilien-Leasings erfordert in der Betreuung einen hohen Aufwand, so dass Immobilien-Leasing fast ausschließlich von Tochtergesellschaften großer Banken angeboten wird. 1724

---

24 *Heckschen* in: Beck'sches Notarhandbuch, 3. Aufl. D IV Rdnr. 62.

Tipp

1. Vorratsgesellschaften nur in Ausnahmefällen nutzen
2. Die Satzung der Projektgesellschaft nicht mit unnötigen Regelungen überfrachten
3. Geschäftstätigkeit der Kommanditgesellschaft erst ab Eintragung
4. Anlagen zum Spaltungsvertrag in Bezugsurkunden auslagern
5. Gesamtes Vertragsbündel bei Immobilien-Leasing beurkunden

F Die Verwaltung von Immobilien

I. Betriebswirtschaftliche Vorüberlegungen

Die Verwaltung von Immobilien steht am Ende der Wertschöpfungskette aus dem Gestehungsprozess und am Anfang der Wertschöpfungskette aus Sicht der Lebenszyklusanalyse. Ungeachtet der Tatsache, dass die Verwaltertätigkeit eine ähnlich feste cash-flow Größe aufweist wie die Vermietung selbst, wird vielfach von Marktteilnehmern im Immobilienmarkt die Bedeutung einer professionellen, integrierten und nachhaltigen Verwaltung unterschätzt. 1725

In der Praxis unterscheidet man zunächst zwischen Eigen- und Fremdverwaltungen, wobei der Begriff der Immobilienverwaltung gesetzlich nicht definiert ist und nur in Teilbereichen auf Rechtsvorschriften wie das Wohnungseigentumsgesetz (insbesondere §§ 20, 26–28 WEG), die II. Berechnungsverordnung und das Wohnungsvermittlungsgesetz (insbes. § 2 Abs. 2) basiert. 1726

Die **Zugangsvoraussetzung** zur Verwaltertätigkeit ergibt sich aus § 34 c der Gewerbeordnung (GewO). Inwieweit die Vorlage eines polizeilichen Führungszeugnisses und der Nachweis eines festen Wohnsitzes ausreichend für die Bewältigung eines komplexen Aufgabengebietes wie der Verwaltung von Immobilien ist, ist allerdings sehr fraglich. Das Berufsbild des Immobilienverwalters ist nicht einheitlich geregelt. Die genaue Zahl der in Deutschland tätigen Verwalter ist kaum bekannt. Man geht von 10.000 bis 16.000 Verwaltungsunternehmen aus, die einen Umsatz von rund 12 Mrd. € bei ca. 20 Mio. verwalteten Wohneinheiten mit einem Vermögenswert von 2,7 Billionen € generieren.[1] 1727

Die Immobilienverwaltung ist eine Geschäftsbesorgung (§ 675 BGB). Die Gestaltung eines Verwaltervertrages obliegt keinen gesetzlichen Zwängen. In jedem Fall sollte im Verwaltervertrag der Leistungsumfang und die Verwaltervergütung geregelt werden.[2] 1728

Die **Verwaltungstätigkeit** bezieht sich auf ungeteilte Wohn- oder Gewerbeimmobilien (klassische Hausverwaltung, Bürohausverwaltung, Center Management, vgl. dazu Kap. F. V.), die Verwaltung von Gemeinschaftseigentum im Auftrag einer Eigentümergemeinschaft sowie Sondereigentums- und Mietverwaltung.[3] Die Verwaltung von Immobilienbeständen deutscher Unternehmen wird in der Regel noch konzernintern verantwortet, wobei vielfach dem Immobilienmanagement eine untergeordnete Bedeutung zukommt.[4] Konzerne wie die Allianz, Siemens, die Deutsche Telekom, die Deutsche Bahn oder die Post AG gehen jedoch dazu über, ihre Immobilienbestände in Tochtergesellschaften auszulagern oder externen Dienstleistern anzuvertrauen. Portfolios werden neu strukturiert, optimiert und nach ihrem Beitrag zum Kerngeschäft definiert. Vielfach ergibt sich sogar über die Ausgliederung und Professionalisierung die Möglichkeit, neue Geschäftsfelder zu erschließen, die auch Dritten angeboten werden, wie etwa bei Siemens mit seiner Tochter Siemens Gebäudemanagement (SGM) oder E.ON mit der Immobilientochter Viterra. 1729

---

1 Als renommiertester und größter Verband gilt der Dachverband Deutscher Immobilienverwalter e.V. in Berlin – www.immobilienverwalter.de.

2 Vgl. *Zierl, G.,* Die Eigentumswohnung – Kauf, Finanzierung, Verwaltung, 9. überarb. Aufl., Heidelberg 2001.

3 *Kavalirek, F.* in: Brauer, K.-U., Grundlagen der Immobilienwirtschaft, 2. Aufl., Wiesbaden 1999, S. 317.

4 Vgl. *Rienmüller, F.,* CREM – Firmen heben ihre Immobilienschätze, in: Immobilien Wirtschaft und Recht, Nr. 3, 2003, S. 12–15.

1. Anforderungen und Tätigkeitsspektrum

1730 Die formalen Minimalanforderungen an einen ordentlichen Verwalter sind:

- Die Trennung des verwalteten vom eigenen Vermögen
- Abschluss einer abgemessenen Vermögenshaftpflichtversicherung
- Transparenz der Verwalterleistung und Dokumentation aller Verwalterunterlagen
- Die Sicherstellung eines reibungslosen Übergangs auf einen Nachfolger

1731 Das Tätigkeitsspektrum eines Verwalters hängt von seinem Auftrag, seinen Kapazitäten und Fähigkeiten sowie der betreffenden Immobilie ab. Die gängigen Tätigkeitsfelder umfassen folgende Aufgaben:

- Mietinkasso
- Betriebskostenabrechnung
- Abwicklung öffentlicher Abgaben
- Instandhaltungscontrolling
- Hausmeisterservice
- Objektbegehung und Dokumentation von Gewährleistungsmängeln
- Fristenüberwachung (Verträge, Abnahmen, Nachabnahmen)
- Dokumentation technischer Stammdaten aller technischen Anlagen
- Wartungsvertrags- und Gebäudedokumentation
- Versicherungsabwicklung

1732 Zunächst hat der Verwalter die Aufgabe, durch den effizienten Einsatz von Dienstleistern oder eigenem technischen Personal im Sinne der Gemeinschaft oder des Auftraggebers die Wohngeld- und Betriebskosten so niedrig wie möglich zu halten. Er wird im Namen des Auftraggebers alle erforderlichen Abrechnungen erstellen und dokumentieren, einen Wirtschaftsplan für das Folgejahr aufstellen und mindestens einmal im Jahr eine Wohnungseigentümerversammlung bzw. Abrechnungsbesprechung mit seinem Auftraggeber abhalten.

1733 Ein Verwalter hat dafür Sorge zu tragen, dass alle Anlagen des Gemeinschaftseigentums funktionsfähig sind, regelmäßig gewartet und schonend behandelt werden. Er unterliegt damit einer Inspektions- (Ist-zustand), Wartungs- (Vorbeugung) und Instandsetzungspflicht (Ausfallbeseitigung).

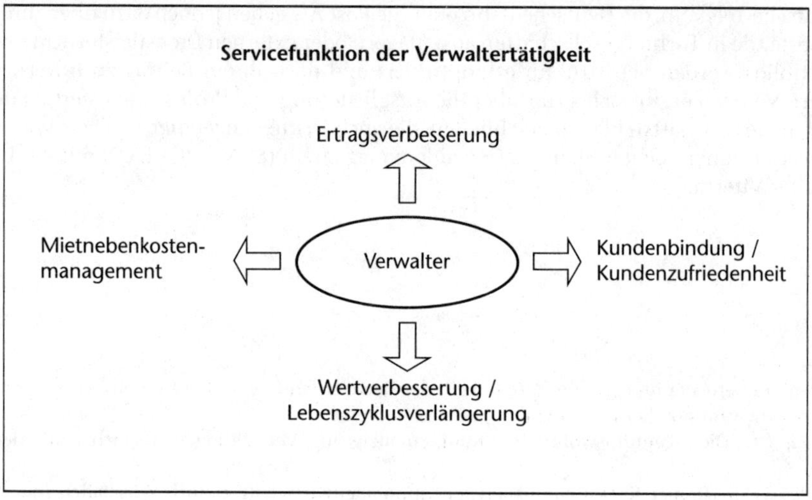

Abb. 15: Servicefunktion der Verwaltertätigkeit

Da der Lebenszyklus einer Immobilie erst mit der Übergabe des »fertigen Produktes« beginnt, d. h. mit der Inbetriebnahme eines Gebäudes, trägt der Verwalter im betriebswirtschaftlichen Sinne die Verantwortung für die Ausschöpfung von Service- und Kostenoptimierungspotenzialen rund um die Immobilie im Verlauf des Lebenszyklusses. Die Verwaltertätigkeit im Sinne eines Facility Managements (vgl. dazu auch Kap. F. IV.) ist dem Grunde nach eine Schnittstellenfunktion der After-Sales Betreuung. Die Nutzung dieser Potenziale erfordert es jedoch, dass Verwalter sich von den traditionellen Leitbildern der passiven Immobilienbetreuung lösen müssen. Das Betreiben, Bewirtschaften und Verwalten einer Immobilie erschöpft sich nicht im Abarbeiten von Gewährleistungsmängeln und der Erstellung der jährlichen Betriebskostenabrechnung, sondern bietet Spielraum für Aufgaben, die sich aus dem Anspruch ableiten lassen, dass die Immobilie heute zunehmend als Dienstleistungsprodukt begriffen wird und der Verwalter sich vermehrt als Manager in die Immobilienwirtschaft einbinden sollte.[5] 1734

Die erweiterten Dienstleistungsfunktionen eines Verwalters umfassen somit: 1735

- Koordination der Infrastrukturdienstleistungen,
- Abwicklung eines Office- oder Center Managements,
- Durchführung von Werbemaßnahmen (Aktionen, Etatverwaltung, Controlling),
- Erstellung von Marktanalysen.

Abgesehen von den Dienstleistungsfunktionen bietet der Zugang zum sogenannten Zweitverkaufs- bzw. Mietmarkt bei entsprechender Professionalisierung der Verwaltertätigkeit – unter Einhaltung gesetzlicher Auflagen – die Möglichkeit, auch weitergehende Geschäftsfelder zu generieren, die man sodann als »Service rund um die Immobilie« bezeichnen kann: 1736

z.B.

- Durchführung von Vermietungsleistungen,
- Koordination von Versicherungsvermittlungen,
- Einrichtung eines Relocationservices,
- Ausnutzung von Contractingpotenzialen im Energiedienstleistungsbereich,
- Vermittlung und der Abschluss von Kabel- und Digitalfernsehverträgen (Premiere),
- Management von Mobilfunkantennenverträgen,
- Werbeträgerplazierung,
- Implementierung von Telekom- und Internetangeboten,
- Bereitstellung von Sicherheits- und Reinigungsdiensten,
- Einrichtung von Handwerkerservices,
- Vorhaltung von Catering-, Ver- und Entsorgungsservices (Wäsche- und Frühstücksservices usw.).

Der integrierte Einsatz der technischen, wirtschaftlichen und juristischen Managementressourcen kann nicht nur den Lebenszyklus einer Immobilie erhöhen, sondern auch die sogenannten exogenen Kostengrößen nach der Fertigstellung erheblich reduzieren. Im **ganzheitlichen Projektentwicklungsansatz** wird der Verwalter oder Facility Manager bereits in der Projektidee- und Planungsphase bei den Projektmeetings und Entscheidungsprozessen eingebunden, da seine Erfahrungen helfen können, insbesondere in Bereichen der Haustechnik beachtliche Kosteneinsparungspotenziale in der Gestehungsphase, aber auch in der Nutzungsphase im Rahmen der sogenannten »zweiten Miete« (Betriebskosten) zu identifizieren. 1737

Je früher die Erfahrungen aus der Nachnutzung einer Immobilie wiederum in die Planung und Projektumsetzung neuer Maßnahmen einfließen, um so effizienter, kostengünstiger und nut- 1738

5 *Schmidt, J.* in: Schulte, K.-W., Immobilien Ökonomie, Band II, rechtliche Grundlagen, München 2001, S. 267–317.

zerorientierter können Aspekte der Umnutzung, Nachrüstung, Entsorgung, Reaktionsoptimierung bei Störfällen, Sicherheitsoptimierung und Innovationsfähigkeit in den Bau neuer Immobilien eingebracht werden.

1739 Im Zuge der ganzheitlichen Betrachtung der Wertschöpfungskette einer Immobilienprojektentwicklung sollte die Verwaltung einer Immobilie neben dem eigenständigen Berufszweig des Verwalters auch als originäres Betätigungsfeld eines Projektentwicklers verstanden werden.[6] Insbesondere auf Grundlage der gesammelten Erfahrungswerte aus dem gesamten Erstellungsprozess eines Projektes ist ein Projektentwickler prädestiniert für die Übernahme von Verwaltungs- und Facilitymanagementaufgaben. Nicht nur die Generierung von laufenden Einnahmen sollte hier im Interesse eines Entwicklers liegen, sondern auch der mögliche Erfahrungskurveneffekt aus den technischen, betriebswirtschaftlichen und juristischen Erkenntnissen der Verwaltertätigkeit ist für die Professionalisierung im Rahmen einer lernenden Organisation und somit für das originäre Geschäftsfeld bei der Erstellung neuer Projekte zuträglich.[7] Mit der Integration von Verwalteraufgaben lassen sich somit Wettbewerbsvorteile generieren, die viel zu selten von Projektentwicklern genutzt werden.

1740 Die Verwaltertätigkeit ermöglicht zudem die Erhebung von Primärdaten am Kunden. Der direkte Kontakt zu Käufern und Mietern mit ihren Überlegungen, Beschwerden, Sorgen, Forderungen und Plänen liefert einen Meinungsquerschnitt, der zur Evaluierung möglicher Nachfrageentwicklungen geeignet ist.

1741 Allerdings bedarf eine ordnungsgemäße Verwaltung eines kompetenten Mitarbeiterstamms, um das Vertrauen, das Eigentümer und Mieter einem Verwalter entgegenbringen, zu rechtfertigen. Entwickler ohne entsprechende personelle Ausstattung sollten das Verwalten von Immobilien eigenständigen Verwaltungsgesellschaften überlassen. Erfahrungswerte zeigen, dass ein kaufmännischer Verwalter für etwa 350 bis 500 Einheiten erforderlich ist, wobei zu unterscheiden ist, ob eine reine WEG-Verwaltung durchgeführt wird oder zudem eine Sondereigentums- oder Mietverwaltung.

1742 Die für die Verwaltung einer Immobilie fachlich und inhaltlich geeignetste Schnittstelle liegt zwischen dem Projektentwickler und dem Projektsteuerer. Das hier in der Regel brach liegende Know-How gewährt eine bisher selten ausgeschöpfte Grundlage für eine effiziente und kostenorientierte Verwaltung. Ein baubegleitendes Facility-Management bietet dem Projektentwickler und -steuerer zudem die Möglichkeit, bereits in der Vermarktungsphase eine Nebenkostenvorausschau anzubieten, die sogar fest in den Mietverträgen verankert werden kann. Die Reduktion von Grundnebenkosten wie Instandhaltung und Reinigung öffnet Potenziale für Zusatz- und Sonderdienstleistungen, die dann als Marketingargument in der Vermietung einen echten Zusatznutzen liefern. Eine prozessorientierte Gebäudebewirtschaftung, die das traditionelle Prinzip der Trennung von kaufmännischer und technischer Verwaltung in ein vernetztes Managementkonzept münden lässt, hilft auch, überschneidende Tätigkeits- und Kostenbereiche aufzulösen, wie zum Beispiel die isolierte Vergabe von Concierge-, Sicherheits- und Reinigungsdiensten.

1743 Da der Aspekt der Kunden (Mieter-)bindung in schwierigen Märkten zunehmend in den Mittelpunkt der Betrachtung eines Verwaltungsunternehmens rückt, sollte aus einer Hausverwaltung ein Servicecenter werden. Mieteranliegen können auch konstruktiv als Kundenzufriedenheitsstudie verstanden werden und die Vermietung selbst kann als Service rund um das Wohnen definiert werden.

---

6 Vgl. *Laub, J.* Nur wer dient, verdient – veränderte Rahmenbedingungen erfordern eine Dienstleistungsoffensive im Bauträgerbereich, in: Immobilien-Business, Nr. 2, 1999, S. 42 f.

7 Der maßgebliche Zielkonflikt bei der Verwaltung einer Immobilie durch den Entwickler derselben oder ein ihm nahestehendes Unternehmen ist die Beseitigung von Gewährleistungsmängeln. Da jedoch grundsätzlich die Abnahme einer Immobilie gemeinsam mit einem unabhängigen Sachverständigen empfehlenswert ist, lässt sich dieses Dilemma entschärfen.

! Mieterbeschwerden:

Zentralisierte Beschwerdeboards bieten die Möglichkeit, Servicemängel zu lokalisieren und Verbesserungsvorschläge der Mieter im Sinne einer nutzerorientierten Gebäudeoptimierung einzusetzen.[8] Den Mieter als Kunden zu verstehen, hilft nicht nur die Fluktuation zu reduzieren, Mietminderungen auf ein Minimum zu kappen und Rechtsstreitigkeiten zu vermeiden, sondern bewahrt vor negativer Mundpropaganda und damit einem potentiellen Imageverfall einer Immobilie. Ein professionelles Beschwerdemanagement führt zu einer hohen Kundenbindung und reduziert langfristig die Verwalterkosten. In keinem vergleichbaren Wirtschaftsbereich sind schließlich die Kundenbindungen länger als in der Vermietung von Wohnungen oder Büros. Im Zuge des organisatorischen empowerments bedarf es allerdings auch einer Verlagerung von Verantwortlichkeiten innerhalb eines Verwaltungsunternehmens auf die untere Ebene. Wenn der erste Ansprechpartner im Unternehmen bereits in der Lage ist, ein Mieterproblem zu lösen, führt dies zu einer unmittelbaren Zufriedenheitssteigerung des Mieters und reduziert gleichzeitig die Bereitschaft, über den Anwalt oder Mieterverein langwierige Auseinandersetzungen zu initiieren.

Das Kernproblem in Deutschland liegt diesbezüglich in der noch fehlenden Bereitschaft, für Dienstleistungen oder den sogenannten »added value« eine entsprechende Vergütung zu zahlen. Die Immobilienwirtschaft steht sich hier allerdings auch durch zu starre Vergütungssysteme selbst im Wege, die konzertierte Vermittlung der Werthaltigkeit von professionell ausgeführten Dienstleistungen erfolgt kaum oder gar nicht. 1744

2. Vergütung

In der Regel liegt der Vergütungssatz aus nicht nachvollziehbaren Gründen im Wohnungsbereich im Rahmen eines Nord-Südgefälles bei 10,– bis 15,– €/Wohneinheit im Norden und bis zu 25,– €/Wohneinheit im Süden Deutschlands. Da der lokale Aufwand einer Verwaltung in etwa immer der gleiche ist, wäre es jedoch zweckmäßiger nach der Größe von Wohnanlagen zu differenzieren. Kleine Wohnanlagen mit wenigen großen Einheiten können von einem Verwalter kaum gleichermaßen witschaftlich effizient betreut werden wie große Wohnanlagen mit einer Vielzahl kleinerer Einheiten. 1745

Im gewerblichen Bereich bemisst sich das Verwaltungshonorar zumeist nach dem Nettomietzins. Je nach Komplexität und Aufwand eines Büro- oder Einzelhandelskomplexes und der Anzahl der zu betreuenden Mieter liegt der Satz bei 2–5% der Nettomiete, wobei es aus Sicht des Auftraggebers zweckmäßig wäre, Erfolgsvergütungen in ein Verwalterhonorar einfließen zu lassen. Mieterhöhungen, die Reduktion von Fluktuationsquoten, die Einhaltung von Nebenkostenvorgaben usw. könnten hier als Anreizsystem für eine erfolgsorientierte Vergütung dienen. 1746

Zusammenfassend ist festzustellen, dass die Verwaltung einer Immobilie – als Dienstleistung verstanden – nicht nur nachhaltig im Verlauf des Immobilienlebenszyklus eine feste Cash-Flow-Bestandteilsgröße eines Projektentwicklers sein kann, sie bietet auch zahlreiche Facetten innovativer Dienstleistungsbündel, die den Wert einer Immobilie per se erhöhen können und dem Projektentwickler als Verwalter die Erschließung neuer Geschäftsfelder ermöglichen. 1747

8 *Balck, H.* in: Schulte, K.-W./Bone-Winkel, S., Handbuch Immobilien Projektentwicklung, 2. Aufl., Köln 2002, S. 343–379.

II. Verwaltung nach WEG

1. Einführung

1748 Für die Verwaltung des Sondereigentumsanteils ist der jeweilige Wohnungseigentümer unabhängig von den weiteren Miteigentümern verantwortlich.[9] Dagegen obliegt die Verwaltung des gemeinschaftlichen Eigentums den Wohnungseigentümern nach Maßgabe der §§ 21 bis 25 WEG und dem Verwalter nach Maßgabe der §§ 26 bis 29 WEG, im Falle der Bestellung eines Verwaltungsbeirats, auch diesem nach Maßgabe des § 29 WEG (§ 20 Abs. 1 WEG).

a) Verwaltung des Gemeinschaftseigentums durch die Wohnungseigentümer

1749 Grundsätzlich steht die Verwaltung des gemeinschaftlichen Eigentums den Wohnungseigentümern gemeinschaftlich zu (§ 21 Abs. 1 WEG). Aus dieser Regelung folgt, dass bei Verwaltungsmaßnahmen grundsätzlich vom Prinzip der Einstimmigkeit auszugehen ist.[10] Etwas anderes kann nur gelten, wenn durch das Gesetz selbst oder durch eine Vereinbarung der Wohnungseigentümer etwas anderes bestimmt ist (§ 21 Abs. 1 WEG).

1750 Das Wohnungseigentumsgesetz selbst enthält folgende Ausnahmen vom Prinzip der Einstimmigkeit:

1751 Zunächst ist jeder Wohnungseigentümer berechtigt, ohne Zustimmung der anderen Wohnungseigentümer diejenigen Maßnahmen zu treffen, die zur Abwendung eines dem gemeinschaftlichen Eigentum unmittelbar drohenden Schadens notwendig sind (§ 21 Abs. 2 WEG). Wer im Rahmen dieser Notgeschäftsführung berechtigt handelt, kann die entstandenen Aufwendungen von der Gemeinschaft als Kosten der Instandhaltung gemäß § 16 Abs. 2 WEG verlangen.[11] Im Rahmen der Wahrnehmung von Notrechten durch den einzelnen Wohnungseigentümer muss dieser jedoch zunächst erfolglos versucht haben, die Entscheidung der Eigentümerversammlung herbeizuführen.[12]

1752 Eine weitere wichtige Ausnahme vom Grundsatz der Einstimmigkeit enthält § 21 Abs. 3 WEG. Fast alle wichtigen Fragen der Verwaltung einer Eigentumswohnanlage werden durch Stimmenmehrheit gemäß § 21 Abs. 3 WEG beschlossen.[13] Soweit die Verwaltung des gemeinschaftlichen Eigentums nicht durch Vereinbarung der Wohnungseigentümer geregelt ist, können die Wohnungseigentümer eine der Beschaffenheit des gemeinschaftlichen Eigentums entsprechende ordnungsmäßige Verwaltung durch Stimmenmehrheit beschließen (§ 21 Abs. 3 WEG). Zentraler Anknüpfungspunkt dieser Norm ist der Begriff der »ordnungsmäßigen Verwaltung«. Das Wohnungseigentumsgesetz beschreibt an verschiedenen Stellen beispielhaft was unter ordnungsmäßiger Verwaltung zu verstehen ist. Dazu gehört z. B. das, was dem geordneten Zusammenleben in der Gemeinschaft dient (§ 14 Nr. 1 WEG) und was dem Interesse der Gesamtheit der Wohnungseigentümer nach billigem Ermessen entspricht (§§ 15 Abs. 3, 21 Abs. 4 WEG). In diesem Zusammenhang ist weiterhin zu beachten, dass § 21 Abs. 5 WEG eine exemplarische Aufzählung einzelner Maßnahmen enthält, die zu einer ordnungsmäßigen, dem Interesse der Gesamtheit der Wohnungseigentümer entsprechenden Verwaltung gehören:[14]

1. die Aufstellung einer Hausordnung;
2. die ordnungsmäßige Instandhaltung und Instandsetzung des gemeinschaftlichen Eigentums;

---

9 *Bielefeld,* Ratgeber Wohnungseigentum, 5. Aufl., S. 219.
10 *Sauren,* Wohnungseigentumsgesetz, 4. Aufl., § 21 WEG, Rdnr. 3.
11 *Bärmann/Pick,* Wohnungseigentumsgesetz, 5. Aufl., § 21 WEG, Rdnr. 14.
12 OLG Hamburg, WE 1994, S. 100.
13 *Röll/Sauren,* Handbuch für Wohnungseigentümer und Verwalter, 8. Aufl., Rdnr. 167.
14 *Bärmann/Pick,* Wohnungseigentumsgesetz, 15. Aufl., § 21 WEG, Rdnr. 40 ff.

3. die Feuerversicherung des gemeinschaftlichen Eigentums zum Neuwert sowie die angemessen Versicherung der Wohnungseigentümer gegen Haus- und Grundbesitzerhaftpflicht;
4. die Ansammlung einer angemessenen Instandhaltungsrückstellung;
5. die Aufstellung eines Wirtschaftsplans (§ 28 WEG);
6. die Duldung aller Maßnahmen, die zur Herstellung einer Fernsprechteilnehmereinrichtung, einer Rundfunkempfangsanlage oder eines Energieversorgungsanschlusses zu Gunsten eines Wohnungseigentümers erforderlich sind.

Im Vordergrund steht somit das Interesse der Gemeinschaft, also die Nützlichkeit einer Maß- 1753
nahme für alle Wohnungseigentümer der jeweiligen Wohnungseigentümergemeinschaft und nicht ausschließlich für Dritte.[15]

Die Grundsätze der ordnungsmäßigen Verwaltung haben im Laufe der Zeit durch die Recht- 1754
sprechung und die Literatur eine nähere Konkretisierung erfahren.[16]

Wichtig ist in diesem Zusammenhang der Begriff der »ordnungsmäßigen Instandhaltung und 1755
Instandsetzung« nach § 21 Abs. 5 Nr. 2 WEG. Darunter kann man zunächst einmal nur die Erhaltung des bestehenden bzw. die Wiederherstellung eines einmal vorhanden gewesenen ordnungsgemäßen Zustandes verstehen.[17] Zur Instandhaltung des Gemeinschaftseigentums gehören auch pflegende, erhaltende und vorsorgende Maßnahmen, die der Aufrechterhaltung des ursprünglichen Zustandes dienen.[18] Sofern eine Maßnahme der ordnungsgemäßen Instandhaltung bzw. -setzung vorliegt, gehören dazu auch Vorbereitungsmaßnahmen zum Beispiel die Einholung eines Sachverständigengutachtens.[19]

Bauliche Veränderungen und Aufwendungen, die über die ordnungsgemäße Instandhaltung 1756
oder Instandsetzung des gemeinschaftlichen Eigentums hinausgehen, können nicht gemäß § 21 Abs. 3 WEG beschlossen oder gemäß § 21 Abs. 4 WEG verlangt werden (§ 22 Abs. 1 S. 1 WEG). § 22 Abs. 1 WEG betrifft die außergewöhnlichen Aufwendungen. Dies sind Maßnahmen, die über die ordnungsgemäße Instandhaltung und Instandsetzung, die gemäß § 21 Abs. 3, 5 Nr. 2 WEG mit Mehrheit beschlossen und gemäß § 21 Abs. 4 WEG von jedem Wohnungseigentümer verlangt werden können, hinausgehen und deshalb Einstimmigkeit erfordern. Darüber hinaus sind Zustimmungen einzelner Wohnungseigentümer und zur baulichen Veränderungen nicht erforderlich, soweit keine wesentliche, das heißt über das nach § 14 Nr. 1 WEG zulässige Maß hinausgehende, Beeinträchtigung dieser Wohnungseigentümer vorliegt (§ 22 Abs. 1 S. 2 WEG). Maßgeblich ist danach, ob dem Wohnungseigentümer durch die Maßnahme in vermeidbarer Weise ein Nachteil erwächst.[20] Unter einem Nachteil in diesem Sinne ist jede nicht ganz unerhebliche, konkrete und objektive Beeinträchtigung zu verstehen.[21] Auch zur Frage, ob eine zustimmungsbedürftige bauliche Veränderung vorliegt haben Rechtsprechung und Literatur eine umfangreiche Kasuistik entwickelt.[22]

Als weitere Abweichung vom oben beschriebenen Prinzip der Einstimmigkeit können durch 1757
Vereinbarungen zusätzliche abweichende Regelungen getroffen werden, so beispielsweise die Zulassung eines Mehrheitsbeschlusses bei baulichen Veränderungen gemäß § 22 Abs. 1 WEG, die nach dem Gesetz nicht mit Mehrheit beschlossen werden können.[23]

---

15 *Bielefeld,* Ratgeber Wohnungseigentum, 5. Aufl., S. 222.
16 Vgl. im Einzelnen *Sauren,* Wohnungseigentumsgesetz, 4. Aufl., § 21 WEG, Rdnr. 11 ff.
17 OLG Düsseldorf, WuM 1996, S. 443.
18 OLG Hamm, DWE 1987, S. 54.
19 OLG Hamm, DWE 1993, S. 28.
20 BGH, NJW 1992, S. 978.
21 *Sauren,* Wohnungseigentumsgesetz, 4. Aufl., § 22, Rdnr. 35.
22 Vgl. im Einzelnen *Sauren,* Wohnungseigentumsgesetz, 4. Aufl., § 22, Rdnr. 43 ff.
23 *Bielefeld,* Ratgeber Wohnungseigentum, 5. Aufl., S. 220.

1758 Jeder Wohnungseigentümer kann schließlich eine Verwaltung verlangen, die den Vereinbarungen und Beschlüssen und, soweit solche nicht bestehen, dem Interesse der Gemeinsamkeit der Wohnungseigentümer nach billigem Ermessen entspricht (§ 21 Abs. 4 WEG). Diese Vorschrift normiert einen individuellen Rechtsanspruch jedes Wohnungseigentümers, welcher sich gegen die anderen Wohnungseigentümer, aber auch gegen den Verwalter im Rahmen seiner Aufgaben und Befugnisse nach § 27 WEG richtet.[24]

b) Verwaltung des Gemeinschaftseigentums durch den Verwalter

1759 Die §§ 25 bis 28 WEG regeln die Verwaltung des Gemeinschaftseigentums durch den Verwalter.

1760 Dabei ist grundsätzlich klarzustellen, dass die Wohnungseigentümerversammlung das oberste Organ der Gemeinschaft darstellt und der Verwalter als Beauftragter und Treuhänder an die Weisungen der Wohnungseigentümer gebunden ist.[25]

1761 Die Bestellung eines Verwalters kann nicht ausgeschlossen werden (§ 20 Abs. 2 WEG). Wenn auch nur ein Wohnungseigentümer es verlangt und eine Notwendigkeit dafür sieht, muss ein Verwalter zwingend bestellt werden.[26]

1762 Fehlt ein Verwalter, so ist ein solcher in dringenden Fällen bis zur Behebung des Mangels auf Antrag eines Wohnungseigentümers oder eines Dritten, der ein berechtigtes Interesse an der Bestellung eines Verwalters hat, durch den Richter zu bestellen (§ 26 Abs. 3 WEG).

1763 Der Verwalter ist berechtigt und verpflichtet:

1. Beschlüsse der Wohnungseigentümer durchzuführen und für die Durchführung der Hausordnung zu sorgen;
2. die für die ordnungsmäßige Instandhaltung und Instandsetzung des gemeinschaftlichen Eigentums erforderlichen Maßnahmen zu treffen;
3. in dringenden Fällen sonstige zur Erhaltung des gemeinschaftlichen Eigentums erforderliche Maßnahmen zu treffen;
4. gemeinschaftliche Gelder zu verwalten.

1764 Der Verwalter ist berechtigt, im Namen aller Wohnungseigentümer und mit Wirkung für und gegen sie:

1. Lasten- und Kostenbeiträge, Tilgungsbeträge und Hypothekenzinsen anzufordern, in Empfang zu nehmen und abzuführen, soweit es sich um gemeinschaftliche Angelegenheiten der Wohnungseigentümer handelt;
2. alle Zahlungen und Leistungen zu bewirken und entgegen zu nehmen, die mit der laufenden Verwaltung des gemeinschaftlichen Eigentums zusammenhängen:
3. Willenerklärungen und Zustellungen entgegenzunehmen, soweit sie an alle Wohnungseigentümer in dieser Eigenschaft gerichtet sind;
4. Maßnahmen zu treffen, die zur Wahrung einer Frist oder zur Abwendung eines sonstigen Rechtsnachteils erforderlich sind:
5. Ansprüche gerichtlich und außergerichtlich geltend zu machen, sofern er hierzu durch Beschluss der Wohnungseigentümer ermächtigt ist;
6. die Erklärungen abzugeben, die zur Vornahme der in § 21 Abs. 5 Nr. 6 WEG bezeichneten Maßnahmen erforderlich sind.

---

24 OLG Frankfurt DerWEer 1983, S. 58.
25 BayObLG, NJW 1972, S. 1285.
26 *Röll/Sauren,* Handbuch für Wohnungseigentümer und Verwlater, 8. Aufl., Rdnr. 164.

Diese dem Verwalter zustehenden Aufgaben und Befugnisse können durch Vereinbarung der Wohnungseigentümer nicht eingeschränkt werden (§ 27 Abs. 3 WEG). Mittels dieser Vorschrift wird eine »Entmachtung« des Verwalters ausgeschlossen.[27] 1765

Der Verwalter hat darüber hinaus jeweils für ein Kalenderjahr einen Wirtschaftsplan (§ 28 Abs. 1 WEG) und nach Ablauf des Kalenderjahres eine Abrechnung aufzustellen (§ 28 Abs. 3 WEG).[28] 1766

c) Verwaltung des Gemeinschaftseigentums durch den Verwaltungsbeirat

Die Wohnungseigentümer können durch Stimmenmehrheit die Bestellung eines Verwaltungsbeirats beschließen. Dieser besteht aus einem Wohnungseigentümer als Vorsitzenden und zwei weiteren Wohnungseigentümern als Beisitzern (§ 29 Abs. 1 WEG). 1767

Der Verwaltungsbeirat unterstützt den Verwalter bei der Durchführung seiner Aufgaben (§ 29 Abs. 2 WEG). In diesem Zusammenhang ist zu berücksichtigen, dass der Wirtschaftsplan, die Abrechnung über den Wirtschaftsplan, Rechnungslegungen und Kostenanschläge vom Verwaltungsbeirat geprüft und mit dessen Stellungnahme versehen werden sollen, bevor sie die Wohnungseigentümerversammlung beschließt (§ 29 Abs. 3 WEG). 1768

Der Vorsitzende bzw. dessen Vertreter des Verwaltungsbeirates kann weiterhin die Versammlung der Wohnungseigentümer einberufen (§ 24 Abs. 3 WEG). Die Niederschrift über die in der Versammlung der Wohnungseigentümer gefassten Beschlüsse haben der Vorsitzende bzw. dessen Vertreter des Verwaltungsbeirates zu unterzeichnen (§ 24 Abs. 6 WEG). 1769

Der Verwaltungsbeirat wird von den Vorsitzenden nach Bedarf einberufen (§ 29 Abs. 4 WEG). 1770

III. Die Vermietung

Wird die Immobilie vermietet, gehört es zur Verwaltungstätigkeit, den Abschluss und die Durchführung des Mietvertrages zu betreuen. Der Abschluss des (Gewerbe-)Mietvertrages wird in Ziffer II.7 c behandelt. Nachfolgend geht es um die Probleme, die sich im Zusammenhang mit der Abwicklung des Mietverhältnisses stellen können. Angesprochen werden hierbei sowohl die Gewerbe- als auch die Wohnraummiete. Zu beachten ist, dass sich die Rechtslage durch das Mietrechtsreformgesetz vom 19. 6. 2001 grundlegend geändert hat. 1771

1. Übergabe

In Vollzug gesetzt wird das Mietverhältnis durch die Übergabe des Mietobjektes. Die Übergabe ist die Verschaffung des Besitzes am Mietobjekt, also die Einräumung der tatsächlichen Sachherrschaft. Schon bei der Übergabe des Mietobjektes können Vorkehrungen getroffen werden, um spätere Streitigkeiten zu vermeiden. Die Übergabe sollte mit einem Übergabeprotokoll dokumentiert werden, in dem zumindest folgende Umstände zu vermerken sind: 1772

- Das bei der Übergabe an den Mieter übergebene Zubehör (z. B. Schlüssel, Gebrauchsanleitungen);
- Zählerstände;
- Etwaige bei der Übergabe vorhandene Mängel und ein von dem Mieter hierzu erklärter Vorbehalt.

Soweit ein Vorbehalt nicht erklärt wird, kann der Mieter später keine Minderung und keinen Schadensersatz geltend machen (§ 536 b Satz 3 BGB). Das Übergabeprotokoll hat, was die Erklä- 1773

27 *Sauren,* Wohnungseigentumsgesetz, 4. Aufl., § 27 WEG, Rdnr. 1.
28 *Bärmann*/Pick, Wohnungseigentumsgesetz, 15. Aufl., § 28 WEG, Rdnr. 3 ff.

rung eines Vorbehalts betrifft, die Vermutung der Richtigkeit und Vollständigkeit für sich, sofern es sich nicht um versteckte Mängel handelt.[29]

1774 Über die genannten Umstände hinaus empfiehlt es sich, bei der Übergabe alle Eigenschaften zu dokumentieren, über deren Vorhandensein bzw. Nichtvorhandensein hinterher Streit entstehen kann.

2. Mängel des Mietobjektes

1775 Die Parteien des Mietvertrages gehen, auch wenn sie dies nicht immer im Einzelnen dokumentieren, bei Abschluss des Vertrages von einem bestimmten Soll-Zustand des Mietobjektes aus. Wird dieser Soll-Zustand nicht erreicht, tritt, um eine schnellstmögliche Mängelbeseitigung herbeizuführen und dem Mieter für erlittene Beeinträchtigungen eine Kompensation zu geben, das gesetzliche Mängelrecht ein. Mängel des Mietobjektes sind häufiger Gegenstand von Streitigkeiten zwischen den Mietparteien und dementsprechend auch Gegenstand zahlreicher Gerichtsentscheidungen. Im Folgenden – dass sei hier besonders betont – kann das Mängelrecht aus Raumgründen nur in den Grundzügen dargestellt werden. Die Ausführungen gelten, sofern nichts anderes vermerkt ist, gleichermaßen für Wohn- und Geschäftsraummietverhältnisse.

a) Mangelbegriff

1776 Von einem Mangel spricht man, wenn das Objekt sich nicht in dem zum vertragsgemäßen Gebrauch geeigneten Zustand befindet (§ 535 Abs. 1 Satz 2 BGB).

1777 Entscheidend für das Vorliegen eines Mangels ist die Beschaffenheit, die die Mietvertragsparteien vereinbaren oder die sie bei Abschluss des Mietvertrages zugrundelegen. Es liegt sonach in der Hand der Vertragsparteien, den Zustand des Mietobjektes zu vereinbaren, der für die Abwicklung des Vertragsverhältnisses verbindlich ist. Von dieser Gestaltungsfreiheit sollte umfassend Gebrauch gemacht werden. Bei Geschäftsraummietverhältnissen sollte insbesondere festgelegt werden, welche Nutzung zulässig ist (z. B. Architekturbüro, Gaststätte, Einzelhandelsgeschäft). Darüber hinaus sollten aber auch alle weiteren Merkmale des Mietobjektes genau festgelegt und dokumentiert werden, die für eine Partei von Bedeutung sind.

1778 Die Gründe für das Vorliegen von Mängeln können sehr unterschiedlich sein. Unterschieden werden zunächst Rechtsmängel und Sachmängel. Ein Rechtsmangel liegt vor, wenn die Mietsache an sich gebrauchsfähig ist, vom Vermieter aber wegen des Rechtes eines Dritten dem Mieter nicht zur Verfügung gestellt werden kann.

z.B.

- Das Mietobjekt ist durch den Vormieter nicht geräumt worden.
- Bei einem Untermietverhältnis liegt die erforderliche Untermieterlaubnis des Hauptvermieters nicht vor (vgl. §§ 540, 553 BGB).

1779 Ein Sachmangel ist demgegenüber gegeben, wenn der tatsächliche Zustand des Mietobjektes nicht vertragsgemäß ist.

1780 In der Praxis geht es fast immer um – vermeintliche – Sachmängel, selten um Rechtsmängel. Sachmängel können hierbei nicht etwa nur dann vorliegen, wenn das Mietobjekt selbst nicht vertragsgemäß ist.

---

29 *Fritz,* Gewerberaummietrecht, 3. Aufl., Rdnr. 264.

z.B.

- Die tatsächliche Fläche ist geringer als die vermietete Fläche.
- Die Räume sind hellhörig. Der Luftschallschutz bleibt hinter den Allgemein anerkannten Regeln der Technik zurück.[30]
- Die Gaststättenkonzession wird wegen des Zustandes der Räume oder wegen fehlendem Brandschutz verweigert.[31]

Sachmängel können sich aus den äußeren Beziehungen des Mietobjektes ergeben: 1781

z.B.

- Das Haus, in dem sich die Mieträume befinden, ist mit Mängeln behaftet.[32]
- Vom Nachbargrundstück gehen Baulärm, Erschütterungen und Staubemmissionen aus, wobei allerdings die vertragliche Zumutbarkeitsschwelle überschritten sein muss. Zu beachten ist, dass die mietvertragliche Zumutbarkeitsschwelle auch dann überschritten sein kann, wenn der Vermieter als Eigentümer gemäß § 906 BGB zur Duldung verpflichtet ist[33], so dass der Vermieter gegenüber dem Mieter zur Minderung bzw. zum Schadensersatz verpflichtet ist, ohne auf den Nachbarn Rückgriff nehmen zu können.

In Ausnahmefällen können sich Sachmängel auch daraus ergeben, dass sich die Gewinnerwartung des Mieters in diesem Objekt nicht realisieren lässt.[34] 1782

b) Gesetzliche Mängelrechte

Jeder Mangel stellt einen vertragswidrigen Zustand dar, an den das Gesetz eine Reihe von Rechtsfolgen knüpft. Bei den Rechtsfolgen wird danach unterschieden, ob der Mangel schon bei Vertragsabschluss vorhanden war oder ob erst nach Vertragsabschluss entstanden ist (z. B. Baulärm). Behandelt wird zunächst der Regelfall des erst nach Vertragsabschluss entstandenen Mangels, anschließend der Sonderfall des schon bei Vertragsabschluss vorhandenen Mangels. 1783

c) Mängelanzeige

Der Mieter muss dem Vermieter den Mangel unverzüglich anzeigen (§ 536 c Abs. 1 Satz 1 BGB). 1784
Unterlässt er die Anzeige oder zeigt den Mangel verspätet an, so ist er dem Vermieter zum Ersatz des hieraus entstehenden Schadens verpflichtet (§ 536 c Absatz 2 Satz 1 BGB).

d) Mangelbeseitigung

Der Vermieter muss den Mangel sofort beseitigen (§§ 535 Abs. 1 Satz 2, § 271 Abs. 1 BGB). 1785
Kommt der Vermieter mit der Beseitigung des Mangels in Verzug, wofür in der Regel eine Mahnung durch den Mieter erforderlich ist (§ 286 Abs. 1, 2 BGB), kann der Mieter den Mangel selbst beseitigen, Ersatz der erforderlichen Aufwendungen bzw. einen Vorschuss hierauf[35] sowie den Ersatz etwaigen weiteren Schadens verlangen.

---

30 Vgl. BGH NJW 1988, 2814.
31 Vgl. BGH NJW-RR 1987, 906; OLG Düsseldorf, NJW-RR 1988, 1424.
32 Vgl. hierzu die Beispiele in *Fritz,* Gewerberaummietrecht, 3. Aufl., Rdnr. 270.
33 BayObLG, NJW 1987, 1950; LG Göttingen, NJW 1986, 112.
34 OLG Celle, NJW 1978, 2510; OLG Koblenz, NJW-RR 1989, 400; *Wolf/Eckert,* Handbuch des gewerblichen Miet-, Pacht- und Leasings-Rechts, 8. Aufl., Rdnr. 253.
35 *Kinne/Schach,* Mietvertrags- und Mietprozessrecht, 2. Aufl., § 538 Rdnr. 9.

e) Minderung

1786 Für die Zeit, in der das Mietobjekt mit einem Mangel behaftet ist, ist die nach dem Mietvertrag geschuldete Miete gemindert (§ 536 Abs. 1 BGB). Allerdings tritt die Mietminderung insoweit nicht ein, als der Mieter dem Vermieter den Mangel nicht angezeigt hat und der Vermieter infolge der Unterlassung der Anzeige nicht Abhilfe schaffen konnte (§ 536 c Abs. 2 BGB). Vor Inkrafttreten des Mietrechtsreformgesetzes vom 19. 6. 2001 war streitig, inwieweit die vorbehaltlose Weiterzahlung der Miete eine Mietminderung für die Zukunft ausschloss.[36] Dieser Streit hat sich durch die Neufassung des Mietrechts erledigt.

1787 Ist ein Mangel des Mietobjektes gegeben und der Mieter deshalb zur Mietminderung berechtigt, so stellt sich die Frage, in welcher Höhe die Miete gemindert werden kann. Streitig ist hier, ob die Minderung die Nebenkosten mitumfasst[37] oder ob nur die Nettomiete gemindert werden kann.[38] Im übrigen kann die Höhe der Mietminderung nur in jedem Einzelfall beurteilt werden. Einen Anhaltspunkt gibt die umfangreiche Kauistik, die sich in der Rechtsprechung herausgebildet hat.[39] Zu beachten ist, dass der Mieter bei einem zu hohen Minderungsbetrag das Risiko hat, dass der Vermieter wegen Zahlungsverzuges außerordentlich kündigt. Berechtigt ist eine solche Kündigung nur dann, wenn den Mieter hinsichtlich der Höhe des vorgenommenen Einbehaltes ein Verschulden traf, d. h. wenn bei außer Achtlassung der im Verkehr erforderlichen Sorgfalt (§ 276 Abs. 2 BGB) der Minderungsbetrag überhöht war. Zugute kommt dem Mieter insoweit außerdem noch sein Zurückbehaltungsrecht (§ 320 BGB).[40]

f) Zurückbehaltungsrecht

1788 Der Mieter kann von den Mietzahlungen nicht nur einen – endgültigen – Minderungsbetrag einbehalten. Einen weiteren Teil der Miete in Höhe des drei- bis fünffachen der Mängelbeseitigungskosten[41] kann er so lange einbehalten, bis der Mangel beseitigt ist. Das Zurückbehaltungsrecht geht weiter als das Minderungsrecht. Während eine Mietminderung zu 100 % nur bei völliger Unbrauchbarkeit des Mietobjektes gerechtfertigt ist, kann ein vollständiges Zurückbehalten der Miete auch bei geringerer Gebrauchsbeschränkung gerechtfertigt seien. Den Einschränkungen des § 536 c BGB – unterlassene Mangelanzeige – unterliegt das Zurückbehaltungsrecht nicht.

g) Schadensersatz

1789 Neben der Minderung kann der Mieter Ersatz des ihm durch den Mangel entstandenen Schadens verlangen, allerdings nur dann, wenn der Vermieter den Mangel zu vertreten hat (§ 536 a Abs. 1 BGB). Ebenso wie bei der Minderung kann Schadensersatz dann nicht verlangt werden, wenn der Mieter den Mangel nicht angezeigt hat und der Vermieter infolge der Unterlassung der Anzeige nicht Abhilfe schaffen konnte (§ 536 c Abs. 2 BGB).

h) Sonderfall: Mangel ist schon bei Vertragsabschluss vorhanden

1790 Der Mieter hat hier im Grundsatz dieselben Rechte wie bei einem erst später entstehenden Mangel: Er kann Minderung und Schadensersatz verlangen, den Mangel im Wege der Ersatzvornahme auf Kosten des Vermieters beseitigen und bis zur Mängelbeseitigung einen Teil der Miete zurückbehalten. Es gibt allerdings folgende Besonderheiten:

---

36 Vgl. hierzu nur BGB NJW 1997, 2674, wo § 539 BGB a.F. entsprechend angewendet wurde.

37 So OLG Hamm, NJW E-MietR 1996, 80; LG Köln, WuM 1997, 45; LG Kiel, WuM 1994, 609; LG Hamburg, WuM 1983, 290; *Staudinger/Emmerich*, BGB, § 537 Rdnr. 71.

38 LG Berlin, GE 1994, 1381; *Weidenkaff* in: Palandt, BGB, § 537 Rnd. 23.

39 *Mutter*, ZMR 1995, 189.

40 Vgl. hierzu sogleich Rdnr. 1788.

41 Vgl. LG Bonn, WuM 1991, 62.

- Für den Schadensersatzanspruch des Mieters kommt es auf ein Verschulden des Vermieters nicht an. Schadensersatz kann auch dann verlangt werden, wenn der Vermieter den Mangel nicht zu vertreten hat (sogenannte Garantiehaftung, § 536 a Abs. 1 BGB).
- Minderung und Schadensersatz scheiden aus, wenn der Mangel dem Mieter bei Vertragsschluss bekannt gewesen ist. Wenn der Mangel dem Mieter nur infolge grober Fahrlässigkeit unbekannt geblieben ist, so gibt es Minderung und Schadensersatz nur dann, wenn der Vermieter den Mangel arglistig verschwiegen hat (§ 536 BGB).

3. Untermiete/Nachmietergestellung

Bei langfristigen Mietverträgen entsteht für den Mieter häufig das Bedürfnis, das Mietverhältnis zu beenden, ohne dass ein Grund vorliegt, der ihn zur außerordentlichen Kündigung berechtigen würde. In dieser Situation kommt als »Notlösung« die Untervermietung des Mietobjektes und die Gestellung eines Nachmieters in Betracht. 1791

a) Untervermietung

Bei der Untervermietung des Mietobjektes schließt der Mieter mit einem Dritten, dem Untermieter, ein gesondertes Mietverhältnis, so dass hinsichtlich des Mietobjektes zwei Mietverhältnisse vorliegen: das Mietverhältnis zwischen dem Hauptvermieter und dem Hauptmieter einerseits und das Mietverhältnis zwischen dem Hauptmieter und dem Untermieter andererseits. Gegenstand des Untermietverhältnisses ist das Mietobjekt oder ein Teil davon (vgl. § 553 Abs. 1 Satz 1 BGB). 1792

Berechtigt zur Weitervermietung ist der Mieter nur dann, wenn der Vermieter ihm hierzu die Erlaubnis erteilt (§ 540 BGB), denn die Weitervermietung ist grundsätzlich nicht als vertragsgemäßer Gebrauch des Mietobjektes anzusehen. Der Vermieter kann die Untervermietung sonach verhindern, indem er dem Mieter die hierfür erforderliche Erlaubnis verweigert. Allerdings ist der Vermieter bei seiner Entscheidung über die Erteilung der Erlaubnis nicht völlig frei: 1793

- Bei Wohnraummietverhältnissen kann der Mieter von dem Vermieter die Erlaubnis verlangen, wenn für den Mieter nach Abschluss des Mietvertrags ein berechtigtes Interesse entsteht, einen Teil des Wohnraums einem Dritten zum Gebrauch zu überlassen (§ 553 Abs. 1 BGB). Bei der Geschäftsraummiete besteht ein solcher Anspruch hingegen grundsätzlich nicht. Im Ausnahmefall kann die Verweigerung der Erlaubnis aber gegen Treu und Glauben verstoßen.[42]
- Weiter vom Vermieter zu beachten ist das Sonderkündigungsrecht des Mieters nach § 540 Abs. 1 Satz 2 BGB. Danach kann der Mieter das Mietverhältnis außerordentlich mit der gesetzlichen Frist kündigen, wenn in der Person des Untermieters nicht ein wichtiger Grund zur Erlaubnis vorhanden ist. Das Sonderkündigungsrecht gilt gleichermaßen für Wohnraummiete und Geschäftsraummiete und kann nach herrschender Meinung nicht durch Bestimmungen in Allgemeinen Geschäftsbedingungen ausgeschlossen werden.[43] Ein wichtiger Grund zur Ablehnung des Untermieters ist beispielsweise gegeben, wenn der Untermieter eine wesentliche Änderung des Nutzungszweckes vornehmen will[44] oder wenn der Untermieter aus einen anderen Branche kommt und dadurch der Konkurrenzschutz verletzt wird.

Im Hinblick auf das Sonderkündigungsrecht nach § 540 Abs. 1 Satz 2 BGB hat der Vermieter dem Mieter bei Verweigerung der Erlaubnis mitzuteilen, aus welchem Grunde dies geschieht. 1794

---

42 Fritz, Gewerberaummietrecht, 3. Aufl. Rdnr. 328.

43 Vgl. BGH BGHZ 130, 50 = NJW 1995, 2034; *Bub/Treier,* Handbuch der Geschäfts- und Wohnraummiete, 3. Auflage, II Rdnr. 506; anderer Ansicht: Wolf/Eckert, Handbuch des gewerblichen Miet-, Pacht- und Leasings-Rechts, 8. Aufl., Rdnr. 959.

44 OLG Köln, NJW-RR 1997, 204.

Für die Vertragsgestaltung gilt allgemein für den Mieter die Empfehlung, sich bei langfristigen Mietverträgen das Recht vorzubehalten einen Untermieter oder Nachmieter stellen zu dürfen.

b) Nachmietergestellung

1795 Anders als die Untermiete ist die Frage, unter welchen Voraussetzungen der Vermieter einen vom Mieter gestellten Nachmieter akzeptieren muss, gesetzlich nicht geregelt. Die Rechtsprechung hat sich in einer Vielzahl von Entscheidungen mit der Nachmietergestellung befasst.[45] Fest steht hiernach, dass der Vermieter im Einzelfall nach Treu und Glauben verpflichtet sein kann, einen vom Mieter gestellten Nachmieter zu akzeptieren. Fest steht weiter, dass hierfür folgende Mindestvoraussetzungen gelten[46]:

- Der Mieter hat ein schutzwürdiges Interesse an der Vertragsauflösung, die das Interesse des Vermieters an einer Vertragserfüllung deutlich übersteigt.
- Ein Festhalten am Vertrag bedeutet für den Mieter eine gewisse Härte.
- Der Abschluss eines Vertrages mit dem gestellten Nachmieter ist für den Vermieter akzeptabel.

1796 Wie diese Voraussetzungen auf den Einzelfall anzuwenden sind und ob zu den genannten Voraussetzungen weitere hinzukommen, obliegt der richterlichen Würdigung, so dass der Vermieter in kritischen Fällen häufig nicht abschätzen kann, ob er einen Nachmieter akzeptieren muss oder nicht.

4. Wechsel des Vermieters

1797 Veräußert der Vermieter das Objekt während der Dauer des Mietverhältnisses, so kommt es auf Seiten des Vermieters zu einer Vertragsübernahme. Der bisherige Vermieter scheidet aus dem Mietverhältnis aus, der Erwerber tritt an die Stelle des Vermieters in das Mietverhältnis ein (§ 566 BGB). Das Mietverhältnis bleibt in seinem Bestand und Inhalt unverändert (»Kauf bricht nicht Miete«). Der gesetzliche Vertragsübergang vollzieht sich mit der Eintragung des Erwerbers in das Grundbuch. Es steht den Parteien des Erwerbsvorganges aber selbstverständlich frei, den Zeitpunkt der Vertragsübernahme im Innenverhältnis auf einen früheren Besitz-/ Nutzen-/ Lasten-Wechsel vorzuverlegen. Der Erwerber benötigt in diesem Falle, um gegenüber dem Mieter rechtsgeschäftlich tätig werden zu können, für die Übergangszeit bis zur Grundbucheintragung eine Vollmacht des Veräußerers.

1798 Im Zusammenhang mit dem Vertragsübergang vom Vermieter auf den Erwerber gibt es eine Reihe regelungsbedürftiger Fragen, deren Klärung bis zum Inkrafttreten des Mietrechtsreformgesetzes vom 19. 6. 2001 im wesentlichen der Rechtsprechung oblag. Nunmehr hat der Gesetzgeber in § 566 Abs. 2 ff. BGB eine gesetzliche Regelung geschaffen, die – etwas vereinfacht – folgendes vorsieht:

- Für die Erfüllung der Vermieterpflichten haftet der Veräußerer als Bürge. Die Bürgenhaftung erlischt in dem Zeitpunkt, zu dem der Mieter das Mietverhältnis erstmals nach dem Vertragsübergang ordentlich kündigen kann (§ 566 Abs. 2 BGB).
- Für die Rückgabe einer Mietsicherheit haftet vorrangig der Erwerber, subsidiär der Veräußerer (§ 566 a BGB).
- Eine Abtretung der Mietforderung durch den Veräußerer ist wirksam lediglich bis zu dem Monat, in dem das Eigentum auf den Erwerber übergeht (§ 566 b BGB).
- Mietzahlungen sind gegenüber dem Erwerber wirksam lediglich bis zu dem Monat, in dem der Mieter vom Vertragsübergang Kenntnis erlangt (§ 566 c BGB).

---

45 Vgl. etwa OLG Karlruhe, NJW 1981, 41 sowie *Heile,* Ersatzmietergestellung bei Wohn- und Geschäftsraummiete ZMR 1990, 249 ff. mit umfangreichem Rechtsprechungsnachweis.

46 *Fritz,* Gewerberaummietrecht, 3. Aufl., Rdnr. 346.

- Entsprechendes gilt für eine vom Mieter erklärte Aufrechnung mit Gegenforderungen (§ 566 d BGB).

> ! Um Streitigkeiten zwischen den Beteiligten zu vermeiden, empfiehlt es sich in jedem Fall, den Mieter baldmöglichst von dem bevorstehenden Eigentumsübergang in Kenntnis zu setzen (§ 566 e BGB).

5. Mieterhöhungen bei der Wohnraummiete

Bei Geschäftsraummietverhältnissen kann der Vermieter vom Mieter eine Erhöhung der Miete 1799
nur dann verlangen, wenn dies im Mietvertrag vorgesehen ist. Als Klauseln, die dem Vermieter einseitig eine spätere Erhöhung der Miete ermöglichen, kommen in Betracht

- die Staffelmiete[47]
- die Wertsicherungsklausel[48]
- die Spannungsklausel[49]
- der Leistungsvorbehalt[50]

Anders ist die Rechtslage bei der Wohnraummiete. Dort besteht zwar ebenfalls die Möglichkeit, 1800
im Mietvertrag Vereinbarungen über spätere Mieterhöhungen zu treffen (vgl. § 557 ff. BGB). Darüber hinaus kann der Vermieter eine Mieterhöhung aber auch ohne vertragliche Grundlage in folgenden zwei Fällen verlangen:

- Die bisherige Mieter liegt unterhalb der ortsüblichen Vergleichsmiete. Verlangt werden kann eine Erhöhung bis zur ortsüblichen Vergleichsmiete (§§ 558 ff. BGB).
- Der Veräußerer hat eine Modernisierung durchgeführt (§§ 559 ff.).

Die Einzelheiten hierzu sind im Gesetz ausführlich geregelt. Um eine Einschätzung über die 1801
erzielbare Miete zu erhalten, empfiehlt es sich in jedem Fall, sich den örtlichen Mietspiegel zu beschaffen, wenn ein solcher existiert.

6. Bauliche Veränderungen

An baulichen Veränderungen können sowohl der Vermieter als auch der Mieter interessiert 1802
sein.

a) Maßnahmen durch den Vermieter

Welche Baumaßnahmen der Vermieter während der Dauer des Mietverhältnisses an dem Miet- 1803
objekt vornehmen kann, ist für das Wohn- und Gewerberaummietrecht unterschiedlich geregelt. Bei der Gewerberaummiete besteht insoweit grundsätzlich Vertragsfreiheit (§§ 578 Abs. 2, 554 Abs. 5 BGB). Die in Formularverträgen getroffenen Bestimmungen dürfen aber nicht so weit gehen, dass das Recht des Mieters auf Gebrauchsgewährung unangemessen eingeschränkt wird (§§ 307, 535 Abs. 1 BGB).

Die gesetzliche Regelung über Erhaltungs- und Modernisierungsmaßnahmen gilt sonach nur für 1804
Wohnraummietverhältnisse und solche Gewerberaummietverhältnisse, bei denen im Mietvertrag nichts Abweichendes vereinbart wird. § 554 BGB unterscheidet zwischen Erhaltungsmaßnahmen und Modernisierungsmaßnahmen. Erhaltungsmaßnahmen sind seitens des Mieters immer zu dulden, Modernisierungsmaßnahmen nur dann, wenn die Maßnahme für den Mieter keine Härte bedeutet, wobei die beiderseitigen Interessen gegeneinander abzuwägen sind.

---

47 Vgl. oben Rdnr. 1251.
48 Vgl. oben Rdnr. 1253.
49 Vgl. *Heinrichs* in: Palandt, BGB, 62. Aufl., § 245 Rdnr. 30 ff.
50 Vgl. oben Rdnr. 1254).

> **!** Formal ist zu beachten, dass der Mieter über die Modernisierungsmaßnahme zu informieren ist, und zwar spätestens 3 Monate vor deren Beginn (§ 554 Abs. 3 Satz 1 BGB). Der Mieter hat dann das Recht, wenn er mit der Maßnahme nicht einverstanden ist, das Mietverhältnis zum Ablauf des folgenden Monats außerordentlich zu kündigen.

b) Maßnahmen durch den Mieter

1805 Hier gibt es Maßnahmen, die zum Mietgebrauch gehören und die deshalb zustimmungsfrei sind und solche, die der Zustimmung seitens des Vermieters bedürfen. Zustimmungsfrei sind z. B. das Setzen von Nägeln und Dübeln, der Einbau von Raumteilern, Schiebetüren oder Einbauküchen sowie das Verkleben von Teppichböden. Für weitergehende Maßnahmen bedarf der Mieter einer Zustimmung des Vermieters.

1806 Mietereinbauten sollten – wenn möglich – bereits im Mietvertrag selbst geregelt werden. Entsteht das Bedürfnis des Mieters, das Mietobjekt umzubauen, erst später, so lassen sich die hiermit im Zusammenhang stehenden Fragen sinnvollerweise nur in einer Nachtragsvereinbarung regeln. Regelungsbedürftig sind etwa folgende Punkte:

- Soll die Baumaßnahme nach Ablauf des Mietverhältnisses wieder zurückgebaut werden?
- Falls ja: Soll dem Vermieter eine Sicherheitsleistung für die Erfüllung der Rückbauverpflichtung gegeben werden?
- Falls ein Rückbau nicht erfolgen soll: Soll dem Mieter eine Entschädigung zustehen? In welcher Höhe?
- Soll, damit sich die Investition des Mieter amortisieren kann, das Mietverhältnis verlängert werden?

7. Kündigung

1807 Jedes Mietverhältnis kann durch Kündigung beendet werden. Da aber nicht jede Kündigung wirksam ist, sind, wenn es zu einer Kündigung kommt, folgende Fragen zu klären:

- War der Kündigende (Vermieter oder Mieter) zur Kündigung berechtigt?
- Ist die Kündigung in der richtigen Form erklärt worden?

a) Recht zur Kündigung

1808 Dass eine Kündigung des Mietverhältnisses nicht ohne Einschränkungen zulässig sein kann, bedarf keiner näheren Erläuterung. Unterschieden wird insoweit zwischen der ordentlichen Kündigung und der außerordentlichen Kündigung.

aa) Ordentliche Kündigung

1809 Ein Recht zur ordentlichen Kündigung des Vertrages ist nur bei unbefristeten Mietverhältnissen gegeben. Mit einer ordentlichen Kündigung kann das Mietverhältnis im Prinzip jeder Zeit beendet werden. Der Schutz der anderen Vertragspartei wird hier dadurch gewährleistet, dass die Kündigung erst nach Ablauf einer bestimmten Frist – der Kündigungsfrist – wirksam wird. Die Kündigungsfrist beträgt bei Wohnraummietverhältnissen 3 Monate (§ 573 c Abs. 1 BGB), bei Geschäftsraummietverhältnissen 6 Monate (§ 580 a Abs. 2 BGB). Bei Wohnraummietverhältnissen kommt hinzu, dass eine ordentliche Kündigung durch den Vermieter nur zulässig ist, wenn der Vermieter ein berechtigtes Interesse an der Beendigung des Mietverhältnisses hat (§ 573 BGB).

bb) Außerordentliche Kündigung

1810 Jedes Mietverhältnis kann, und zwar unabhängig von etwaigen vertraglichen Regelungen, aus wichtigem Grund fristlos gekündigt werden. Die wichtigsten Kündigungsgründe sind:

- Nichtgewährung des vertragsgemäßen Gebrauchs der Mietsache (§ 543 Abs. 2 Nr. 1 BGB),
- Erhebliche Gefährdung der Mietsache durch den Mieter (§ 543 Abs. 2 Nr. 2 BGB),
- Zahlungsverzug des Mieters (§ 543 Abs. 2 Nr. 3 BGB).

Darüber hinaus bestehen noch in bestimmten Fällen Sonderkündigungsrechte, so z. B. bei Verweigerung der Untermieterlaubnis durch den Vermieter (§ 540 Abs. 1 Satz 2 BGB). 1811

b) Kündigungserklärung

Für die Kündigungserklärung gelten bestimmte formelle Anforderungen, deren Beachtung keine besondere Schwierigkeit darstellt. Werden diese Bestimmungen jedoch nicht beachtet, so hat dies zur – unangenehmen – Folge, dass das Mietverhältnis, das die kündigende Partei schon als beendet ansah, in Wirklichkeit noch fortbesteht. Auf die Erklärung der Kündigung sollte deshalb besondere Sorgfalt angewandt werden. 1812

In Mietverträgen wird zumeist vorgesehen, dass die Kündigung schriftlich zu erfolgen. Auch wenn eine solche Bestimmung nicht getroffen ist, empfiehlt sich die schriftliche Kündigung aus Beweisgründen. Ist Schriftform vereinbart worden, so genügt zur Einhaltung der Form die telegrafische Übermittlung per Telegramm oder Telefax.[51] 1813

Wirksam wird die Kündigung erst mit ihrem Zugang beim Empfänger. Sie sollte deshalb dem Empfänger so übermittelt werden, dass der Zugang später nachgewiesen werden kann. Nicht zu empfehlen ist in der Regel die Kündigung per Einschreiben/Rückschein, da sie als Beweis nur bedingt geeignet ist.[52] Zudem kann der Empfänger, wenn er nicht mit rechtserheblichen Mitteilungen des Absenders rechnen musste[53], die Annahme verweigern bzw. darauf verzichten, den Einschreibebrief von der Post abzuholen. Ein (fristgerechter) Zugang hat in diesem Falle nicht stattgefunden. 1814

Sicherer als das Einschreiben/Rückschein ist die Zustellung des Kündigungsschreibens durch den Gerichtsvollzieher. Doch wird der damit verbundene Aufwand nur in seltenen Fällen gerechtfertigt sein. Praktikabel für die Zusendung der Kündigungserklärung erscheint sonach in erster Linie folgendes Vorgehen: 1815

- Vorab-Zusendung per Telefax. Der OK-Vermerk begründet für den Zugang immerhin den Beweis des ersten Anscheins.[54]
- Zusendung per Boten und Empfangsbestätigung.

Erfolgt die Kündigung durch einen Bevollmächtigten (z. B. Hausverwaltung), so stellt sich das Problem, wie dem Kündigungsempfänger die Erteilung der Vollmacht nachgewiesen wird. Nach § 174 BGB kann der Kündigungsempfänger die Kündigungserklärung zurückweisen, wenn der Bevollmächtigte eine Original-Vollmachtsurkunde – nicht vorlegt. Erfolgt die Zurückweisung der Kündigung unverzüglich (ca. 10 Tage), so ist die Kündigungserklärung unwirksam. Der kündigenden Vertragspartei bleibt es hierbei selbstverständlich unbenommen, die Kündigung unter Vorlage einer Original-Vollmacht zu wiederholen. Es kann aber sein, dass bei der zweiten Kündigung infolge der entstandenen Verzögerung nicht mehr zu demselben Termin gekündigt werden kann, wie dies noch bei der ersten Kündigung möglich war. Um eine unwirksame Kündigung zu vermeiden, ist sonach Folgendes zu beachten: 1816

---

51 *Heinrichs* in: Palandt, BGB, 62. Aufl., § 127 Rdnr. 2.
52 *Fritz,* Gewerberaummietrecht, 3. Aufl., Rdnr. 381 a.
53 BGH, NJW 1983, 929.
54 OLG München, MDR 1999, 686.

!

- Grundsätzlich sollte die Kündigung durch die Person erfolgen, die Partei des Mietvertrages ist. Ist Mietvertragspartei eine juristische Person, so ist die Kündigung durch den gesetzlichen Vertreter zu erklären. Auf den gesetzlichen Vertreter ist § 174 BGB nicht anwendbar.[55]
- Lässt sich eine Kündigung durch einen Bevollmächtigten nicht vermeiden, so sollte dieser mit einer Originalvollmachtsurkunde ausgestattet werden. Die Vollmacht muss auch das Recht zur Kündigung des Mietverhältnisses umfassen.

Tipp

1. Der Zustand des Mietobjektes sollte, und zwar möglichst schon bei der Übergabe, möglichst genau dokumentiert werden.
2. Soweit ein Sachmangel auftritt, hat der Mieter dem Vermieter unverzüglich Anzeige zu erstatten. Andernfalls riskiert er, seine Rechte zu verlieren.
3. Über bauliche Veränderungen sollte möglichst schon bei Abschluss des Mietverhältnisses eine Verständigung stattfinden.

IV. Facility Management

1817 Wenn wie im Beispielsfall 4 in Kap. E ein Unternehmen Kaufhäuser und Logistic Center betreibt und beabsichtigt, die Geschäftstätigkeit durch den Erwerb neuer Immobilien in Innenstadtlage auszuweiten, so können mit einer Neuausrichtung des Facility Managements (nachfolgend FM genannt) Kosteneinsparungspotenziale genutzt sowie Effizienzgewinne erzielt werden. Dies gilt sowohl für die zum Anlagevermögen gehörenden eigenen Immobilien als auch für die angemieteten Liegenschaften.

1. Begriffbestimmung und Inhalte von FM

1818 Facility Management gehört mittlerweile in der Immobilienwirtschaft zum alltäglichen Sprachgebrauch. Die Praxis jedoch zeigt, dass die Leistungsinhalte noch höchst diffus und unterschiedlich bestimmt werden.[56] Letztlich kann man beim FM wohl nur von einem Sammelbegriff sprechen. In diesem Zusammenhang fallen auch die Begriffe Immobilien- oder Gebäudemanagement, wobei zwischen diesen Begriffen sowohl Überschneidungen als auch Unterschiede bestehen, aber keine exakt bestimmte Schnittstelle festzustellen ist.[57]

1819 Die DIN 32736 (Gebäudemanagement – Begriffe und Leistungen) definiert das Gebäudemanagement als *»Gesamtheit aller Leistungen zum Betreiben und Bewirtschaften von Gebäuden einschließlich der baulichen und technischen Anlagen auf der Grundlage ganzheitlicher Strategien. Dazu gehören auch die infrastrukturellen und kaufmännischen Leistungen. Gebäudemanagement zielt auf die strategische Konzeption, Organisation und Kontrolle hin zu einer integralen Ausrichtung der traditionell additiv erbrachten einzelnen Leistungen.«*

Ergänzt man die in dieser DIN-Norm beschriebenen Leistungen, die auf die Nutzungsphase begrenzt sind, um außerhalb des Gebäudes liegende Sachressourcen und Leistungen während der Planungs- und Bauphase, ggf. auch in der Rückbauphase, ist die vorgenannte Begriffsbe-

55 *Heinrichs* in: Palandt, BGB, 62. Aufl., § 174 Rdnr. 1.
56 Vgl. *Schneider,* Facility Management, S. 2 ff.; *Schulte,* Facilities Management, S. 34 ff.
57 *Schneider,* Facility Management, S. 6; *Nävy,* Facility Management, S. 8.

stimmung geeignet, zumindest grob zu skizzieren, was unter FM-Leistungen üblicherweise verstanden wird.

Das infrastrukturelle Gebäudemanagement im Sinne oben genannter Definition nach der DIN 32736 beinhaltet neben zentralen Diensten (z. B. Hausmeister, Post, Fuhrpark, Reinigung, Sicherheit) auch den Bereich Kommunikation und IT.[58] 1820

Demgegenüber übernimmt der kaufmännische Gebäudemanager die Vermietung und Verwaltung des Gebäudes sowie bei Bedarf das Controlling und das Rechnungswesen. 1821

Das technische Gebäudemanagement umfasst wiederum die Durchführung von Wartungs- und Instandhaltungsarbeiten sowie das Energiemanagement. 1822

Das Flächenmanagement ist ein Unterfall des technischen Gebäudemanagements.[59] Dazu zählen Dienste wie Umzugsservice, Möblierung etc.

Eigentümer von Immobilien, die die Objekte rein aus wirtschaftlicher Sicht betrachten, richten ihren Fokus verständlicherweise in erster Linie auf eine angemessene Rendite sowie die Substanzerhaltung. Hinzu kommt das Bedürfnis, für das Kerngeschäft der Gesellschaft bestmöglich nutzbare Immobilien zur Verfügung zu haben. 1823

Um das FM möglichst effizient und kostengünstig erbringen zu können, ist empfehlenswert, Facility-Manager bereits in der Phase der Projektentwicklung des Gebäudes miteinzubeziehen. 1824

Ein Investor sollte deshalb bereits bei der Planung von Umbaumaßnahmen an den vorhandenen Kaufhäusern und Logistic Centern sowie bei gegebenenfalls durchzuführenden Neubaumaßnahmen auf das Know-how von erfahrenen Facility-Managern zurückgreifen, die im Vorfeld der Umplanung Beiträge zur Kosteneinsparung liefern können. 1825

> **!** Auch bei Ankäufen von Immobilien empfiehlt es sich, entsprechende FM-Expertise einfließen zu lassen. So kann sicherlich weitestgehend der Erwerb von aus FM-Sicht nur eingeschränkt geeigneten Immobilien vermieden werden, bei denen zusätzliche Investitionen für den entsprechenden Umbau der Immobilie anfallen würden.

2. Outsourcing des FM

Ein Unternehmen wie im Beispielsfall 4 in Kap. E sieht sich häufig dem Umstand ausgesetzt, dass das eigentliche Kerngeschäft zum Teil nur noch erfolgreich betrieben werden kann, wenn die dazu benötigte Infrastruktur durch ein FM professionell betreut wird. Es stellt sich in diesem Zusammenhang die weitergehende Frage, ob FM durch eine eigene Abteilung des Unternehmens betrieben werden soll, oder ob man es im Wege des Outsourcings auf Dritte überträgt. 1826

Im Falle des Outsourcings muss weiter entschieden werden ob die Leistungen des FM einzeln ausgelagert oder als Ganzes auf einen General-Facility-Manager übertragen werden.

Beim echten Outsourcing wird die in Rede stehende Leistung nicht mehr vom Unternehmen selbst durchgeführt. Es sucht einen oder mehrere Dienstleister, mit denen Verträge für die Erbringung von Dienstleistungen abgeschlossen werden.

Für das echte Outsourcing spricht, dass ein externer Anbieter sich besser an geänderte Anforderungen struktureller Art anpassen kann. Häufig geht mit einem Outsourcing eine Steigerung von Effektivität und Effizienz einher, verbunden mit geringeren Kosten. Durch die Einbindung 1827

58 *Schäfer/Conzen,* Immobilienwirtschaft, 2. Auflage, S. 4, *Nävy,* Facility Management, S. 13.

59 *Schneider,* Facility Management, S. 7.

Externer können Fachleute mit besonderem Wissen eingeschaltet und der neueste Stand der Technik leichter verfügbar gemacht werden.[60]

1828 Wird das FM unternehmensintern auf eine eigene Abteilung oder ein eigenes Profit-Center konzentriert, so handelt es sich um internes Outsourcing. Zum internen Outsourcing zählt auch das Gründen einer rechtlich selbständigen Tochtergesellschaft, die mit der Erbringung der Dienstleistung beauftragt wird.[61] Dieses interne Outsourcing kann jedoch die zuvor dargestellten Vorteile des echten Outsourcings, die letztlich nur bei einer konsequenten tatsächlichen Auslagerung der Dienste aus dem Unternehmen und Erbringung der Leistung durch Dritte erzielt werden können, oftmals nicht bieten.

1829 Eine weitere Form des Outsourcings ist das Verlagern des FM in eine Beteiligungsgesellschaft. Neben dem das FM auslagernden Unternehmen ist ein Dritter, in der Regel ein am Markt erfahrener Dienstleister, an der Gesellschaft beteiligt.

Vorteil dieser Form des Outsourcings ist sicherlich, dass der Investor bzw. der Inhaber der Immobilie nicht komplett von fremden Dienstleistern abhängig ist und sich weitestgehende Einflussmöglichkeiten erhält. Nachteilig ist allerdings zu bewerten, dass im Gegensatz zur konsequenten Fremdvergabe des FM das eigentliche Kerngeschäft des Unternehmens nicht entlastet wird.

3. Rechtliche Rahmenbedingungen

1830 Die rechtlichen Rahmenbedingungen, die es bei der Durchführung von FM, der Übertragung von FM auf Dritte und dem Abschluss von entsprechenden Dienstleistungsverträgen mit externen Anbietern zu berücksichtigen gilt, sind umfangreich und höchst vielschichtig. Die erfolgreiche Gestaltung des FM hängt aber nicht zuletzt von der Beschreibung und Einhaltung der rechtlichen Rahmenbedingungen ab.

1831 Sofern ein Unternehmen das FM bzw. die bis dato vorhandenen internen eigenen Strukturen, die die hier mit FM umschriebenen Leistungen und Dienste beinhalten, auf Dritte übertragen will, so sind arbeitsrechtliche Implikationen zu beachten. Wenn Mitarbeiter von einer nunmehr mit dem FM zu beauftragenden Tochtergesellschaft oder von Dritten übernommen werden, liegt ein Betriebsübergang vor (§ 613 a BGB). Geht nach dessen Wortlaut ein Betrieb oder Betriebsteil durch Rechtsgeschäft auf einen anderen Inhaber über, so tritt dieser in die Rechte und Pflichten aus den im Zeitpunkt des Übergangs bestehenden Arbeitsverhältnissen ein.[62]

1832 Bei einem solchen Betriebsübergang ist also nicht nur ein FM-Vertrag zwischen dem Unternehmen und dem Dienstleister zu schließen, sondern es kommen auch neue Arbeitsverträge zwischen dem Dienstleister bzw. Tochterunternehmen und den bisherigen Mitarbeitern des ausgelagerten Teilbetriebes oder Betriebsteils zustande.

! Ist beim outsourcenden Unternehmen ein Betriebsrat vorhanden, so muss dieser nach dem Betriebsverfassungsgesetz (BetrVG) einbezogen werden.

1833 Sofern eine Übertragung von einem Betrieb oder einem Betriebsteil erfolgt, so sind auch steuerrechtliche Implikationen zu berücksichtigten.

Daneben sind beim Betrieb des FM in einer eigenen Tochtergesellschaft oder Beteiligungsgesellschaft gesellschaftsrechtliche Bestimmungen zu beachten.

60 Vgl. hierzu *Schneider*, Facility Management, S. 241 f.
61 *Schneider*, Facility Management, S. 246.
62 Zur Frage der Fortgeltung von Tarifverträgen und Betriebsvereinbarungen vgl. § 613 a Abs. 1 S. 2 und 3 BGB.

4. FM-Vertrag

Der in der Praxis als Dienstleistungsvertrag bezeichnete FM-Vertrag ist in der Regel zumindest bei komplexeren Verträgen keinem der im BGB geregelten Grundvertragstypen alleine zuzuordnen. Er enthält zumeist sowohl werkvertragliche als auch dienstvertragliche Elemente.[63] 1834

Wenn ein Unternehmen beispielsweise einen Facility-Manager mit der Bereitstellung der IT-Struktur, d. h. mit der Bereitstellung von PC, Druckern, Kopierern, Server, der Erbringung von Wartungs- und Instandhaltungsarbeiten beauftragt und ihm gegebenenfalls dafür Räumlichkeiten vermietet, so kommt ein Vertrag mit kaufvertraglichen, werkvertraglichen, dienstvertraglichen und sogar mietvertraglichen Elementen zustande. 1835

Wesentlicher Bestandteil des FM-Vertrages ist die Leistungsbeschreibung. Sie erfolgt sinnvollerweise in einem Leistungsverzeichnis oder Leistungskatalog.[64] 1836

Je detaillierter und umfassender die Leistungsbeschreibung gefasst ist, desto eher sind Streitigkeiten zwischen den Parteien über den Inhalt und den Umfang der wechselseitigen Pflichten auszuschließen. Um unzureichende oder gar falsche Leistungsbeschreibungen zu vermeiden, sollten zunächst die bisher intern erbrachten Leistungen genau beschrieben und definiert werden. So wird zum Teil festzustellen sein, dass bestimmte Leistungen im Laufe der Zeit entbehrlich wurden, andere bislang nicht oder nur unzureichend erbracht wurden. Bei der Bestimmung des Leistungsumfanges sollte der Dienstleister, mit dem der Vertrag geschlossen werden soll, oder ein externer Berater miteinbezogen werden. Wird der Leistungskatalog durch den Dienstleister alleine erstellt, so sollte der Auftraggeber diesen zur Vermeidung von späteren Mehrvergütungsforderungen überprüfen lassen.

Neben einer Schnittstellendefinition sollte eine detaillierte Auflistung aller dem Auftraggeber obliegenden(Mitwirkungs-)Pflichten, vor allem aber seiner Eingriffsbefugnisse erfolgen.

Der Vertrag sollte weiterhin je nach Sensibilität der auszuführenden Leistungen Anforderungen darüber enthalten, welche Qualifikationen die von dem Dienstleister einzusetzenden Mitarbeiter aufweisen müssen.

Im FM-Vertrag ist zudem zu regeln, wie die erbrachten Leistungen nachzuweisen sind, d. h. wie Leistungsnachweise zu führen sind und in welcher Form sie vom Auftraggeber als vertragsgerecht anerkannt werden. 1837

Ein wesentlicher Schwerpunkt des Vertrages muss auf der Regelung der Vergütung liegen. Im Bereich der Gebäudereinigung wird es möglich sein, eine Vergütung auf der Basis von Einheitspreisen zu vereinbaren, in anderen Bereichen wird sicherlich nur eine aufwandsbezogene Vergütung in Form von Stundensätzen in Betracht kommen.[65] 1838

! **Da FM-Verträge als Dauerschuldverhältnisse über einen längeren Zeitraum laufen, sind Klauseln über Preisanpassungen und über die Vergütungsfolge bei Vertragsänderungen zweckmäßig.**

Die Absicherung der gegenseitigen Leistungen durch entsprechende Sicherungsmittel (z. B. Bürgschaften) ist zu empfehlen.

---

63 Vgl. hierzu *Hacker* in: Usinger, Immobilien-Recht und Steuern, Handbuch für die Immobilienwirtschaft, 2. Auflage, S. 905 ff.

64 In diesem Zusammenhang werden auch die Begriffe Pflichtenheft oder Lastenheft verwandt.

65 Zu Einzelheiten der Vergütung vgl. *Schneider,* Facility Management, S. 300 ff.

1839 Da das FM eine Reihe sensibler Bereiche des Unternehmens berührt, ist Versicherungsfragen höchste Aufmerksamkeit zu widmen. Da Schlechtleistungen im Bereich des FM zu gravierenden Eingriffen in Betriebsabläufe beim Unternehmen oder bei der verwalteten Mietfläche führen und erhebliche Schäden verursachen können, muss darauf geachtet werden, dass etwaige Schadensfälle von Versicherungen abgedeckt werden.

1840 Schließlich muss der Vertrag detaillierte Regelungen darüber enthalten, wie nach Ablauf der Vertragsdauer Leistungen auf einen anderen Anbieter am Markt übertragen werden. Zu denken ist hier an eine Andienungspflicht bezüglich Personal des Dienstleisters und der Anlagen, die der Dienstleister bisher zur Verfügung gestellt hatte.

Tipp

1. Wird FM durch Externe erbracht, kann dies nicht nur zur Kostensenkung, sondern auch zur Qualitätsverbesserung führen.
2. Outsourcing von FM schafft mehr Kapazität im Unternehmen für das eigentliche Kerngeschäft.
3. Ist es erforderlich, auf das FM in erheblichem Umfang Einfluss zu nehmen, empfiehlt sich die Gründung einer Beteiligungsgesellschaft zusammen mit einem externen Dienstleister zur Erbringung von FM-Leistungen.
4. Soll bei Vergabe von FM-Leistungen an außenstehende Dienstleister vorhandenes Personal übernommen werden, müssen arbeitsrechtliche Regelungen (z. B. Betriebsübergang nach § 613 a BGB, Regelungen des Betriebsverfassungsgesetzes (BetrVG)) beachtet werden.
5. Facility-Manager sollten zusammen mit dem etwaigen späteren Gebäudenutzer bereits bei der Planung des Neubaus oder Umbaus von Gebäuden miteinbezogen werden.
6. Eine exakte Leistungsbeschreibung im FM-Vertrag ist wichtigste Voraussetzung, um Streitigkeiten über Vertragsinhalte zu vermeiden und FM erfolgreich zu gestalten.
7. Um die Leistungsbeschreibung möglichst genau zu fassen, empfiehlt sich die Beschreibung sämtlicher Schnittstellen zwischen Auftraggebern und Dienstleistern.
8. Interne Sicherheitsvorschriften des Auftraggebers sollten unbedingt in den FM-Vertrag einbezogen werden.
9. Der Auftraggeber sollte die Vergütung teilweise variabel und erfolgsabhängig gestalten.
10. Auch beim FM-Vertrag sollte auf die Absicherung der Leistung durch Sicherungsmittel (Bürgschaften etc.) Wert gelegt werden.

V. Center Management

1. Inhalt und Bedeutung des Center Managements

1841 Im Beispielsfall des Kap. E betreibt ein Unternehmen mehrere Kaufhäuser, die in einem Einkaufszentrum oder Shopping-Center betrieben werden können (**vgl. dazu Kap. E I.**). Da insbesondere großflächige regionale Shopping-Center in Innenstadtlagen, vor allem aber am Stadtrand, in Gewerbegebieten oder gar im Außenbereich, zunehmend an Bedeutung gewinnen[66], sind Shopping-Center für Gewerbetreibende bevorzugte Standorte.

Des Weiteren ziehen sich Warenhäuser mit City-Standorten häufig im Zuge einer Neukonzeptionierung auf einen Teil ihrer angestammten Fläche zurück. Dies ermöglicht eine Entwicklung

66 *Hacker* in: Usinger, Immobilien – Recht und Steuern, Handbuch für die Immobilienwirtschaft, 2. Auflage, S. 930.

der Gesamtfläche der Immobilie durch Ansiedlung weiterer Geschäfte, Gastronomie etc. zu Shopping-Centern (auch als Marktplatz der Passage bezeichnet).[67]

Allerdings ist eine hohe und dauerhafte Akzeptanz bei den Konsumenten Grundvoraussetzung 1842
für hohe Umsätze. Dieses Bestreben verbindet alle Ladenmieter mit den Betreibern des Shopping-Centers.

Das Maß der Attraktivität des einzelnen Shopping-Centers gewinnt dabei immer mehr an Bedeutung, da eine ganze Anzahl von neuen Shopping-Centern gebaut wurden (und weitere Projekte bevorstehen), insbesondere durch die Revitalisierung von brach liegenden Flächen aufgrund der Stillegung ehemaliger Verwaltungs-, Industrie und Militärgrundstücke etc. oder der Umgestaltung von Bahnhöfen und Flughäfen. Shopping-Center kennzeichnen sich deshalb mittlerweile dadurch, dass neben Einkaufsmöglichkeiten auch Erlebnis-, Freizeit- und Kommunikationseinrichtungen wie beispielsweise Kinos, Themengastronomie, Sport- und Gesundheitseinrichtungen eingebunden werden.[68]

Es steht zudem außer Zweifel, dass neben einer guten Lage, einer ausreichenden Verkehrsanbindung und einer attraktiven Konzeption insbesondere dem Center Management für den Erfolg eines Shopping-Centers erhebliche Bedeutung zukommt.

Wie auch der Facility-Manager (**vgl. hierzu Kap. F. IV.**) kann der Center-Manager je nach den 1843
Bedürfnissen des Investors verschiedenste Funktionen wahrnehmen. Neben den im Rahmen des Facility Managements zu erbringenden Leistungen (insbesondere der Unterhaltung der Anlage durch ein technisches, kaufmännisches und infrastrukturelles Gebäudemanagement), die dem Center-Manager üblicherweise zumindest teilweise auch übertragen werden, ist kennzeichnend für seine Tätigkeit die Erhaltung und Weiterentwicklung der inneren und äußeren Wettbewerbsfähigkeit sowie die Unterstützung der Umsatz- und Rentabilitätsentwicklung des Centers. Ganz wesentlich ist, dass er im Interesse der Mieter für den für sie wichtigen einheitlichen Auftritt des Shopping-Centers nach außen zu sorgen hat. Dieser ist ganz erheblich auch vom Marketingkonzept des Centers abhängig. Es liegt angesichts der starken Konkurrenzsituation sowohl im Einzelhandel als auch unter verschiedenen Shopping-Centern auf der Hand, einen einheitlichen Werbeauftritt zu organisieren, das Marketing zu koordinieren und gemeinsame Werbemaßnahmen durchzuführen bzw. ein gemeinsames Werbekonzept umzusetzen.

z.B.

- Schaffung eines einheitlichen Logos
- Schalten gemeinsamer Anzeigen
- Durchführung von Werbeveranstaltungen und Shopping-Events

Der Eigentümer als Betreiber des Shopping-Centers kann Aufgaben des Center-Managers ent- 1844
weder selbst wahrnehmen, durch eigens gegründete (Tochter-) Gesellschaften ausführen lassen oder einen besonders qualifizierten Dritten mit dem Center-Management beauftragen.

Im Rahmen des regelmäßig übertragenen kaufmännischen Managements kommt der Vermie- 1845
tung der einzelnen Läden größte Bedeutung zu. Da ein Shopping-Center in seiner Gesamtheit eine hohe Attraktivität nur dann erreicht, wenn alle Flächen vermietet sind, sollte der Center-Manager auch mit der Vermietung bzw. Weitervermietung (von leer werdenden Flächen) betraut werden.

Zur Auswahl der geeigneten Mieter muss zunächst ein Branchen- bzw. Vermietungskonzept erarbeitet werden. Dies geschieht entweder durch den Center-Manager oder wird von den

67 *Joachim,* NZM 2000, 785 (790).
68 *Joachim,* NZM 2000, 785 (790).

Betreibern ggf. unter Beratung des Center-Managers vorgegeben. Diesem Konzept folgend muss ein geeigneter Branchen-Mix zusammengestellt werden, um eine ausreichende Vielfalt von Kaufangeboten für den Kunden zu gewährleisten. Die Belegung der Mietflächen muss ausgewogen sein. Dabei wird es für den Kunden insbesondere bei am Stadtrand oder im Außenbereich gelegenen Shopping-Center von Interesse sein, alle Einkäufe im Center erledigen zu können. Von Vorteil für das Center ist es, als besonders attraktive Mieter Filialen großer Einzelhandelsketten z. B. aus dem Unterhaltungselektronik- und Modebereich zu gewinnen.

Daneben werden häufig in sogenannten »Food-Courts« gastronomische Einrichtungen konzentriert.

1846 Es wird beim Abschluss von Mietverträgen im Einzelfall zu entscheiden sein, ob dem Mieter der häufig gewünschte Konkurrenzschutz im Center gewährt wird. Denn aus dem Aspekt, dass Konkurrenz das Geschäft belebt, können sich durchaus Vorteile für das Shopping-Center aus einer Konkurrenzsituation ergeben.[69] Oftmals wird dies vom Kunden zum Angebots- und Preisvergleich auch erwartet.

2. Werbegemeinschaft

1847 Von den Mietern eines Einkaufszentrums wird im Regelfall eine Werbegemeinschaft gegründet. Diese Werbegemeinschaft, die die Gesellschaftsform einer Gesellschaft bürgerlichen Rechts (§§ 705 ff. BGB) haben sollte, dient dazu, die Werbe- und Marketingmaßnahmen innerhalb der Mieter abzustimmen, zu bündeln und eine einheitliche Strategie zu entwickeln.

> **!** Die Mitgliedschaft in der Werbegemeinschaft sollte als Pflichtmitgliedschaft bereits im Mietvertrag verankert werden. Andernfalls wird die Werbegemeinschaft nur eingeschränkt handlungsfähig sein.

1848 Die Verpflichtung, sich der Werbegemeinschaft anzuschließen, kann auch durch Formularvertrag im Wege Allgemeiner Geschäftsbedingungen begründet werden.[70] Die Auferlegung einer Beitragspflicht benachteiligt die Mieter nicht unangemessen, da sie im Gegenzug von den Werbeaktivitäten profitieren. Zudem ist der Beitritt zu einer Werbegemeinschaft in einem Einkaufszentrum heute so üblich, dass auch vor diesem Hintergrund nicht mehr von einer unangemessenen Benachteiligung oder Einengung des Mieters (§ 307 Abs. 1 BGB bzw. vor der Schuldrechtsmodernisierung § 9 Abs. 1 AGBG) gesprochen werden kann.[71]

Meist übernimmt der Center-Manager als Vertreter des Vermieters die Geschäftsführung der Werbegemeinschaft und besorgt aufgrund eines entsprechenden Geschäftsbesorgungsvertrages mit ihr (§§ 675, 611 BGB) die Geschäfte der Werbegemeinschaft. Neben der Konzeption und Realisierung von Werbemaßnahmen, besonderen Werbeaktionen im Center sowie der Zusammenarbeit mit Behörden und anderen Personen wird er auch beispielsweise empirische Erhebungen über die Zufriedenheit und Akzeptanz des Centers bei den Kunden durchführen.

1849 Die Vergütung für diese Tätigkeiten wird von der Werbegemeinschaft getragen. Dazu entrichtet der Mieter und Gesellschafter der Werbegemeinschaft einen sogenannten Werbebeitrag, in der Regel in Höhe eines bestimmten Prozentsatzes des in dem Mietobjekt erzielten jährlichen Umsatzes. Anzuraten ist dabei, einen pauschalen Mindestbeitrag festzulegen.[72]

---

69 *Hacker* in: Usinger, Immobilien – Recht und Steuern, Handbuch für die Immobilienwirtschaft, 2. Auflage, S. 931.

70 *Bub* in: Bub/Treier, Handbuch der Geschäfts- und Wohnraummiete, 3. Auflage, Kapitel II, Rdnr. 501 a.

71 *Fritz,* NJW 1996, S. 2068 (2069), vgl. auch BGH NJW 2000, 1714 (1717).

72 *Joachim,* NZM 2000, 785 (792).

Als Allgemeine Geschäftsbedingung unzulässig (§ 308 Nr. 4 BGB/§ 10 Nr. 4 AGBG bzw. im unternehmerischen Verkehr § 307 Abs. 1 BGB/§ 9 AGBG) ist eine Regelung, wenn nach ihr die Beiträge ohne sachliche Kriterien und ohne eine Beschränkung unter dem Aspekt der Zumutbarkeit erhöht werden können oder die Werbegemeinschaft von sich aus die Höhe der Beiträge festlegen kann.[73]

! Wird der Werbebeitrag durch Allgemeine Geschäftsbedingungen geregelt, so muss die Höhe bestimmt oder bestimmbar, aber auch flexibel sein.[74]

Die anderen Tätigkeiten des Center-Managers werden je nach Leistung entweder von dem Eigentümer bzw. Betreiber des Centers oder den Mietern vergütet. 1850

3. Vertragsrechtliche Besonderheiten

Der nach den Bedürfnissen des Einzelfalls auszugestaltende Vertrag über das Center Management ist ebenso wie der Facility Management-Vertrag aufgrund der einzelfallbezogenen Unterschiede nicht pauschal einem Vertragstyp zuzuordnen. Es wird sich in der Regel jedoch um einen Geschäftsbesorgungsvertrag mit Dienstvertragscharakter (§§ 675, 611 ff. BGB) handeln. 1851

Der Vertragspartner des Center-Managers kann je nach Vereinbarung entweder der Eigentümer bzw. Betreiber des Centers oder die Werbegemeinschaft[75] sein. Soweit jedoch Facility Management-Leistungen zum Center Management hinzukommen, werden diese im Regelfall vom Eigentümer oder Betreiber beauftragt.

Der Schwerpunkt bei der Gestaltung des Center Management-Vertrages liegt ebenso wie beim Facility Management in einer genauen Definition des Leistungssoll. Eine genaue Leistungsbeschreibung und eine exakte Festlegung der Pflichten des Center-Managers ist erforderlich, um die ordnungsgemäße Vertragserfüllung prüfen und um zusätzliche, nicht budgetierte Vergütungsforderungen soweit wie möglich ausschließen zu können. 1852

! Wenn Center Management und Facility Management bzw. Hausverwaltung nicht in einer Hand liegen, sollte die Schnittstelle zwischen diesen Tätigkeiten mit höchster Sorgfalt definiert werden. Nur so können Ansprüche auf Erfüllung erfolgreich durchgesetzt, Verantwortlichkeiten für Leistungsstörungen zugeordnet und Vergütungsstreitigkeiten mit den einzelnen Beauftragten verhindert werden.

Gemäß den Ausführungen in Ziffer 1 dieses Kapitels über die Bedeutung des Center Managements sollte dem Center-Manager das kaufmännische Management des Objekts, insbesondere die Vermietung des Objekts übertragen werden. Der Vertrag muss dazu eine Regelung enthalten, wonach der Center-Manager im Rahmen des kaufmännischen Managements mit der Vermietung, d. h. der Erst- und Nachvermietung der einzelnen Flächen, stellvertretend für den Betreiber beauftragt wird. Dies sollte auf Basis eines ihm zur Verfügung gestellten rechtssicheren Standardmietvertrages geschehen. Der Center-Manager kann und darf den Rechtsberater nicht ersetzen. Das Rechtsberatungsgesetz verbietet dies. 1853

Während der Laufzeit der Mietverhältnisse obliegt dem Center-Manager das Überwachen der Einhaltung der mietvertraglichen Bestimmungen und die Wahrung der Rechte des Vermieters beim Ein- und Auszug des Mieters. Alle weiteren organisatorischen Maßnahmen, wie z. B. das Durchführen von Mieterbesprechungen und -versammlungen gehören ebenfalls zum Leistungsinhalt des Center-Managementvertrages. 1854

73 OLG Düsseldorf ZMR 1993, S. 469.

74 *Bub* in: Bub/Treier, Handbuch der Geschäfts- und Wohnraummiete, 3. Auflage, Kapitel II, Rdnr. 501 a; OLG Düsseldorf ZMR 1993, 469.

75 Die Werbegemeinschaft ist als Gesellschaft des bürgerlichen Rechts (GbR) nach neuer Rechtsprechung des BGH rechts- und parteifähig, BGH BB 2001, 374, 379.

Der Center-Managementvertrag sieht sinnvollerweise vor, dass der Center-Manager ein Vermietungskonzept zu entwickeln hat. Dies sollte regelmäßig fortentwickelt, aktualisiert und mit dem Betreiber abgestimmt werden. Dazu ist die Vereinbarung von Berichtszeiträumen empfehlenswert. Zu den Berichtsterminen sollte der Center-Manager des Weiteren verpflichtet sein, auch über den status quo der Mietverhältnisse mit Sachstandsberichten über Leistungsstörungen und Vermietungsfälle zu berichten.

Im Center-Managementvertrag ist weiter eine Klausel empfehlenswert, wonach der Center-Manager für die Optimierung der Mieterstruktur unter den jeweils aktuellen Entwicklungen im Einzelhandel zu sorgen hat.

1855 Im Rahmen der Objektverwaltung empfiehlt sich eine Regelung im Vertrag, wonach der Center-Manager Vorschläge für notwendige Nachinvestitionen sowie fortlaufend Vorschläge zur Kosteneinsparung und Ertragsverbesserung zu unterbreiten hat. Zwar wird es letztlich im Einzelfall kaum machbar sein, den Center-Manager bei Verletzung dieser Vertragspflichten schadensersatzpflichtig zu machen, da solche Ansprüche am Schadensnachweis scheitern dürften. Allerdings ist die Beurteilung der Erfüllung dieser Aufgaben ein wichtiges Kriterium für die Bewertung der Effizienz des Center-Managers, wenn es um die Beendigung oder Verlängerung des ohnehin zu befristenden Vertrages geht.

1856 Der Center Management-Vertrag sollte keine zu lange Laufzeit haben. Drei bis fünf Jahre dürften ein vernünftiger Zeitrahmen sein. Da die Effizienz des Center Managements im wesentlichen von individuellen Fähigkeiten des Center-Managers abhängt, kann mit einer kurzen Vertragslaufzeit leichter ein personeller Wechsel durchgeführt werden. Auch spricht die Kurzlebigkeit von Werbekonzepten und Shopping-Center-Konzepten dafür, sich hier größtmögliche personelle Gestaltungsspielräume zu erhalten.

z.B.

1. Bei Shopping-Centern sollte ein über das Facility Management hinausgehendes Center Management eingerichtet werden.
2. Ein einheitlicher Werbeauftritt erhöht die Akzeptanz des Shopping-Centers bei den Kunden.
3. Mieter sollten schon im Mietvertrag zur Mitgliedschaft in der Werbegemeinschaft verpflichtet werden.
4. Empfehlenswert ist, die Geschäftsführung der Werbegemeinschaft den Center-Manager als Vertreter des Vermieters und Betreibers des Shopping-Centers wahrnehmen zu lassen.
5. Aufgrund der Schnelllebigkeit im Werbesektor sollten Center Management-Verträge eher eine kurze Laufzeit haben.
6. Die Vergütung des Center-Managers sollte für Verwaltungs- und Werbetätigkeit an den Mietumsätzen (erfolgs-)orientiert sein.
7. Der Center-Manager sollte in seinem Vertrag zu einem kontinuierlichen Berichtswesen und einer detaillierten Dokumentation über seine Öffentlichkeitsarbeit verpflichtet werden.
8. Ein ausgewogener Branchen-Mix ist Voraussetzung für den Erfolg des Shopping-Centers.
9. Konkurrenzschutzklauseln in Mietverträgen ist mit Vorsicht zu begegnen, denn Konkurrenz belebt das Geschäft.
10. Um negative Auswirkungen durch nicht betriebene Läden zu vermeiden, sollte in die Mietverträge eine Betriebsverpflichtung mit Vertragsstrafenregelung aufgenommen werden.

VI. Gründung eigener Verwaltungsgesellschaften

Eigene Verwaltungsgesellschaften sind in zwei Ausprägungen denkbar: 1857

Einerseits kann eine Verwaltungsgesellschaft mit dem Gesellschaftszweck gegründet werden, 1858 nur die Verwaltung von Immobilienbesitz zu übernehmen (z. B. im Falle einer Gesellschaft zur Hausverwaltung). Die Verwaltungsgesellschaft wird also nicht Eigentümerin der von ihr verwalteten Immobilien. Das Eigentum verbleibt vielmehr bei Dritten; ggf. den Gesellschaftern der Verwaltungsgesellschaft.

Andererseits kann eine Verwaltungsgesellschaft auch mit dem Zweck gegründet werden, dass 1859 sie selbst Eigentümerin der Immobilien wird. Damit kann eine gewisse rechtliche Verselbständigung des Immobilienvermögens und eine Loslösung von den Gesellschaftern der Verwaltungsgesellschaft erreicht werden. Insbesondere im Falle des Immobilienerwerbs oder -besitzes durch mehrere Personen bietet sich daher die Gründung einer Verwaltungsgesellschaft, die nicht nur verwaltend tätig wird, an. Ein kurzer Blick auf die Alternative, nämlich den Immobilienbesitz in Bruchteilsgemeinschaft, zeigt, warum die Gründung vermögensverwaltender Gesellschaften vorteilhaft ist: Die Bruchteilsgemeinschaft ist gesetzlich nur unvollkommen geregelt (§§ 741 ff., §§ 1008 ff. BGB). Bezugsobjekt einer Bruchteilsgemeinschaft kann immer nur ein Objekt sein. Wollen die Miteigentümer ein weiteres Grundstück in gemeinschaftlichem Eigentum halten, müssen sie eine weitere Bruchteilsgemeinschaft gründen. Demgegenüber kann in eine Veraltungsgesellschaft eine Vielzahl von Grundstücken eingebracht werden. Hinzu kommt, dass die Gestaltung des Immobilienbesitzes in Bruchteilsgemeinschaft mit unüberwindbaren rechtlichen Risiken behaftet ist. So kann jeder Miteigentümer über den eigenen Bruchteil alleine verfügen (§ 747 S. 1 BGB). Er kann seinen Bruchteil also veräußern oder belasten, ohne dass es der Zustimmung der übrigen Miteigentümer bedürfte. Dem kann weder durch Treubindung noch durch besondere Abrede mit dinglicher Kraft entgegengewirkt werden (vgl. § 137 BGB).[76] Auf die Risiken im Falle einer Insolvenz eines der Miteigentümer kann an dieser Stelle nur am Rande hingewiesen werden. Im Ergebnis kann die Insolvenz eines Miteigentümers zur Folge haben, dass die Gläubiger oder der Insolvenzverwalter die Auflösung der Gemeinschaft betreiben können, ohne dass das Risiko der zwangsweisen Auflösung durch vorherige Vereinbarungen der Miteigentümer begrenzt werden könnte.[77]

Schon diese kurzen Vorüberlegungen zeigen, dass die Gründung eigener Verwaltungsgesell- 1860 schaften oftmals rechtlich vorteilhaft ist. Hinzu kommt die Möglichkeit, vorteilhafter steuerlicher Gestaltungsformen (vgl. B I 4).

1. Die Gesellschaft bürgerlichen Rechts (GbR)

Die GbR stellt die Grundform einer Personengesellschaft dar. Insbesondere Beteiligungsgesell- 1861 schaften sind bisher häufig in Form der GbR organisiert. Zukünftig dürfte die Bedeutung der GbR sowohl zum Zwecke der Verwaltung von Immobilien als auch zum Zwecke des Immobilienbesitzes wohl aus zwei Gründen[78] zurückgedrängt werden: Einerseits ist praktisch eine Haftungsbeschränkung der Gesellschafter auf das Gesellschaftsvermögen nicht mehr möglich ist. Zwar kann die Haftung der Gesellschafter grundsätzlich auf das Gesellschaftsvermögen oder auf die Höhe des Anteils des Gesellschafters am Gesellschaftsvermögen beschränkt werden (quotale Haftungsbeschränkung). Infolge des grundlegenden Wandels der Rechtspre-

76 *K. Schmidt*, ZIP 1998, 2,5.

77 *Berger* in: Schreiber (Hrsg.), Immobilienrecht, Berlin 2001, S. 108, Rdnr. 69.

78 Auf den neu eingefügten § 723 Abs. 1 Nr. 2 BGB kann an dieser Stelle nur hingewiesen werden: Nach dieser Regelung kann ein vormals minderjähriger Gesellschafter die Gesellschaft außerordentlich kündigen, wenn er volljährig geworden ist. Somit droht jeder GbR, an der Minderjährige beteiligt sind, die Kündigung aus wichtigem Grunde.

chung und der Abkehr von der Theorie der Doppelverpflichtung kann eine entsprechende Haftungsbeschränkung aber weder durch eine interne und nach außen erkennbare Beschränkung der Vertretungsmacht der für die Gesellschaft handelnden Personen noch durch eine entsprechende Regelung in allgemeinen Geschäftsbedingungen erreicht werden.[79] Eine entsprechende Haftungsbeschränkung kann daher nur durch einzelvertragliche Abrede mit einem Gläubiger der GbR erreicht werden. Dies ist im täglichem Geschäft jedoch nicht praktikabel. Andererseits wird der GbR nunmehr, wenn sie eine Außengesellschaft ist, die Rechts- und Parteifähigkeit zugestanden und somit fast unterschiedslos an die OHG angenähert. Wird eine Haftungsbeschränkung allerdings nicht gewünscht, bietet sich die GbR weiterhin als Gesellschaftsform sowohl zur Verwaltung als auch zum Immobilienbesitz an.

1862 Sofern Zweck der Gesellschaft nur die Verwaltung von Immobilienvermögen ist, bietet sich die GbR als Gesellschaftsform deshalb an, weil deren Gründung formlos möglich ist.

1863 Auch wenn Gesellschaftszweck der GbR darüber hinaus der Erwerb, das Halten und Verwalten von Grundstücken sein soll, bedarf der Abschluss des Gesellschaftsvertrages grundsätzlich keiner besonderen Form. Etwas anderes gilt nur dann, wenn sich ein Gesellschafter bei Gründung zur Einbringung eines Grundstücks in das Gesellschaftsvermögen verpflichtet. Der besondere Vorteil des Haltens von Immobilienbesitzes in Form der GbR ist allerdings, dass die Übertragung der Gesellschaftsanteile formlos möglich ist und sich außerhalb des Grundbuchs vollzieht.[80] Dies bewirkt quasi eine Mobilisierung des Bodens, indem die formlose Verfügung über Mitgliedschaftsrechts die formbedürftige Verfügung über Grundstücksrechte verdrängt.[81] Mit der Übertragung der Gesellschaftsanteile kann wirtschaftlich derselbe Effekt erreicht werden, als wenn der Erwerber direkt Eigentum am Grundstück erwürbe. Das entsprechende Verpflichtungsgeschäft unterliegt trotz des Grundbesitzes der GbR nicht der Form der notariellen Beurkundung. Nach Veräußerung des Gesellschaftsanteils muss aber das Grundbuch berichtigt und der Erwerber dementsprechend eingetragen werden (§ 47 GBO). Diese Flexibilität ist einerseits für die Gesellschafter vorteilhaft; für beteiligte Dritte bedeutet dies aber ein geringes Maß an Rechtssicherheit. Da das Grundbuchamt nur auf die Rolle der Grundbuchberichtigung beschränkt ist, hängt die Richtigkeit des Grundbuches weitgehend von den Gesellschaftern ab. Möglich sind sogar rückdatierte Verfügungen über Grundeigentum.[82]

2. Die offene Handelsgesellschaft (OHG)

1864 Die OHG (§§ 105 ff. HGB) ist als Personengesellschaft, Handelsgesellschaft und Außengesellschaft eine Gesamthandelsgesellschaft und keine juristische Person (§ 124 HGB). Das Gesellschaftsvermögen ist nicht Sondervermögen der Gesellschafter, sondern Vermögen der Gesellschaft. Gesellschaftsschulden sind nicht automatisch Schulden der Gesellschafter, sondern ausschließlich Schulden der Handelsgesellschaft. Dies bedeutet, dass die persönliche Haftung der Gesellschafter eine eigene, von der Gesellschaftsschuld deutlich getrennte Verbindlichkeit begründet. Dies bedeutet aber keine Haftungsbeschränkung für die Gesellschafter. Vielmehr haften diese für die Verbindlichkeiten der OHG den Gläubigern als Gesamtschuldner persönlich (§ 128 HGB).[83]

---

79 BGH Z142, 315; 146, 341. Eine Ausnahme gestattet die Rechtsprechung allerdings bei der Publikumsgesellschaft, wenn ein Gläubiger die gesellschaftsvertragliche Beschränkung der Haftung auf das Gesellschaftsvermögen kennt und sich damit einverstanden erklärt hat, vgl. BGH NJW 2002, 1642.

80 Die Eintragung muss in der Weise erfolgen, dass das für die Gemeinschaft maßgebliche Rechtsverhältnis (GbR) bezeichnet wird (§ 47 GBO). Es werden sämtliche Gesellschafter mit dem Zusatz »in Gesellschaft bürgerlichen Rechts« eingetragen. Demgegenüber ist die GbR selbst nach Anerkennung der Teilrechtsfähigkeit nach h.M. aufgrund der Besonderheiten des Grundbuchrechts nicht grundbuchfähig, vgl. BayObLG NJW 2003, 70.

81 Vgl. *K. Schmidt*, NJW 1996, 3325.

82 Zu den Gefahren der grundstücksverwaltenden GbR vgl. *K. Schmidt*, ZIP 1998, 2, 6.

83 Vgl. *K. Schmidt* in: Gesellschaftsrecht, 4. Aufl., § 46 II, S. 1364.

Eine OHG wird durch Abschluss eines entsprechenden Gesellschaftsvertrages gegründet. Aufgrund des herrschenden gesellschaftsrechtlichen Rechtsformzwanges ist eine ausdrückliche Einigung über die Erfüllung des OHG-Tatbestandes zwar nicht erforderlich, aber allgemein üblich. Ein besonderes Formerfordernis ist wie auch bei der GbR grundsätzlich nicht zu beachten. Etwas anderes gilt allerdings, wenn sich ein Gesellschafter bei Gründung der Gesellschaft oder später bei Beitritt zur Einbringung eines Grundstücks verpflichtet. Dies wird bei einer OHG, deren Gesellschaftszweck auf die Bildung von eigenem Grundeigentum gerichtet ist, regelmäßig der Fall sein.[84] 1865

Soll Gesellschaftszweck der OHG demgegenüber nur die Verwaltung von Immobilienbesitz sein, gilt dieses Formerfordernis nicht.[85] 1866

Die OHG (§§ 105 ff. HGB) eignet sich aus den Gründen, die nunmehr auch für die GbR gelten, nur bedingt als vermögensverwaltende Gesellschaft. Zwar kann eine OHG, die nur eigenes Vermögen verwaltet, aufgrund der Reform des HGB nunmehr unter ihrer Firma in das Handelsregister eingetragen werden (§ 105 Abs. 2 HGB); die unbeschränkte und unbegrenzbare gesamtschuldnerische Haftung der Gesellschafter der OHG spricht gegen die Verwendung dieser Gesellschaftsform. Hinzu kommt, dass die registerrechtlichen Vorschriften die Gründung der OHG erschweren.[86] 1867

3. Die Kommanditgesellschaft (KG)

Bei der KG handelt es sich um eine zur Rechtsträgerin verselbständigte Personengesellschaft. Wie bereits erwähnt können aufgrund der am 1. 7. 1998 in Kraft getretenen Handelsrechtsreform auch rein vermögensverwaltende Gesellschaften als auch Kommanditgesellschaften im Handelsregister eingetragen werden (§§ 161 Abs. 2, 105 Abs. 2 HGB). 1868

Der wesentliche Unterschied gegenüber der OHG besteht darin, dass die persönliche Haftung der Kommanditisten gegenüber den Gesellschaftsgläubigern auf den Betrag beschränkt ist, der im Handelsregister als Haftungssumme eingetragen ist (§ 172 HGB).Bezüglich der Haftungsbegrenzung ist zu beachten, dass diese erst ab Eintragung im Handelsregister eintritt. Nimmt die Gesellschaft zuvor bereits ihre Geschäfte, auf haften auch die Kommanditisten voll, selbst wenn den Gläubigern die Existenz der Kommanditisten nicht bekannt ist (§ 176 HGB). 1869

Aufgrund der möglichen Haftungsbeschränkung eignet sich die KG sowohl als Gesellschaftsform zur Verwaltung von Immobilienbesitz, als auch als Gesellschaftsform zur gemeinschaftlichen Haltung von Immobilienvermögen (z. B. im Falle einer PublikumsKG).[87] Ist die KG selbst Eigentümerin von Immobilien, ist weiter von Vorteil, dass die KG unter ihrer Firma als solche im Grundbuch eingetragen wird. Ein Wechsel der Gesellschafter wirkt sich – anders als bei der GbR und OHG – nicht auf das Grundbuch aus. 1870

---

84 Eine Ausnahme besteht weiter für den Fall, dass das Grundstück nur zur Nutzung oder dem Werte nach eingebracht werden soll (§ 311 b BGB).

85 BGH NJW 1996, 1279.

86 Die OHG ist zur Eintragung im Handelsregister anzumelden (§ 106 Abs. 1 HGB). Betreibt die Gesellschaft ein Handelsgewerbe (§ 1 Abs. 2 HGB), ist die Eintragung zwar obligatorisch. Sie wirkt allerdings nur deklaratorisch. Die Gesellschaft entsteht also als OHG, sobald die Geschäfte betrieben werden. In den sonstigen Fällen (Kannkaufmann i. S. d. §§ 2, 3 HGB oder nur eigenes Vermögen verwaltende OHG i. S. d. § 105 Abs. 2 HGB) ist die Eintragung zwar fakultativ, wirkt aber konstitutiv. Dies hat zur Folge, dass die Gesellschaft erst dann als OHG entsteht, wenn sie entsprechend im Handelsregister eingetragen ist. Betreibt sie schon zuvor Geschäfte entsprechend ihres Gesellschaftszwecks, besteht sie nur als GbR.

87 Da die Haftungsgrundsätze auch bei der PublikumsKG gelten (vgl. § 176 Abs. 2 HGB), stellt dies für die Anleger ein erhebliches Haftungsrisiko dar.

1871 Da auch Gesellschaften, die nur eigenes Vermögen verwalten, bei Eintragung als Handelsgesellschaften gelten (§ 105 Abs. 2 HGB), sind sie nach § 238 HGB buchführungspflichtig. Dies kann in der praktischen Umsetzung mit erheblichem Aufwand verbunden sein, was gegen die Verwendung dieser Gesellschaftsform sprechen kann.[88]

4. Die GmbH & Co. KG

1872 Bei der GmbH & Co. KG handelt es sich um eine KG und somit um eine Personengesellschaft, deren einziger Komplementär eine GmbH ist.[89] Vorteil dieser Konstruktion ist einerseits die einfache Kapitalbeschaffung der Gesellschaft durch Eintritt von (weiteren) Gesellschaftern als Kommanditisten und damit verbundener Einlagenerhöhung. Andererseits haftet keine natürliche Person. Somit ist auch der Komplementär im Ergebnis haftungsbeschränkt.

1873 Trotz der im Personengesellschaftsrecht vorherrschendem Grundsatz der Selbstorganschaft, kann ein Kommanditist oder ein Dritter als Geschäftsführer der Komplementär-GmbH geschäftsleitend in der Gesellschaft tätig sein und sogar die organschaftliche Vertretung inne haben.[90] Regelmäßig sind die Kommanditisten der KG gleichzeitig Gesellschafter der Komplementär-GmbH. Da die Komplementär-GmbH als Herrschaftsinstrument dient, ist die Wahrung der Beteiligungsidentität durch Verzahnung der Gesellschafterstellungen bei der Komplementär-GmbH und der KG geboten, es sei denn, die Herrschaft über die Komplementär-GmbH soll bewusst nicht allen Kommanditisten zustehen.[91]

1874 Die Komplementär-GmbH wird nach den Regeln des GmbH-Rechts gegründet. Dies erfordert den notariellen Abschluss des Gesellschaftsvertrages der Komplementär-GmbH (§ 2 GmbHG, § 128 BGB), die Einzahlung eines Betrages in Höhe von mindestens 12.500,00 € auf die Stammeinlage (§ 7 Abs. 2 GmbHG) und die Eintragung der GmbH im Handelsregister (§ 10 GmbHG).[92] Sofern die KG gleichzeitig mit Errichtung der Komplementär-GmbH errichtet werden soll besteht die Gefahr, dass beide Gesellschaftsgründungen als ein einheitlicher Vorgang angesehen werden. In diesem Falle wäre auch der Abschluss des KG-Vertrages beurkundungspflichtig. Um dieser Gefahr zu begegnen, sollte vor Errichtung der KG die Komplementär-GmbH bereits vollständig errichtet und gegebenenfalls deren Eintragung im Handelsregister erfolgt sein. Mit diesem Vorgehen würde zugleich der Problematik der nicht gegebenen Haftungsbeschränkung der Vor-GmbH begegnet werden.[93]

1875 Beachtet werden muss aber, dass die Komplementär-GmbH aufgrund ihrer Rechtsform als Kapitalgesellschaft buchführungs- und bilanzierungspflichtig ist und insoweit Betriebsvermögen vorliegt. Ferner unterliegt die GmbH & Co. KG auch der Publizität nach dem Kapitalgesellschaft & Co.-Richtlinien-Gesetz. Aufgrund dieser Schwierigkeiten empfiehlt sich eine vermögensverwaltende GmbH & Co. KG daher nur im Ausnahmefall.

---

88 Kommt die betreffende Gesellschaft dieser handelsrechtlichen Buchführungspflicht nicht nach, trifft sie keine Sanktion.

89 Zu den verschiedenen Typen der GmbH & Co. KG vgl. *K. Schmidt* in: Gesellschaftsrecht, 4. Aufl., § 56 II, S. 1633.

90 Bei Familiengesellschaften wird daher häufig ein Kommanditist Geschäftsführer der Komplementär-GmbH; bei Publikumsgesellschaften häufig ein Dritter, der die Unternehmung initiiert und betreut, selbst aber allenfalls an der GmbH beteiligt ist und andere Personen als Kommanditisten wirbt, vgl. *K. Schmidt* in: Gesellschaftsrecht, 4 Aufl., § 56 II, S. 1628.

91 *Binz/Mayer,* NJW 2002, 3054.

92 Die Vor-GmbH kann allerdings auch schon Komplementärin der Kommanditgesellschaft sein, vgl. BGHZ 117, 323, 326. Bei der Bezeichnung des Unternehmensgegenstandes der GmbH im Gesellschaftsvertrag ist darauf zu achten, dass sich die Gesellschaft als persönlich haftende Gesellschafterin an Handelsgesellschaften beteiligen soll.

93 *Binz/Mayer,* NJW 2002, 3054, 3055.

5. Die Gesellschaft mit beschränkter Haftung (GmbH)

Die GmbH ist juristische Person. Ihre Haftung ist auf das Gesellschaftsvermögen beschränkt (§ 13 Abs. 2 GmbHG). Ein Haftungsdurchgriff auf die hinter der GmbH stehenden Gesellschafter ist nur in Ausnahmefällen möglich. Diese Haftungsbeschränkung der Gesellschafter in Verbindung mit dem Umstand, dass das Stammkapital nur 25.000 € betragen muss (§ 5 Abs. 1 GmbHG), macht die GmbH für den Rechtsverkehr so attraktiv. 1876

Dementsprechend eignet sich die GmbH sowohl als Gesellschaftsform für die bloße Verwaltung von Immobilienbesitz, als auch als Gesellschaft, die eigene Immobilien im Gesellschaftsvermögen hält. Die GmbH ist auch grundbuchfähig, so dass sie im Grundbuch eingetragen werden kann. Ein Wechsel im Bestand der Gesellschafter wirkt sich nicht auf das Grundbuch aus. 1877

Dem Vorteil der Haftungsbeschränkung stehen allerdings Formerfordernisse entgegen. So bedarf der Gesellschaftsvertrag der notariellen Beurkundung (§ 2 Abs. 1 GmbHG) und die Gesellschaft ist zur Eintragung in das Handelsregister anzumelden (§ 7 Abs. 1 GmbHG). Auch die Übertragung von Geschäftsanteilen an der GmbH bedarf der notariellen Beurkundung (§ 15 Abs. 1 GmbHG). 1878

6. Die Aktiengesellschaft

Die Rechtsform der Aktiengesellschaft wird sich aufgrund der Formstrenge des AktG nur dann für eigene Verwaltungsgesellschaften eignen, wenn ein erhebliches Geschäftsvolumen vorhanden ist. Das AktG schreibt für die AG zwingend drei Organe vor: Den Vorstand (§§ 76 ff. AktG), dem die Leitung der Gesellschaft obliegt, den Aufsichtsrat als Kontrollorgan der Gesellschaft (§§ 95 ff. AktG), sowie die Hauptversammlung (§§ 118 ff. AktG) als das Organ, in dem die Aktionäre als Anteilseigner ihre Rechts ausüben. Von den Bestimmungen des AktG kann durch den Gesellschaftsvertrag (Satzung) nur dann abgewichen werden, wenn dies das Gesetz ausdrücklich zulässt (§ 23 Abs. 5 AktG). 1879

VII. Steuerrechtliche Fragen

1. Verwaltung

a) Laufende Verwaltung

Der Verwalter erzielt unabhängig von der Rechtsform, in der er tätig ist, gewerbliche Einkünfte. 1880

Diese Einkünfte sind gewerbesteuerpflichtig. Eine Gewerbesteuerkürzung kommt nur für den eigenen Immobilienbestand in Betracht (§ 9 Nr. 1 Satz 1 GewStG). Die Voraussetzung für die erweiterte Gewerbesteuerkürzung sind nicht gegeben (§ 9 Nr. 1 Satz 2 GewStG). 1881

Umsatzsteuerlich ist die Erbringung der Verwalterleistung eine Sonstige Leistung (§ 3 Abs. 9 UStG). Die Leistung wird am Ort des Grundstücks erbracht (§ 3 a Abs. 2 UStG). Die Verwalterleistung wird nicht von der Umsatzsteuerbefreiung der Vermietungsleistung erfasst (§ 4 Nr. 12 UStG). Leistungsempfänger ist der Eigentümer der Immobilie.[94] 1882

Der Eigentümer ist vorsteuerabzugsberechtigt, wenn er für Vermietungsleistungen zur Umsatzsteuerpflicht optiert hat (§ 9 Abs. 1, 2 UStG).

Die Abrechnung der Leistungen einer Wohnungseigentümergemeinschaft nach dem WEG an die einzelnen Wohnungseigentümer oder Teileigentümer, soweit sie für die Überlassung des gemeinschaftlichen Eigentums zum Gebrauch, seiner Instandhaltung, Instandsetzung und 1883

94 *Frohnapfel, Winkler, Wittenberg,* Umsatzbesteuerung der Immobilienunternehmen Rdnr. 662.

sonstigen Verwaltung sowie der Lieferung von Wärme und ähnlichen Gegenständen bestehen, sind umsatzsteuerfrei (§ 4 Nr. 13 UStG).

Es besteht die Möglichkeit zur Umsatzsteuerpflicht zu optieren, wenn an einen Unternehmer für dessen Unternehmen geleistet wird (§ 9 Abs. 1 UStG).

Die Option setzt einen Beschluss der Eigentümerversammlung voraus.[95]

Die Gemeinschaft kann sodann für ihre steuerbaren Leistungen, die sie an solche Eigentümer erbringt, die ihre Wohnungen für unternehmerische Zwecke verwenden, Umsatzsteuer in Rechnung stellen und im Gegenzug Vorsteuerabzug für von ihr bezogene Vorleistungen geltend machen.

Der Eigentümer kann seinerseits unter den Voraussetzungen des § 15 UStG die Vorsteuer aus den Rechnungen der Gemeinschaft geltend machen.

Erfolgt die Option der Gemeinschaft nicht gegenüber allen Eigentümern, so ist die Vorsteuer anteilig abzugsfähig.

b) Maklertätigkeit

1884 Die Vermakelung freier Einheiten führt für den Verwalter zu Einkünften aus Gewerbebetrieb. Eine Vermakelung von Einheiten, die der Verwalter auch als Verwalter betreut, ist nur für Wohnungen unzulässig (§ 2 Abs. 2 Nr. 2 Wohnungsvermittlungsgesetz).

1885 Maklertätigkeiten sind gewerbesteuerpflichtig.

1886 Umsatzsteuerlich liegen Sonstige Leistungen vor (§ 3 Abs. 9 UStG).

Die Leistung wird am Ort des Grundstücks erbracht (§ 3 a Abs. 2 Nr. 1 UStG). Der Grundstücksort hat Vorrang vor der Ortsbestimmung nach dem Ort der vermittelten Leistung (§ 3 a Abs. 2 Nr. 4 UStG).[96] Die Vermittlungsleistung ist steuerpflichtig. Die Vermittlung von Gewerbeeinheiten fällt nicht unter die Steuerbefreiung für Vermittlungsleistungen (§ 4 Nr. 5 UStG). Auch die Steuerbefreiung für Vermietungen greift nicht (§ 4 Nr. 12 a UStG). Gleiches gilt bei der Vermittlung eines Immobilienverkaufs. Auch hier besteht Umsatzsteuerpflicht.

1887 Die Vorsteuerabzugsberechtigung hängt davon ab, inwieweit der Leistungsempfänger die vermittelte Einheit zur Durchführung unternehmerischer Umsätze mit Vorsteuerabzugsberechtigung verwendet.

1888 In die ertragssteuerliche Ergebnisberechnung des Verwalters werden nur die Verwalter- bzw. Maklergebühren als Betriebseinnahmen einbezogen. Treuhänderisch von Mietern entgegengenommene Mieten sowie Verauslagungen für den Eigentümer werden nicht in seiner Ergebnisrechnung erfasst. Hier erfolgt eine Zurechnung beim Eigentümer (§ 39 Abs. 2 Nr. 2 Satz 2 AO).

Entsprechendes gilt, wenn der Makler Zusatzleistungen erbringt, also etwa Schadensbeseitigungen oder Umbaumaßnahmen für den Eigentümer durchführt.

Ein eventueller Vorsteuererstattungsanspruch aus diesen Leistungen steht dem Eigentümer zu. Voraussetzung hierfür ist, dass der Eigentümer Rechnungsadressat ist (§ 15 Abs. 1 Nr. 1 UStG). Rechnungen mit unzutreffendem Ausweis des Leistungsempfängers können über eine Rechnungsberichtigung des Leistenden korrigiert werden.

2. Betreibermodell

1889 Wenn ein Vermieter nicht nur Vermietungsleistungen, sondern auch weitere Serviceleistungen anbietet, die über typische Vermietungsleistungen hinausgehen, erzielt er nicht mehr Einkünfte aus Vermietung und Verpachtung, sondern solche aus Gewerbebetrieb. Um dies zu vermei-

95 *Sölch, Ringleb, List,* Kommentar zum UStG, § 4 Nr. 13, Rdnr. 19.

96 *Sölch, Ringleb, List,* Kommentar zum UStG, § 3 a, Rdnr. 12 a.

den, wird die Verwaltung eines Objekts einem Betreiber übertragen. Der Betreiber stellt für den Eigentümer unentgeltlich erforderliche Einrichtungen zur Verfügung. Im Gegenzug darf er im Objekt entgeltliche Dienstleistungen anbieten.

Klassische Betreibermodelle sind z. B. häufig bei Pflegeeinrichtungen anzutreffen.

a) Eigentümer

Der Eigentümer erzielt beim Betreibermodell Einkünfte aus Vermietung und Verpachtung. Die 1890
Vermietung erfolgt an die Nutzer des Objektes.

Die Vermietungsleistungen sind nicht gewerbesteuerpflichtig. 1891

Die Vermietung ist umsatzsteuerfrei (§ 4 Nr. 12 a UStG), es sei denn, es wurde zulässigerweise 1892
zur Umsatzsteuerpflicht optiert (§ 9 Abs. 1, 2 UStG) (vgl. A.II.4.e).

b) Betreiber

Der Betreiber erzielt gewerbliche Einkünfte. Diese unterliegen der Gewerbesteuerpflicht. 1893

Er erbringt gegenüber den Nutzern Sonstige Leistungen, die regelmäßig umsatzsteuerpflichtig sind. Befreiungsnormen ergeben sich aus den §§ 4–8 UStG.

Soweit der Eigentümer dem Betreiber die Instandhaltung, Pflege und Erneuerung des Objektes 1894
übertragen hat, sind hierfür erforderliche Aufwendungen dem Betreiber zuzurechnen. Erhaltungsaufwendungen sind bei ihm Betriebsausgaben, aktivierungspflichtige Investitionen sind dagegen auf die vertragliche Laufzeit des Betreibervertrages zu verteilen.

Der Betreiber ist für diese Leistungen vorsteuerabzugsberechtigt.

3. Center-Management

Beim Center-Management handelt es sich um eine erweiterte Verwalterfunktion. 1895

Steuerlich bestehen gegenüber der Verwaltertätigkeit keine Besonderheiten.

4. Eigene Verwaltungsgesellschaften

Die ertragssteuerliche Behandlung hängt von der Rechtsform und den verwalteten Immobilien 1896
ab.

Eine Kapitalgesellschaft erzielt gewerbliche Einkünfte, welche auch gewerbesteuerpflichtig sind.

Sofern die Verwaltungsgesellschaft die Rechtsform einer Personengesellschaft hat, kann sie sowohl Einkünfte aus Gewerbebetrieb als auch aus Vermietung und Verpachtung erzielen. Eine gewerblich geprägte Personengesellschaft erzielt Einkünfte aus Gewerbebetrieb (§ 15 Abs. 3 Nr. 2 EStG). Ansonsten führt die Verwaltung von Immobilienbesitz grundsätzlich zu Einkünften aus Vermietung und Verpachtung.

Soweit eigene Verwaltungsgesellschaften gegründet werden, besteht für die immobilienbesit- 1897
zende Gesellschaft die erweiterte Gewerbesteuerkürzung, wenn das Grundstück nicht dem Gewerbebetrieb eines Gesellschafters dient (§ 9 Nr. 1 Satz 2 GewStG).

Die erweiterte Kürzung wird durch die Auslagerung der Tätigkeiten, die über die reine Verwaltungstätigkeit hinausgehen, erreicht. Zu beachten ist, dass die Grundstücksgesellschaft keine Tätigkeiten für die Verwaltungsgesellschaft ausübt, wie etwa die Übernahme von Verwaltungsaufgaben oder Personalgestellung. Sofern dies geschieht, wird die erweiterte Gewerbesteuerkürzung nicht gewährt, da die Grundstücksgesellschaft dann mittelbar Tätigkeiten erbringt, die über die Immobilienvermietung hinausgehen.

Umsatzsteuerlich bestehen keine Besonderheiten. 1898

Tipp

1. Abrechnungen einer WEG gegenüber einzelnen Gemeinschaftern sind umsatzsteuerfrei. Es besteht die Möglichkeit, zur Umsatzsteuerpflicht zu optieren, um Vorsteuern aus Vorleistungen erstattet zu erhalten.
2. Verauslagungen des Verwalters für den Eigentümer berechtigen den Eigentümer zum Vorsteuerabzug. Rechnungen müssen auf den Eigentümer lauten.
3. Rechnungen mit unzutreffendem Leistungsadressaten können durch den Rechnungsaussteller berichtigt werden.

G Projektkosten und Einsparungspotenziale

I. Betriebswirtschaftliche Vorüberlegungen

Betriebswirtschaftlich betrachtet unterteilen sich die Projektkosten einer Baumaßnahme in kalkulatorisch stabile und sog. weiche (mit Unsicherheiten behaftete) Kosten. 1899

Der Kaufpreis und die Anschaffungsnebenkosten in Höhe von rund 10% des Kaufpreises (Notargebühren 1,5%, Grunderwerbssteuer 3,5% und Maklerkosten ca. 5%, jeweils regional unterschiedlich) sind vorgegeben und kalkulatorisch nicht disponibel. Sie stellen eine feste kalkulatorische Größe dar. 1900

Die Kosten der Berater wie Rechtsanwälte (durchschnittlich 250,00 €/Std.), Steuerberater und Wirtschaftsprüfer (durchschnittlich 150,00 €/Std.) sowie der Projektanten (Honorarzone III bei durchschnittlichem Schwierigkeitsgrad bzw. Planungsanforderungen, z. B. bei Bürobauten mit durchschnittlicher Ausstattung, Einkaufszentren oder Messehallen; Mindest- bis Höchstsatz der HOAI je nach Qualität des Projektanten) bilden bei entsprechender vertraglicher Absicherung ebenso eine im wesentlichen stabile kalkulatorische Basis. 1901

Problematisch ist die Kalkulation der Herstellkosten, da sich häufig Baumaßnahmen in der Praxis anders entwickeln, als im Vorfeld geplant. Die Faszination bei der Planung, der Gestaltung und der Herstellung von Gebäuden kann dazu verleiten, Kostensenkungs- und Einsparungspotenziale aus dem Blick zu verlieren oder zu vernachlässigen. Der kalkulatorische Anteil für »Unvorhergesehenes« sollte nicht unter 10% der Bausumme liegen. Grobe Erfahrungswerte zur Kalkulation von Baukosten in deutschen Großstädten lassen sich als Durchschnittswerte wie folgt ansetzen: 1902

Durchschnittliche Herstellkosten

1. Neubau Wohnen	
untere Qualität:	1.200 €/qm
Mittlere Qualität:	1.400 €/qm–1.600 €/qm
Hohe Qualität:	1.600 €/qm–2.100 €/qm
2. Neubau Büro:	1.500 €/qm
3. Sanierung Altbau Wohnen:	750 €/qm– 900 €/qm
4. Dachgeschossausbau:	1.250 €/qm–1.500 €/qm
5. Sanierung Bestand Büro:	800 €/qm–1.200 €/qm

Die jeweiligen Baukosten werden durch die regional unterschiedlichen Preisstrukturen erheblich beeinflusst. Zu den Budget- und Kostenvorgaben ist auch auf das Kapitel A I. 6 (Kosten im Wertschöpfungsprozess der Immobilienentwicklung) zu verweisen. Wie ein Vergleich unterschiedlicher Baumaßnahmen in München und Berlin zeigt, führen bereits Anschaffungskosten, die über 30% der Gesamtherstellkosten liegen, im Regelfall zu erheblichen Problemen bei der abschließenden Gewinnrealisierung, d. h. zu Gewinneinbußen, die sich bei der Überschreitung der Herstellkosten selbstredend verstärken. Zur Identifikation von Kostensenkungs- und Einsparungspotenzialen[1] wurden die Erfahrungen aus unterschiedlichen Baumaßnahmen im Wohnungs- und Bürobau (Neubau und Sanierung) mit einem Objektvolumen von 20.000 qm und ein Investitionsvolumen von rund 60 Mio. € analysiert und Einsparungspotenziale herausgefiltert. 1903

1 Dieser Beitrag entstand unter Mitwirkung von Herrn Dipl.-Kfm. *Philipp Kübler* und Herrn Betriebswirt *Michael Griesbeck*.

II. Kostensenkungspotenziale bei der Akquisition

1904 Die Visionen bei dem Erwerb eines Grundstückes oder Gebäudes verleiten zu Nachlässigkeit bei der Klärung von Fakten und Daten, die bei der Projektdurchführung Zeit kosten und vor allem zumeist zusätzliche Kosten verursachen.

1. Technische Analyse

1905 Die technische Gebäude- und Grundstücksanalyse bereits vor dem Erwerb einer Immobilie ermöglicht frühzeitig Aussagen zur Bausubstanz, zu Feuchtigkeitsproblemen oder zum Vorhandensein toxischer Belastungen. Zuweilen sind Altlasten zu befürchten oder gar wahrscheinlich (z. B. bei Grundstücken mit Tankstelle oder bei Fabrikgebäuden), die rechtzeitig untersucht werden müssen. Altlasten auf einem unbebauten oder auch bebauten Grundstück, die in einem bereits fortgeschrittenen Bau- oder Sanierungsstadium entdeckt werden, erschweren eine vertragliche Rückabwicklung (Vorlaufkosten). Die nachträglich zur Entsorgung der Altlasten erforderlichen Zusatzaufwendungen verursachen während einer Baumaßnahme erheblich höhere Kosten. Bereits tätige Handwerksfirmen können behindert werden, wodurch unnötige Zusatzkosten entstehen (Vorhalte- und Stillstandskosten, d. h. Bezahlung ohne Leistung). Der vorgegebene Terminplan und die Kostenbudgetierung sind davon negativ betroffen.

1906 Ergänzend sollten im Zusammenhang mit einer technischen Analyse baurechtliche Probleme, die sich aus der Wahrung von Abstandsflächen und Nachbarschaftsrechten ergeben könnten, geklärt werden (vg. Kap B II 2 c, d und f).

1907 Ungnädige und streitsüchtige Nachbarn können erforderliche Zustimmungen dazu nutzen, hohe Ausgleichszahlungen zu fordern. In solchen Fällen hilft zumeist die frühzeitige Einschaltung eines in öffentlich-rechtlichen und verwaltungsrechtlichen Fragestellungen versierten Anwalts, der Ideen zur Umgehung der Nachbarzustimmung entwickelt oder mit den Nachbarn einen für den Investor annehmbaren Vergleich abschließt, der weitaus kostengünstiger ist, als die spätere Zahlung hoher Abstandssummen für eine erforderliche Zustimmung.

1908 Die unzureichende Abstimmung der Planung mit der Behörde vor dem Erwerb des Grundstücks kann in der Genehmigungs- und Realisierungsphase zu Flächeneinbußen führen.

2. Behördliche Auflagen

1909 Des Weiteren empfiehlt es sich, behördliche Auflagen und gesetzliche Sonderregelungen zu prüfen, wie:

- Denkmalschutzauflagen
- Sanierungsgebietsregelungen
- Erhaltungssatzungen

a) Denkmalschutzauflagen

1910 Die Wahrnehmung von Denkmalschutzauflagen ist regional, je nach Gebäudestruktur und der Kompetenz der Amtsinhaber, höchst unterschiedlich ausgeprägt. Politische Vorgaben von Entscheidungsträgern auf kommunaler Ebene sind im Gegensatz zu bundesweit geregelten Steuervorteilen uneinheitlich. Erhaltungsaufwendungen und Herstellkosten bei denkmalgeschützten Gebäuden können zu 10% p. a. abgeschrieben werden. Herstellkosten sind solche Kosten, die nach Art und Umfang zur Erhaltung des Gebäudes als Baudenkmal beitragen. Hinsichtlich der Ausführung der Denkmalschutzauflagen empfiehlt sich die Abstimmung von Prioritäten mit der Behörde.

b) Sanierungsgebiet

1911 Städte und Gemeinden weisen im Rahmen ihrer regionalen Stadtentwicklung Sonderzonen auf, die als sog. »Sanierungsgebiete« bezeichnet werden. In solchen Sanierungsgebieten wird zur Behebung städtebaulicher Missstände die Sanierung von Bestandsgebäuden gefördert. Es werden unterschiedliche Fördermittel zur Verfügung gestellt. Insbesondere in Ostberlin bietet das Investitionszulagengesetz (InvZulG) neben der sonst üblichen Förderung von Herstellkosten in Höhe von 15% eine Zusatzförderung in Höhe von 7%, d. h. insgesamt 22%. Die Anspruchsberechtigung wird in § 1 InvZulG, die Bemessungsgrundlage in § 3 InvZulG geregelt. Die Inanspruchnahme solcher steuerfreien Fördermittel erhöht erheblich den kalkulatorischen Spielraum einer Baumaßnahme und führt zu liquiden Zuflüssen nach Abschluss der Maßnahme. Die Beantragung der Mittel erfolgt im Folgejahr nach der Investition. Kritisch sind die Mietobergrenzen in Sanierungsgebieten, die der wirtschaftlich optimalen Vermarktung der Gebäude entgegenstehen.

c) Erhaltungssatzung

Ebenso empfiehlt es sich zu prüfen, inwieweit Erhaltungssatzungen, Milieuschutz oder sonstige Rechtsverordnungen eine Rolle spielen. Solche Regelungen können im Rahmen von Bebauungsplänen oder sonstigen Satzungen auf Gemeindeebene individuell gemäß § 172 I Baugesetzbuch ausgestaltet werden. Inhaltlich können solche Satzungen jegliche Art der Nutzungsänderung von der Umgestaltung von Grundrissen bis zur Qualität der Innenausstattung erheblich beschränken, wobei die spezifischen städtebaulichen Anforderungen in unterschiedlicher Form zum Ausdruck kommen. 1912

> Tipp Der Erwerber eines Bestandsgebäudes muss ohne Kenntnis der behördlichen Auflagen mit erheblichen Zusatzkosten rechnen.

Im ungünstigsten Fall sieht die Erhaltungssatzung als Bestandteil des Kaufvertrags Vertragsstrafen für einen Käufer vor, sofern dieser nach Erwerb bauliche Veränderungen in seiner Wohnung vornimmt, die nicht behördlich genehmigt wurden. In Bayern können dies bis zu 50.000,00 € sein, sofern eine Erhaltungssatzung vorliegt. 1913

3. Baulogistik

Ein weiteres Kostensenkungspotenzial liegt in der rechtzeitigen Überprüfung der Baulogistik. Dieser kommt dann eine besondere Bedeutung zu, wenn beispielsweise öffentliche Verkehrsmittel wie Straßenbahnen den Zu- und Abfahrtsverkehr von Lkws und Baufahrzeugen behindern oder wenn eine schmale Zufahrt den einzigen Erschließungsweg zu einer Baumaßnahme darstellt. 1914

Häufig können logistische Engpässe durch den Einsatz von Krananlagen überbrückt werden. Gerade bei größeren Baumaßnahmen kann es im Zusammenspiel verschiedener Gewerke zu erheblichen, gegenseitigen Behinderungen kommen. Sowohl die Koordination fehlgesteuerter Bauabläufe, als auch die administrative Verwaltung von zeitlichen Verzögerungen und Behinderungsanzeigen verursachen zusätzliche Kosten. Solche Kosten können einfach dadurch vermieden werden, dass einzelne Personen nur zur Regelung solcher Engpässe abgestellt werden. Der Abklärung der logistischen Faktoren eines Bauablaufes, beispielsweise der zur Verfügung stehenden Ausweich-, Lager- und Verkehrsflächen, also Parameter, welche als allgemein bekannt gelten, werden in ihrer Bedeutung gerne unterschätzt. Dies führt häufig zu gegenseitigen Behinderungen der jeweils ausführenden Gewerke beim Einbau von Material. 1915

4. Jahreszeiten

Die Vorlaufzeit einer Baumaßnahme hinsichtlich Architektenauswahl, Planung und Genehmigung wird wesentlich beeinflusst von der Komplexität des Projektes. Der Baubeginn sollte so terminiert werden, dass bei Neubauten Rohbaumaßnahmen einschließlich Gründung und bei Bestandssanierungen der Dachgeschossausbau nicht in die Wintermonate fallen. 1916

> Tipp Ein Rohbau im Winter verursacht Zeitverlust und Kosten.

1917 Frost und Regenfälle verursachen erhebliche Behinderungen wie Zeitverzögerungen, Zusatzkosten durch Wetterschutzdächer und sonstige Winterbaumaßnahmen (Heizgeräte) sowie Unterbrechungen bzw. den Stillstand der Baustelle. Zumindest ist es erforderlich, solche Kosten kalkulatorisch zu erfassen und den zusätzlichen Zinskosten einer Zeitverzögerung sowie eventuellen Vermarktungsrisiken gegenüberzustellen.

5. Produktdesign

1918 In der Planungsphase ist der Architekt der wichtigste Ansprechpartner für den Bauherrn. Es spart wiederum Zeit und Kosten, wenn die gestalterischen, ästhetischen, qualitativen und budgetmäßigen Vorstellungen zwischen den Vertragspartnern rechtzeitig und eindeutig geklärt werden. Der Architekt achtet naturgemäß zunächst auf Design und Gestaltung der Außenhaut eines Gebäudes, der Bauherr auf die Kosten. Der Spannungsbogen technisch-ästhetischer Vision und marktlicher Realität kann zu erheblichen Friktionen führen. Es lohnt sich bereits in der Akquisitions- und Planungsphase ein intensiver und regelmäßiger Austausch zwischen dem Bauherrn und dem Architekten.

1919 Nachträgliche Änderungen bei dem Produktdesign, der qualitativen Ausführung eines Bauwerks sowie bei den verwendeten Materialien kosten erheblich Zeit und Geld.

Tipp Deshalb ist es hilfreich, die Grundlinie einer Baumaßnahme durch Adjektive wie: »altmodisch, warm, gemütlich, rund, teuer, gediegen« oder »modern, kühl, nüchtern, eckig, schlicht, preisgünstig« zu umschreiben.

Gleiches gilt bei der Entscheidung zwischen Materialien wie Stahl, Kupfer, Messing, Zink, Alu, Holz oder Kunststoff. Diese einfache Vorgehensweise gibt dem Architekten und den Projektanten eine Vorstellung über die inhaltliche Gestaltung der Ausschreibungen und der Bemusterung.

III. Kostensenkungspotenziale bei der Ausschreibung

1920 Die Steuerung und Kontrolle der Herstellkosten bildet den umfangreichsten und aufwendigsten Teil einer Baumaßnahme. Die Steuerung der Herstellkosten erfolgt über die inhaltliche Gestaltung der Ausschreibungen sowie über die Beachtung verschiedener Einzelkriterien, die den Vergabeprozess kostenseitig beeinflussen können.

1. Bonität

1921 In heutigen Zeiten ist die Bonitätsprüfung einer Bieterfirma ein wichtiger Indikator für die Vergabeentscheidung. Die Bonitätsindikatoren von Bürgel oder Creditreform sind jedoch nur ein Anhaltspunkt zur Ermittlung der Leistungsfähigkeit eines Handwerkers oder einer Baufirma. Zusätzlich sind im persönlichen Gespräch die Anzahl der aktuellen Aufträge, die Kapazitätsauslastung bzw. Verfügbarkeit der Mitarbeiter sowie, soweit möglich, Außenstände zu klären.

Tipp Billiganbieter sind möglicherweise existenzgefährdet.

1922 Diese Informationen sind erforderlich, da der Ausfall eines Gewerkeunternehmers durch Insolvenz während einer Baumaßnahme erhebliche zeitliche Verzögerungen verursacht. Die notwendige Einleitung der Ersatzvornahme ist wiederum zeitaufwendig und mühsam. Weitere Verzögerungen werden verursacht durch Probleme der Leistungsabgrenzung, der Abnahme und der Rechnungsstellung (Leistungsstand/Aufmassnahme) sowie durch benötigte Baumaterialien, die nicht geliefert werden können.

2. Funktionalausschreibung

In Zusammenhang mit Speziallösungen sparen funktionale Ausschreibungen Geld. Im Gegensatz zur herkömmlichen Vorgehensweise, bei der der Architekt die Details vorgibt und der Handwerker nach dieser Detailplanung die Bauleistungen ausführt, werden im Rahmen einer Funktionalausschreibung »Funktionen« und Ziele (Leistungsprogramm) vorgegeben. Das ausführende Unternehmen entscheidet über die Art und Weise der Bauausführung nach eigener Detailplanung und nach seinen spezifischen Möglichkeiten zur Umsetzung der vorgegebenen Funktionen. Dies kann im Einzelfall, z. B. im Bereich der Schlosserarbeiten (Türen, Balkone, Geländer) zu Kosteneinsparungen führen. 1923

3. Kapazitäten

Die rechtzeitige Regelung und Steuerung möglicher personeller Kapazitätsengpässe oder Schwierigkeiten bei der Materiallieferung spart Zeit und Kosten. Insbesondere in wirtschaftlich florierenden Phasen werden häufig Bauaufträge angenommen, obgleich die personellen Kapazitäten nicht verfügbar sind. Unternehmer nehmen dann sogar Vertragsstrafen wegen zeitlicher Verzögerungen bei der Fertigstellung der Bauleistungen in Kauf, nur um zusätzliches Wachstum und Umsatz zu generieren. Der finanzielle (Verzugs-) Schaden kann bei Überschreitung des Gesamtfertigstellungstermins wesentlich höher sein. Es ist demzufolge sinnvoll, nicht nur eine Vertragsstrafe, die bei schuldhafter Überschreitung eines vereinbarten Fertigstellungstermins in Allgemeinen Geschäftsbedingungen bzw. in Formular- oder Musterverträgen (nur noch) höchstens 5% der Netto-Auftragssumme betragen darf[2], zu vereinbaren, sondern auch die konkreten personellen Kapazitäten von vornherein festzuschreiben, um Engpässe frühzeitig wahrnehmen und ggfs. abstellen zu können. 1924

Tipp Die vertragliche Festschreibung verfügbarer Kapazitäten (auch in Urlaubszeiten) spart Zeit und Kosten.

4. Anbieterstruktur

In der Phase der Erstellung der Ausschreibungsunterlagen, ist, neben inhaltlichen Kriterien, die Anbieterstruktur der Gewerkeunternehmer auf dem Markt zu berücksichtigen. Manche Gewerke sind durch die Ausführung von Arbeiten mit speziellem Know-how zeitlich nur begrenzt oder unter Einhaltung erheblicher Vorlaufzeiten verfügbar. Wird dies nicht beachtet, kann sich die Verhandlungsposition für den Bauherrn unter dem dann entstehenden Zeitdruck erheblich verschlechtern. Dies betrifft im wesentlichen folgende Gewerke: 1925

- Gründung
- Fassadenaufbau
- Natursteinarbeiten (Lieferfristen)
- Schlosserarbeiten
- Systemanbieter
- Außenanlagen (jahreszeitabhängig und damit hoher Auslastungsgrad der Gartenbauer in Pflanzzeiten)

Die Kombination aus Speziallösungen im Bereich Fassade und Naturstein oder Systemlösungen im Innenausbau[3] führen fast zwangsläufig zu langen Vorlaufzeiten, die in der Kombination mit Schlosserarbeiten zu weiteren erheblichen Zeitverzögerungen führen können. Es empfiehlt sich, solche Gewerke möglichst frühzeitig in die Ausschreibungen einzubinden. Finden sich keine geeigneten regionalen Anbieter, müssen die Ausschreibungen überregional versandt 1926

2 BGH BauR 2003, 870.

3 Systemanbieter sind beispielsweise im Trockenbau (Trennwände 50% Glas und 50% Trockenbau) zu finden.

werden. Übersteigen die Angebotspreise die budgetierten Preise, muss dies möglichst durch Preisnachlässe bei anderen Gewerken kompensiert werden.

5. Preise

1927 Der Bauherr muss sich spätestens bei der Vergabe der Bauleistungen entscheiden, ob er die Bauleistungen zu Einheitspreisen oder zu einem Pauschalpreis oder zu Mischpreisen beauftragen will. Er kann aber auch schon bei der Formulierung der Ausschreibungsunterlagen durch Angabe von Leistungszielen (funktionalen und gestalterischen Anforderungen) den Wettbewerb als Funktionalausschreibung in Gang setzen.

1928 Häufig sind Umfang und Menge einer gewünschten Leistung nicht genau festzulegen. Bei Vereinbarung von Einheitspreisen werden Mengenmehrungen oder -minderungen auf Basis der tatsächlich ausgeführten Menge »verrechnet«. Diese Abrechnungsweise ist fair, sofern die Einheitspreise marktgerecht angesetzt sind. Problematisch wird die Abrechnung nach Einheitspreisen, wenn Sonderwünsche zu erfüllen sind, deren Angebotspreise deutlich höher liegen oder nicht aus der Urkalkulation ableitbar sind. Bei umfangreichen und schwer nachzuprüfenden Gewerken, wie z. B. bei Elektroarbeiten und im Bereich der Haustechnik führen Pauschalpreise, basierend auf detaillierten Planunterlagen, zu größtmöglicher Kosten- und Budgetstabilität.

6. Synergien

1929 Häufig werden Gewerke ohne Beachtung des spezifischen Bauablaufs einzeln nach Standard vergeben. Es können durch die Erwirtschaftung von Mengeneffekten und zeitlichen Synergien Kosten gespart werden, wenn man den spezifischen Bauablauf analysiert und die Auftragszusammenlegung von Gewerken vornimmt. Hierzu sind beispielsweise geeignet:

- Zimmermann, Dachdecker und Klempner
- Fenster und Türen
- Estrich und Bodenleger

1930 Ein weiterer Kostenvorteil kann sich daraus ergeben, dass bei Bündelung von Gewerken in »einer Hand« die Verantwortlichkeit für die qualitative Bauausführung klar geregelt ist, ohne dass der Gewerknehmer die Verantwortung auf andere Vor- oder Nachfolgeunternehmer verlagern kann.

7. Qualitätsstandards

1931 Wesentliche Kostensenkungspotenziale ergeben sich bei der Ausschreibung durch die kostenorientierte Festlegung bestimmter Materialien. Die aktuelle Analyse von Ausschreibungsunterlagen ergab folgende Kostensenkungspotenziale:

Tipp

- Die Beauftragung der Fassadenausführung mit Wärmedämmverbundsystem ist ca. 10% günstiger als die Ausführung mit Dämmputz. Hinzu kommen Fördermöglichkeiten durch die Kreditanstalt für Wiederaufbau.
- Die Verwendung von Kunststofffenstern ermöglicht gegenüber Holzfenstern eine Einsparung von ca. 30% – 35%.
- Der Vergleich etablierter Marktanbieter, z. B. im Bereich der Innentüren, zu neuen Anbietern kann im Angebotspreis ohne Verhandlung bereits eine Einsparung von 10% erwirtschaften.
- Die Verwendung von Zinkblech für sämtliche Verblechungen ist ca. 30% bis 35% günstiger als die Verwendung von Kupfer.
- Die Verwendung von Beton-Dachpfannen ist gegenüber der Ausführung mit Ton-Dachpfannen um ca. 10% günstiger.

8. Stahl

Eine separate Vertragsposition bildet bei Neubaumaßnahmen im Rohbauvertrag die Stahlmenge. Da Stahl an Rohstoffmärkten gehandelt wird, unterliegt der Stahlpreis Preisschwankungen, die sehr unterschiedlich sein können. Sofern ein Rohbauvertrag zu einem Pauschalfestpreis abgeschlossen werden soll, empfiehlt sich zur Vermeidung von zusätzlichen Kosten, den Preis festzuschreiben (Festpreis). Auch wenn Mengenveränderungen bei Pauschalpreisverträgen ohnehin unbeachtlich sind (§ 2 Nr. 7 Abs. 1 S. 4 VOB/B), sollte ein mögliches Marktrisiko auf den Rohbauunternehmer verlagert werden, damit die vertragliche Pauschalvereinbarung auch bei gravierenden Erhöhungen des Stahlpreises weiterhin Gültigkeit hat (Ausschluss von § 2 Nr. 7 Abs. 1 S. 2 VOB/B). Allerdings ist ein Verzicht auf eine Erhöhung des Pauschalpreises bei außergewöhnlichen Äquivalenzstörungen (zwischen Leistung und Gegenleistung) in Allgemeinen Geschäftsbedingungen bzw. in Formularverträgen unwirksam.[4] 1932

9. Aufzüge

Die Ausschreibung von Aufzügen ist aufgrund der gegebenen Angebotsstruktur auf wenige Hersteller limitiert. Die wenigen Anbieter verfügen demzufolge über eine vorteilhafte Verhandlungsposition bei der Vergabe. Hinzu kommt, dass üblicherweise die Wartung eines Aufzuges vom Hersteller übernommen wird. Da Wartungsverträge dem Aufzugshersteller zumeist langfristige Einnahmen sichern, empfiehlt es sich aus Kostengründen, vor der Entscheidung über die Auftragsvergabe bereits den Wartungsvertrag zu verhandeln, um günstigere Konditionen zu erzielen. 1933

10. Kopierkosten

Grundlage der Bauausführung sind die Ausführungspläne. Die Verträge der Architekten und Projektanten (Elektro, Haustechnik, Statik usw.) wälzen die Vervielfältigungskosten zumeist auf den Bauherrn ab. Zur Kostensenkung und Kostenkontrolle ist es immer sinnvoll, eine Pauschale für die Überlassung von Kopien der Ausführungspläne durch einen prozentualen Abzug von der Abrechnungssumme zu vereinbaren oder aber bei der vereinbarten Kostenübernahme durch den Bauherrn eine Rahmenvereinbarung mit einer Reproanstalt abzuschließen. 1934

> **Tipp** Die Nutzung von Mengeneffekten und Pauschalvereinbarungen bei der Vervielfältigung von Planunterlagen senkt die Kosten.

Im letzteren Fall sind alle Auftragnehmer vertraglich zu verpflichten, ihre zahlreichen Pläne und Plankopien nur über diesen einen Vertragspartner günstigerweise mit verschiedenen Niederlassungen in Deutschland und kompletter Vernetzung, abzuwickeln oder andernfalls die Kosten selbst zu tragen. 1935

IV. Kostensenkungspotenziale in der Bauphase

Die inhaltliche präzise Gestaltung der Ausschreibungsunterlagen sowie das Verhandlungsgeschick des Bauherrn/Projektleiters bei der Vergabe bilden bereits zentrale Möglichkeiten der Kostensenkung. Im Verlauf der Baumaßnahme hängt die Durchsetzung von Kostensenkungsmöglichkeiten auch von der Qualifikation der Bauleitung ab. 1936

1. Bauleitung

> **Tipp** Eine höhere Honorarleistung für eine erfahrene, zuverlässige, qualitäts- und kostenbewusste Bauleitung rechnet sich immer. Kosten- und Termintreue sind das oberste Gebot. 1937

4 *Keldungs* in: Ingenstau/Korbion, VOB-Kommentar, B § 2 Nr. 7, Rdnr. 308.

1938 Eine stringente Terminkontrolle und der geschickte Umgang mit den einzelnen Unternehmern sparen erheblich Zeit und Kosten. Erfahrungen in der Bauausführung sparen zusätzlich Kosten, sofern die Bauleitung technisch sinnvolle und kreative Problemlösungen zur Objektfertigstellung beitragen kann, die vor allem zügig umgesetzt werden können. Zuverlässigkeit bedeutet auch die Fähigkeit, Probleme in der Ausführung rechtzeitig zu erkennen und Alternativlösungen vorzubereiten. Eine gute Bauleitung zeichnet sich vor allem durch regelmäßige Präsenz auf der Baustelle aus.

2. Skonto

1939 Im administrativen Bereich liefert eine vertragsgetreue und zeitnahe Rechnungsprüfung erhebliche Einsparungen, wenn Skontovereinbarungen getroffen worden sind (z. B. 3% bei Zahlung innerhalb von 14 Kalendertagen nach Rechnungszugang). Üblicherweise wird ein Rechnungsdurchlauf von 10–14 Tagen vereinbart. Der Prüfweg der Rechnung muss zeitlich dokumentiert werden, d. h. vom Eingangsstempel bei der Bauleitung bis zum Rechnungseingang beim Bauherrn und der Freigabe an die Buchhaltung bzw. an die Bank muss lückenlos nachvollziehbar sein, damit Fehlerquellen in der zeitlichen Bearbeitung sofort identifizierbar sind.

> **Tipp** Eine strenge aber zügige Rechnungskontrolle sichert Skontobeträge.

1940 Sollten Rechnungsabzüge erforderlich werden, sollte zumindest der unstrittige Betrag pünktlich unter Wahrung der Skontofrist und der vereinbarten Skontohöhe angewiesen werden. Sollte es zeitlich knapp werden, hilft eine telegrafische Überweisung. Die Termineinhaltung erspart unnötige Rechtsstreitigkeiten über die Berechtigung von vorgenommenen Skontoabzügen.

3. Nachträge

1941 Häufig ergibt sich im Ablauf der Baumaßnahme die Situation, dass zusätzliche Leistungen, die bisher vertraglich nicht erfasst bzw. vereinbart wurden, erforderlich werden. Die Ansammlung solcher Nachträge kann in der Endabrechnung das operative Ergebnis erheblich beeinträchtigen. Es ist Aufgabe der Bauleitung, Nachtragsangebote sofort zu prüfen.

> **Tipp** Einzelpreise und Nachtragspositionen müssen verrechnet werden (Mehr- und Minderkostenabrechnung).

1942 Es ist zu beachten, dass bei Nachtragspositionen bereits verhandelte Auftragspositionen gegengerechnet werden, wie beispielsweise der Ersatz von Downlights durch Wandleuchten. Nachträge sind ein beliebtes Instrument, um Nachlässe, die im Kampf um den Zuschlag bei Ausschreibungen gewährt wurden, wirtschaftlich wieder auszugleichen. Daher kommt im Rahmen der Kostenkontrolle auch dem Nachtragsmanagement wichtige Bedeutung bei der Liquiditätssteuerung zu. Im Vertrag ist zur Vermeidung von späteren Streitigkeiten zu regeln, dass die vereinbarten Nachlässe für die Vertragsleistungen auch bei Nachträgen gelten.

4. Regiearbeiten

1943 Bei größeren Baumaßnahmen können Regiearbeiten, die bei kleineren Maßnahmen zu vernachlässigen sind, die Projektkosten erhöhen. Häufig werden Unstimmigkeiten über das Bausoll und die vom Unternehmer vorgeschlagene Abrechnung von Nachtragspreisen unter dem Zeitdruck einer Baumaßnahme durch die Vergabe von Regiearbeiten gelöst.

> **Tipp** Regiearbeiten sollten vermieden werden.

1944 Hier ist es Aufgabe der Bauleitung, konsequent die Stundenerfassung zu verlangen und die Arbeitsleistung durch Regienachweise belegen zu lassen. Ferner müssen die Preise für Regieleistungen schriftlich fixiert sein. Andernfalls entstehen nach Fertigstellung einer Baumaßnahme erhebliche Auseinandersetzungen über geforderte und zu bezahlende Leistungen. Eine stringente Kontrolle von Regiearbeiten spart Kosten.

5. Abnahme

Die Sicherungs- und/oder Gewährleistungseinbehalte belaufen sich auf 5% bis max. 10% der Auftragssumme. Die Geltendmachung bautechnischer oder qualifizierter Ausführungsmängel wird dann schwierig, wenn es versäumt wurde, zeitnahe Bauzustandsfeststellungen zu treffen, eine detaillierte Bauabnahme durchzuführen, die Mängel schriftlich festzuhalten und das Mängelprotokoll von den verantwortlichen bzw. vertretungsberechtigten Personen bzw. Organen, die im Bauvertrag bereits erwähnt sein sollten, abzeichnen zu lassen. 1945

Da es häufig im Interesse der Bauleitung liegt, ein Projekt zügig zum Abschluss zu bringen und im Interesse der Bauunternehmer, eine möglichst mängelfreie Abnahmebescheinigung zu erhalten, ist es unbedingt empfehlenswert, von Bauherrenseite eine dritte, unabhängige Person einzubinden, günstigerweise einen vereidigten Sachverständigen, der unabhängig von den Einzelinteressen der beteiligten Parteien eine kompetente und wirksame und »gerichtsfeste« Bewertung der ausgeführten Bauleistungen und der vorgefundenen Mängel sowie der noch fehlenden Restleistungen vornimmt. 1946

> Tipp Rechtsgeschäftliche Abnahmen sollten von kompetenten Gutachtern begleitet werden.

Die von einem unabhängigen Sachverständigen begleitete und sorgfältig dokumentierte Abnahme kann zu einer zügigen Problemklärung beitragen und im Falle rechtlicher Auseinandersetzungen die Basis liefern, die erforderlich ist, um mängelbedingte Ansprüche auch gerichtlich durchzusetzen. 1947

> Tipp Bei artverwandten oder aufeinanderfolgenden Gewerken empfiehlt sich, bereits im Herstellungsprozess eine qualitätsorientierte technische Abnahme der Vorleistungen (des Vorunternehmers) durch den Folgegewerkeunternehmer durchführen zu lassen. 1948

Wird beispielsweise im Rahmen von Rohbauarbeiten die Gründung eines Hauses durch eine Spezialfirma durchgeführt, ist es üblich, vor Weiterführung der Baumaßnahme durch den Rohbauer eine technische Zwischenabnahme (Teilabnahme) durchzuführen. Dadurch werden Streitigkeiten und nachträgliche Schuldzuweisungen vermieden.

6. Verkauf

Abschließend ist, insbesondere bei Erstellung von selbstgenutztem Eigentum, darauf zu achten, dass Sonderwünsche sowohl den Bauablauf als auch die Kosten erheblich beeinträchtigen können. 1949

Der Kaufvertrag muss eindeutige Regelungen vorsehen. Bereits in der Baubeschreibung sollten Qualitätsstandards und Circa-Preise festgelegt werden. 1950

Je nach Produktqualität bedarf es zur Klärung und Durchführung von Sonderwünschen schriftlicher Einzelregelungen, die sowohl die detaillierte Übernahme von Zusatzkosten bei bemusterten Materialien als auch von Honorarkosten beim projektverantwortlichen Architekten vorsehen. Sonderwünsche dürfen insbesondere die Fassadengestaltung und den zeitlichen Ablauf nicht behindern. Negative Auswirkungen auf die Wohnungseigentümergemeinschaft sollten vermieden werden. 1951

> Tipp Sonderwünsche bedürfen unbedingt schriftlicher Regelungen.

Schließlich muss darauf geachtet werden, dass im Rahmen von Sonderwünschen ausgewählte Materialien zeitlich verfügbar sind. Obgleich die Sonderwunschthematik lästig und mühsam erscheinen mag und ein Bauherr den Erwerber nicht überfordern möchte, ist es doch sehr anzuraten, dem Prinzip der schriftlichen Einzelregelung Folge zu leisten, um erhebliche Zusatzkosten und Unstimmigkeiten zu vermeiden. 1952

Tipp

I. Akquisition

- Technisches Gebäudegutachten vor Ankauf einholen
- Bauvorbescheid und Abstandsfläche versus Nutzfläche prüfen
- Erfordernisse nachbarschaftlicher Zustimmung prüfen
- Behördliche Auflagen und gesetzliche Sonderregelungen erfragen
- Steuerliche Förderungsmöglichkeiten und Zuschüsse prüfen
- Bauablauf auf Urlaubszeit, Winterpause und kritische Zeitpunkte abstimmen
- Produktdesign und Qualitätsstandards klären

II. Ausschreibungen

- Insolvenzrisiko der Unternehmer vor Auftragsvergabe prüfen
- Verfügbarkeit von Arbeitskräften auch in Urlaubszeiten sicherstellen
- Zeitliche Abstimmung von Ausschreibungsversand und Verfügbarkeit der Anbieterklären
- Nutzung funktionaler Ausschreibungen
- Nutzung von Pauschalpreisvergaben
- Nutzung von Synergieeffekten durch Bündelung von Gewerken
- Nutzung von Kostenvorteilen durch eindeutige Festlegung der Qualitätsstandards
- Fixierung der Stahlpreise bei Rohbauvergaben
- Verhandlung von Wartungsverträgen, vor allem bei der Aufzugsvergabe
- Pauschalierung von Nebenkosten bei Honorarverträgen mit Planungspartnern

III. Ausführung

- Auswahl einer professionellen und erfahrenen Bauleitung
- Einhaltung und strikte Prüfung des Terminplans
- Einhaltung und strikte Kontrolle des Baukostenbudgets
- Zügige Rechnungskontrolle zur Skontowahrung
- Abgleich von Auftragsleistung versus Nachtragsleistung
- Vermeidung von Regiearbeiten
- Durchführung von Abnahmen durch Folgegewerke
- Rechtzeitige schriftliche Fixierung von Sonderwünschen

V. Projektbegleitende Rechtsberatung

1. Einsparpotenzial durch Projektbegleitende Rechtsberatung

1953 Bevor die Ziele und Leistungsinhalte der Projektbegleitenden Rechtsberatung dargestellt werden, soll aufgezeigt werden, wie hoch das Einsparungspotenzial der Projektbegleitenden Rechtsberatung tatsächlich ist. Untersuchungen haben ergeben, dass Maßnahmen im Bereich des Qualitätsmanagements zu einer durchschnittlichen Kostenersparnis von 8% führen. 25% dieser eingesparten Summe kann auf die Projektbegleitende Rechtsberatung zurückgeführt werden. Bezogen auf ein konkretes Projekt, welches ein Bauvolumen i. H. v. 100.000.000 EUR hat, führt dies zu einer eingesparten Summe i. H. v. 2.000.000 EUR. Neben diesem betragsmäßigen Einsparpotenzial ist an die Bindung von Kapazitäten und an die ungeheure Arbeit vieler Beteiligter zu denken, die beispielsweise ein hoher Nachtrag zwangsläufig nach sich zieht, und die durch die Projektbegleitende Rechtsberatung vermieden wird.

2. Ziele der Projektbegleitenden Rechtsberatung

Vordringliches Ziel der Projektbegleitenden Rechtsberatung ist es, die Termin- und Kostensicherheit zu gewährleisten. Daneben dient die Projektbegleitende Rechtsberatung dazu, die zeit- und kostenintensiven Bauprozesse durch vorausschauendes Handeln zu vermeiden. 1954

Selbst für einen häufig mit Projekten befassten Bauherrn ist die komplette Abwicklung eines Immobilienprojektes äußerst schwierig, da die unterschiedlichen Interessen der Beteiligten, wie Vertragspartner, Behörden usw., aufeinander treffen. Bei jedem Immobilienprojekt treten zwangsläufig entscheidende Rechtsfragen auf. Die Projektbegleitende Rechtsberatung begleitet das Immobilienprojekt während der gesamten Laufzeit, beginnt also bereits mit der Projektidee und geht weit über die Vermarktung hinaus. Durch diese kontinuierliche Zusammenarbeit des rechtlichen Beraters mit den übrigen Beteiligten wird erreicht, dass Rechtsfragen kurzfristig gelöst werden, wesentliche Probleme so vermieden werden und nicht zu zeit- und kostenintensiven Projekthindernissen werden.

3. Abgrenzung zur Einzelberatung

Der Vorteil der Projektbegleitenden Rechtsberatung gegenüber einer punktuellen Beratung hinsichtlich eines bereits aufgetretenen einzelnen rechtlichen Problems liegt in seiner vorausschauenden Analyse und Lösung aller projektrelevanten Rechtsfragen einschließlich deren Umsetzung. Hierdurch erfolgt eine permanente Kontrolle unter den Gesichtspunkten technischer und ökonomischer Effizienz. Auf diesem Wege führt die Projektbegleitende Rechtsberatung zur Vermeidung zeit- und kostenintensiver Schwierigkeiten, wie beispielsweise Baustillstand, hohe Mehraufwendungen usw. In Abgrenzung zur Einzelberatung ist es das vordringliche Ziel der Projektbegleitenden Rechtsberatung, Probleme überhaupt nicht entstehen zu lassen. Neben dieser »Warnlampenfunktion« verhindert ein Rechtsanwalt im Team die kostenintensive Änderung des Leistungssolls, die mitunter von den vom Bauherrn bevollmächtigten Entscheidungsträgern angeordnet werden. 1955

4. Projektbegleitende Rechtsberatung in den einzelnen Leistungsphasen

Die projektleitende Rechtsberatung dient dazu, die unterschiedlichsten rechtlichen Projekthindernisse während der gesamten Projektlaufzeit zu bewältigen. Auszugsweise werden Tätigkeitsfelder der Projektbegleitenden Rechtsberatung in den einzelnen Leistungsphasen dargestellt. 1956

a) Leistungsbild in der Projektvorbereitung

Wegen des rechtlichen und damit verbundenen finanziellen Risikopotenzials gilt es, rechtliche Problemstellungen eines Immobilienprojekts vorausschauend zu erkennen und zu analysieren. Dies beginnt bereits bei der Unterstützung des Projektentwicklers. Ziel der Projektentwicklung ist in der Regel die Erarbeitung einer Projektstudie und die Vorbereitung der Projektrealisierung. Die Projektbegleitende Rechtsberatung klärt bereits jetzt rechtliche Fragen, beispielsweise hinsichtlich des Standorts, des Baurechts, der Einbeziehung der öffentlichen Hand in die Projektrealisierung und die grundbuchrechtliche Umsetzung des Projektes. Durch die rechtliche Beratung bei der Finanzierung werden ganzheitliche Finanzierungsmodelle anhand der Bedürfnisse der Mandanten entwickelt bzw. bestimmte Modelle rechtlich konzipiert, z. B. Modelle in Public-Private-Partnerships. Bei der Wahl der geeigneten Konzeptionsform für eine Immobilienkapitalanlage bedarf es rechtlicher Fachkenntnisse, um die Vor- und Nachteile genau abzuwägen. 1957

b) Leistungsbild bei den rechtlichen Voruntersuchungen

Die Projektbegleitende Rechtsberatung leistet eine umfassende rechtliche Prüfung und Betreuung zur Erlangung der Baugenehmigung. Durch die rechtliche Beratung bei den notwendigen 1958 zivilrechtlichen und grundbuchrechtlichen Voruntersuchungen werden bereits im Vorfeld Projekthindernisse vermieden.

c) Leistungsbild beim Grundstückserwerb

1959 Bei dem Grundstückserwerb ist das Erstellen und Prüfen von Grundstückskaufverträgen und Erbbaurechtsverträgen eine der wesentlichen Aufgaben. Bei Abschluss eines Maklervertrages wird durch die Projektbegleitende Rechtsberatung die vertraglich günstigste Gestaltungsmöglichkeit auch hinsichtlich der Provision gewählt.

d) Leistungsbild bei der Entwicklung des Immobilienprojektes

aa) Planung

1960 Ursachen für die Kostensteigerung in der Bauausführung werden in der Planungsphase gelegt. Um diese zu vermeiden, hilft die Projektbegleitende Rechtsberatung in der Planungsphase, Lösungen zu erarbeiten und umzusetzen, insbesondere durch die Konzeption der Architekten-, Projektsteuerungs- und Ingenieurverträge. Dies schließt insbesondere eine Beratung hinsichtlich möglicher Planungszusammenschlüsse als auch die genaue Abgrenzung der Planungsvertragsinhalte nebst Honorarfragen ein. Denn gerade mangelnde Koordination des Zusammenwirkens der Planer untereinander und mit den Bauunternehmern führt zu Verzögerungen und damit zu Kostensteigerungen.

bb) Baudurchführung

1961 Die Projektbegleitende Rechtsberatung entwickelt zunächst sichere Strategien für die Ausschreibung und Vergabe und stellt so sicher, dass die jeweils anzuwendenden Vergabevorschriften eingehalten bzw. überwacht werden. Die anschließende Vertragsgestaltung umfasst neben der Vorbereitung, dem Erstellen und Prüfen von Vertragsentwürfen auch die Mitwirkung an den Vertragsverhandlungen, um die Vertragsinhalte klar und transparent festzulegen. Dies schließt die Wahl der optimalen Vertragsart ein. Um diese Ziele zu erreichen, werden durch die Projektbegleitende Rechtsberatung die wesentlichen Aspekte in die Vorbemerkungen der Leistungsbeschreibung klar eingearbeitet, die Leistungsinhalte zweifelsfrei vorgegeben und der Leistungsumfang jeder Projekterfordernisse mit eindeutigen Schnittstellen festgelegt.

Die rechtlich abgesicherte Steuerung des Baugeschehens während der sich daran anschließenden gesamten Ausführungsphase führt dazu, dass bereits im Vorfeld geeignete Maßnahmen ergriffen werden können, um so Kosten abzuwehren und Termine einzuhalten. Hierzu gehört ein juristisches Vertragsmanagement und Nachtragsmanagement. Zu dem Vertragsmanagement gehört die Unterstützung bei der gesamten Vertragsausführung, Überwachung des Projektablaufs und Kontrolle der Vertragserfüllung. Beispielsweise durch die Formulierung des vertrags- und rechtsrelevanten Schriftverkehrs und die verzahnte Zusammenarbeit mit anderen Projektbeteiligten, wie Bauüberwacher, Projektsteuerer, wird auf die Vertragserfüllung hingewirkt und sichergestellt, dass bei Leistungsstörungen die Ansprüche des Bauherrn schnell und effektiv geltend gemacht und durchgesetzt werden können. Durch das dauerhafte und vorausschauende Hinwirken auf die Einhaltung der Vertragspflichten der Projektbeteiligten und die permanente rechtliche Überprüfung der Vertragserfüllung treten diese Leistungsstörungen jedoch in einem deutlich geringeren Maße auf.

Das Nachtragsmanagement gliedert sich einerseits in die Nachtragsprüfung und die Nachtragsabwehr und andererseits in die Prüfung und Geltendmachung von Regress- und Gegenforderungen. Hinsichtlich der Sachverhaltsaufklärung für die anschließenden Prüfungen der Ansprüche dem Grunde und der Höhe nach ist die enge Zusammenarbeit mit der Bauüberwachung und den sonstigen Projektbeteiligten, wie beispielsweise Sonderfachleuten und Baubetrieblern, in der Projektbegleitenden Rechtsberatung besonders wichtig. Denn nur so ist gewährleistet, dass die Forderungen des Auftragnehmers richtig beurteilt werden, um so optimal durchsetzen zu können.

e) Leistungsbild bei der Verwertung/Nutzung

Der Projektabschluss verlangt u. a. eine Beratung bei Abschlusszahlung, bei der Durchführung der Schlussrechnung und bei der Prüfung und Geltendmachung von Sicherheiten. Die bei der Abnahme festgestellten Mängel sind zunächst außergerichtlich geltend zu machen. Darüber hinaus sind die Verwertungsmöglichkeiten der Immobilie rechtlich zu begleiten, um so zu einer zeitnahen Deckung der Baukosten und Sicherung der Rendite zu gelangen. Im Rahmen der Verwertungsformen bieten sich verschiedene rechtliche Konstruktionen an, deren Vor- und Nachteile abgewogen werden müssen. 1962

Stichwortverzeichnis

B

C

D

H

I

K

R

S

T

U